Radetsky · Viren

Peter Radetsky

VIREN

Von Pasteur zur Gentechnologie

Aus dem Amerikanischen von Ralf Friese

VERLAG GESUNDHEIT

CIP-Titelaufnahme der Deutschen Bibliothek

Radetsky, Peter:
Viren : von Pasteur zur Gentechnologie / Peter Radetsky. Aus dem Amerikan. von Ralf Friese. – Berlin : Verl. Gesundheit, 1994
Einheitssacht.: The invisible invaders [dt.]
ISBN 3-333-00720-7

Titel der amerikanischen Originalausgabe:
The Invisible Invaders. The Story of the Emerging Age of Viruses
Erschienen bei Little, Brown and Company, Boston 1991

Aus dem Amerikanischen von Ralf Friese

Umschlaggestaltung: Theodor Bayer-Eynck
Satz: Benens & Co., Berlin
Druck und Binden: Wiener Verlag GmbH
Printed in Austria

ISBN 3-333-00720-7

Wiederum, und in noch mehr Liebe, meiner Frau
Nancy zugeeignet

Dank

Ich bedanke mich bei den vielen Wissenschaftlern, die sich mit mir unterhalten haben. Nicht alle erscheinen auf diesen Seiten. Ein besonderer Dank gebührt denen, die freundlicherweise Teile des Manuskripts durchgesehen haben. Ihre Bemühungen haben daraus ein besseres Buch gemacht.

Ich danke auch meinem Agenten Kris Dahl, der dies Vorhaben von Anfang an unterstützt hat; Bill Phillips, der mich mit dem Verlag Little, Brown zusammengebracht hat; und meiner Lektorin Debbie Roth für ihre Begeisterung, ihr logisches Denken und ihr Einfühlungsvermögen.

Schließlich danke ich meiner Familie und meinen Freunden und Bekannten für die Ermutigung und Geduld, die ich von ihnen erfahren habe.

Inhalt

Vorwort

Neulich habe ich mich mit einem alten Freund unterhalten. Er ist auch Schriftsteller, kennt mich noch aus meinen Anfängerjahren und hat miterlebt, wie meine Familie gewachsen ist. Ich habe seine vielen Odysseen in die entlegensten Winkel der Erde und die Versuche mitverfolgt, sein ausgeprägtes Gefühl für Freiheit und soziale Gerechtigkeit mit dem Chaos zu vereinbaren, von dem er sich umgeben sieht.

Wir haben über vieles gesprochen, über Kinder und ihre Schwierigkeiten beim Erwachsenwerden, über die Verantwortung des Schriftstellers, die Unruhen auf der Welt (er war gerade aus Israel und Guatemala zurückgekommen und wollte als nächstes Nicaragua besuchen), und er meinte, bei soviel politischer Unruhe auf der Welt hoffe er nur, daß meine Kinder ein erfülltes Leben führen könnten. Ich schreibe viel über Naturwissenschaften und Medizin, und bei seinen Worten gingen mir ganz andere Unruhen durch den Kopf. Was scheren uns politische Überlegungen, erwiderte ich ihm, wenn man die erschreckende Aussicht vor Augen hat, daß bis zum Anfang des 21. Jahrhunderts vielleicht Millionen Menschen an AIDS sterben? Wer soll denn in einer Welt voll kranker, dahinsiechender Menschen überhaupt noch Energie für die Politik übrig haben?

Da sagte er etwas sehr Interessantes: »Wegen AIDS mache ich mir eigentlich gar keine Sorgen. In ein paar Jahren gibt es bestimmt einen Impfstoff; davon bin ich felsenfest überzeugt.«

Dieser Satz ging mir nicht mehr aus dem Kopf. Der weltläufige, erfahrene Mann äußerte Gedanken wie die Uninformiertesten, vielleicht sogar die meisten unter uns: Die Wissenschaft hat Impfstoffe gegen Tollwut, Gelbfieber, Kinderlähmung, Masern, Ziegenpeter, Pocken und Grippe gefunden, also wird ihr auch diesmal etwas einfallen. AIDS wird dann einfach als nächster Punkt auf der Liste abgehakt.

Vielleicht. Es geschehen ja immer noch Wunder. Doch im allgemeinen ist das Leben nicht so einfach. Die Bemerkung meines Freundes zeigte, wie wenig er von den erstaunlichen Organismen wußte, die AIDS und viele andere Krankheiten verursachen, den Viren. Damit steht er nicht allein. Mir ging auf, daß ich auch nicht viel klüger war. »Virus«, das Wort hatte ich von meinem Arzt gelegentlich gehört, wenn er mir zu erklären versucht hatte, daß er leider nichts machen konnte. »Bakterielle Infektion« – das hieß doch, nach ein paar Runden Antibiotika war es vorbei. Aber ein Virus? Wenn man es nicht mit einem Impfstoff aufhalten konnte, bevor es einen infizierte, war nicht mehr viel zu retten. Der Arzt zuckte dann nur die Achseln, klopfte einem auf die Schulter, riet zu Aspirin und verkündete, man müsse die Entwicklung abwarten.

Während ich mich mit meinem Freund unterhielt, ging mir auf, daß vielleicht die wenigsten unter uns genau wissen, was ein Virus ist und wie es wirkt. Bis auf den Virusbefall hin und wieder, den man eben durchstehen mußte, hatten die meisten auch gar keinen Grund, darüber mehr in Erfahrung zu bringen. Es war Aufgabe der Medizin, gegen schwerere Kankheiten Impfstoffe zu entwickeln, und wenn es nicht den Schnupfen gäbe, der ja auch von Viren verursacht wird und bis heute weder zu verhindern noch zu heilen ist, und nicht die alljährlich auftretenden Grippeepidemien, vielleicht auch noch das offenbar nicht umzubringende Herpesvirus wären, brauchten wir uns um nichts zu kümmern und an diese kleinen Geschöpfe und ihre Auswirkungen auf uns keinen Gedenken zu verschwenden.

Diese Zeiten sind aber vielleicht für immer vorbei. Ohne Übertreibung kann man sagen, daß AIDS, als dauerhafter Angstfaktor in unserem Leben, und die immer neuen Entdekkungen über die Rolle der Viren bei der Krebsentstehung und anderen Krankheiten unser Leben wohl davon abhängig machen, daß wir wissen, was ein Virus ist. Deshalb habe ich mir erst einmal Gedanken über ein Buch zu diesem Thema gemacht. Als ich mir dann die Welt der Viren näher ansah, geschah etwas völlig Unerwartetes: Ich verlor mich darin. Es ist eine Welt, in der viele interessante Menschen interessante Arbeiten durchführen; diese Menschen können faszinierende Geschichten erzählen. Im Kern dreht sich dabei alles um ein Geschöpf, wie man es sich seltsamer nicht vorstellen kann: das Virus.

Was ich bei meinen Recherchen gefunden habe, bringt mich immer mehr zu der Erkenntnis, daß mein Freund und die meisten von uns kaum wissen, wie sehr Viren unser Leben bestimmen. Viren sind ja nicht nur gefährliche Feinde, die einzigen Organismen, außer uns, die unser Überleben bedrohen; sie sind auch Mitreisende in unserem Leben. Viren gibt es buchstäblich überall – in uns, um uns, ständig durchschreiten sie die Grenzen unseres Ich.

Die Viren müssen aber nicht nur Mitreisende, sondern können sogar Verursacher sein. Sie ordnen unsere Gene um, verändern unser Schicksal, wirken als Beauftragte des Ökosystems. In ihrer bewundernswerten Einfachheit und unfaßbaren Effizienz stellen sie vielleicht die allererfolgreichste Lebensform dar, die es gibt, wenn man überhaupt davon ausgehen kann, daß sie leben. Jedenfalls hat unser Umgang mit den Viren, diesen winzigen Geschöpfen im Kern aller medizinischen Forschung, die nachhaltigsten Folgen für unsere Gesundheit und unser weiteres Leben.

Ich hoffe, das vorliegende Buch bietet einen guten Einstieg in die wichtige und aufregende Welt der Viren. Ich habe versucht, das neue Zeitalter der Virusforschung so darzustellen, daß der Leser unterrichtet und dabei auch gefesselt wird, interessante Geschichten und gleichzeitig wichtige Informationen geboten bekommt. Vor allem ist es mir bei meinen Beschreibungen des Wirkens der unsichtbaren Eindringlinge und der Menschen, die ihr Leben ihrer Erforschung gewidmet haben, um höchste Genauigkeit gegangen.

Die Jahre, in denen ich für dieses Buch recherchiert und es geschrieben habe, sind für mich sehr ertragreich gewesen. Ich bin im Land herumgereist, habe mich mit Menschen unterhalten, die mit der Welt der Viren zu tun hatten, habe sie bei der Arbeit beobachtet, und beim Literaturstudium hatte ich das Gefühl, als privilegierter Beobachter aus nächster Nähe einen besonders wichtigen Zeitpunkt in der Geschichte der Menschheit mitzuerleben. Wir haben in den letzten Jahrzehnten einige Grundgeheimnisse des Lebens aufgeklärt und sind im Begriff, noch weiteren auf die Spur zu kommen. Im wesentlichen verdanken wir das den Viren. In diesem Buch geht es also nicht nur darum, die Welt rings um uns zu entdecken; wie entdecken uns darin auch selbst.

Santa Cruz, August 1990

Einleitung

Unsichtbare Angreifer

Vor ein paar Jahrzehnten schien der Medizin die Verhütung von Infektionskrankheiten endlich zu gelingen. Wir hatten Antibiotika gegen lebensbedrohende Krankheiten, wie Lungenentzündung und Tuberkulose, die von Bakterien verursacht wurden; wir hatten Impfstoffe, um Viruskrankheiten, wie Kinderlähmung und Pocken, schon im Keim zu ersticken. In manchen Teilen der Welt drängten Verbesserungen in den Lebensbedingungen der Menschen, also in der Hygiene, der Beschaffenheit der Nahrungsmittel, der Abfallentsorgung, diese Krankheiten noch weiter zurück. An Krebs und an Herzkrankheiten litten und starben immer noch Millionen, doch diese Leiden galten nicht als Folgen von Infektionen, sondern waren wohl eher ererbt oder von Umweltfaktoren bedingt oder einfach Pech. Es konnte nur eine Frage der Zeit sein, bis die Wissenschaft auch sie im Griff hatte. So über das eigene medizinische Geschick bestimmen zu können, vermittelte dem Menschen das Gefühl, in der besten aller Zeiten zu leben.

Das ist noch gar nicht so lange her, könnte aber ebensogut schon Jahrhunderte zurückliegen. Diese unbeschwerten Tage der Arglosigkeit sind auf ewig vorbei. Dank der Medizin wissen wir heute mehr, als wir je vermutet hatten, über die Funktionen des Lebens und über Krankheit und Tod – weitaus mehr als noch vor ein paar Jahren. Dieses Wissen wächst zweifellos in den nächsten Jahren exponentiell weiter. Wir wohnen einer Wissensexplosion bei. Dennoch kann man sagen, daß uns alles Wissen schließlich nur zu der wichtigen Erkenntnis verhilft, wie viel wir *nicht* wissen.

Nirgendwo zeigt sich die Dichotomie zwischen unseren recht weitreichenden Kenntnissen bei gleichzeitiger Unkenntnis vom Leben deutlicher als beim Virus. Das Virus, diese winzige, noch nicht ganz lebendige, aber auch nicht ganz tote Substanz, dieses *Ding,* das eine so fürchterliche Macht besitzt und, wie es scheint, auch über eine Art raffinierter Intelligenz verfügt, dieser Organismus, der so lächerlich hilflos und verwundbar ist – dieses Virus ist schuld daran, daß unsere früheren Vorstellungen vom Sieg über alle Krankheiten heute so naiv wirken und in so weiter Ferne zu liegen scheinen.

Das Auftreten schrecklicher Viruskrankheiten, wie zum Beispiel AIDS; die Entdeckung, daß Viren, wie etwa das Hepatitis-B- und das menschliche Leukämievirus, Krebs verursachen können, das Auftauchen scheinbar immer neuer, tödlicher Virusarten, wie der Retroviren, haben alle unsere Hoffnungen auf den Sieg über die Krankheit zunichte gemacht. Diese Viren haben uns die Realität der Krankheit und die Flüchtigkeit des Lebens erst wieder vor Augen geführt. Heute können wir nicht mehr sagen: »Ich nicht.« Diese Viren können jeden angreifen, und wen sie befallen, der kommt nicht ungeschoren davon. Sie erinnern uns an etwas, das wir alle zu verdrängen trachten: unsere Verwundbarkeit.

Obwohl es so aussagekräftig ist, ist vielleicht das Wort „Angriff" im Zusammenhang mit Viren fehl am Platz. Viren sind Mitreisende in unserem Leben. Sie können, im guten wie im bösen, in der Entwicklung unseres Lebens eine ebenso wichtige Rolle spielen wie unser eigener Wille.

Unser Zeitalter ist das Zeitalter der Viren. In der Medizin bilden Viren eines der wichtigsten Arbeitsgebiete, doch sie sind nicht nur für den medizinischen Forscher von hohem Interesse. Den Viren ist die Wissenschaft von der Molekularbiologie zu verdanken, und mit Hilfe der Viren kann man die Bestandteile dieser unsichtbaren Welt überhaupt erst handhaben. In dieser Hinsicht bieten uns die Viren Aussichten auf eine Erweiterung und Verbesserung unseres Lebens.

Für die meisten von uns stellen Viren jedoch in erster Linie eine große Bedrohung dar. Man kann ihnen einfach nicht entgehen. Viren verursachen mehr Krankheiten als alles andere auf der Erde. Allein in den Vereinigten Staaten werden fast achtzig Prozent aller akuten Erkrankungen von Viren ausgelöst. Die Aufzählung heutiger und früherer Viruskrankheiten ist erschreckend. Gelbfieber-, Polio-, Grippe- und Pockenepidemien fallen einem sofort ein. Dazu kommen Krankheiten, die sich nicht so unmittelbar verheerend auswirken, wie etwa Hepatitis, Viruspneumonie, Mononukleose, chronische Müdigkeit, Tollwut und Herpes. Viren stecken hinter den üblichen Kinderkrankheiten Ziegenpeter, Masern, Röteln und Windpocken, und sie verursachen vor allem die bekannteste und verbreitetste Krankheit, den Schnupfen.

Auch exotische, tödliche Leiden, wie zum Beispiel Kuru, das Lassafieber, Enzephalitis, das Denguefieber und die aseptische Meningitis, sind das Werk von Viren. In jüngster Zeit, ich habe schon darauf hingewiesen, ist festgestellt worden, daß Viren auch bestimmte Krebsarten auslösen und unter Umständen bei Diabetes, multipler Sklerose und einer ganzen Reihe unerklärter neurologischer Krankheiten eine Rolle spielen. Natürlich liegt ein Virus, ein besonders zerbrechliches, mutationsfähiges Virus, der schrecklichsten Krankheit unserer Tage zugrunde: AIDS.

Wie kann uns etwas solche Schwierigkeiten bereiten, das es schon genau so lange gibt wie uns, vielleicht sogar länger? Niemand weiß, wo oder wann die Viren ihren Ursprung haben; wahrscheinlich existieren sie auf der Erde von Anbeginn. Manche Wissenschaftler sehen in ihnen die früheste Lebensform; für andere sind sie ein Rückschritt in der Evolution; wieder andere meinen, sie entstammten dem genetischen Material der ersten Zellen. Ein Aspekt in dieser geschichtlichen Entwicklung ist jedenfalls unbestritten: Viren verursachen mindestens in den letzten dreitausend Jahren Krankheiten. Das pockennarbige, mumifizierte Gesicht von Ramses V. ist ein stummes Zeugnis der Virulenz von Pocken im alten Ägypten; Hieroglyphen aus jener Zeit zeigen Menschen mit geschrumpften Beinen, als hätten sie Kinderlähmung durchgemacht. Angesichts dieser langen Geschichte muß man sich fragen, ob wir heute nicht mehr darüber wissen sollten.

Die Antwort: Erst im letzten Jahrhundert hat der Mensch überhaupt von der Existenz der Viren erfahren; was man gegen Viren tun kann, blieb noch lange unklar. So leitet sich zum Beispiel die Bezeichnung „Influenza“ für eine der häufigsten und gefährlichsten Viruserkrankungen vom italienischen Wort *influenza* ab, weil man das Leiden auf die „Influenz“, das heißt den Einfluß, von Himmelskörpern zurückführte. Vom Anfang des 15. Jahrhunderts, als dieser Begriff entstand, bis zum ausgehenden 16. Jahrhundert, als die erste geschichtlich verzeichnete Virusgrippeepidemie auftrat, und bis zum Anfang des 20. Jahrhunderts, als die Welt die schlimmste Grippeepidemie in der Geschichte durchmachte, war die Schuldzuweisung an Himmelskörper eine ebenso wirksame oder unwirksame Reaktion wie alle anderen.

Viren haben sehr oft den Lauf der Geschichte beeinflußt. Die von den Spaniern unwissentlich eingeschleppten Pocken machten schließlich den Sieg über die mexikanischen Indianer im 16. Jahrhundert möglich. Die Krankheit raffte Millionen Azteken dahin, was die zahlenmäßig weit unterlegenen Spanier nie geschafft hätten. Bei späteren Konflikten in der Neuen Welt lösten europäische und englische Eindringlinge die Krankheit absichtlich aus – die ersten bekannten Fälle von biologischer Kriegführung. Doch sie bekamen den gerechten Lohn dafür: An den Pocken starben schließlich sechzig Millionen Europäer und Ansiedler in der Neuen Welt allein im 18. Jahrhundert.

Das Gelbfieber war eine weitere gefürchtete Viruskrankheit. »Yellow Jack« nannten es die britischen Soldaten, weil gelbe Quarantäneflaggen zur Warnung aufgehängt werden mußten. Diese Krankheit dezimierte die Eingeborenenvölker in der Karibik. In Haiti starben in knapp einem Monat die meisten der fünfundzwanzigtausend Soldaten Napoleons. In Panama gingen von 1881 bis 1889 an dieser Krankheit zwanzigtausend Arbeiter ein; Gelbfieber und Malaria zusammen zwangen die Franzosen, den Bau des Kanals einzustellen.

Viren haben auch zu Panikerscheinungen ganz anderer Art geführt. Im 17. Jahrhundert zahlten die Menschen im blumenzüchtenden Holland Phantasiepreise für Tulpenzwiebeln, aus denen Blüten mit Farbstreifen erwuchsen. Wohlhabende Männer boten für eine einzige Zwiebel ihre Tochter zur Ehe und Haus und Hof als Mitgift dazu. Wildeste Spekulationen griffen um sich, und schließlich mußte der Staat einschreiten und die Ordnung wiederherstellen. Das Phänomen wurde als »Tulpomanie« bekannt. Der Grund für die ungewöhnliche Färbung war eine Virusinfektion.

Heute wissen wir das alles, aber wir haben uns dieses Wissen sauer erworben. Erst um die Jahrhundertwende machte der niederländische Botaniker Martinus Beijerinck die Welt auf ein Virus aufmerksam, also etwas, das man sich bis dahin nicht einmal hatte vorstellen können. Bei dem Versuch, eine geheimnisvolle, Krankheiten verursachende Substanz aufzuspüren, die auch unter den stärksten Mikroskopen nicht zu erkennen war, die sonst selbst die winzigsten Bakterien zeig-

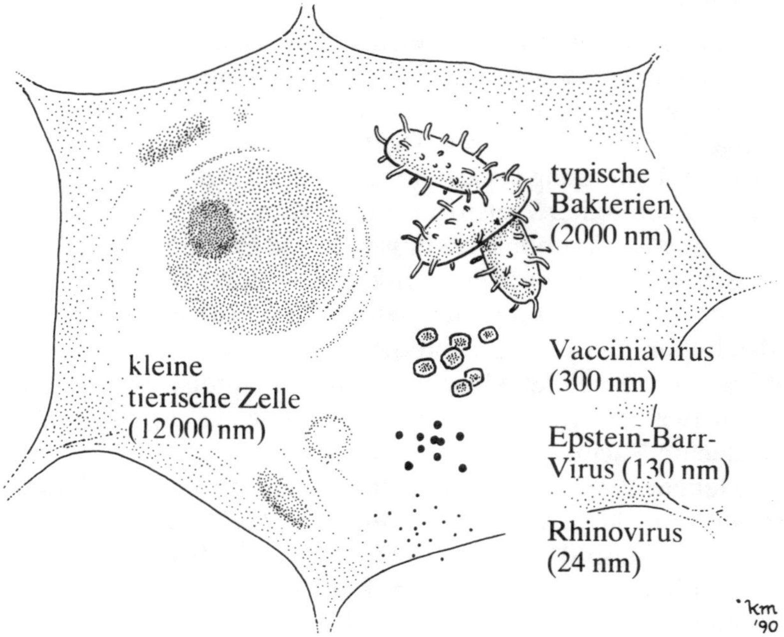

Die Größenverhältnisse von Zellen, Bakterien und Viren.

Viren gehören zu den kleinsten Lebewesen. Im Vergleich zu einer tierischen Zelle ist selbst das größte Virus, das Vacciniavirus, winzig; das kleine Rhinovirus nimmt sich im Vergleich dazu wie ein Pünktchen aus.

ten, kam Beijerinck auf einen abwegigen Gedanken: Irgend etwas gab es auf der Welt, das war vielleicht nicht größer als ein Molekül; es lebte aber, konnte sich vermehren und war höchst gefährlich. Er nannte diese unsichtbare Substanz Virus, nach dem lateinischen Wort für »Gift« oder »Schleim«.

Wir wissen heute über Viren wesentlich mehr als seinerzeit Beijerinck, aber seine Vorstellung, sei seien »völlig unnatürlich«, hat immer noch viel für sich. Man stelle sich etwas vor, das ein bißchen größer ist als ein Molekül, aber wesentlich kleiner als die meisten lebenden Zellen. Ein einzelnes Virus hat einen Durchmesser von rund 0,01 bis 0,3 Mikrometer, eine Größe, die einem praktisch nichts mehr sagt. Man brauchte zum Beispiel zehntausend Rhinoviren (die Viren, die fast alle Schnupfenarten auslösen) nebeneinander, um den Zwischenraum zwischen den Worten in diesem Buch aufzufüllen.

Jetzt denke man sich weiter, daß dieses Gebilde im dunklen Grenzbereich zwischen Leben und Tod haust und nur dann lebendig wird, wenn es sich in den lebenden Zellen eines empfänglichen Wirts einnistet. Dort vermehrt es sich, indem es die zum Untergang verurteilte Zelle dazu zwingt, immer wieder Kopien seiner Virusform herzustellen. Ein Virus ist nichts anderes als ein submikroskopisches, mit Proteinen geladenes Geschoß, in dessen Kern ein klares Gel aus Nukleinsäuren steckt, also der essentiellen genetischen Informationen über das Leben. Dieses Geschoß ist auf alle Lebewesen gerichtet. (Oder, um Sir Peter Medawar, den Nobelpreisträger für Medizin 1960, zu zitieren: »Ein Virus ist eine in Protein gehüllte schlechte Nachricht.«)

Manche Viren sind so widerstandsfähig, daß sie eine Temperatur von 130 Grad Celsius unter dem Gefrierpunkt aushalten. Andere sind so zäh, daß selbst eine Kraft vom Hunderttausendfachen der Schwerkraft sie nicht zerstört. Manche Viren können außerhalb unseres Körpers jahrhundertelang in einer Art Dämmerzustand überleben und auf die Möglichkeit warten, geeignete lebende Zellen zu infiltrieren und zu übernehmen. Andere, darunter das AIDS-Virus, sind so empfindlich, daß sie schon nach ein paar Minuten an der Luft oder im

Wasser absterben. Und die Krönung: Viren sind außergewöhnlich schön. Unter dem Elektronenmikroskop zeigt sich eine Galerie von winzigsten geodätischen Domen und Ikosaedern, Spiralen und Zylindern, Raumschiffen und Mondlandefahrzeugen. Ihre Vielfalt ist unerschöpflich.

Doch keine Sorge. Obwohl die Liste der von dieser merkwürdigen Substanz verursachten Krankheiten auf den ersten Blick endlos zu sein scheint, tun uns die meisten Viren nichts, von denen wir innen und außen ständig umgeben sind. Normalerweise nehmen wir sie überhaupt nicht wahr (erst wenn wir das tun, geht es uns schlecht). Im Gegensatz zu anderen Organismen, auch den winzigsten, elementarsten, die sich vermehren können, und sei es auch nur durch simple Aufspaltung in zwei Teile, sind Viren impotent. Sie können weder ihre eigene Energie erzeugen, noch neue Viren herstellen. Sie sind die hilflosesten aller Parasiten, denn zum Überleben müssen sie die Lebenskraft lebender Zellen nutzen.

Das geht folgendermaßen vor sich: Viren gibt es buchstäblich überall. Sie schweben im Wind und auf dem Wasser, reiten auf großen Tieren ebenso wie auf Insekten und Vögeln, sitzen auf Schreibtischplatten, Fingerspitzen, den Seiten dieses Buches – bis sie auf ihr Ziel stoßen: eine bestimmte Zelle in einer bestimmten Art von Organismus. Viren sind da sehr eigen. So interessiert sich zum Beispiel ein Hepatitisvirus nur für die Zellen Ihrer Leber. Mit Ihren Gehirnzellen hat es nichts im Sinn; für die sind die Polioviren zuständig; auch an den Zellen Ihrer Nase hat es kein Interesse, denn die gehören einem Schnupfenvirus. Ebenso haben auch andere Viren ihr Lieblingsziel: Ein Tollwutvirus infiziert Nervenzellen, und ein AIDS-Virus greift weiße Blutkörperchen an, einen Teil des Rüstzeugs in Ihrem Immunsystem.

Die Viren können sich diese Zellen allerdings nicht aussuchen. Da sie allein nicht lebensfähig sind, müssen sie sich ganz auf den Zufall verlassen. Solange sie sich nicht die Lebenskraft unserer Zellen zunutze machen können, sind Viren nicht einmal imstande, sich zu bewegen. Sie treiben einfach ziellos dahin, werden von den Bewegungen in unserem Körperinnern hierhin und dorthin geschubst, bis sie schließlich mit einer Zelle in Berührung kommen, die ihnen paßt. Und dann geht das winzige Geschoß ins Ziel.

Jedes Virus führt seinen Feldzug anders. So zieht sich etwa das AIDS-Virus mit einem eingebauten Enterhaken an eine weiße Blutzelle heran, verschmilzt seine Außenhaut mit derjenigen der Zelle und lädt seinen Virusinhalt im Zellinnern ab. Andere Viren, so zum Beispiel das Grippevirus, müssen sich von der Zelle einladen lassen; die Zelle ist meist so entgegenkommend, aber nicht aus Gastfreundschaft; sie möchte vielmehr den Eindringling zerstören. Sie umhüllt das Virus und zieht es nach innen. Damit begeht sie ihren ersten Fehler.

Ihren zweiten »Fehler« macht die Zelle, indem sie die Rüstung, also die Proteinhülle, des Virus auflöst. Dabei zerstört sie den Eindringling zwar zum Teil, aber gleichzeitig legt sie den tödlichen Kern, die Nukleinsäure, des Virus frei. Diese verknäulten Fäden aus RNS oder DNS übernehmen sofort den Stoffwechselapparat der Zelle. In einem Staatsstreich submikroskopischen Maßstabs besetzt das Virus die alte Befehlszentrale der Zelle, die DNS, und erteilt neue Befehle: Schluß mit der Herstellung von Zellen; von jetzt an werden Viren produziert.

Die Zelle ist inzwischen völlig demoralisiert und befolgt den Befehl. Sie arbeitet nach der Blaupause, die die Nukleinsäure des Virus vorgibt, und erzeugt Viren. Dieser Vorgang kann erstaunlich schnell ablaufen. So vermag beispielsweise ein Bakteriophage, ein Virus, das in Bakterien eindringt, innerhalb einer halben Stunde seinen besiegten Wirt dazu zu bringen, ganze hundert neue, ausgewachsene Viren zu bilden.

Jetzt ist nur noch eines zu tun: Die jungen Viren müssen losgelassen werden. Das schaffen sie selbst, indem sie sich wie Knospen aus der Zelle ausstülpen und dabei gelegentlich ein Stück der schützenden Zellmembran abreißen und als eigene Virushülle nutzen. Sobald die neuen Viren in die Blutbahn eingedrungen sind, können sie sich andere Zellen suchen und den Prozeß von vorn anfangen. Die schwer getroffene Ausgangszelle stirbt im allgemeinen ab.

Manche Viren, so zum Beispiel das AIDS-Virus, befehlen der genetischen Maschinerie der Zelle nicht sofort, neue Viren herzustellen. Sie lassen sich Zeit, schieben ihre Gene in die der Zelle ein und bleiben notfalls jahrelang dort, bis der Zeitpunkt gekommen ist, an dem sie wieder tätig werden. Genaugenommen tragen wir kleine Zeitbomben in uns. Wieder andere Viren, etwa das menschliche Leukämievirus und die krebsverursachenden Viren, drehen die von ihnen befallenen Zellen um, statt sie zu zerstören, und verursachen damit eine außer Rand und Band geratene Vermehrung.

Virusangriffe zeichnen sich noch durch ein weiteres Merkmal aus: Wir können kaum etwas gegen sie ausrichten. Sobald ein Virus in eine Zelle eingedrungen ist, sind die körpereigenen Abwehrmechanismen dagegen verhältnismäßig machtlos. Das Virus ist dann auch vor den meisten Hilfsmaßnahmen geschützt, die der Körper von außen mobilisieren kann. So sind etwa Antibiotika und ähnliche Arzneimittel gegen Viren wirkungslos. Da sich Viren im Innern der infizierten Zellen einrichten, müßte ein Arzneimittel, das ein erfolgreiches Virus direkt abtöten wollte, zunächst die Wirtszelle zerstören; das bringt jedoch das eindringende Virus allein auch ganz gut fertig.

Wenn das Virusziel eine winzige einzellige Kreatur, etwa eine Bakterie, ist, bedeutet der Tod der betreffenden Zelle gleichzeitig auch den Tod des ganzen Organismus. Ist die Zielzelle Teil eines großen vielzelligen Lebewesens, zum Beispiel eines Menschen, bedeutet ihr Verlust vielleicht gar nichts. Wer vermißt schon eine einzige Zelle? Dabei vergißt man allerdings, daß die freigesetzten Viren unverzüglich weitere Zellen besetzen und infizieren, so daß der Prozeß in einer Art geometrischer Steigerung abläuft.

Erst jetzt steht unser Immunsystem vor seiner schwierigsten Aufgabe. Wenn das Virus unsere erste Abwehr überwunden und sich in körpereigenen Zellen eingenistet hat, müssen wir buchstäblich Teile von uns abtöten, um an die Eindringlinge heranzukommen. Genau das tut der Körper, indem er Agenten des Immunsystems aussendet, sogenannte »Killerzellen«, die die befallenen Zellen und die darin steckenden Viren zerstören. Wenn sich die Infektion schon weiter ausgebreitet hat, muß der Körper mit gleicher Waffe zurückschlagen und eine infizierte Zelle nach der anderen töten. In diesem Fall werden wir krank, denn oft löst die heftige Reaktion des Körpers gegen solche Eindringlinge Krankheitssymptome aus. In den meisten Fällen werden diese Symptome schwächer, wenn der Körper allmählich die Oberhand gewinnt und die Virusinvasion erst abbremst und dann zum Stillstand bringt. Wenn sich das Virus jedoch aus irgendeinem Grund weiter ausbreiten kann und der Körper weiterhin reagiert, bedeutet das unter Umständen nicht mehr nur Krankheit und anschließende Erholung, sondern vielleicht den Tod.

Einen Virusangriff hält man also am besten auf, *bevor* das Virus tatsächlich in einzelne Zellen eindringt. Der Körper schafft das mit anderen Agenten seines Immunsystems, den sogenannten Antikörpern. Das sind besondere Eiweißstoffe im Blut oder an der Oberfläche bestimmter Zellen, die ankommende Viren erkennen, sich an sie heften und sie dadurch unschädlich machen, so daß die Viren aufgefressen und ausgeschieden werden können. Impfstoffe lassen auf den Körper ein scheinbar gefährliches Virus von künstlich verminderter Infektionsfähigkeit einwirken. Das regt die Bildung von Antikörpern gegen das wirkliche Virus an, und bei einem richtigen Angriff wäre der Körper gewappnet.

Viren sind jedoch gegenüber solchen Strategien nicht wehrlos. Sie verfügen über ausgezeichnete Möglichkeiten, diese Verteidigung unschädlich zu machen. Ein Hauptmerkmal der Viren ist ihre Fähigkeit, Infektionen auszulösen, ein anderes liegt in ihrer Verwandlungsfähigkeit. Wenn sie auf ein Immunsystem oder einen Impfstoff stoßen, der eine Invasion mit Erfolg verhindert, mutieren manche Viren einfach. Sie ändern ihre Form so, daß die Antikörper des Organismus sie nicht mehr als Gefahr erkennen. Grippeviren sind Meister der Mutation; deshalb erscheint auch alle paar Jahre eine neue Grippevariante. Der Körper ist für die jeweils neueste Version des Virus allerdings nie gerüstet. Auch Schnupfenviren operieren nach diesem Prinzip und machen sich außerdem ihre zahlenmäßige Stärke zunutze. Wenn es nur ein Schnupfenvirus gäbe, könnte man vielleicht einen Impfstoff dagegen entwikkeln. Aber leider gibt es ein paar hundert verschiedene Arten von Schnupfenviren. Hat man heute das eine besiegt, bleiben genug andere übrig und halten einen für den Rest des Lebens in Atem. Die Mutationsfähigkeit eines Virus zeigt sich vielleicht am deutlichsten beim AIDS-Virus, das sich in kürzester Zeit öfter verändert hat als jedes andere bekannte Virus. Diese Eigenschaft (und die Tatsache, daß AIDS-Viren das Immunsystem selbst angreifen) lassen die Wissenschaft ernstlich bezweifeln, daß man dieser Krankheit je Herr werden wird.

Andererseits herrscht gerade im Hinblick auf AIDS heute mehr Optimismus als je zuvor. Im allgemeinen, und das gilt für alle Krankheiten, stehen wir an der Schwelle einmaliger Entdeckungen. So werden zum Beispiel die Viren selbst jetzt für den Einsatz gegen Krankheiten abgerichtet. Mit Hilfe von Viren können wir Zellen das produzieren lassen, was *wir* von ihnen verlangen: etwa Antikörper gegen eine Vielfalt gefährlicher Eindringlinge oder veränderte Gene, die genetische Erkrankungen verhindern können. Die Forschung macht sich die Virustechnik für uns zunutze. Diese Zweckumkehr ist nicht mehr als recht und billig. Wir haben damit ein neues Blatt in der Geschichte aufgeschlagen und befinden uns mitten in einer Revolution, deren Auswirkungen bis jetzt nicht einmal entfernt abzuschätzen sind.

Wir wollen in den nachfolgenden Kapiteln dieses erst am Anfang stehende Zeitalter der Viren erforschen. Dabei werden wir der Entdeckung dieser erstaunlichen Geschöpfe nachgehen, einige Höhen und Tiefen auf diesem Weg miterleben und sehen, wie die Wissenschaft das Funktionieren der Viren im Innern und ihre äußere Wirkung zu begreifen versucht hat. Einigen führenden Virusdetektiven unserer Tage wollen wir über die Schulter blicken und beobachten, wie sie unsichtbare Eindringlinge aufspüren und einfallsreich Methoden entwickeln, um sie kleinzukriegen. Wir werden sehen, daß Viren den Schlüssel zur Welt der Molekularbiologie und Gentechnik liefern und wie Forscher und Ärzte Viren so zu manipulieren gelernt haben, daß sie mit Hilfe dieser früheren Feinde jetzt die von den Viren selbst verursachten Folgen ebenso wie andere Krankheiten bekämpfen können. Schließlich wollen wir noch an die Ursprünge der Viren und ihre mögliche Rolle im großen Bauplan des Lebens erinnern.

Heute wissen wir besser, daß unsere bisherigen Fortschritte im Verstehen der Viren allenfalls ein Anfang gewesen sind. Die bevorstehenden Entdeckungen in der Virologie und der Mikrobiologie sowie die Wissenschaftler, denen wir sie verdanken werden, sind damit überhaupt nicht zu vergleichen. Die Medizin weiß das nur zu gut und bemüht sich nach Kräften, mit diesen unglaublich kleinen Geschöpfen Schritt zu halten. Wir kennen heute Krankheiten ohne Ursachen und Viren ohne Krankheiten. Wir haben Viren entdeckt, die in ihrer exzentrischen, überraschenden Ausprägung kaum noch virusähnlich wirken. Wir haben Viren nachgewiesen, deren Funktionsweise immer noch ein Geheimnis ist. Eine unbekannte, lockende submikroskopische Welt lädt uns ein. Wir stehen an ihrer Schwelle, und die aufregendsten Entdeckungen warten auf uns. Wir sollten die Gelegenheit beim Schopfe packen.

Erstes Kapitel

Die Welt der Säfte

Am Morgen des 27. April 1774 wachte Ludwig XV. von Frankreich im neunundfünfzigsten Jahr seiner Regierung mit Schwindel und Schüttelfrost, Kopfweh und Rückenschmerzen auf. Der alternde König hatte bessere Zeiten gesehen. Einst war er von seinem Volk in Zuneigung Ludwig der Geliebte, göttlicher Thronfolger seines Urgroßvaters, des Sonnenkönigs Ludwig XIV., genannt worden, doch jetzt bezeichnete man ihn nur noch als Ludwig den Verhaßten. Er hatte sein Land in eine Reihe von katastrophalen Kriegen verwickelt, die Frankreich einen großen Teil seines Weltreichs gekostet hatten; sein Luxusleben hatte wesentlich zur Leerung der königlichen Schatzkammer beigetragen; seine Liebe zu Frauen und Alkohol war bekannt. Mit 64 Jahren war Ludwig mittlerweile dick und alt und litt immer häufiger an Depressionen. Er sah seine Lebensgeister schwinden. »Ich sehe, daß ich nicht mehr jung bin«, bemerkte er zu seinem Leibarzt, »und muß die Pferde wohl allmählich an der kürzeren Leine führen.« »Sire«, erwiderte der Arzt, »Sie wären besser beraten, wenn Sie die Pferde ganz ausspannten.« Der König hatte Angst vor dem Tod, noch mehr, seit vor kurzem zwei Höflinge tot zu seinen Füßen umgefallen waren. Er hätte also damit rechnen müssen, als er in seinem Landschloß im Dorf Trianon am Stadtrand von Versailles krank erwachte.

Sein Arzt hatte ihm gegen solche Beschwerden immer körperliche Betätigung empfohlen. Also ging Ludwig in der frischen Landluft auf die Jagd. Aber er war so schwach, daß er nicht einmal aufs Pferd kam. Er mußte die Jagd von der Kutsche aus beobachten, und als die Gesellschaft gegen halb sechs Uhr nachmittags ins Schloß zurückkehrte, ging es ihm schlechter. Der Kopf tat ihm schlimmer weh als zuvor, und er war erschöpft. Er fiel gleich ins Bett.

Am nächsten Tag war die Nachricht von der Krankheit des Königs die paar Kilometer bis nach Versailles gedrungen. Am Nachmittag kam der Leibchirurg des Königs auf dem Landsitz an. Er verlangte, daß der Monarch unverzüglich ins Schloß zurückgebracht werde. »In Versailles muß man krank sein, Sire.« Eine Erkrankung des Königs von Frankreich, sei sie auch noch so geringfügig, war ein Ereignis mit weitreichenden Folgen. Es erforderte die Mobilmachung der ganzen Staatsmaschinerie. Das bedeutete die Bemühungen von nicht weniger als vierzehn königlichen medizinischen Experten und die ständige Anwesenheit einer schier unübersehbaren Anzahl von Pflegern und Höflingen. Je nach dem Auf und Ab von des Königs Fieber konnten Chancen und Geschick mancher Menschen steigen und sinken. Die Verlautbarungen über den Gesundheitszustand des Monarchen waren die wichtigsten Ereignisse bei Hof. In seiner geschwächten, unruhigen Verfassung schickte sich Ludwig drein.

Ludwig XV. sollte sein Château in Trianon nie wiedersehen, auch den großen Garten in Versailles nicht. Überhaupt sollte er sein Schlafzimmer nicht mehr verlassen. Er wußte es noch nicht, aber er lag im Sterben; obwohl noch keine Symptome zu erkennen waren, sollte ihn die Seuche seiner Zeit, die Pocken, dahinraffen.

Pocken. Für uns gehören sie der Vergangenheit an. Als erste von Menschenhand auszurottende Krankheit waren sie Gegenstand eines der größten Triumphe in der Medizin. Viele von uns erinnern sich noch schwach an den kleinen Kratzer bei der Pockenschutzimpfung oder den flachen Krater, der sich danach in der Haut bildete. Zur Zeit Ludwigs XV. starb in Europa jeder Zehnte an den Pocken, und über die Hälfte der Opfer waren Kinder. Von denen, die das Glück hatten, bis ins Erwachsenenalter zu überleben, bekamen rund 95 Prozent irgendwann im Leben die Pocken.

Die Krankheit brach urplötzlich aus. Heute ging es einem noch glänzend, und am nächsten Tag hatte man plötzlich Kopf- und Rückenschmerzen, Schüttelfrost und Schwindel. Am übernächsten Tag kam das Fieber, manchmal bis vierzig Grad, darauf folgte Delirium, sogar Koma. Am dritten und vierten Tag ließen die Symptome oft nach, und man hatte das Gefühl, das Schlimmste sei überstanden. Aber dann bildete sich ein Ausschlag, und bald darauf erschienen die ersten Pusteln. Zunächst treten diese roten Flecke im Nacken und an den Unterarmen auf, greifen aber bald auf die Oberarme und den Rumpf, besonders den Rücken, und schließlich auch auf die Beine über. Sie schwellen im Durchmesser bis auf fast einen Zentimeter an, brechen auf und verschorfen schließlich.

Zu diesem Zeitpunkt, wenn es dem Patienten am schlechtesten geht, wenn ihn schmerzende Geschwüre im Mund quälen, kann der Arzt unter Umständen die Überlebenschancen beurteilen. Wenn die Pusteln nicht ineinanderlaufen, besteht Hoffnung. Weniger als 10 Prozent dieser Fälle gingen damals tödlich aus. Verliefen die Pusteln jedoch, war die Überlebenschance nur 50:50. Kam es zu Blutungen unter der Haut, war der Tod gewiß. Und es war ein Tod der schrecklichsten Art, denn der mit Pocken bedeckte Körper verfaulte buchstäblich unter entsetzlichen Gerüchen und gräßlichen Schmerzen.

Und die Glücklichen, die daran nicht starben? Auch bei ihnen hinterließen die Pocken oft böse Nachwirkungen. Im schlimmsten Fall verlor der Kranke das Augenlicht; auf dem Höhepunkt der Pockenepidemien waren die Pocken eine Hauptursache von Erblindung. Im besten Fall war der Patient auf Dauer verunstaltet, hatte Pockennarben auf der Haut, vor allem im Gesicht.

Waren die Pocken schon in der europäischen Welt ein Schrecken, so wüteten sie in unerforschten Gebieten noch viel schlimmer. Die Völker der Neuen Welt, die keine Pocken gekannt hatten, wurden heimgesucht, als die europäischen Invasoren die Krankheit einschleppten. Die Historiker haben sich oft gefragt, wie die spanischen Eroberer unter Hernando Cortés mit nur rund fünfhundert Mann eine Aztekenzivilisation von vielen Millionen Einwohnern so schnell und gründlich zerstören konnten. Die Antwort lag wohl in einer Geheimwaffe, von deren Besitz Cortés selbst nichts wußte, den Pocken. Schon ein einziger spanischer Soldat, der die Krankheit einschleppte, konnte die gesamte Aztekenbevölkerung infizieren. Es wird geschätzt, daß 1522, knapp zwei Jahre nach der spanischen Invasion, drei bis vier Millionen Azteken an der Krankheit gestorben waren; die Spanier hatten ihr Weltreich vergrößert.

Ludwig XV. wußte nicht, was ihm bevorstand. Der Gang der Dinge war vorgezeichnet; es dauerte nicht lange, war jedoch symptomatisch für das Leben damals. Wie der Held in einer antiken Tragödie, wenngleich Ludwig alles andere als eine tragische Gestalt war, verkörperte er in seinem Sterben das damalige Leben.

Auf dieses Privileg hätte er wohl gern verzichtet. Im goldenen Glanz und der Pracht seines Schlafzimmers im Schloß von Versailles spürte Ludwig, wie das Fieber immer stärker wütete, seine Kopfschmerzen schlimmer wurden. Er konnte nicht mehr schlafen, war oft geistesabwesend. Am anderen Morgen berieten Leibarzt und Leibchirurg mit drei weiteren königlichen Ärzten und kamen zu dem Schluß, daß nur ein Weg offenblieb: Seine Majestät mußte zur Ader gelassen werden.

Aderlaß! Ein seltsames Unterfangen für uns Heutige, die wir doch mittlerweile wissen, daß im Blut das Immunsystem seine Abwehrwaffen zirkulieren läßt, ganz zu schweigen von den Nährstoffen, und daß mit dem Blut auch gleichzeitig Abfälle und Gifte ausgeschieden werden. Eigentlich verfolgt die moderne Medizin unter fast allen Umständen die Strategie, das Blutbild zu verbessern oder Blutverluste auszugleichen, jedoch keinesfalls die, Blut zu verschwenden. Doch zur Zeit des Königs Ludwig war der Aderlaß eines Patienten *de rigueur.*

Für einen Menschen im 20. Jahrhundert stellt sich da die Frage nach dem Grund, während der Europäer im 18. Jahrhundert überhaupt keine Zweifel hatte. Obwohl die angeblichen Vorteile eher mühsam zu beweisen waren, lagen der Praxis wohlbedachte und eigentlich unabweisbare Überlegungen zugrunde. Der Aderlaß ging auf eine Theorie zurück, die schon über zweitausend Jahre alt war, die Lehre von den »Säften« oder »Temperamenten«.

Niemand weiß genau, woher die Vorstellung von den Säften stammt; im Westen ist jedenfalls von ihr zum ersten Mal in den Schriften des Hippokrates im 5. Jahrhundert v. Chr. die Rede. Lange vor der im 17. Jahrhundert gemachten Entdekkung, daß das Blut im Körper zirkuliert, sah Hippokrates Krankheiten als Folge eines Ungleichgewichts unter den damals angenommenen vier Grundsäften des Körpers an, also den Körperflüssigkeiten Blut, Schleim, gelbe und schwarze Galle. Diese Säfte verkörperten wiederum die vier Elemente, aus denen die Welt bestand: Wasser, Erde, Feuer und Luft. Da alles Essen und Trinken aus diesen Elementen bestand, nahm man sie mit der Nahrung auf; nur die Luft atmeten wir direkt ein. Die Verdauung machte die Säfte zu Körperflüssigkeiten, die den Körper ernährten, dabei jedoch die Eigenschaften der eigentlichen Elemente nie verloren. Wasser und Blut waren feucht; Erde und Schleim waren kalt, Feuer und gelbe Galle waren heiß; Luft und schwarze Galle (eine gar nicht existierende Flüssigkeit, die man lediglich erfunden hatte, um die Hypothese abzurunden, denn die Wirklichkeit muß sich ja schließlich nach der Theorie richten) waren trocken. So war der Körper, recht betrachtet, ein Miniaturuniversum. Die im Kosmos wirkenden Kräfte waren im Fleisch nicht weniger tätig.

Diese Theorie wurde jahrhundertelang überliefert und dabei in mancher Hinsicht verändert und ausgeschmückt. Lange vor der Zeit König Ludwigs wurde jeder dieser Körpersäfte mit bestimmten Temperamenten oder Persönlichkeitsmerkmalen noch enger in Verbindung gebracht. Ein bestimmter Saft herrschte der Theorie zufolge in einem Menschen vor, bestimmte also dessen Temperament. Trockene schwarze Galle wirkte deprimierend auf den Geist und führte zu Melancholie, ergab nachdenkliche Eigenbrötler. Dagegen ließ das Feuer der heißen gelben Galle cholerische Personen entstehen, die sich schnell erregten (es gibt ja auch bei uns immer noch den Ausdruck: »Mir läuft die Galle über«). Der kalte

Schleim dämpfte das Temperament und ergab ein träges oder indifferentes Verhalten, eben eine phlegmatische Persönlichkeit. Und das feuchte Blut führte zu einem sanguinischen (also »blutähnlichen«) Verhalten, zu robusten, hoffnungsfrohen, fröhlichen Menschen.

Das war die klassische Vorstellung von der Harmonie, ins Extrem erweitert. So wie die vier Elemente im natürlichen Universum wirkten, äußerten sie sich in Form der Säfte auch im körperlichen Universum. Und ebenso wie ein Ungleichgewicht im Kosmos zu großen Naturkatastrophen führen konnte, zu Bränden, Erdbeben, Wirbelstürmen und Hochwasser, konnte ein Ungleichgewicht im Körper, ein Übermaß an einem dieser Säfte, Krankheiten hervorrufen. Die Krankheit war also hauptsächlich Folge einer »Plethora« dessen, was im Gleichgewicht als Naturzustand vorlag. Wenn die Dinge aus dem Gleichgewicht gerieten, versuchte der Körper, oft mit Erfolg, seinen natürlichen Zustand wiederherzustellen, aber manchmal brauchte er dabei Unterstützung. Es war Aufgabe des Arztes, bei der Wiedererlangung dieses Gleichgewichts mitzuhelfen.

Also wurde Ludwig XV. zur Ader gelassen. Eine Diagnose hatte man bisher nicht gestellt; seine Ärzte dachten jetzt erst an die Pocken; doch Ludwig wurde zur Ader gelassen. Es half nichts. Das Fieber stieg weiter. Nun stand es völlig außer Zweifel, daß der König schwer krank war.

Am Nachmittag des dritten Tages wurde die ganze königliche medizinische Fakultät eingeschaltet: sechs Ärzte, fünf Chirurgen, drei Apotheker. Sie drängten sich um das Bett des Königs, umringt von Scharen von Höflingen und Bediensteten. Ludwig war zu diesem Zeitpunkt vor Schmerzen, Sorgen und Schwäche, nicht nur durch seine Krankheit, sondern auch durch den Blutverlust bedingt, fast von Sinnen. Nacheinander forderte er jeden Spezialisten auf, ihm den Puls zu fühlen, die Symptome zu beschreiben und ihm seine Krankheit zu erklären. Keiner der Ärzte vermochte es, sicherlich auch deswegen, weil sich Ludwig so lange über die Helligkeit im Zimmer beklagt hatte, bis man mit großem Aufwand alles Licht von ihm fernhielt. Vermutlich konnte keiner der gelehrten Doktoren so gut sehen, daß er eine aussagekräftige Untersuchung hätte durchführen können. Nach weiterer, eingehender Beratung und einigen geflüsterten Gesprächen beschloß jedenfalls das Ärztekomitee, Ludwig sei noch einmal zur Ader zu lassen, und sollte das nicht helfen, auch noch ein drittes Mal.

Man stelle sich die Szene vor: Im Schatten des königlichen Betts, von zwei großen geschnitzten Palmen eingerahmt und durch eine niedrigere Balustrade vor den neugierigen Blicken des Personals geschützt, lag Ludwig, umgeben von königlichen Ärzten; das Blut floß ihm aus den Armen. Das Bild wurde in den riesigen Spiegeln und vergoldeten Schnitzdecken eines Saals reflektiert, der einmal als einer der elegantesten Räume in Versailles gegolten hatte. Der König hatte in diesem Augenblick vielleicht als einziger von allen, die im königlichen Schlafzimmer versammelt waren, nicht den Verdacht, daß er an den Pocken starb; der Blutmangel hatte ihn jedoch mittlerweile so sehr geschwächt, daß es schon gar nicht mehr darauf ankam, woran er wirklich litt. Damals wurde der Patient im allgemeinen so lange zur Ader gelassen, bis er bewußtlos war; erst dann konnte man sicher sein, daß ihm genug Blut abgezapft worden war. Wieviel Blut das war? Es kam darauf an. »Im allgemeinen«, schrieb ein medizinischer Forscher ein paar Jahrzehnte später, »wird der Aderlaß ertragen, solange er nötig ist; solange er ertragen wird, ist er auch nötig.« Bei König Ludwig belief sich die Menge auf »vier große Becken« Blut.

Während Ludwig das Bewußtsein verlor, standen die Ärzte der medizinischen Fakultät, nachdem sie ihrem König soeben das letzte bißchen Lebenskraft entzogen hatten, kopfnickend in feierlichem Gespräch beieinander, vermuteten gewiß das Schlimmste, waren aber außerstande, etwas dagegen zu tun. Sie waren aufgefordert, dem König ständig zur Seite zu stehen, »als stelle er sich vor, daß ihm inmitten so vieler Satelliten nichts Schlimmes wiederfahren könne.« Und dann die zahlreichen Höflinge und Bediensteten, flüsternd und summend, geschäftig hin- und hergehend, immer bestrebt, herauszubekommen, was los war, wie sich die königliche Krankheit auch auf das eigene Schicksal auswirken konnte. (So nahe am Krankenbett gewesen zu sein, erwies sich später nicht gerade als Privileg, denn fünfzig Höflinge bekamen bald darauf die Pocken, und zehn von ihnen starben.)

Schließlich stelle man sich noch den Schrecken des armen Pflegers vor, der später am Abend, als der König aus seinem Prunkbett auf ein kleines Feldbett in einer Ecke des Zimmers verlegt wurde, zufällig mit der Lampe in die Nähe der königlichen Stirn geriet. Was er dort sah, veranlaßte ihn sofort, den Leibchirurgen herbeizuholen, der seinerseits erneut die ganze übrige königliche medizinische Versammlung einberief, so daß jedes Mitglied jetzt den ersten richtigen Blick auf den König tat. Auf Ludwigs Stirn bildete sich unverkennbar ein Ausschlag mit roten Pusteln, die sich deutlich von der blassen Haut abhoben.

Die Pocken. Die Nachricht verbreitete sich mit Windeseile in ganz Paris. Gebete um Gesundung des Königs wurden angeordnet, aber sie halfen wenig; die Kirchen und Kapellen blieben leer. Als der König 1744 schon einmal schwer krank gewesen war, hatte man für ihn in Notre Dame über sechstausend Messen lesen lassen. Als er 1757 wieder erkrankte, hatten nur noch sechshundert Menschen für seine Gesundung gebetet. Jetzt waren ganze drei bereit, eine Privatmesse für den König zu bezahlen. Ludwigs Familie ließ allerdings mehr Besorgnis erkennen. Während seine männlichen Erben und deren Frauen das Krankenzimmer still verließen, blieben seine drei Töchter da und gefährdeten sich dadurch aufs stärkste. Selbst seine Mätresse, Madame du Barry, die nie Pocken gehabt hatte, also auch nicht immun war, blieb bei dem sterbenden Monarchen.

Am nächsten Morgen war Ludwig so schwach, daß er nach allgemeiner Ansicht höchstens noch ein paar Tage zu leben hatte. Es wurde beschlossen, den Erzbischof von Paris zu bitten, den König zur letzten Beichte vorzubereiten. Aber Seine Eminenz sah sich einem schwierigen Problem konfrontiert. Aus politischen Gründen hatten er und die Kirche Ludwigs Techtelmechtel mit Madame du Barry zugelassen. Wenn er jetzt dem König eine letzte Beichte abnahm, zwang er ihn damit, sie zu verstoßen. So stand der alte Herr vor einem Dilemma: Sollte er tun, was sein geistliches Amt von ihm forderte, und die Sakramente erteilen, oder sollte er der Kirche weiterhin eher weltlich dienen?

Die praktischen Überlegungen gewannen die Oberhand. Der alte Prälat begab sich ins Krankenzimmer, grüßte den im Bett liegenden Ludwig, sprach mit ihm ein paar Minuten über dies und das, wünschte ihm baldige Gesundung und ging wieder.

Ludwig war wie umgewandelt. Er hatte erwartet, ja eigentlich befürchtet, daß ihm die Sterbesakramente erteilt werden würden. Als er statt dessen nur ein paar freundliche Worte und gute Wünsche zu hören bekam, mußte das doch bedeuten, daß er gar nicht so krank war, wie er gedacht hatte. Überglücklich rief er nach Frau du Barry und »weinte vor Freude und bedeckte ihre Hände mit Küssen«. Er ließ seine vierzehn ärztlichen Pfleger kommen und stündlich abwechselnd seinen Puls fühlen und die Zunge untersuchen. Sie alle bekundeten, »jeder auf seine Art«, wie ein Beobachter verzeichnet, »die Befriedigung, die sie über die Schönheit und Farbe dieses Körperteils Seiner Majestät empfanden«.

So ging es weiter bis zum 3. Mai, dem siebten Krankheitstag, als sich Ludwigs Zustand schlagartig verschlechterte. Das Gesicht schwoll ihm an, er wurde gelb, rührte sich kaum noch und sprach so leise, daß die du Barry sich über ihn beugen mußte, um ihn zu verstehen. Was sie hörte, hatte sie nicht erwartet. Der König befahl ihr, Versailles zu verlassen. »Ich gehöre Gott und meinem Volk«, hauchte er, und dann ergriff der König, nach Frau du Barrys Worten, »meine Hand, küßte sie zärtlich und flüsterte ein liebevolles ›Adieu‹.«

Als Madame du Barry vom Hof verbannt war und seine Familie das Krankenzimmer nicht mehr betreten durfte, ging Ludwig erst die ganze Hoffnungslosigkeit seines Zustands auf. Voll Angst ließ er sein Bett mit Weihwasser besprengen, um den Teufel auszutreiben, und befahl, an alle Kirchen in Paris Geld zu schicken, damit dort Messen für ihn gelesen werden konnten. Es war schon viel zu spät. Ludwig XV. erhielt am 7. Mai, dem elften Tag seiner Krankheit, die Sterbesakramente.

Seine Familie, die Geistlichkeit des Reiches, die Beamten der Krone, die Minister und Sekretäre und fast alle Personen bei Hofe waren zugegen und trugen brennende Kerzen in der Hand, als der König mit anhörte, wie der Versammlung seine Reue verkündet wurde.

»Messieurs«, verkündete der Kardinal, »der König beauftragt mich, Ihnen mitzuteilen, daß er Gott um Verzeihung dafür bittet, daß er ihn beleidigt und seinem Volk Schande gemacht hat; wenn Gott ihn wieder gesunden läßt, will er sich der Erhaltung der Religion und dem Wohlergehen seines Volkes widmen.«

»Ich wollte, ich wäre noch so stark, daß ich es selbst hätte sagen können«, murmelte Ludwig von seinem Bett aus.

In diesem Augenblick endete das öffentliche Leben des Königs von Frankreich. Wer nicht dableiben mußte, floh möglichst schnell und überließ Ludwig dem Sterben. Schon am nächsten Tag fiel er ins Delirium, und einen Tag später, so beschreibt es ein Historiker, »ging der Körper des Königs in einen Zustand lebender Fäulnis über und verströmte dabei einen schrecklichen Gestank«. Nicht einmal Weihrauch und geöffnete Fenster vermochten des üblen Geruchs Herr zu werden. Am nächsten Tag, dem 10. Mai 1774, endete die Qual kurz nach drei Uhr nachmittags. Ludwig XV. war tot.

Jetzt mußte der König nur noch begraben werden. Auch da herrschten nüchterne Überlegungen. Bei seinem Vorgänger, Ludwig XIV., hatten die Begräbniszeremonien und die Zeit seiner Aufbahrung sieben Wochen gedauert. Diesmal wurde das ganze Protokoll beiseite gelassen. Traditionsgemäß hätte Ludwig seziert und einbalsamiert werden müssen, doch als der Kammerherr des Königs den Leibchirurgen aufforderte, an die Arbeit zu gehen, erklärte der Arzt dem Höfling sehr schnell, daß es bei dieser Operation »Ihre Pflichten erfordern, daß Sie den Kopf des Verstorbenen halten. Ich erkläre Ihnen, daß nach einer Öffnung des Körpers weder Sie noch ich oder sonst ein bei der Autopsie Anwesender eine Woche später noch am Leben sein wird«.

Eine Autopsie wurde nicht durchgeführt. Der Leichnam wurde nicht einbalsamiert, auch wurde ihm das Herz nicht entfernt und in ein besonderes Behältnis gelegt, wie es bei den Bourbonenkönigen Sitte gewesen war. Statt dessen wurden zwei protestierende Totengräber überredet, den Leichnam in einen doppelten Bleisarg zu legen und die Überreste mit Wein und ungelöschtem Kalk zu übergießen. Zwei Tage später wurde mitten in der Nacht der König von Frankreich in die königliche Krypta von Saint-Denis überführt, und »das Begräbnis machte eher den Eindruck, als werde eine Last beseitigt, die man möglichst schnell hinter sich bringen wollte, als die letzte Pflicht gegenüber einem Monarchen«. Sein Geleit bestand aus vierzig Mitgliedern seiner Leibwache und einigen fackeltragenden Pagen. Zumindest in einem Bericht heißt es, einer der Totengräber, die mitgeholfen hatten, Ludwig in der königlichen Krypta zu bestatten, sei an dem heftigen Erbrechen gestorben, das durch den unerträglichen Gestank ausgelöst worden war.

Ludwig XV. schrieb in seinem Testament: »Ich habe schlecht regiert und verwaltet, weil ich wenig Talent habe und schlecht beraten wurde.« Es ist vielleicht die genaueste Zusammenfassung seiner Regierungszeit, ein Urteil, das neunzehn Jahre später in den ersten Tagen der Revolution dramatisch bestätigt wurde, als Aufständische in die königliche Gruft in Saint-Denis einbrachen und Ludwigs Leichnam ebenso wie die Überreste seiner Vorfahren herausholten und in einen Graben warfen. Wenn man Ludwigs gedenkt, erinnert man sich vielleicht besser an seinen Tod als an sein Leben.

Einen seiner Aussprüche, sein bekanntes »Après moi, le déluge« (nach mir die Sintflut), der wegen seines zynischen und gleichzeitig treffenden Inhalts – die französische Revolution ereignete sich nur fünfzehn Jahre nach seinem Tod – sieht man heute vielleicht als ironischen Vorboten besserer Zeiten. Mindestens im Hinblick auf die Medizin war Ludwigs Leben von dem eines Menschen in der Frührenaissance, im Mittelalter oder selbst im antiken Griechenland oder Rom kaum zu unterscheiden. Die Medizin war zu Ludwigs Zeit eigentlich noch gar keine Wissenschaft, sondern eher ein Gemenge von oft widersprüchlichen Strategien und Philosophien, die zumeist aus längst vergangenen Jahrhunderten stammten; auf keinen Fall brauchten sie zur Bestätigung das, was wir heute als empirische Beweise bezeichnen. Diese Philosophien waren das Ergebnis von Vermutungen über die Funktionen des Lebens, nicht von Experimenten, die eigens zu dieser Entdeckung angestellt wurden. Ludwig wurde zur Ader gelassen, weil die Theorie es so verlangte, nicht weil die Praxis irgendeinen Vorteil gezeigt hatte. Und wenn eine Behandlung nicht anschlug, wie es häufig der Fall war, dann lag es eben an der Verfassung des Patienten, nicht an dem, was der Arzt tat.

Ein Verfahren zu überprüfen, um seine Wirksamkeit zu bestimmen, ist uns heute zur zweiten Natur geworden; in der Welt von Ludwig XV. war das noch nicht üblich. Es kam erst später. In dieser vorwissenschaftlichen Welt lebte der Mensch durch Gottes Gnade oder weil er einfach Glück hatte – eine Festlegung, die nicht einmal das Privileg der Hochgeborenen beeinflussen konnte –, und die damalige Medizin spielte eigentlich überhaupt keine Rolle. Was im physikalischen Universum geschah, war ein Geheimnis, das sich in den Launen der körperlichen Gesundheit widerspiegelte.

Doch gegen Ende von Ludwigs 18. Jahrhundert ereignete sich auf der anderen Seite des Ärmelkanals etwas, das diesen Zustand grundlegend änderte. Es war der Anfang der Erkenntnis von den Dingen des Lebens und der Krankheit, die sich bis heute in der Entwicklung befindet, eine Erkenntnis, die zur Entdeckung der Viren und zur Beseitigung der durch Viren bedingten Seuche, der Pocken, geführt hat. *»Après moi, le déluge«*, wie wahr. Denn ein unbekannter Landarzt in England sollte sehr bald eine Flut verursachen, die erst jetzt, in den letzten Jahren des 20. Jahrhunderts, ihren Höhepunkt erreicht. Heute befinden wir uns auf dem Kamm dieser Woge und überblicken alle Möglichkeiten, die sich uns bieten. Ludwig XV. war nicht so gut dran. Trotz all ihrer Folgen stieg diese Flut langsam und zögernd; ihren Anfang nahm sie bei einer Melkerin.

ZWEITES KAPITEL

Mit einer Melkerin fing alles an

Irgendwann zwischen 1763 und 1770, kurz bevor Ludwig XV. die Pocken bekam, hörte ein junger angehender Chirurg namens Edward Jenner die Worte, die sein Leben und schließlich das Leben von Millionen Menschen auf der ganzen Welt veränderten. Sie veranlaßten ihn zu den ersten wirksamen Schritten gegen Viren, gegen Geschöpfe, von deren Existenz er damals noch gar nichts wußte.

Jenner stammte aus dem Dorf Berkeley in Gloucestershire, nicht weit von der englischen Südwestküste entfernt. In dieser Gegend blühte die Milchwirtschaft, und Jenner ließ mit seinem breiten Gesicht und untersetzten Körperbau erkennen, wo er aufgewachsen war. Als Halbwüchsiger ging er sieben Jahre beim örtlichen Chirurgen in die Lehre; das war der erste Schritt zur eigenen Arztpraxis. Er mußte in dieser Zeit seinen Mentor auf dessen Besuchen begleiten, und dazu gehörte auch die Behandlung einer Melkerin bei einem Ausbruch der Kuhpocken.

Die Kuhpocken waren in einer Gegend, in der Milchwirtschaft betrieben wurde, eine Art Berufskrankheit. Sie verursachte Blasen an den Eutern der Milchkühe und war äußerst ansteckend, nicht nur für andere Tiere, sondern auch für Menschen, besonders diejenigen, die die Kühe versorgten. Nach der Ansteckung bildeten sich beim Menschen schmerzende Pusteln an den Händen und Handgelenken; die Patienten litten ein paar Tage an Fieber und Übelkeit. Wenn man es nicht besser wußte, konnte man die Pusteln auch leicht für Pocken halten.

Es heißt, daß Jenner bei der Melkerin den jüngsten Ausbruch der Kuhpocken untersuchte und die junge Frau den Satz sprach, der sein Leben und seitdem die Medizin grundlegend verändert hat. »Jetzt kriege ich nie mehr Pocken«, verkündete sie, »denn ich habe ja die Kuhpocken gehabt.«

Diese Ansicht war nicht sonderlich überraschend. Daß jemand, der an den Kuhpocken erkrankt war, dadurch gegen Pocken immun wurde, war in diesem Landstrich eine zumindest beim niederen, ungebildeten Volk weit verbreitete Ansicht. Ebenso summarisch wurde sie von den meisten Ärzten verworfen. Mithin hätte eigentlich die Erklärung der Melkerin bei Jenner kaum einen Eindruck hinterlassen dürfen; aus irgendeinem Grund blieb sie ihm jedoch im Gedächtnis. Er vergaß sie auch in seiner anschließenden zweijährigen Lehrzeit bei dem berühmten Chirurgen John Hunter in London nicht und erinnerte sich über zwanzig Jahre später daran, als er schon eine wachsende und zusehends erfolgreichere Praxis als Landarzt zu Hause in Berkeley führte.

Warum beeindruckte Jenner etwas, das die meisten Ärzte als Ammenmärchen abtaten? Irgendeine Erfahrung muß ihn für diese völlig unbewiesene Feststellung besonders empfänglich gemacht haben. Vielleicht war es auch seine eigene Erinnerung an die Pocken oder vielmehr an die einzige damals bekannte Methode, mit der Krankheit fertigzuwerden, die sogenannte Inokulation.

Die Vorstellung der Melkerin, die Erkrankung an den Kuhpocken mache sie gegen Pocken immun, war zwar umstritten, enthielt aber ein Körnchen Wahrheit, die niemand bestritt: Wer einmal den Kampf gegen die Pocken gewonnen hatte, brauchte ihn nie wieder zu führen – der war immun. Angesichts dessen war es nur eine Frage der Zeit, bis sich jemand diese Erkenntnis zunutze machte und absichtlich andere mit der Krankheit infizierte, um so einen schwachen, überlebbaren Verlauf der Krankheit hervorzurufen, der gegen spätere schwere Fälle schützte. Das Verfahren wurde *Variolation* (vom lateinischen Wort für Pocken, Variola) oder allgemein *Inokulation* genannt.

Die ersten Inokulationsversuche gegen die Pocken fanden wahrscheinlich im alten China statt. Die Chinesen »säten Pocken«, indem sie zu Pulver zermahlenen Schorf von leicht an Pocken Erkrankten durch Elfenbeinstrohhalme in die Nase inhalierten. Sie nannten das Verfahren »himmlische Blüten«. In anderen östlichen Gesellschaften wurde Pockenschorf direkt in Schnitte eingebracht. Allerdings hatte man dabei keinen Einfluß auf die Dosis. Eine vermeintlich schwache Exposition konnte durchaus viel weniger leicht verlaufen und nicht immunisieren, sondern töten oder verstümmeln. Außerdem sind Pocken auch bei leichtem Verlauf der Erkrankung äußerst ansteckend. Selbst wer nur einen einzigen Menschen ansteckte, konnte ganz rasch einen neuen Ausbruch der Krankheit hervorrufen.

Trotz aller Unwägbarkeiten und Gefahren überwog bei dieser Prozedur doch der Erfolg, und um den Anfang des 18. Jahrhunderts war die Inokulation bei einigen europäischen Bauern eine weithin geübte Praxis, die man »Pocken kaufen« nannte. Reisende berichteten von Inokulationen in Polen, Dänemark, Schottland und Griechenland, und auch in England hatte sich das Verfahren durchgesetzt. Bei den herrschenden und wohlhabenden Klassen hatte es sich allerdings nicht etabliert, bis eines Tages Lady Mary Wortley Montagu, die Frau des britischen Botschafters in der Türkei, die Lage änderte.

Lady Mary war eine Schönheit, stammte aus angesehener Familie und war eine der beliebtesten Gastgeberinnen in London. 1715 bekam sie die Pocken; ihr Bruder war knapp zwei Jahre zuvor an derselben Krankheit gestorben. Lady Mary kam mit dem Leben davon, büßte aber ihre Schönheit ein; ihre Wimpern waren zerstört, ihr Gesicht pockennarbig entstellt. Als ihr Mann 1716 seinen Posten in Konstantinopel antrat, hatte Lady Mary ein sehr persönliches Interesse an den Pocken. Schon zwei Wochen nach der Umsiedlung schrieb sie den mittlerweile berühmt gewordenen Brief an ihre Freundin Sarah Chiswell (die neun Jahre später an den Pocken sterben sollte).

»*Apropros* Unpäßlichkeiten«, schrieb Lady Mary, »ich habe Dir etwas zu erzählen, das Dich wünschen lassen wird, selbst hier zu sein. Die Pocken, bei uns so tödlich und so weit verbreitet, verlaufen hier völlig harmlos dank der Erfindung des *Einpflanzens,* wie sie das Verfahren nennen. Ein paar alte Frauen führen die Operation jeden Herbst im Monat September durch, wenn die große Hitze vorüber ist.

Die Menschen schicken zueinander, um in Erfahrung zu bringen, ob jemand in der Familie vielleicht die Pocken haben möchte; dann veranstalten sie dazu Gesellschaften, und wenn sie zusammenkommen (normalerweise fünfzehn oder sechzehn Personen), besucht sie die alte Frau mit einer Nußschale voll der besten Pockensubstanz und fragt, welche Vene man bitte geöffnet haben möchte.

Sie reißt diejenige, die man ihr bietet, sofort mit einer großen Nadel auf (das tut nicht mehr weh als ein normaler Kratzer) und legt in die Vene so viel von dem Stoff, wie auf ihrer Nadelspitze Platz hat; danach bindet sie die kleine Wunde mit einem hohlen Stückchen Nußschale zu, und so öffnet sie vier bis fünf Venen.

... Die Kinder oder kleinen Patienten spielen den Rest des Tages zusammen und sind bis zum achten Tag bei bester Gesundheit. Dann ergreift sie allmählich das Fieber, und sie bleiben zwei Tage, gelegentlich auch drei Tage, im Bett. Ganz selten bekommen sie mehr als zwanzig oder dreißig [Pusteln] im Gesicht, die aber nie Spuren hinterlassen, und in acht Tagen geht es ihnen so gut wie vor ihrer Krankheit. Wo sie verwundet worden sind, bleiben während dieser Unpäßlichkeit schwärende Pusteln, was den Verlauf gewiß erleichtert.

Jedes Jahr machen Tausende diese Operation durch, und der französische Botschafter erklärt vergnügt, daß sie sich hier zur Ablenkung die Pocken zulegen, so wie in anderen Ländern die Leute in die Bäder reisen. Es gibt kein Beispiel dafür, daß jemand daran gestorben wäre, und Du kannst mir glauben, daß ich mich der Sicherheit dieses Experiments genau vergewissert habe, da ich es auch an meinem lieben Söhnchen ausprobieren möchte. Mir liegt mein Vaterland so am Herzen, daß ich mich bemühen werde, diese nützliche Erfindung in England in Mode zu bringen ...«

Binnen eines Jahres ließ Lady Mary ihren sechsjährigen Sohn inokulieren, ohne ihrem Mann etwas davon zu sagen und gegen den heftigen Widerstand des Botschaftskaplans, der das Vorgehen als unchristliche Operation bezeichnete, die nur bei den Ungläubigen anschlagen könne. Es gab keine Komplikationen. Als Lady Mary schließlich eine Woche später ihrem Mann beichtete, was sie getan hatte, war der Junge schon über den Berg, »sang und spielte und verlangte ungeduldig nach seinem Abendessen«.

1721, drei Jahre später, als die Familie Montagu wieder in London wohnte und eine tödliche Pockenepidemie ausgebrochen war, ließ Lady Mary ihre vierjährige Tochter inokulieren und setzte damit diese Praxis bei vielen königlichen und aristokratischen Familien in England und Europa durch. In Frankreich ließ sich ein halbes Jahrhundert später die Familie Ludwigs XV. nach dem Tod des Königs schnell auch inokulieren, und die königliche Familie Österreichs tat das gleiche. Die Inokulation stand auch in den britischen Kolonien jenseits des Atlantiks hoch im Kurs.

Mit der Inokulation konnte man die Pocken allerdings nicht verhindern. Die Ansteckungsgefahr blieb weiterhin bestehen, und ebenso ungeklärt war die Frage, wie man die Operation gerade an den Menschen durchführen sollte, die sie besonders nötig brauchten. Selbst wenn sich zu Jenners Zeit viele Angehörige der wohlhabenden und aristokratischen Kreise mit großem Aufwand gegen die Krankheit hatten schützen lassen und sich Inokulation auch unter der Landbevölkerung schon ein bißchen durchgesetzt hatte, litten die Armen in den Städten nach wie vor an den Pocken. Sie wohnten in drangvoller Enge, oft unter unvorstellbaren Bedingungen, bildeten die große Mehrheit der Stadtbevölkerung und waren geradezu Inkubationsherde für die Krankheit. Diese Menschen waren gegenüber allem Neuen argwöhnisch, mochten sich mit dem nicht anfreunden, was sozial Höhergestellte für sich einführten und hatten sich in fatalistischer Lebensauffassung an ihre Situation gewöhnt, wonach die Krankheit ein natürlicher Lebenszustand war. Somit leisteten diese Menschen selbst den wenigen, schwachen Versuchen Widerstand, auch bei ihnen die Inokulation einzuführen. Die Folge: Obwohl es eine Behandlung gab, die sicherlich nicht vollkommen war, aber doch Hoffnung auf etwas Besseres machte, stieg die Zahl der Pockeninfektionen in England im 18. Jahrhundert noch weiter an. Die Inokulation bot gewiß eine Grundlage, auf der man aufbauen konnte, doch man brauchte mehr, um dieser schrecklichen Krankheit Einhalt zu gebieten.

Jenner war selbst mit acht Jahren inokuliert worden. Vielleicht war es dieses Erlebnis, das ihn immer wieder den Zusammenhang mit den Kuhpocken aufgreifen ließ, denn in England wurden die Patienten damals sehr umständlich und brutal auf die Inokulation vorbereitet. Bei Jenner dauerte das sechs Wochen. Er wurde zur Ader gelassen, bis er ganz bleich war, dann mehrfach purgiert und mußte fasten, bis er zum Skelett abgemagert war. Er bekam keine feste Nahrung, sondern nur einen Gemüsetrank, der angeblich das Blut süß machte; nach der eigentlichen Inokulation, dem bei der ganzen Geschichte am wenigsten traumatischen Vorgang, wurde er in einen »Inokulationsstall« gesteckt und, mit den Worten eines frühen Biographen, »mit anderen in einem fürchterlichen Krankheitszustand gehalten, obwohl keiner von ihnen starb«. Zur Erholung inmitten der stöhnenden, weinenden inokulierten Kinder brauchte er noch einmal drei Wochen, und noch länger danach blieb er kränklich.

Wenn dieses Erlebnis Jenner tatsächlich im Gedächtnis blieb, so hatte er es mit der Reaktion darauf zunächst nicht besonders eilig. In seinen ersten Arztjahren in Berkeley zeichnete er sich mehr durch sein flottes Leben als durch irgendwelche Fortschritte im Kampf gegen die Pocken aus. Er ging mit einer Gruppe befreundeter Junggesellen reiten, war häufig in den Kneipen anzutreffen, besuchte Veranstaltungen der medizinischen Gesellschaft und versuchte sich sogar im Abfassen von Versen. (An eine Patientin, der er zwei Enten geschenkt hatte, schrieb Jenner folgendes Gedicht:

»Zur Genesung, Frau Patientin,
Schick' ich Ihnen hier zwei Entchen.
Wo kein Arzt mehr doktern mag,
salbern diese beiden quack.«)

Die Kuhpocken und ihre Beziehung zu den Pocken hatte er jedoch nicht vergessen. Er hielt vor Kollegen im örtlichen Ärzteclub sogar einen Vortrag darüber, bewirkte aber nicht viel. Reden allein half nichts. Wenn Jenner weiterkommen wollte, mußte er seine Theorie beweisen.

1789 wurden die amerikanischen Kolonien zur Nation; ein Jahr nachdem Jenner eine Frau aus dem Ort, Katherine Kingscote, geheiratet hatte, brachen in Gloucestershire die Schweinepocken aus. Die Schweinepocken waren eine den Kuhpocken ähnliche Krankheit, befielen aber nicht Kühe, sondern Schweine (die Pferdepocken gehörten in dieselbe Gruppe). Bis dahin hatte sich Jenner in seinem Leben und bei seinen Untersuchungen immer Zeit gelassen, doch jetzt, im Alter von 40 Jahren, inokulierte er seinen zehn Monate alten Sohn Edward jr. mit einer Substanz, die er einer Pustel der Kinderschwester entnommen hatte; die Kinderschwester hatte die Schweinepocken durch Ansteckung bekommen.

Man muß sich fragen, was ihn zu einem so extremen Schritt getrieben haben mag, nachdem er so lange fast untätig geblieben war. Und was mag wohl seine Frau, mit der er gerade ein Jahr verheiratet war, davon gehalten haben? Wie dem auch sei: Acht Tage später erschienen auf Edwards Babyhaut ein paar kleine Pusteln, und er wurde krank. Kurz danach inokulierte ihn Jenner mit richtigen Pocken, und das nicht einmal, sondern gleich *fünfmal.* Das Kind zeigte keinerlei Reaktion. Zwei Jahre später inokulierte Jenner seinen Sohn noch einmal mit den Pocken. Diesmal gab es eine Reaktion, sogar eine kräftige, jedoch nicht von den Pocken. Das Inokulationsmaterial erwies sich als verunreinigt – eine Gefahr, die auch später Jenners Arbeit ständig drohte. Der kleine Edward bekam Fieber, und sein Arm schwoll bis in die Achselhöhle an. Er erholte sich jedoch bald wieder, und das Jahr darauf inokulierte ihn Jenner noch einmal mit Pocken. Wiederum erfolgte keine Reaktion. Offenbar schützten die Schweinepocken vor den Pocken.

Mit den ermutigenden Ergebnissen seines Versuchs reiste Jenner jetzt von Bauernhof zu Bauernhof und untersuchte die Fälle von Melkern und Melkerinnen, die durch vorausgegangene Infektionen mit Kuhpocken vor der Erkrankung an Pocken geschützt geblieben waren. 1796 brachen in diesem Landstrich wieder die Kuhpocken aus und boten Jenner Gelegenheit zu einem Versuch, den er schon lange hatte durchführen wollen: das Immunisierungsvermögen der Krankheit einmal wirklich zu erproben.

Dazu mußte er jemand mit Kuhpocken und später mit Pokken infizieren, wie er es bei seinem Sohn getan hatte. Aber wen konnte Jenner für einen so gefährlichen Versuch auftreiben? Es mußte jemand sein, der noch nie Pocken oder Kuhpocken gehabt hatte, was zu jener Zeit in jener Gegend die Auswahl schon erheblich einschränkte, und außerdem mußte derjenige sein Leben dabei aufs Spiel setzen. Als Versuchsperson fand sich schließlich ein achtjähriger Junge namens James Phipps, dessen Eltern der Prozedur zustimmten, »nachdem sie die Alternative bedacht hatten«. Um das Kuhpockenmaterial zu gewinnen, wandte sich Jenner an eine junge Melkerin namens Sarah Nelmes, die nach dem Melken einer infizierten Kuh erkrankt war. Jenner fertigte eine genaue Zeichnung der Pusteln auf ihrer Hand und ihrem Handgelenk an. Genau das hatte er gesucht: Sie waren groß und standen kurz vor ihrer höchsten Infektionswirkung. Später schrieb er, sie hätten ausgesehen wie »eine aufgeschnittene Perle auf einem Rosenblatt«.

Am 14. Mai 1796, einem berühmten Tag in der Geschichte der Medizin, durchstach Jenner mit der Lanzette eine Pustel auf dem Handgelenk von Sarah Nelmes und fügte dann mit der Spitze des jetzt mit Kuhpockensubstanz bedeckten Instruments dem Arm von James Phipps zwei Kratzer zu. Das war die erste nachgewiesene Invakzination, ein Begriff, den Louis Pasteur später als eine Art Huldigung an Jenner allgemein einführte, nachdem er ihn von Jenners Begriff *Vaccinae,* »von der Kuh«, entlehnt hatte.

»Am siebten Tag«, schrieb Jenner, »klagte Phipps über Beschwerden in der Achselhöhle, am neunten Tag bekam er Schüttelfrost, wurde appetitlos und hatte Kopfschmerzen. Diesen ganzen Tag lang ging es ihm sichtbar schlecht; er verbrachte auch eine verhältnismäßig unruhige Nacht, doch am darauffolgenden Tag war er wieder wohlauf.«

Bei Phipps bildete sich am Arm eine einzige Pustel aus; am zehnten Tag verschorfte sie, ein paar Wochen später fiel der Schorf ab und hinterließ den winzigen Krater, der in künftigen Jahren das bekannte Zeichen für eine »angegangene« Impfung sein sollte.

Am 1. Juli, sieben Wochen nach Beginn des Experiments, inokulierte Jenner Phipps mit Pocken. Nichts geschah. Ein paar Monate danach inokulierte ihn Jenner noch einmal, wieder ohne jede Wirkung. In den nächsten 25 Jahren inokulierte Jenner »den armen Phipps«, wie er ihn nannte, etwa zwanzigmal, und zwanzigmal blieb jede Reaktion aus.

Jenner war vor Freude außer sich. Überglücklich schrieb er einem Freund: »Ich werde jetzt meine Experimente mit verdoppeltem Eifer wieder aufnehmen.« Aber wieder stieß er auf Schwierigkeiten, gegen die er nichts ausrichten konnte: Die Kuhpocken traten in jenem Landstrich nicht mehr auf. Also wartete er. Er wartete zwei lange Jahre, eine Zeit, die für ihn qualvoll gewesen sein muß, bis schließlich in Gloucestershire die Kuhpocken wieder ausbrachen. Schnell machte sich Jenner an die Arbeit, infizierte einen fünfjährigen Jungen namens John Baker mit Material aus den Pusteln eines an Pferdepocken erkrankten Knechts und einen weiteren, gleichaltrigen Jungen, William Summers, mit Eiter, den er direkt aus der Pustel an einem Kuheuter entnommen hatte.

Baker erkrankte am sechsten Tag; seine Symptome ähnelten denen der Kuhpocken; am achten Tag schien es ihm wieder besser zu gehen. So weit, so gut. Doch dann wurde er merkwürdigerweise schnell immer kränker. »Der Junge«, schrieb Jenner, »war für die Inokulation ungeeignet, weil er kurz nach der Durchführung dieses Experiments die Folgen eines ansteckenden Fiebers in einem Arbeitshaus verspürte.« Später meinte ein Kritiker, er hätte genausogut schreiben können: »Das Kind scheint für die Inokulation nicht in Frage gekommen zu sein, weil es leider ein Leichnam wurde.« Denn John Baker starb kurz danach, wahrscheinlich an einer Infektion, die mit dem Versuch überhaupt nichts zu tun hatte.

William Summers erlitt keinen solchen Rückschlag. Bei ihm bildete sich bald eine einzige Pustel aus, etwa so wie bei

James Phipps, und kurz danach entnahm Jenner aus dieser Pustel Substanz und impfte damit einen achtjährigen Jungen, William Pead; mit Substanz aus Peads Pustel impfte er ein siebenjähriges Mädchen, Hannah Excell. Sie wiederum lieferte das Material, mit dem Jenner vier weitere Kinder impfte, darunter auch seinen jüngsten Sohn Robert, der gerade elf Monate alt war. Diese Weitergabe des Impfstoffs von Person zu Person war Jenners zweiter großer Beitrag, denn damit wurde nachgewiesen, daß sich die Kuhpocken unendlich lange von einem Menschen auf den anderen übertragen ließen, so daß Jenner nicht mehr von einem infizierten Tier abhängig war.

Jenner prüfte dann seine Impfungen, indem er den ersten Patienten in der ganzen Reihe, William Summers, mit Pocken inokulierte; sein Neffe und Assistent Henry Jenner inokulierte den letzten, einen Mr. Barge. Wie Jenner erwartete, waren die Resultate positiv – die Inokulationen zeigten keine Wirkung.

Für Jenner war der Fall damit bewiesen. Er hielt es nicht für notwendig, die anderen Patienten in der Reihe auch noch zu testen; für ihn war alles klar: Kuhpocken immunisierten gegen den Schrecken der Pocken. »Ich gehe davon aus«, schrieb er, »daß keine weiteren Beweise zur Bestätigung meiner Behauptung notwendig sind, daß die Kuhpocken die menschliche Konstitution vor der Infektion durch Pocken schützen.« Und nachdem er die Angelegenheit gründlich durchdacht hatte, verfaßte er einen Bericht über seine Arbeiten.

Das Ergebnis – *An Inquiry into the Causes and Effects of the Variolae Vaccinae, a Disease Discovered in some of the Western Counties of England, particularly Gloucestershire, and known by the name of the Cowpox* (»Von Edward Jenner, M. D., F. R. S. & C.«)[1] – ist eine der bekanntesten Schriften in der Medizin. Darin beschreibt er verschiedene Fälle – natürliche Erkrankungen an Kuhpocken und Pferdepocken und

[1] Eine Untersuchung der Ursachen und Folgen der Variolae Vaccinae, einer in einigen westlichen Gebieten Englands, besonders in Gloucestershire, entdeckten Krankheit, die auch unter dem Namen Kuhpocken bekannt ist.

selbstverständlich seine eigene Reihe von Impfungen, als deren Ergebnis er die Widerstandsfähigkeit gegen Pocken feststellte. Auf diese relativ mageren Beweise stützte er seine Schlußfolgerung.

Es reichte. Jenner versprach »immerwährenden« Schutz vor den Pocken; man kann sich unschwer die Auswirkung auf eine Welt vorstellen, die in ständiger Angst vor den Schrecknissen dieser Krankheit lebte, jedoch wenig Erfahrungen mit möglichen ärztlichen Gegenmaßnahmen hatte. Die Schrift war eine Sensation und machte Jenner auf einen Schlag bekannt. Binnen zwei Jahren wurde sie in mehrere Sprachen übersetzt und auf der ganzen Welt nachgedruckt. Obwohl Jenner plötzlich berühmt geworden war, genoß er doch keineswegs allgemeine Bewunderung oder Achtung. Für jede dankbare Reaktion auf seine Arbeit gab es auch genau so lautstarke Kritik. So benutzte zum Beispiel der bekannte Londoner Arzt Henry Cline das infektiöse Material aus der Jennerschen Impfungsreihe und schrieb: »Ich glaube, die Verwendung des Kuhpockengifts an Stelle der Pocken wird sich als eine der größten Verbesserungen erweisen, die es je in der Medizin gegeben hat ... Je länger ich über diesen Gegenstand nachdenke, um so mehr beeindruckt mich seine Bedeutung.« Dagegen veröffentlichten viele Zeitungen und Zeitschriften Behauptungen, Menschen bekämen durch die Impfung Merkmale von Kühen. Manchen wüchsen Hörner, hieß es da, andere begännen zu muhen. Eine Karikatur des Künstlers James Gillray, »Die Kuhpocken oder Die wundersamen Folgen der neuen Inokulation«, zeigte einen hochnäsigen, uninteressiert dreinblickenden Arzt, Jenner ähnelnd, der einer Frau Kuhpockenimpfstoff in den Arm injizierte; ringsherum stand eine Gruppe bereits geimpfter Patienten, die alle irgendwie zu Rindern geworden waren: Kühe brachen aus Armen und Oberschenkeln hervor, Kühe drangen aus Nasen und Mündern, Hörner und ein Fell wuchsen auf Gesichtern. Wir finden die Zeichnung heute komisch; auf Jenner hat sie seinerzeit gewiß anders gewirkt.

Noch viel weniger komisch waren die Bemühungen der ersten unabhängigen Vorkämpfer für die Impfung. Einer von ihnen, ein gewisser Dr. William Woodville, suchte eigenhändig eine geeignete Kuhpockenpustel und begann dann, ohne sich auch nur entfernt mit Jenner über die richtige Vorgehensweise abzustimmen, mit einer Reihe von Impfungen, die schließlich fast sechshundert Fälle umfaßte. Da er weder den richtigen Zeitpunkt für den Einsatz des Kuhpockenmaterials kannte noch wußte, wann er danach mit Pocken inokulieren mußte, verunreinigte Woodville seinen Impfstoff so stark, daß ein Säugling daran starb und andere Patienten schwere Komplikationen erlitten. Woodvilles Impflinge wiesen nicht den bekannten flachen Krater auf, der die erfolgreiche Impfung anzeigt, sondern entwickelten Symptome, die wie die Pocken aussahen. Einige seiner Patienten bekamen bis zu tausend Pusteln. Diese Eindrücke brachten Woodville so durcheinander, daß er in einem Bericht behauptete, die Kuhpocken seien eine sehr schwere Krankheit, und Inokulation sei immer noch die beste Methode, die Pocken zu verhindern. Jenner reiste ärgerlich nach London, um Woodville zu berichtigen.

Doch das war noch längst nicht alles. Die Gegner gaben nicht auf. Gruppen, die sich als »Anti-Vacks«, also Antivakzionisten, bezeichneten, trieben einen alten Bauern namens Benjamin Jesty auf, der 1774, über zwanzig Jahre vor Jenners erster Impfung, seiner Frau und seinen beiden Kindern Kuhpockensubstanz verabreicht hatte, um dadurch den Ausbruch der Pocken zu verhindern. Jesty, so behaupteten sie, sei der wahre Erfinder der Impfung, während Jenner in Wahrheit nur ein Scharlatan sei. Sehr bald setzte sich jedoch allgemein die Ansicht durch, daß Jesty vielleicht tatsächlich Jenner zuvorgekommen war (ohne daß Jenner von diesen früheren Arbeiten Jestys etwas gewußt hatte), doch die Entwicklung nicht weiter verfolgt und daraus kein Impfverfahren entwickelt hatte.

Trotz der zahlreichen Neinsager, die Jenner »nörgelnde Meckerer von solcher Unwissenheit« nannte, »daß sie über die Krankheit, die sie beschreiben, nicht mehr wissen als die Tiere, die sie hervorrufen«, hatte Jenner eine Lawine losgetreten, die sich nicht mehr aufhalten ließ. Die Impfung breitete sich über die ganze Welt aus. Um das Jahr 1800 waren mindestens hunderttausend Menschen geimpft worden, und zwei Jahre später hatte sich die Zahl schon mehr als verdoppelt. Die Impfung wurde in Italien rasch zu einem Brauch ganzer Familien, und Deutschland und Schweden erließen bald Gesetze über die Zwangsimpfung. Thomas Jefferson, Präsident der noch jungen Vereinigten Staaten von Amerika, bemerkte, daß »jeder Freund der Menschheit freudig diese Entdeckung begrüßen muß, durch die ein weiteres Übel aus der menschlichen Welt entfernt wird«, und schrieb an Jenner, sein Geschenk sei größer als die Entdeckung des Blutkreislaufs. Er bestimmte gleichzeitig das Weiße Haus zur Verteilerstelle für den Impfstoff im amerikanischen Süden. Das englische Unterhaus erkannte Jenner einen Betrag von insgesamt dreißigtausend Pfund zu, und Danksagungen erreichten ihn aus der ganzen Welt. Jenner war tatsächlich »der Impfgehilfe der Welt« geworden. Als er 1843 an einem Schlaganfall starb, war er der am höchsten geehrte Mann seiner Zeit.

Nachwort: In den Jahren, nachdem ihn sein Vater inokuliert hatte, entwickelte sich Jenners Sohn Edward zu einem kränklichen Kind mit Anzeichen einer leichten geistigen Behinderung. Mindestens ein Historiker vermutet, daß die von der Inokulation bewirkte Sekundärinfektion bei dem Kind diese Erscheinungen ausgelöst haben könnte. Man weiß es nicht. Edward jr. starb im Alter von 21 Jahren an Auszehrung, und noch lange danach brach Jenner in Tränen aus, wenn er von seinem verstorbenen Sohn sprach.

Die Kuh, bei der sich Sarah Nelmes die Kuhpocken holte, hieß Blossom. Das Fell des Tiers hing später jahrelang an der Wand von Jenners Remise.

Jenner baute dem jungen James Phipps ein Haus und sorgte für ihn, bis er 27 Jahre später selbst starb. In dem Haus befindet sich jetzt das Jenner-Museum.

In seiner *Inquiry* beschrieb Jenner die durch die Impfung hervorgerufene Pustel als «die durch das Virus gebildete Blase«. *Virus.* Hier erscheint das Wort in unserer Geschichte zum ersten Mal. Wir wissen heute, daß die Pocken tatsächlich von dem submikroskopisch kleinen infektiösen Organismus verursacht werden, den wir Virus nennen. Jenner verstand damals unter diesem Begriff etwas ganz anderes. Für ihn war *Virus* ein üblicher Ausdruck für Gift, etwas Ungesundes, die Folge, nicht die Ursache, einer Gesundheitsstörung. Es dauerte noch über ein Jahrhundert, bis das Wort eine neue Bedeutung bekam und für etwas gebraucht wurde, das sich bis dahin niemand hatte vorstellen können, etwas so Kleines und so Mächtiges, daß es heute noch Unglauben und Schrecken auslöst. So wie er das Wort verwandte, benutzte Jenner einfach die Ausdrucksweise seiner Zeit.

Vor allem zeigte er damit aber auch, wie wenig er eigentlich von den Vorgängen wußte, die seiner umwälzenden Technik zugrunde lagen. Jenner hatte zwar entdeckt, daß die Einwirkung von Kuhpocken tatsächlich gegen Pocken immun macht, aber er hatte nicht die geringste Ahnung, warum das so war; es funktionierte, und das reichte. Doch was steckte in der Kuhpockensubstanz und schützte gegen alle späteren Einflüsse von Pocken? Welche Abläufe brachte die Kuhpockeninokulation in Gang und versetzte damit den Körper in die Lage, einen Pockenangriff abzuwehren? Und wodurch wurden Pocken überhaupt verursacht? Es hatte zwar viele Anläufe zur Beantwortung dieser Frage gegeben, aber sie waren samt und sonders Theorie geblieben. Weder Jenner noch sonst jemand wußte eine Antwort darauf.

Gewiß hatte Jenner einen gewaltigen Beitrag geleistet. Es war der erste wirksame, sichere und systematische Angriff gegen eine schwere Krankheit (eine natürliche Kuhpockeninfektion hätte vielleicht auch Schutz gegen die Pocken gewährt, vielleicht aber auch nicht; vor Jenner wußte es niemand, denn es gab keine genauen Unterlagen darüber). Außerdem führte dieser erste Schritt eine Vorgehensweise gegen Krankheiten ein, die schließlich zur Entdeckung der Viren führen sollte. Andererseits war es wirklich erst ein ganz bescheidener Anfang. Man kann behaupten, daß letzten Endes nur die Ergebnisse zählen: Ob Jenner seinen Impfstoff verstanden hat oder nicht, spielt dabei gar keine Rolle; es hat *funktioniert.* Und gewiß schulden ihm zahllose Millionen Menschen Dank dafür, daß er sie von der Pockenplage befreit hat. Doch Jenners Entdeckung ließ sich schwer verallgemeinern. Die Impfung mit einem Stoff, der in einer ähnlichen Krankheit entstanden war, diente zur Verhütung der Pocken, gewiß; dasselbe Verfahren brachte jedoch aus unbekannten Gründen die Tuberkulose oder »Auszehrung«, wie sie damals genannt wurde, den Skorbut, die Lungenentzündung oder die Syphilis nicht zum Stillstand. Dennoch wurde Jenners Ansatz viele Jahre später so verändert, daß man damit Krankheiten, wie zum Beispiel das Gelbfieber, die Masern, Ziegenpeter, Kinderlähmung und die vielen anderen verhindern konnte, gegen die wir heute Impfstoffe haben.

Woher sollte man wissen, welche Krankheiten auf eine Impfung ansprachen und welche nicht? Das ging nur auf empirischem Wege. Wenn man nicht *wußte,* wie der Impfstoff funktionierte und was die Krankheit verursachte, wie sollte man dann *wissen,* wie man vorzugehen hatte? Man konnte es nicht wissen. Trotz der großen Wirkung, die er erzielte, war Jenner, waren alle seine Zeitgenossen, immer noch von Unkenntnis und Unwissenheit geplagt.

Das sollte sich bald ändern. Jenners Entdeckung läutete nicht nur das Zeitalter der Vorbeugung gegen Krankheiten ein, sondern auch ein Zeitalter, das nach den Ursachen und Abläufen nicht nur von Krankheiten, sondern des Lebens selbst, forschte. Jenners Leistung liegt nicht nur darin, daß er das Mittel entdeckt hat, mit dem die Welt von den Pocken befreit wurde, sondern auch in dem mutigen Vorgehen gegen die herrschenden Dogmen seiner Zeit, gegen die Unwissenheit und den Widerstand seiner Zeitgenossen. Er hat nicht aufgegeben, sondern immer wieder neue Möglichkeiten aufgegriffen. Er hat den Mut gehabt, etwas Neues zu versuchen. Damit hat Jenner scheinbar ganz allein gestanden.

Doch nicht lange. Ein neues Zeitalter brach an. Ein Jahr vor Jenners Tod 1823 wurde »der vollkommenste Mensch, der je das Königreich der Wissenschaft betreten hat«, geboren. »Wissenschaft« – schon die Wortwahl deutet auf den Beginn einer neuen Welt hin. Die größte Leistung dieses Mannes in einem langen Leben voll wichtiger Beiträge sollte darin bestehen, den Dingen auf den Grund zu gehen – Krankheiten,

Lebensvorgängen – und dabei ein Berufsethos vorzuleben, das die Entdeckung der Viren möglich machte. Am spektakulärsten zeigte sich dieses Bemühen vielleicht in seinem Kampf gegen eine weitere Viruskrankheit, die wahrhaft zu den schrecklichsten Heimsuchungen aller Zeiten gehört: Tollwut.

Drittes Kapitel

Wem der Zufall hilft

Wem 4. Juli 1885 griff ein tollwütiger Hund einen neunjährigen Jungen namens Joseph Meister an, der im Städtchen Meissengott im Elsaß gerade in die Schule ging. Der Junge war zu klein, als daß er sich hätte verteidigen können; er konnte nur das Gesicht mit den Händen bedecken, da warf ihn der Hund auch schon um und richtete ihn böse zu; er hätte ihn gewiß getötet, wäre nicht ein Maurer von seiner Baustelle herbeigeeilt und hätte das Tier mit einer Eisenstange vertrieben. Dann hob der Mann den zitternden, ganz mit Blut und Schleim bedeckten Jungen auf und trug ihn nach Hause.

Der Hund rannte inzwischen zu seinem Herrn zurück, einem Lebensmittelhändler namens Theodor Vone, und biß ihn in den Arm. Vone erschoß das Tier. Es wurde später seziert; sein Magen steckte voll Heu, Stroh und Holzstückchen – alles Beweise dafür, daß der Hund tollwütig gewesen war. Der junge Joseph Meister stand vor der schrecklichen Aussicht, an der Tollwut zu sterben.

Tollwut – eine treffende Bezeichnung, und sie führt zu einem Tod, wie man ihn sich schlimmer nicht vorstellen kann. Zuerst kommt das Fieber, dann die Abgeschlagenheit, dann Rastlosigkeit bis zur unkontrollierbaren Erregung. Die Halsmuskeln verkrampfen sich, der Patient hat Schaum vor dem Mund, Speichel läuft ihm das Kinn herunter, er bekommt großen Durst, doch schon beim kleinsten Schluck Wasser folgen neue Krämpfe und noch größerer Durst. In den späteren Stadien der Krankheit kann schon der Anblick von Wasser Krämpfe und Lähmungen verursachen; deshalb hieß die Krankheit im Altertum auch *Hydrophobia,* »Angst vor dem

Wasser«. Nach vier bis fünf Tagen solchen Leidens kann der Tod eine Erlösung sein.

Heute wissen wir, daß die Tollwut von einem Virus verursacht wird, das das Nervensystem angreift und über die Nervenbahnen ins Gehirn eindringt. 1885 hatte noch niemand eine Ahnung davon. Es schien nur erwiesen zu sein, daß die Krankheit durch den Biß eines tollwütigen Tiers, normalerweise eines Hundes, verursacht wurde. Wenn der Biß die Haut nicht durchdrang, kam man wahrscheinlich mit dem Leben davon. Blutete die Wunde jedoch, mußte man mit dem Tod rechnen.

Die Krankheit löste Angst und Schrecken aus, denn man konnte so gut wie nichts gegen sie ausrichten. Was es an Behandlungen gab, waren eher bizarre Akte der Verzweiflung. Im Altertum befahlen anerkannte Autoritäten, man solle als Heilmittel die Leber tollwütiger Hunde verzehren. Andere wieder verschrieben eine Paste aus Flußkrebsaugen. Schon fast in der Zeit von Joseph Meister meinten einige Ärzte, man müsse die Patienten mit einem Gift impfen, zum Beispiel einem Schlangengift, um dem Tollwutgift entgegenzuwirken. Ein anderer, ebenso erfolgloser Ansatz bestand darin, daß man die infizierte Person in einen See oder Fluß »tauchte«, weil man meinte, dieses erzwungene Eintauchen in das gefürchtete Wasser werde einen solchen Schock verursachen, daß sich das System des Patienten umkehren und die Krankheit austreiben könne. Edward Jenner kannte das Verfahren auch (es gibt allerdings keine Hinweise darauf, daß er es je angewandt hätte). Er fragte einmal einen »Tauchdoktor«, wie lange der seine Patienten unter Wasser halte. Sein Kollege erklärte, er tauche die Patienten dreimal unter und halte sie jedesmal so lange, bis »sie zu zucken aufhörten«.

Das wirksamste, allerdings nicht minder brutale Verfahren war die Kauterisierung, das Ausbrennen der Bißwunde; dabei tötete man die Gewebe ab, die mit dem Speichel des tollwütigen Tiers in Berührung gekommen waren, und minderte so die Infektionswahrscheinlichkeit. Dazu dienten ein rotglühendes Eisen oder auf die Wunde gestreutes Schießpulver, das dann angezündet wurde, oder auch eine ganze Reihe von ätzenden Säuren. Wenn die Wunden besonders tief waren, sollte der Arzt lange, scharfe Kauternadeln ins Fleisch stechen. Man kann sich die Schmerzen bei dieser Prozedur kaum vorstellen, doch es war wirklich die einzige Behandlung, bei der wenigstens eine winzige Erfolgschance bestand.

Am Abend, zwölf Stunden nach dem Angriff des tollwütigen Hundes, brachte Frau Meister ihren kleinen Sohn Joseph zum Arzt, der mit Karbolsäure wenigstens die schlimmsten der vierzehn Verletzungen an Händen, Beinen und Oberschenkeln kauterisierte (zumindest sein Gesicht hatte der Junge mit Erfolg geschützt). Dann riet der Arzt der Mutter, mit ihrem Sohn den großen Louis Pasteur in Paris aufzusuchen. Wenn jemand etwas ausrichten könne, meinte der Arzt, dann sei es Pasteur – ein großes Lob, denn Pasteur war Chemiker, kein Arzt. Doch in Frankreich genoß er einen großen Ruf. Obwohl schon 63 Jahre alt und von einem Schlaganfall teilweise gelähmt, und obwohl er die meisten seiner großen Entdeckungen schon hinter sich hatte: Er war immer noch Pasteur.

Zwei Tage später tauchten Joseph und seine Mutter in Begleitung von Theodor Vone unangemeldet in Pasteurs Laboratorium in Paris auf. Mittlerweile war der kleine Junge schon so steif und so wund, daß er kaum noch laufen konnte; vor Angst war er fast von Sinnen. Frau Meister flehte Pasteur an, ihren Sohn zu retten.

Pasteur dauerte der kleine Junge. Er untersuchte Josephs Wunden, sah sich Vones Biß an, stellte fest, daß die Haut dabei unverletzt geblieben war (also wahrscheinlich keine Infektion bestand), und schickte Vone nach Meissengott zurück. Für Joseph und dessen Mutter besorgte er jedoch eine Unterkunft in Paris und bat sie, am selben Nachmittag um fünf Uhr wiederzukommen. Dann überlegte er, was er für den kleinen Jungen tun konnte.

Wie sich zeigte, konnte er sehr viel tun, denn Pasteur hatte sich schon fünf Jahre mit der Tollwut beschäftigt. Er sah in dieser Krankheit die Möglichkeit, auf besonders nützliche und schlagende Weise eine, wie er meinte, Grundwahrheit des Lebens zu demonstrieren, eine Wahrheit, die er einen großen Teil seiner Laufbahn hindurch gegen den heftigsten Widerstand vertreten hatte. Ein Jahrhundert, nachdem Jenner die erste Impfung vorgenommen hatte, ein Jahrhundert vor unserer Zeit, steckte Pasteurs Welt immer noch tief in den alten Lebensanschauungen, den Lehren des Hippokrates, der Vertreter der Theorie von den Säften, der Aderlasser, so wie sie ein zeitgenössischer Pariser Kliniker ausdrückte: »Die Krankheit ist in uns, von uns, durch uns.« Dieser Welt setzte Pasteur eine neue Realität entgegen, die so gänzlich anders war, daß sie absurd erschien; die so kompliziert war, daß sie für unmöglich gehalten wurde; die aber so einfach war, daß sie sich nicht von der Hand weisen ließ. Es war die Theorie, daß Keime Krankheiten verursachen, Schon bald sollte sie zur Entdeckung der Viren führen.

Zwei Jahrhunderte zuvor hatte ein holländischer Kurzwarenhändler namens Antonie van Leeuwenhoek eine neue Welt entdeckt. Zum Zeitvertreib brachte er sich in seiner Heimatstadt Delft das Linsenschleifen und Silber-, Gold- und Kupferschmelzen bei und baute die ersten Präzisionsmikroskope der Welt. Dann richtete er diese Linsen, von denen manche 270fach vergrößern konnten, auf Regenwasser, seinen eigenen Zahnbelag, ja sogar auf seinen eigenen Stuhl (sooft er »unter übermäßiger Darmtätigkeit litt«). Was er da erblickte, machte ihn staunen. Unter seinen Linsen schwärmte eine Menagerie winzigster Geschöpfe. Die einen sprangen in einem Wassertropfen umher »wie der Hecht genannte Fisch«. Ein anderes drehte und wendete sich mal hierhin, mal dorthin und schoß dann, Purzelbäume schlagend, vorwärts. Einige dieser merkwürdigen Gebilde waren wie Korkenzieher von Gestalt und wirbelten wie verrückt unter seinen Linsen herum; andere hatten die Form winziger Stäbchen und bewegten sich eher träge oder gar nicht. Allein in seinem Mund fanden sich mehr Geschöpfe, erklärte er, die sich alle »auf das manierlichste bewegten«, als es Menschen in den Niederlanden gab.

Van Leeuwenhoek hatte die Welt der Mikroben entdeckt. Was er »animalcules« nannte, also winzige Tierchen, bezeichneten andere als Mikroorganismen, noch später als Protozoen und Bakterien (jedoch nicht – noch nicht – als Viren; die waren zu klein, als daß man sie durch van Leeuwenhoeks Zauberlinsen hätte sehen können). Nachdem er der Royal Society in London von seinen Entdeckungen berichtet (und sie dadurch bestätigt hatte, daß er Vertretern der Society einen ersten Blick auf die Wunder erlaubte, die unter seinen Linsen existierten), wurde van Leeuwenhoek in ganz Europa sehr bekannt und empfing im Lauf der Jahre einen Strom prominenter Besucher, darunter die englische Königin Mary II. und Peter den Großen von Rußland, die selbst die mikroskopischen Wunder sehen wollten, die er beschrieb.

Aber van Leeuwenhoek hatte nie den Verdacht, diese winzigen Geschöpfe könnten vielleicht die Ursache seiner Durchfälle oder seiner schlechten Zähne sein. Er machte sich auch keine Gedanken darüber, woher sie wohl stammten. Für ihn waren sie »aufregende Neuheiten«. Er konnte sie gut beschreiben, doch nicht näher untersuchen. Erst in späteren Jahren sollte ein kenntnisreicher Beobachter bei Gelegenheit auf van Leeuwenhoeks Entdeckungen aufbauen und sie erweitern. Um die Mitte des 19. Jahrhunderts hatte jedenfalls die Realität dieses üppigen mikroskopischen Lebens, das da im Herzen einer den Sinnen zugänglichen Welt blühte, die herrschende Meinung über die Beschaffenheit der Dinge kaum, wenn überhaupt, beeinflußt. Welche Rolle diese winzigen Kreaturen in Leben und Tod spielten, war unbekannt. Das mikroskopische Reich blieb überhaupt meist unbeachtet. Viele einflußreiche Denker befaßten sich allenfalls gelegentlich mit den Ursprüngen dieser Miniaturwelt; die meisten ignorierten sie schlicht.

Louis Pasteur war zwar einflußreich, doch kein Denker, mindestens nicht in der Hinsicht, daß er Theorien über das Leben aufgestellt hätte. Er mißtraute sogar dem Wert der Theorie allein. Theorien aufzustellen, ohne selbst zu forschen, das war etwas für Leute, die er verachtete, die *dachten,* das Leben sei so oder so, ohne zu *wissen,* ob es wirklich so war. Für Pasteur diente das Theoretisieren nur als Vorstufe zur Untersuchung der Beschaffenheit der

Dinge, zum experimentellen Beweis, daß sie so oder anders waren.

Somit fiel also vor allem Pasteur die Aufgabe zu, die Wirkungen der Mikroorganismen zu entdecken und nachzuweisen und gleichzeitig festzustellen, woher diese unglaublichen Geschöpfe eigentlich stammten. Mit Pasteur nahm die Wissenschaft von der Mikrobiologie und mit ihr die moderne Medizin erst ihren Anfang. Auch die systematische wissenschaftliche Forschung begann erst mit Pasteur. Für ihn war die Entdeckung des *Warum* genauso wichtig wie die Bestimmung des *Wie*. So war er mindestens seit 1856, also fast dreißig Jahre, vorgegangen, bevor der junge Joseph Meister an seiner Tür erschien und Pasteur sich von heute auf morgen in van Leeuwenhoeks Welt der winzigen Geschöpfe geworfen sah. Es war eine Welt, aus der er sich nie mehr befreien sollte.

Pasteur, Professor der Chemie, hatte auf den Notruf eines Brenners in Nordfrankreich reagiert, dessen Zuckerrüben sich einfach nicht zu Alkohol vergären lassen wollten. Als er sich mit dieser Frage beschäftigte, stellte Pasteur fest, daß der Gärungsprozeß, den man für einen chemischen, anorganischen Vorgang gehalten hatte, in Wirklichkeit durch lebende Mikroorganismen, sogenannte »Keime«, verursacht wurde. Der Brenner war, wie sich herausstellte, deshalb so übel dran, weil er die falschen Keime hatte. Seine Behälter steckten voll mikroskopisch kleiner, stäbchenförmiger Organismen, die eine zerstörerische Milchsäuregärung und keine gewinnbringende alkoholische Gärung bewirkten. Die Umwandlung in Alkohol war, wie Pasteur bestätigte, das Werk von Hefekügelchen. Pasteur fand heraus, daß diese Mikroorganismen durch ihre eigenen Lebensprozesse, also allein durch ihr Dasein, die Welt rings um sich beeinflußten. Die Hefekügelchen verursachten die Vergärung von Zucker zu Alkohol im Verlauf ihrer eigenen Vermehrung. Ähnlich bewirkten die Stäbchen bei ihrer eigenen Vermehrung die Milchsäuregärung. Da zog Pasteur den begrifflichen Schluß, der ein neues Zeitalter eröffnete. »Alles spricht dafür«, schrieb er, »daß ansteckende Krankheiten auf ähnliche Ursachen zurückzuführen sind.«

Wie die meisten herausragenden Ereignisse in der Wissenschaft, war auch dieses nicht aus dem Nichts entstanden. Schon im 1. Jahrhundert v. Chr. war die Möglichkeit diskutiert worden, unsichtbare Lebewesen, *animalia minuta,* die mit der Luft eingeatmet oder auch mitgegessen wurden, könnten die Ursache von Krankheiten sein. Viel später, in der Mitte des 16. Jahrhunderts, wurde nach einer Syphilisepidemie dieselbe Vorstellung noch viel schlüssiger ausgedrückt. Ein veronesischer Adliger namens Girolamo Fracastoro vermutete, daß ansteckende Krankheiten, wozu die Syphilis auf jeden Fall gehörte, durch ein *contagium vivum,* ein lebendes Agens, übertragen wurden. Diese »Saatkörner der Krankheit, die sich schnell fortpflanzen«, wurden vielleicht durch direkten Kontakt mit Kranken, durch verunreinigte Gegenstände oder durch die Luft verbreitet. Und jeder Samen führte zu einer bestimmten Krankheit. Die Krankheit war also ein ganz spezieller Vorfall mit ganz speziellen Ursachen.

Diese Hypothesen kündeten zwar von bemerkenswerten Erkenntnissen, waren aber letzten Endes doch nur Hypothesen. Ihr Wahrheitsgehalt ließ sich nicht nachweisen. Wer hatte je ein *contagium vivum* gesehen?

Pasteur verbrachte den Rest seiner Karriere damit, die Rolle der Mikroben aufzudecken und einer bis dato unwilligen Welt vor Augen zu führen. Er hatte seine Berufung gefunden, und sie erfüllte von nun an sein ganzes Leben. Wenn es sich einrichten ließ, quartierte Pasteur seine Gehilfen in der Nähe seines Laboratoriums ein, damit er sie ständig zur Verfügung hatte. Der Arbeitstag dauerte von acht Uhr morgens bis sechs Uhr abends, und es gab nur wenige Feiertage. »Ich würde es als böse Tat betrachten«, sagte Pasteur, »wenn ich einen Tag ohne Arbeit zubrächte.«

Nach dem Arbeitstag im Labor setzte Pasteur seine Lieblingsbeschäftigung zu Hause am Abendbrottisch fort. Der untersetzte, korpulente Mann mit der hohen Stirn, dem gestutzten schwarzen Bart und dem durchdringenden Blick hinter der Stahlbrille bezog in seiner Begeisterung auch seine Frau und die Kinder in die Vorgänge in seinem Laboratorium mit ein. Ständig wischte er Gläser, Teller und Besteck ab, um so alle

Verunreinigungen zu entfernen. »Peinlich genau inspizierte er das Brot, das ihm gereicht wurde«, erinnerte sich sein Assistent Adrien Loir, »und legte dann alles, was er darin fand, auf die Tischdecke: kleine Wollstückchen, Reste von Küchenschaben oder Mehlwürmern. Oft versuchte ich, auch in meinem Stück Brot aus demselben Laib so etwas zu finden wie Pasteur, aber nie kam es dazu. Auch alle anderen aßen vom selben Brot, ohne darin etwas zu entdecken.«

Pasteur war streitlustig, und für ihn gab es kein Nein, solange es nicht gut begründet war; genüßlich wies er alle in ihre Schranken, die er für schlecht unterrichtet oder schlecht motiviert hielt. Bei der berühmtesten seiner vielen Auseinandersetzungen ging es um eine Grundfrage im Zusammenhang mit Mikroorganismen: Woher kommen diese mikroskopisch kleinen Geschöpfe?

Für das wissenschaftliche Establishment war sie längst beantwortet. Diese Mikroorganismen, diese *animalcules,* entstammten voll ausgewachsen dem Material, das sie bewohnten. Wenn sie in sauer werdender Milch auftraten, stellten sie beispielsweise eine Veränderung im Vitalstoff der Milch selbst dar. Nahmen sie an der Vergärung von Zucker zu Alkohol teil, so waren sie die Essenz des umgewandelten Zuckers. Diese Doktrin nannte man »Urzeugung«, und sie hatte lange als Standardantwort auf alle Fragen nach dem Ursprung gedient.

Seit dem Altertum hatte man geglaubt, Pflanzen und Tiere entstammten der Grundmaterie unbelebter Objekte und das Lebensprinzip werde durch das Sterben von Lebewesen freigesetzt. Nach dieser Ansicht entstanden beispielsweise Aale aus dem Flußschlamm, flogen vollständig ausgebildete Bienen aus den Innereien toter Stiere, krochen Maden aus den Tiefen verfaulenden Fleisches ans Leben. Noch im 16. Jahrhundert konnte ein berühmter Physiologe behaupten, man könne ganz nach Belieben jederzeit eine Maus erschaffen, indem man einfach schmutzige Wäsche in einen Behälter lege und ein Stück Käse oder ein paar Weizenkörner dazugebe.

Obwohl derartige Rezepte für die Herstellung bekannter Tiere zu Pasteurs Zeit nicht mehr ernst genommen wurden, war die alte Doktrin für Mikroorganismen immer noch einfach zu bestätigen. Mikroorganismen waren so klein, daß sie mit dem unbewaffneten Auge nicht zu erkennen waren; sie ließen sich auch praktisch nicht messen (wir wissen heute, daß Bakterien einen Durchmesser von rund 0,5 bis 2 Mikrometer aufweisen; Viren sind natürlich noch kleiner). Als Einzeller von so unkomplizierter Form, daß sie zweifellos eine Art Übergangsstadium des Lebens darstellten, mußten diese Geschöpfe einfach aus unbelebter Materie hervorgehen.

Für Pasteur war diese Vorstellung lachhaft. Mikroorganismen stammten von anderen Mikroorganismen, so wie alle Lebewesen von ihren eigenen Vorfahren abstammten; Anfang der 60er Jahre des 19. Jahrhunderts entwickelte er eine Reihe von Versuchen, die seine Behauptung bewiesen. Zunächst saugte er Luft durch ein Rohr, dessen Öffnung mit Watte verstopft wurde; dadurch wurden Staub oder andere mikroskopisch kleine Mitreisende eingeschlossen, die hier vorbeiflogen. Unter dem Mikroskop konnte er im Staub die Spuren kleiner Pflanzen und anderer Mikroorganismen erkennen, und wenn er sie in eine warme Nährlösung legte, vermehrten sie sich schnell; ein Beweis also, daß diese unsichtbaren Reisenden außer sich kaum etwas zur Vermehrung brauchten, keine Schlammlöcher, kein verfaulendes Fleisch, keine schmutzige Wäsche, auch keine Käsestückchen.

Als nächstes stellte Pasteur Kolben mit langem Hals und kleiner Öffnung her, die man durch Zuschmelzen des Glases leicht abdichten konnte; in diese Behältnisse goß er eine Nährlösung aus Zucker und Hefeextrakt. Dann erhitzte er die Kolben bis zum Siedepunkt, um alle darin enthaltenen lebenden Organismen abzutöten und den größten Teil der Luft auszutreiben; sie entwich als Dampfstrom durch den langen Hals. Danach verschloß er den Hals mit einer Alkohollampe, solange der Dampf noch entwich, und sterilisierte damit den Inhalt.

Darauf erhitzte er die Kolben tagelang in einem Brutschrank. Wie er vorhergesagt hatte, kam es nicht zur Verfärbung: Es wuchs nichts. Die Kolben waren tatsächlich rein; sie enthielten keine Keime. Jetzt folgte die Probe aufs Exempel.

Pasteur nahm einige der Kolben mit ins Laboratorium und knipste die Enden mit der Zange ab. Laut zischend strömte die Luft wieder ein, und gleich danach verschloß Pasteur die Kolben wieder dicht. Dann stellte er sie in den Brutschrank zurück und wartete ab. Diesmal sahen die Ergebnisse anders aus. Die Flüssigkeit in den meisten Behältern trübte sich bald. Mikroorganismen fingen an, die Flüssigkeit zu vergären – ein Beweis dafür, daß die Keime mit der Luft eingedrungen und nicht spontan aus der Flüssigkeit selbst entstanden waren. Hätten sie sich spontan gebildet, so hätte die Lösung schon längst zu gären begonnen, bevor Pasteur Luft eindringen ließ.

Doch einige der exponierten Kolben blieben klar. Das lag wohl daran, überlegte Pasteur, daß die Mikroben in der Luft nicht gleichmäßig verteilt waren. An manchen Stellen war die Luft weniger stark verunreinigt als an anderen. Außerdem, so schloß er, mußte es dort, wo üppiges Leben herrschte, also Nahrung für diese Geschöpfe vorhanden war, mehr Keime geben als an isolierten, unwirtlichen Stellen. Natürlich war auch hier die Vermutung noch kein Beweis. Pasteur ging mit seinem Mikrobentheater auf Tournee.

Von 1860 an überprüfte er in einer Versuchsreihe seine Kolben in verschiedenen Umgebungen, zum Beispiel in der ruhigen Luft und gleichmäßigen Temperatur der Keller im Pariser Observatorium oder, als anderes Extrem, auf den Gipfeln der französischen Alpen. Wieder waren die Ergebnisse eindeutig: Die Luft beförderte mikroskopisch kleine Keime in je nach Ort und Temperatur verschiedenen Mengen. »Nein«, erklärte er bei der öffentlichen Vorführung einiger seiner Versuche, »man kennt heute keine Bedingungen mehr, unter denen sich eine Entstehung mikroskopischer Lebewesen ohne Keime, ohne ihnen ähnliche Eltern, bestätigen ließe. Die Befürworter dieser Ansicht haben sich durch Illusionen und unzulängliche Versuche in die Irre führen lassen und Fehler gemacht, die sie entweder nicht bemerkt haben oder nicht vermeiden konnten.« Eine Welt, in der Generation auf Generation dynamischer, lebendiger Mikroorganismen entstand, war damit bestätigt und nicht mehr wegzudisputieren.

»Manchmal bricht auf dem Hühnerhof eine katastrophale Krankheit aus, die man gemeinhin als Hühnerpest bezeichnet. Das Tier, das dieser Infektion zum Opfer fällt, hat keine Kraft mehr, zittert und läßt die Flügel hängen. Es plustert die Federn auf, so daß es wie eine Kugel aussieht; eine unwiderstehliche Schläfrigkeit übermannt es; wenn es gezwungen wird, die Augen zu öffnen, scheint es aus tiefem Schlaf zu erwachen; bald schließen sich die Augen wieder, und in den meisten Fällen verändert das Tier seine Lage nicht mehr, bis nach stummer Agonie der Tod eintritt. Höchstens schüttelt es noch einmal sekundenlang die Flügel.«

So stand es in einem Bericht der Pariser Akademie der Wissenschaften. Die Ursache der Erkrankung, und auch ihre Heilung, waren unbekannt.

Das sollte sich bald ändern, denn 1876 wies ein unbekannter deutscher Arzt namens Robert Koch die Richtigkeit der Vermutungen nach, die Pasteur und der eine oder andere Theoretiker vor ihm angestellt hatten: Mikroben lösten tatsächlich bestimmte Krankheiten aus. Koch identifizierte die Bakterie, die Milzbrand verursachte, eine oft tödlich endende Krankheit bei Tieren ebenso wie beim Menschen. (Milzbrand war für manche die in der Bibel erwähnte fünfte ägyptische Plage.)

Kochs Beispiel ließ viele andere nicht ruhen. 1878 identifizierte ein ehrgeiziger junger Professor namens Toussaint an der Tierärztlichen Hochschule in Toulouse eine virulente Mikrobe, die er für die Ursache der Hühnerpest hielt. Allerdings gelang es ihm nicht, die Mikrobe im Laboratorium zu züchten, da er kein geeignetes Nährmedium fand, in dem sie sich hielt. Wenn dieser Keim untersucht werden sollte, mußte man ihn aber irgendwie züchten. Toussaint schickte ihn im Kopf eines Hahns, der an der Krankheit eingegangen war, an Pasteur.

Pasteur war jetzt 56 Jahre alt und hatte manches durchgemacht. Er hatte entdeckt, daß einige Mikroben Luft zum Leben brauchen, andere nicht, und hatte dafür die Begriffe *aerob* und *anaerob* gefunden. Man feierte ihn als den alleinigen Retter des französischen Weinbaus und der Brauindustrie, denn er hatte festgestellt, daß Bakterien den Wein und das Bier ruinierten und daß man die Mikroben durch kontrollierte Wärmeeinwirkung abtöten konnte. Dieses Verfahren, später Pasteurisierung genannt, ist vielleicht seine berühmteste Leistung. Pasteur rettete auch die französische Seidenindustrie, denn er entdeckte die Mikrobe, die eine für die Seidenwürmer im Lande tödliche Krankheit hervorrief, und entwickelte Möglichkeiten, wie man sie unter Kontrolle halten konnte.

Außerhalb Frankreichs griff der englische Chirurg Joseph Lister die Lehren Pasteurs von der Funktion und Ausbreitung der Mikroben auf und führte die sterile, antiseptische Chirurgie ein, die sicherlich unzählige Menschenleben gerettet hat. Pasteur war aber nicht mehr in der Lage, Listers Einladung zum Besuch seines Krankenhauses und der Beobachtung seiner Technik zu folgen; 1868, im Alter von 46 Jahren, hatte er einen Schlaganfall erlitten und war seitdem linksseitig gelähmt, hatte eine steife Hand und zog das Bein nach. Zum Glück war sein Verstand nicht in Mitleidenschaft gezogen worden. Man kann fast sagen, daß Pasteur nach dem Schlaganfall noch konzentrierter an seinen wichtigsten Forschungsthemen arbeitete. Während seiner Krankheit hatte er geklagt: »Ich möchte noch nicht sterben; ich möchte noch viel mehr für mein Land leisten.« Als er am Leben blieb, beschäftigte er sich voll und ganz mit der Forschungsrichtung, die ihm seine Vorbereitungen aufgezeigt hatten: die Rolle der Mikroorganismen bei der Entstehung von Krankheiten zu bestimmen.

Als die Hühnerpestmikrobe in seinem Labor ankam, ging Pasteur sogleich energisch ans Werk. Bald hatte er auch ein Medium gefunden, in dem er die Mikrobe züchten konnte, eine Nährlosung aus Hühnerknorpel. Jetzt, da er mit dem Mikroorganismus experimentieren konnte, entdeckte er auch gleich noch andere interessante Sachverhalte. Die Mikrobe war zum Beispiel so virulent, daß schon das kleinste Tröpfchen der Kultur auf einer Brotkrume das unglückliche Huhn umbrachte, das das Brot aufgepickt hatte. Wenn das dadurch infizierte Tier die Mikrobe ausschied, steckten sich ganz schnell weitere Hühner an. So entstanden ganze Hühnerpestepidemien.

Kaninchen erlagen der Krankheit genauso schnell wie Hühner, während Meerschweinchen sie sehr selten bekamen. Als Pasteur die Kultur an Meerschweinchen verfütterte, bildete sich allenfalls an der Einstichstelle ein Abszeß, der schließlich aufging und dann verheilte. Im Eiter in der Pustel erschien dieselbe Hühnerpestmikrobe, als habe sie den Körper des Meerschweinchens unberührt durchlaufen und sei nun, wie in einem Reagenzglas, konserviert worden. Verabreichte man sie wiederum den Hühnern, so hatte sie an Virulenz nichts verloren. Die Hühner gingen bald darauf ein.

Das war ein aufrüttelnder Befund. »Hühner oder Kaninchen, die in Kontakt mit einem Meerschweinchen leben, das an solchen Abszessen leidet, werden mitunter plötzlich krank, ohne daß sich am Gesundheitszustand des Meerschweinchens selbst etwas ändert«, erklärte Pasteur. »Es reicht wahrscheinlich schon aus, daß die Abszesse aufgehen und etwas von ihrem Inhalt auf das Futter der Hühner oder Kaninchen gerät.«

Dieses Phänomen erklärte nicht nur die immer wieder auftretenden Geflügelpestepidemien, sondern hatte auch gewaltige Auswirkungen auf die Ausbreitung von Krankheiten im allgemeinen. Pasteur hatte festgestellt, daß eine Tierart die Krankheit einer anderen Art in sich tragen und weitergeben kann, vielleicht sogar an den Menschen. Zum ersten Mal wurde damit der Gedanke ausgesprochen, daß es Krankheits-»Träger« gibt, die selbst nicht in Mitleidenschaft gezogen werden, aber die Krankheit an andere übertragen können. »Wie viele Geheimnisse in der Geschichte der ansteckenden Krankheiten wird man eines Tages genauso einfach aufklären!« rief Pasteur aus. Seine Bemerkung erwies sich als hellseherisch. Die an Typhus erkrankte Köchin Mary, die um die Wende zum 20. Jahrhundert unwissentlich im Staat New York Typhus verbreitete und mindestens sechs Epidemien auslöste, ist vielleicht das berühmteste Beispiel für einen solchen Träger. Die Millionen Hepatitis-B-Träger stellen heutzutage ein weltweites Problem dar.

Die weitreichendste und überraschendste Entdeckung Pasteurs kam aber erst. Nachdem er seine Ergebnisse über die

Hühnerpest 1880 der Akademie in einem Bericht vorgelegt hatte, verließ Pasteur Paris in aller Eile und ging auf ein paar Wochen in Urlaub. Als er wiederkam, fiel ihm ein Becherglas mit einer Cholerakultur auf, das er vor seiner Abreise nicht mehr weggeräumt hatte. Es hatte die ganze Zeit unberührt auf seinem Labortisch gestanden. Da die Keime keine frischen Nährstoffe bekommen hatten, hatten sie sich seit einiger Zeit in der Kultur nicht mehr vermehrt, waren also nutzlos. Pasteur wollte den Becher schon ausgießen, überlegte es sich dann aber anders. Er inokulierte ein paar Hühner mit der alten Kultur. Zu seinem Erstaunen wurden die Hühner krank, jedoch nicht sehr schwer, und erholten sich wieder. Aus irgendeinem Grund tötete der Killerkeim in diesem Fall nicht.

Was dann folgte, bezeichnen viele als Glück. Gewiß hatte Pasteur in seiner Laufbahn als Wissenschaftler ungewöhnlich viel Glück. Andere nennen es Zufall, einen Zufallstreffer – und das stimmt auch, denn rein zufällig war die Kultur ja unbeaufsichtigt stehengeblieben. Doch was Pasteur nach diesem Zwischenfall damit anfing, wie er seine Chance nutzte, das machte erst die darauf folgende Entdeckung möglich. Pasteur selbst wußte sehr wohl, welche Rolle der Zufall in der Wissenschaft spielt (ein Thema, dem wir in dieser Geschichte immer wieder begegnen werden). Ihm war aber ebenso klar, daß am Ende nur zählt, was man aus solchen Gelegenheiten macht. »Beim Experimentieren«, schrieb er, »hilft der Zufall nur dem, der dafür gerüstet ist.«

So ging Pasteur daran, diese alte, zufällig stehengebliebene Kultur noch anders zu prüfen. Er besorgte sich etwas frische, virulente Geflügelpest-Nährlösung und spritzte sie einigen anderen Hühnern. Die Tiere verendeten sofort. Dann impfte er die Hühner, die schon eine Dosis der alten, stehengebliebenen Kultur bekommen und überlebt hatten, mit derselben neuen Lösung. Die Hühner starben nicht, sondern pickten fröhlich weiter.

Pasteur war wie erschlagen. Was war hier passiert? Diese Hühner hätten eigentlich tot sein müssen. Sie hätten schon vorher tot sein müssen, als er ihnen eine Dosis der alten Kultur verabreicht hatte; auf jeden Fall hätten sie jetzt tot umfallen müssen, nachdem sie eine ganze Ladung nachweislich tödlich wirkender Killerkeime abbekommen hatten. Statt dessen gingen sie emsig weiter ihrer Futtersuche nach. Hier konnte nur eines geschehen sein: Die alte Kultur hatte sie irgendwie gegen die Krankheit immun gemacht.

Immun! Pasteur dachte sofort an Jenner. Aber während Jenners Kuhpockeninokulationen nicht zu weiteren Inokulationen gegen andere Krankheiten geführt hatten, sah Pasteur in seinem Zufallsergebnis sogleich die Möglichkeit, daraus ein allgemein anwendbares Verfahren zu entwickeln. Wenn er darauf kam, warum die alte Kultur ihre Virulenz eingebüßt hatte, konnte er den Zufall vielleicht wiederholen. Er verstand zwar noch nicht, auf welchem Weg die Kultur immun machte, doch vielleicht konnte er andere Kulturen herstellen, die auch nicht tödlich wirkten, sondern immunisierten. Da zollte er Jenners Ergebnissen Tribut und benutzte Jenners Begriff *Vaccinae,* »von der Kuh«, für ein allgemein gültiges Verfahren. Mit *Vakzination* konnte man von nun an nicht mehr nur beschreiben, was Jenner getan hatte; jetzt bezeichnete der Begriff jede Inokulation, die gegen Krankheit immun machte. Wenn man gegen Pocken und jetzt auch gegen Hühnerpest impfen konnte, mußte es eigentlich auch gegen andere Krankheiten möglich sein.

Bald stellte Pasteur fest, daß die Einwirkung der Luft, insbesondere des Sauerstoffs, die Cholerabakterien so weit geschwächt hatte, daß sie nicht mehr töten konnten. Er wies auch nach, daß diese Schwächung zeitabhängig gesteuert werden konnte. Eine frische Kultur tötete zehn von zehn Hühnern. Ließ man die Kultur ein paar Tage an der Luft stehen, starben daran noch acht von zehn Hühnern; ließ man sie noch ein paar Tage stehen, waren es nur noch fünf, bis sie nach drei Monaten überhaupt nicht mehr tödlich wirkte. Dann ließ sie sich als Impfstoff verwenden.

Pasteur hatte die entscheidende Wende herbeigeführt. In den nächsten drei Jahren entdeckte er in einem erstaunlichen Schwung kreativer Tätigkeit zwei weitere Möglichkeiten, wie man krankheitenverursachende Mikroorganismen in ihrer

Wirkung abschwächen (»attenuieren«) konnte, und entwikkelte daraufhin zwei weitere Impfstoffe. Bei Rotlauf wurden die auslösenden Mikroben abgeschwächt, wenn man sie von Kaninchen zu Kaninchen weitergab; die Bakterie, die Milzbrand auslöste, wurde geschwächt und damit zum geeigneten Impfstoff, wenn man sie hohen Temperaturen aussetzte. Alle Impfstoffe, die Pasteur entwickelte, erwiesen sich als wirksam, in manchen Fällen sogar spektakulär wirksam, vor allem, wenn er sie in seinen üblichen dramatischen Vorführungen einsetzte. Auch wenn die Auswirkungen von Pasteurs Impfstoffen für die Wirtschaft und die Landwirtschaft bis dahin von ungeheurem Nutzen gewesen waren, hatte ihr Einsatz doch fast immer dazu gedient, Tierkrankheiten unter Kontrolle zu bringen. Auf die Immunisierung gegen Krankheiten, die den Menschen befielen, mußte das Prinzip erst noch angewandt werden. Dazu suchte sich Pasteur die Tollwut aus. Bei dieser Arbeit beschritt er wiederum Neuland: Es ging um eine neuartige, bislang unbekannte Mikrobenart, das Virus.

Als sich Pasteur 1880 anschickte, die Tollwut zu erforschen, wußte man über diese Krankheit eigentlich nur drei Dinge halbwegs zuverlässig: Der Verursacher steckte im Speichel des tollwütigen Tiers; übertragen wurde sie durch einen Biß, der die Haut verletzte; nach der Übertragung dauerte es ein paar Tage bis zu Monaten, bis bei den Opfern die ersten Symptome auftraten. Alles andere lag im Dunkel. Pasteur wußte, worauf er sich einließ.

Als erstes versuchte er, die Ursache zu isolieren; er dachte dabei an eine Mikrobe. Dazu wollte er Tiere direkt mit dem Speichel von tollwütigen Tieren inokulieren, den er natürlich mit der Hand gewinnen mußte – ein gefährliches Unterfangen. Einmal entnahm Pasteur selbst einer tollwütigen Bulldogge Speichel; das Tier war an einer Leine um den Hals aus dem Käfig gezogen worden, zwei mutige Assistenten hielten es auf dem Tisch fest, während sich der halbgelähmte Pasteur über das schäumende Maul des Hundes beugte und mit dem Glasröhrchen zwischen den Lippen vorsichtig ein Paar Tropfen des tödlichen Speichels aufnahm. Der geringste Ausrutscher hätte einen tödlichen Biß ins Gesicht bedeutet.

Alle diese Inokulationen brachten jedoch keine rechten Ergebnisse. Manchmal bekamen die Kaninchen, Meerschweinchen und anderen Tiere Tollwut, aber allzuoft geschah überhaupt nichts, oder es brach eine andere Krankheit aus. Auf jeden Fall dauerte es zu lange, bis sich die Tollwut zeigte; eine Laboruntersuchung war unter solchen Gegebenheiten unmöglich.

Also überlegte sich Pasteur etwas anderes. Er besorgte sich Schleim aus dem Mund eines fünfjährigen Kindes, das vier Stunden zuvor an Tollwut gestorben war. Nachdem er diesen Schleim mit Wasser vermischt hatte, injizierte er ihn Laborkaninchen. Diesmal starben alle Tiere binnen sechsunddreißig Stunden, und als anderen Kaninchen Blut der toten Kaninchen injiziert wurde, starben auch die. Pasteur schien den virulenten Keim tatsächlich gefunden zu haben.

Aber wie sah der aus? Pasteur gab etwas Kaninchenblut auf einen Objektträger und betrachtete es unter dem Mikroskop. Er sah etwas Hochinteressantes: »Ein extrem kurzes Stäbchen, in der Mitte etwas eingeschnürt, also wie eine Acht geformt.« Pasteur züchtete die Mikrobe im Laboratorium, spritzte sie Kaninchen und Hunden, untersuchte das Blut der toten Tiere und entdeckte darin jedesmal dieselbe Mikrobe. War sie vielleicht der Auslöser der Tollwut? Eine Zeitlang meinte er es. Doch dann konnte er dieselbe Mikrobe im Speichel gesunder Kinder und von Kindern nachweisen, die an anderen Krankheiten litten, und fand sie auch bei gesunden Erwachsenen. Nein, der Tollwutkeim war das sicherlich nicht. Unbeirrt suchte Pasteur woanders – und ließ damit unbeabsichtigt den Erreger einer viel weiter verbreiteten tödlichen Krankheit als der Tollwut links liegen. Viele Jahre später stellte sich heraus, daß seine Mikrobe von der Form einer Acht die Pneumokokkusbakterie war, die Ursache der Lungenentzündung. Kein Wunder also, daß die Kaninchen so schnell eingegangen waren.

Pasteur suchte weiter und wandte sich dem Nervensystem zu. Die ersten Symptome der Tollwut, also die Schluckbeschwerden und das Kriechgefühl auf der Haut, auch die spätere Lähmung, wiesen auf einen Befall der Nerven hin. Mit Hilfe seines Assistenten Emile Roux injizierte Pasteur Kaninchen eine Lösung, die die zermahlene Rückenmarksspitze eines tollwütigen Hundes enthielt. Diesmal bekamen mehr Kaninchen Tollwut als nach der Speichelinjektion, aber immer noch hoppelten einige herum, als sei gar nichts geschehen. Und wieder dauerte es einfach zu lange, bis man das Ergebnis sehen konnte. Da beschloß Pasteur, die Nervensubstanz eines tollwütigen Tiers einem Laborhund direkt ins Hirn zu injizieren.

In Wirklichkeit ließ er diese Injektion durchführen, denn er selbst war dazu nicht imstande. Pasteur, Hauptzielscheibe der Vivisektionsgegner (hier und in vielen anderen Dingen nahmen Pasteurs Erlebnisse unsere Zeit vorweg), sorgte sich sehr um das Wohlergehen seiner Labortiere und überließ es lieber anderen, ihnen weh zu tun. Also nahm Roux die Injektion vor, und nach vierzehn Tagen fing der Hund an, wie verrückt zu heulen und zu knurren, griff sein Lager an und zerstörte es, wurde steif und starb nach weiteren fünf Tagen. Als die Forscher das Experiment an anderen Hunden wiederholten, erzielten sie mehr oder weniger die gleichen Ergebnisse. Endlich hatten sie eine Möglichkeit gefunden, die Krankheit bestimmt zu übertragen und gleichzeitig eine erträglich kurze Inkubationszeit zu erzielen. Der nächste Schritt, das die Infektion auslösende Agens, wie vorher bei der Hühnerpestmikrobe, zu züchten und zu untersuchen, erwies sich als schier unmöglich. Ihre gewohnte Methode, das Agens in einer Nährlösung im Laboratorium zu züchten, funktionierte nicht. Sie hatten nicht die geringste Vorstellung, worum es sich handeln konnte, denn unter dem Mikroskop war nichts zu erkennen. Vielleicht war es auch so klein, daß man es nicht sehen konnte. Aber es existierte – also mußte man auch irgendwie mit ihm umgehen können.

»Da dieses unbekannte Wesen lebt«, sagte Pasteur, »müssen wir es kultivieren; da ein künstliches Nährmedium nicht funktioniert, nehmen wir das Gehirn lebender Kaninchen; das wäre ein toller Versuch!« Das Experiment war tatsächlich ein Riesenerfolg. Er übertrug die Tollwutlösung von einem Kaninchengehirn auf das nächste, immer weiter, und das Agens wurde dabei nur um so virulenter. Es tötete in immer kürzerer Zeit, bis nach dem hundertsten Durchgang die Inkubationszeit nur noch sechs Tage betrug; dabei blieb es. Jetzt hatten sie einen ständigen Vorrat an »fixiertem« infektionsverursachendem Agens, auch wenn sie noch nicht wußten, worum es sich dabei eigentlich handelte. Sie konnten nach Belieben Tollwut auslösen; nun konnten sie darangehen, Möglichkeiten zur Verhinderung dieser Krankheit zu suchen.

Die Eingebung für die endgültige Lösung hatte Emile Roux. Während Pasteur damit beschäftigt war, das tollwutauslösende Agens von Kaninchen zu Kaninchen zu übertragen, untersuchte Roux, wie lange das Agens im Rückenmark überleben konnte. Einen Teil des infizierten Rückenmarks von einem Kaninchen hatte er an einem Stopfen in einen Kolben gehängt. Eines Tages kam Pasteur zufällig in den Brutschrank, in den Roux die Flasche gestellt hatte. Ein anderer Assistent, Adrien Loir, beschrieb später, wie Pasteur schlagartig in die berühmte Konzentration verfiel, in der er für seine Umgebung blind und taub war.

> »Beim Anblick dieses Kolbens wurde Pasteur so nachdenklich, daß ich mich nicht traute, ihn zu stören, und die Tür des Brutschranks hinter uns schloß. Nachdem er lange Zeit stumm und bewegungslos gesessen hatte, nahm Pasteur den Kolben mit nach draußen, sah ihn an und stellte ihn an seinen Platz zurück, ohne ein Wort zu sagen.
>
> Als wir wieder im Hauptlabor waren, wies er mich an, beim Glasbläser eine Reihe ähnlicher Kolben zu bestellen. Beim Anblick von Roux' Kolben war ihm eingefallen, wie er das Rückenmark zusammen mit Ätzkali in einem Behälter aufbewahren konnte, um das Verfaulen zu verhindern und Sauerstoff eintreten zu lassen, der die [Mikrobe] abschwächen sollte.«

Pasteur hatte sich daran erinnert, wie die Hühnerpestbakterien durch Einwirkung von Sauerstoff in ihrer Wirkung geschwächt worden waren; vielleicht ließ sich das Tollwutagens ähnlich abschwächen. Wenn das der Fall war, konnte er womöglich mit dem geschwächten Agens in einem Impfstoff arbeiten. Der Impfstoff gegen die Hühnerpest war noch eine Zufallsentdeckung gewesen; diesmal wollte er bewußt experimentell die Virulenz des Virus vermindern. Jeden Tag schnitt Pasteur ein Stück Rückenmark ab, zerkleinerte es, vermischte es mit Wasser und injizierte einem neuen Kaninchen ein paar Tropfen davon. Mit der Zeit dauerte es immer länger, bis die virulente Lösung jedes Kaninchen infiziert hatte, und nach Ablauf von zwei Wochen hatte sie praktisch überhaupt keine Wirkung mehr. Das Agens, was es auch war, war soweit abgeschwächt worden, daß es dem Tier nicht mehr schadete.

Jetzt kam der entscheidende Schritt. Konnte er das abgeschwächte Virus dazu verwenden, eine Immunität gegen die Krankheit zu erzeugen? Als überzeugter Empiriker beschloß Pasteur, den Schwächungsvorgang im Versuch umzukehren und lieber nicht mit einer bestimmten Dosis herumzuprobieren. Da es zwei Wochen gedauert hatte, bis das Virus geschwächt gewesen war, wollte er sehen, ob sich beim umgekehrten Vorgang allmählich eine Immunität aufbauen ließ. Zuerst spritzte er einem Hund eine Lösung des vierzehn Tage alten nicht virulenten Rückenmarks. Am nächsten Tag injizierte er eine dreizehn Tage alte Rückenmarkslösung; am Tag danach eine, die zwölf Tage gestanden hatte, und so weiter; er steigerte die Virulenz, bis er am vierzehnten Tag dem Hund ein Stück frisches Rückenmark spritzte, das diesen normalerweise binnen zehn Tagen umgebracht hätte. Nichts geschah. Der Hund war so munter wie vor Anfang der Injektionen. Als letzten Test injizierte Pasteur dem Hund schließlich die stärkste Tollwutdosis, die er finden konnte, unmittelbar ins Gehirn. Keine Wirkung. Er konnte den Hund sogar mit einem tollwütigen Tier zusammensperren, und obwohl der Arme hinterher zerschunden und zerbissen und ziemlich mitgenommen aussah, bekam er keine Tollwut. Der Impfstoff wirkte.

Man schrieb Mai 1884. Inzwischen arbeitete Pasteur mit 125 Hunden, ganz zu schweigen von einem Hof voll Kaninchen, Meerschweinchen und Hühnern. Es hatte vier Jahre gedauert, und noch immer hatte er die Ursache der Tollwut nicht ermittelt, aber er hatte einen Impfstoff gegen die

Krankheit gefunden. Jetzt war die Frage, was er damit anfangen sollte.

Zuerst dachte er an die Impfung aller Hunde in Frankreich, insgesamt etwa zweieinhalb Millionen. Diesen Gedanken gab er sehr schnell als undurchführbar wieder auf. Aber bald erreichten ihn Bitten, Menschen zu impfen. Pasteur zögerte. Das Impfverfahren war langwierig und mühsam: vierzehn Tage Injektionen und Überwachung. Obwohl er seinem Impfstoff traute, hatte er ihn bisher nur an Tieren erprobt. Gefühlsmäßig und ethisch besteht zwischen einem Tierversuch und einem Versuch am Menschen ein gewaltiger Unterschied.

Das war der Stand der Dinge Anfang 1885. Die Bevölkerung machte die Tollwutjahreszeiten im Spätwinter und im Frühjahr mit. Die sommerlichen Hundstage waren da. Und dann klopfte Joseph Meister an Pasteurs Labortür.

»Im ... Experiment hilft der Zufall nur dem, der dafür gerüstet ist.« Das stimmte, doch dieser Zufall war vielleicht so folgenreich, daß man ihn besser nicht nutzte. Sollte Pasteur wirklich sein am Tier erprobtes Vakzin einsetzen und Gefahr laufen, den kleinen Jungen umzubringen oder zu lähmen? Wenn das dabei herauskam, konnten sich seine Feinde freuen. Wenn er scheiterte, beschuldigten sie Pasteur gewiß der wissenschaftlichen Überheblichkeit, der unverzeihlichen, unmenschlichen Anmaßung. Zum Mörder wurde er dann gestempelt. Hatte er aber Erfolg, dann behaupteten sie sicherlich, das Kind wäre auch so davongekommen, und Pasteur bediene sich des kleinen Joseph nur, um seine Einbildung noch weiter zu steigern.

Pasteur bedrückte die anstehende Entscheidung schwer. Noch etwas kam hinzu: Der kleine Joseph war schon gebissen worden. Sicherlich war er bereits infiziert. Neben Pasteurs vielen anderen Sorgen bestand noch die Möglichkeit, daß sein Impfstoff gegen ein bereits infiziertes Lebewesen nutzlos war oder die Virulenz die Infektion gar noch verstärkte.

Während Joseph und seine Mutter in einem Zimmer warteten, das Pasteur ihnen besorgt hatte, holte er sich Rat. Er beriet sich mit zwei Männern, Edme Vulpian, einem Physiologen, der Pasteur als Mitglied einer Kommission beeindruckt hatte, die den Tollwutimpfstoff untersuchte, und Jacques Grancher, einem Arzt und Bakteriologen. Beide drängten Pasteur sofort, dem kleinen Joseph den Impfstoff zukommen zu lassen; es war seine Pflicht, das mindeste, was er tun konnte. Als sie den Jungen noch am selben Abend untersuchten, gaben sie Pasteur zu bedenken, daß wegen der Anzahl und Schwere der Wunden keine Zeit zu verlieren war. Wenn nichts geschah, mußte Joseph wohl sterben. Sie waren bereit, die Verantwortung mitzutragen, aber die Behandlung mußte sofort beginnen.

Also verabreichte Pasteur am Abend des 6. Juli 1885 um acht Uhr, sechzig Stunden nachdem das Kind gebissen worden war, immer noch unter großen Zweifeln und ebensolcher Angst den zweiten menschlichen Impfstoff, den die Welt bis dahin kannte, den ersten, der im Laborversuch aus demselben Agens hergestellt worden war, das die Krankheit verursacht hatte. Obwohl die langsame Gabe eines immer virulenteren Virus den Knaben vielleicht belastete, konnte der Prozeß nicht abgekürzt werden. Es ging um ein Menschenleben; Pasteur mußte sich an das halten, was er wußte. Er spritzte Joseph Meister eine Lösung in die Hüfte, die aus dem Rükkenmark eines vierzehn Tage zuvor an Tollwut eingegangenen Kaninchens bestand.

Vor der Inokulation weinte der Junge heftig, beruhigte sich aber gleich, als er merkte, daß ihm nur die Haut ganz leicht geritzt wurde. Als er in sein Zimmer zurückkehrte, das dicht bei den Käfigen mit Kaninchen, Meerschweinchen und Hühnern lag, wurde er fröhlicher als je zuvor seit seiner Verletzung. Pasteur führte nach der ersten Inokulation an den nächsten beiden Tagen jeweils zwei weitere, danach jeweils eine pro Tag durch. Am 11. Juli konnte er in einem Brief mitteilen, »alles ist in Ordnung, das Kind schläft gut, hat Appetit, und die inokulierte Materie wird von einem Tag auf den anderen im Körper aufgenommen, ohne eine Spur zu hinterlassen«.

Der unbeschwerte Ton seines Schreibens entsprach jedoch durchaus nicht seinem Verhalten. Je häufiger und virulenter die Inokulationen wurden, um so mehr sorgte sich Pasteur, um so häufiger wurden seine Angstanfälle. »Meine lieben

Kinder«, schrieb seine Frau, »Euer Vater hat wieder eine schlimme Nacht verbracht; er hat Angst vor den letzten Inokulationen bei dem Kind. Und doch kann es jetzt kein Zurück geben. Der Junge ist immer noch bei hervorragender Gesundheit.«

Zumindest in seinen Briefen hielt Pasteur den optimistischen Ton durch:

> »Ich glaube, uns stehen große Dinge bevor. Joseph Meister hat das Laboratorium soeben verlassen. Die drei letzten Inokulationen haben unter der Haut ein paar rosafarbene Zeichen hinterlassen, die allmählich breiter werden und nicht berührungsempfindlich sind. Es tut sich etwas, und die Wirkung wird immer stärker, je näher wir der letzten Inokulation kommen, die Donnerstag, den 16. Juli, stattfinden wird ... Vielleicht erleben wir eines der großen medizinischen Ereignisse unseres Jahrhunderts; es würde Dir leid tun, wenn Du nicht dabei wärest!«

Aber nachts kamen die Dämonen wieder. Pasteur träumte, wie Joseph in seinem eigenen Speichel erstickte; während die Zeit verging, konnte er sich immer schlechter auf seine Arbeit konzentrieren.

Schließlich rückte der letzte Tag heran: 16. Juli. Pasteur verabreichte dem Jungen eine Dosis eines einen Tag alten Rükkenmarks; sie war so stark, daß sie ein Kaninchen in sieben Tagen umgebracht hätte. Am Abend, nachdem er mit den Tieren gespielt hatte, verlangte Joseph einen Kuß vom »lieben Monsieur Pasteur« und ging fröhlich zu Bett. Pasteur verbrachte eine schlaflose Nacht, ständig in Angst, daß der Junge sterben müsse.

Aber Joseph Meister starb nicht, sondern erholte sich. Zehn Tage später war er wieder zu Hause im Elsaß. Der Impfstoff hatte gewirkt.

Drei Monate später, nachdem der kleine Joseph wieder völlig hergestellt war, beschrieb Pasteur seine Behandlung vor der Akademie der Wissenschaften in Paris. Als er geendet hatte, erhob sich der Vorsitzende der Akademie: »Wir dürfen wohl sagen, daß der Tag der heutigen Sitzung in der Geschichte der Medizin auf ewig denkwürdig bleiben wird«, verkündete er, »und ein ruhmreicher Tag für die französische Wissenschaft ist. Einer ... der größten Schritte ist gelungen, die je in der medizinischen Ordnung der Dinge getan wurden, ein durch die Entdeckung einer wirksamen Vorbeugung erzielter Fortschritt gegen eine Krankheit, deren Unheilbarkeit uns als Vermächtnis durch die Jahrhunderte überkommen war.«

Die Öffentlichkeit war derselben Meinung. Binnen fünfzehn Monaten nach Joseph Meisters Behandlung bekamen 2490 Personen Pasteurs Tollwutimpfstoff. Pasteur konnte miterleben, wie sich seine Methode ganz rasch als übliche Behandlung von Menschen durchsetzte, die von nachweislich oder mutmaßlich tollwütigen Tieren gebissen worden waren. Er mußte aber auch mit ansehen, wie sie Gegenstand von Kontroversen und Angriffen wurde. Obwohl von den 1726 in dieser Zeit behandelten Franzosen nur zehn starben, was einer Sterblichkeit von nicht einmal 0,6 Prozent entspricht, war das vielen Menschen zuviel. An die Spitze dieser Angriffe hatte sich ein Kliniker, Dr. Michel Peter, gestellt, dessen Doktrin, »die Krankheit ist in uns, von uns und durch uns«, Pasteur mit seinen Entdeckungen in der Mikrobenwelt systematisch niedergemacht hatte. Die Tollwutbehandlung »ist nachgerade gefährlich geworden«, erklärte Peter. »Pasteur löst in den Personen, die er impft, die Hydrophobie von Kaninchen, also ›Labortollwut‹ aus.« Diese Reaktion war noch eher zurückhaltend. Manche nannten Pasteur nichts weniger als einen »Attentäter«.

Wie bei den Pockeninokulationen von Jenner, so war auch der Tollwutimpfstoff ein derart kostbares Geschenk, daß man es nicht wegwerfen mochte. Pasteurs Behandlung blieb bestehen, und bis 1935 waren allein vom Institut Pasteur 51 107 Personen gegen Tollwut geimpft worden; davon waren nur 151 gestorben; das entspricht einer Sterblichkeit von knapp 0,3 Prozent. In den Vereinigten Staaten werden heute Hunde und Katzen routinemäßig einmal gegen Tollwut geimpft; gelegentlich wird nachgeimpft, um die Immunität aufrechtzuerhalten. Die Haustiere im Land sind also nicht mehr von Tollwut bedroht. Diese Bedrohung ist auf wildlebende Tiere übergegangen, zum Beispiel auf Füchse, Waschbären, Stinktiere und Fledermäuse. Die Tollwut beim Menschen ist in den Vereinigten Staaten praktisch ganz verschwunden – eine Krankheit, die fast schon der Vergangenheit angehört.

Nachwort: Pasteur lebte nach der Etablierung seines Tollwutimpfstoffs noch zehn Jahre. 1887 erlitt er einen weiteren Schlaganfall und konnte danach nicht mehr selbst an Experimenten mitwirken. Im darauffolgenden Jahr wurde das Institut Pasteur offiziell eröffnet und durch Beiträge aus der ganzen Welt finanziert. 1892, an seinem 70. Geburtstag, wurde Pasteur durch eine Feier im großen Hörsaal der Sorbonne geehrt. Als er am Arm des Präsidenten der Französischen Republik den Saal betrat, wurde ihm eine lange Ovation dargebracht. Danach hörte er Lobreden von Vertretern der Großstädte der Welt.

Wahrscheinlich hat kein Satz Pasteur so wohlgetan wie die Bemerkung von Joseph Lister aus England. »Sie haben«, sagte Lister, »den Schleier gelüftet, der jahrhundertelang über den Infektionskrankheiten gelegen hat; sie haben entdeckt und nachgewiesen, daß diese Krankheiten von Mikroben verursacht werden«.

Der kleine Joseph Meister wurde, als er erwachsen war, Pförtner im Institut Pasteur in Paris. 1940, 55 Jahre nach seiner Impfung, mit 64 Jahren, bewachte Meister die Pforte, als die Nazis Paris besetzten. Die Soldaten befahlen Meister, Pasteurs Grabstätte zu öffnen. Statt Folge zu leisten, beging er Selbstmord.

Mit Pasteurs Leben nahm die Wissenschaft der Mikrobiologie ihren Anfang. Zwei Jahrhunderte nachdem van Leeuwenhoek erstaunliche Geschöpfe unter seinen Linsen hatte herumtorkeln sehen, ein Jahrhundert nachdem Jenner seinem Instinkt gefolgt war und eine mikroskopische Welt für die Menschheit genutzt hatte, bot Pasteur überzeugende Beweise dafür auf, daß zum Leben tatsächlich auch die Tätigkeit winziger Organismen gehört, die zwar für das bloße Auge unsichtbar sind, jedoch die Welt um uns und in uns erfüllen und unser Kommen und Gehen, unser Leben und Sterben beeinflussen. Mit Pasteur wurde die Mikrobenwelt Wirklichkeit.

Damit emanzipierte er auch die Welt der Biologie. Lange war sie von den Bräuchen und Ansichten längst vergangener Jahrhunderte unterjocht gewesen, doch jetzt sorgten die Biologen für umwälzende neue Erkenntnisse, bereisten mit ihren Mikroskopen die unsichtbare Welt mit derselben Begeisterung und demselben Gewinn, wie in früheren Jahrhunderten Entdecker in großen Schiffen die damals bekannte Welt umsegelt hatten. Die Jahrzehnte nach Pasteurs ersten Untersuchungen an Mikroorganismen gelten als Goldenes Zeitalter der Bakteriologie. In diesen furchtbaren Jahren entdeckte die Wissenschaft zahlreiche Bakterien, die Krankheiten verursachten, und schuf die grundlegenden, bis heute gültigen Labortechniken. Tuberkulose, Cholera, Diphtherie, Typhus, Lungenentzündung, Hirnhautentzündung, Wundstarrkrampf, Beulenpest, Syphilis, Ruhr – um die Jahrhundertwende hatte die Wissenschaft die mikrobiellen Ursachen aller dieser Krankheiten nachgewiesen.

Doch trotz weitreichender Erkundungsreisen und beachtlicher Ergebnisse harrte noch so manches der Entdeckung. Die mikroskopische Welt, die Pasteur ans Licht geholt hatte, erwies sich zwar als riesengroß und reichhaltig, doch unter ihr lag noch eine Schicht. Pasteur hatte das sehr wohl gewußt. Als er die Ursache der Tollwut nicht finden konnte, hatte er sich schon mit der Möglichkeit vertraut gemacht, daß es infektiöse Organismen gab, die so klein waren, daß man sie unter dem Mikroskop nicht sehen konnte. Er dachte sie sich allerdings einfach als ultramikroskopisch kleine Mikroben, die sich von den bekannten Mikroorganismen nur in der Größe unterschieden. Er konnte sich nicht vorstellen, wie etwas beschaffen war, das wir heute als Virus bezeichnen; schließlich erforderten und erfordern seine eben erst erkannten Mikroben schon genug Phantasie; bei seinen Tollwutexperimenten stieß Pasteur aber tatsächlich genau auf dieses Geschöpf, denn die Tollwut wird von einem Virus verursacht. Es wurde schließlich 1903 im Pasteur-Institut in Konstantinopel entdeckt. Pasteur hatte eine Krankheit verhindern müssen, die von einem Agens ausgelöst wurde, das er nicht sehen konnte und für dessen Erkenntnis ihm jegliche Voraussetzung fehlte. Es ist erstaunlich, daß er soweit gekommen ist.

1887, knapp zwei Jahre nachdem Pasteur Joseph Meister behandelt hatte, wurde ein Virus wirklich gesehen. Diese Leistung gelang an der Universität Edinburgh in Schottland, und sie war einem Chirurgen und Bakteriologen namens John Buist zu verdanken. Doch das große Ereignis wurde so gut wie nicht zur Kenntnis genommen. Der arme Doktor Buist wußte nämlich nicht, was er da sah. Nach den von Pasteur und Koch geschaffenen Verfahren entnahm Buist einer Pockenimpfpustel am Arm eines Patienten Flüssigkeit, strich sie auf einem Objektträger aus, trocknete sie und färbte sie mit einem Farbstoff ein, der ihre Einzelteile unter dem Mikroskop sichtbar machte. Als er durch die Linse schaute, sah Buist ein paar rötliche, runde Punkte. Er vermaß sie und überlegte, was sie wohl waren.

Die Pünktchen sahen nicht wie Bakterien aus, die er kannte; sie ähnelten vielmehr Sporen, dem winzigen Samen, den manche Mikroorganismen zur Vermehrung bilden. Buist hielt diese Sporen für die Ursachen von Kuhpocken und Pocken, konnte sie aber in keiner Kultur züchten und anschließend die Krankheit im Laboratorium auslösen; also vermochte er seine Vermutung nicht zu beweisen. Und damit hatte es sein Bewenden.

Wie es so ist, hatte Buist mindestens zum Teil recht, denn was er sah, verursacht tatsächlich Kuhpocken. Er war der erste Mensch, der ein Kuhpockenvirus vor Augen bekam. Daß er es sehen konnte, liegt daran, daß das Kuhpockenvirus eines der größten Viren ist und auf einer Seite ganze 1/100000 Zoll (etwa ein Viertel der Größe einer Bakterie) mißt. Dank des Elektronenmikroskops wissen wir heute, daß die Form, die Buist als Pünktchen ansah, in Wirklichkeit fast rechteckig ist und abgerundete Kanten aufweist. Das Virus ist beinahe identisch mit dem Virus, das Pocken hervorruft, und deshalb führt es auch zur Immunität gegen diese tödliche Krankheit.

Warum konnte Buist das Virus nicht in einer Kultur züchten? Wie die Virologen Jahre später zu ihrem eigenen Grimm erst noch erfahren mußten, liegt es daran, daß sich Viren nicht so verhalten wie Bakterien; in einer unbelebten Nährlösung können sie nicht überleben und sich auch nicht vermehren. Daß Pasteur und Roux ihr Tollwutvirus, das sie ja gar nicht als solches erkannten, kultivierten, indem sie es von Kaninchenhirn zu Kaninchenhirn weitergaben, ist angesichts dieser Tatsache noch viel eindrucksvoller.

Obwohl Buist also tatsächlich ein Virus erblickte, konnte er damit weniger anfangen als Pasteur, der nie eines gesehen hatte. Wenn die Welt der Viren jemals erkannt werden sollte, erforderte das einen weiteren Sprung der Phantasie, eine neue begriffliche Grundlage, fast so umwälzend wie die ursprüngliche Vorstellung von den Mikroorganismen. Vielleicht wäre Pasteur, wenn er länger gelebt hätte, dieser Sprung gelungen; fähig dazu war er auf jeden Fall. Wie sich dann herausstellte, war das Vermächtnis der Pioniere der Mikrobiologie jedoch gut angelegt, denn das Können eines ehemaligen Assistenten von Pasteur ermöglichte die Entdeckung der Viren, und ein geistiger Nachfahr des alten Antonie van Leeuwenhoek, ein Landsmann aus seinem Geburtsort Delft, konnte später den letzten begrifflichen Schritt in diese unbekannte neue Welt tun.

VIERTES KAPITEL

Unglaublich, nachgerade unnatürlich

Als Pasteur 1876 wieder einmal die Behauptung zurückwies, Mikroorganismen könnten spontan ins Leben treten, demonstrierte er, daß praktisch jedes Wasser, selbst destilliertes Wasser in einem gewaschenen Behälter, Keime enthielt. Eine Ausnahme bildete Wasser aus tiefen Quellen, das langsam durch den Boden gesickert war, wobei der Boden als Filter gewirkt, Mikroorganismen festgehalten und das Wasser so gereinigt hatte.

Diese Entdeckung versetzte Pasteurs Assistenten Charles Chamberland in Nachdenken: Wenn ein Sandboden Mikroben aus dem Wasser herausfilterte, konnte man vielleicht ein Laborfilter entwickeln, das dasselbe Ergebnis erzielte: 1884 erfand er das später nach ihm benannte Chamberland-Filter, ein kerzenförmiges Filter aus unglasiertem Porzellan, das etwa so funktionierte wie der Boden rings um eine Quelle. Wurde in das Filter oben eine Flüssigkeit hineingegossen, so hielten die winzigen Poren im Porzellan alle Fremdkörper fest, und die Flüssigkeit konnte am Boden des Filters rein austreten. (Noch Jahre danach wurden Chamberland-Filter im Haushalt zur Gewinnung von reinem Trinkwasser eingesetzt.)

Pasteur verwendete, wie alle Mikrobiologen, Chamberland-Filter zum Nachweis, daß die im Porzellan zurückgehaltenen Bakterien Krankheiten verursachten, nicht die klare, harmlose Flüssigkeit, die durch das Filter rann. Doch gelegentlich liefen Flüssigkeiten durch und lösten dennoch hinterher Krankheiten aus. Emile Roux demonstrierte, daß die die Diphtherie verursachende Bakterie zum Beispiel ein Toxin erzeugte, das mühelos ein Chamberland-Filter durchdrang. Wenn man mit diesem Toxin inokulierte, kam es unweigerlich zur Diphtherie. Solche Toxine konnten zwar unmittelbar bei ihrem Wirt eine Krankheit auslösen, sie jedoch nicht weiter verbreiten. Sie vermehrten sich nicht und konnten also auf diesem Weg keine Infektionen weitergeben. Es waren einmalige Infektionen; die Bakterien, die die Toxine bildeten, waren die einzigen Missetäter. Und diese Bakterien hielt das Filter ohne weiteres zurück.

Bei der Tollwut sah es jedoch ganz anders aus. Der Erreger dieser Krankheit ließ sich in den feinen Porzellanporen nicht festhalten. Die gefilterte Flüssigkeit selbst war infektiös. Etwas Seltsames ging hier vor. Pasteur argwöhnte, daß eine Mikrobe von ultramikroskopischer Größe das Filter passierte, aber er kam natürlich nie dahinter, was es wirklich war.

1892 benutzte ein russischer Botaniker namens Dimitri Iwanowski ein Chamberland-Filter, um ein lästiges Phänomen, die sogenannte Tabakmosaikkrankheit, zu untersuchen. Sie bedrohte die Tabakindustrie in ganz Rußland und Europa; die von ihr befallenen Pflanzen verkümmerten, die Blätter wurden blasig und fleckig, so daß sie wie Mosaiken aussahen. In seinen Bemühungen, der Krankheitsursache auf die Spur zu kommen, zerkleinerte Iwanowski die Blätter von infizierten Pflanzen und ließ den Saft durch das Filter laufen. Er rechnete mit einer neutralen Flüssigkeit und nahm an, daß die verursachenden Bakterien im Filter blieben. Doch als Iwanowski frische Tabakpflanzen mit der gefilterten Flüssigkeit bestrich, bildete sich erneut das charakteristische Fleckmuster. Der Krankheitserreger war also in der Flüssigkeit geblieben; er hatte das Filter ohne weiteres durchlaufen.

Iwanowski war davon so beeindruckt, daß er in seinem Bericht an die Akademie der Wissenschaften in Sankt Petersburg die Ergebnisse kursiv drucken ließ: *»Der Saft der mit der Tabakmosaikkrankheit infizierten Blätter behält seine infektiöse Wirkung selbst nach der Filtrierung in Chamberland-Filterkerzen.«* Entweder war etwas schiefgegangen, vielleicht war das Filter kaputt, oder die Tabakmosaikkrankheit war, wie die Diphtherie, Folge eines von Bakterien gebildeten Toxins.

Genau ließ sich das nur feststellen, wenn man die verursachenden Bakterien entdeckte. Das gelang Iwanowski allerdings nicht, obwohl er »mit sehr viel Zeitaufwand und Mühe« ans Werk ging. Er behauptete zwar, er habe »das Wachsen der Tabakmikrobe sehen und ihre Anwesenheit im Gewebe infizierter Pflanzen bestimmen« können (unter »bestimmten Bedingungen«, die er nicht näher beschrieb), doch ließ Iwanowski es damit sein Bewenden haben. Er schloß seinen Bericht in der Hoffnung, weitere Versuche durchführen zu können, »um diese Fragen zu klären«, und wandte sich dann anderen Dingen zu.

Sechs Jahre lang änderte sich an dieser Sachlage nichts. Dann ging 1898 ein anderer Botaniker, der Holländer Martinus Beijerinck, dieselbe Frage an. Er kannte Iwanowskis Arbeiten nicht (denn der Russe hatte seine Ergebnisse in russischer Sprache in verhältnismäßig unbekannten Zeitschriften veröffentlicht). Beijerinck führte ähnliche Versuche mit dem Chamberland-Filter durch und kam zu ähnlichen Ergebnissen: Der gefilterte Saft der zerstoßenen Blätter infizierte andere Blätter ganz leicht. Es ging ihm wie Iwanowski, als er die Ursache der Infektion isolieren wollte. Er konnte nichts finden. Damit hörten die Ähnlichkeiten aber auch auf. Denn was Martinus Beijerinck dann erreichte, eröffnete eine ganz neue Sicht auf das Leben und die Krankheiten. Er war im Begriff, die Welt mit den Viren vertraut zu machen.

Beijerinck war der Inbegriff des gefühlsbetonten Naturwissenschaftlers. Er war groß, sah in seinem dunklen Mantel mit dem hohen Kragen, mit seinem dicken Schnurrbart, der sein kantiges, ja kühnes Gesicht noch betonte, sehr gut aus. Er pflegte in sein Laboratorium in der Technischen Hochschule Delft hineinzustürmen, durch alle Räume zu eilen, die Fenster zu schließen, argwöhnisch nach dem geringsten Rest Zigarettenrauch zu fahnden und die Arbeitsplatten nach dem kleinsten Tröpfchen Wasser zu inspizieren. Dann ließ er seine Handvoll Studenten antreten. »Man muß es mitgemacht haben, wenn man diese Hochspannung verstehen will«, berichtete ein Augenzeuge,

»und muß die manchmal stundenlangen Gespräche mit einem der Experimentalwissenschaftler gehört haben; normalerweise redete Beijerinck, und der andere hörte zu – gebannt von dem Strom überraschender, neuer Anmerkungen mit Tausenden von Vorschlägen zu neuen Experimenten, die der Professor über dem Kopf des Unglücklichen ausschüttete. Der Student versuchte, das alles aufzunehmen, war aber bald der Verzweiflung nahe, denn sein Verstand vermochte soviel nicht zu fassen ... während Beijerinck, frisch, als sei nichts geschehen, zum nächsten Studenten ging und sich in dessen Thema verlor.«

Und wehe dem Studenten, der diese Vorschläge nicht aufgriff. »Mein Herr«, sprach Beijerinck einen solchen jungen Mann an, »es gibt zwei Arten von Affen. Die eine Art ist interessiert, wenn man ihr eine Münze zeigt, und sie hält sie fest; die andere Art läßt die Münze sofort fallen. Die erste Art kann man ausbilden, die zweite Art nicht. Wenn Sie ein Affe wären, gehörten Sie zur zweiten Art!«

Von Frauen hielt er wenig und hatte auch keine Zeit für sie, obwohl – oder vielleicht gerade weil – er angeblich in der Liebe einmal eine große Enttäuschung erlebt hatte. Er blieb unverheiratet, lebte mit seinen beiden Schwestern zusammen und war auch gar nicht davon angetan, wenn sich einer seiner Mitarbeiter verehelichte. »Ein Mann der Wissenschaft heiratet nicht«, erklärte er.

Wer ihn ertragen konnte, fühlte sich durch die Zusammenarbeit mit ihm bereichert. Beharrlich förderte er die Studenten, die seinen Maßstäben entsprachen, verhalf vielen von ihnen zu einer großen Laufbahn, nahm sie vor der Kritik anderer Professoren in Schutz und lud einmal sogar einen besonders treuen Assistenten und dessen Familie ein, im Labor zu wohnen, während ihr von einem Brand beschädigtes Haus instandgesetzt wurde.

»Beijerinck war wie ein gewaltiges Gebäude«, schrieb einer seiner Assistenten. »Wenn man seine unbekannten Innenhöfe und Gewölbe durchstreifte, stieß man sich manchmal an hervorstehenden Steinen, aber wenn man das Gebäude wieder verlassen hatte und aus einiger Entfernung seine überragende Architektur betrachtete, war man hingerissen.«

Nach Temperament und Können war Beijerinck der richtige Mann, in der Welt der Viren bahnbrechend zu wirken. Ein weniger beharrlicher Forscher hätte sich von der Frage des geheimnisvollen, infektiösen Saftes der Tabakmosaikkrankheit vielleicht wieder abgewendet, wie etwa Iwanowski, und ein von seinem Können überzeugter Mann hätte wohl nach dem ersten Fehlschlag einen großen Bogen um dieses Thema gemacht; Beijerinck hingegen ging es fast ausschließlich um das Wissen. »Oft überkam ihn eine beinahe dionysische Freude, wenn seine Experimente glückten«, schrieb sein Assistent. »Dann leuchteten seine braunen Augen, und mit bannendem Blick und erhobenem linkem Zeigefinger erklärte er seinen Schülern die Bedeutung seiner Ergebnisse.«

Seine jetzige Entdeckung war allerdings nicht so ohne weiteres zu erklären. Vielleicht hat Beijerinck selbst zunächst gar nicht recht begriffen, daß er sich hier auf Neuland befand. Als er 1898 die Arbeit an der Tabakmosaikkrankheit aufnahm, wußte er nur, daß dieser merkwürdige Saft das Chamberland-Filter durchlief und trotzdem weiterhin andere Tabakpflanzen infizieren konnte. Er tat aber sogleich einen Schritt über die schon vorliegenden Ergebnisse hinaus. Im Gegensatz zu Iwanowski glaubte er nicht, daß das Chamberland-Filter schadhaft war und deshalb Bakterien durchließ; im Gegensatz zu Pasteur ging er auch nicht davon aus, daß hier vielleicht ultramikroskopisch kleine Mikroben vom Filter einfach nicht zurückgehalten wurden. Beijerinck nahm sein Versuchsergebnis als das, was es darstellte, und erklärte, der gefilterte Saft enthalte überhaupt keine Mikroorganismen.

Dann ging er noch einen Schritt weiter als Iwanowski. Er trug den Saft nicht einfach auf eine Reihe von Tabakpflanzen auf, folgerte daraus, daß die Infektion wohl durch ein Toxin zustande kam und ließ es dabei bewenden, sondern inokulierte die Pflanze auch noch. Er zermahlte die Blätter von kurz zuvor infizierten Pflanzen, ließ den Saft durch das Filter laufen, strich ihn auf gesunde Pflanzen, zermahlte dann deren Blätter, filterte sie, inokulierte damit eine weitere Reihe gesunder Pflanzen und so weiter. Dabei stellte er fest, daß jede weitere Pflanzenreihe ebenfalls die charakteristische Flecken-

und Blasenbildung der Tabakmosaikkrankheit zeigte. Der Saft infizierte also nicht nur einmal, sondern immer wieder.

Wie konnte das angehen? Da gab es nur eine Möglichkeit: Das Infektionsprinzip im Saft konnte sich irgendwie in den Tabakblättern vermehren, so daß jede weitere Reihe genauso infektiös wurde wie die vorhergegangene. Nach dem damaligen Stand der Wissenschaft vermehrten sich aber nur Bakterien und andere Mikroorganismen auf diese Weise. Toxine konnten es ganz gewiß nicht. Doch im gefilterten Saft gab es keine Mikroorganismen, das wußte er sicher. Also mußte der Verursacher der Krankheit etwas sein, an das man bisher nicht gedacht hatte.

Beijerinck überprüfte seine Vorgehensweise, wiederholte seine Experimente und bekam jedesmal dieselben Ergebnisse. Er ließ den gefilterten Saft ein Vierteljahr stehen, bevor er ihn auf die Tabakblätter aufstrich; wieder wirkte er infektiös. Er ließ Alkohol und Formalin in Mengen darauf einwirken, die alle Mikroorganismen abgetötet hätten. Immer noch infizierte die Flüssigkeit. Er wußte, daß manche Bakterien winzige Sporen aufweisen, die durch Filter dringen können; also erhitzte er die Flüssigkeit auf 90°C, zehn Grad unter der Temperatur, bei der Sporen abgetötet werden. Wenn also Bakteriensporen in der Flüssigkeit enthalten waren, mußte die Flüssigkeit nach wie vor infektiös wirken, doch alle anderen Bestandteile hatte er wohl abgetötet. Statt dessen verlor der Saft seine infektionsauslösende Wirkung vollständig. Beijerinck hatte tatsächlich alles abgetötet, was sonst noch darin steckte, aber gerade dazu gehörte das Infektionsprinzip; Sporen konnten es auf jeden Fall nicht sein.

Damit stand er wieder ganz am Anfang. Wenn er diesem Geheimnis auf die Spur kommen wollte, mußte er über den damaligen Stand von Theorie und Technik auf dem Gebiet der Mikroben weit hinausgehen. Die Frage war jetzt nicht mehr, welche Art Mikrobe hier wohl vorlag, sondern ob die schwer zu fassende Ursache der Tabakmosaikkrankheit überhaupt eine Mikrobe war. 1898 lebte man in einer Welt, die noch unter dem knapp fünfundzwanzig Jahre zuvor erlebten Schock litt, den Pasteur und Koch mit ihrem folgenschweren Nachweis ausgelöst hatten, daß Mikroben Krankheiten verursachen können. Beijerinck, im anbrechenden Goldenen Zeitalter der Bakteriologie nicht ohne Ansehen, beging durchaus eine Art Häresie bei dem Gedanken, hier könne etwas anderes im Spiel sein als die gewohnten Mikroben. Pasteur und Koch waren in ihren Vermutungen durch van Leeuwenhoek bestätigt worden. Sie wußten wenigstens, daß es eine mikroskopische Welt erstaunlicher Geschöpfe gab und brauchten nur noch deren Funktion zu entdecken. Aber worauf konnte sich Beijerinck stützen? Auf nichts. Und was konnte er tun? Sein Beweismaterial war völlig widersprüchlich. Dieses unbekannte Agens infizierte genauso wie Mikroben; es schien sich auch ähnlich zu vermehren; aber im Gegensatz zu Mikroben wuchs es in einer Nährlösung im Laboratorium nicht, und es war auch unter dem Mikroskop nicht zu erkennen. Außerdem blieb es im Chamberland-Filter nicht zurück, und Alkohol und Formalin konnten es nicht abtöten. So verhielt sich unbelebte Materie, so verhielten sich etwa Toxine, doch hier handelte es sich nicht um ein Toxin. Beijerinck mußte überlegen, ob überhaupt etwas Dingliches dabei im Spiel war, ein Teilchen, eine Zelle. Hatte das Gebilde feste Grenzen, war es ein umschlossener, lebender Organismus? Oder war es eher diffus, aufgelöst? Auch wenn das unglaublich schien: War es vielleicht tot?

Um der Sache auf den Grund zu gehen, dachte sich Beijerinck einen raffinierten Versuch aus. Er strich etwas infektiösen Saft auf einen Block aus verfestigtem Agar-Agar, einem aus Seetang hergestellten Nährboden, der aussah wie ein Stück Kunsthonig. Wenn das infizierende Agens in diesen Agar-Agar-Block eindrang, so folgerte er, konnte es keine Mikrobe sein, denn Bakterien blieben an der Oberfläche, weil sie nicht hineindiffundieren konnten. Konnte er die Substanz jedoch innerhalb des Blocks nachweisen, dann handelte es sich um etwas bis dato Unbekanntes.

Beijerinck ließ das inokulierte Agar-Agar zehn Tage stehen. Dann schnitt er vorsichtig die oberste Schicht von dem Block bis auf das darunterliegende frische Agar-Agar ab. Er nahm eine Probe und trug sie auf eine gesunde Tabakpflanze auf.

Bald wurden die Blätter der Pflanze fleckig und blasig – das bekannte Bild der Tabakmosaikkrankheit entstand. Dieses sonderbare Agens war tatsächlich in das Agar-Agar eingedrungen. Es war also keine herkömmliche Mikrobe, sondern etwas ganz anderes.

Beijerinck verfaßte einen Bericht. In seinen Schlußfolgerungen führte er bis dahin unbekannte Begriffe ein. Als Titel schrieb er über seinen Aufsatz: »Über ein *contagium vivum fluidum* als Ursache der Fleckenkrankheit bei Tabakblättern.« *Contagium vivum fluidum* – dieser lateinische Begriff heißt »ansteckende lebendige Flüssigkeit«. Der infektiöse Saft war wirklich eine ansteckende Flüssigkeit, keine mikrobenhaltige Lösung; das lag auf der Hand; aber »lebendig«? Wie konnte eine Flüssigkeit lebendig sein? Für Beijerinck war das Gedankenakrobatik, doch seine Experimente hatten ihn in diese Richtung geführt. »Ich habe den Eindruck«, schrieb er, »daß eine Vermehrung oder ein Wachsen dieses gelösten Partikels nicht absolut undenkbar, wenngleich schwer vorstellbar ist; der Gedanke an ein sich selbst erhaltendes Molekül, der sich zwangsläufig aus dieser Ansicht ergibt, erscheint mir unglaublich, nachgerade unnatürlich zu sein.«

Mit diesem berühmten Absatz hatte sich Beijerinck Wort für Wort in das Unbekannte zu etwas vorgearbeitet, das wir heute als Virus kennen. Seine ansteckende lebendige Flüssigkeit beschrieb er als »gelöstes Partikel«, denn er hatte erkannt, daß es sich bei diesem mysteriösen Agens um ein Teilchen handeln mußte. Aus dieser Vorstellung ergab sich als nächstes das Konzept »eines sich selbst erhaltenden Moleküls«, das heute, fast hundert Jahre später, nicht weniger schwer zu fassen ist als damals für Beijerinck. Doch genau darum handelt es sich bei einem Virus: um eine Ansammlung von Molekülen, die ganz, vollständig und selbsterhaltend ist. Im Gegensatz zu einer Bakterie ist es keine lebende Zelle, die unabhängig wachsen und sich vermehren kann (auch mit dieser Frage sollte sich Beijerinck noch auseinandersetzen); das ist auch gar nicht nötig. Das Gebilde lebt zwar nicht gerade, aber es ist auch nicht tot. Es existiert einfach so, wie es ist – »unglaublich, nachgerade unnatürlich«.

Dann fuhr Beijerinck fort: »Mithin mag als mögliche Erklärung dienen, daß sich das Contagium zur Vermehrung in das lebende Protoplasma der Zelle einschließen muß, in dessen Vermehrung es gewissermaßen passiv einbezogen wird.«

Das war eine prophetische, eine höchst erstaunliche Bemerkung. Zu behaupten, etwas existiere und bediene sich zur eigenen Vermehrung der Vermehrungsfähigkeit lebender Zellen, ein Vorgang, der damals selbst noch gar nicht verstanden wurde, das kündete von erstaunlichem Weitblick. Obwohl Viren nicht gerade »passiv« in die Vermehrungsprozesse von Zellen »einbezogen werden« – sie drängen sich in Wirklichkeit selbst hinein –, sind sie tatsächlich in das »lebende Protoplasma« der Zellen eingebunden. Sie werden gewissermaßen eins mit der Zelle und sichern so die Entwicklung künftiger Viren. Da saß der barsche, kurzangebundene Beijerinck um die Jahrhundertwende in seinem Laboratorium, hatte von diesen Dingen weder etwas gesehen noch etwas gehört und vermutete sie doch alle. Da er aber doch ein Kind seiner Zeit war, fand er das alles recht verwirrend.

»Damit hatte man wenigstens aus zwei Rätseln eines gemacht«, schrieb er, »denn der Einbau eines Virus in das lebende Protoplasma, auch wenn er gut dokumentiert ist, kann noch keinesfalls als völlig bekannter Vorgang betrachtet werden.« (Er hätte sich überhaupt nicht zu entschuldigen brauchen, daß er den Vorgang nicht näher zu erklären vermochte, denn es dauerte noch gut fünfzig Jahre, bis der ganze Ablauf wirklich halbwegs verstanden wurde.)

Schließlich verwendete er den Begriff *Virus*. Da stand es, das alte Wort, jetzt in einem neuen Zusammenhang gebraucht. Was vorher allgemein und vage gewesen war, hatte jetzt eine bestimmte Bedeutung. Die Bezeichnung setzte sich durch. Es dauerte zwar noch eine Weile, bis sie allgemein akzeptiert war, doch bezog sie sich ausschließlich auf diese Art Mikrobe und nichts anderes. Weil das Virus Beijerincks Chamberland-Filter durchlaufen hatte, wurde es in der ersten Zeit »filtrierbares Virus« genannt. Wiederum hatte sich die allgemeine Vorstellung von der Beschaffenheit des Lebens verändert.

Beijerincks Vorstellung vom Virus zog zunächst die verschiedensten Reaktionen nach sich. Pasteurs alter Schüler Emile Roux räumte ein, das sei zwar »sehr originell«, meinte aber, man solle doch, bevor man sich den Gedanken zu eigen mache, die Möglichkeit eines sporentragenden Mikroorganismus prüfen (was Beijerinck, wie gesagt, bereits getan hatte). Ein weiterer Bakteriologe, der Deutsche Ernst Joest, klammerte sich noch fester an die herrschende Vorstellung, alles Leben sei aus lebenden Zellen aufgebaut. »Ein *contagium vivum fluidum* kann nur in Form von organisierten mehrzelligen Individuen existieren«, stellte er beharrlich fest. Also war Beijerincks Virus als Ursache für die Tabakmosaikkrankheit ebenso wie für andere Infektionskrankheiten »undenkbar«.

Ein anderer deutscher Naturwissenschaftler, Carl Oppenheimer, sah jedoch in Beijerincks Ergebnissen weitreichende Möglichkeiten. Er meinte, bestimmte Krankheiten des Menschen, wie etwa Pocken, Scharlach und Syphilis, könnten durchaus von Viren verursacht werden. Wenn dem so sei, schrieb er, »muß sich unsere Vorstellung von der ›Zelle‹ so grundlegend ändern, daß wir zugeben müssen, daß Vitalkräfte durchaus auch in unorganisierten [also nicht zellförmigen] Medien wirken können«. (Obwohl er sich in fast allen Details geirrt hatte – nur die Pocken werden von einem Virus verursacht, die anderen von ihm genannten Krankheiten von anderen Mikroorganismen –, hatte er in einem weiteren Sinn doch recht. Eine profunde Erkenntnis aus Beijerincks Entdeckung der Viren war die Feststellung, daß das Leben auch in anderer als der zellulären Form existieren kann.)

Es gab noch eine Reaktion, nämlich die von Dimitri Iwanowski.

Natürlich stand zu erwarten, daß er nach der Veröffentlichung von Beijerincks Arbeit die Entdeckung für sich beanspruchte. Er kritisierte Beijerincks Versuch mit dem Agar-Agar-Block und erklärte, im Anschluß an seine frühen Forschungsarbeiten habe er selbst die Krankheit nacheinander von einer Pflanze auf die andere übertragen. Er schloß, wie Beijerinck, daß sich das Virus innerhalb der lebenden Pflanze vermehrte. Unerwähnt ließ er dabei, daß er sieben Jahre zuvor den infektiösen Saft für ein bakterielles Toxin gehalten hatte.

Beijerinck reagierte sofort und völlig unerwartet. Er war zwar bekanntermaßen streitlustig, doch in erster Linie ging es ihm immer um die Sache. Er »erkannte bereitwillig« Iwanowskis älteren Anspruch an und erklärte, ihm seien die Arbeiten des russischen Wissenschaftlers nicht bekannt gewesen. Danach wandte er sich sofort einem neuen Forschungsgebiet zu und kam auf die Tabakmosaikkrankheit nie wieder zurück.

Iwanowski fühlte sich hingegen durch Beijerincks Untersuchungen angespornt, untersuchte die Krankheit weiter und veröffentlichte 1902 eine Doktorarbeit darüber. Darin erklärte er (richtig, wie sich herausstellte), daß »das *contagium* höchstwahrscheinlich in Form von festen Teilchen im Saft enthalten ist«. Er postulierte ferner (fälschlich), daß die Krankheit vielleicht durch eine Mikrobenspore verursacht wurde. Es gelang ihm jedoch nie, diese zu identifizieren oder zu züchten, und er schloß seine Arbeit mit der Feststellung: »Insgesamt muß die Frage der künstlichen Züchtung der Mikrobe, die die Mosaikkrankheit hervorruft, weiteren Untersuchungen vorbehalten bleiben.«

Der russischen Wissenschaft reichte das. Obwohl er nie erkennen ließ, daß das geheimnisvolle infektiöse Agens vielleicht doch etwas anderes war als der Abkömmling eines Mikroorganismus von schon bekanntem Aufbau, gilt der 1920 verstorbene Iwanowski in seinem Heimatland heute als Begründer der Virologie. Das Institut für Virologie der Akademie der Medizinischen Wissenschaften der ehemaligen UdSSR wurde nach ihm benannt, und der Preis, mit dem jedes Jahr die beste Arbeit in der Virologie ausgezeichnet wird, heißt D. I.-Iwanowski-Preis.

Beijerinck arbeitete in Delft bis zu seiner Emeritierung 1921, als er 70 Jahre war. Trotz aller Ehrungen blieb er sich treu und war erbost, als man ihn aus seinem Labor vertrieb, das er immer als sein eigentliches Zuhause betrachtet hatte. Als seine Mitarbeiter bei der Feier zu seinem 70. Geburtstag ihm zu Ehren die Nationalflagge hissen wollten, war Beijerinck dagegen: »Am Tag seiner Beerdigung läßt man nicht flaggen.«

Neun Jahre später, zu Neujahr 1931, starb Beijerinck nach einem zurückgezogenen, ruhigen Leben auf dem Lande bei seiner einzigen noch lebenden Schwester an Dickdarmkrebs. In seinen letzten Jahren befaßte er sich wieder mit seiner ersten Liebe, der Botanik. Er legte einen großen Garten an, den er Besuchern gern zeigte und an den er, wie seine armen Gärtner bezeugen konnten, dieselben strengen Maßstäbe anlegte wie an alles. Mit 75 Jahren, als er etwa die Hälfte seines Ruhestandes zurückgelegt hatte, schloß er einen Brief an seinen Nachfolger in Delft mit den Worten: »Glücklich alle, die jetzt anfangen können.« Dieser Satz steht heute als Inschrift an der Wand seines Laboratoriums.

Beijerinck wußte, daß er einer wichtigen Entdeckung auf der Spur war, als er die Existenz des Tabakmosaikvirus ableitete. Obwohl er nie auf diese Forschungsarbeiten zurückkam, veränderte seine Erkenntnis seine Vorstellung von der Beschaffenheit des Lebens. Sie veränderte sogar seine Ausdrucksweise. Wer hätte sich vorstellen können, daß der maulfaule, in sich gekehrte Beijerinck der frühen Jahre – der Mann, der erklären konnte: »Eine Entdeckung ist dann groß, wenn man sie im Vorbeigehen weitergeben kann« –, zu einer so dramatischen, dichterischen Ansprache fähig war, wie er sie 1913 hielt? »Die Existenz dieser *contagia* beweist, daß die Vorstellung vom Leben – wenn man den Stoffwechsel und die Vermehrung als dessen Hauptmerkmale betrachtet – nicht untrennbar mit dem Strukturbegriff verknüpft ist«, meinte er.

> In seiner primitivsten Form ist das Leben also nicht mehr an die Zelle gebunden, die Zelle, die eine Struktur aufweist und zum Beispiel dem komplizierten Räderwerk einer Uhr verglichen werden kann, die zu existieren aufhört, wenn man sie in einem Mörser zerkleinert.
>
> Nein, in seiner Urform ist das Leben wie das Feuer, wie eine von der lebenden Substanz gespeiste Flamme – eine Flamme von unendlicher Vielfalt der Erscheinung und gleichzeitig innerer Spezifität ... einer Flamme, die groß und klein sein kann: Ein

> Molekül kann in Flammen stehen ... es wirkt als Katalysator und verursacht rings um sich Veränderungen, die von seiner eigenen Größe nicht abhängen –, wobei die lebende Substanz nicht durch Urzeugung entsteht, sondern von einer anderen Flamme weitergegeben wird.

Beijerinck selbst wirkte als Flamme auf andere, die diese neue Welt der Viren erforschten. So wie Pasteurs und Kochs Nachweis, daß Bakterien Krankheiten verursachen, eine Explosion von Entdeckungen krankheitsauslösender Bakterien zur Folge gehabt hatte, führten Beijerincks Schlußfolgerungen zu einem plötzlich wachsenden Interesse an der Filtrierung von infektiösem Material und der Hoffnung, daß dabei vielleicht neue Viren entdeckt wurden. Es dauerte auch nicht lange, bis die ersten Ergebnisse herauskamen. Im selben Jahr, in dem Beijerinck seine Feststellungen zum ersten Mal veröffentlichte, also 1898, entdeckten zwei deutsche Naturwissenschaftler, Friedrich Löffler und Paul Frosch, daß ein durch ein Chamberland-Filter passierter Stoff bei Tieren Maul- und Klauenseuche auslösen konnte. Drei Jahre später, 1901, fanden die Amerikaner Walter Reed und James Carroll das erste filtrierbare Agens, das nachweislich Menschen krank machte: das Gelbfiebervirus. Bald wurden Dutzende von weiteren Erkrankungen bei Pflanzen, Tieren und beim Menschen auf filtrierbare Agenzien zurückgeführt.

Wohl die interessanteste dieser Frühentdeckungen ist einem Pathologen am Rockefeller Institute namens Peyton Rous zu verdanken. 1909, mit 30 Jahren, untersuchte er einen Tumor bei einem Huhn, das ihm ein Geflügelzüchter gebracht hatte. Rous stellte fest, daß es sich bei dem Tumor um ein Sarkom, eine der virulentesten Krebsformen, handelte. Dann versuchte er, den Tumor auf andere Hühner zu übertragen, indem er Material aus den Krebszelle auftrug, die er durch ein Filter passiert hatte.

Das war ein neuartiger Ansatz, denn zu jener Zeit war Krebs gerade erst als Krankheit erkannt worden, bei der die normale Zellvermehrung außer Kontrolle geraten war. Mit Infektionskrankheiten, wie zum Beispiel Gelbfieber, Pocken oder Tollwut, hatte das nichts zu tun. Krebs wurde natürlich auch nicht durch ein infektiöses Agens hervorgerufen, sei es gefiltert oder nicht; das hatten die Bakteriologen im 19. Jahrhundert auch schon entdeckt. Krebsgeschwülste galten als »spontan«, ohne nachweisbare Ursache, entstanden. Doch Rous gab nicht auf. Er zerkleinerte einen Teil des Tumors, schickte ihn durch ein Filter, injizierte die entstandene klare Flüssigkeit anderen Hühnern. Eine Reihe dieser Hühner entwickelte Tumore, genau wie das erste Huhn. Dann entnahm Rous den neuen Tumoren Material, schickte es durch ein Filter und injizierte es auf ähnliche Weise anderen Hühnern. Wieder waren die Ergebnisse etwa gleich. In seinem 1911 verfaßten Bericht vermied er das Wort *Virus* – er nannte sein infektiöses Material »Tumoragens« –, doch die Ergebnisse waren eindeutig. Offenbar wurde auch Krebs von einem Virus hervorgerufen.

(Rous' Entdeckung fand allerdings wenig Beachtung. Tumore traten nur bei rund der Hälfte der Hühner auf. Da Robert Koch einmal postuliert hatte, eine Mikrobe müsse jedesmal dieselbe Erscheinung hervorrufen, wenn man sie wirklich als Ursache einer Krankheit bezeichnen wolle, waren die Wissenschaftler von Rous' Ergebnissen nicht überzeugt. 1915 brach Rous die Arbeit an diesem Thema ab und kam nie wieder darauf zurück.)

Trotz aller dieser Aktivitäten, und trotz der scheinbar unwiderleglichen Entdeckungen, die dabei gemacht wurden, blieb eher die Vorstellung von den Viren umstritten, weniger ihre tatsächliche Existenz. Sie stand schlicht im Widerspruch zu der so mühsam erworbenen Vorreiterrolle der Zellbiologen. Es war schon schwer gewesen, einer in so alten Dogmen, wie etwa dem humoralen Ursprung der Krankheiten und der Vorstellung von einer Urzeugung, verhafteten Welt klarzumachen, daß es mikroskopisch kleine einzellige Geschöpfe, die sogenannten Mikroben, gab, die bei allen Lebensvorgängen mitmischen. Und jetzt versuchten gewisse Leute, ein neues, dem genau entgegengesetztes Konzept einzuführen. Daß es vielleicht Mikroben gab, die kleiner als alles bisher Entdeckte waren, mochte ja noch angehen. Doch daraus zu folgern, diese Ultramikroben, diese »Viren«, seien in Aufbau und Funktion etwas völlig anderes und bestünden aus etwas anderem als der Grundform des Lebens, der Zelle, das war zuviel.

Man kann gut verstehen, welche Hochachtung diese angehenden »Virologen« für Beijerinck empfanden. Er hatte ihnen ein ganz neues Gebiet aufgetan. 1925, vier Jahre nach Beijerincks Emeritierung, pries ihn ein Mikrobiologe vom Institut Pasteur namens Félix d'Hérelle vor der Amsterdamer Akademie der Wissenschaften: »Über das Konzept von Beijerinck ist sehr viel diskutiert worden, doch ich glaube, in seiner ganzen Tiefe hat es überhaupt noch niemand verstanden.« D'Hérelle bat dann vergeblich darum, Beijerinck seine Hochachtung persönlich ausdrücken zu dürfen; der große Mann empfing in seinen letzten Lebensjahren jedoch kaum noch Besucher. Nicht etwa, daß Beijerinck nicht gewußt hätte, wer d'Hérelle war. Im Gegenteil: Der alte Herr kannte den jungen Mikrobiologen sehr wohl und folgte dessen Laufbahn mit großer Anteilnahme. Beijerinck hielt d'Hérelles Arbeiten für eine Bestätigung seiner eigenen frühen Ergebnisse über die Existenz der Viren und schrieb das auch in einigen Briefen an ehemalige Kollegen.

Nach dem Abschluß von d'Hérelles Lebenswerk kannten allerdings die ganze wissenschaftliche Welt und ein großer Teil der Öffentlichkeit seine Arbeiten und die Existenz der Viren – vielleicht zu gut. Der Weg dorthin war nicht einfach, auch nicht immer angenehm, aber Félix d'Hérelle ist es zu verdanken, daß die Viren endgültig ins Bewußtsein der Öffentlichkeit drangen. Vielleicht liegt das mit an seiner Wortwahl für diese Entdeckung: *Bakterienfresser.*

Fünftes Kapitel

Ein Virus frißt Bakterien

»Winziger tödlicher Bazillus hat noch kleinere Feinde.« So lautete eine Schlagzeile der *New York Times* vom 27. September 1925.

»Welches ist das kleinste Lebewesen?« begann der Artikel.

> »Die Mikrobe? Von ihr zehren noch kleinere Mikroben. Die Wissenschaft hat noch längst nicht die Größe dieser kleinen Lebewesen bestimmt, deren Bekanntheit in der medizinischen Welt d'Hérelle vom Institut Pasteur in Paris zu verdanken ist. Sie sind viel kleiner als die ›noch kleineren Flöhe‹ des kleinen Flohs. Ein kleiner Floh könnte seinen Parasiten, den ›kleineren‹ Floh, ja schließlich sehen, ... eine Mikrobe ihre ›kleinere Mikrobe‹, die sie von innen her zerstört, jedoch nicht – genausowenig wie der Mensch mit bloßem Auge die Mikrobe erkennen kann, die seine Krankheit verursacht hat.«

Félix d'Hérelle freute sich wahrscheinlich über solche Artikel, denn seit er 1917 verkündet hatte, er habe ein geheimnisvolles Agens entdeckt, das Bakterien angreife und töte, war er selbst zur Zielscheibe vieler Angriffe geworden. Wer war schon dieser kaum bekannte vierundvierzigjährige in Kanada geborene Bakteriologe, daß er die festgefügte Ordnung der mikroskopischen Welt über den Haufen werfen wollte? Natürlich gab es Mikroben – daran war nicht zu rütteln. Jedoch zu behaupten, daß von diesen fast unendlich kleinen Geschöpfen etwas noch Kleineres zehrte ... das war vielleicht möglich, aber wahrscheinlich war es nicht. Und dann gar kategorisch zu erklären, diese ultramikroskopisch kleinen Invasoren seien nicht einfach kleinere Mikroben, sondern in Wirklichkeit Viren – das ging zu weit. Beijerincks Virusbegriff war so neu, daß er sich noch nicht durchgesetzt hatte. D'Hérelles Theorie hätte füglich auch als solche vorgetragen werden sollen, eben als Theorie. Aber dazu war ihr Urheber nicht fähig. Er ging sogar noch weiter und meinte, diese Organismen seien eine bestimmte Virusart, die nur von anderen Mikroben lebe. Dafür erfand er ein Wort, das wegen seiner Bildhaftigkeit die Wissenschaftler dazu zwang, sich mit seinen Behauptungen auseinanderzusetzen, ob sie wollten oder nicht: *Bakteriophagen,* »Bakterienfresser«.

Was war das auch für eine Entdeckung! Man stelle sich vor: Eine typische Bakterie, nur unter dem Mikroskop wahrzunehmen, mißt etwa einen Mikrometer im Durchmesser (ein Mikrometer ist ein tausendstel Millimeter); ein großes Virus, beispielsweise ein Pockenvirus, praktisch nur unter dem Elektronenmikroskop sichtbar, ist nur ein Viertel so groß; ein kleiner Bakteriophage, der von Bakterien lebt, so wie die Bakterien selbst von einer Zelle leben, mißt nur ein *Fünfundzwanzigtausendstel* eines Mikrometers, also 25 Millimikrometer. Vierzig Bakteriophagen nebeneinander erreichen den Durchmesser einer typischen Bakterie.

Der Artikel in der *New York Times* verschaffte d'Hérelle die dringend benötigte Unterstützung. Wie gesagt: Er konnte jede Schützenhilfe brauchen, denn er und seine Theorie standen ständig unter Beschuß, und das nicht nur, weil seine Behauptungen umstritten waren. Der Mann selbst war umstritten. D'Hérelle war eine farbige, von sich überzeugte Persönlichkeit, nahm kein Blatt vor den Mund und bot damit allen ein willkommenes Ziel, die mit seiner die bisherigen Vorstellungen sprengenden Entdeckung nichts anzufangen wußten oder sich von ihr bedroht fühlten. Mit der Zeit hätte sich der Aufruhr wohl wieder gelegt, wenn d'Hérelle nicht noch aus anderen Gründen angegriffen und mit Mißtrauen verfolgt worden wäre: In seinem ersten Bericht über die Entdeckung und in allen späteren Veröffentlichungen hatte er offenbar eine entscheidend wichtige Tatsache unterschlagen: Félix d'Hérelle hatte bakterienfressende Viren gar nicht als erster entdeckt.

Die Geschichte beginnt um 1910 in England in einer Forschungseinrichtung der Londoner Universität, der sogenannten Brown Institution. Der Leiter der Brown Institution, eines Krankenhauses »zur Pflege und Behandlung von für den Menschen nützlichen Vierbeinern oder Vögeln«, war Frederick W. Twort. Twort war 1877 als Sohn eines fleißigen Landarztes in bescheidenen Verhältnissen auf die Welt gekommen und hatte sich unter anderem auch deshalb der Medizin zugewandt, weil »ich auf jeden Fall mindestens so viel verdienen mußte, daß ich meine Wohnung und mein Essen bezahlen konnte«. Twort bekam den Auftrag, an Forschungsarbeiten anzupacken, was er wollte, »vorausgesetzt, der Aufwand hielt sich in den Grenzen des kleinen verfügbaren Einkommens«. Twort nahm daraufhin ein Vorhaben in Angriff, das mit Vierbeinern oder Vögeln kaum etwas zu tun hatte. Wie viele Bakteriologen, so versuchte auch er, Beijerinck zu widerlegen. Der jähzornige Holländer hatte erklärt, Viren seien infektiöse Agenzien von subzellulärer, submikroskopischer Größe, die sich weder filtrieren noch im Labor züchten ließen. Twort war, gleich anderen, davon nicht überzeugt. Er hielt Viren für vielleicht nichts anderes als ganz kleine Bakterien, die unter geeigneten Wachstumsbedingungen vermutlich auch im Laboratorium zu züchten waren.

Twort suchte mit einem höchst interessanten Ansatz nach den geeigneten Bedingungen. Er stellte die Theorie auf, alle pathogenen Viren, also alle Viren, die Krankheiten verursachten, seien Abkömmlinge sicherer, nichtpathogener Viren. Bei Bakterien zumindest gab es wirklich für jede krankheitserregende Art auch eine zweite neutrale Art. Wenn also Viren nur eine ultrakleine Spielart der Bakterien waren, mußten sie sich eigentlich ähnlich verhalten. Da Bakterien in Nährlösungen aufwuchsen, ließen sich vielleicht die verhältnismäßig gutartigen Vorfahren bekannter Viren auch im Laboratorium anzüchten.

Um der Sache auf den Grund zu gehen, griff er die Entdekkung auf, mit der alles angefangen hatte: Jenners Pockenimpfstoff. Darin fand er eine zuverlässige Virusquelle, in diesem Fall für das Vacciniavirus, wie das Pockenvirus mittlerweile genannt wurde: Twort strich also den Pockenimpfstoff auf eine Grundlage aus Agar-Agar und hoffte, daß ein schwacher Vorläufer des Virus auf diesem Nährstoffgel wachsen möge. Das geschah nicht, dafür aber etwas anderes. Es bildeten sich nämlich Kolonien von Bakterien, die den Impfstoff verunreinigt hatten.

Angesichts dieses fehlgeschlagenen Experiments bewies Twort wieder einmal die Wahrheit des Pasteurschen Satzes, daß »der Zufall nur dem hilft, der dafür gerüstet ist«. Statt das Zeug einfach in den Mülleimer zu werfen, den Fehlschlag auf das Konto Erfahrung zu buchen und neu anzufangen, merkte Twort, daß etwas Ungewöhnliches vor sich ging. Einige Bakterienkolonien zeigten eine Erscheinung, die er als »glasige Umwandlung« bezeichnete: Sie wuchsen nicht mehr, sondern wurden wäßrig und durchsichtig. Dann stellte er fest, daß sich auch eine gesunde Bakterienfläche sofort umwandelte, wenn er sie mit etwas glasigem Material bestrich. Der wäßrige, durchsichtige Fleck verbreitete sich vom ersten Berührungspunkt nach außen. Sobald Twort das glasige Material durch ein Chamberland-Filter schickte und eine frische Bakterienladung inokulierte, hörten die neuen Kolonien zu wachsen auf und wurden ebenfalls durchsichtig und wäßrig. Selbst wenn er das Material eine Million Male verdünnte, bewirkte es dieselbe Umwandlung, und er konnte diese »Krankheit« unendlich oft von Kolonie auf Kolonie übertragen. Auch nach sechsmonatiger Lagerung verursachte das Material immer noch die Umwandlung. Aber – und das war eine gewaltige Einschränkung: Twort brachte es nicht fertig, dieses geheimnisvolle Material auf irgendeinem Labornährboden zu züchten und zur Vermehrung zu bringen. Es gab nur dann Lebenszeichen von sich, wenn es mit Bakterien in Berührung kam. Mit anderen Worten: Es verhielt sich genau wie ein Virus.

Twort veröffentlichte seine ungewöhnlichen Ergebnisse 1915. Sein knapper, sachlicher Artikel beschrieb die geheimnisvollen Veränderungen, die er beobachtet hatte; dann äußerte er die Vermutung, »das durchsichtige, sich auflösende Material« könne aus drei Gründen entstanden sein. Zum ersten könne es einfach ein Stadium im Lebenszyklus der

Bakterien sein. Zweitens könne es durch ein Enzym verursacht worden sein, einem von den Bakterien in ihren letzten Lebensstadien freigesetzten Katalysator. Schließlich könne der Verursacher dieser merkwürdigen Umwandlung auch ein Virus sein, das just diese Bakterien infiziere und zerstöre. Das war alles. Angesichts der unvollständigen Beweise mochte sich der vorsichtige, nachdenkliche Twort nicht weiter festlegen. »Aus diesen Ergebnissen lassen sich nur schwer eindeutige Schlußfolgerungen ziehen«, schrieb er. »Welche Erklärung auch akzeptiert wird: Die Möglichkeit, daß es sich um ein ultramikroskopisches Virus handelt, ist nicht *eindeutig* widerlegt, denn wir kennen die Beschaffenheit eines solchen Virus nicht genau.« Die Folgerung war völlig berechtigt. Dem unbekannten Bösewicht gab er nur den Namen »bakteriolytisches Agens« und schloß mit einer für ihn charakteristischen Entschuldigung: »Leider habe ich aus finanziellen Gründen diese Forschungsarbeiten nicht zu einem eindeutigen Schluß führen können.« Er hoffe, daß »andere in besserer wirtschaftlicher Lage« dort weitermachen könnten, wo er habe aufhören müssen, und ähnliche Untersuchungen fortsetzten.

Der Artikel fand kaum ein Echo. Auch auf Tworts Aufforderung, seine Untersuchungen fortzuführen, reagierte kaum jemand. Bald danach ereignete sich etwas, das selbst seine schwachen Hoffnungen auf Fortsetzung dieser Forschungsarbeiten für immer zunichte machte: Als der Erste Weltkrieg ausbrach, fand sich Twort als Hauptmann im Sanitätscorps der britischen Armee im Laboratorium eines Stützpunkts bei Saloniki in Griechenland. Durch die Umstände bedingt, konnte er über seine Entdeckung nur noch reden. Während seiner Dienstzeit in Griechenland hielt er seinen Kameraden beim Sanitätsdienst einen Vortrag, in dem er die merkwürdige Umwandlung erläuterte, die er beobachtet hatte. Vielleicht befand sich unter den Zuhörern sogar ein französischer Offizier namens Félix d'Hérelle.

Vernünftig ist ein Wort, mit dem man d'Hérelle ganz sicher nicht beschreiben konnte. Er wurde 1873 in Montreal geboren; sein Vater war Frankokanadier, seine Mutter Holländerin, er studierte Medizin in Frankreich und Holland und arbeitete dann in Guatemala, Mexiko, Südamerika, Ägypten, Algerien, Tunesien, Indochina und Rußland. Fünf Jahre war er Professor an der Yale-Universität, ging dann aber aus bis heute nicht geklärten Gründen weg. Einer seiner Mitarbeiter aus jener Zeit erinnert sich, daß dort, wo sich d'Hérelle aufhielt, immer etwas los war. So auch 1917, als d'Hérelle zwei Jahre nach Tworts Veröffentlichung und Vortrag seine eigene Beschreibung des Phänomens publizierte, darin den Begriff *Bakteriophage* prägte, die Entdeckung sich selbst zuschrieb und Twort nicht einmal erwähnte. Damit handelte er ganz so, wie man es von ihm erwartete.

Doch niemand weiß genau, ob d'Hérelle Tworts Vortrag wirklich gehört hat. d'Hérelle hielt sich kurz davor in Tunesien auf, das ist sicher; möglicherweise hat er auf der Rückreise nach Paris in Saloniki Zwischenstation gemacht. Aber selbst wenn er Twort gehört hat, will das nicht viel heißen. d'Hérelle hatte vielleicht schon längst eigene Bakteriophagenarbeiten aufgenommen. Doch auch das ist nicht ganz geklärt.

Keinerlei Unklarheit herrscht jedenfalls über die Auswirkungen seines Artikels von 1917. Unter dem Titel »Über eine sichtbare Mikrobe, einen Antagonisten des Ruhrbazillus« beschrieb d'Hérelle darin ein ungewöhnliches Phänomen, das er 1916 in Paris beobachtete, lange nach Tworts ersten Arbeiten, nachdem er aus Tunesien nach Frankreich zurückgekehrt war und dort einen Ausbruch der Ruhr erforschte. Während er Stuhlproben von Erkrankten untersuchte, fand d'Hérelle Material, das auf die Bakterien, die die Krankheit auslösten, ganz eigenartig wirkte. Als er das Material durch ein Chamberland-Filter schickte und die entstandene Flüssigkeit in Reagenzgläser füllte, die mit wolkigen Ruhrbakterien gefüllt waren, klärten sich die Kulturen plötzlich. Und wenn er einen Tropfen der gefilterten Flüssigkeit auf einen Bakterien-»Rasen« gab, der auf einem Agarblock gezüchtet wurde, verschwanden die Bakterien und hinterließen einen durchsichtigen Fleck.

Viele Jahre später erinnerte er sich genau an diesen Vorfall.

»Damals bekamen wir im Krankenhaus des Institut Pasteur in Paris viele Fälle von Bazillenruhr. Ich wollte einen dieser Patienten von der Einweisung bis zur völligen Genesung beobachten, um festzustellen, wann zum ersten Mal das Prinzip auftrat, das die durchsichtigen Stellen verursachte. So bin ich gleich mit dem ersten mir zur Verfügung stehenden Fall verfahren.

Am ersten Tag habe ich aus dem blutigen Stuhl einen Shiga-Ruhrbazillus isoliert, doch die Verteilung von Agar auf eine Nährlösung, der ein Filtrat aus dem Stuhl desselben Kranken zugegeben worden war, führte zu normalem Wachstum. Das am zweiten und dritten Tag wiederholte gleiche Experiment verlief ebenfalls negativ. Am vierten Tag hatte ich, wie an den vorausgegangenen Tagen, eine Emulsion mit ein paar Tropfen des immer noch blutigen Stuhls hergestellt und durch ein Chamberland-Kerzenfilter geschickt; einer Nährlösung des am ersten Tag isolierten Ruhrbazillus setzte ich einen Tropfen des Filtrats zu; dann strich ich einen Tropfen dieser Mischung auf Agar-Agar aus. Ich erwärmte das Reagenzglas mit der Nährlösung und die Agar-Agar-Platte in einem Brutschrank auf 37 Grad. Da geschah am späten Nachmittag in der damaligen Leichenhalle, wo ich mein Laboratorium hatte.

Als ich am nächsten Morgen den Brutschrank öffnete, erlebte ich einen der seltenen Augenblicke stärkster Gefühlsaufwallung, die den Forscher für alle Mühen belohnen: Mit einem Blick sah ich, daß die am Abend vorher noch sehr trübe Nährlösung jetzt ganz klar war. Alle Bakterien waren verschwunden, hatten sich wie Zucker in Wasser aufgelöst. Auch in dem Agar-Agar-Ausstrich wuchs nichts mehr. Meine Gefühlsbewegung rührte daher, daß ich blitzartig verstanden hatte, was vorgegangen war: Meine durchsichtigen Stellen waren in Wirklichkeit eine unsichtbare Mikrobe, ein filtrierbares Virus, aber ein Virus, das auf Bakterien wie ein Parasit wirkte.«

D'Hérelle, vom Zaudern und den Einschränkungen, mit denen sich Twort herumgeplagt hatte, völlig frei, war sonnenklar, was geschehen war. Die durchsichtigen Stellen und die abrupte Klärung der Bakterienflüssigkeit konnten nur bedeuten, daß ein Virus die Bakterien tötete, ein »lebender Keim«, ein Bakteriophage.

Aber das war noch nicht alles. Obwohl schon die Entdekkung so faszinierender Geschöpfe wichtig war, ging d'Hérelle noch einen Schritt weiter: Diese Bakteriophagen waren vielleicht nicht nur ein vieldeutiges Naturphänomen, sondern ließen sich als Verbündete nutzen. Unter Umständen konnte man damit von Bakterien verursachte Krankheiten ausrotten.

»Dann kam mir noch ein anderer Gedanke: ... Dasselbe ist vielleicht in der Nacht auch bei dem Kranken passiert, der gestern noch so schlecht beieinander war. In seinem Darm haben sich vielleicht, wie in meinem Reagenzglas, die Ruhrbazillen unter der Wirkung dieses Parasiten aufgelöst. Dann müßte er jetzt gesund sein.

Ich raste ins Krankenhaus. Tatsächlich hatte sich sein Zustand in der Nacht wesentlich gebessert, und die Gesundung hatte eingesetzt.«

Der Bakteriophage hatte also wohl wirklich etwas mit der Genesung des Patienten zu tun. Wenn er die krankheitserregenden Bakterien angriff und abtötete, unterstützte er damit vielleicht die körpereigenen Abwehrkräfte. Als d'Hérelle das Virus Kaninchen injizierte, entdeckte er, daß es die Tiere gegen eine spätere, sonst tödlich wirkende Dosis von Ruhrbakterien immunisiert hatte.

Seine weiteren Forschungsarbeiten überzeugten d'Hérelle immer mehr vom ungeheuren Potential seiner Entdeckung. Er zeichnete die Krankengeschichten von vierunddreißig Ruhrpatienten auf und stellte fest, daß die Krankheit stärker wurde, wenn im Verdauungstrakt der Patienten nur wenige Bakteriophagen vorhanden waren, und daß sie zurückging, wenn das Virus im Verdauungstrakt aktiv wurde. Wenn man das Virus also in großem Maßstab züchten und bei den ersten Anzeichen einer Ruhr den Kranken verabreichen konnte, mußte man eigentlich eine Immunität gegen die Krankheit herbeiführen können. Außerdem mußte diese Immunität genauso ansteckend sein wie die Krankheit selbst, da sich Bakteriophagen genauso leicht wie Bakterien von einem Menschen auf den anderen übertragen lassen. Mithin konnten sich Bakteriophagen als Schlüssel zur Vorbeugung gegen die Ruhr unter den zahlreichen Völkern erweisen, bei denen diese Krankheit auftrat.

Wenn dieser eine Bakteriophage Immunität gegen diese eine Bakteriensorte hervorrief, war zu vermuten, daß es auch andere Typen gab, die andere pathogene Bakterien angriffen. Er habe, so verkündete d'Hérelle, nichts weniger entdeckt als ein Agens, das alle Bakterienkrankheiten beseitigen könne. Er habe die langgesuchte Zauberkugel gefunden.

Von diesem Augenblick an änderte sich d'Hérelles Leben. Im Gegensatz zu der schwachen Reaktion aufTworts Aufsatz, der nach knapp zwei Jahren schon vergessen war, wenn ihn überhaupt jemand wahrgenommen hatte, löste d'Hérelles Ankündigung eine starke, anhaltende Resonanz aus. Plötzlich suchten Bakteriologen überall auf der Welt nach Bakteriophagen und fanden sie auch. In den nächsten Jahren entdeckten d'Hérelle und andere Viren gegen Bakterien, auf die viele Krankheiten zurückgingen: Milzbrand, Bronchitis, Durchfall, Scharlach, Typhus, Fleckfieber, Cholera, Diphtherie, Gonorrhöe, Beulenpest, Osteomyelitis; eine Flut von Artikeln über die Bakteriophagentherapie erschien in der medizinischen Literatur. D'Hérelle wurde als Prophet dieser aussichtsreichen neuen Möglichkeiten zur Krankheitsbekämpfung berühmt: viele Forscher nannten den Prozeß nach ihm »d'Hérelle-Phänomen«.

Die von der Entdeckung ausgelöste Begeisterung beschränkte sich nicht auf die Wissenschaft. Antibiotika lagen noch in weiter Ferne, und die Menschen suchten verzweifelt nach Möglichkeiten, die oft tödlich verlaufenden bakteriellen Krankheiten zu heilen, zum Beispiel Diphtherie, Cholera, Lungenentzündung oder Tuberkulose. D'Hérelles Ergebnis machte ihnen neue Hoffnung. Die Bakteriophagen waren so vielversprechend, daß sich die eher trockene, solide *New York Times* fast überschlug: »Der Bakteriophage erweitert den Bereich der bakteriologischen Wissenschaft erheblich. Seine Entdeckung hat vieles erklärt, das bisher dunkel war ... Leben oder Tod eines Patienten können vom Ergebnis dieser Entscheidungsschlacht abhängen, die von so kleinen Lebewesen geführt wird, daß sie auch unter dem stärksten Mikroskop nicht zu sehen sind.«

Gegen d'Hérelles Schlußfolgerung, diese bakteriellen Agenzien könnten eine wichtige Rolle in der Medizin spielen, erhob sich kaum Widerspruch. Anders jedoch bei seiner sturen Behauptung, die Agenzien seien Viren; dieser Satz und d'Herelles wenig verbindliches Auftreten erregten den Zorn vieler Bakteriologen. In den ersten Jahren nach der Entdeckung konnten seine Gegner wenig ausrichten; das plötzlich angestiegene Interesse, durch die vielen in schneller Folge entdeckten neuen Bakteriophagen immer wieder angefacht, war einfach zu groß. Doch 1921 bekamen seine Feinde neue Munition in die Hand. Forscher im Institut Pasteur in Brüssel hatten nicht nur am Kern von d'Hérelles 1917 gemachter Äußerung, die angreifenden Agenzien seien Viren, etwas auszusetzen, sondern ließen ganz unerwartet noch eine andere Bombe hochgehen.

Zunächst einmal, erklärte der Sprecher der Gruppe, Jules Bordet, Direktor der belgischen Zweigstelle des Instituts, weltberühmter Nobelpreisträger und Sachkenner in der Immunologie, sei die Ursache für den Bakterientod gar kein Virus, sondern ein Enzym, das seine eigene Bildung anrege. Das war ein bekannter Einwand, der d'Hérelle wohl keine schlaflosen Nächte bereitet hätte. Doch es kam noch dicker:

> »Es heißt heute allgemein, d'Hérelle habe als erster die Lyse [Zerstörung] beobachtet, die er auf einen Bakteriophagen zurückführt ... Um einer genauen Geschichtsschreibung Gerechtigkeit widerfahren zu lassen, müssen wir eine ältere Arbeit zitieren, die d'Hérelle nicht gekannt hat und die auch uns bis jetzt nicht bekannt gewesen ist, allerdings Beobachtungen enthält, wie sie d'Hérelle angestellt hat. Diese bemerkenswerte Arbeit von F. W. Twort erschien 1915 im *Lancet,* also zwei Jahre vor den Forschungsarbeiten von d'Hérelle.«

Das war es also. Die belgischen Forscher hatten den schon fast vergessenen Frederick Twort wieder ausgegraben. Angesichts dieser Feststellung bestand d'Hérelles Beitrag offenbar nur in der Erfindung des Wortes *Bakteriophage.* Wohl nicht ganz aufrichtig schrieben die Belgier: »Ohne das Interesse an den Beobachtungen von d'Hérelle in irgendeiner Weise schmälern zu wollen, halten wir es doch für unsere Pflicht, die unbestreitbare Vorreiterrolle von Twort bei der Untersuchung dieser Frage anzuerkennen.«

Damit war der Fehdehandschuh geworfen. Zweiundzwanzig Jahre zuvor, als seine Priorität ähnlich angegriffen worden war, hatte Beijerinck ohne weiteres Iwanowski den Vortritt gelassen. Das war jedoch nicht d'Hérelles Art. Außerdem hätte sich seine Kämpfernatur nicht damit zufriedengegeben, daß viele Bakteriologen angesichts der belgischen Behauptungen den Bakteriophagen jetzt als »Twort-d'Hérelle-Phänomen« bezeichneten. Nein, d'Hérelle wollte kämpfen.

Er gab zwar zu, daß Twort durchaus vor ihm eine Entdekkung gemacht habe, stritt aber sofort ab, daß sie mit der seinen identisch sei. Auf einem Symposium, an dem Bordet und auch Twort selbst teilnahmen, griff d'Hérelle seine Gegner mit der Behauptung an, sie hätten alle Tatsachen in diesem Fall außer acht gelassen – eine Bemerkung, die zu einem gütlichen Einvernehmen wohl kaum etwas beitrug. Systematisch ging er daran, alle möglichen Erklärungen für den Bakteriophagen abzuhaken – bis auf die seine, die »ich seit meiner ersten Veröffentlichung aufrechterhalten habe«.

Als Twort das Wort ergriff, war er vorsichtig, wie gewohnt, und vielleicht auch dankbar, daß er aus der Versenkung emporgeholt worden war, und versuchte, auf diesem schmalen Grat zwischen d'Hérelle auf der einen und Bordet und dessen Kollegen auf der anderen Seite zu wandern. Er wiederholte die in seinem Artikel von 1915 enthaltenen Ansichten und erklärte, er könne keine Seite voll unterstützen.

Wenn er damit hatte Frieden stiften wollen, ging der Versuch gründlich daneben. In den nächsten Jahren verschärften beide Seiten ihre Angriffe, wobei d'Hérelle seine Behauptung wiederholte, Twort habe etwas anderes als Bakteriophagen beobachtet. Bald nach der Konferenz gab d'Hérelle außerdem eine sehr interessante Erklärung ab: Im Gegensatz zu früheren Angaben sei er nicht erst bei seinen Arbeiten während der Ruhrepidemie 1916 auf Bakteriophagen gestoßen. Das Phänomen sei ihm in Wirklichkeit schon 1910, also lange vor Tworts Untersuchungen, aufgefallen, während er (ausgerechnet) die Diarrhöe bei Heuschrecken untersucht habe. Ihm seien in diesem Durchfall klare Stellen aufgefallen, die er damals auf ein unbekanntes, filtrierbares Agens zurückgeführt habe. Aber, so merkte er an: »Ich konnte das Phänomen nicht beliebig reproduzieren; damit konnte ich es auch nicht untersuchen.«

D'Hérelle erklärte dann weiter, Anfang 1915, als er sich

während des Ersten Weltkriegs in Tunesien aufgehalten habe, sei es ihm wiederum möglich gewesen, eine Heuschrecken-invasion zu untersuchen. Bei dem Versuch, den Einfall mittels künstlich ausgelöster Diarrhöe zu verlangsamen, seien ihm erneut die klaren Flecken aufgefallen, und er habe ein Virus für die Ursache gehalten. Er behauptete weiter, er sei im August 1915 nach Frankreich zurückgekehrt, also ein Jahr früher als in seinem amtlichen Nachruf verzeichnet, habe eine weitere Ruhrepidemie untersucht und darauf seine Arbeit von 1917 gestützt. Da er jetzt Zugang zu einem Labor gehabt habe, habe er auch alle Möglichkeiten prüfen können, die ihm vorgeschwebt hatten.

Doch warum erwähnte d'Hérelle diese Vorfälle nicht früher? Warum wartete er Jahre nach seinem ersten Artikel, nachdem man ihn schon beschuldigt hatte, eine Entdeckung für sich zu beanspruchen, die ihm von Rechts wegen nicht zustand? In den schärfsten Erklärungen wird als Grund angeführt, diese Ereignisse hätten nie stattgefunden, sondern d'Hérelle habe sie sich unter dem Eindruck der gegen ihn gerichteten Angriffe aus den Fingern gesaugt, um durch eine Zeittafel seine Behauptung plausibler zu machen, die Entdeckung der Bakteriophagen sei auf ihn, und nur auf ihn, zurückzuführen. Wenn das stimmt, ist die Geschichte jedenfalls überzeugend erdacht und gut ausgedrückt. Eine solche Interpretation läuft auch der zeitgenössischen Ansicht über d'Hérelle zuwider: Er sei zwar ein egoistischer Widerling, aber nicht unehrlich. Seine wissenschaftliche Arbeit galt als zuverlässig, seine technischen und sonstigen Fähigkeiten wurden gerühmt.

Wahrscheinlicher ist die Erklärung, daß d'Hérelle seine merkwürdigen Beobachtungen während der Heuschreckendiarrhöeepidemie nicht näher untersuchen konnte. Da er, wie alle anderen, Tworts Arbeiten nicht kannte, sah er auch keine Notwendigkeit, sie in seinen ersten Artikeln über Bakteriophagen zu erwähnen. Erst als Twort wiederentdeckt worden war und sein eigener Ruf auf dem Spiel stand, hatte d'Hérelle wohl das Gefühl, daß er noch mehr Beweismaterial vorlegen müsse. Gleichgültig, aus welchen Motiven er handelte: Die Wirkung war das Gegenteil von dem, was er sich erhofft hatte. Argwohn, ob seine neuen Beweise wohl der Wahrheit entsprachen, entfachte die Angriffe auf ihn erneut; sie verstärkten sich bis in die 20er und 30er Jahre hinein, konzentrierten sich aber schließlich auf den Ursprung und die Beschaffenheit dieser destruktiven Agenzien und nicht darauf, wer sie zuerst entdeckt hatte. D'Hérelle blieb felsenfest bei seiner Behauptung, es seien Viren; seine Gegner behaupteten ebenso steif und fest, daß es sich um Enzyme oder irgendeine andere Mischung handele. Der unendliche Streit wurde manchmal lächerlich, wie zum Beispiel dort, wo ein Forscher bei dem Versuch, den Ursprung der unbekannten zerstörerischen Agenzien zu erklären, allen Ernstes die längst vergessene Doktrin von der Urzeugung wieder aufs Tapet brachte. Pasteur muß sich im Grabe umgedreht haben.

Trotz dieser erbittert geführten Auseinandersetzungen ließ sich das Problem nicht lösen, denn, wie Twort schon 1915 gesagt hatte, »wissen wir zunächst ja gar nicht, wie ein ultramikroskopisches Virus beschaffen ist«. Erst 1940, als das Elektronenmikroskop erfunden war, konnte d'Hérelles Theorie von den Bakteriophagen bestätigt werden. Der Disput darüber, wer das Phänomen als erster entdeckt hat, ist leider bis heute nicht so elegant beigelegt worden. Hier sei nur, wie schon im Fall Iwanowski und Beijerinck angemerkt, daß Twort, wenn er denn das Phänomen der Bakteriophagen wirklich als erster beobachtet hat, einfach nicht gewußt hat, was er da vor Augen hatte. Erst d'Hérelle stellte das fest. Und d'Hérelle verdanken wir nicht nur unsere Kenntnis vom Bakteriophagen, sondern auch unsere Kenntnis von Viren ganz allgemein. In einer Welt, in der Beijerincks Schlußfolgerungen noch längst nicht bestätigt waren, legte d'Hérelle zwingende Beweise für die Existenz der Viren vor. Weil er so ausdauernd und so laut von Bakteriophagen redete, brachte er auch alle Viren aufs Tapet. Als er ausgeredet hatte, gab es innerhalb und außerhalb der wissenschaftlichen Welt kaum jemand, der noch nicht von Viren gehört hatte.

Obwohl d'Hérelle mit der Annahme recht hatte, daß Bakteriophagen Viren sind, ist die Entscheidung über ihren therapeutischen Nutzen bis heute nicht gefallen. Er untersuchte alle Möglichkeiten so gründlich, daß von seinen drei Büchern über Bakteriophagen zwei, nämlich *Der Bakteriophage: Seine Rolle bei der Immunität* und *Der Bakteriophage und seine klinischen Anwendungen,* den Möglichkeiten gewidmet sind, das Virus zur Krankheitsbekämpfung einzusetzen. Trotz aller Bemühungen von d'Hérelle und vielen anderen Forschern hat sich die Behandlung mit Bakteriophagen in der Schulmedizin nicht durchgesetzt. Obwohl d'Hérelle und andere von Erfolgen bei der Behandlung von Durchfall und Cholera mit Bakteriophagen berichten, und obwohl die Viren im Labor Bakterien ohne weiteres auslöschten, haben sie das beim Patienten leider nicht immer geschafft.

Warum es nicht funktionierte, hat bisher niemand so richtig verstanden. Vielleicht liegt es daran, daß die Injektion von Bakteriophagen in großen Mengen beim Menschen eine so starke Antikörperreaktiön auslöst, daß die winzigen Viren davon einfach lahmgelegt werden und die erwartete Bakterienzerstörung nicht mehr schaffen. Wenn Patienten ihre Bakteriophagendosis oral einnahmen, töteten vielleicht die Magensäfte im Verdauungstrakt die Viren ab; das geschieht ja oft auch bei einer ganzen Reihe von eindringenden Viren. Außerdem haben eventuell die Bakterien selbst eine Immunität gegen ihre winzigen Angreifer entwickelt oder ihnen doch zumindest erfolgreich Widerstand geleistet.

Mit der Erfindung des Penicillins 1928 und dem Aufkommen weiterer Antibiotika bald danach ist die Frage, warum Bakteriophagen nicht gegen Krankheiten gewirkt haben, akademisch geworden. Mit den neuen Heilmitteln haben sich von Bakterien verursachte Krankheiten erstaunlich gut behandeln lassen. Vom Bakteriophageneinsatz gegen Krankheiten ist man inzwischen fast ganz abgekommen.

Doch damit ist die Geschichte noch nicht zu Ende. In den letzten Jahren haben sich Forscher erneut energisch für die Bakteriophagentherapie eingesetzt und damit vielversprechende Ergebnisse erzielt. An Nutztieren haben die Mikrobiologen H. Williams Smith und Michael Huggins von der Houghton Poultry Research Station in Huntingdon in England nachgewiesen, daß Bakteriophagen so schwere Krankheiten wie Meningitis und Enteritis durchaus verhindern oder heilen können. In Polen haben Stefan Slopek und seine Kollegen an der Akademie der Wissenschaften Bakteriophagen am Menschen ausprobiert, um festzustellen, ob sich damit die Bakterien bei Blutinfektionen unter Kontrolle bringen lassen.

Wenn sich diese ersten Ergebnisse bei weiteren Untersuchungen bestätigen, bietet sich vielleicht die Möglichkeit, eine ganz neue Ära der Bakteriophagentherapieforschung zu beginnen, deren Ergebnisse aus verschiedenen Gründen bemerkenswert sein könnten. Erstens: Obwohl bakteriell bedingte Krankheiten durch Antibiotika in einem früher für unmöglich gehaltenen Umfang behandelbar geworden sind, werden Bakterien leider durch Mutationen resistent gegen Antibiotika und erzwingen damit die Entwicklung von immer neuen, immer stärkeren Antibiotika. Zweitens töten Antibiotika mehr als die vorgesehenen Zielbakterien und nehmen damit dem Körper andere, *nützliche* Bakterien, zum Beispiel solche, die die Verdauung unterstützen. Wenn Antibiotika wirken sollen, müssen sie in mehreren Dosen, genau über die Zeit verteilt, eingenommen werden. Manchmal haben die Leute einfach nicht die nötige Geduld oder vergessen die Einnahme. Dadurch kann die behandelte Krankheit wieder aufflackern, diesmal aber von Bakterien ausgelöst, die gegen die betreffenden Antibiotika schon viel resistenter sind. Schließlich sind manche Menschen gegen bestimmte Antibiotika allergisch. In solchen Fällen kann die Behandlung schlimmer sein als die Krankheit.

Bakteriophagen dagegen lösen im allgemeinen keine allergischen Reaktionen aus und greifen auch nur die Bakterien an, gegen die sie eingesetzt werden. Weil sie sich innerhalb der Bakterien vermehren, dadurch also ihre Konzentration verstärken und nicht abschwächen, brauchen sie nur einmal genommen zu werden. Und schließlich haben sie noch eine Eigenschaft, die angesichts der bekannten Rolle der Viren geradezu wie eine Ironie des Schicksals wirkt: Weil sie sich zusammen mit ihren Zielbakterien von einem Menschen auf den anderen ausbreiten, können Bakteriophagen durchaus als eine Art von ansteckendem Heilmittel dienen. Dieses Potential zeigt sich am deutlichsten im Einsatz bei Tieren. Da Bakteriophagen zusammen mit anderen Abfallstoffen aus dem Darm ausgeschieden werden, nehmen Nutztiere und Haustiere sie leicht wieder auf, und der ganze Kreislauf von Angriff, Vermehrung und Ausscheidung geht von vorn los.

Die Aussichten sind gut. Natürlich haben das auch schon d'Hérelle und viele andere geglaubt. Was daraus geworden ist, wissen wir heute. Vielleicht bewirken jedoch die verbesserten modernen Verfahren beim Umgang mit Viren und der Mikrobenwelt sowie unsere besseren Kenntnisse der betreffenden Lebewesen einen Unterscheid (schließlich wissen wir jetzt mindestens sicher, daß Bakteriophagen Viren sind – eine positive Erkenntnis, über die d'Hérelle noch nicht verfügte).

Diese verbesserten modernen Verfahren kamen für Félix d'Hérelle viel zu spät. Er erlebte noch, wie mit dem Elektronenmikroskop der Beweis angetreten wurde, daß Bakteriophagen Viren sind; er irrte sich allerdings in seiner bis zum Schluß vorgetragenen Behauptung: »Die Therapie mit Bakteriophagen ist die spezifische Therapie par excellence, geradezu die einzig mögliche naturspezifische Therapie, denn sie stellt genau die experimentelle Nachbildung des natürlichen Heilungsprozesses dar.«

Twort lebte ein Jahr länger als d'Hérelle, verstummte aber schon viel früher. Er kehrte nach dem Ersten Weltkrieg wieder an die Brown Institution zurück und arbeitete dort in aller Stille – jedoch nicht über Bakteriophagen, sondern an der Aufgabe, Viren in Kulturmedien im Labor zu züchten. Wie der Erste Weltkrieg die Anfänge seiner Forschung am Bakteriophagen unterbrach, so wurde auch seine nächste Forschungsaufgabe wieder durch äußere Einflüsse gestört. 1936 stellte einer seiner wichtigsten Geldgeber die Unterstützung ein, und dann erlebte Twort, wie ein neuer Weltkrieg alle Entwicklungen kappte.

»Ich wußte, daß die entstehende Technik richtig war«, schrieb er 1949. »Hervorragende, positive Ergebnisse wurden erzielt, aber leider wurden die Laboratorien der Institution 1944 von einer Bombe zerstört, und die Universität strich meine Stelle und nahm mir alle Möglichkeiten zum Abschluß der Forschungsaufgabe.«

Ohne weiter wissenschaftlich tätig sein zu können, starb Twort 1950 einsam und so gut wie vergessen. Seine letzten veröffentlichten Worte, ein Jahr vor seinem Tod verfaßt, spiegeln in schmerzlicher Intensität sein Leben: »Und doch ist meine Forschung ... die, davon bin ich überzeugt, so große Erfolgsaussichten hatte, letztlich gescheitert.«

d'Hérelle endete sein Leben weniger still. Da er nominell britischer Bürger kanadischer Herkunft war, sperrten ihn die Nazis während der Besetzung von Frankreich ein. Nach Kriegsende kam er frei, doch seine Gesundheit war zerrüttet. 1949, mit 76 Jahren, fast vier Jahrzehnte nach seinem ersten Scharmützel mit Bakteriophagen, ein paar Monate vor seinem Tod, konnte er immer noch trotzig auf die Frage reagieren, ob Bakteriophagen wirklich Lebewesen waren:

> »[Vorliegende] physiologische Beweise zeigen nicht nur, daß Bakteriophagen leben, sondern daß sie vollständig lebendig sind. Viele Biologen haben in filtrierbaren Viren im allgemeinen und in den Bakteriophagen im besonderen Zwischenstufen zwischen chemischen Substanzen und wirklichen Lebewesen gesehen ... [Ich komme zu dem] Schluß, daß das Leben etwas Unteilbares ist, daß es hier keine Zwischenstufen gibt: Was mit Leben ausgestattet ist, ist wirklich lebendig, und alles, was lebt, lebt gleich.«

Das Leben ist eines; was mit Leben ausgestattet ist, ist wirklich lebendig; alles, was lebt, lebt gleich. Wenn er nur hätte erfahren können, wie prophetisch seine Worte noch wirken sollten und welche entscheidende Rolle seine Bakteriophagen bei der Entdeckung dessen spielten, was das Leben wirklich ist. D'Hérelle lebte jedoch so lange, daß er die ersten tastenden Versuche noch mitbekam, den Urgrund des Lebens, das Gen, zu verstehen. Den Zugang zu dieser bis dahin verschlossenen Welt öffnete nichts anderes als der Bakteriophage.

1930 hatte d'Hérelle noch voll überbordender Begeisterung für Bakteriophagen geschrieben: »Ich glaube, ich habe in meinem Bericht nicht zuviel gesagt ... Die Entdeckung des Bakteriophagen hat eine Umwälzung in der Biologie herbeigeführt, die nur vergleichbar derjenigen ist, die die Entdekkung des Elektrons in der Physik ausgelöst hat.«

Er hatte recht. Wie sehr er recht hatte, konnte er nicht wissen. Wie stolz wäre er jetzt, wenn er sehen könnte, was aus seiner Voraussage geworden ist; er wäre stolz, aber zugleich wohl wütend darüber, daß er so früh sterben mußte und den ganzen Ruhm dafür nicht mehr einheimsen konnte.

Sechstes Kapitel

Ein Stückchen vom ewigen Wunder

Damit waren die Viren entdeckt – aber was nun? Was hatte das eigentlich zu bedeuten? Niemand hatte bisher ein Virus gesehen (es sei denn, man bezeichnete die Feststellung eines winzigen, fast nicht wahrnehmbaren Flecks, wie sie Buist und anderen gelungen war, als »sehen«), und kein Mensch wußte, was Viren eigentlich waren. Trotz ihrer erstaunlich modernen Vorstellungen zu diesem Thema stützten sich Beijerinck und d'Hérelle in ihrem »Wissen« über Viren auf eigene Überlegungen und auf ihre Einbildungskraft. Für d'Hérelle reichte das wahrscheinlich. Wenn man ihn fragte, ob er sich denn auf den Tag freue, an dem er Viren endlich sehen könne, erwiderte d'Hérelle immer, eine solche Verifizierung »wäre nur ein Detail. Ich habe das nie gebraucht, um an die Existenz meines Agens zu glauben«. Soviel Selbstvertrauen bewiesen nicht alle seine Kollegen; die meisten hätten durchaus gern einen positiven Nachweis dieses in keiner Kultur zu züchtenden, jedoch filtrierbaren Geheimnisses gehabt.

Die ganze Geschichte mit dem Durchgang durch Filter bekräftigte nur die Rätselhaftigkeit der Viren. Die Mikrobiologen fanden hinterher in ihren Filtern nichts, das sie beschreiben, messen oder analysieren konnten, und mußten deshalb das Vorkommen von Viren aus deren Nichterscheinen ableiten. Viren waren auffällig, weil man sie nicht sah; sie waren lebensfähig, weil sie nicht da waren. Für die Forschung war das eine höchst unbefriedigende Lage. Dieses Paradoxon hätte eigentlich besser zur Dichtkunst gepaßt als in die Naturwissenschaft, was schon aus den häufigen, ganz unwissenschaftlichen, seit Beijerincks Zeiten üblichen Vergleichen zwischen Viren und Feuer hervorgeht. Mal sieht man etwas, mal sieht man nichts – aber immer muß man auf der Hut sein, weil man sich sonst verbrennt.

Und wenn nun Viren doch nicht lebendig waren? Sie vermehrten sich zwar, aber sie schienen nicht zu fressen, denn auf dem Nährboden im Laboratorium wuchsen sie nicht. Sie waren so klein, daß sie nicht die Form von Zellen annehmen konnten; nach damaliger Ansicht konnte aber nur leben, was eine Zellstruktur aufwies. Es war also verlockend, sie irgendwo zwischen Staub und Milben, Gestein und Tier anzusiedeln. Nicht ganz lebendig, aber auch nicht tot. Doch diese Spekulationen verfingen wenig bei den Ärzten, die in der Ausbildung von der Keimtheorie der Krankheiten gehört hatten und folgerten, daß Agenzien, die bei Lebewesen Krankheiten verursachten, auch selbst leben mußten. Aus solcher Verwirrung entstand häufig noch mehr Verwirrung, wenn Mikrobiologen (von denen bisher wenige den Mut hatten, sich »Virologen« zu nennen) und Ärzte mit etwas umgehen mußten, über das sie fast nichts wußten.

Dennoch waren die Ergebnisse manchmal erstaunlich. So wie seinerzeit Pasteur gegen die Tollwut, entwickelte der Mikrobiologie Max Theiler am Rockefeller Institute um die Mitte der 30er Jahre zwei Impfstoffe gegen das Gelbfieber, indem er ein ihm kaum bekanntes Virus zähmte. Trotz dieser vereinzelten Siege kam die junge Wissenschaft von der Virologie aber nicht recht vom Fleck. Wie sollten die Mikrobiologen auch Viren verstehen, wenn sie sie nicht einmal sehen, züchten und identifizieren konnten, wie es den Bakteriologen mit ihren Bakterien wenigstens gelang.

Die Zeit war reif für einen frischen, neuen Ansatz in dieser Frage, der nicht nur von biologischen Gegebenheiten ausging, sondern verschiedene Kriterien und verschiedene Methoden einbezog. Not tat ein Nichtbiologe, ein Nichtarzt, jemand, der das Virus als Substanz, als Chemikaliengemisch betrachten konnte, das sich nach bestimmten Naturgesetzen verhielt. Auftritt des Chemikers: Auftritt Wendell Stanley.

Eigentlich ist es nicht mehr als recht und billig, daß der nächste große Fortschritt in der Arbeit an Viren einem Chemiker zu verdanken war, denn Pasteur, der soviel dazu beigetragen hatte, die Mikrobiologie als Wissenschaft zu etablieren, war ja schließlich auch Chemiker gewesen. Daß dabei Kristalle eingesetzt wurden, paßt ebenfalls, denn auch Pasteur untersuchte zu Anfang seiner Laufbahn, wie sich Moleküle zu Kristallen ordnen. Die meisten Virusforscher konnten mit diesem Ansatz jedoch nichts anfangen, denn jedermann wußte, daß Kristalle nur in toter Materie vorkamen. Eis, Zucker, Salz, Schneeflocken, Gestein, Edelsteine – das waren Kristalle, aber doch nicht lebendige, sich vermehrende Organismen. Bei der Kristallbildung hefteten sich Moleküle mit den Oberflächen aneinander und wuchsen unendlich in abgewinkelten, geometrischen, sich ständig wiederholenden Mustern, die von der jeweiligen Molekülstruktur bestimmt waren; das hatte Pasteur längst nachgewiesen. Mit anderen Worten: Kristalle handeln auf Befehl. Als Chemikalien bilden sie sich nach den ihrer jeweiligen Form innewohnenden physikalischen Kräften. Sie »wachsen« anders als lebende Organismen, die zwar auch aus Chemikalien bestehen, die nach ihnen innewohnenden Kräften funktionieren, aber doch viel komplizierter sind. Sobald man weiß, nach welchem Muster sich die Eiskristalle an der Fensterscheibe zusammenfügen, kann man voraussagen, wie sie weiterwachsen; das Muster wiederholt sich immer wieder. Bei lebendigen, aus Zellen aufgebauten Organismen läßt sich so etwas nicht vorhersagen, mindestens nicht mit gleicher Genauigkeit.

Dennoch beschloß Wendell Stanley, von der gewohnten biologischen Sichtweise unbelastet, mit den Viren so zu verfahren, wie er es gewohnt war. Wenn er sie kristallisieren und damit in der Zeit so fixieren konnte, wie ein Quarzkristall in der Zeit fixiert ist, konnte er sie sich auch näher ansehen. Dieses Vorhaben war längst nicht so abwegig, wie es sich vielleicht anhörte, denn Stanley vermutete mit gutem Grund, daß sich Viren kristallisieren ließen. Er nahm an, daß sie nur aus Protein aufgebaut waren, und mehrfach war inzwischen nachgewiesen worden, daß man Proteine kristallisieren konnte.

Wer hat noch nie den Satz gehört, daß »Proteine die Bausteine des Lebens« sind. Es stimmt: Sie sind molekulare »Bausteine«, aus denen die Natur Lebensformen errichtet. Im menschlichen Körper gibt es schätzungsweise über hunderttausend verschiedene Proteine. Die Haare, die Haut, Knochen, Muskeln, Sehnen, Bänder, Nerven, Gewebe – alles besteht hauptsächlich aus Protein, auch die Enzyme und Hormone, die Antikörper und das Blut. Jede Zelle ist zum größten Teil aus Protein aufgebaut. Sicherlich bestanden auch Viren, die wegen ihrer Kleinheit nicht aus Zellen zusammengesetzt sein konnten, aus Protein. (D'Hérelle hatte darauf mit dem Satz angespielt, das Leben sei nicht an die Zelle gebunden, sondern leite sich »von einem anderen Phänomen ab, das nur im physikalisch-chemischen Aufbau eines Proteinteilchens liegen kann«.) Dementsprechend machte sich Stanley 1932, im Alter von 28 Jahren, an das Kristallisieren eines Virus. Das Virus seiner Wahl war ein alter Bekannter, Beijerincks Tabakmosaikvirus, inzwischen unter Wissenschaftlern allgemein als TMV bekannt.

Es war die ideale Wahl. Über das TMV wußte man mehr als über alle anderen pflanzlichen Viren (auch tierischen, ausgenommen vielleicht Vaccinia). Das TMV ist sehr beständig, fast unzerstörbar und so infektiös, daß man an einem Tabakblatt die charakteristische Fleckenbildung innerhalb von ein bis zwei Tagen hervorrufen kann, wenn man das Blatt nur mit TMV einreibt. Eine TMV-Lösung läßt sich millionenfach, milliardenfach verdünnen und infiziert immer noch. Die Anzahl der Infektionsflecken auf einem Blatt entspricht dabei der Anzahl der Viren in der Lösung. Man kann die Flecken zählen und daraus auf die Viruskonzentration schließen.

Selbst wenn das TMV nicht so bequem zu nutzen gewesen wäre, hätte sich Stanley ein Pflanzenvirus ausgesucht, denn mit ihnen läßt es sich viel einfacher arbeiten als mit Viren, die Tiere infizieren. Wir erinnern uns, daß Viren, im Gegensatz zu Bakterien, auf Nährböden im Laboratorium nicht wachsen. Sie können nur lebende Zellen infizieren, Tierviren also nur Tiere. Der Umgang mit Tieren im Labor bringt aber manche Schwierigkeiten mit sich. Da sind einmal ethische Überlegungen; dann muß man Tiere füttern und versorgen. Was passiert, wenn man das Tier nicht infizieren kann? Ist es dann immun, oder ist die Viruslösung zu schwach? Und wenn das Tier inzwischen an etwas anderem erkrankt und dadurch das Experiment kaputtmacht? Oder wenn es mittendrin eingeht? Wenn es beißt? Pflanzen sind da erheblich pflegeleichter. Auch wenn manche Pflanzen gegen die Krankheiten anderer immun sind, werden die nichtimmunen Pflanzen während des Versuchs nicht resistent. Wer einmal anfällig ist, bleibt anfällig. Im Gegensatz zu Tieren entwickeln Pflanzen keine Antikörper.

Deshalb wollte Stanley, der im Laboratorium für Pflanzenpathologie des Rockefeller Institute in Princeton, New Jersey, tätig war, weiter am Tabakmosaikvirus arbeiten. Auch wenn mit Pflanzenviren leichter umzugehen war – vor ihm lag eine Aufgabe, die ihn drei Jahre in Anspruch nehmen sollte. Er mußte dabei ebenso sehr Landwirt wie Chemiker sein und auf den Feldern des Instituts im Sommer und im Treibhaus im Winter eine ganze Tonne türkischen Tabak anbauen. Zum Glück konnte er zupacken und war zäh. Er stammte aus Indiana, mitten aus dem amerikanischen Agrarland. Stanley hatte im College Fußball gespielt und wäre eigentlich lieber Fußballtrainer statt Chemiker geworden. Jetzt baute er Tabak an. Er wollte eine TMV-Lösung von bisher unerreichtem Reinheitsgrad erzeugen – so rein, daß sie einen Kristall bildete.

Stanley infizierte zunächst seine Pflanzen mit dem TMV. Dazu rieb er mit einem Stück Gaze die Blätter von Tabakpflanzen mit einer Lösung ein, die das Virus enthielt. Bald wurden die Blätter fleckig und bekamen Blasen, ein sicheres Zeichen für eine Infektion. Nach drei Wochen erntete er die mittlerweile stark infizierten Pflanzen und lagerte sie bei etwa −12 °C in der Tiefkühltruhe. Durch die Kälte brachen die Pflanzenzellen auf, und so konnte die Rückgewinnung des Virus beginnen.

Stanley drehte die gefrorenen Pflanzen durch einen elektrischen Fleischwolf und fing den Brei in großen 20-l-Melkeimern auf. Er rührte den Inhalt in heißes Wasser, setzte eine Chemikalie zu, um das Gemisch leichter zu verflüssigen, und kippte das Ganze in große Gazesäcke, die er zum Trocknen aufhängte. Auf den »Tabaksaft« (wie ihn Stanley nannte), der durch die Gaze heraussickerte, kam es ihm an. Um noch mehr Flüssigkeit zu gewinnen, preßte er die Säcke sogar in einer Obstpresse aus.

Jetzt schwamm Stanley förmlich in Tabaksaft und konnte sich daranmachen, mühselig alle Inhaltsstoffe außer dem Virus daraus zu entfernen. Er dekantierte die Flüssigkeit von einem Behälter in einen anderen, filterte, fällte aus und verdampfte sie. Dann setzte er dem Gebräu Chemikalien zu, um die riesige Proteinmischung, aus der der Satz bestand, leichter zu trennen; das einzige Protein, um das es ihm ging, war das Virusprotein. Er schickte den Saft durch eine Reihe von Filtern. Vierundzwanzig Stunden dauerte es, bis ein Behälterinhalt gefiltert war, dann noch einmal so lange, bis festgestellt war, ob das Virus durchgelaufen oder zurückgeblieben war. Mit der gefilterten Lösung rieb Stanley dann frische Tabakpflanzen ein. Wenn die Blätter fleckig wurden, enthielt der Saft noch Virus; blieben sie unversehrt, war das Virus in den Filtern hängen geblieben. Bald kam es zur Blasenbildung; also befand sich das Virus noch in der gefilterten Flüssigkeit. Sie mußte noch einmal gefiltert werden.

Schritt für Schritt entfernte Stanley die einzelnen Bestandteile aus dem Saft. Die bis dahin tiefbraune Mischung wurde gelb, dann blaßgelb und schließlich farblos. Als Stanley die klare Lösung auf Tabakblättern verrieb, blieben die Blätter glatt. Mit viel feineren Filtern als den früheren Chamberland-Kerzen hatte er das Virus tatsächlich eingefangen. Im Saft steckten praktisch keine Proteine mehr; er war rein.

Jetzt kam der letzte, der entscheidende Schritt. Stanley wusch das Virus aus den Filtern und setzte es wieder in die klare, gereinigte Flüssigkeit ein. Wie nach dem Chemielehrbuch für höhere Schulen, demzufolge Kristalle durch Zugabe von Salz oder Zucker zu einer Lösung hergestellt werden, die man dann ausfällen läßt, nur viel komplizierter, rührte er Chemikalien ein, die das Virus vom restlichen Tabaksaft trennen sollten. Wenn er die vorausgegangenen Schritte richtig durchgeführt hatte und das Virus, wie er vermutete, tatsächlich ein Protein war, mußten dabei TMV-Kristalle herauskommen.

Und wirklich entwickelte die Flüssigkeit bald einen schimmernden Glanz, enthielt also Kristalle aus reinem TMV. Unter dem Mikroskop sahen sie wie Nadeln aus, Millionen und abermillionen Viren, die aneinander hafteten und kleine Dolche von etwa $\frac{3}{25000}$ Zoll Länge bildeten. Um festzustellen, ob es wirklich TMV war, löste Stanley einige Kristalle in Wasser auf und verrieb die Lösung wieder auf Tabakblättern. Diesmal erschienen die Tabakmosaikflecke noch schneller als vorher. Die Kristalle waren wirklich TMV, reines TMV, etwa hundertmal so infektiös wie der Tabaksaft, mit dem er angefangen hatte. Stanley hatte es geschafft. Er hatte ein Virus kristallisiert.

Er zumindest war davon überzeugt, andere waren es weniger. Wie bei so vielen wichtigen Fortschritten, reichte auch hier die Reaktion der Wissenschaft von Unverbindlichkeit bis zu ausgesprochener Skepsis. Stanleys unmittelbarer Vorgesetzter, der Leiter des pflanzenpathologischen Laboratoriums am Rockefeller Institute in Princeton, Dr. Louis O. Kunkel, schrieb an den Beirat des Instituts, Stanleys Bericht, »daß es sich bei dem Material um ein Protein handelt, das die Eigenschaften des Tabakmosaikvirus aufweist, hat großes Interesse erregt, da aus der Arbeit hervorgeht, daß dieses Virus unter Umständen eine chemische Verbindung ist ... Es läßt sich schwer nachweisen, ob das ... Protein das Virus ist oder nicht. Dr. Stanley ist damit beschäftigt, weitere Beweise für diese wichtige Entscheidung zusammenzutragen«.

Damit hätte Stanley rechnen müssen, denn er wußte, daß Kunkel, wie die meisten, Viren für nichts als besonders kleine Lebewesen hielt. Andere Kollegen waren sogar noch skeptischer, und manche wiesen Stanley sogar darauf hin, daß er bei einer Veröffentlichung seiner Arbeit nicht mit Unterstützung rechnen könne. Er veröffentlichte dennoch – und bekam danach dieselben Reaktionen noch stärker zu spüren.

Manche Ärzte, für die Arbeiten an Pflanzenviren zunächst kaum etwas mit ihren menschlichen Patienten zu tun hatten, spielten die Bedeutung von Stanleys Arbeit herunter. Andere behaupteten, Viren, die Pflanzen infizierten, stellten eine niedrigere Lebensform dar und unterschieden sich deshalb von Viren in höheren Lebewesen. Vielleicht habe Stanley auch nur irgendein chemisches Gift isoliert, meinten andere. Und wieder andere behaupteten, seine Kristalle seien unter Umständen mit einem Erreger der Mosaikkrankheit verunreinigt gewesen und stellten gar nicht das richtige Virus dar.

Die Wissenschaft hatte Mühe, die Bedeutung von Stanleys Arbeiten richtig einzuordnen. Draußen in der Welt sah es ganz anders aus. »In Princeton isolierte Kristalle vermutlich bisher nie gesehene Krankheitsviren«, trompetete die Schlagzeile auf der Titelseite der *New York Times*. »Das ... ist die erste Fährte auf der ›Großwildjagd‹ in der Wissenschaft. Damit ist vielleicht der Weg frei für eine ähnliche Isolation der tödlichen Viren, die den Menschen angreifen.« So war es. Für die Öffentlichkeit hatte Stanley das Unmögliche geschafft. Jetzt waren die Viren endlich wirklich und sichtbar; es *gab* sie.

Ein Geheimnis war allerdings eher noch größer geworden: Lebte das Virus, oder war es tot? Lebende, aus Zellen aufgebaute Organismen ließen sich nicht kristallisieren; hier lagen aber Kristalle von Viren vor. Folglich konnten Viren nicht lebendig sein. Aber als Infektionen auslösende Agenzien, die sich vermehren konnten, mußten Viren auf irgendeiner Ebene leben.

»Man weiß genug über die geordnete und die ungeordnete Materie, um sichergehen zu können, daß es Dinge zwischen Himmel und Erde gibt, die nicht so lebendig wie ein Aal, doch auch nicht so tot sind wie ein Stein«, bemerkte dazu die *New York Times*.

»Angesichts der Entdeckung von Dr. Stanley verliert die alte Unterscheidung zwischen Leben und Tod etwas an Gewicht. Letzten Endes besteht alle Materie aus Atomen. Irgendwo zwischen dem einfachsten Atom und der einfachsten Zelle beginnt das Leben. Die Biologen vermuten schon lange, daß die filtrierbaren Viren in diese Zwischengruppe gehören, daß wir in ihnen das Leben im Entstehungszustand erblicken. Vielleicht hat Dr. Stanley einen Blick auf das ewige Wunder getan. Seine Kristalle sind Proteine,

> also der Stoff, aus dem das Protoplasma, das Beefsteak und das Eiweiß bestehen. Auch lebende Organismen setzen sich ja hauptsächlich aus diesen Proteinen zusammen. Das Leben ist für eines der Proteinkristalle von Dr. Stanley wie eine züngelnde Flamme. Der Kristall wird entzündet und tritt damit ins Leben ein.«

Wieder schien sich ein so vieldeutiges Gebilde wie das Virus nur im Bild vom Feuer, in der Sprache der Dichtung, beschreiben zu lassen.

Für Stanley selbst war die Sache damit ein für allemal geklärt. Viren waren Proteine, und obwohl Lebewesen aus Proteinen bestanden, waren die Proteine selbst nicht lebendig. »Die vorgelegten Beweise ...«, schrieb er, »lassen darauf schließen, daß das Tabakmosaikvirus, das erste in der Literatur beschriebene Virus, nicht lebt ... Daß dieses Virus offenbar ein Protein ist, erfordert vielleicht ein grundlegendes Umdenken in unserer Vorstellung von anderen Viren.« Er setzte seine Arbeit fort, um für seine Ergebnisse eine feste Grundlage zu schaffen. Er veröffentlichte weitere Artikel über sein Thema, ging auf Vortragsreisen durch die Vereinigten Staaten und Großbritannien und entdeckte zusammen mit Kollegen, daß sich viele andere Pflanzenviren ähnlich kristallisieren ließen. Alle Viren waren wohl tatsächlich Proteine und samt und sonders zu kristallisieren.

Doch 1937, zwei Jahre, nachdem Stanley sein Ergebnis veröffentlicht hatte, zeigte eine Entdeckung, daß die Skepsis gegenüber Stanleys Arbeiten wenigstens zum Teil berechtigt gewesen war. Nicht etwa, daß er nicht das Tabakmosaikvirus kristallisiert hatte – daran war nicht zu rütteln. Auch nicht daran, daß das Virus aus Protein bestand. Doch nicht ausschließlich. Zwei englische Biochemiker, Frederick C. Bawden und Norman W. Pirie, bestätigten Stanleys Ergebnis, indem sie selbst TMV kristallisierten. Doch dann analysierten sie die Kristalle genauer als er und stießen auf etwas, das Stanley entgangen war: Das TMV bestand nicht nur aus Protein, sondern enthielt auch etwas Säure, Ribonukleinsäure oder RNS. Wie der Name sagt, war das eine der Nukleinsäuren, einer besonders im Zellkern häufig vorkommenden Familie.

Nukleinsäuren waren nichts Neues. Sie waren schon 1869 in Zelltrümmern an Wundverbänden nachgewiesen worden. Später hatte man sie in Hefen und anderen Pflanzen- und Tierzellen isoliert. Ihre Rolle im Zellkern war unbekannt. Man wußte nur, daß sie dort immer vorkamen. Bekannt war allerdings, daß es zwei Arten gab: die Ribonukleinsäure oder RNS und die Desoxyribonukleinsäure oder DNS. Im Aufbau unterschieden sich die beiden nur in der Art von Zuckermolekül, also Ribose oder Desoxyribose, das die Struktur ergänzte.

Das Tabakmosaikvirus enthielt nicht viel RNS, nur rund 6 Prozent des ganzen Virus (Stanley bestätigte diesen Befund später selbst). Die übrigen 94 Prozent bestanden aus Protein. Doch die RNS gehörte eindeutig hinein, war also nicht die Folge irgendeiner Verunreinigung. Gleichzeitig bekräftigte eine weitere Entdeckung, daß nämlich Bakteriophagen einen verhältnismäßig hohen Anteil an DNS enthielten, die Ansicht von den Nukleinsäuren als festem Bestandteil der Viren. Im TMV, das bei einer so riesigen Proteinmenge so wenig Nukleinsäure enthielt, hatte Stanley sie schlicht übersehen.

Das schien damals kein folgenschwerer Fehler zu sein. Stanley berichtigte seine Ansichten, bezog die Nukleinsäure mit ein, nannte sein TMV-Proteinmolekül jetzt Nukleoprotein und fuhr in seiner Forschung fort. 1946 wurde ihm der Nobelpreis für Chemie für die »Reindarstellung des Virusproteins« verliehen. Zwei Jahre später gründete er das Laboratory for Viral Research an der University of California in Berkeley. Als er 1971 starb, war er wegen seines wissenschaftlichen Weitblicks ebenso berühmt wie wegen seiner Pionierarbeit, das Unsichtbare sichtbar und das Unvorstellbare dem menschlichen Begreifen zugänglich zu machen.

Inzwischen hat sich allerdings herausgestellt, daß das Nichterkennen der RNS im Tabakmosaikvirus doch keine so läßliche Sünde war. Obwohl die große Proteinmenge zweifellos das deutlichste Unterscheidungsmerkmal des Virus ist, verleiht ihm aber gerade das winzige bißchen Nukleinsäure seine unerläßliche Lebenskraft. Ein paar Jahre nachdem Stanley das Virus kristallisiert hatte, wurden die bis dahin nichtssagenden Buchstaben DNS und RNS in der Welt fast so bekannt wie der Begriff *Virus* selbst. Wohl die berühmteste wissenschaftliche Leistung in unserem Jahrhundert war die Entschlüsselung des DNS-Molekülaufbaus durch James Watson und Francis Crick 1953.

Mit Stanley und seiner Kristallisierung des TMV kam nicht nur das Zeitalter der Molekularbiologie, sondern auch die Virologie als Wissenschaft richtig in Schwung. Stanleys Leistung machte Viren für alle Zeiten zu chemischen Substanzen, an denen man chemische Untersuchungen durchführen konnte. Man konnte sie nicht mehr als ultrakleine Bakterien ansehen, die zufällig die feinsten Filter durchliefen. Auch als irgendeine andere, bis dato unbekannte Art Lebensform en miniature, die sich vor allem durch ihre Größe oder vielmehr Kleinheit von anderen unterschied, waren sie nicht mehr zu bezeichnen. Nein, die Viren waren etwas ganz anderes als alles, was man bisher vermutet hatte. Wenn sie auch nicht gerade lebende Moleküle waren, wie Beijerinck geglaubt hatte, waren sie doch Moleküle, die wie Lebewesen infizieren, doch andererseits auch wie reaktionsträge Chemikalien kristallisieren konnten. Stanley öffnete das Tor zur Welt der Viren und forderte Chemiker, Kristallographen und sogar Physiker zum Eintritt auf.

Während Wendell Stanley noch untersuchte, woraus Viren bestanden, beschäftigten sich andere mit zwei weiteren Grundvoraussetzungen: der Möglichkeit, mit Viren im Labor zu arbeiten und der direkten Beobachtung der geheimnisvollen Gebilde in ihrer natürlichen, nicht-kristallisierten Form. Diese zweite Forderung sollte bald erfüllt werden, als Anfang der 30er Jahre deutsche Physiker das Elektronenmikroskop entwickelten. Es funktionierte nach demselben Prinzip wie das normale Lichtmikroskop, nur mit einem wichtigen Unterschied: Der zu vergrößernde Gegenstand wurde nicht mit Lichtwellen beleuchtet; im Elektronenmikroskop dienten dazu Elektronen, die kleinen negativen Ladungsträger der Elektrizität. Vorteil: Elektronenwellenlängen sind viel kürzer als Lichtwellenlängen. Objekte, wie zum Beispiel Viren, die kleiner waren als die Lichtwellenlänge, waren im normalen Mikroskop nicht zu erkennen, konnten sich aber unter dem Elektronenmikroskop nicht mehr verstecken. Die Wellenlänge des Elektrons war so kurz, etwa fünf Tausendstel eines Millimikrometers, daß es damit theoretisch möglich wurde, selbst Atomen nachzuspüren (wenngleich sich diese Aussicht wegen technischer Schwierigkeiten später nicht verwirklichen ließ). Statt mit Linsen zu fokussieren, arbeiteten Elektronenmikroskope mit Magneten, die einen Elektronenstrahl ohne weiteres in die richtige Richtung lenkten. Der Strahl prallte vom Untersuchungsobjekt auf einen photographischen Film ab und zeichnete damit die Form auf, die er gerade getroffen hatte.

Diese Erfindung befreite die Mikroskopie, und 1939 nahmen drei deutsche Wissenschaftler, G. A. Kausche, E. Pfankuch und Helmut Ruska, ein elektronenmikroskopisches Bild auf. Wovon? Natürlich vom Tabakmosaikvirus. Endlich, endlich konnten die Wissenschaftler ihren alten Freund von Angesicht zu Angesicht wahrnehmen. Allerdings gab es nicht besonders viel zu sehen – höchstens ein verschattetes, kleines Strohhälmchen –, aber es hätte ebensogut auch eine schöne Rose sein können. Nächstes Jahr hielt Ruska ein Bild von einem Bakteriophagen fest, der allen Betrachtern wie eine kleine Kaulquappe vorkam und sich zusammen mit anderen Bakteriophagen zusammendrängte, als ob er in einem flachen Gewässer herumschnellte. (»Mein Gott! Die haben ja Schwänze«, war die erschreckte Reaktion eines aus Deutschland stammenden Virologen.)

Als 1944 der Physiker Robley Williams und der Chemiker Ralph Wyckoff von der University of Michigan das Verfahren perfektionierten, Gegenstände mit einer aufgedampften Metallschicht zu versehen, beispielsweise aus Gold, Uran, Platin oder Wolfram, bekamen die Mikroskopaufnahmen mehr Tiefe und Klarheit. Jetzt sah das TMV fast wie eine Zigarette aus. Und Jenners Kuhpockenvirus, mit dem die ganze Entwicklung angefangen hatte, nahm sich aus wie ein mit Asche bedecktes Stück Holzkohle, bis hin zur fleckigen Textur der Asche.

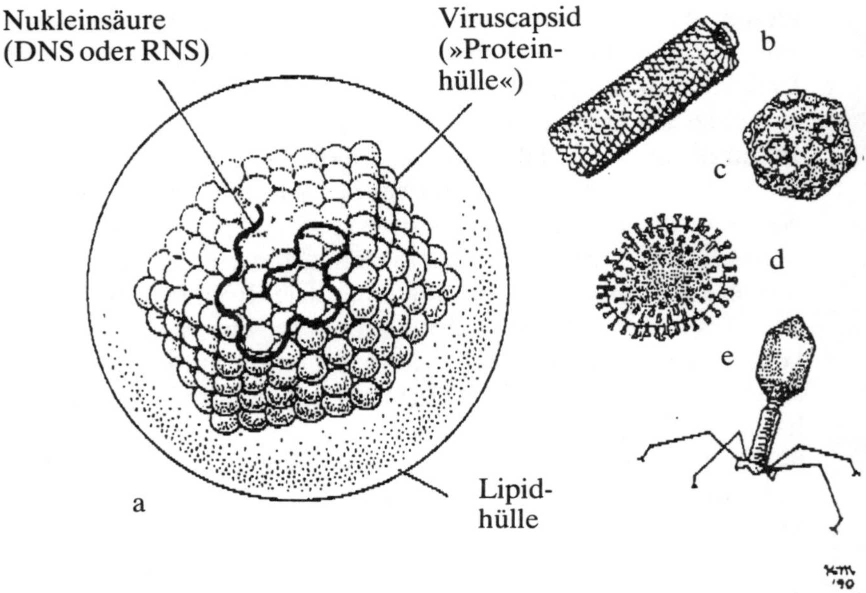

Bestandteile und Grundaufbau verschiedener Viren.

Die meisten Viren sind sehr einfach aufgebaut und bestehen aus DNS und RNS mit einer Proteinhülle ringsherum. Viele verfügen außerdem über eine äußere Fetthülle, die aus der Wand ihrer Wirtszelle herausgerissen wird (Abb. a). Die Abbildungen b) bis einschließlich e) zeigen Variationen zum Thema: b) ist das Tabakmosaikvirus mit einer zylindrischen Hülle; c) ist das Rhinovirus ohne Hülle und mit Ikosaedersymmetrie; d) ist das Grippevirus, dessen Fetthülle mit Proteinen bestückt ist; und e), der T-4-Bakteriophage, ist ein hüllenloses Virus von komplexer Struktur.

Obwohl sie jetzt endlich ihre Form offenbarten, waren Viren im Laboratorium nach wie vor schwer zu handhaben. Es gab immer mehr bakterielle Impfstoffe, doch den Mikrobiologen war es bisher nicht gelungen, viele neue Virusimpfstoffe zu entwickeln, weil sie einfach nicht wußten, wie man Viren züchten konnte. Um einen Impfstoff zu entwickeln oder auch nur einfach ein Virus zu untersuchen, mußten die Forscher Zugang zu riesigen Mengen dieser seltenen Geschöpfe bekommen. Und woher sollten sie wissen, wann sie genug davon hatten? Durch die Auswirkungen des Virus auf die Umwelt, in der es aufwuchs. Beim TMV waren das die gefleckten und blasentreibenden Tabakblätter. Beim Bakteriophagen war es die schnelle Klärung der ursprünglich mit trüben Bakterienlösungen gefüllten Reagenzgläser. So weit, so gut; bestimmte Ursachen führen in einer leicht zu beherrschenden Umwelt zu bestimmten Wirkungen. Aber bei einem Tiervirus stimmt diese einfache Gleichung schon nicht mehr. Hier muß die Auswirkung des Virus auf das betreffende Tier berücksichtigt werden, und das hört sich viel einfacher an, als es in der Praxis zu bewerkstelligen ist.

Jenner konnte seinerzeit in den Pusteln auf Kuheutern und auf den Händen und Armen der ebenfalls infizierten Menschen Hinweise auf Kuhpockenviren erkennen. Eine so unelegante Virusbestimmung taugt jedoch nicht zu ausführlicheren Untersuchungen. Und da das Virus nur da war, wenn das Land gerade von einer Kuhpockenepidemie heimgesucht wurde, hatte Jenner auch nicht ständig Mikroben zur Hand. Pasteur überwand diese Schwierigkeit, indem er sein Tollwutvirus in Kaninchen züchtete; das war zwar ein guter Einfall, aber dazu mußten sehr viele Tiere gehalten werden. Und ob die Tiere vom Virus befallen waren oder nicht, konnte er mit Sicherheit erst feststellen, wenn er sie getötet hatte.

Später versuchten andere Forscher, die mit anderen Viren arbeiteten, kleinere und weniger anspruchsvolle Tiere heranzuziehen, zum Beispiel Mäuse. Mitte der 30er Jahre entwickelte Max Theiler seinen Impfstoff gegen das Gelbfieber, indem er das Virus Mäusegehirnen spritzte. Grippeviren und, wie sich später herausstellte, sogar Polioviren wuchsen in Mäusen. Mit Mäusen war zwar viel leichter und billiger umzugehen als mit größeren Tieren, aber sie warfen nach wie vor die bekannten Probleme auf, die bei Tierversuchen immer eine Rolle spielen: die Gefahr, daß irgendeine Krankheit dazwischenkommt; die Möglichkeit, daß ein Tier gegen das fragliche Virus immun wird; nicht völlig zuverlässige Ergebnisse. Selbst wenn sich alle diese Schwierigkeiten überwinden ließen, bestand immer noch die schreckliche Aussicht, daß in tierischem Gewebe gezüchtete Impfstoffe bei der Injektion in Menschen gefährliche allergische Reaktionen auslösten. Viren in Tieren zu züchten, das reichte einfach nicht.

Schon 1913 hatte jemand versucht, die Sache anders anzufassen. Eine Wissenschaftlerin an der Columbia University, Edna Steinhardt, legte winzige Hornhautstückchen aus Meerschweinchenaugen in einen Tropfen Blutplasma auf einen Objektträger aus Glas und konnte in dieser Lösung Vacciniaviren wochenlang am Leben halten. Praktisch ersetzte sie ein ganzes Versuchstier durch ein paar lebende Tierzellen. In den Jahren nach diesem Anfang züchteten Forscher Vacciniaviren in so unterschiedlichen Trägern wie Geweben aus Kaninchenhoden und zerkleinerten Hühnernieren. Doch immer wieder zerschlugen sich die positiven Ansätze. Früher oder später traten in den Lösungen aus Tiergewebe Anzeichen eines anderen, unerwünschten Wachstums auf: Bakterienkontamination. Schließlich wurde der Objektträger oder das Reagenzglas mit den knapp überlebenden Viren von eindringenden Bakterienkolonien überrannt, und damit war alles aus. Ohne eine auf Dauer sterile Umwelt war kaum etwas zu hoffen.

Mit mehr Erfolg ging als erster ein Wissenschaftler an der Vanderbilt University School of Medicine, Ernest Goodpasture, das Problem an. Mit Hilfe seiner Forschungsstipendiatin Alice Woodruff gelang es ihm, unterschiedliche Viren in Hühnereiern zu züchten.

Das war ein vernünftiger Ansatz, denn das Ei ist von Natur aus steril, ein abgeschlossenes, natürliches Laboratorium, und der darin aufwachsende Hühnerembryo bietet dem Virus einen lebenden Organismus, in dem es sich vermehren kann. Außerdem, das weiß jede Köchin, lassen sich Eier leicht handhaben und lagern – ganz im Gegensatz zu lebenden Tieren. 1933 züchtete Goodpasture in Hühnerembryos einen Impfstoff gegen Pocken, der so gut wirkte, wie der auf die übliche Art in Kälbern erzeugte. Der Impfstoff selbst wurde zwar kein Erfolg, doch der entscheidende Fortschritt war klar: Man konnte mit Eiern Impfstoffe herstellen. Anschließend züchtete Goodspasture in Eiern die Viren, die Tollwut, Mumps, Hirnhautentzündung und Gürtelrose verursachen.

Ende der 30er Jahre waren für die Virologe drei Hindernisse wenigstens zum Teil aus dem Weg geräumt worden. Dank Goodpastures konnten bestimmte Viren jetzt im Labor gezüchtet werden. Dank des Elektronenmikroskops wußte man auch, wie sie aussahen; und dank Stanleys und der Forscher nach ihm war erwiesen, daß Viren hauptsächlich aus inertem Eiweiß und nicht aus organischen Zellen bestanden. Aber vieles wußten die Virologen immer noch nicht. Sie konnten zwar Viren jetzt sehen, hatten also eine gute Vorstellung von deren Form und Größe, doch sie hatten keine Ahnung, wie die verschiedenen Bauteile in einem Virus zusammengehörten und was sie zusammenhielt. Sie vermuteten, daß das TMV und dessen verhältnismäßig einfache Vettern zwar nur aus Protein und Nukleinsäure bestanden, daß aber größere, kompliziertere Viren, wie zum Beispiel Vaccinia, wohl auch noch andere Bestandteile aufwiesen; genau konnte das allerdings niemand sagen. Obwohl man erkannt hatte, daß Viren in lebende Zellen eindrangen, sich dort vermehrten und dann irgendwie wieder in die größere Umwelt zurückkehrten, wußte niemand, wie es geschah. Niemand wußte, wie Viren in Zellen hineinkamen, was drinnen mit ihnen passierte oder wie sie wieder herauskamen.

Obwohl die Virologen immer mehr Impfstoffe gegen Viruskrankheiten herstellen konnten, hatten sie bisher kein Mittel gegen die Krankheiten entwickeln können, die der Öffentlichkeit am wichtigsten waren. Theilers Impfstoff gegen das Gelbfieber war eine große Ausnahme, ebenso die ersten Impfstoffe gegen die Grippe, die der Epidemiologe Thomas Francis von der University of Michigan hergestellt hatte – beide spielten im Zweiten Weltkrieg eine große Rolle –, aber Mumps, Windpocken, Masern, bestimmte Stämme von Grippeviren und Hepatitis existierten nach wie vor. Da mußte noch viel geschehen.

Außerdem wurden die meisten dieser Erkrankungen für die Öffentlichkeit bedeutungslos im Vergleich zu einer anderen Viruskrankheit, obwohl die weniger häufiger vorkam als viele andere. Um die Jahrhundertmitte war sie allerdings zur schrecklichsten Viruskrankheit geworden. Sie verkörperte geradezu symbolhaft die Hilflosigkeit, die viele Menschen angesichts der Viren verspürten, auch die Unberechenbarkeit des Lebens und seine Gefahren.

Die Krankheit wurde vor allem deshalb als so tückisch empfunden, weil sie hauptsächlich Kinder befiel. Es war natürlich Polio, Kinderlähmung.

Siebtes Kapitel

Der Blitz im Reagenzglas

Am 9. August 1921 fiel der 39jährige ehemalige Unterstaatssekretär für die Marine, Franklin Delano Roosevelt, ins Wasser, als er in der Nähe seines Sommerhauses auf der Insel Campobello vor New Brunswick in Kanada segelte. Roosevelt erkältete sich. Am nächsten Tag fühlte er sich abgeschlagen und ging schwimmen. Doch das Bad erfrischte ihn nicht. Am darauffolgenden Morgen, so erinnerte sich Roosevelt, »zog ich mein linkes Bein nach ... Bald gehorchte es mir überhaupt nicht mehr, und dann auch das andere nicht mehr.« Drei Tage später konnte er die Beine nicht mehr bewegen, geschweige denn aufstehen. Rücken, Arme und Hände waren zum Teil gelähmt. Er konnte nicht einmal den Federhalter fassen, um zu schreiben.

Der künftige Präsident hatte Kinderlähmung; höchstwahrscheinlich hatte er sie sich ein bis zwei Wochen vor seinem unfreiwilligen Bad zugezogen. Es gelang ihm schließlich, die Hände, Arme und den Rücken wieder funktionsfähig zu machen, aber die Beine konnte er nie wieder bewegen. Später gewöhnte sich die Welt an das Bild von Roosevelt, der sitzend mit den führenden Staatsmännern der Welt konferierte, die aus Hochachtung vor dem Präsidenten auch sitzenblieben; auf anderen Bildern sitzt er fröhlich im Auto oder im Jeep, hält die Zigarette in der langen Zigarettenspitze kühn in die Luft gestreckt, als wolle er das Schicksal verspotten, das ihm einen solchen Schlag versetzt hatte. Absichtlich hielt er seine Reden immer im Stehen; stählerne Beinschienen stützten ihn dabei. Über seine Krankheit sprach er in der Öffentlichkeit kaum.

1945, in seinem letzten Lebensjahr, schon sehr dünn und von vielen Krankheiten mitgenommen, machte Roosevelt eine Ausnahme von dieser Regel. Als er dem Kongreß über die Konferenz mit Churchill und Stalin in Jalta Bericht erstattete, setzte er sich hinter die Mikrophone. »Ich bitte um Entschuldigung dafür, daß ich mich diesmal hinsetze ...«, meinte er, »aber ... es ist für mich viel leichter, wenn ich nicht zehn Pfund Stahl an den Füßen habe.«

Roosevelt hatte eigentlich noch Glück gehabt, denn er war an der Krankheit nicht gestorben wie in dieser Zeit sonst jeder vierte, der an Kinderlähmung litt. Aber er hatte auch Pech, denn die Kinderlähmung hat nie einen großen Prozentsatz der Bevölkerung befallen, und die meisten Opfer sind Kinder.

Die Krankheit scheint, mindestens in ihrem epidemischen Auftreten, relativ neuen Ursprungs zu sein. Die ersten schriftlichen Aufzeichnungen gibt es erst aus dem Jahr 1835, als in dem englischen Dorf Worksop »vier bemerkenswerte Fälle plötzlich auftretender Lähmung bei Kindern« zu verzeichnen waren. Hinweise lassen aber darauf schließen, daß die Kinderlähmung schon im Altertum bekannt war, denn auf einem ägyptischen Denkmal aus der Zeit um 1500 v. Chr. ist ein Priester dargestellt, dessen eines Bein wie durch Kinderlähmung verkümmert ist, und man hat auch Mumien gefunden, bei denen das eine Bein kürzer war als das andere.

Nach den ersten verzeichneten Kinderlähmungsfällen in England traten im 19. Jahrhundert weitere Epidemien auf, und um die Jahrhundertmitte brachten die Ärzte die durch die Krankheit hervorgerufene Lähmung mit einer Schädigung des Rückenmarks in Zusammenhang. Da am häufigsten Kinder befallen wurden, nannte man die Krankheit »spinale Kinderlähmung«. Auch eine andere Bezeichnung, Poliomyelitis – Entzündung (*itis*) des grauen (*polios*) Rückenmarks (*myelos*) – oder Polio, bürgerte sich ein. Die Entzündung zerstört offenbar Nervenzellen und lähmte dadurch die von diesen gesteuerten Muskeln.

Die Krankheit macht sich zuerst durch Fieber, Kopfschmerzen, Halsbeschwerden und Erbrechen bemerkbar.

Diese Symptome dauern manchmal nur vierundzwanzig Stunden und verschwinden wieder. Das sind dann leichte Poliofälle – auf jeden erkannten Fall kommen schätzungsweise hundert dieser leichten Erkrankungen –, aber da die Symptome denen so vieler anderer Krankheiten ähneln, kann man nicht sicher sein. Wenn sie jedoch nicht nachlassen, tritt die Krankheit bald klar zutage. Rücken und Nacken werden steif, die Muskeln erschlaffen, Bewegungen werden schwer. Bald schmerzen die Beine, besonders wenn sie ausgestreckt werden, und die Muskeln werden berührungsempfindlich. Innerhalb weniger Tage kann es zur Lähmung, sogar zum Tod kommen. Anfänglich waren die Ursache der Krankheit und auch ihr Erreger unbekannt.

Ende des 19. und Anfang des 20. Jahrhunderts trat die Kinderlähmung immer häufiger auf. Warum, weiß man bis heute nicht. Auch über ihre Ursache war nicht mehr bekannt als schon vor Jahren. Die Ärzte hielten die Kinderlähmung für eine Infektionskrankheit, doch der Erreger ließ sich unter dem Mikroskop nicht erkennen. Er vermehrte sich in lebenden Zellen, konnte von einem Patienten auf den anderen übertragen werden und infizierte sie dabei alle. Schließlich zeigte er sich auch nicht als Rückstand, wenn infektiöse Substanzen durch die feinsten Chamberland-Filter geschickt wurden. Hört sich das nicht bekannt an? Es mußte sich also um eines der sogenannten filtrierbaren Viren handeln, was auch nicht weiterhalf.

Bald zeigte sich noch etwas anderes: Laboraffen, die die Kinderlähmung überlebten – Affen waren offenbar außer dem Menschen die einzigen Lebewesen, die die Krankheit bekommen konnten –, waren immun. Außerdem enthielt das Blut dieser wieder genesenen Affen eine Substanz, die nach Vermischung mit dem Virus in einem Reagenzglas das Virus neutralisierte, so daß es keine Infektion mehr hervorrufen konnte. Vielleicht erzeugte die Kinderlähmung, ähnlich wie die Tollwut, gleichzeitig auch das Mittel, mit dem sie verhütet werden konnte.

Alle diese hoffnungsfrohen Spekulationen schienen wenig zu nützen, als die Krankheit im Sommer 1916 in den Vereinigten Staaten einen Höhepunkt erreichte: 27363 Fälle im ganzen Land, 7179 Todesfälle, stärkste Häufung der Epidemie in der Stadt New York. Es war, als sei die mittelalterliche Pest zurückgekehrt. Tausende von New Yorkern flohen aus der Stadt und nahmen ihre Infektion mit. Andere blieben und verwandelten ihre Wohnungen in Festungen, verrammelten die Türen, verbarrikadierten die Fenster, machten die Läden dicht. Bald hielten sich Landgemeinden die Flüchtlinge aus New York mit der Waffe vom Leibe und schickten sie wieder zurück in die Stadt, damit sie die Kinderlähmung dort verbreiteten. Als der Leiter des städtischen Gesundheitsamtes die Krankenhäuser zwang, Betten für Kinderlähmungspatienten freizuhalten, mußte die Polizei gelegentlich mit Gewalt in Wohnungen eindringen und kranke Kinder ihren verängstigten Familien entreißen und ins Krankenhaus bringen.

Das Quacksalbertum blühte: Froschblut; Radiumwasser; Pepsinwein; ein Trank aus Rum, Cognac und Champagner; Senfpflaster (wovon die Patienten entweder so brechen mußten oder so betrunken wurden, daß ihnen gleichgültig war, ob sie die Krankheit bekamen) wurden als Heilmittel angeboten. Ein ehemaliger Abgeordneter des Landesparlaments behauptete, rings ums Haus verstreute Zedernspäne schützten die Kinder, und verkaufte das Zeug säckeweise mit hohem Gewinn. Er mußte 250 Dollar Geldstrafe zahlen und dreißig Tage im Gefängnis sitzen. Kaum wurde frisches Ochsenblut als Heilmittel angepriesen, tauchten die Menschen mit großen Eimern vor den Schlachthäusern an der East Side auf. Nichts half – nur der hereinbrechende Herbst. Die Krankheit schien nur in bestimmten Jahreszeiten aufzutreten, denn im Oktober herrschte in New York wieder normales Leben.

Doch nicht ganz. Es dauerte fast vierzig Jahre, bis in New York und andere amerikanische Städte wirklich wieder normales Leben einzog. Der Alptraum der Kinderlähmung hatte sich tief in das Bewußtsein des Landes eingeprägt. Für die amerikanischen Familien brachte die Sommerhitze von nun an jedes Jahr die Angst mit, das eigene Kind könne vielleicht als nächstes Kopfschmerzen, Fieber und Muskelschmerzen bekommen, gelähmt werden oder sterben.

In diesem Klima schloß sich 1948 ein 34jähriger Virologe namens Jonas Salk von der University of Pittsburgh dem Kampf gegen die Kinderlähmung an. Im Lauf der Zeit waren Millionen Dollar, vorwiegend aus Roosevelts Nationaler Stiftung für Kinderlähmung und aus der Pfennigparade, in diese Bemühungen gesteckt worden. Trotz der reichlich fließenden Mittel und der Arbeit anderer Forscher, wie zum Beispiel des in Rußland geborenen Albert Sabin vom Kinderkrankenhaus in Cincinnati, lag die Aussicht auf ein siegreiches Ende der Schlacht noch in weiter Ferne. Mit einem grundlegenden, offenbar unlösbaren Problem war man nicht weitergekommen: Das Poliovirus ließ sich im Laboratorium nur in Nervengewebe züchten. Aus Nervengewebe konnte man aber keinen Impfstoff gewinnen, denn wenn man einem menschlichen Körper eine Lösung mit fremdem Nervengewebe injizierte, kam es unter Umständen zu einer allergischen Gehirnentzündung, die sogar tödlich verlaufen konnte. Ohne einen zuverlässigen, leicht zu handhabenden, jederzeit zu ergänzenden Virusvorrat konnten aber weder Salk noch Sabin, noch andere einen Impfstoff entwickeln.

Die Lösung kam aus einer völlig unerwarteten Richtung. Ihr Entdecker war zwar in Kreisen der Wissenschaft geachtet, doch der breiten Öffentlichkeit unbekannt und hatte mit dem publizistisch stark unterstützten Kampf gegen die Kinderlähmung, wie ihn die Stiftung führte, nichts zu tun. Er war so zurückhaltend, daß er auf die Frage, wie er denn zu seiner großen Entdeckung gekommen sei, einmal antwortete: »Das habe ich mir auch schon oft überlegt.«

Trotz seiner bedeutenden Arbeit – ohne sie gäbe es keine moderne Virologie oder Molekularbiologie, vom Polioimpfstoff ganz zu schweigen – und seines Ranges als Nobelpreisträger ist er der breiten Öffentlichkeit eigentlich bis heute unbekannt. Unter den Virologen ist er dafür eine Legende. Sein Name: John Enders.

1948 war Enders 51 Jahre alt, Professor für Bakteriologie und Immunologie an der Harvard Medical School. Mit den Jahren hatte er sich einen höchst eigenen Stil zugelegt. Er hatte ein flächiges Gesicht mit breitem Kinn, eine markante Nase und schütteres braunes Haar. Gewöhnlich hielt Enders eine Pfeife zwischen die Zähne geklemmt; seine Mundwinkel waren immer leicht zu einem ironischen Lächeln emporgezogen. Er trug Fliege, Tweedanzüge und eine zugeknöpfte Weste; die schwere Kette seiner goldenen Uhr spannte sich auffällig über dem Bauch.

Mit diesem Aussehen erweckte er den Eindruck von ruhiger, vornehmer Gelassenheit; diese Eigenschaften galten für seine Arbeit ebenso wie für seine Kleidung. Vielleicht lag es an seiner Herkunft und daran, daß er sich nie materielle Sorgen hatte machen müssen (er stammte aus einer Familie, in der ein Großvater Präsident der Aetna-Lebensversicherung, sein Vater Präsident und Generaldirektor der Hartford National Bank gewesen war); vielleicht war es auch nur die angeborene Sturheit des Yankees; Enders ließ sich jedenfalls nicht in eine Richtung drängen, die ihm nicht zusagte. Sein ganzes Auftreten war ein Schutzmechanismus gegen solche unerwünschten Eingriffe. Ein Kollege von ihm beschrieb es folgendermaßen:

> »Auf den ersten Blick wirkte Enders wie ein gebeugter, überlasteter, gelegentlich schwächlicher, pedantischer Wissenschaftler – eine Karikatur, an der er hingebungsvoll arbeitete und die er höchst wirksam zum Schutz gegen so unerwünschte Überraschungen benutzte, wie zum Beispiel unergiebige Tätigkeiten in Ausschüssen oder Verwaltungsarbeit. In Wirklichkeit war er ein durchsetzungsfähiger, konkurrenzorientierter, mit beiden Beinen auf der Erde stehender, ausgekochter Hochschulwissenschaftler, der sich seine Kräfte für die Aufgaben aufsparte, an denen ihm wirklich lag.«

Zu diesen Aufgaben gehörte für ihn nicht nur das Züchten von Viren, sondern auch die Schaffung eines von Wärme und persönlichem Vertrauen gekennzeichneten Arbeitsklimas in seinem Laboratorium. Enders unterhielt sich grundsätzlich mit seinen jüngeren Mitarbeitern über die Arbeit, über Politik, Literatur und Kunst; manchmal dauerten diese Gespräche stundenlang. Er verfügte über einen trockenen, nicht verletzenden Humor, unendliche Geduld und war von größter Bescheidenheit, wenn es um seine eigenen Leistungen ging. Er konnte es auf den Tod nicht ausstehen, wenn andere Leute mit ihren Taten prahlten. »Tagtäglich machte Enders die Runde zwischen den Labortischen, sprach mit jedem Mitarbeiter und fragte: ›Was gibt's Neues?‹«, erinnerte sich ein Mitarbeiter. »Diese drei Worte regten die Produktivität ungeheuer an, denn wenn einem eine neue Antwort einfiel, widmete einem der Chef noch mehr Zeit.«

Wegen seiner menschlichen Qualitäten kamen die Leute zu ihm, denn das Laboratorium, ein Altbau an der Back Bay in Boston, machte nicht viel her. Es bestand nur aus zwei Räumen und einem kleinen Büro für Enders sowie einem Lager. Die Versuchstiere waren einen ganzen Häuserblock weiter weg untergebracht. Am Wochenende kamen alle Beschäftigten ins Labor, um die Glasgeräte zu spülen, Nährböden vorzubereiten und die Brutschränke zu überprüfen. 1948 gehörten zu diesen Mitarbeitern unter anderem Thomas Weller und Frederick Robbins.

Weller hatte schon einmal bei Enders gearbeitet. 1940 hatte er als zielstrebiger 25jähriger Medizinstudent in Harvard Enders bei einer Untersuchung über das Züchten von Viren in Gewebekulturen dadurch geholfen, daß er Vacciniaviren in Hühnergewebe monatelang am Leben gehalten hatte. Wellers Zimmergenosse war Robbins, ein Jahr jünger, ebenfalls Medizinstudent und noch nicht so ganz sicher, was er einmal werden wollte. »Enders nahm mich auf, weil ich mit Tom befreundet war«, erinnerte sich Robbins. »Tom hatte mich vorgewarnt. Also hatte ich mich schon darauf eingestellt, beeindruckt zu sein.«

Nicht vorbereitet war er, waren eigentlich alle drei, auf die große Entdeckung, die ihnen bevorstand. Zufällig wurde ihre Forschung von der National Foundation for Infantile Paralysis unterstützt, die dem Lehrstuhl für Bakteriologie in Harvard einen Betrag von 200000 Dollar für eine auf fünf Jahre geplante Untersuchung der Viren zur Verfügung gestellt hatte. In der Zuwendung war nicht ausdrücklich verlangt worden, daß es sich dabei um Polioviren handeln müsse; das war auch gut so, denn weder Enders noch seine beiden Kollegen interessierten sich sonderlich für Arbeiten am Poliovirus. Robbins hatte sich der Gruppe sogar mit der Bemerkung angeschlossen, er wolle an allen Viren arbeiten, nur nicht am Poliovirus. »Das war damals Mode«, erklärte er, »und ich habe nie viel für Moden übrig gehabt. Ich glaube, da waren wir alle gleich.« Robbins wollte Durchfallepidemien bei Kleinkindern untersuchen (eine Krankheit, die gelegentlich Krankenhäuser heimsuchte). Er hielt das für eine Viruskrankheit. Dazu entwickelte er zunächst Verfahren, um Gewebe aus dem Darm, dem Sitz der Krankheit, in einer Laborkultur zu erhalten. Gleichzeitig untersuchte Weller das Windpockenvirus und hatte mit Enders zusammen eine Zeitlang die Möglichkeit geprüft, das Mumpsvirus in einer Gewebekultur zu züchten.

Anfang März 1948 stellte sich der Erfolg ein. Weller züchtete das Mumpsvirus in einer Nährlösung aus Ochsenblut mit Stückchen einer Hühnerembryomembran. Statt die Viren (auf einem kleinen Stück infizierter Membran) alle drei bis vier Tage von einem Behälter mit Membrangewebelösung in einen anderen zu übertragen, wie es die meisten anderen Forscher getan hätten, wechselte Weller die Ochsenblutsuppe, also das Nährmedium, rings um das Gewebe alle paar Tage, ließ jedoch das Originalgewebe bis zu vierzig Tagen wachsen. Durch peinliche Sauberkeit bei der Arbeit und strenge Hygienemaßnahmen sorgte er dafür, daß sich keine Bakterien ausbreiteten und das langsam wachsende Mumpsvirus ungestört gedeihen konnte. Es gedieh auch. Daran merkten die Virologen, daß die langsame, stetige Inkubation die richtige Methode war, wenn man bestimmte Viren im Laboratorium züchten wollte.

Während das Mumpsvirus heranwuchs und Robbins Mäusen Darmgewebe in großen Mengen entnahm, um schließlich das gesuchte Virus zu züchten, das bei kleinen Kindern Durchfall verursachte, wandte sich Weller dem Windpockenvirus zu. In Behälter mit Nährlösung tat er Gewebe aus der Haut und den Muskeln von Totgeburten oder nach der Frühgeburt verstorbenen Babies aus dem Krankenhaus genau gegenüber; dann inokulierte er die Lösung mit Windpockenrachenspülungen, die er bei Kindern durchgeführt hatte. Zufällig entdeckte er vier stehengebliebene volle Behälter mit Gewebekultur. Statt sie wegzuwerfen, führte Weller einen Versuch damit durch. Enders hatte ein Reagenzglas mit Poliovirus schon eine Weile in der Tiefkühltruhe liegen. Unter den Forschern interessierte sich niemand sonderlich für Polioforschung, doch da das Virus nun einmal vorhanden war, das Labor Geld von der Nationalstiftung bekommen hatte und außerdem diese vier zusätzlichen Behälter aufgetaucht waren, hatten sie nichts zu verlieren. Also versuchte man es. Weller tupfte etwas Poliovirus in seine wiedergefundenen Behälter mit Menschenhaut- und -muskelkulturen.

Als Enders von dem Experiment erfuhr, war er gleich interessiert. Zu Robbins sagte er: »Ich überlege mir schon lange, ob das Poliovirus nicht im Darm zu züchten ist. Warum versuchen Sie es nicht?«

Aus solchen Einfällen entstehen wichtige Ergebnisse. Wir erinnern uns: Ein Poliovirus wächst im Labor nur in Nervengewebe; jeder Versuch, es zur Impfstoffgewinnung in Nervengewebe zu züchten, kann beim Empfänger eine allergische Reaktion auslösen, die noch gefährlicher ist als das Virus. Die Polioforschung steckte tief in der Klemme; wie konnte man mit einem Virus arbeiten, das sich im Laboratorium nicht sicher züchten ließ? Die Antwort war klar: gar nicht.

Enders, Weller und Robbins, die nicht einmal in der Polioforschung tätig waren, entwickelten fast nebenbei eine Möglichkeit, Polioimpfstoffe herzustellen. In Robbins' Mäusedarm wuchs das Poliovirus zwar nicht sonderlich gut, aber in den Behältern mit Wellers Menschenembryogewebe entwickelte es sich hervorragend. Das Windpockenvirus ging in Wellers Kulturen nicht an, doch in der ganzen Aufregung über das unerwartete Gelingen der Poliovirusexperimente wurden die Windpocken ohnehin zunächst vergessen. Polioviren wuchsen auch außerhalb von Nervengewebe! Das Unmögliche war eingetreten.

Eigentlich hätte der Anlaß Festbeleuchtung, Pauken und Trompeten, einen Engelchor oder doch mindestens eine Flasche Champagner verlangt. Doch so etwas lag Enders nicht (wenngleich sich Robbins daran erinnert, daß er mit roter Tinte ins Laborjournal eintrug: »Zum ersten Mal in der Weltgeschichte ist jemand dieser Schritt geglückt.«). Er ließ sich nicht drängen. Zunächst mußte das Experiment noch einmal durchgeführt werden, damit man auch wirklich wußte, daß man nichts falsch gemacht hatte. Dann mußte festgestellt werden, wie lange sich das Poliovirus vermehrte. Es erwies sich, daß man alles richtig gemacht hatte. Das Poliovirus wuchs wieder in anderem als Nervengewebe, und es wuchs ganze zwanzig Tage lang. Diese Zeit wurde mit dem damals üblichen Verfahren bestimmt: Die Kulturflüssigkeit wurde Mäusen ins Gehirn injiziert, und dann wurde festgestellt, ob die Mäuse Lähmungserscheinungen bekamen. War das der Fall, so wußten die Forscher, daß sie es mit einem lebenden, virulenten Virus zu tun hatten. Dann verdünnten sie die infektiöse Flüssigkeit und injizierten sie wieder, um zu überprüfen, ob sich das Virus vermehrte. Geschah das, so enthielten immer stärkere Verdünnungen noch so viel Virus, daß es zur Infektion kam. Weller und Robbins konnten ihre Polioviruskulturen um den Faktor 1 000 000 000 000 000 000 verdünnen und danach immer noch Mäuse mit Polio lähmen. Enders war noch nicht ganz überzeugt. »Wir mußten es dreimal ganz von vorn beweisen, bis Dr. Enders es endlich akzeptierte«, erinnerte sich Robbins.

Dann bemerkten die drei etwas, das ihr soeben durchgeführtes Verdünnungsexperiment praktisch überflüssig machte. Normalerweise setzen Forscher Gewebekulturen einen roten Spezialfarbstoff zu, wenn sie feststellen wollen, ob die Kultur angeht. Wachsendes Gewebe bildet als Nebenprodukt Säure, und der Farbstoff reagiert auf diese Säure, indem er erst orange und dann gelb wird. Die hier mit Poliovirus infizierten Kulturen wurden jedoch nicht so schnell gelb wie Kulturen, die nur Gewebe enthielten. Wieso? »Das Gewebe war tot«, erklärte Robbins, »das Virus hatte es wahrscheinlich getötet.« Durch die Abtötung des Gewebes hemmte das Virus die Säurebildung und verhinderte damit den Farbumschlag von rot nach gelb. Damit hatte das Team eine einfache, genaue Methode gefunden, wie man ohne Versuchstiere feststellen konnte, ob ein Virus vorhanden war oder nicht: Man gibt einfach einen Farbstoff zu und paßt auf, ob sich seine Farbe verändert. Bleibt die Farbe gleich, ist das Virus da und vermehrt sich.

Aber es ging noch weiter. Die Forscher übertrugen als nächstes etwas mit dem Poliovirus infiziertes Gewebe auf Glasträger, um es unter dem Mikroskop zu beobachten. Obwohl das Virus so klein war, daß man es nicht sehen konnte, war doch deutlich zu erkennen, daß einige Gewebezellen abstarben. Die Kultur breitete sich nicht aus, wuchs auch nicht bis an die Ränder des Trägers, wie zu erwarten gewesen wäre. Der Grund: Das Poliovirus tötete das Gewebe. »Das war der Schlüssel zu der ganzen Geschichte; wir sahen mit an, wie die Polioviren langsam die Zellen zerstörten, in denen sie wuchsen«, erklärte Weller. »Unter dem Mikroskop konnte man beobachten, wie sie nekrotisch wurden, eingingen.«

Neben ihrem unerwarteten Erfolg beim Züchten des Poliovirus in einer Gewebekultur hatten Enders, Weller und Robbins auch gleich zwei einfache und zuverlässige Möglichkeiten gefunden, wie man Viren in lebenden Zellen feststellen konnte: Man beobachtete den Farbstoff und prüfte unter dem Mikroskop, ob das Gewebewachstum zurückging. Enders nannte diesen Effekt »zytopathisch« – *pathisch* = »eine Krankheit auslösend«; *zyto* = »Zellen«. Angesichts so unwiderleglicher Beweise mußte selbst er zugeben, daß sie etwas Besonderes entdeckt hatten.

Schließlich setzte das Team auch noch eine verhältnismäßig neue Entwicklung in der Medizin, die Antibiotika, ein. Penicillin, das erste dieser »Wundermittel«, hatte man schon mit einigem Erfolg zur Sterilisierung von Gewebekulturen gegen unerwünschte Bakterien verwandt. Um mögliche Verunreinigungen noch weiter auszuschließen, gab Enders' Team den Poliokulturen eine kräftige Dosis eines neuen Antibiotikums hinzu: Streptomycin. Die Maßnahme wirkte, die Kulturen blieben rein.

Aber nach wie vor wollte Enders die Ergebnisse seines Teams erst veröffentlichen, wenn er noch mehr Material gesammelt hatte. Die Arbeiten an Mumps, Windpocken und Kleinkinderdurchfall wurden erst einmal eingestellt, und den ganzen Sommer und Herbst über feilte die Gruppe an ihrer Entdekkung. Ihr Poliovirus (der Lansing-Stamm, so genannt, weil er von einem 18jährigen Jungen aus Lansing im Staat Michigan stammte, der an der Krankheit gestorben war) hielt sich in der Gewebekultur 224 Tage. Sie testeten das Virus auch an anderen Gewebeproben aus dem Entbindungskrankenhaus und der Kinderklinik – Gehirngewebe und Muskeln aus dem Darm von menschlichen Embryonen –, und das Virus ging auch dort sehr gut an (was besonders Robbins freute, der mit seiner Mäusedarmkultur kein Glück gehabt hatte).

Daß das Poliovirus im Nervengewebe einer Gehirnkultur wuchs, war nicht verwunderlich; Sabin und sein Mitarbeiter Peter Olitsky hatten das schon zehn Jahre zuvor nachgewiesen; neu daran war aber, daß das Virus auch im Darm wuchs; das eröffnete unendliche Möglichkeiten. Wenn sich das Virus wirklich im Darm vermehrte, verlief die Infektion vielleicht nicht direkt über das Nervensystem, wie man bisher angenommen hatte, sondern über den Darmtrakt.

Dann ging Weller noch einen Schritt weiter und erprobte das Virus in reifem menschlichem Gewebe. Fötusgewebe wächst schnell; wenn das Virus in menschlichem Gewebe überhaupt wuchs, dann am wahrscheinlichsten dort. Doch wie sah es mit verhältnismäßig stabilem, langsam wachsendem, reifem Gewebe aus? Dazu suchte Weller das am leichtesten zu beschaffende gesunde Gewebe, das er finden konnte: die Vorhaut von beschnittenen Jungen im Alter von vier bis elf Jahren. Auch darin wuchs das Poliovirus.

Nachdem sie entdeckt hatten, wie das Virus zu züchten war, versuchten Enders und seine Mitarbeiter, es zum Stillstand zu bringen. Da das Poliovirus alle immun machte, die sich von seinem Befall wieder erholten, mußte man sich fragen, wie die Gewebekulturen wohl auf das Blut immunisierter Tiere reagierten. Aus der Johns Hopkins University besorgten sie sich Blutserum von Affen, die die Krankheit überlebt hatten. Als sie ihren wachsenden Gewebekulturen immunisiertes Serum zusetzten, hörte das Virus sofort mit der Vermehrung auf.

Wie sah es mit den anderen Poliovirusstämmen aus? Vielleicht beschränkte sich der Erfolg dieser Experimente auf den Lansing-Stamm. Keineswegs. Als sie die beiden anderen Hauptvirustypen erprobten, wuchsen auch die.

Jetzt mußte Enders einräumen, daß sie lange genug gewartet hatten. Am 28. Januar 1949 veröffentlichten er, Weller und Robbins ihre Ergebnisse in der Zeitschrift *Science* unter dem verhältnismäßig harmlosen Titel *»Cultivation of Lansing Strain of Poliomyelitis Virus in Cultures of Various Human Embryonic Tissue« (Die Züchtung des Poliomyelitisvirus vom Lansing-Stamm in Kulturen verschiedener Gewebe von menschlichen Embryonen).*

Es war, wie der erfahrene Virologe (und Leiter des Krankenhauses im Rockefeller Institute), Tom Rivers, es ausdrückte, als, »höre man eine Kanone losdonnern«.

> »Vergessen Sie nicht, daß die meisten Virologen bis 1949 glaubten, das Poliovirus lasse sich außerhalb von Nervengewebe nicht züchten ... und daß Dr. Olitsky und Dr. Sabin 1939 bewiesen hatten, daß es wirklich nicht ging ... Ihre Arbeit war so sorgfältig durchgeführt worden, daß ich sie für absolut hieb- und stichfest hielt. Das war sie auch, und jeder praktizierende Virologe, den ich kenne, glaubte daran, ausgenommen vielleicht John Enders in Harvard.
>
> Bis heute weiß ich nicht, warum John jener Arbeit nicht so recht traute. Wahrscheinlich liegt es in seiner Natur. Er ist ein alter Skeptiker, der niemand auf Anhieb glaubt, und ich vermute, er hat diese Arbeit nicht für bewiesen angesehen. Die Leistung von Dr. Enders 1949 lag vor allem darin, daß er und seine Mitarbeiter genau das Gegenteil bewiesen ... Wenn das kein Kanonenschuß ist, dann weiß ich wirklich nicht. Eines kann ich Ihnen jedenfalls sagen: Dieser Bericht ist von allen Fachkollegen förmlich verschlungen worden.«

Dafür gab es auch gute Gründe, denn die Entdeckung machte die Polioforschung frei. Jetzt konnte man mit dem Virus im Laboratorium arbeiten, es dort züchten, messen und vielleicht auch verändern, *ohne daß man es einem lebenden Tier zu injizieren brauchte.* Jetzt wurden Reagenzgläser und

Petrischalen in der Polioforschung wichtiger als Affen (zum Nutzen der Virologen ebenso wie der Affenbestände). »Eigentlich«, erklärte Weller, »wurde eine Gewebekultur gleichbedeutend mit einem Affen. Das war der entscheidende Durchbruch.« Zum ersten Mal konnten sich die Forscher darauf freuen, ihre Träume von einem Polioimpfstoff zu verwirklichen und an die Herstellung eines solchen Impfstoffs zu gehen.

1954 wurde Enders, Weller und Robbins der Nobelpreis »für ihre Entdeckung der Fähigkeit von Poliomyelitisviren, in Kulturen verschiedener Gewebearten zu wachsen«, verliehen. Und 1955 stellte Jonas Salk der Welt den ersten wirksamen Polioimpfstoff vor. Er wußte, wem er ihn verdankte. Ein paar Monate zuvor, als ihn Edward R. Murrow in der Fernsehsendung *See It Now* interviewt hatte, hatte Salk gesagt: »Enders hat einen weiten Steilpaß gespielt, und wir waren zufällig an einer Stelle, an der wir den Ball übernehmen konnten.«

Die Anerkennung, die Enders und seinen Kollegen zuteil wurde, rückte die Bedeutung ihrer Arbeit für die Polioforschung in den Vordergrund, doch ihre Entdeckungen wirkten weit darüber hinaus. »Diese Ergebnisse lösten in den Viruslaboratorien auf der ganzen Welt hektische Aktivität aus«, erklärte der Vertreter des Nobelkomitees, als er ihnen den Preis verlieh. »Die Gewebekulturtechnik wurde sehr schnell zu einem Standardverfahren in der medizinischen Virusforschung.«

Enders, Weller und Robbins hatten gedanklich einen Riesenschritt vorwärts getan. Jetzt war klar, daß in der Virusforschung der Gewebekultur die Zukunft gehörte. Man hat dieses Verfahren als »so wichtiges Hilfsmittel in der Grundlagenforschung ebenso wie in der angewandten medizinischen Forschung« bezeichnet, daß »viele den Eindruck haben, seine Folgen seien mindestens so schwerwiegend wie die Einführung des zusammengesetzten Mikroskops.« Enders und seine Kollegen machten Viren praktisch so zugänglich wie Bakterien. Viren, die unsichtbaren, gefährlichen, geheimnisvollen, fast unvorstellbaren Viren, waren jetzt *verfügbar.* Dank Enders und seiner Mitarbeiter konnten Mikrobiologen end-

Edward Jenner inokuliert seinen anderthalbjährigen Sohn. (National Library of Medicine)

»Die Kuhpocken oder Die wundersamen Folgen der neuen Inokulation.« Karikatur von James Gillray, 1802. (National Library of Medicine)

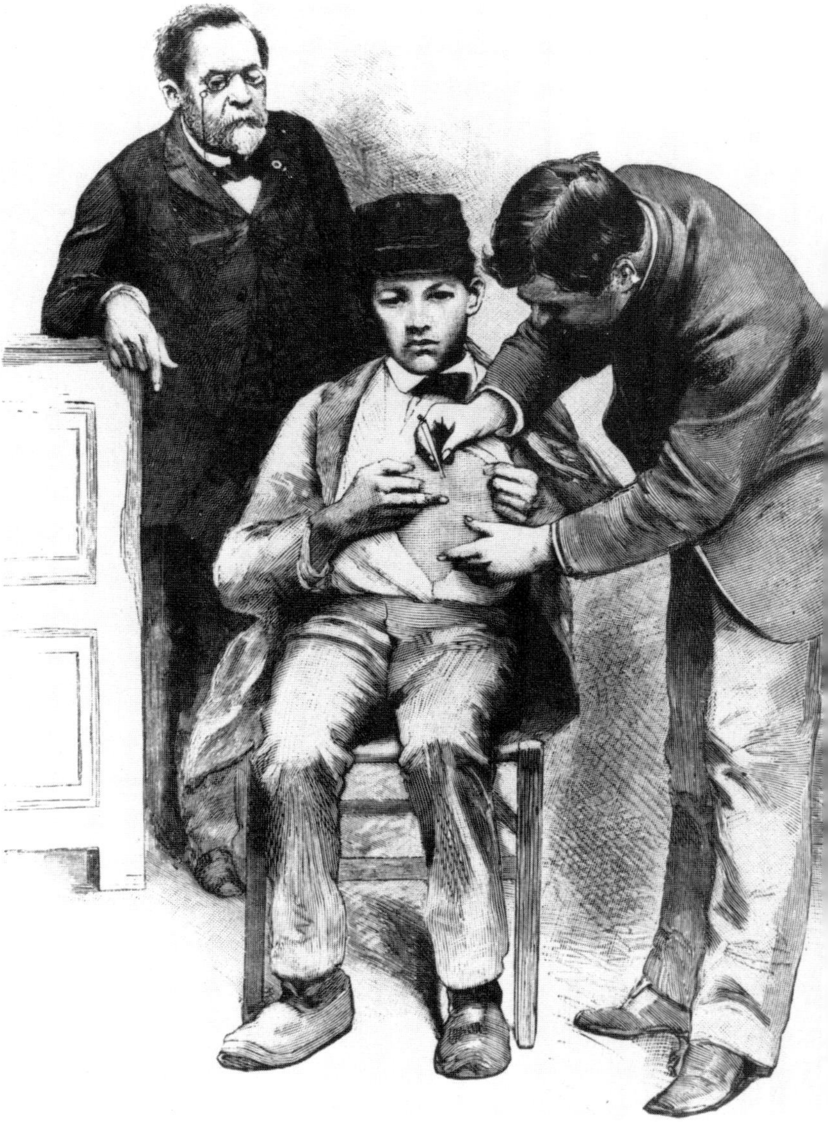

Pasteur sieht zu, wie sein Assistent einen Jungen gegen Tollwut impft.
(National Library of Medicine)

Wendell Stanley und ein Kollege mit Photos von Viren (1957). (UPI/Bettmann)

John Enders. Seine Entdeckungen an Gewebekulturen ermöglichten die Entwicklung von Polioimpfstoffen. (Harvard Medical School)

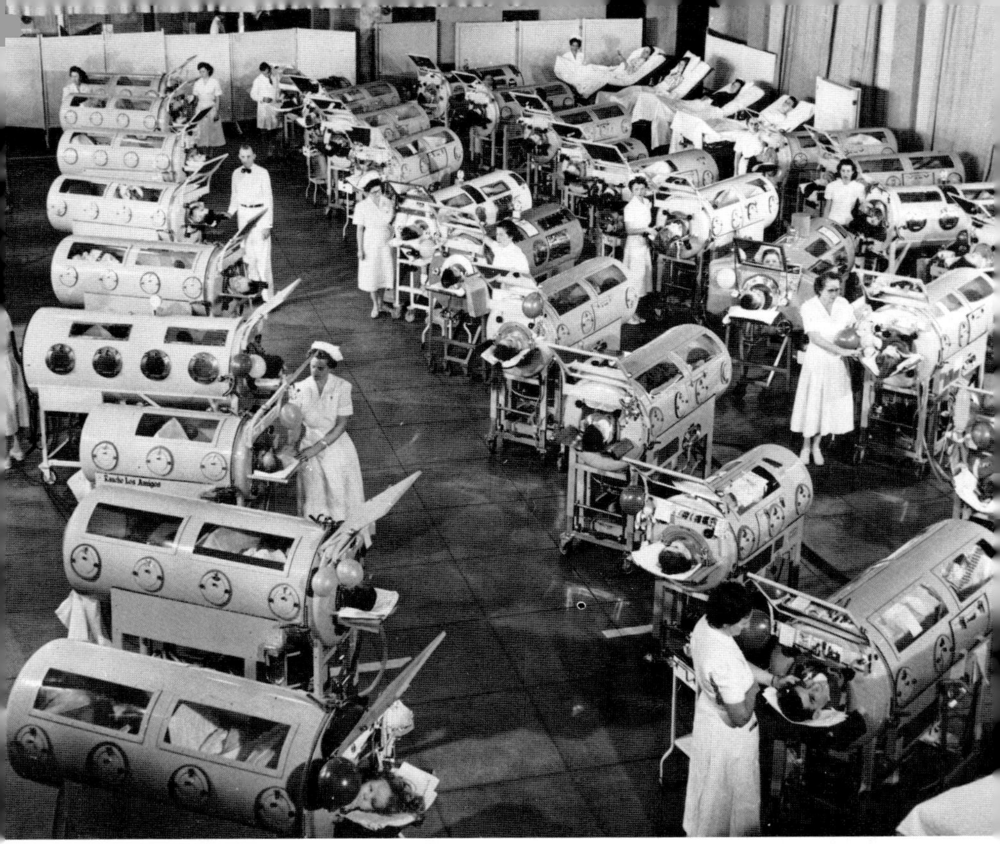

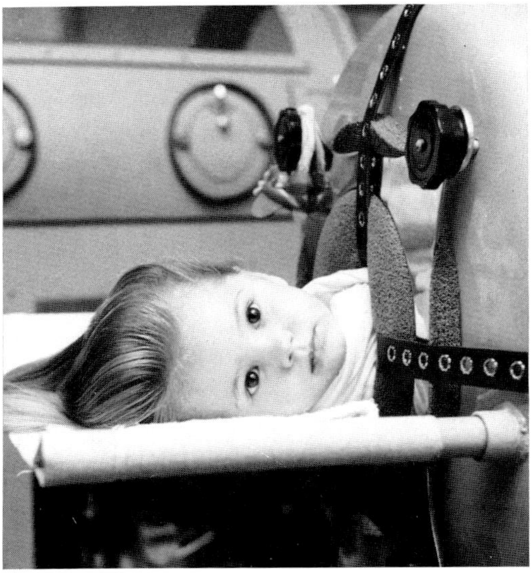

Poliopatienten in der Eisernen Lunge (1952). An solchen, leider allzu üblichen Szenen entzündete sich der Unmut der Öffentlichkeit. So kam es zur Entwicklung von Polioimpfstoffen. (March of Dimes Birth Defects Foundation)

Thomas Weller, Frederick Robbins und John Enders entdeckten gemeinsam, daß Polioviren in Zellstrukturen wachsen. (Frederick Robbins)

Jonas Salk spritzt seinen Polioimpfstoff, 1954. (March of Dimes Birth Defects Foundation)

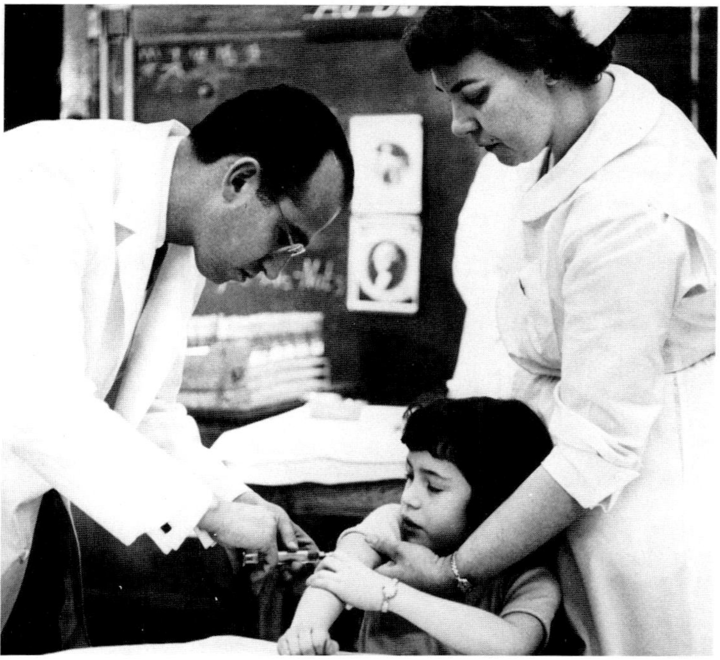

Albert Sabin und Jonas Salk, gemeinsam auf einem Bild: eine Seltenheit, 1954. (March of Dimes Birth Defects Foundation)

Das Pockermarathon in Elliott Dicks Schnupfenstudie. (University of Wisconsin Medical School)

Elliott Dick verteilt das Material für seine Schnupfenstudie. (University of Wisconsin Medical School)

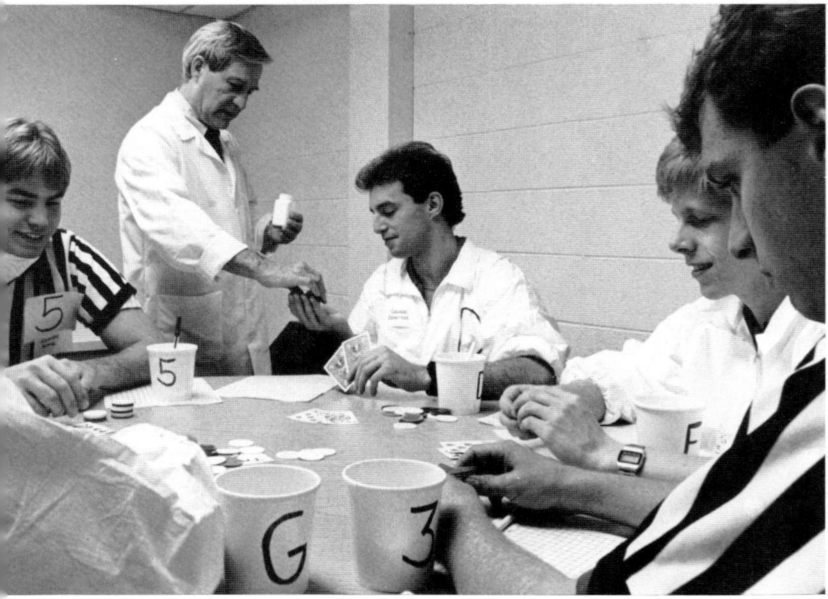

Michael Rossmann hat das Schupfenvirus kristallisiert und kartiert. (Purdue University News Service)

lich untersuchen, wo und wie Viren lebten und *wie man ihnen auf die Spur kam.* Viren konnten von nun an nicht mehr zuschlagen und sich dann wieder verstecken. Sie waren für alle Untersuchungen erreichbar.

Die anschließenden Arbeiten zeitigten sofort die verschiedensten Ergebnisse. Nachdem Enders und sein Team vorgemacht hatten, wie man das Poliovirus in einer Gewebekultur züchtete, wollten es auch andere versuchen und arbeiteten mit allen möglichen Viren. Nur wenige Jahre nach dem 1949 in *Science* erschienenen Artikel begann das sogenannte Goldene Zeitalter der Virologie. Jetzt, da die Wissenschaft an bestimmten Merkmalen erkennen konnte, ob Gewebekulturen Viren enthielten – mit Enders' Worten, am Vorgang der »Cytopathologie« –, tauchten viele neue Viren auf, und eine ganze Reihe davon entdeckten Enders und seine Kollegen. In dieser Hochblüte der Forschung wurden unter anderem das Rhinovirus, das die meisten Erkältungen verursacht, die Echoviren und die Coxsackieviren, die aseptische Meningitis auslösen, gefunden. Eigentlich sind alle Virusentdeckungen seitdem, darunter die Entdeckung des Virus, das Hepatitis A hervorruft; des HTLV, also des menschlichen Leukämievirus; und des HIV, des AIDS-Virus, Verfahren zu verdanken, die auf den von Enders' Team eingeführten Methoden aufbauen.

Mit Hilfe der Gewebekulturtechniken ließen sich erfolgreich Impfstoffe gegen eine Reihe dieser neu entdeckten Viren und auch gegen andere entwickeln, die man schon länger gekannt und unter denen die Menschheit schon länger gelitten hatte. Die Polioimpfstoffe sind das beste Beispiel, doch 1954 isolierte Enders mit seinem Kollegen Thomas Peebles das Virus, das die viel verbreiteteren Masern verursacht; später entwickelte er zusammen mit Samuel Katz und anderen einen mit einem abgeschwächten Virus wirkenden Impfstoff gegen die Krankheit.

Thomas Weller gelang es schließlich, das flüchtige Windpockenvirus dingfest zu machen, und er entdeckte außerdem das Cytomegalievirus, ein Mitglied der Herpesfamilie, und das Rubellavirus, das die Röteln verursacht. (Diesen letzten Schurken zu fassen, lag ihm besonders auf der Seele, weil der gerade um diese Zeit in seiner eigenen Familie wütete; das Rubellavirus, das er in einer Gewebekultur züchtete, stammte aus dem Körper seines zehnjährigen Sohnes.) Die Entdeckung des Rubellavirus öffnete endlich den Weg zur Herstellung eines Impfstoffs gegen die Röteln.

Und während diese Virusjäger und Impfstoffhersteller Enders' Beispiel folgten und ihre Ergebnisse in der Presse verbreitet wurden, arbeiteten andere im stillen an einer vielleicht noch weitergehenden Umwälzung. Jetzt wurde die Forschung nicht mehr durch die Unregelmäßigkeiten und Schwankungen bei Hühnereiern oder Tieren behindert, sondern konnte eine Virusinfektion zu einem bestimmten Zeitpunkt in völlig gleichen Zellen auslösen, die alle infiziert wurden. So ließ sich genau untersuchen, wie ein Virus wirkt. Die Mikrobiologen setzten auch bald das Elektronenmikroskop ein, um festzustellen, wann und wo sich Viren in Gewebekulturzellen vermehrten. Sie hängten Viren radioaktive Indikatoren an, mit denen sie sie auf ihrem Weg in infizierte Zellen hinein verfolgen und die Vorgänge im Zellinnern beobachten konnten. Da Viren den Vermehrungsapparat der Zellen besetzen, konnte die Wissenschaft jetzt nachvollziehen, wie ein Protein in den Zellen erzeugt wird und wie DNS und RNS entstehen. Mit anderen Worten: Die Grundfunktionen des Lebens selbst wurden allmählich entschlüsselt. In einem Satz gesagt: Enders' Übergang zur Gewebekultur hat die jungen Gebiete Molekularbiologie und Gentechnik in hohem Maße befruchtet.

Das alles, zum Teil mittlerweile längst bekannt, zum Teil immer noch Forschung und erst in den Kinderschuhen, rührt aus den Tagen des Jahres 1948 her, als John Enders, Tom Weller und Fred Robbins beschlossen, in einem scheinbar sinnlosen Schritt zu versuchen, ein Poliovirus in nicht von Nerven stammendem menschlichem Gewebe zu züchten.

Nachwort:
1954 wurde Thomas Weller Professor und Leiter des Department of Tropical Public Health an der Harvard University School of Public Health. (Damit überflügelte er seinen alten

alten Chef Enders, der immer noch Associate Professor war.) Dort setzte er seine umfangreiche Forschung auf dem Gebiet der Viren und Bakterien fort, unterrichtete und behandelte bis zu seiner Emeritierung 1986 seine Patienten. Frederick Robbins wurde 1966 Dekan der School of Medicine an der Case Western Reserve University in Cleveland. Er ist mittlerweile emeritierter Professor.

Enders arbeitete in seinem Laboratorium weiter, bis er schon über 80 Jahre alt war. Nach seinen Untersuchungen des Rötelvirus beschäftigte er sich mit den virustötenden Eigenschaften des Interferons, einer Substanz, die Zellen zur Selbstverteidigung bilden, wenn sie von Viren angegriffen werden. Er beschrieb als erster die Fähigkeit mancher Viren, normal wachsende Zellen in Zellen umzuwandeln, die plötzlich Amok laufen und sich so schnell teilen und vermehren, daß sie bald den ganzen Körper übernehmen, wenn ihnen nicht Einhalt geboten wird – mit anderen Worten: Krebszellen. In seinen letzten Lebenstagen, endlich im Ruhestand, interessierte er sich besonders für das merkwürdige Phänomen AIDS, vor allem für die Vorgänge im Körper während der langen Inkubationszeit dieser Krankheit. John Enders starb 1985 mit 88 Jahren, längst Lehrstuhlinhaber für Mikrobiologie in Harvard und Träger zahlreicher Auszeichnungen (darunter auch so seltener wie der Freiheitsmedaille des amerikanischen Präsidenten und des Ranges »Commander of the Republic« von Obervolta). Er liegt dort begraben, wo er angefangen hatte: in West Hartford in Connecticut.

Bei allem Fleiß und aller Begeisterung für die Wissenschaft, bei aller Unvoreingenommenheit gegenüber unerforschten und unerwarteten Richtungen schlug Enders einen Weg bewußt nicht ein: die Entwicklung eines eigenen Polioimpfstoffs. Nachdem er, Weller und Robbins ihre großen Entdeckungen gemacht hatten, wußten sie sehr wohl, daß sie jetzt die Mittel in der Hand hatten, einen Impfstoff herzustellen. Da nur sie die Gewebekulturtechnik beherrschten und andere sie erst lernen mußten, waren sie den führenden Kollegen auf diesem Gebiet, Salk und Sabin, um einiges voraus. Enders wußte auch, wie man Impfstoffe herstellt. Er hatte schon einmal einen Impfstoff gegen die Katzenstaupe entwikkelt und erfand später einen Impfstoff gegen die Röteln. Warum packte er also die Gelegenheit nicht beim Schopfe und machte sich an die Herstellung einer Substanz, die dann vielleicht als Enders-Impfstoff seinen Ruhm für immer gekrönt hätte? »Dr. Enders meinte, das passe nicht recht zu uns«, sagt Robbins. »Dazu gehörte ein ziemlich aufwendiger Betrieb, und das war eher etwas für eine Arzneimittelfirma. Er war der Ansicht, das sei nicht unser Daseinszweck.«

Eine Geschichte erzählte Enders sehr gern über sich. Spät abends fuhr er oft mit dem Taxi nach Hause, und die meisten Fahrer kannte er mittlerweile recht gut. An einem Abend, schon lange nachdem Enders den Nobelpreis verliehen bekommen hatte, wollte ein Taxifahrer seinen Fahrgast, diesen sympathischen, älteren, ruhigen, würdevollen Herrn, wohl ein bißchen ermutigen.

»Nur nicht aufgeben«, sagte er. »Vielleicht entdecken Sie eines Tages auch etwas ganz Wunderbares, so wie Dr. Salk.«

Achtes Kapitel

Die Kinderkrankheit

Am 12. April 1955, dem zehnten Todestag von Franklin Delano Roosevelt, wurde der Welt ein Impfstoff gegen die Kinderlähmung beschert. In der Geschichte der Medizin hatte es so einen Tag noch nie gegeben. Der Rahmen: ein eleganter Hörsaal auf dem Gelände der University of Michigan in Ann Arbor, wo Jonas Salk in den 40er Jahren gearbeitet hatte. Auf der Veranstaltung sollten die Ergebnisse eines Feldversuchs verkündet werden, den Salk mit dem Impfstoff angestellt hatte. Die Größenordnung des Versuchs war einmalig. Der Impfstoff war über 420000 Kindern verabreicht worden; über 200000 weiteren hatte man eine Placebolösung gespritzt, und fast 1200000 hatten als Kontrollgruppe nichts bekommen. Insgesamt hatten 1829916 Kinder an der Studie teilgenommen. Ein so riesiges Unternehmen war nur mit der Hilfe von etwa 20000 Ärzten und Mitarbeitern der Gesundheitsbehörden, 40000 Schwestern, 50000 Lehrern, 14000 Schulleitern und 200000 sonstigen freiwilligen Mitarbeitern möglich gewesen. Für die Zusammenstellung und Analyse der Ergebnisse hatte man einen hochgeachteten Wissenschaftler gewonnen, Thomas Francis von der University of Michigan, der ein paar Jahre zuvor mit Salks Hilfe einen Grippeimpfstoff entwickelt hatte.

Ein geladenes Publikum von etwa fünfhundert einflußreichen Wissenschaftlern und Ärzten füllte den Hörsaal, um mitzuerleben, wie Francis seine Ergebnisse bekanntgab. Das war jedoch nur das anwesende Publikum. Später wurde über eine Fernsehkonferenzschaltung eine Diskussion mit 54000 Ärzten in einundsechzig Städten geführt, und im Presseraum drei Stockwerke über dem Hörsaal waren über hundertfünfzig Journalisten von der Tagespresse, Funk und Fernsehen damit beschäftigt, ihrem Publikum die Nachrichten zu übermitteln. Francis sollte mit seinem Vortrag um 10.20 Uhr beginnen.

So entstand, was die *New York Times* als »Medizingeschichte im Hollywoodstil« bezeichnete. Ein anderer Augenzeuge beschrieb das Ereignis als »Explosion von Raketen und Blitzlicht«. Um 9.15 Uhr öffneten sich die Fahrstuhltüren vor dem Presseraum, und Boten brachten Vorausexemplare mit den Ergebnissen der Studie. Es war, als gerieten sie in einen Haifischschwarm. Reporter schossen zum Fahrstuhl, schubsten und drängten einander aus dem Weg, um die Nachrichten als erste zu bekommen. Vor Angst warfen die Boten ihre Bündel von Berichten in die anstürmenden Horden, die sich dann um die wertvollen Texte balgten. »Mit einem Wort«, erklärte der Virologe Tom Rivers »die Leute von der Presse und die Photographen benahmen sich wie im Tollhaus. Ich kann mich nicht erinnern, so etwas Verrücktes jemals gesehen zu haben.«

Es war abgesprochen worden, vorher nichts bekanntzugeben. Die Reporter konnten der Welt die Ergebnisse übermitteln, sobald Francis das Wort ergriff. Um 9.20 Uhr hielt es Dave Garroway von NBC nicht mehr aus. Absprache hin oder her – die Nachricht war zu gut, als daß man sie noch länger hinauszögern konnte. Er verkündete über den Rundfunk, daß der Salk-Impfstoff wirkte. Als Francis, wie vorgesehen, um 10.20 Uhr ans Rednerpult trat, hatten die Wissenschaftler im Hörsaal praktisch als einzige im Land noch nicht gehört, wie es Francis ausdrückte, »daß die Impfung zu 80 bis 90 Prozent gegen paralytische Poliomyelitis wirksam« war. Francis endete und bekam höflichen Beifall.

Draußen vor dem Hörsaal ging es drunter und drüber. Im ganzen Land läuteten die Kirchenglocken, heulten die Sirenen. In Gerichtssälen, Schulen, Büros und Fabriken wurde zum Dank an Jonas Salk eine Schweigeminute eingelegt. Transparente wurden entrollt – *»Danke, Dr. Salk«* –, und Synagogen und Kirchen riefen zum Gebet auf. Salk wußte es noch nicht, aber plötzlich war er nicht mehr der vielversprechende junge Virologe, sondern ein Nationalheld.

»Sie können sich nicht vorstellen, wie ich gelitten habe«, erinnert sich Salk. »Diese ganze Geschichte brachte natürlich die Universität von Michigan in die Schlagzeilen, doch ich selbst erfuhr erst anderthalb Stunden vor der Veranstaltung, worum es gehen sollte. Ich ging hinein, sah, was sich dort tat, und hätte am liebsten gleich wieder kehrtgemacht.« So einfach war das Kehrtmachen jedoch nicht. Salks Leben hatte sich verändert. Und vielleicht erlebte er in den nächsten Minuten, als er aufstand und von den im Saal anwesenden Wissenschaftlern mit einer gewaltigen Ovation bedacht wurde, den schönsten Dank, der ihm in den langen Irrfahren seines Kampfes gegen die Kinderlähmung zuteil werden sollte. Kaum tat er den Mund auf, schlug die Stimmung um. Bei dem Versuch, die Aufmerksamkeit von sich weg- und auf die vielen Forscher hinzulenken, die im Lauf der Jahre zu einem wirksamen Polioimpfstoff beigetragen hatten, vergaß Salk, seinen eigenen Mitarbeitern zu danken und stieß so ausgerechnet diejenigen vor den Kopf, denen er am meisten zu danken gehabt hätte. Als er dann zu erklären versuchte, sein Impfstoff hätte wohl auch 100 Prozent Wirkung erreichen können, wenn man im Feldversuch nur seine Gebrauchsanweisungen genauer befolgt hätte, beleidigte er einige anwesende Wissenschaftler, die seine Bemerkungen zumindest als zweifelhaft betrachteten, denn bisher hatte noch kein Impfstoff eine Wirksamkeit von 100 Prozent geschafft, und dazu als versteckte Kritik an dem äußerst angesehenen Francis werteten.

Doch für die ganze Nation konnte nichts diesen strahlenden Tag überschatten. Binnen weniger Stunden genehmigte das Gesundheitsministerium den Vertrieb des Impfstoffs, und in knapp zwei Wochen wurden zehn Millionen Dosen zur Injektion hergestellt. Salk, der sich sehr bald nach den Tagen zu sehnen begann, da er noch unbekannt gewesen war, wurde mit Geschenken, Ehren und Angeboten überhäuft. Er lehnte Verträge aus Hollywood über die Verfilmung seiner Lebensgeschichte ab (angeblich sollte Marlon Brando die Hauptrolle spielen), wies Geldgeschenke, Autos, sogar Pflüge zurück. Er wollte eine Konfettiparade durch die Innenstadt von New York ebensowenig wie einen Millionen-Dollar-Vertrag mit einem Public-Relations-Unternehmen. Eines Tages wurde ihm ein über sechzig Meter langes Telegramm mit siebentausend Unterschriften aus Winnipeg in Kanada vor die Haustür gelegt; zigtausend Briefe und Telegramme kamen allein in der ersten Woche in seinem Büro in Pittsburgh an. Straßen wurden nach ihm benannt, Stipendien eingerichtet, Professuren begründet. Präsident Eisenhower erwies ihm in einer Feierstunde im Weißen Haus eine besondere Ehrung. Edward R. Murrow, der Salk im Fernsehen interviewte, faßte diese Vorgänge folgendermaßen zusammen: »Junger Mann«, erklärte er Salk, »Sie erleben gerade eine große Tragödie mit. Sie haben nämlich soeben Ihre Anonymität verloren.«

Doch die Art von Anerkennung, die Salk sicherlich am meisten begrüßt hätte, nämlich aus Kreisen der Wissenschaft, war so spärlich, wie das Lob der ganzen Welt überwältigend war. Ein Nobelpreis? Na ja, Enders, Weller und Robbins hatten im Jahr zuvor einen bekommen, und Max Theiler war er 1951 für die Entwicklung eines Impfstoffs gegen das Gelbfieber verliehen worden. In letzter Zeit waren ohnehin zu viele Virologen berücksichtigt worden, als daß man Salk mit einem Nobelpreis hätte ehren können. Die Mitgliedschaft in der National Academy of Sciences? Auch die blieb ihm versagt, denn er hatte keine „originelle" Arbeit geleistet. Den Keim zu dem wahren Grund hatte er jedoch vielleicht gelegt, als er in Ann Arbor gesprochen hatte. Salk, der Volksheld, der Retter der Kinder, plötzlich der bekannteste Wissenschaftler im Land, wenn nicht auf der ganzen Welt, hatte tiefsitzende Eifersucht und Wut ausgelöst – noch dadurch verschärft, daß sein lebensrettender Impfstoff gegen alle wissenschaftlichen Konventionen verstieß. Denn mit seinem abgetöteten – oder »inaktivierten« – Virusimpfstoff hatte er sich nicht an die Präzedenzfälle gehalten. Pasteur hatte das Virus in seinem Tollwutimpfstoff abgeschwächt, aber nicht inaktiviert. Jenners Impfstoff gegen die Pocken enthielt zwar kein Pockenvirus, wirkte aber grundsätzlich nach demselben Prinzip: Eine weniger virulente Form eines lebenden Virus erzeugte den Schutz gegen das wirkliche Virus. Und Theilers Gelbfieberimpfstoff war auch nach demselben Grundsatz entwickelt worden: abgeschwächt, doch nicht inaktiviert.

Daß Salk sich für diesen ungewöhnlichen Ansatz entschied, war allerdings kein Wunder, denn der Grippeimpfstoff, an dem er im Labor von Thomas Francis gearbeitet hatte, war auch mit einem abgetöteten Virus hergestellt worden. Francis und Salk hatten das Grippevirus mit Formaldehyd getötet und so die Lehrbuchweisheit widerlegt, daß inaktivierte Impfstoffe, wenn sie die Infektionsfähigkeit eines Virus zerstörten, gleichzeitig das Risiko mit sich brachten, daß sie seine immunisierende Wirkung zerstörten. Aber der Ansatz funktionierte; der nach diesen Muster entwickelte Impfstoff wurde zum Prototyp vieler nachfolgender Grippeimpfstoffe. Und Salks Impfstoff mit inaktivierten Polioviren funktionierte genauso.

»Eifersucht und Ärger«, meinte Salk, »sind angeboren. Ich brauchte überhaupt nichts zu tun, ich mußte einfach nur da sein. Doch wer wollte überhaupt so vergöttert werden? Warum macht man denn etwas? Um der Sache willen, doch nicht wegen der Belohnung.« Er wolle in dem Bewußtsein zufrieden sein, daß sein Impfstoff, egal, was die Leute sagten oder meinten, das Schicksal vieler tausend Kinder verbesserte, denen sonst Lähmung und Tod gedroht hätte.

Doch bald wurde sogar diese Leistung in Zweifel gezogen. Es begann ganz harmlos am 25. April, knapp dreizehn Tage nach der Vorstellung und Zulassung des Salk-Impfstoffs: Ein Kind in Chicago wurde nach der Impfung gelähmt. Das war traurig, aber noch kein Grund zur Unruhe, denn das Kind war vielleicht schon vor der Impfung infiziert gewesen. Außerdem war der Salk-Impfstoff, wie alle anderen auch, nicht hundertprozentig wirksam; selbst bei geimpften Kindern mußte man in seltenen Fällen mit Kinderlähmung rechnen. Am nächsten Tag wurde von fünf weiteren Lähmungsfällen berichtet, diesmal bei Kindern in Kalifornien. Diese Meldung war nun allerdings beunruhigend; die Kinderlähmung befiel normalerweise die Beine, doch alle diese Kinder waren im linken Arm gelähmt – dem Arm, in den sie den Impfstoff gespritzt bekommen hatten. Das Bild wurde schließlich durch eine Feststellung abgerundet, die aufhorchen ließ: Alle gelähmten Kinder hatten einen Impfstoff vom selben Hersteller, den Cutter Laboratories in Kalifornien, bekommen.

Angesichts dieser Meldungen ordnete der amerikanische Gesundheitsminister Leonard Scheele binnen weniger Stunden an, Cutter müsse seinen Impfstoff vom Markt nehmen. Aber diese Maßnahme war unzureichend und kam auch zu spät. Am selben Tag wurden aus Pocatello im Staat Idaho zwei weitere Kinderlähmungsfälle berichtet, einer davon war tödlich verlaufen. Und auch in Idaho war Impfstoff von Cutter vertrieben worden.

Bis zum Ende der Cutter-Epidemie bekamen über zwanzig Einwohner von Idaho Kinderlähmung und infizierten ihrerseits über fünfzig Familienangehörige oder andere Kontaktpersonen. Fünf von diesen starben. Im ganzen Land bekamen 79 von den über 400000 Menschen, die mit dem Cutter-Impfstoff geimpft worden waren, Kinderlähmung, und 125 weitere infizierten sich durch Kontakte mit den Geimpften. In drei Vierteln der Fälle kam es zur Lähmung; elf Fälle verliefen tödlich.

Sobald er sich die Unterlagen von Cutter ansehen konnte, zog Salk den Schluß, daß der Grund für die Virulenz des Impfstoffs auf der Hand lag: »Die Herstellungsanweisungen waren nicht befolgt worden.« Bei Impfstoffen mit einem abgetöteten Virus mußte in der Herstellung unter allen Umständen darauf geachtet werden, daß auch das letzte Virus mit Formaldehyd getötet worden war, bevor die Lösung das Werk verließ. Da jede Impfstoffdosis mindestens zehn Millionen Polioviren enthielt, war das nicht absolut sicherzustellen. Um dennoch eine Lösung zu finden, entwickelte Salk eine »Inaktivierungskurve«, die zeigte, wann die meßbaren Viren abgetötet waren, und anhand derer man schätzen konnte, wie lange es dauerte, bis auch der Rest inaktiviert war. An diese Zeitkurve hängte er noch eine Sicherheitsspanne an. Mit dieser Verlängerung erreichte die Kurve dann Null – dessen war sich Salk sicher. Mit anderen Worten: Obwohl sich der Zustand jedes einzelnen Virus nicht eindeutig beurteilen ließ, mußten nach einer derart langwierigen Prozedur alle Viren abgetötet sein.

»Man konnte schlechterdings nicht an einer Stichprobe feststellen, ob alle Viren im Rest der Charge tot waren«, erklärte Salk. »Deshalb mußte man dafür sorgen, daß der *Prozeß* stimmte. Das Produkt war in Ordnung, wenn der Prozeß richtig ablief – darauf kommt es an.«

Auf die für den Feldversuch hergestellten Impfstoffchargen traf das gewiß zu, denn da waren keinerlei Schwierigkeiten aufgetreten. Doch sobald die Industrie mit der großtechnischen Herstellung des Impfstoffs begann, fing der Ärger an: In den Laboratorien bei Cutter war Salks Inaktivierungsprozeß abgekürzt worden. Außerdem hatte man die Flaschen mit durch Polioviren infizierten Gewebekulturen schon wochen- und monatelang vor der Verarbeitung gelagert. In dieser Zeit hatten sich Gewebereste abgesetzt, waren zusammengeklumpt und hatten Virusteilchen eingeschlossen. Dadurch waren einige Viren geschützt geblieben, und der verkürzte Prozeß reichte zur Inaktivierung der ganzen Lösung nicht aus, das Virus blieb am Leben und virulent.

»Das war sträflicher Leichtsinn, grobe Fahrlässigkeit«, erklärte Salk, fünfunddreißig Jahre später in der Erinnerung daran immer noch wütend. »Nach den Regeln, die wir aufgestellt hatten, wäre überhaupt nichts passiert. Aber die Firma war einfach unfähig und nicht imstande, den Impfstoff herzustellen. Man hätte ihr nie eine Zulassung erteilen dürfen.« Er seufzt. »Das war eine schlimme Zeit.«

Die Ursache bestand also darin, daß Cutter das Herstellungsverfahren verkürzt hatte; es lag nicht am Impfstoff selbst. Bei den anderen vier Impfstoffproduzenten traten keinerlei Probleme auf, und innerhalb des ersten Monats wurden über fünf Millionen Amerikaner geimpft. Dabei ereignete sich insgesamt 113 Fällen von Kinderlähmung, also rund ein Fall auf 50000 geimpfte Personen. Das war eine hervorragende Statistik.

Und dennoch: Durch die Zwischenfälle bei Cutter war das Vertrauen der Öffentlichkeit – und der Wissenschaft – in Salks Impfstoff erschüttert worden. Im *New England Journal of*

Medicine, einer der angesehensten Medizinzeitschriften im Land, wurde die Situation als »Poliopanik« bezeichnet. Manche Leute nannten die Organisation, die den Impfstoff finanziert hatte, »kindische Stiftung für nationale Lähmung«. Der Kongreß forderte eine Anhörung vor einem Expertengremium; nach langer, emotionsgeladener Diskussion kamen die Teilnehmer zu dem Schluß, daß es sich beim Cutter-Zwischenfall um einen Ausreißer gehandelt habe und das Impfprogramm fortzusetzen sei. Die Abstimmung ging mit 8:3 Stimmen aus. Eine der drei Neinstimmen kam von Albert Sabin.

Schon ein paar Jahre zuvor hatte Sabin an einem eigenen Impfstoff zu arbeiten begonnen – einem Impfstoff mit einem abgeschwächten lebenden Poliovirus. Mit diesem Ansatz hatte er natürlich die meisten Virologen auf seiner Seite; auch Hilary Koprowski und Harold Cox, Wissenschaftler bei den Lederle Laboratories, entwickelten Impfstoffe mit lebenden Viren. Sabin und Salk hatten einander nie sonderlich gemocht. Der Konflikt zwischen ihnen hatte sich noch verschärft, als die National Foundation Sabin zwar weiterhin unterstützte, doch fast ganz auf Salk setzte. Sabin hatte von Anfang an gegen Salks Impfstoff Stellung bezogen. Jetzt, da Salks Stern an Verblassen war und Sabins Forschung gut lief, setzte Sabin noch einen drauf.

»Ich bin nicht gegen das Impfprogramm«, erklärte er Ende Juni. »Ich bin nur dagegen, daß man es mit dem jetzigen Salk-Impfstoff fortsetzt. Die schwächeren Viren, die ich entwickelt habe, sollten statt der gefährlichen verwendet werden.« Mit dieser Meinung stand Sabin nicht allein. Andere Virologen, darunter auch John Enders, denen Salks Impfstoff mit dem abgetöteten Virus nie so recht zugesagt hatte, unterstützten Sabin mit seinem abgeschwächten Virus. Unterstützung allein reichte jedoch nicht. Sabin brauchte einen richtigen Feldversuch mit seinem Impfstoff, und dazu gehörten sehr viele Menschen, die erstens von Hause aus eine geringe Widerstandskraft gegen die Krankheit aufwiesen und zweitens bereit waren, ein unerprobtes Produkt mitzutesten. In den Vereinigten

Staaten waren das genau die Personen, die in den Versuchen mit dem Salk-Impfstoff und dessen anschließender Verbreitung schon immunisiert worden waren. Sabin mußte sich nach etwas anderem umschauen. Bald zeigte sich, daß er gar nicht lange, sondern nur etwas weiter weg zu suchen brauchte. Während Salks Impfstoff in den Vereinigten Staaten nach wie vor als einziger zugelassen war, wandte sich Sabin in sein Geburtsland, Rußland.

Das war ein brillanter Schachzug. Die Sowjetunion war erst kurz zuvor von einer Kinderlähmungsepidemie heimgesucht worden – 1957 waren der Krankheit 94 Sowjetbürger pro Million Einwohner zum Opfer gefallen –, und sie brauchte dringend einen wirksamen Impfstoff. Die Russen hatten den von Salk erfolgreich ausprobiert, aber mit dem Herstellungsprozeß dieselben Schwierigkeiten gehabt wie die amerikanischen Firmen, obwohl diese über wesentlich mehr Erfahrung verfügten. Außerdem war die Logistik, die drei Impfstoffdosierungen vorschrieb, also die Erstimpfung und zwei Nachimpfungen, für 200 Millionen Menschen zu kompliziert. Sabins Impfstoff war viel einfacher herzustellen und, da er aus vakzingetränkten Zuckerstückchen bestand, die man schlucken konnte, auch verhältnismäßig leichter unter die Leute zu bringen. Was konnte einfacher sein?

Für Sabin waren die Aussichten genauso gut. Da die sowjetische Regierung hinter dem Impfstoff stand, gab es wohl keine Schwierigkeiten mit Protestbewegungen, einer feindseligen öffentlichen Meinung oder einer zu kritischen Berichterstattung in den Medien. Sollten sich Probleme ergeben, konnte er sie verhältnismäßig ungestört zu lösen versuchen. Angesichts einer so riesigen Bevölkerung mußte das eine Feldstudie ergeben, die sicherlich weit eindrucksvoller war als alles bisher Versuchte. Er war geradezu ein Idealfall, so als führe man eine Feldstudie auf einer riesigen einsamen Insel durch. Im Frühjahr 1957 wurde mit der Verteilung seines Impfstoffs in Rußland und in anderen Ländern hinter dem Eisernen Vorhang begonnen.

Ergebnisse wurden erst 1959 gemeldet, aber sie waren die Wartezeit wert. Auf der Internationalen Konferenz über Impfstoffe mit lebenden Viren in Washington wurde verkündet, daß Sabins Impfstoff 4,5 Millionen Menschen in der UdSSR, in Polen und der Tschechoslowakei (und weiteren in Singapur und Mexiko) verabreicht worden war – eine Zahl, neben der Salks bisher so imponierender Feldversuch mit 1,8 Millionen Menschen zur Bedeutungslosigkeit schrumpfte. Die Ergebnisse waren überwältigend. Obwohl das abgeschwächte Virus im Lauf der Zeit geringfügig virulenter wurde, hatte der Impfstoff eine Wirksamkeit von fast hundert Prozent erzielt. Bei einem so spektakulären Ergebnis schien es nichts auszumachen, daß man diese Ergebnisse kaum verifizieren konnte. Neben den schieren Zahlen in Sabins Programm wurde das ähnlich gute Ergebnis mit den von Koprowski und von Cox entwickelten Impfstoffen, ebenfalls mit lebenden Viren, fast überall übersehen. Bis 1960 hatten die Russen und andere Sabins Impfstoff über 100 Millionen Menschen verabreicht, und die Ergebnisse waren ähnlich eindrucksvoll.

»Es war, als ob man den Vorbereitungen zur eigenen Hinrichtung beiwohnt«, soll Salk über die vielen Kinderlähmungskonferenzen in jenen Jahren gesagt haben.

> »Die Atmosphäre aus Intrige und Feindseligkeit war noch stärker zu spüren als 1953 und 1954. Damals war mein Impfstoff der einzige gewesen, und die Fronten hatten sich fast von selbst gebildet. Aber jetzt gab es Sabin und seinen Impfstoff, Koprowski und seinen Impfstoff und Harold Cox und einen Lederle-Impfstoff, und sie alle hatten [ihr] Gefolge. Die Positionskämpfe waren absolut brutal. Es gab richtige Verschwörungen, den einen oder anderen Impfstoffbericht von der Tagesordnung der einen oder anderen wissenschaftlichen Konferenz fernzuhalten. Bevor ein bestimmter Bericht überhaupt vorgetragen wurde, hörte man schon Dutzende von Gerüchten über die Lügen, die angeblich darin enthalten waren, und die Anzahl der Todesfälle, von denen darin nicht geredet wurde. Es war wie im Krieg. Jeder verkaufte Geheimnisse an jeden.«

Mittlerweile neigte sich die Waagschale eindeutig zugunsten von Sabin – um so mehr, als 1958, nach dem stetigen Rückgang seit Einführung des Salk-Impfstoffs 1955 (als es in den

Vereinigten Staaten jährlich noch fast 40000 neue Kinderlähmungsfälle gegeben hatte), die Kinderlähmung in den Vereinigten Staaten wieder etwas häufiger wurde und 1959 plötzlich emporschnellte. 1958 gab es 5787 neue Fälle von Kinderlähmung, also 300 mehr als im vorausgegangenen Jahr; 1959 stieg die Zahl plötzlich auf 8425. Salk führte diesen Anstieg darauf zurück, daß man gerade die Menschen nicht immunisiert hatte, die es am dringendsten gebraucht hätten: die Armen in den Städten. Die Krankheitszahlen für die folgenden Jahre scheinen ihn zu bestätigen, denn als mehr geimpft wurde, sank die Anzahl der Neuerkrankten auf 3190 (1960) und 1961 auf ganze 1312. 1962 gingen die Zahlen sogar noch stärker zurück, denn damals erkrankten nur 910 Menschen. Doch da war es schon zu spät. Salk sah, wie sein Impfstoff das Land praktisch von einer Krankheit befreite, vor der noch ein paar Jahre zuvor die Menschen am meisten Angst gehabt hatten, und mußte gleichzeitig miterleben, wie die American Medical Association etwas tat, was sie in ihrer 114jährigen Geschichte noch nie getan hatte. Im Juni 1961 stimmte sie für die Zulassung eines Produkts, das noch gar nicht zur öffentlichen Verwendung freigegeben war: des Polioimpfstoffs von Sabin. Binnen weniger Monate ersetzte es den Salk-Impfstoff in den Vereinigten Staaten und in den meisten Ländern der Welt als Mittel der Wahl.

Daß der Sabin-Impfstoff den Salk-Impfstoff verdrängte, kann viele Gründe haben. Der auf Anhieb wahrscheinlichste, der Zwischenfall mit dem Cutter-Impfstoff, spielte allerdings auf Dauer dabei kaum eine Rolle. Mit seinen hervorragenden Immunisierungsergebnissen vor, während und nach der Cutter-Episode ließ dieser Impfstoff eine Krise sehr bald wieder vergessen, die mit seiner Sicherheit oder Wirksamkeit ohnehin nichts zu tun gehabt hatte. Der Umschwung mußte an etwas anderem liegen.

Vor allem war das wohl die Beschaffenheit der beiden Impfstoffe. Der Impfstoff mit dem lebenden Virus war viel leichter herzustellen, zu verteilen und zu verabreichen – auf dem Land und in Entwicklungsländern eine wichtige Überlegung

– als der Stoff mit abgetötetem Virus. Und wer kaute nicht lieber einen Zuckerwürfel, als sich mit der Nadel in den Arm stechen zu lassen, noch dazu, wenn zur anhaltenden Immunisierung drei Impfungen nötig waren? Gewiß hatte Salk mit seinem Hinweis recht, daß auch andere erfolgreiche Impfstoffe die verhaßte Spritze erforderten, doch angesichts von Sabins spektakulärem Feldversuch schien Salks Impfstoff die Unbequemlichkeit und die Beschwerden nicht mehr zu rechtfertigen. Dazu kamen noch andere, weniger klar auf der Hand liegende Überlegungen. Die meisten Forscher räumten zwar ein, daß der Impfstoff mit dem abgetöteten Virus hervorragend gegen Kinderlähmung immunisierte, gaben aber zu bedenken, daß sich die Schutzwirkung unter Umständen erst nach Monaten einstellte, besonders bei ganz kleinen Kindern, und auch nicht sehr lange hielt, weshalb man einmal jährlich nachimpfen mußte. Im Gegensatz dazu dauerte es beim Impfstoff mit dem abgeschwächten Virus nur ein paar Tage, bis eine Immunität erreicht war, so daß dieser Impfstoff bei einer drohenden Epidemie wohl wirksamer war. Außerdem bot er im Darmtrakt ebenso wie in der Blutbahn Schutz. Weil er geschluckt wurde, verhielt er sich wie die natürliche Infektion und schuf damit eine dauerhafte Immunität ähnlich der, die man nach einer wirklichen Infektion entwickelte. So sah es wenigstens aus. Diese angeblichen Vorteile sind bis heute umstritten, aber sie trugen entscheidend dazu bei, daß die Stimmung gegen Salks Impfstoff umschlug.

Allerdings bestand auch die Befürchtung, der Schluckimpfstoff sei vielleicht nicht ganz sicher. Das abgeschwächte Virus schien gelegentlich in seinen ursprünglichen virulenten Wildzustand zurückzufallen. Angesichts der mit diesem Impfstoff im russischen Feldversuch erzielten einwandfreien Ergebnisse, ganz zu schweigen vom Durchsetzungsvermögen und der Überredungskraft Sabins, wurden diese Befürchtungen jedoch nicht sonderlich ernst genommen. Sabin, acht Jahre älter als Salk, als Vertreter der geltenden Lehrmeinung über Impfungen anerkannt, hatte sich schon bald die Unterstützung weitester Kreise in Wissenschaft und Medizin gesichert. Er war unermüdlich, brillant, wußte sich gut auszudrücken.

Seinen Schluckimpfstoff zu unterstützen, galt als schick. Salk selbst hat das einmal eingeräumt. »Daß man keine Spritzen brauchte, sondern den Impfstoff schluckte, gefiel den Leuten sehr. Und natürlich", erklärte er trocken, »hatte auch Sabins Persönlichkeit damit zu tun.«

Vielleicht gab es auch noch einen Grund, weshalb Sabins Impfstoff obsiegte, der allerdings kaum etwas mit der Person, der leichten Verabreichung oder der Wirksamkeit der Substanz zu tun hatte. Es ging wohl viel eher um den berühmtesten Einflußfaktor, die Politik. In jenen Tagen des Kalten Krieges herrschte ausgeprägte Rivalität zwischen der kapitalistischen und kommunistischen Welt; durch die Übernahme des Sabin-Impfstoffs konnte man die sogenannte Poliolücke schließen. »Die Vereinigten Staaten standen damals dumm da«, meint Hilary Koprowski. »Da hatten wir etwas in den Vereinigten Staaten entwickelt, und die Russkis setzten es ein. Dagegen mußte etwas geschehen.«

Jedenfalls erteilte der amerikanische öffentliche Gesundheitsdienst im Winter 1962 dem Sabin-Impfstoff die Zulassung für den Einsatz in der amerikanischen Bevölkerung. Salks Impfstoff blieb zwar weiterhin zugelassen, doch der Sabin-Impfstoff setzte sich fast sofort durch. Jonas Salk hatte die erste Schlacht gewonnen und war dafür ausgezeichnet worden, doch es sah ganz so aus, als ob Albert Sabin den Krieg gewönne.

Die Kinderlähmung ist in der westlichen Welt so gut wie verschwunden. Die von Salk und dann auch von Sabin entwickelten Impfstoffe haben ihren Zweck erfüllt. 1988 wurden in der westlichen Welt nur 350 Fälle von Kinderlähmung gemeldet. In den Vereinigten Staaten treten jährlich höchstens zehn Fälle auf. In der übrigen Welt, vor allem in Afrika und Asien, schlägt die Krankheit jedoch genauso häufig zu wie eh und je. Die Schätzungen schwanken, aber 250000 bis zwei Millionen Menschen müssen wohl die Schmerzen und die Lähmung erleiden. Weitere Millionen machen geringfügige oder gar nicht in Erscheinung tretende Polioinfektionen durch. Die Krankheit ist also noch keineswegs vom Erdboden verschwunden.

Warum nicht? Beide Impfstoffe haben sich als wirksam erwiesen. Woher also die anhaltende Gefahr?

Auf diese Frage gibt es eine ganze Reihe von Antworten; wichtig sind eigentlich nur drei: Erstens läßt sich der Sabin-Impfstoff, obwohl er auf der ganzen Welt am häufigsten eingesetzt wird, wirksam ist und auch zur Verfügung steht, unter bestimmten Bedingungen nur schwer anwenden. Er muß zum Beispiel kühl, möglichst nahe dem Gefrierpunkt, aufbewahrt werden, wenn er seine Wirksamkeit behalten soll. Wo es keine Kühlung gibt, wirkt auch der Impfstoff nicht. Diese Einschränkung macht eine Verteilung in vielen abgelegenen Gegenden der Welt und in den Entwicklungsländern, besonders in Äquatornähe, unmöglich. Also bleiben die Menschen dort ungeimpft.

Zweitens geht die Impfung manchmal einfach nicht an. Niemand weiß genau, warum, aber offenbar können vorhandene Infektionen im Darmtrakt das abgeschwächte Virus stören. In den Tropenzonen der Welt besiedeln nun zahllose infektiöse Mikroorganismen ständig den Darm. In diesen Landstrichen hat sich der Schluckimpfstoff als nicht besonders wirksam erwiesen.

Schließlich ist, wie von Anfang an vermutet, der Sabin-Impfstoff nicht absolut gutartig. Ganz selten fällt das abgeschwächte Virus in seinen virulenten Zustand zurück, und der Impfstoff ruft dann genau die Krankheit hervor, die er hatte verhindern sollen. Wahrscheinlich ist das Dutzend Kinderlähmungsfälle pro Jahr in den Vereinigten Staaten samt und sonders auf den Impfstoff und nicht auf eine natürliche Infektion zurückzuführen; in anderen Ländern ist die Lage viel schlimmer. So löste zum Beispiel 1986 in Brasilien der Schluckimpfstoff eine Epidemie aus, bei der über dreihundert Personen Kinderlähmung bekamen. In diesen Fällen vermehrt sich das abgeschwächte Virus, gewinnt im Darm wieder an Stärke und wird dann über den Mund oder den Kot in die Außenwelt freigesetzt. Das erneut virulente Virus infiziert jemand anderen und wird weitergegeben. Die Folge: ein Ausbruch der Kinderlähmung.

Gewiß ist das Risiko, durch den Schluckimpfstoff Kinderlähmung zu bekommen, verschwindend gering; pro 560000 Erstimpfungen tritt etwa ein Fall auf. In Gegenden ohne jeden Schutz vor Kinderlähmung ist ein solches Risiko durchaus hinzunehmen. Aber die Gesundheitsbehörden sind anderer Ansicht; sie wollen mehr. In den Vereinigten Staaten, einem Land, das jetzt seit über drei Jahrzehnten ohne Angst vor der Kinderlähmung lebt, halten viele Menschen sogar diesen einen Fall für unannehmbar, vor allem natürlich die jeweils Betroffenen. In den letzten Jahren sind zahlreiche Prozesse gegen die Hersteller und Verteiler des Impfstoffs, auch gegen den amerikanischen Staat angestrengt worden; den klagenden Opfern der Kinderlähmung sind Entschädigungen bis zu zehn Millionen Dollar zugesprochen worden.

In den Vereinigten Staaten könnte das Problem jedenfalls durch die Verwendung beider Impfstoffe gelöst werden. Da beides »nur» ausgezeichnete, aber keine narrensicheren Produkte sind, könnten sie kombiniert vielleicht wirksamer Schutz gewähren. Dieser Gedanke steckt hinter einer Empfehlung des Institute of Medicine der amerikanischen National Academy of Sciences. Aus einem im Mai 1988 veröffentlichten Bericht geht hervor, daß in den nächsten fünf Jahren die amerikanische Zulassungsbehörde, die Food and Drug Administration, einen neuen Impfstoff zulassen will, der eine verbesserte Version des Salk-Impfstoffs mit abgetöteten Polioviren, hier E-IPV genannt, mit dem bekannten Diphtherie-Keuchhusten-Tetanus (DPT)-Impfstoff kombiniert, den die meisten Kinder jetzt schon bekommen. E-IPV könnte man mindestens den letzten beiden der drei DPT-Impfungen zusetzen, die normalerweise Kindern im Alter von zwei Monaten, vier Monaten und achtzehn Monaten verabreicht werden; danach könnte das Kind dann den Impfstoff mit lebenden Viren schlucken. Damit hätte man alle Möglichkeiten abgedeckt: Der Impfstoff mit dem abgetöteten Virus würde gegen eine vom Schluckimpfstoff ausgelöste Krankheit immun machen. Der Bericht schließt mit dem Hinweis, daß auf diesem Weg »Fälle von impfstoffbedingter Lähmung vermindert oder sogar ganz ausgeschaltet werden würden«.

Wie zu erwarten, sagt dieser Ansatz nicht allen zu – Salk

und Sabin am allerwenigsten. »Ich meine, es besteht kein Grund zur Umstellung«, schrieb Sabin, »und die vorgeschlagenen Änderungen ... könnten durchaus die Wahrscheinlichkeit erhöhen, daß durch wilde Polioviren in den Vereinigten Staaten erneut Epidemien der paralytischen Poliomyelitis ausbrechen.« Salk tut diese Vorstellung ab. »Braucht man IPV [inaktivierten Polioimpfstoff], um OPV [Schluckimpfstoff] sicher zu machen? Es gibt jedenfalls keine Beweise dafür, daß man OPV braucht, um IPV zur Wirkung zu bringen«, schreibt er. »Die Neigung, weiterhin auf jeden Fall OPV einzusetzen ... stützt sich eher auf unbestätigte Überzeugungen als auf erwiesene Tatsachen.«

Der Streit geht also weiter. Der Gipfel einer ohnehin voll merkwürdiger Zufälle steckenden Geschichte wäre es, wenn zur Durchführung dieses Programms die alten Gegner Salk und Sabin, ohne es zu wollen, zusammengespannt werden, um gemeinsam das zu erreichen, was jeder allein nicht ganz geschafft hat.

Das übergeordnete Ziel besteht natürlich darin, die Kinderlähmung überall auf der Welt auszurotten, sie auf einen Stand zurückzudrängen wie etwa die Pocken, ein gern vergessenes Relikt aus der Vergangenheit. Die Weltgesundheitsorganisation, der es gelungen ist, 1977 die Pocken auszurotten, hat die Ausrottung der Kinderlähmung bis Ende des Jahrhunderts gefordert.

Das dürfte nicht einfach sein. Wenn eine Krankheit wirklich vollständig beseitigt und nicht nur unter Kontrolle gebracht werden soll, muß die natürliche Übertragung des auslösenden Erregers völlig aufhören. Das Ergebnis muß auch jahrelang verifiziert werden. Nur dann braucht man die Menschen nicht weiter zu immunisieren, denn dann kann sich der Erreger weder im Menschen noch in der Umwelt halten. Bei den Pocken wird das einzige noch existierende Virus in besonders gesicherten Laboratorien in den Centers for Disease Control in Atlanta und in der Sowjetunion aufbewahrt.

Bevor man eine Viruskrankheit überhaupt auf die Liste der auszurottenden Krankheiten setzen kann, muß sie eine Reihe von Bedingungen erfüllen. Zuerst darf sie auf natürlichem Wege nur Menschen infizieren und darf nach der ersten Infektion nicht erneut auftreten. Nach diesen Kriterien kommen Pocken und Kinderlähmung durchaus in Frage. Doch abgesehen von diesen beiden Gemeinsamkeiten unterscheiden sich die Krankheiten sehr stark voneinander. Mit Pocken infizierte Menschen werden fast immer krank. Es hat nahezu keine unerkannten Krankheitsfälle gegeben, wie sie bei der Kinderlähmung vorkommen. Die meisten Infektionen sind bei Kinderlähmung gar nicht festzustellen; auf jeden Lähmungsfall kommen wahrscheinlich Hunderte von unerkannten Fällen. Es wäre auch nahezu unmöglich, jede Infektion nachzuweisen. Die Ärzte könnten zwar praktisch jeden Pockenfall feststellen und alle Menschen in der Umgebung der erkrankten Personen impfen, doch bei Kinderlähmung wäre so etwas undenkbar. Weil Polioviren leicht mit der Nahrung und dem Wasser und auch durch enge Kontakte zwischen Personen übertragen werden, hat sich die Infektion schon längst ausgebreitet, wenn die Forscher einen bestimmten Krankheitsfall erkennen.

Die Kinderlähmung befällt vorzugsweise kleine Kinder. Zwanzig Prozent aller Fälle in Nord- und Südamerika sind Kinder von weniger als einem Jahr und weitere sechzig Prozent Kinder im Alter von zwei bis vier Jahren. In Anbetracht dieses frühen Auftretens und der Schwierigkeit, Infektionen überhaupt zu erkennen, dürfte es sehr schwer sein, genügend Menschen früh genug zu impfen.

Außerdem gehört dazu ein Impfstoff, der der Aufgabe gewachsen ist. Damit sind wir wieder bei den Mängeln der heutigen Polioimpfstoffe: Sie eignen sich zwar für einen Teil der Welt, können aber den Anforderungen im größten Teil der übrigen Welt nicht genügen. Im Vergleich dazu war der Pockenimpfstoff, praktisch identisch mit der ursprünglichen Kuhpockenviruslösung von Jenner, ein Wunder. Nach nur einer Dosis bot er dauerhaft Schutz und behielt seine Wirksamkeit, auch wenn man ihn dreißig Tage lang bei Körpertemperatur aufbewahrte. Er ließ sich gut transportieren, verlangte keine besonderen Lagerungsbedingungen und verlieh ausgedehnten und dauerhaften Immunschutz. Also braucht man vielleicht einen neuen Polioimpfstoff, wenn die Weltgesundheitsorganisation ihren Termin einhalten will.

Eine ganze Reihe von Forschern arbeitet denn auch an einem neuen Impfstoff. Wenn man annimmt, daß der Schluckimpfstoff das Mittel der Wahl bleibt, kann man vielleicht dessen Wärmebeständigkeit einfach dadurch verbessern, daß man die darin enthaltenen Anteile der verschiedenen Poliovirusstämme verändert oder die Stabilisierungszusätze in der Mischung variiert. »Dazu gehörte keine große Umstellung, denn man ändert ja nicht das Virus, sondern nur die Nährlösung, in der es transportiert wird«, erklärt dazu Kinderlähmungsforscher James Hogle vom Forschungsinstitut der Scripps Clinic in La Jolla, Kalifornien. »Außerdem kann man immer noch die Gene des Virus so manipulieren, daß es haltbarer und wärmebeständiger wird.«

Die Molekularbiologen haben das durch die Herstellung sogenannter Chimären erreicht (nach dem sagenhaften Tier benannt, das teils Löwe, teils Ziege, teils Schlange war). Diese Chimären sind hybride Polioviren, die mit genetisch veränderten Genen Proteine aus den weniger beständigen Poliovirusstämmen auf der Oberfläche des stabilsten Stamms exprimieren. Wenn diese neuen Viren in einen Impfstoff eingebaut werden, können sie Kinderlähmung mit Erfolg verhüten, und es besteht keine Gefahr, daß sie in eine virulente Form mutieren.

Die Forschung sucht auch nach anderen Möglichkeiten, um zu verhindern, daß sich Polioviren im Körper einnisten. Vincent Racaniello von der Columbia University hat den Zellrezeptor ermittelt, an dem das Poliovirus seinen Angriff beginnt. Daraus können sich neue Arzneimittel entwickeln lassen, die diesen Rezeptor blockieren und damit verhindern, daß das Virus in die Zelle eindringt. Solche Erkenntnisse sind vielversprechend, aber sie stellen erst einen Anfang dar.

»Gentechnisch bewirkte Verbesserungen bekommen wir wohl nicht vor dem Jahr 2000«, meint Hogle, »aber bis dahin können verbesserte Ausführungen der heutigen Impfstoffe die Krankheit auch weitgehend in Schach halten. Die rekombinierten Impfstoffe erledigen dann den Rest.« Aber das alles kostet viel Geld – in den nächsten zehn Jahren schätzungsweise 155 Millionen Dollar. Die Weltgesundheitsorganisation hat mehrere internationale Gremien aufgefordert, eine Art »Manhattan-Projekt« zur Entwicklung eines besseren Polioimpfstoffs zu finanzieren.

Inzwischen stehen wir fast an der Jahrhundertwende, und jeden Augenblick bekommt in einem Entwicklungsland jemand Kinderlähmung.

Die Geschichte der »Kinderkrankheit« ist also noch längst nicht zu Ende. Selbst wenn sie, wie die Geschichte der Pokken ein Ende hätte, bliebe sie schon wegen der Veränderungen bedeutsam, die sie in der Welt der Viren ausgelöst hat. Die große Aufmerksamkeit, die man der Kinderlähmung gewidmet hat, die erheblichen Mittel zu ihrer Bekämpfung, haben die Virusforschung und die Kenntnisse über die Viren stark befruchtet.

Eine Viruskrankheit, die in einem bis dahin nicht erlebten Maß Angst und Sorge auslöste, führte zu einer ebenso ungewöhnlichen organisierten Reaktion. Sie erforderte einen Forschungsaufwand, wie man ihn bis dahin nicht gekannt hatte. Daran knüpfte sich, berechtigt oder nicht, die Erwartung, daß die Medizin mit Hilfe ihrer Impfstoffe Wunder wirken und Krankheiten verhindern kann, die uns heimsuchen. In der Mitte des zwanzigsten Jahrhunderts war die Virusforschung als wissenschaftliche Aufgabe so weitreichend, so geachtet und so wichtig wie nur je ein Wissenschaftszweig. Die Virologen waren nicht mehr die Stiefkinder der Medizin, sondern standen ganz vorn.

Nebenbei führte der Kampf gegen die Kinderlähmung auch zu den Entdeckungen von John Enders und seinen Kollegen, die die Virologie auf eine neue Ebene führten und damit die neue Welt der Molekularbiologie begründeten.

Die »Kinderkrankheit« hat wirklich viel bewirkt. Deswegen und wegen der neuen Verfahren, die ihr zu verdanken sind, ist die Erforschung der Welt der Viren, lange Gegenstand des

Aberglaubens und der Intuition, dann der ersten, tastenden Schritte hin zu einem zuverlässigen und wirksamen Schutz, heute eine Kunst, die solide wissenschaftliche Methodik mit dem Einfühlungsvermögen des Forschers verbindet. Diesen Stand von Wissenschaft und Technik wollen wir uns im nächsten Kapitel näher ansehen.

NEUNTES KAPITEL

In uns der Krieg der Sterne

Der Arzt und Essayist Lewis Thomas beschrieb Oswald Avery als »kleinen, schmächtigen Mann mit einem ewig erschrockenen Gesichtsausdruck und einem sehr scharfen, agilen Verstand«. Avery hatte die Angewohnheit, sich den kahlen Schädel zu streichen, wenn er, wie häufig, in Gedanken versunken war. Oft dachte er über die Bakterie nach, die Lungenentzündung verursacht. Avery befaßte sich beinahe sein ganzes Berufsleben, von 1913 bis 1948, mit dem Wirken dieses einen Organismus, des Pneumokokkus; er nannte diese Beschäftigung »an einer Stelle ein tiefes Loch graben«. Das Loch, das er grub, war schließlich so tief, daß es weit über die Lungenentzündung hinaus reichte und das Geheimnis der Erhaltung des Lebens mit einschloß.

Die Erhaltung des Lebens – in Zusammenhang mit Viren ist das vielleicht ein merkwürdiger Satz, denn oft genug sind Viren ja als etwas nicht Lebendes betrachtet worden. Doch um die Mitte des Jahrhunderts hatte sich herausgestellt, daß Viren, ob sie nun lebten oder nicht, mit Zellen eine Reihe von grundlegenden Prozessen gemeinsam hatten, die zur Erhaltung des Lebens notwendig sind. Die Viren machten sich sogar einige dieser Abläufe in der Zelle für ihre eigenen Zwecke zunutze. Die Geheimnisse der Zelle waren zum Teil auch die Geheimnisse der Viren; sie hatten einen gemeinsamen Ursprung. Was man über die einen erfuhr, galt auch für die anderen.

Avery bahnte den Weg zu diesen und ähnlichen Erkenntnissen, obwohl er es ursprünglich gar nicht auf eine so breit angelegte Untersuchung abgesehen hatte. Ihm hätte es auch genügt, wenn er in seinem kleinen, nüchternen Laboratorium am Rockefeller Institute in New York ewig die Komplikationen der Bakterien hätte erforschen können, die Lungenentzündung verursachten. Davon brachte ihn nur ein seltsames Experiment ab, das ein Arzt namens Frederick Griffith 1928 in England durchführte. Griffith hatte erfahren, daß der Pneumokokkus, der Erreger der Lobärpneumonie, der tödlichsten Form dieser Krankheit, in zwei Typen vorkam, einem glatten und einem rauhen (nach den englischen Begriffen mit S und R abgekürzt). Die glatte S-Form war der tödliche Typ. Seine glänzende, gelatineähnliche Umhüllung schützte ihn vor dem Immunsystem des Körpers. Die aus einer Mutation hervorgegangene R-Form konnte diese glatte Schutzfläche nicht bilden und war daher für die Immunabwehr des Körpers eine leichte Beute. Sie war harmlos.

Um mehr über diese so verschiedenen Bakteriengeschwister zu erfahren, spritzte Griffith Mäusen eine Dosis der harmlosen rauhen Form ein. Wie zu erwarten, zeigten die Mäuse keine Reaktion. Dann injizierte er ihnen die tödliche glatte Form, doch nur eine Dosis, die er vorher durch Wärmeeinwirkung abgetötet hatte, so daß die Bakterien jetzt unschädlich waren. Er nahm deshalb an, daß die Mäuse weiterhin ungestört herumwieseln würden.

Griffith stand eine große Überraschung bevor. Viele Mäuse hörten nicht nur mit dem Herumwieseln auf, sondern starben – an Lungenentzündung. Und als Griffith die toten Mäuse untersuchte, fand er in ihrem Blut lebende, virulente Pneumokokken der S-Form in großen Mengen.

Woher konnten die lebenden, tödlichen Bakterien stammen? Für Griffith gab es nur eine Antwort: Er hatte das Experiment vermasselt und den Mäusen aus Versehen lebende Bakterien der S-Form gespritzt. Daran mußte es liegen, denn virulente Mikroorganismen können schließlich nicht aus dem Nichts kommen. Doch als er diese Erklärung überprüfte, indem er anderen Mäusen nur die erhitzte S-Form spritzte, ohne zuerst die R-Form zu injizieren, geschah gar nichts. Die erhitzten Bakterien störten die Mäuse überhaupt nicht; die Pneumokokken waren wohl doch tot.

Verunsichert führte Griffith seinen ersten Versuch noch einmal durch, impfte eine neue Gruppe von Mäusen erst mit den lebenden rauhen Bakterien und dann mit der erhitzten glatten Form, von der er wußte, daß die Viren tot und harmlos waren, und wartete auf die Folgen. Sie traten bald ein. Die Mäuse fielen wieder tot um. Etwas in ihnen mußte tote Bakterien dazu befähigen, lebende, harmlose Bakterien in eine virulente Form zu verwandeln. Außerdem wurden nicht nur diese Bakterien umgewandelt, sondern die Umstellung blieb und konnte von Generation auf Generation vererbt werden. Diese neugeschaffenen Bakterien der S-Form erzeugten weitere Bakterien der S-Form, die ihrerseits noch mehr Bakterien der S-Form produzierten. Was in diesen Mäusen passiert war, hatte die Bakterien für immer verändert.

Als Griffith seine Ergebnisse veröffentlichte, mochten die Leser sie nicht so recht glauben. Etwas derartiges passierte doch im Leben nicht. Nichts verwandelte sich ohne erkennbaren Grund in etwas anderes – überhaupt: Nichts verwandelte sich in etwas anderes. Der größte Skeptiker war Oswald Avery. Solche scheinbaren Spinnereien hatten in seinen ordentlichen, durchgeplanten Wissenschaftlerleben keinen Platz. Doch als das Experiment ein Jahr später von anderen wiederholt wurde, und als zwei Jahre danach Averys eigene Kollegen feststellten, daß sie dieselben Ergebnisse auch ohne Mäuse erzielten – also einfach durch Kombination der lebenden Pneumokokken in der R-Form mit den durch Wärme abgetöteten Pneumokokken in der S-Form in einer Glasschale ganz neue, lebende, virulente Bakterien der S-Form erzeugten –, konnte Avery die Angelegenheit nicht länger als Versehen abtun.

Ein paar Monate später führte ein anderer Mikrobiologe am Rockefeller Institute einen Versuch durch, der Avery dann richtig in die Arbeit mit hineinzog (der Kollege saß sogar in Averys eigenem Labor). J. L. Alloway züchtete eine Kultur von Bakterien der S-Form, zerkleinerte sie und setzte dadurch den Inhalt der Bakterien frei. Die Mischung ließ er durch Filter laufen, die so fein waren, daß sie die zerstörten Bakterienhüllen und alles andere Zellmaterial entfernten.

Das entstandene Filtrat, das keine ganzen Bakterienzellen mehr enthielt, setzte er einer Kultur der S-Form zu. Das Ergebnis: wieder eine Umwandlung. Eine neue Generation der virulenten S-Form wuchs heran. Man konnte diese Veränderung nicht nur ohne Mäuse, sondern sogar ohne ganze Bakterien bewerkstelligen. Nur der Extrakt aus den bakteriellen Innereien war dazu nötig. Als Alloway diesem Extrakt Alkohol zusetzte, erzeugte er »einen dicken, sirupartigen Niederschlag«. Die Mitarbeiter im Labor nannten diesen Niederschlag »transformierendes Prinzip«.

Jetzt hatte Avery Feuer gefangen. Alloways dicker Sirup funktionierte zwar, enthielt aber alle möglichen Verunreinigungen in solchem Umfang, daß man nicht wußte, was in dieser hochviskosen Flüssigkeit eigentlich die Transformation bewirkt hatte. Avery wollte es feststellen. Normalerweise neigte er zu gelehrten Monologen, doch von jetzt an war sein Schlachtruf: »Wo steckt die verantwortliche Substanz?« Er brauchte zehn Jahre, bis er es festgestellt hatte.

Mit Hilfe seiner Kollegen Colin McLeod und Maclyn McCarty züchtete er Bakterien der virulenten S-Form in 80-Liter-Ballons mit Nährlösung und entfernte dann in einer Reihe von mühevollen Schritten, wie sie ähnlich Wendell Stanley bei der Reindarstellung seines Tabakmosaikvirus-Safts durchgeführt hatte, sorgfältig alles, was nicht zum transformierenden Prinzip gehörte. Mit einer Zentrifuge trennte er alle Fremdstoffe ab, siebte sie durch Filter und setzte verschiedene Chemikalien ein, um sie aufzuschließen. Bei diesem letzten Schritt mußte er auch Alkohol vorsichtig in die verbliebene gereinigte Flüssigkeit rühren. Vor den Augen der erstaunten Techniker bildeten sich Gespinste aus weißlichen, durchsichtigen Fäden und blieben am Rührstab haften. Aus den fast 80 Litern, mit denen sie angefangen hatten, konnten Avery und seine Mitarbeiter gerade 0,3 Gramm dieses fadenförmigen Materials erzeugen. Es war DNS.

DNS. Als Avery 1944 mit 67 Jahren seine Ergebnisse veröffentlichte, war die DNS, auch Desoxyribonukleinsäure genannt, als Substanz bekannt, die in Zellkernen und Viruskernen gleichermaßen vorhanden ist. Was sie allerdings dort bewirkt, wußte man nicht genau. Viele meinten sogar, die DNS habe nur die eine Funktion, für das wirklich wichtige Material der Gene, das Protein, eine Schutzhülle zu liefern. DNS war ein kleines Molekül mit nur vier Untereinheiten, langweilig, eintönig, höchstens so interessant wie eine Mörtelschicht zwischen Ziegelsteinen. Das Protein dagegen war kompliziert, vielseitig; es regte die Phantasie an. Das Protein bewirkte wahrscheinlich die genetische Vererbung von einer Generation auf die nächste und stellte wohl auch das transformierende Prinzip dar.

Aber dann kam der umsichtige, vorsichtige Oswald Avery und meinte, es sei wohl doch nicht das Protein. Die DNS war kein einfacher Baustein, sondern vielleicht sogar das transformierende Prinzip selbst. Er war zu vorsichtig, als daß er das in seiner Veröffentlichung so ausgedrückt hätte, doch in einem Brief an seinen Bruder ließ er sich seine Aufregung eher anmerken.

> »Wenn wir recht haben, was natürlich noch nicht feststeht, dann heißt das, daß die Nukleinsäuren nicht nur für den Aufbau wichtig sind, sondern aktiv bei der Bestimmung der biochemischen Abläufe und der speziellen Merkmale von Zellen mitwirken, so daß mit Hilfe einer bekannten chemischen Substanz *vorhersehbare* und *vererbbare* Veränderungen in Zellen ausgelöst werden können. So etwas ist doch ein alter Traum aller Genetiker ... Es hört sich sehr nach Virus an – vielleicht ist es ein Gen.«

Vielleicht ist es ein Gen. Heute weiß man, daß die DNS die genetischen Anweisungen im Herzen jeder Zelle enthält und daß die DNS oder die andere Nukleinsäure, RNS, auch im Kern eines jeden Virus sitzt. Averys Leistung wurde nie richtig gewürdigt. Als er 1955 starb, also die Aufklärung der Molekülstruktur durch Watson und Crick noch miterlebte, war er immer noch vor allem als der schüchterne, ruhige »Professor« bekannt, wenn er denn überhaupt bekannt war, der die Lungenentzündung erforschte. Der Applaus und die Ehrungen, die Berühmtheit und der Ruhm fielen anderen zu, die ihm nachfolgten und auf seinen Leistungen aufbauten. »Er war ein zurückhaltender Mann«, bemerkte einer seiner Kollegen, »und es hätte der Welt besser angestanden, wenn sie ihn mehr geehrt hätte.«

Doch selbst wenn Averys Leistung übersehen worden ist, hat sie nichts Geringeres als eine Revolution ausgelöst: die Molekularbiologie. 1979 schrieb Horace Freeland Judson ein Buch über die Anfänge der Molekularbiologie; für das Werk wählte er den Titel *The Eighth Day of Creation (Der achte Schöpfungstag)*. Der Satz war nicht übertrieben. Jetzt konnte sich die Wissenschaft auf *physikalisch-chemischer* Grundlage mit den Grundprozessen des Lebens, der Erschaffung, der Vermehrung, befassen. Jetzt konnte man diese Phänomene anfassen, untersuchen, mit ihnen herumhantieren. Jetzt wurde die unsichtbare Welt, von den Zellen bis zu den Viren, eine Art Traumreich der erstaunlichsten »Geschöpfe«, die die erstaunlichsten Dinge trieben – aber diese Geschöpfe *existierten wirklich*. So wurde zum Beispiel dank Watson und Crick bekannt, daß ein DNS-Molekül zwei langen Zwirnsfäden ähnelt, die spiralförmig umeinandergewickelt sind – die berühmte Doppelhelix. Jeder dieser Stränge besteht aus vier verschiedenen Moleküleinheiten, den sogenannten Nukleotiden, die in verschiedenen Kombinationen mehrfach hintereinander angeordnet sind wie die Glieder einer Kette. Und jedes Nukleotid, jedes Glied, hängt an einem ergänzenden Nukleotid oder Glied im anderen Strang der verknäuelten Struktur. Diese Kombinationen von Nukleotiden enthalten, wie die Kombinationen aus Punkten und Strichen in einer telegraphierten Nachricht, die genetischen Informationen der DNS, den sogenannten genetischen Code.

Das war die eine Enthüllung; wie diese Helixstruktur funktionierte, war die zweite. Mit Hilfe besonderer Proteinmoleküle, der sogenannten Enzyme, die verschiedene Vorgänge ermöglichen, also als Katalysatoren wirken, setzen die verknäuelten DNS-Stränge den Reproduktionsprozeß dadurch in Gang, daß sie sich aus ihrem Knäuel lösen und sich voneinander trennen, so als zöge man einen Reißverschluß auf. Sobald er sich von seinem Partner gelöst hat, zieht jeder Strang aus den in einer Zelle frei schwebenden Molekülen Nukleotidbindeglieder an, die seine eigenen ergänzen; schließlich bilden sich daraus zwei neue Stränge von Nukleotidgliedern. Jeder ursprüngliche Strang wickelt sich dann um seinen neuen Ergänzungsstrang, und die beiden bilden zwei neue, verknäuelte Paare, zwei neue Doppelhelices, von denen jene mit dem Original identisch ist. Was zunächst eines war, sind jetzt zwei. Wenn sich die Zelle zweiteilt, ist genug DNS für beide vorhanden.

Mit diesem Vorgang konnte man zwar die Vermehrung der Gene, aber nicht das Wachstum und die Entwicklung erklären. Wie schafft es die DNS, daß ihre Zelle genau zu dem wird, was sie ist, also etwa einer Haarzelle oder Blutzelle oder Knochenzelle oder Muskelzelle? Die DNS kann neue Kopien von sich herstellen, das wußte man; doch wie teilt sie ihre genetischen Informationen anderen Zellen mit, damit eine Bakterie und ein Walfisch, ein Gänseblümchen und ein Virus, Sie und ich uns im eigenen Tempo und auf eigene Art und Weise entwickeln und das werden, was wir sind, uns also von allem anderen unterscheiden? Die Antwort auf diese Frage erwies sich als nicht weniger erstaunlich. Es ging dabei um die andere Nukleinsäure, RNS (Ribonukleinsäure), die mit der DNS bis auf drei Merkmale identisch ist: Sie ist einsträngig, also keine Doppelhelix; von ihren vier sich wiederholenden Nukleotidgliedern sind drei dieselben wie bei der DNS, aber eines ist anders und kommt nur in der RNS vor; schließlich unterscheidet sich ihre Zuckerkomponente von derjenigen der DNS.

Zu Wachstum und Entwicklung kommt es dadurch, daß die DNS manchmal keinen neuen Strang von sich produziert, sondern statt dessen, ganz ähnlich durch Entfalten und Heranholen von Zusatzgliedern, einen RNS-Strang erzeugt und damit ihren genetischen Code auf die RNS überträgt. Dann geht der Zauber erst richtig los. Die RNS ist viel beweglicher und unternehmungslustiger als die DNS, die sich, wie die Königin in einem Bienenstock, nur im Kern aufhält und genetische Befehle ausgibt. Die RNS dagegen ist ungebunden und kann die ganze Zelle erkunden. Das tut sie auch. Mit Hilfe einer Vielzahl von Enzymen und anderen Proteinen verläßt sie den Kern und zieht in die wäßrige Welt der Zelle (das sogenannte Zytoplasma) hinaus, bis sie an eine der Proteinfabriken der Zelle, ein »Ribosom«, kommt. Sobald der RNS-Strang den Kern verlassen hat, wird er zur Boten-RNS (abgekürzt mRNS) und läuft in die Ribosomfabriken hinein wie das Band in ein Tonbandgerät. Dadurch kann das Ribosom den genetischen Code »ablesen«. Das Ribosom hat die Aufgabe, Proteine herzustellen; das geschieht jetzt, und jedes »Wort« im Code wird in den Abschnitt eines Proteinmoleküls übersetzt.

Nun zeigt sich, daß Proteine längst nicht die »massiven«, festen Strukturen sind, die man nach ihrer gängigen Bezeichnung als »Bausteine des Lebens« erwartet, sondern viel eher der DNS und RNS ähneln, denn auch sie sind längliche, gewundene Ketten aus vielen kleineren, hintereinander angeordneten Gliedern. In diesem Fall heißen die Untereinheiten jedoch »Aminosäuren«, und statt der in verschiedenen Kombinationen über die ganze Kettenlänge wiederholten vier Typen gibt es von den Aminosäuren gleich zwanzig verschiedene Arten. So baut das Ribosom für jedes »Wort« im RNS-Code eine Aminosäure, die sich an die bereits fertigen Aminosäuren anhängt und eine lange Kette, das Protein, bildet.

In der Zelle sind mehrere dieser Ribosomfabriken verstreut, und sooft neue Stränge von Boten-RNS aus dem Kern austreten, bilden die Ribosome weitere Proteinketten, die jeweils nach den von der mRNS mitgeführten verschlüsselten Befehlen nach Maß gebaut werden. Dann fangen diese Ketten ihr eigenes Spiel an. Weil einige Aminosäuren, aus denen sie aufgebaut sind, andere Aminosäuren in der Kette chemisch anziehen oder abstoßen, faltet sich das Protein in sich wie ein Stück Garn, das man immer wieder verdreht und geknickt und dann in der Hand zerdrückt hat. Dann bekommt man eine Garnmasse, doch keinen Streifen mehr. Ähnlich ist es hier; was bis dahin eine lange Proteinkette war, wird jetzt eher zum Festkörper, bei dem es so etwas wie drinnen und draußen, eine Innen- und eine Außenseite, gibt. Das frisch gefaltete Protein wandert dann an seine Stelle in der Zelle und nimmt dort seine Funktion auf. Manche Proteine sind

Enzyme, andere sind Hormone. Manche bilden Muskelfasern, andere Hämoglobin, das Sauerstoff von den Lungen über die Blutbahn ins Körpergewebe transportiert. Manche bilden Rezeptoren an den Zelloberflächen, die diesen Sauerstoff aufnehmen, während wieder andere Rezeptoren ausbilden, die verschiedene Besucher empfangen, zum Beispiel auch Viren, die selbst vorwiegend aus Protein sind. Fast alle Zellen im menschlichen Körper bestehen hauptsächlich aus Proteinen.

Das ist der Prozeß des Lebens, ein Vorgang, der in jeder Zelle eines jeden Lebewesens immer wieder abläuft und so ähnlich oder genau so seit Anbeginn des Lebens abgelaufen ist. Das große Kontinuum seit Adam – oder sei dem ersten Einzeller, der sich aus der undifferenzierten Ursuppe gelöst hat – besteht aus dem Aufwickeln und Abwickeln dieser Ketten, der Wiederholung dieser molekularen Codes und ihrer Übersetzung in die Substanzen des Lebens. Durch dieses unaufhörliche Spiel sind wir auf ewig mit unseren Vorfahren verbunden, tragen wir sie immer in uns. Für nichts weniger als die Entdeckung aller dieser Vorgänge lieferte Avery den zündenden Funken.

Wenn schon schwer vorauszusagen war, daß solche Kenntnisse, die einen klein und bescheiden machen, überhaupt zu gewinnen sind, muß man sich fragen, wer hätte vorhersagen können, in welchem Umfang wir mittlerweile in diesen Prozeß eingreifen, ihn also *manipulieren* können. Wir sind ja heute nicht nur imstande, diesen Molekültanz zu beobachten, sondern können ihn dirigieren. Wir können unsere eigenen Tänzer einführen, sie nach unserer Choreographie tanzen, genetische Befehle nach unserem Wunsch verändern lassen. Wir können die dazugehörigen Proteine und Nukleinsäuren fast neu erschaffen, indem wir im Laboratorium die Aminosäuren und Nukleotide verändern, aus denen sie bestehen. Wir können DNS-Stränge von ihrem angestammten Ort in einer lebenden Zelle entfernen und zu unseren Zwecken in einer andersartigen Zelle unterbringen. Wenn wir zum Beispiel ein bestimmtes proteinbildendes Gen aus unserem Körper einer einfachen Bakterie einpflanzen, können wir die

Bakterie zwingen, dasselbe Protein herzustellen. Da sich Bakterien um ein Vielfaches schneller vermehren und viel rascher wachsen als Menschen, bauen sie praktisch eine Proteinmassenproduktion auf und liefern uns riesige Proteinmengen. Dieser Vorgang heißt »Klonierung« und dient zum Beispiel zur Herstellung großer Mengen eines Zellrezeptors, der nach dem Angriff durch ein AIDS-Virus diesem Virus Eingang in unsere Zellen verschafft. Wenn wir das Virus ablenken und aufhalten können, indem wir die klonierten Rezeptoren in großen Mengen in die Blutbahn schleusen, können wir die Krankheit vielleicht verhindern.

Alle diese Verfahren laufen unter dem Namen Gentechnik, und damit sind wir wieder bei den Viren angelangt, denn die Viren sind der Hauptuntersuchungsgegenstand in der Gentechnik. Dabei geht es nicht nur darum, die Krankheiten möglichst zu verhindern, die sie verursachen, sondern auch darum, diese Geschöpfe selbst besser kennenzulernen. Seit Jahrzehnten wissen wir, daß Viren eigentlich in einer Proteinhülle steckende Nukleinsäurebündel sind. Wie wir noch sehen werden, gibt es zu diesem Thema viele Variationen, aber das ist jedenfalls der Grundgedanke. Viren verfügen über keine eigene Maschinerie zur Vermehrung. Im Gegensatz zu Zellen haben sie weder die Enzyme, mit denen sie den Prozeß katalysieren könnten (obwohl manche Viren durchaus einige Enzyme tragen), noch die Ribosomfabriken, um ihn durchzuführen. Zum Überleben müssen sie die Vermehrungsfähigkeit der Zelle für sich einsetzen. Dabei ist das Virus geradezu ein Musterbeispiel für einfachen Molekülaufbau. Seine Proteinhülle dient ihm zum Schutz seiner lebenswichtigen Nukleinsäure, bis sich das Virus in der Nähe einer Zelle befindet; dann heftet sich die Hülle an die Zelloberfläche, um damit dem Virus das Eindringen in die Zelle zu ermöglichen. Das schützende Protein fällt ab und legt die Nukleinsäure des Virus frei; die übernimmt sofort den bis dahin von den zelleigenen Genen besetzten Kommandoposten und weist die Zelle an, mit der Herstellung neuer Viren zu beginnen.

Die Molekularbiologen wissen das alles nicht nur, sondern können den Vorgang auch in seine einzelnen Bestandteile zerlegen, irgendwo unterwegs anhalten und wieder anfahren lassen, die Funktion praktisch eines jeden Proteins und eines jeden Nukleinsäuremoleküls erkennen und Viren so aufbauen, daß sie Arten erzeugen, die es in der Natur nie gegeben hat. Die Viren haben den Aufstieg der Gentechnik eigentlich erst ermöglicht. Da sie kaum mehr sind als eine Ansammlung von Genen in einer Proteinhülle, gewähren sie der Wissenschaft einen einmaligen Zugang zu DNS und RNS und den Vorgängen, die diese auslösen.

Was Pasteur vermutet, Beijerinck zu definieren versucht und Stanley sichtbar gemacht hatte, lag nun klar zutage: Die unsichtbare Welt enthält die Samenkörner der sichtbaren. Die Vorgänge in der submikroskopischen Welt haben alles Leben geformt. Nirgendwo hat sich diese Erkenntnis deutlicher gezeigt als im Reich der Viren. Und dank der neuen Möglichkeiten, Viren im Labor zu züchten, hatte man plötzlich viel mehr Viren als Arbeitsmittel in der Hand als je erwartet. Wenn das ausgehende 19. Jahrhundert nach den Entdeckungen von Pasteur und Koch das Goldene Zeitalter der Bakteriologie war, dann war die Mitte des 20. Jahrhunderts nach den Entdeckungen von Enders und dem Aufkommen der Molekularbiologie das Goldene Zeitalter der Virologie. Neue Viren schienen aufzutauchen, wohin man auch blickte. Rhinoviren, Hepatitisviren, ein scheinbar endloser Strom neuer Grippe- und Herpesviren und dann, etwas später, die humanen Retroviren – man konnte sich vor Viren bald nicht mehr retten.

Die meisten dieser Viren waren natürlich nicht neu; neu war nur unser wachsendes Wissen. Unser Körper hatte die Viren längst gekannt, unser Immunsystem sich mit diesen winzigen geodätischen Kuppeln, diesen Fußbällen, raumschiffähnlichen Invasoren aus der Viruswelt, schon immer auseinandersetzen müssen; nur hatten wir früher von diesen Auseinandersetzungen kaum etwas gewußt. Pasteur sah, daß sein Tollwutimpfstoff die Krankheit verhinderte, aber er wußte nicht wie. Die Vorbeugungsmechanismen, die sein Impfstoff im Körper auslöste, blieben ein Geheimnis. Theiler und die anderen Impfstoffhersteller nach Pasteur wußten schon viel mehr – sie kannten zum Beispiel die Antikörper –, aber es dauerte noch Jahre, bis die Vielschichtigkeit des Immunsystems auch in den medizinischen Alltag Eingang fand.

Heute wissen wir, daß das Immunsystem genauso phantastisch ist wie die Geschöpfe, vor denen es uns schützt. Antikörper, früher als fast einzige Waffen des Organismus bei der Abwehr von Krankheiten betrachtet, kennt man heute als lediglich einen einzigen Vorposten in dieser Schutzfunktion. Es gibt Y-förmige Proteine, die in den Frühphasen der Immunreaktion entstehen und fremde Eindringlinge, wie zum Beispiel Viren und Bakterien, aufspüren, sich an sie heften und sie lahmlegen, bis andere Verteidigungsmechanismen des Immunsystems die lästigen Besucher auf geeignete Art und Weise entfernen. Weiteren Schutz in dieser Frühphase bieten die Makrophagen, große, mikrobenverzehrende Zellen (das Wort heißt ja auch »Großfresser«), die nicht nur die Eindringlinge selbst auffressen, sondern auch noch weitere Verteidigungsanstrengungen des Immunsystems auslösen können. Gleich nach den Antikörpern und Makrophagen kommen die Helfer-T-Zellen, Killer-T-Zellen, Suppressor-T-Zellen und andere Leibwächter, die so koordiniert zusammenwirken wie eine moderne Einsatztruppe und über Kontakte mit bestimmten Mechanismen an ihrer Oberfläche, den sogenannten Rezeptoren, miteinander in Verbindung stehen.

Diese Rezeptoren bestehen aus Protein und sind die Tore, die in unsere Zellen führen – sie »empfangen« Besucher. Zellen kommunizieren miteinander, indem sie sich an Rezeptoren an anderen Zellen heften, selbst wenn es, wie im Fall des Immunsystems, nur darum geht zu sagen: »Ich hänge fest an einem fremden Eindringling. Hilfe!« Doch Zellrezeptoren können auch lästige Besucher einladen. Wir haben schon gehört, daß sich Viren an Rezeptoren heften, wenn sie Zellen infizieren. Einer der aussichtsreichsten zur Zeit verfolgten Wege besteht deshalb darin, die Virusinfektion durch Blokkade dieser Rezeptoren unmöglich zu machen.

Mittlerweile ist wohl klar geworden, daß der Vergleich mit Science-fiction diesen Scharmützeln zur Krankheitsbekämpfung, die ständig in unserem Körper ablaufen, nicht gerecht wird. Es sind richtige Kriege der Sterne, und sie spielen sich in Tagen, Stunden und Sekunden ab. Der Einsatz, um den es dabei geht, ist mindestens so hoch wie in einem Science-fiction-Film: Das Überleben.

In diese Gefechte greifen wir jetzt in einem Umfang ein, wie es vorher nicht möglich war. Wir wissen heute, wie wir uns mit den in unserem Körper ablaufenden natürlichen Prozessen verbünden und ihre Wirksamkeit mit unseren Möglichkeiten und Methoden verstärken können. Die Medizin vollzieht heute den Übergang von der Außenwelt zur Innenwelt genauso elegant wie die unsichtbaren Eindringlinge, die Viren, selbst.

Noch vor einem Jahrzehnt hielt man es für möglich, daß wir die Infektionskrankheiten jetzt endlich besiegt hätten. Durch die Antibiotika waren viele Bakterienkrankheiten unter Kontrolle gebracht worden, und die vielen modernen Impfstoffe hatten das Auftreten von Viruserkrankungen erheblich vermindert. Im Gefolge solcher Siege ging das Goldene Zeitalter der Virologie vorschnell zu Ende, ein Opfer seines eigenen Erfolgs. Die Virologen in Forschungseinrichtungen überall in den Vereinigten Staaten verzweifelten schier an dem Mangel an Doktoranden und Forschungsassistenten, die sie in ihren Laboratorien gebraucht hätten. Die Arbeit an Viren schien allmählich auf ein Abstellgleis zu geraten.

Heute wissen wir natürlich, daß der Traum von der Ausrottung aller Infektionskrankheiten, auch wenn er zum Greifen nahe zu sein schien, wirklich nur ein Traum war. Anfang der 80er Jahre trat AIDS auf den Plan. Um dieselbe Zeit entdeckten Wissenschaftler weitere beunruhigende Zusammenhänge, die alle Hoffnungen, man brauche Viren eigentlich nicht weiter zu untersuchen, sehr schnell und wohl auf Dauer hinfällig gemacht haben. Die Forschung stieß auf scheinbar ganz neue Viren, ganz neu mindestens in ihrer Neigung, sich im Menschen einzunisten. Sie stellte ferner fest, daß Krebs, lange eines der am meisten gefürchteten Leiden, doch immer als Folge von vererbten oder umweltbedingten Faktoren (nicht von infektiösen Erregern) betrachtet, in manchen Fällen durchaus von Viren verursacht wurde.

Nach der Entdeckung dieser Rolle von Viren mußte man sich fragen, was diese phantastischen Organismen wohl noch alles bewirkten. Diese Frage wird bis heute gestellt und auch beantwortet, ohne daß ein Ende in Sicht ist. Da es mittlerweile mehr entdeckte Viren als bekannte Krankheiten gibt, mit denen man sie in Verbindung bringen kann, vermuten die Virologen, daß Viren in unserem Leben eine größere, weiterreichende und gewiß auch kompliziertere Rolle spielen und nicht nur Beschwerden verursachen.

»Viren befinden sich ständig in uns und entscheiden vielleicht über unsere Gesundheit und Zukunft«, erklärt Paul Cheney. Cheney, Arzt an der Nalle Clinic in Charlotte im Staat North Carolina, ist vor allem als einer der Ärzte bekannt, die als erste das chronische Müdigkeitssyndrom erkannt haben, eine Krankheit, unter der in letzter Zeit immer mehr Menschen leiden. Über ihre Ursache, die man zunächst in einem Virus vermutete, wird heute wieder diskutiert. Wenn wirklich ein Virus daran beteiligt ist, tritt es wohl gemeinsam mit irgendeiner Anomalie des Immunsystems auf. Das zeigt schon, wie weit wir in unserer Fähigkeit gekommen sind, in der submikroskopischen Welt etwas zu bewirken, und wie weit wir noch zu gehen haben. Kein Wunder, daß Cheney sagt: »Wir führen uns auf wie irgendwelche Ureinwohner, die mit Feuer hantieren.«

Das Bild ist nicht schlecht gewählt. Die Viren können uns »verbrennen«; sie tun es auch öfter, als uns lieb ist. Gleichzeitig bieten sie uns aber auch Licht und Erkenntnis. In den nächsten Kapiteln wollen wir im Zusammenhang mit den größten Ängsten und den wichtigsten Entdeckungen aus dem Bereich der Viren in unserer Zeit zu erklären versuchen, was Viren alles können.

Zehntes Kapitel

Yuppie-Seuche, Studentenkrankheit und ein Hinweis auf Krebs

»Zum erstenmal hatte ich die Beschwerden, nachdem mir vor fünf Jahren ein Weisheitszahn gezogen worden war. Die ersten Tage danach dachte ich, daß mir wohl die Betäubung noch zu schaffen machte. Ich rief sogar meinen Zahnarzt an und fragte ihn: ›Kann das so lange anhalten?‹, und er meinte: ›Nein, mittlerweile müßte die Wirkung längst aufgehört haben. Vielleicht haben Sie die Grippe.‹«

Karen Rian wußte aber, daß es keine Grippe sein konnte. Sie hatte kein Fieber, kein Halsweh, bis jetzt noch keine Kopfschmerzen; sie war nur müde, richtiggehend erschöpft, so fertig, daß sie das Gefühl hatte, sie sei immer noch ein bißchen betäubt. Die Erschöpfung hielt Wochen, schließlich Monate an. Sie war so abgeschlagen, daß sie nicht einmal die Energie aufbrachte, einen Arzttermin zu vereinbaren.

Irgendwann bekam sie leichte Halsschmerzen, gelegentlich auch Kopfschmerzen, doch am schlimmsten waren die Erschöpfung und die dabei auftretenden Depressionen. »Mein Leben machte mir keinen Spaß mehr; an nichts hatte ich Freude«, sagte sie. »Schließlich nahm ich alle Kraft zusammen und suchte einen Arzt auf, weil es so nicht weitergehen konnte.«

Der Arzt für Allgemeinmedizin, den ihr Bekannte empfohlen hatten, untersuchte Rian, führte die üblichen Blutuntersuchungen durch und verkündete schließlich, sie sei bis auf einen leicht erhöhten Cholesterinspiegel völlig gesund. Wahrscheinlich handle es sich nur um eine Grippe. Keine Sorge, das vergehe auch wieder.

»Es fehlte nur noch der Satz: ›Sie bilden sich das alles ein‹«, erklärte Rian; »gedacht hat er ihn sicherlich. Nach seiner Diagnose fehlte mir körperlich nichts; also blieb nur diese einzige Möglichkeit. Doch er hat es wenigstens nicht ausgesprochen. Das rechne ich ihm hoch an.«

Jetzt stand sie da. Damals war sie 39 Jahre alt, stellvertretende Leiterin einer großen Sozialdienststelle in Santa Cruz in Kalifornien. Sie war intelligent, hatte einen analytischen Verstand, konnte sich ausdrücken, hatte an der University of California in Santa Cruz ihren Doktor in »History of Consciousness« gemacht und an der Cornell University einen Bachelor of Arts erworben. Und dann behauptete irgendein Arzt, die plötzlich aufgetretene monatelange völlige Erschöpfung und ihre Depressionen seien auf eine psychologische Ursache zurückzuführen.

»Also habe ich ihm erklärt: ›Sie verstehen mich nicht richtig. Ich kann überhaupt nichts mehr tun. Ich kann mich nicht mehr rühren. Das ist doch nicht normal.‹ Er darauf: ›Aber ich kann bei Ihnen nichts feststellen.‹«

Dabei blieb es. Rian mußte sich weiter durchschlagen, so gut es eben ging. Sie schleppte sich zum nächsten Supermarkt und kaufte dort irgendein tiefgekühltes Fertiggericht oder etwas, das sich schnell zubereiten ließ (»ich habe es nie geschafft, mir eine Einkaufsliste zusammenzustellen und in ein richtiges Lebensmittelgeschäft zu gehen«), kehrte dann zu ihren beiden Katzen nach Hause zurück, schaltete den Fernseher ein und fiel ins Bett. Freundschaften und gesellschaftliches Leben gab es nicht mehr. Die Erschöpfung hatte alles ausgelöscht.

Rian arbeitete allerdings weiter. »Nur mit größter Willensanstrengung war das überhaupt möglich«, erklärte sie. »Ich mußte mich jeden Morgen buchstäblich aus dem Bett quälen. Bei der Arbeit war ich auch nie ganz da. Ich erinnere mich an Besprechungen, in denen ich immer denken mußte: ›Ich passe überhaupt nicht auf, warum sitze ich eigentlich hier?‹ Ich schrieb Briefe und war gar nicht bei der Sache – wie ein Roboter, der einen Text verfaßt.« Erstaunlicherweise litt ihre Leistung darunter nicht oder mindestens nicht so sehr, daß sie die Stelle verlor. Doch die Erschöpfung hielt an.

»Ich vergaß immer mehr Namen«, sagt Rian. »Bezeichnungen, Personennamen, Ortsnamen. Manchmal war ich so deprimiert, daß ich mich schon der Anatomie anbieten wollte. Wenn man dort vielleicht mein Gehirn aufgeschnitten und festgestellt hätte, welche Neurotransmitter was taten, hätte man etwas darüber erfahren können. Aber meist beschäftigte ich mich rein wissenschaftlich mit meinem Fall; nur so konnte ich mich über Wasser halten; sonst wäre ich wahrscheinlich untergegangen.«

Mittlerweile war es Herbst 1985; Rian war schon über ein Jahr krank. Als sie mehr über ihren Zustand zu erfahren versuchte, fiel ihr eine Reihe interessanter Artikel in Zeitungen und Zeitschriften auf. Die Titel lauteten beispielsweise »Wie eine Grippe, die nicht aufhört« oder »Frau kämpft gegen unheilbare Krankheit«. Immer ging es in den Beiträgen um Menschen, die ständig erschöpft waren, Halsweh, Muskel- und Gelenkschmerzen hatten, abnahmen, an Gedächtnis verloren und sich nur mit Mühe konzentrieren konnten – also genau dieselben Symptome aufwiesen, die Rian hatte. Alle hatten sich von Ärzten untersuchen lassen, die entweder ihre Krankheit nicht hatten diagnostizieren können oder bezweifelt hatten, daß überhaupt eine richtige Krankheit vorlag. Einige Ärzte hatten ihren Patienten schlicht empfohlen, zum Psychiater zu gehen. Es war schon ein Sieg, wenn man überhaupt ernst genommen wurde. »Ich war ja so glücklich«, rief eine Frau aus. »Daß er mich nicht heilen konnte, war nicht so schlimm. Aber endlich hat mir ein Arzt geglaubt, und er hat sogar einen Namen für meine Krankheit gewußt.«

Rian fühlte sich angesprochen. Sie kannte diese Zwangslage nur zu gut. Aber gleichzeitig war sie sehr erleichtert: Es gab noch mehr Menschen, die dasselbe durchmachten wie sie, und es gab Ärzte, die Leute wie sie ernst nahmen. Sie war also doch nicht verrückt; ihre Beschwerden rührten wirklich von einer Krankheit her, und die Krankheit hatte sogar einen Namen, einen komplizierten, provisorischen Namen, den man zur provisorischen Diagnose eingeführt hatte, aber immerhin einen Namen: chronische Epstein-Barr-Virusinfektion, CEBV. Ein Kürzel hatte das Interesse der Medien erregt, bezeichnete wohl auch die Menschen, die am häufigsten von der Krankheit befallen wurden und spiegelte dabei ein bißchen die Skepsis gegenüber dieser Krankheit: Yuppie-Krankheit. (Eine weitere, nicht minder flapsige Bezeichnung lautete Affluenza, also Überflußkrankheit.) Immer mehr Indizien, allerdings eher subjektive Befunde als begründete Beweise, sprachen dafür, daß aus unbekannten Gründen diese geheimnisvolle Krankheit, wenn es denn eine Krankheit war, hauptsächlich intelligente, ehrgeizige und energische Angehörige akademischer und freier Berufe von 18 bis 42 Jahren heimsuchte, vorwiegend Frauen. Rian paßte sehr gut in dieses Profil. Als Ursache vermutete man ein Virus, das Epstein-Barr-Virus, ein verhältnismäßig unauffälliges Mitglied der Familie der Herpesviren, den Ärzten hauptsächlich als Verursacher der infektiösen Mononukleose, auch Studentenkrankheit genannt, bekannt.

Mit diesem Wissen suchte Rian einen anderen Arzt auf (mittlerweile war es Herbst 1986). Dabei kam eine neue Diagnose heraus: Rian litt tatsächlich an CEBV und an Kandidose, einer seltenen, durch einen hefeähnlichen Pilz verursachten Krankheit. Obwohl einige Symptome des Candidabefalls denen ähnelten, wie sie Rian hatte, leuchtete ihr diese Diagnose gleich nicht ein; ihrem kritischen Blick schienen die Laborergebnisse nicht schlüssig zu sein. Aber jede Diagnose war besser als gar keine, und sie nahm die Mittel gegen Candida, die der Arzt verschrieben hatte. Das war falsch. Bald ging es ihr schlechter als zuvor, und sie setzte die Medikation ab. Jetzt befand sie sich wieder dort, wo sie angefangen hatte.

Die Krankheit, an der sie vermutlich litt, war mittlerweile gar nicht mehr obskur. Die Zeitschrift *Newsweek* bezeichnete die chronische Infektion mit dem Epstein-Barr-Virus als »Leiden der Achtziger«. Lange Artikel über das Müdigkeitssyndrom erschienen in allen Medien, von der Zeitschrift *Science* bis zu *New York Times, Rolling Stone* und dem Fernsehmagazin »20/20« bei ABC. Die geschätzte Anzahl der Risikopatienten differierte. Ein Wissenschaftler meinte, in den nächsten Jahren bekämen allein in den Vereinigten Staaten etwa zwölf Millionen Menschen die Krankheit; andere bezeichneten diese Zahl als völlig aus der Luft gegriffen, rechneten jedoch auch mit einigen Millionen, die unter diesem Syndrom litten; andere wagten erst gar keine Voraussagen.

Keine dieser Schätzungen war ganz falsch, denn irgendwann im Leben kommt eigentlich jeder Mensch mit dem Epstein-Barr-Virus in Berührung und behält es dann bis zu seinem Tod. Das Virus tritt überall auf; einmal erreicht es jeden auf der Welt.

Diese Allgegenwart ist eine neue Eigenschaft in unserer Beschreibung der Viren. Die Viren, mit denen wir uns bisher beschäftigt haben, also Poliovirus und Pockenvirus, schlagen nur gelegentlich zu und verschwinden dann, entweder weil das Immunsystem sie vertreibt oder nach Auslösung einer Krankheit. Sie sind Reisende, die wir lieber nicht aufnehmen sollten und gegen die wir uns mit Impfstoffen schützen, damit die sporadischen Besuche kurz und folgenlos bleiben. Jetzt kommen wir jedoch zu einem Virus, das alle aufsucht und sich bei jedem einnistet. Die Vorstellung ist unschön. Niemand denkt gern daran, daß wir irgendwann, und dann auf ewig, die Heimsuchung durch solche submikroskopischen Eindringlinge erdulden müssen. Wenn wir krank sind, finden wir uns verhältnismäßig leicht mit dem Gedanken ab, daß irgendein Fremdkörper in uns schuld daran ist. Aber so etwas immer in sich zu haben, ohne daß man etwas davon ahnt? Warum geht es uns, wenn das stimmt, nicht allen so wie Karen Rian? Es müßte dann doch unendlich viele CEBV- und auch Mononukleosefälle geben, weitaus mehr als die geschätzten paar Millionen Erkrankungen.

Diese Frage ist nicht leicht zu beantworten. Die Art des betreffenden Virus und die Beschaffenheit unseres Körpers spielen dabei ebenso eine Rolle wie unsere Fähigkeit, uns gegen solche unsichtbaren Eindringlinge zu schützen. Die Antwort enthält bisher unbekannte Krankheitsbegriffe und Vorstellungen vom Immunsystem, und sie erschüttert unser Vertrauen in die moderne Medizin und deren Fähigkeit, uns aus solchen Notlagen wieder herauszupauken. Die Antwort macht Hoffnung, aber gleichzeitig beunruhigt sie auch und macht bescheiden.

Sie ist auch hochinteressant. An einer der vielen Wendungen in der oft überraschenden Welt der Viren hat die Wissenschaft etwas erfahren, das sie jetzt wieder zweifeln läßt, ob wirklich das Epstein-Barr-Virus diese Erschöpfungszustände verursacht, die man auch (skeptisch) als chronisches Müdigkeitssyndrom bezeichnet. Wir blenden uns in die letzten Phasen dieser Geschichte an einem höchst unwahrscheinlichen Ort ein, einem kleinen Ferienstädtchen am Tahoe-See in den Vereinigten Staaten.

Das Feriengebiet Lake Tahoe liegt auf beiden Seiten der Grenze zwischen Kalifornien und Nevada; es gibt dort alles: Man kann schwimmen, Boot fahren, Wasserski laufen, angeln, wandern, campen, Ski laufen, und auf dem Nevadaufer findet in Spielcasinos und anderen Unterhaltungsstätten ein reges Nachtleben statt. Incline Village, ein Ort mit vier- bis fünftausend Einwohnern am Nordufer des Sees, ist eine der vielen blühenden Gemeinden um den Tahoe-See, in denen sich gutbetuchte Urlauber und Besitzer von Ferienwohnungen zu Hause fühlen. Diese Gemeinden leben von der PR; doch was 1985 über sie gesagt und geschrieben wurde, war nicht von der Art, wie es Spielcasinos und Handelskammern vorschwebt.

»Experten von amerikanischen Gesundheitsbehörden prüfen Berichte über das ungewöhnlich zahlreiche Auftreten einer geheimnisvollen, der Mononukleose ähnlichen Krankheit bei Anwohnern des Nordufers von Lake Tahoe.« So begann ein typischer Artikel in der *Sacramento Bee.* Es hieß dann weiter darin, mindestens achtzig Einwohner des Orts litten an Kopfschmerzen, Halsschmerzen und vor allem an einer unüberwindlichen Müdigkeit. Die Erschöpfung sei so schlimm, habe eine Frau erklärt, daß sie sich wie eine Schlumpelpuppe ohne Inhalt fühle. Damit war sogleich ein weiterer Name für das Syndrom gefunden: Schlumpelpuppenkrankheit oder »Raggedy-Ann-Syndrom«, eine Krankheit, an der Karen Rian und viele tausend im ganzen Land litten. Manche Patienten hatten noch viel schlimmere Beschwerden: Gliederschwäche, Bewußtseinstrübungen, Orientierungslosigkeit. Ein

Autofahrer in der Innenstadt von Incline Village, wo es nur drei Kreuzungen gibt, hatte seinen Heimweg nicht mehr gefunden.

Die gesundgebliebenen Einwohner waren über die schlechte Presse im ganzen Land entsetzt. Und als der Fernsehsender ABC mit seiner Sendung »20/20« in die Stadt kam, verstärkte sich diese Reaktion am Ort noch weiter. Chris Guthire, eine junge Frau, die am Müdigkeitssyndrom litt und in der Fernsehsendung zu Wort gekommen war, hörte, als sie später im Supermarkt in der Kassenschlange stand, ihr Auftreten in der Fernsehsendung mache das ganze Geschäft um Lake Tahoe kaputt. »Ich war wie erschlagen«, erklärte sie später in einer überregionalen Zeitschrift. »Ich hatte Angst, daß niemand mehr mit mir spricht oder daß man mich mit einem roten EBV auf der Brust zeichnet und aus der Stadt jagt.«

Doch gegen diese Art Publicity war ebensowenig ein Kraut gewachsen wie gegen die Krankheit. Im Oktober 1985 diagnostizierten Paul Cheney und Dan Peterson, die Ärzte, die als erste ein Jahr zuvor die Krankheit in der Stadt erkannt und als einzige überhaupt Beschwerden festgestellt hatten, auch praktisch alle Patienten in dieser Gegend behandelten, die am Ermüdungssyndrom litten, daß pro Woche um die fünfzehn neue Fälle dazukamen. Ein Drittel der Lehrer an der Höheren Schule erkrankte daran, ebenso eine ganze Mädchen-Basketballmannschaft, auch Mitarbeiter des Hyatt-Lake-Tahoe-Hotels und des Spielcasinos. »Wir waren entsetzt«, erklärte Cheney einem Berichterstatter. »Wir kamen uns vor wie in einem Alptraum, der kein Ende nahm.«

Deshalb holten sie Hilfe, und die kam ausgerechnet von den Centers for Disease Control (CDC), den staatlichen Instituten zur Bekämpfung von Seuchenkrankheiten.

Im Kampf gegen Feinde der Volksgesundheit sind die Centers for Disease Control in Atlanta eine Art FBI der Medizin. Sie unterstehen dem öffentlichen Gesundheitsdienst des Bundes und haben unter anderem die Aufgabe, den Verlauf wichtiger Krankheiten zu untersuchen und zu verfolgen, um wirkliche Gefahren von vermeintlichen zu scheiden.

Paul Cheney war erleichtert. Jetzt mußten endlich viele

Rätsel gelöst werden. Woher rührten die Beschwerden? Wie viele Menschen waren befallen? Was waren die Ursachen? Warum trat die Krankheit gerade jetzt auf? Was ging hier überhaupt vor? Zwei Kleinstadtärzte allein konnten damit nicht fertigwerden.

Doch statt Lösungen zu hören, wurden sie nur noch tiefer in Verwirrung gestürzt. Kaum hatte die von soviel Publicity ohnehin aufgeschreckte Bevölkerung erfahren, daß Beauftragte des Bundes herumschnüffelten und versuchten, einer geheimnisvollen Krankheit auf die Spur zu kommen, ließ sie es Cheney und Peterson, deren guter Ruf ohnehin angekratzt war, merken. Die Lage wurde auch nicht gerade besser, als irreführende Meldungen bis San Francisco verbreitet wurden und die Zeitungen in der Bay Area von einer angeblichen AIDS-Epidemie am Tahoe-See berichteten. Als ein Reporter alle anderen Ärzte in der Stadt befragte und erfuhr, daß sie nicht einen einzigen Fall dieser sogenannten Krankheit behandelt hatten, verstärkte das die unwirkliche Atmosphäre noch.

Die CDC-Epidemiologen Gary Holmes und Jonathan Kaplan blieben eine Woche in Incline Village, befragten Patienten, führten Blutuntersuchungen durch und gingen den einzelnen Fällen nach. Ihre acht Monate später veröffentlichten Befunde klärten überhaupt nichts. Im Gegenteil; der Schwarze Peter war wieder dort, wo Cheney und Peterson und andere Ärzte im Land die ersten Anzeichen für chronische Ermüdung beobachtet hatten.

»Aus unserer Untersuchung geht hervor, daß EBV-serologische Untersuchungen für die Diagnosestellung bei einzelnen Patienten, die vermutlich unter dem Ermüdungssyndrom litten, kaum von Wert waren«, hieß es im Bericht. Außerdem stellten Holmes und Kaplan fest, daß einige der mit dem Epstein-Barr-Virus infizierten Personen weder erschöpft noch verwirrt, sondern völlig gesund waren. Im Bericht wurde weiter ausgeführt, daß es nicht genug Beweise dafür gab, die Beschwerden als eine einzige Krankheit zu betrachten; deshalb wurde ein allgemeinerer Begriff vorgeschlagen: »chronisches mononukleoseähnliches Syndrom«, nicht mehr

CEBV. Zum Schluß wurden die Ärzte aufgefordert, »besser zu definierende und oft auch zu behandelnde Krankheitsbilder« zu ermitteln, ehe sie Beschwerden als chronisches mononukleoseähnliches Syndrom diagnostizierten – also Bilder, zu denen auch »Ängste und Depressionen« gehörten. Mit anderen Worten: Das war die alte Anschuldigung, die Patienten bildeten sich alles nur ein.

Cheney und Peterson waren enttäuscht, um es vornehm auszudrücken. Sie vermuteten, daß die Centers for Disease Control, die mittlerweile mit Berichten über die geheimnisvolle Krankheit eingedeckt waren, den Fall ein für allemal zum Abschluß bringen wollten, weil sie meinten, hier werde mit Kanonen auf Spatzen geschossen. Andererseits ließen die Methoden von Holmes und Kaplan viel zu wünschen übrig. »Wie man auf die Idee kommen kann, in einer einwöchigen simplen Überprüfung der Krankheitsfälle und serologischen Untersuchungen auf das Epstein-Barr-Virus hin dieser Rätsel zu lösen, ist mir unerklärlich«, beschwerte sich Cheney. »Dazu ist das alles viel zu kompliziert.«

Doch Holmes von den CDC ließ sich nicht beirren. »Ich war gleich nicht so ganz überzeugt, daß es sich um eine Epidemie handelte. Manche von den Leuten wirkten zwar sehr krank, aber man kann sich für diese Sache nicht stark machen, wenn man nicht einmal weiß, ob einem die Wahrheit erzählt wird oder ob man einen Bären aufgebunden bekommt, weil man die Leute für krank halten soll. Ich fürchte, bei einem erheblichen Prozentsatz dieser Menschen ist es so – sie wollen, daß man diese Krankheit bei ihnen diagnostiziert.«

Und weshalb? Für Holmes liegt die Antwort in dem Menschenschlag begründet, der über diese Beschwerden klagt. »Es sind vor allem Menschen jungen bis mittleren Alters, die sehr unter Spannung stehen, gestreßt sind und sich wohl zuviel zumuten. Vielleicht suchen sie nur eine Möglichkeit, ein bißchen langsamer zu tun.« Mit anderen Worten: Wer im Beruf überfordert ist, sich das aber nicht eingestehen will, hat mit einer schweren, jedoch nicht lebensbedrohenden Krankheit den perfekten Ausweg gefunden.

Die Ansicht von Holmes und den CDC überzeugte zwar

manche Menschen, nicht jedoch Cheney und die wachsende Anzahl derer, die unter der geheimnisvollen Krankheit litten. Cheney selbst hatte mit seiner Untersuchung nie aufgehört. Er stürzte sich förmlich in das Ermüdungssyndrom hinein; seine monatliche Telefonrechnung lag wegen der vielen Gespräche mit interessierten Ärzten im ganzen Land mittlerweile bei zweitausend Dollar. Jede Woche verwendete er zwei bis drei Tage auf seine Untersuchungen der Frage, ohne daß er dafür ein Honorar bekam. Bald schien sich seine Ansicht zu bestätigen, daß es um etwas Wirkliches, etwas Wichtiges ging. Im Dezember, knapp drei Monate nach dem Besuch der CDC, wurde aus dem Landstädtchen Yerington in Nevada, fünfundsiebzig Kilometer südwestlich von Incline Village, ein Ausbruch der Krankheit berichtet – 105 Patienten unter insgesamt 2800 Einwohnern. Zwei Monate später, im Februar 1986, bekam Cheney von anderer Seite eine Aufmunterung: Professor Anthony Komaroff von der Harvard Medical School wollte nach Incline Village kommen.

Komaroff, am Brigham and Women's Hospital in Boston für Allgemeinmedizin zuständig, hatte seit 1983 selbst CEBV-Fälle beobachtet und die Existenz eines chronischen Ermüdungssyndroms schon 1977 vermutet, aber keine Kollegen unter den Forschern finden können, die dieser Vermutung etwas abgewinnen konnten. Wie Cheney, so war auch er hauptsächlich von dem plötzlichen Ausbruch der Beschwerden und der vollständigen Umwälzung im Leben der Betroffenen beeindruckt.

»Normalerweise trifft es Erwachsene“, erklärt Cheney, »denen noch nie etwas gefehlt hat. Oft können einem die Leute genau den Tag und die Stunde sagen, als alles anders wurde. Gewöhnlich fängt es mit einem Virussyndrom an, meist einem Befall der oberen Atemwege oder einer Art Grippe, und danach entwickelt sich ein Ermüdungssyndrom, das mal stärker, mal schwächer ist und ein paar weitere charakteristische Beschwerden aufweist. Das ist der klassische Fall.«

»Heute noch bei bester Gesundheit, morgen krank, und von da an nie mehr so wie vorher«, fügt Komaroff hinzu.

»Wenn ich diese Geschichte höre, kann ich nicht glauben, daß das eine primäre Psychoneurose ist. Die Patienten sagen: ›Das hat alles mit dem Virus angefangen.‹ Ich glaube, sie haben recht.«

Komaroff und Cheney hatten 1985 eine Korrespondenz aufgenommen. Jetzt nahm Komaroff Cheneys Einladung zu einem Besuch an. Er und seine Gruppe führten in Incline Village und in Yerington eine gründliche epidemiologische Untersuchung durch. Ihre Ergebnisse unterstrichen, was Cheney nur zu gut wußte: Etwas Ungewöhnliches ging vor. Komaroff legte mindestens fünf überzeugende Gründe dafür vor, das Ermüdungssyndrom nicht als psychische Erkrankung anzusehen. Dazu gehörte die Erkenntnis, daß einige Symptome bei diesem Syndrom denen anderer Viruserkrankungen ähneln. Wie sich in Incline Village und Yerington erwiesen hatte, konnten ganze Gruppen von Menschen gleichzeitig befallen werden. Folglich konnte es sich durchaus um die gleichzeitige Einwirkung eines äußeren Infektionserregers handeln. Bemerkenswert waren auch die erstaunlich ähnlichen Geschichten, die Patienten mit Ermüdungssyndrom über den Ausbruch der Krankheit erzählten. Das Gesamtbild einer psychischen Erkrankung ergab das alles nicht.

Cheney und Komaroff gingen der Krankheit gemeinsam weiter nach. Die beiden waren schon ein merkwürdiges Gespann – der schlaksige, blonde Kleinstadtarzt und der untersetzte, dunkle Medizinprofessor aus der Großstadt –, aber gemeinsam war ihnen die Entschlossenheit, der Frage auf den Grund zu gehen. Mit Komaroffs Hilfe setzte sich Cheney mit einigen anderen interessierten Ärzten in Verbindung, darunter James Jones vom National Jewish Center for Immunology and Respiratory Medicine in Denver, der solche Krankheitsfälle schon jahrelang beobachtet hatte, und Stephen Straus, Leiter der Medical Virology Section im National Institute of Allergy and Infectious Diseases in Washington. Jones und Straus hatten die beiden ersten vielbeachteten Arbeiten über das Syndrom verfaßt. Zusammen mit anderen Kollegen, zum Beispiel von der Duke University und der University of Massachusetts, bauten die Forscher ein Netz auf, um gemeinschaftlich möglichst viel über die Krankheit zu erfahren.

Mit der Zeit kamen sie ihrem Ziel immer näher. »Ich fange oft bei einer Gruppe von Symptomen an, und sobald die nachlassen, gehe ich zur nächsten Gruppe über«, erklärt Cheney. In der ersten Phase treten Muskelschmerzen, leichtes Fieber, Halsschmerzen und natürlich starke Müdigkeit auf. Kein Wunder, daß die Krankheit zuerst als chronische Mononukleose bezeichnet wurde. Die darauffolgende Periode nimmt die Patienten weniger mit, ist dabei aber tückischer. »Wenn sich die Patienten in der mononukleoseähnlichen Phase befinden, sind sie oft kränker und in den Funktionen stärker gestört«, sagt Cheney. »Kommen sie dann in die Spätphase, so verbessert sich häufig ihre Leistungsfähigkeit. Deswegen hat man den Eindruck, daß es ihnen wieder besser geht. Doch in Wirklichkeit befinden sie sich jetzt in dem Stadium der Krankheit, das länger dauert und dessen Entwicklung zum Guten oder Schlechten nicht so genau zu bestimmen ist.« In dieser Periode kommt es zu Gedächtnisverlust, Konzentrationsschwäche, Gleichgewichts- und Koordinationsstörungen und mehr oder weniger ausgeprägten Ermüdungsschüben.

Während Cheney und seine Mitarbeiter der Krankheit immer mehr auf die Spur kamen, bildeten die Patienten Selbsthilfegruppen. Die größte, die National Chronic Epstein-Barr Virus Syndrome Association in Portland, Oregon, hatte schon im ersten Jahr über elftausend Mitglieder. Da sie von anderer Seite kaum unterstützt wurden, beschlossen diese Menschen, die Dinge selbst in die Hand zu nehmen und die uneinsichtigen Mediziner aufzurütteln.

Wenn es ihnen auch schwerfiel, ihre Sorgen selbst vorzutragen, konnten sie sie doch ohne weiteres zu Papier bringen. Die National CEBV Association in Portland verteilte in den ersten beiden Jahren ihres Bestehens etwa 60000 Broschüren. Die Briefkampagnen waren so erfolgreich, daß ein Arzt im Scherz meinte, man solle Polygraphie, also übermäßiges Briefeschreiben, auch auf die Liste der Krankheitssymptome setzen. CEBV war keine kaum bekannte Krankheit mehr.

Selbst Gary Holmes von den CDC, der noch über die Zahl von zwölf Millionen Patienten gelacht hatte, räumte mittlerweile ein, daß »zigtausende von Fällen diagnostiziert werden. Wie viele davon die Krankheit haben, kann man nicht einmal ausrechnen«. Und die Krankheit bleibt schwierig und läßt sich nicht fassen. »Ich werde noch verrückt dabei«, sagt Holmes. »Jeden Tag überlege ich mir, ob ich auf diesem Gebiet noch weiterarbeiten soll. Ich bekomme einfach nichts Greifbares in die Hand. Es fängt schon damit an, daß man sich fragen muß, wen man als Fall definiert. Es zerrinnt einem unter den Fingern.«

Hat es je eine so ausführlich beschriebene, kräftezehrende, potentiell epidemische Krankheit gegeben, über die soviel Verwirrung herrschte? »Eigentlich sind alle wichtigen Fragen zum chronischen, durch Viren verursachten Ermüdungssyndrom bis heute offen«, erklärt Komaroff.

Was liegt überhaupt an gesicherten Erkenntnissen vor? Im März 1988 versuchten Holmes und fünfzehn weitere Ärzte, diese Frage mit einer offiziellen vorläufigen Definition der Krankheit für die CDC wenigstens teilweise zu beantworten. Wichtigste Kriterien: Der Patient muß an einer »kräftezehrenden Ermüdung« leiden, die über ein halbes Jahr andauert und seine Einsatzfähigkeit um 50 Prozent vermindert; er darf keine andere Krankheit mit ähnlichen Symptomen haben, also weder Krebs noch Autoimmunerkrankungen oder AIDS. Außerdem muß der Patient an weiteren Symptomen des Syndroms leiden, unter anderem an Fieber, Halsschmerzen, Kopfschmerzen, unerklärlicher Muskelschwäche, Verwirrungszuständen oder Vergeßlichkeit.

Diese Definition war zwar ein erfreulicher erster Schritt zur Anerkennung der Krankheit und bot den Ärzten bei der Diagnosestellung gewisse Anhaltspunkte, aber zur Erforschung der Ursachen trug sie nichts bei. Wegen des ungesicherten Ursprungs der Krankheit wurde lediglich ein neuer Name vorgeschlagen: chronisches Ermüdungssyndrom. Wie schon gesagt, drückte diese Bezeichnung auch den zunehmenden Verdacht aus, daß das Epstein-Barr-Virus, bald nur EBV genannt, vielleicht doch nicht die einzige Ursache war.

Viele Forscher sind allerdings nach wie vor der Meinung, daß das EBV eine Rolle spielt, wenn nicht bei allen, dann doch bei manchen Patienten. Wie alle Viren, von denen wohl auch noch andere an diesem Syndrom beteiligt sind, ist es in seiner Wirkungsweise hinterhältig. Es greift unser Immunsystem direkt an und infiziert bestimmte weiße Blutkörperchen, die sogenannten B-Lymphozyten, die hauptsächlich in den Lymphknoten und im Knochenmark entstehen, im Blutkreislauf transportiert werden und Antikörper gegen Krankheiten bilden. Sobald sie jedoch mit dem Epstein-Barr-Virus infiziert sind, verwandeln sich B-Lymphozyten in mutierte Zellen, die sich wie wild vermehren.

Diese ungehemmte Proliferation ruft andere Bestandteile des Immunsystems, die Killer-T-Zellen, auf den Plan. Diese Zellen können die vom Virus infizierten B-Lymphozyten aufspüren und zerstören. Dabei führt der Körper buchstäblich Krieg gegen sich selbst, und dieser innere Kampf, bei dem der Körper Teile von sich abtötet, macht den Patienten krank. Eine T-Zelle nach der anderen greift einen infizierten B-Lymphozyten nach dem anderen an, bis der Invasion der Epstein-Barr-Viren endlich Einhalt geboten ist. Solange der Kampf unentschieden ist, geht es dem Patienten schlecht.

Das ist jedenfalls der Verlauf der infektiösen Mononukleose; was beim chronischen Ermüdungssyndrom geschieht, ist noch nicht bekannt. Der Kampf gegen die Mononukleose dauert gewöhnlich höchstens ein paar Wochen, während das chronische Ermüdungssyndrom Monate, sogar Jahre dauern kann. Entschieden wird der Kampf durch bisher unbekannte Faktoren.

Von einer Mononukleose kann man sich zwar wieder erholen, doch das Immunsystem gewinnt diesen Krieg nie vollständig. Ein paar umgewandelte B-Zellen, die das Epstein-Barr-Virus enthalten – etwa eine pro Million – bleiben übrig und können jederzeit wieder außer Kontrolle geraten; die wachsamen T-Zellen versuchen, das zu verhindern. Es herrscht allenfalls eine Art Waffenstillstand.

Bevor es das chronische Ermüdungssyndrom gab, bewirkte dieser Waffenstillstand die lebenslange Immunität gegen ähnliche Einwirkungen des Virus; man wurde es zwar nicht vollständig los, doch es konnte auch nie wieder die Oberhand gewinnen. Heute ist das vielleicht nicht mehr so sicher. Menschen, die am chronischen Ermüdungssyndrom leiden, haben fast immer schon einen Kampf gegen das Epstein-Barr-Virus hinter sich und die Mononukleose oder eine leichte grippeähnliche, durch EBV verursachte Kinderkrankheit durchgemacht. Jetzt werden sie doch wieder krank. Die Waffenstillstandsbedingungen scheinen nicht eingehalten zu werden. Ob sich das Virus selbst wieder aktiviert oder irgendein Mikroorganismus eingreift und das Immunsystem des Körpers stört und lahmlegt, weiß man noch nicht. Das chronische Ermüdungssyndrom kann also eine Krankheit sein, bei der das Epstein-Barr-Virus eine Rolle spielt oder auch nicht und zu der noch andere Faktoren beitragen.

Während wir uns mit dieser lästigen Vorstellung vertraut machen, erinnern wir uns daran, daß bei der Mononukleose das Epstein-Barr-Virus weiße Blutzellen infiziert und zur Mutation veranlaßt, so daß sie sich ungehemmt vermehren. Eine Krankheit, bei der sich umgewandelte Zellen unkontrolliert vermehren, ähnelt aber sehr der am meisten gefürchteten Krankheit: Krebs. Die Beschreibung paßt sogar genau auf die Leukämie, den Blutkrebs. Auch Leukämie entsteht durch unkontrollierte Vermehrung von Blutzellen. Sie befällt zwar in erster Linie andere weiße Blutzellen, die sogenannten Leukozyten – daher der Name Leukämie –, die normalerweise den Körper vor Infektionen schützen, kann aber auch rote Blutkörperchen, die Sauerstoff transportieren, ebenso wie Plättchen befallen, also die winzigen, plattenförmigen Gebilde, die zur Blutgerinnung beitragen. Der Körper verliert dabei seine Fähigkeit, sich vor Infektionen zu schützen, und es kommt zu Anämie und zu Blutgerinnungsstörungen. In allen Fällen kann die Krankheit zum Tod führen.

Manchmal macht sich Leukämie zunächst ähnlich wie Mononukleose, übrigens auch das chronische Ermüdungssyndrom, bemerkbar, ruft Müdigkeit, Lethargie und Schwäche hervor. Manche Menschen verlieren den Appetit und nehmen ab. Bei der Mononukleose gewinnt der Körper die Auseinandersetzung zwar nicht hundertprozentig, aber er verliert sie auch nicht. Nach Wochen oder Monaten geht die Mononukleose wieder zurück. Im Gegensatz zur Leukämie ist die Mononukleose keine lebensbedrohende Krankheit. Deshalb bezeichnet man sie auch gelegentlich als »sich selbst begrenzende Leukämie«, unterstreicht damit also die Ähnlichkeit mit dem Krebs.

Während die Mononukleose dem Krebs nur *ähnelt,* können andere EBV-Infektionen tatsächlich Krebs *hervorrufen.* Das Epstein-Barr-Virus *ist eines von vier Viren, deren Verbindung mit Krebs zweifelsfrei erwiesen ist.* Der Kampf gegen das Epstein-Barr-Virus ist also weit über die Mononukleose und das chronische Ermüdungssyndrom hinaus wichtig. Die chronische Erschöpfung ist eine Folge, der Tod eine ganz andere. Wenn wir wissen, wie das Epstein-Barr-Virus wirkt, können wir vielleicht den Krebs besser verstehen – und verhüten.

Diese Arbeiten begannen vor etwa dreißig Jahren im tropischen Afrika; die Welt hatte damals noch nie von einem Epstein-Barr-Virus gehört. Wie so viele große wissenschaftliche Entdeckungen wäre auch diese vielleicht ohne den Zufall nicht zustandekommen.

Man schrieb das Jahr 1957. Denis Burkitt, ein im Mulago Hospital in Kampala in Uganda stationierter schottischer Chirurg, untersuchte einen verängstigten fünfjährigen Jungen mit dem passenden Name Africa. Dem Jungen ging es sehr schlecht; er hatte auf beiden Seiten des Oberkiefers und Unterkiefers entstellende Schwellungen. Burkitt kannte Kiefertumore bei Kindern (normalerweise entfernte er sie operativ in einem drastischen, verstümmelnden Eingriff, der den unvermeidlichen Tod nur hinauszögerte), aber vier symmetrische Schwellungen auf beiden Gesichtsseiten hatte er noch nie gesehen.

Als Burkitt ein paar Wochen später ein etwa siebzig Kilometer entferntes Krankenhaus besuchte, schaute er auf einer Station zufällig aus dem Fenster: Im Gras saß ein Kind mit ähnlich geschwollenem Gesicht. Burkitt eilte hinaus und untersuchte das kleine Mädchen. »Es sah genauso aus wie im Mund des kleinen Jungen, den ich in Mulago im Krankenhaus gesehen hatte«, erzählte er später. »Ich fotografierte das Mädchen und machte mir Notizen. Von da an gingen mir die beiden Fälle nicht mehr aus dem Kopf.« Er ließ das kranke kleine Mädchen und seine Mutter die siebzig Kilometer nach Kampala bringen, wo er sie untersuchen und behandeln wollte. Er hatte keinen Erfolg. Sie starb bald darauf, ohne daß er etwas dagegen tun konnte.

Burkitt ist ein besonders zäher, hartnäckiger Mensch. Den Verlust eines Auges bei einem Unfall und die Mühsal eines Lebens in einem Entwicklungsland, weit weg von seiner schottischen Heimat, verschmerzte er. Er hing sehr an seiner Frau und seinen drei kleinen Töchtern. Er war auch sehr religiös, war nach Afrika gegangen, um Gott zu dienen. Wie konnte er seiner Berufung besser nachkommen als durch die Erforschung der Krankheit, an der die beiden Kinder gelitten hatten? Einen ganz kleinen Hinweis gab es immerhin: Das kleine Mädchen hatte bösartige Tumore nicht nur im Gesicht, sondern auch an anderen Körperteilen gehabt. Erstaunlich. War das Zufall, oder gab es einen Zusammenhang zwischen den Kiefertumoren und den anderen bösartigen Geschwülsten? Hatten sie vielleicht sogar dieselbe Ursache?

Burkitt ging die Krankenblätter und die Autopsieberichte im Mulago-Hospital durch. Die Unterlagen zeigten eindeutig, daß alle Patienten mit Kiefertumoren immer auch Tumore anderer Körperteile aufgewiesen hatten. Da nach herrschender Lehrmeinung Tumore, die sich in bestimmten Organen entwickelten, auch jeweils bestimmte Ursachen hatten, hatte bisher niemand einen Zusammenhang zwischen den verschiedenen Tumoren vermutet.

Als nächstes mußte man die Altersverteilung der Tumore feststellen. Burkitt wußte, daß verschiedene Krebsformen auch verschiedene Altersstrukturen aufweisen. Wenn die Kinder mit Mehrfachtumoren etwa gleich alt waren, sprach das vielleicht dafür, daß alle Tumore dieselbe Ursache hatten. Wieder wurde seine Vermutung durch Tatsachen erhärtet: Die

Tumore waren bei Kindern von zwei bis vierzehn Jahren aufgetreten; das Häufigkeitsmaximum lag bei fünf Jahren. Durch diese Altersverteilung unterschied sich der Tumor von allen anderen bekannten bösartigen Mißbildungen bei Kindern. Es handelte sich also um eine ganz eigene Krebsform.

Burkitt wußte, daß er einer wichtigen Spur nachging, aber als vielbeschäftigter Chirurg hatte er weder die Zeit noch die Mittel, allein weiterzumachen. Deshalb wandte er sich zunächst an eine medizinische Hochschule in der Nähe. Die dortigen Ärzte untersuchten eine Sammlung von 106 Objektträgern mit Krebs bei Kindern, ähnlich den Kiefertumoren. Sie stellten fest, daß Burkitts Kiefertumorfälle unter dem Mikroskop genauso aussahen wie die Tumore anderer Körperteile. Burkitt hatte recht gehabt; die Tumore waren alle von derselben Krebsart, gleichgültig, wo sie auftraten. Es handelte sich um ein Lymphom, einen Krebs des Lymphsystems, der bis dato noch nicht klassifiziert worden war. Er verursachte fast die Hälfte aller im Krebsregister von Kampala verzeichneten Krebsfälle. Aus diesem erstaunlichen Befund folgerte Burkitt, daß diese Art Krebs vielleicht die Hälfte aller Krebsfälle bei Kindern im tropischen Afrika bedingte. Wenn das stimmte, war es die häufigste Krebskrankheit bei Kindern.

Burkitt sah die Krankenblätter noch einmal nach älteren Hinweisen auf die Tumore durch. Tatsächlich gab es aus der Zeit um die Jahrhundertwende Bilder und Beschreibungen von Krebsgeschwüren, in denen besonders auf Kiefertumore hingewiesen wurde. Burkitt hatte es also nicht mit einer neuen Krankheit, sondern mit einer Krankheit zu tun, die nie recht zur Kenntnis genommen oder klassifiziert worden war. An diesem Krebs hatten afrikanische Kinder schon über ein halbes Jahrhundert gelitten (alte Holzschnitzereien mit grotesken Schwellungen um den Kiefer ließen darauf schließen, daß das Leiden noch viel älter war). Aber niemand hatte etwas dagegen getan. Allmählich ging es um eine große Sache.

Bald bekam Burkitt Besuch von George Oettlé, dem Leiter der Krebsforschungsabteilung im Südafrikanischen Institut für Medizinische Forschung in Johannesburg. Oettlé sah sich

Burkitts Fotos von Tumorpatienten an, ließ sich Burkitts wachsende Besorgnis schildern und erklärte dann mit absoluter Gewißheit, daß derartige Tumore in Südafrika nicht vorkamen.

Burkitt war platt. In Uganda gab es den Tumor, hatte es ihn schon mindestens ein halbes Jahrhundert gegeben, und in Südafrika existierte er überhaupt nicht. Wieso? Und wenn es in Südafrika keine Tumore gab, obwohl das Land nur dreitausend Kilometer weiter im Süden lag, mußte man sich fragen, an welcher Grenze die Tumore aufhörten. Eine solche Grenze, die das Tumorgebiet vom Nicht-Turmorgebiet trennte, mußte es ja geben. Wenn er sie finden konnte, ließ sich daraus vielleicht vieles ableiten. Welche Menschen lebten auf der einen, welche auf der anderen Seite dieser Grenze? Wie waren die Umweltbedingungen hier und dort? Wie war die Ernährung auf der einen, wie die auf der anderen Seite? Wenn man diesen Fragen nachging, erfuhr man vielleicht auch etwas über die Ursachen des Tumors.

Burkitt beantragte Fördermittel beim Staat, bekam den fürstlichen Betrag von fünfundzwanzig Pfund bewilligt und druckte dafür zwölfhundert Flugblätter mit den Fotos tumorinfizierter Kinder. »Wir beschafften uns die Adressen aus allen möglichen Kanälen«, erinnerte sich Burkitt. »Dann schickten wir die Flugblätter staatlichen Ärzten und Missionsärzten in ganz Afrika zu und hängten einen kleinen Fragebogen mit der Frage daran: ›Wie lange sind Sie schon in Ihrem Krankenhaus tätig, und haben Sie je so etwas gesehen?‹«

Es dauerte drei Jahre, bis die Antworten eingingen. »Es war eigentlich eine Freizeitbeschäftigung, denn ich war ja hauptamtlich als Chirurg im Staatsdienst beschäftigt. Doch so um die dreihundert bis vierhundert Antworten aus verschiedenen Teilen Afrikas habe ich bekommen. Sooft ich irgendwo auf einer Konferenz einen Vortrag hielt, bekam ich weitere Adressen. Ich traf Dr. Brown, der kannte Dr. Smith, der da und da arbeitete, und dann schrieb ich dem eben. Das ging nicht von heute auf morgen, und die Antworten tröpfelten auch eher.«

Aber sie gingen ein, und auf Landkarten hinter seinem Schreibtisch markierte Burkitt mit Reißnägeln (selbst eingefärbt, weil billiger) die Ergebnisse. Dabei trat allmählich ein Band quer durch das tropische Afrika zutage; es verlief von etwa 15° nördlich bis etwa 15° südlich des Äquators von West nach Ost, mit einer Art Schwanz an der Ostküste des Kontinents bis hinunter zur Grenze zwischen Mosambik und Südafrika. Das war die Tumorverteilung. Sie hatte deutliche Grenzen, eine erkennbare Form. Dieser Krebs war kein Zufallsereignis.

Mindestens auf der Landkarte hatte Burkitt sein Gebiet gefunden. Doch mitten drin gab es Gegenden, in denen der Tumor offenbar nicht auftrat. Aus dem südwestlichen Teil seines eigenen Landes, Uganda, der ja dicht besiedelt war, lagen zum Beispiel kaum Beweise für die Tumore vor. Warum? Vielleicht weil der Südwesten gebirgig war; bei näherer Betrachtung der Landkarte erwies sich, daß eine ganze Reihe der anderen tumorärmeren Gebiete im Hochland über 1500 m Höhe lagen. Hing dieser Krebs mit der Höhe, also mit dem Klima, zusammen?

Heute sieht man den Zusammenhang zwischen Umwelt und Krebs als gegeben an; Anfang der 60er Jahre war das eine ganz ungewohnte Vorstellung. Bei der Betrachtung seiner Landkarten hatte Burkitt immer deutlicher das Gefühl, daß er auf der richtigen Spur war. Er entwickelte einen ganz neuen Ansatz in der Krebsforschung, den er »geographische Biopsie« nannte. Aber dazu durfte man nicht nur Landkarten anschauen, sondern mußte sich vor Ort umsehen. Burkitt merkte, daß er nur durch persönlichen Augenschein feststellen konnte, warum der Krebs hier auftrat und dort nicht.

Das war allerdings leichter gesagt als getan. Das Tumorgebiet – später als »Lymphomgürtel« bezeichnet – erstreckte sich über fünf Millionen Quadratmeilen. Eine so große Fläche konnte er unmöglich bereisen. Außerdem wurden seine Möglichkeiten durch die sozialen und geographischen Verhältnisse in dieser Gegend noch weiter eingeschränkt. Der nördliche Teil des Gürtels ging zum großen Teil in die dünn besiedelte Sahara in Äthiopien und im Sudan über. Dorthin konnte man kaum reisen. Westlich von Uganda lag Kongo, jetzt Zaire, wo die Simba-Aufständischen ihr Unwesen trieben, und südlich davon lag Angola, auch gerade wieder mitten in einer Revolution. Für einen Europäer waren das keine geeigneten Reiseziele.

Es blieb also nur der östliche Teil des Gürtels, ein fünfzehntausend Kilometer großes Gebiet von Kenia bis hinunter an die südafrikanische Grenze, dicht besiedelt, mit vielen Krankenhäusern. Fast überall wurde Englisch gesprochen, die Straßen waren verhältnismäßig gut, die Unterschiede in Höhe und Klima beträchtlich. Das mußte reichen.

Also machte sich Burkitt am 7. Oktober 1961 in Begleitung von zwei weiteren Ärzten aus der Umgebung und mit vierhundert Pfund Zuschuß in einem Ford-Kombi auf einen Treck durch Ost-, Mittel- und Südafrika – ein Abenteuer, das bald als »große Safari« bekannt wurde. Er konnte nicht wissen, daß das Großwild, nach dem er jagte, besonders winzig und scheu und dabei gefährlicher war als alle Rhinozerosse und Löwen, seine Geheimnisse aber schließlich wenigstens zum Teil offenbaren sollte (wenn auch erst nach fast einem Jahrzehnt): das Epstein-Barr Virus.

Wie Burkitt in seinem Tagebuch festhielt, war es »eine Safari, wie man sie nur einmal im Leben unternimmt«. In zehn Wochen legten die drei Männer genau nach Plan fünfzehntausend Kilometer zurück. Dabei besuchten sie zwölf Länder. Ihr Reisegebiet reichte vom Regenwald bis zum trockenen Busch, vom gefährlichen Gebirgspaß bis zur scheinbar endlosen Ebene. Sie befuhren tagsüber schlechte Straßen, bei Nacht unsichtbare Pfade; nur der Kompaß leitete sie. Sie kamen durch dicht besiedelte Dörfer und Städte ebenso wie durch unendliche leere Landstriche. Sie fuhren über die längste Brücke der Welt, sahen die hohen Victoriafälle und besuchten in einer von Lehmwällen umschlossenen arabischen Stadt namens Ujiji am Ostufer des Tanganjikasees die Stelle, an der neunzig Jahre zuvor der Reporter Henry Stanley vom *New York Herald* den berühmtesten Missionar seiner Zeit mit den Worten: »Doktor Livingstone, vermute ich«, begrüßt hatte. Über alles führte Burkitt Tagebuch.

»Mittwoch, 11. Oktober (20.20 Uhr)
Kigoma haben wir heute morgen um 8.45 Uhr verlassen. Ich bin noch nie durch ein so endloses, eintöniges afrikanisches Buschgelände gereist wie heute. Kilometer um Kilometer, insgesamt vierhundert Kilometer auf staubigen Naturstraßen. Alles trokken, voll Staub, braune, verbrannte Erde. Nur gelegentlich mußten wir einen Steilhang hinunterfahren oder einen von hohen Felsen gesäumten Paß überqueren. Auf den ersten hundert Kilometern bis zu einer römisch-katholischen Mission sind wir nur einem Auto begegnet. Auf den nächsten zweihundertfünfzig Kilometern ist uns überhaupt nichts Fahrendes unter die Augen gekommen; nur drei stehende Autos haben wir gesehen. Wir haben kaum eine Menschenseele erblickt.

Mittwoch, 8. November
(Camp Pretorius Kop am unteren Ende des Krüger-Nationalparks). Wir sind gerade von einem siebenstündigen Aufenthalt im Park zurückgekommen und haben ihn sehr genossen. Insgesamt haben wir bestimmt tausend Impalas gesehen, auch viele Warzenschweine, Wasserböcke, Gnus, Kudus, einen Elefanten, eine Säbelantilope (ein sehr großes Tier). Auch ein paar bemerkenswerte Erlebnisse sind zu verzeichnen. Ich wollte gerade einige Meerkatzen photographieren, als eine mit dem Jungen an der Brust aufsprang und sich mit ihrem Jungen neben meiner Schulter auf dem Fensterrahmen unseres Autos niederließ. Leider reichte die Entfernung nicht für ein Bild.«

Am Ende dieser Abenteuer standen Krankenhäuser, Missionen und Kliniken. Überall zeigte Burkitt den Mitarbeitern seine Sammlung von Tumorfotos, ging durch die Stationen und durchsuchte die Krankenblätter nach Hinweisen auf das bösartige Lymphom. Er hielt auch Vorträge und behandelte alle möglichen Patienten, operierte sogar gelegentlich. Allmählich zeichnete sich ein Bild ab, das zu bestätigen schien, was Burkitt schon an seiner Wandkarte aufgefallen war. »Uns ging pötzlich auf«, erinnerte er sich, »daß wir für den Gürtel keine *Grenze,* sondern eine *Höhenlinie* fanden.«

Der Tumor trat zum Beispiel in einem bestimmten Gebiet auf, schien aber in einer gewissen Höhe zu verschwinden. So waren etwa in Äquatornähe über fünfzehnhundert Meter hinaus keine Lymphomfälle mehr zu verzeichnen. Nach Süden hin veränderte sich diese Höhenlinie. In Nyasaland, dem heutigen Malawi, das weiter vom Äquator entfernt liegt, traten ab neunhundert Meter Höhe keine Fälle mehr auf. Im noch weiter südlich gelegenen Swasiland lag die Höhenlinie schon bei rund dreihundert Meter. Natürlich gab es in Südafrika überhaupt keine Tumore.

Diese Feststellungen waren sehr merkwürdig, weitere Absonderlichkeiten in der langen Reihe erstaunlicher Ergebnisse, die man bei der Erforschung dieses bizarren Krebses gefunden hatte. Als die Männer Johannesburg, den südlichsten Punkt ihrer Safari, erreichten, hatten sie so viel Material gesammelt, daß sie mit der Aufarbeitung eine ganze Weile beschäftigt waren – zum Glück, denn bald kam der Regen.

»Samstag, 16. Dezember

Wir sitzen in einer Umleitung wegen der unpassierbaren Straße von Kisumu nach Uganda völlig fest. Vor mir steht ein Bus quer über der Straße; mit einer Seite steckt er so tief im Schlamm, daß die Karosserie auf dem Boden aufsitzt. Davor liegt ein weiterer Bus im Graben, vor diesem ein dritter quer über der Straße in beiden Gräben. Den zieht gerade ein Schaufelbagger in einen Graben hinüber. Auch drei Lastwagen liegen fest. Auf beiden Seiten dieses Staus stehen ganze Autoschlangen und hoffen, daß sie irgendwann durchkommen. Man kann sich kaum auf den Füßen halten, und ich bin schon einmal hingefallen ... Natürlich steht die ganze örtliche Bevölkerung herum und unterhält sich köstlich.«

Am Sonntag, dem 17. Dezember, kamen Burkitt und seine Kollegen wieder zu Hause an. Insgesamt hatten sie an die siebenundfünfzig Krankenhäuser besucht und über zweihundertfünfzig Tumorfälle entdeckt. Die fünfzehntausend Kilometer lange Safari hatte, einschließlich des Erlöses aus dem Wiederverkauf des Kombiwagens, 678 Pfund gekostet – Krebsforschung zum Billigsttarif. Was sie an Ergebnissen mitbrachten, kam einer Sensation gleich. Niemand hatte je von einem höhenabhängigen, noch dazu unterschiedlich höhenabhängigen, Krebs gehört. Als diese Dinge bekannt wurden, staunten nicht nur Burkitts afrikanische Kollegen. Interessenten aus der ganzen Welt, darunter auch Journalisten von *Time* und amerikanische Fernsehteams, suchten Burkitt auf.

Burkitts Wandkarten waren mittlerweile mit farbigen Reißnägeln gespickt; etwa vierhundert Punkte hatte er markiert. Erst als er seine Ergebnisse einem Bekannten, Professor Alexander Haddow, dem Direktor des East African Virus Research Institute in der ugandischen Stadt Entebbe, zeigte, wurde ihm die Bedeutung der Muster auf seiner Karte klar. Haddow verglich die verschiedenen Höhenlinien mit den klimatischen Verhältnissen in der jeweiligen Region und folgerte daraus, daß die eigentliche Trennungslinie nicht die Höhe, sondern die *Temperatur* war. Der Tumor kam nicht in Gegenden vor, in denen die Temperatur unter etwa 16 °C sank.

Natürlich. Das erklärte auch, warum diese Höhengrenze in Äquatornähe höher und etwas weiter weg vom Äquator tiefer lag: Temperaturen unter 16 °C kamen in immer geringerer Höhe vor, je weiter man sich vom Äquator entfernte. Um diese Theorie auf die Probe zu stellen, unternahm Burkitt noch zwei, diesmal allerdings kürzere Reisen; die erste führte ihn nach Westafrika, die zweite nach Ruanda und Burundi, die beiden kleinen ostafrikanischen Länder, die er wegen der Regenfälle auf seiner langen Safari nicht hatte besuchen können. In Westafrika fand er flaches Land, in dem die Temperatur durchweg über 16 °C blieb; in Ruanda und Burundi stieß er auf aussagekräftige Kontraste – Hochland, wo die Temperatur unter 16 °C fällt, und verhältnismäßig tiefliegendes Gelände mit heißem, feuchtem Klima, beides in Äquatornähe. Wenn das Bild vom temperaturabhängigen Vorkommen des Krebses auch in diesen Regionen zu finden war, mußte das die Schlußfolgerung bestätigen.

In gewisser Weise traf das auch ein. Wie Burkitt erwartet hatte, traten Tumorfälle im tieferen, warmen Burundi, jedoch nicht im höhergelegenen, kühlen Ruanda auf. Westafrika hielt sich allerdings nicht an die Regeln. Die Temperaturen waren zwar in allen Ländern vergleichbar, die Burkitt besucht hatte, doch das Lymphom verhielt sich anders als erwartet.

Der »Lymphomgürtel«

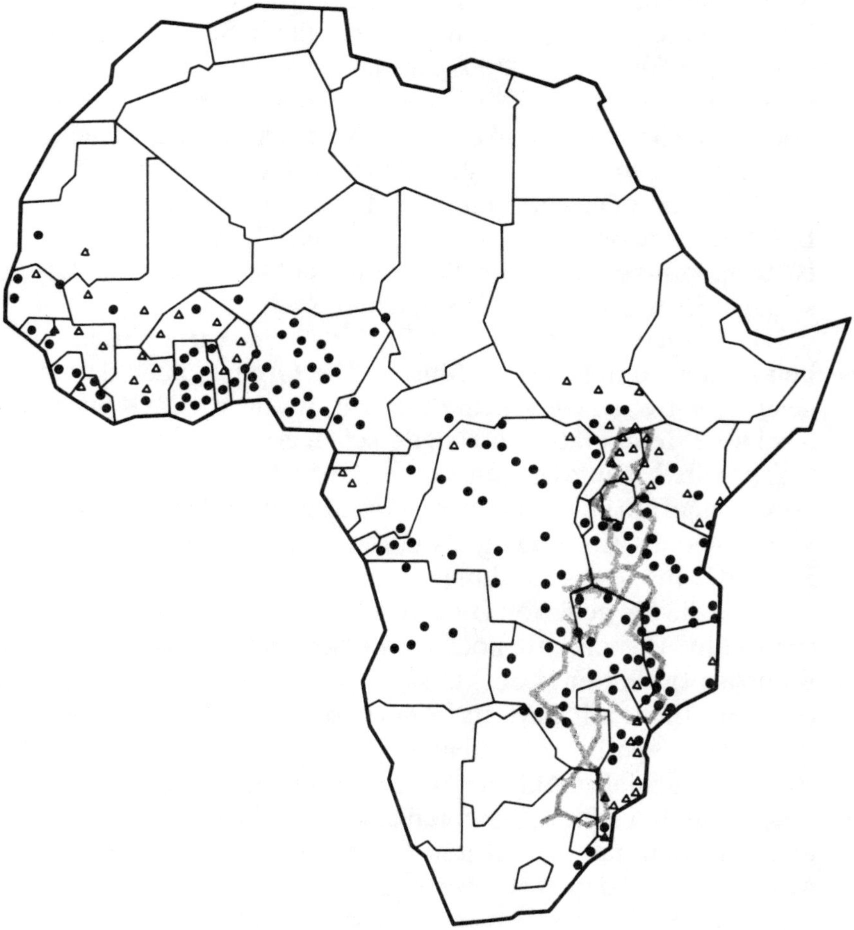

auf der großen Safari zurückgelegte Wegstrecke (1961)
● Gebiete, in denen mehrere Fälle vorliegen
△ Gebiete, in denen der Tumor zwar häufig vorkommt, jedoch nicht belegt werden kann

Es kam in Südnigeria und Ghana, aber nicht in den nördlichen Teilen dieser beiden Länder vor. In der Gegend um Accra an der Südküste Ghanas existierte es überhaupt nicht.

Nach seiner Rückkehr vertiefte sich Burkitt zusammen mit Alexander Haddow in staatliche Landkarten und Statistiken. Dabei stellten sie fest, daß die Regenfälle in Südnigeria und Ghana bei 50000 bis 100000 mm jährlich lagen. Im Norden, in Saharanähe, fielen bei vergleichbaren Temperaturen jedoch kaum über 5000 mm pro Jahr. Accra an der Südküste lag in einem sogenannten Regenschattengebiet; Niederschläge gab es in dieser Gegend kaum. Der Tumor trat in regenreichem Land auf und verschwand in trockenen Gegenden. Damit hatte man einen weiteren Parameter entdeckt: die Niederschläge. Es war wirklich ein seltsamer Krebs.

Die farbigen Reißnägel auf Burkitts Wandkarte beschrieben immer kompliziertere Muster. Die Grenze, nach der er gesucht hatte, war gar keine Grenze, sondern ein Gemisch aus Höhe, Temperatur und Niederschlägen, das sich an keine erkennbare Logik zu halten schien. Auf welcher Karte Afrikas konnte man ein dementsprechendes Muster finden? Haddow, von Haus aus Entomologe, fiel die Antwort ein: auf einer Karte der Insektenverteilung.

Hatte die Ursache von Burkitts Lymphom etwas mit Insekten zu tun? Bisher hatte noch kein Insekt nachweislich Krebs verursacht; allerdings deckte sich eine Karte der Verteilung der Tsetsefliege mit Burkitts Tumorkarte. Und Karten mit Angaben über von Insekten übertragene Krankheiten, wie zum Beispiel Schlafkrankheit, O'nyong-nyong-Fieber (einer Krankheit, bei der die Patienten das Gefühl haben, sie hätten alle Knochen gebrochen) und Gelbfieber, zeigten ebenfalls Muster ähnlich denen von Burkitts Lymphom.

Schlüssige Beweise für den Zusammenhang gab es zwar bisher nicht, doch vorläufig reichte es. Zum ersten Mal hatte man hier einen Krebs entdeckt, der offenbar durch eine Infektion hervorgerufen wurde, und diese Infektion ging über ein Insekt vor sich. »Als die Sache in Gang gekommen war«, erinnerte sich Burkitt, »schlug sie wie eine Bombe ein.«

Obwohl es andere tödliche Krankheiten gibt, die mehr Menschen umbringen, als Krebs, verbreitet wohl keine solchen Schrecken. Was jetzt aus Uganda zu hören war, ließ hoffen wie selten zuvor in der Krebsforschung. Man wußte, daß Viren bei Tieren Krebs auslösen und Insekten Viren übertragen können, doch noch nie hatte ein Virus nachweislich beim Menschen Krebs verursacht. Wenn ein von einem Insekt übertragenes Virus diesen Krebs tatsächlich auslöste, war das vielleicht der Durchbruch, nach dem die Welt verzweifelt suchte.

Burkitt hatte getan, was er konnte. Jetzt war umfangreiche Laborforschung gefordert, und der fühlte er sich nicht gewachsen. Er hatte für eine so schwierige Aufgabe weder die Ausbildung noch die Ausrüstung. Außerdem hatte er als Chirurg schon genug zu tun und verfolgte zudem noch das weitere Auftreten des Burkitt-Lymphoms, wie die Krankheit mittlerweile genannt wurde. Laboratorien auf der ganzen Welt überschütteten ihn mit Bitten um Tumorproben. Ein Forscher hatte allerdings eine eigene Quelle: M. Anthony Epstein vom Middlesex Hospital in London. Im März 1961, gut ein halbes Jahr bevor sich Burkitt auf die große Safari begeben hatte, hatte Epstein ihn in London über seinen ersten Verdacht im Zusammenhang mit diesen Tumoren reden hören. In der Überzeugung, daß Burkitt etwas Wichtigem auf der Spur war, hatte Epstein Kampala besucht und dort ein System eingerichtet, mit dem Tumorproben per Luftpost praktisch über Nacht in sein Laboratorium geschickt werden konnten. Ein Jahr später, als die Welt die Auswirkungen von Burkitts Untersuchungen erst richtig erkannte, war Epstein schon emsig auf der Suche nach dem Virus.

Es war gar nicht so einfach zu finden. Zunächst mußte man den Tumor im Labor züchten, um den ständigen Nachschub von Tumorzellen zu garantieren. Epstein und sein Team wollten sich an die Methode halten, die John Enders ein Jahrzehnt zuvor erfunden hatte, also die Zellen in Gewebekulturen züchten, das heißt in Reagenzgläsern mit Nährstoffen, die genau auf einer bestimmten Temperatur gehalten werden, bei der die Zellen gedeihen. Die einzige Schwierigkeit bestand darin, daß andersartige Zellen aus anderen Quellen schon vorher erfolgreich in Gewebekulturen gezüchtet worden waren, menschliche Lymphomzellen waren jedoch nicht darunter. Epstein mußte sich also überlegen, wie er etwas anpacken konnte, was vor ihm noch niemand versucht hatte.

»Zwei Jahre lang haben wir uns abgemüht, um diese Dinger zu züchten«, erinnerte er sich später. »Ich habe vierundzwanzig verschiedene Proben erfolglos eingesetzt. Wir waren offensichtlich auf dem Holzweg.«

Schließlich fand Epstein durch endloses Herumprobieren die richtigen Ernährungs- und Temperaturbedingungen. 1963, nachdem sich die Forscherin Yvonne Barr seiner Gruppe angeschlossen hatte, gelang ihm schließlich die Züchtung von Tumorzellen im Labor. Die Forscher bezeichneten die Zellen mit dem Kürzel EB (E für Epstein, B für Barr). Jetzt, da die ununterbrochene Versorgung mit Tumorzellen gesichert war, konnten sie endlich zur Sache kommen und feststellen, ob die Zellen ein Virus enthielten. Dazu betrachteten sie die Zellen auch mit der gewaltigen Vergrößerung, die das Elektronenmikroskop lieferte.

Das dauerte wieder einige Zeit, aber 1964 erschien endlich ein Virus unter dem Mikroskop. Epstein war so aufgeregt und hatte solche Angst, die Wärme des Mikroskops könnte das Virus verändern oder gar zum Verschwinden bringen, daß er das Mikroskop ausschaltete und zur Beruhigung erst einmal spazieren ging. Als er das Gerät danach wieder einschaltete, war das Virus immer noch da. Erst jetzt rief er seine Kollegen herein, damit sie den Fund selbst sehen konnten.

So hing also tatsächlich ein Virus mit dem Burkitt-Lymphom zusammen. Eine wichtige Frage war damit beantwortet. Doch eine noch wichtigere war geblieben: Was hatte das Virus mit dem Krebs zu tun? Der Nachweis des Virus in Tumorzellen begründete noch nicht, daß es auch die Ursache dieser Tumore war. Das waren allenfalls Indizienbeweise, die einem Hoffnung machen konnten, mehr nicht. Das Virus an dieser Stelle konnte ebensogut Folge wie Ursache des Krebses sein. Vielleicht war es eine Art Anhalter, ein Nebenprodukt der Krankheit, aber nicht der Auslöser. Hinzu kam noch eine kleine Schwierigkeit: Das Virus hatte noch niemand gesehen.

»Wir konnten zwar die *Art* des Virus feststellen«, erklärte Epstein einem Reporter, »wußten aber nicht, was es genau war. Das heißt, wir kannten die Familie: Es gehörte zur Gruppe der Herpesviren. Aber es war kein bekanntes Mitglied der Herpesgruppe.«

Ach ja, die allgegenwärtigen, komplizierten Herpesviren, vielleicht am bekanntesten als Herpes genitalis, sind die Verursacher von schmerzhaften Bläschen, die, bevor es AIDS gab, in den Medien stets als gerechte Strafe für sexuelle Freizügigkeit bezeichnet wurden. Herpesviren können aber auch so unterschiedliche Beschwerden hervorrufen wie Windpokken, eine verbreitete Kinderkrankheit; Gürtelrose, eine schmerzhafte Krankheit in höherem Alter; und die lästigen, immer wieder auftretenden Herpesbläschen auf der Lippe. Herpeskrankheiten sind berühmt dafür, daß sie immer wiederkommen. Herpes genitalis und Lippenbläschen kommen und gehen. Die Gürtelrose wird durch das erneute Auftreten desselben Virus verursacht, das zuerst Windpocken auslöst; es nistet sich still im Körper ein, überwintert sozusagen tief im Nervensystem, solange keine neuen Ausbrüche stattfinden. Der Name *herpes* kommt aus dem Griechischen und bedeutet »kriechen« – eine treffende Beschreibung von Viren, die diese langsam entstehenden, wiederkehrenden Leiden verursachen.

Hier hatte man es jetzt mit einer unbekannten Spielart des Herpesvirus zu tun. Epstein wußte nicht weiter, vor allem auch deshalb nicht, weil Herpesviren mit Krebs einfach nichts zu tun hatten, nicht einmal bei Tieren. Er brauchte Unterstützung. Epstein schickte seine letzte Charge Tumorzellen, die das inzwischen so genannte Epstein-Barr-Virus enthielten, an Werner und Gertrude Henle am Kinderkrankenhaus in Philadelphia.

Das Ehepaar Henle, Virologen aus Deutschland, spezialisierte sich auf die Untersuchung von Viren, die bei Kindern vorkommen. Auf das Burkitt-Lymphom waren sie schon von einem Kollegen hingewiesen worden, der Ostafrika bereist hatte (der Kollege hieß C. Everett Koop und sollte etwa fünfundzwanzig Jahre später als Gesundheitsminister der Vereinigten Staaten sehr viel mit einer anderen Viruskrankheit, nämlich AIDS, zu tun bekommen.) Sofort bestätigten sie Epsteins Ansicht, daß es sich beim Epstein-Barr-Virus tatsächlich um ein neues Virus handelte, nachdem sie erfolglos versucht hatten, es auf Zellkulturen zu übertragen, die auf bekannte Herpesviren reagierten. Dann gingen sie daran, die Verbindung zwischen dem EBV und dem Burkitt-Lymphom zu untersuchen. Verursachte das Virus die Tumore oder nicht?

Dazu verfolgten die Henles die Antikörper im Blut von Patienten, die an der Krankheit litten. Antikörper sind bekanntlich besondere Proteine, die der Körper bildet, um das Immunsystem bei der Abwehr von Eindringlingen, zum Beispiel Viren, zu unterstützen. Sobald wir einem Virus ausgesetzt sind, bilden wir dagegen besondere Antikörper, die dann immer in unserer Blutbahn vorhanden sind. Wenn also das Epstein-Barr-Virus wirklich eine Rolle beim Burkitt-Lymphom spielt, folgerten die Henles, müßte jeder, der an der Krankheit leidet, reichlich Antikörper gegen das Virus aufweisen. Deshalb wollten sie als erstes feststellen, ob bei allen am Burkitt-Lymphom Erkrankten tatsächlich Antikörper gegen das Epstein-Barr-Virus zu finden waren.

Dazu wandten die Henles ein Immunfluoreszenztest genanntes Verfahren an: Bestimmte Antikörper, die jeden menschlichen Antikörper ansteuern, werden mit einem fluoreszierenden Farbstoff markiert, so daß sie bei Bestrahlung mit ultraviolettem Licht aufleuchten (so wie fluoreszierendes Gestein bei solcher Beleuchtung im Museum erstrahlt). Als sie mit Zellen aus den Burkitt-Lymphom-Tumoren zusammengebracht wurden, strebten die fluoreszierenden Antikörper schnurstracks auf die Antikörper in den Zellen zu und wichen ihnen nicht mehr von der Seite. Die Henles konnten dann durch Bestrahlung der Zellen mit ultraviolettem Licht unter dem Mikroskop die EBV-Antikörper leicht erkennen. Als sie das Blut eines nigerianischen Kindes, das am Burkitt-Lymphom litt und zur Behandlung in die Vereinigten Staaten geflogen worden war, untersuchten, leuchteten die Antikörper unter dem Mikroskop hell auf. Bald stellten sie fest, daß alle am Burkitt-Lymphom leidenden Kinder diese Antikörper aufwiesen – EBV fand sich bei allen, die die Krankheit hatten.

Dieser Befund entsprach ihren Erwartungen ziemlich genau: EBV hing eng mit dem Burkitt-Lymphom zusammen.

Doch der einfache Nachweis von Antikörpern reichte den Henles nicht. Sie mußten noch zwei weitere wichtige Fragen aufklären. Erstens: Kamen die Antikörper gegen das Virus nur bei Burkitt-Lymphom-Patienten oder auch bei Gesunden oder Menschen mit anderen Krankheiten vor? Zweitens: Wenn die Antikörper nicht nur bei Menschen auftraten, die am Burkitt-Lymphom litten, mußte man fragen, ob Burkitt-Patienten eine wesentlich höhere Antikörperkonzentration gegen das Epstein-Barr-Virus aufwiesen als andere Menschen.

Dabei stießen die Henles auf etwas Erstaunliches, das sie später in *Scientific American* so beschrieben:

> »Zu unserer Überraschung zeigten sich Antikörper gegen das Epstein-Barr-Virus nicht nur bei Kindern mit Burkitt-Lymphom, sondern auch im Serum fast aller untersuchten gesunden afrikanischen Kinder. Noch unerwarteter war die Feststellung, daß Antikörper gegen das Virus auch bei Kindern aus vielen anderen Teilen der Welt gefunden wurden. Folglich kommt das Epstein-Barr-Virus auf der ganzen Welt vor, und fast niemand entgeht einer Infektion.«

Bis zu 95 Prozent von uns allen – Afrikaner, Europäer, Asiaten und Amerikaner – tragen das Epstein-Barr-Virus. Es ist wirklich ein Virus, das überall vorkommt.

Nach diesem Schock wirkte die Antwort auf die zweite Frage geradezu als Enttäuschung. Ja, Kinder mit Burkitt-Lymphom wiesen Konzentrationen an EBV-Antikörpern auf, die acht- bis zehnmal so hoch waren wie bei gesunden Kindern. Ihr Körper versuchte, das eindringende Virus nach besten Kräften fernzuhalten.

Die Henles hatten also festgestellt, daß alle, die einmal am Burkitt-Lymphom gelitten hatten, EBV aufwiesen; das Virus war jedoch nicht auf Personen beschränkt, die diese Krankheit hatten, sondern praktisch jeder trug das EBV in sich. Patienten mit Burkitt-Lymphom zeigten allerdings viel höhere Konzentrationen an EBV-Antikörpern als Gesunde.

Noch eine weitere Überraschung stand ins Haus: Auch Menschen mit bestimmten anderen Krankheiten zeigten hohe Antikörpertiter gegen das EBV. Vor allen Dingen waren das Patienten mit Nasopharynx-Karzinom, einem Krebs im Bereich hinter der Nase und über dem Gaumendach. Im Gegensatz zum Burkitt-Lymphom befällt dieser Krebs vorwiegend Erwachsene, vor allem in Südostasien, Südchina und Nordafrika. Auch die Eskimos in Alaska leiden daran. In diesen Gegenden werden jährlich mindestens fünfzigtausend Fälle von Nasopharynx-Karzinom berichtet; in Südchina entfallen darauf fünfundzwanzig Prozent aller Krebsfälle; in anderen Teilen der Welt ist die Krankheit selten, in den Vereinigten Staaten sogar völlig unbekannt.

Die Henles standen vor einem Rätsel. Wenn fast jeder Mensch auf der Welt das Virus trägt, mußte man sich fragen, warum nicht mehr an einer Krankheit litten, die durch irgendein EBV verursacht wird. Wie konnte ein so verbreitetes Virus wie das EBV mit so seltenen Krankheiten zusammenhängen? Das leuchtete einfach nicht ein. Es mußte eine häufige Krankheit geben, bei der das Epstein-Barr-Virus eine Rolle spielte. Oder, wie es die Henles ausdrückten: »Wir hatten ein Virus und suchten nur noch die passende Krankheit dazu.«

Wieder half der Zufall denen, die gerüstet waren. Im Fall der Henles bediente er sich der neunzehnjährigen Labortechnikerin Elaine Hutkin. Bei ihren üblichen Untersuchungen hatten die Henles das Blut von Elaine Hutkin ebenso wie das aller anderen Mitarbeiter im Labor untersucht. Doch im Gegensatz zu allen anderen hatte Hutkin keine Antikörper gegen das Epstein-Barr-Virus aufgewiesen, war also dem Virus bisher nicht ausgesetzt gewesen. Sie stellte den Henles zu Versuchszwecken mehrmals EBV-freies Blut zur Verfügung.

Eines Tages, Ende 1967, ging es Elaine Hutkin so schlecht, daß sie nicht zur Arbeit kommen konnte. »Ich hatte Schüttelfrost, Halsweh, geschwollene Drüsen im Nacken«, erinnert sie sich. »Mir ging es dreckig, ich war ewig müde.« Nach sechs Tagen kam sie wieder zur Arbeit, obwohl es ihr immer noch nicht besser ging. Nach ein paar Tagen bekam sie einen Ausschlag. Die Henles wollten eine weitere Blutuntersuchung durchführen, um festzustellen, woran Hutkin litt. Dabei suchten sie auch noch einmal nach EBV-Antikörpern. Das Ergebnis ließ nicht lange auf sich warten: Hutkin war jetzt positiv, hatte sich also etwa um die Zeit, in der sie krank geworden war, mit dem EBV infiziert. Die Überraschung war vollkommen, als Hutkins' Arzt die Krankheit als infektiöse Mononukleose diagnostizierte.

Mononukleose, die »Studentenkrankheit«, Plage aller höheren Schüler und Studenten. Obwohl sie schon einige Jahre bekannt ist – zum ersten Mal wurde sie 1885 beschrieben –, und obwohl seit den 30er Jahren auch eine Blutuntersuchung zur Diagnostizierung allgemein angewandt wird, war die Ursache damals noch unbekannt. Jetzt litt Hutkin also an Mononukleose und hatte gleichzeitig Antikörper gegen das EBV gebildet. War vielleicht das Epstein-Barr-Virus die lange gesuchte Ursache der Krankheit? War Mononukleose die vom EBV verursachte verbreitete Krankheit, nach der die Henles suchten?

Die Vermutung war höchst interessant und auch gar nicht so abwegig. Die Mononukleose ist ja, wie schon gesagt, eine Krankheit, bei der sich die Blutzellen unkontrolliert vermehren. Hier hatte man ein Virus, das EBV, das erstmals in Krebstumoren nachgewiesen worden war und jetzt offenbar eng mit der Mononukleose, einer weit verbreiteten, krebsähnlichen Krankheit, zusammenhing.

Auch wenn ihr Verdacht mehr als begründet war, durften sich die Henles nicht allein auf den Fall Elaine Hutkin stützen. Um hieb- und stichfest nachzuweisen, daß das EBV etwas mit der Mononukleose zu tun hatte, brauchten sie noch mehr Beweise. Zum Glück gab es die ein paar hundert Kilometer weiter weg in New Haven, Connecticut, wo James Niederman von der Yale Medical School die Mononukleose in einer Bevölkerungsgruppe untersuchte, die am meisten darunter litt – Collegestudenten. Niederman hatte seit 1958 ein paar hundert Studienanfängern in Yale Blutproben entnommen. Er verfügte also über Proben von Studenten, bevor diese Mononukleose bekamen, während ihrer Krankheit und nach der Gesundung. Es war ein rechter Hort an Informationen über das EBV und für die Henles ein Geschenk des Himmels.

Niederman schickte den Henles bereitwillig seine Blutproben zur Untersuchung, und bald lagen die ersten Ergebnisse vor. »Wir haben festgestellt«, schrieben sie, »daß Antikörper gegen das Epstein-Barr-Virus jeweils vor der Krankheit fehlten, doch während und nach der Krankheit vorhanden waren. Aus diesen Ergebnissen leiten wir eindeutig ab, daß das Epstein-Barr-Virus mindestens für eine Krankheit verantwortlich ist: die infektiöse Mononukleose.«

Nun war es heraus. Die Henles hatten ihre verbreitete Krankheit für ihr überall vorkommendes Virus gefunden. Selbst wenn die Mononukleose sehr häufig vorkommt – in den Vereinigten Staaten allein leiden rund 50 pro 100 000 Menschen daran (an Colleges und Universitäten liegt die Zahl vielleicht bei 1500 pro 100 000) –, reicht es nicht als Erklärung dafür, daß praktisch *jedermann* ein Epstein-Barr-Virus hat. Wieso nicht?

Komischerweise hat die Erklärung mit unserem verhältnismäßig hohen Hygienestandard zu tun. Die Henles erkannten bald, daß das Alter, in dem Menschen dem Virus ausgesetzt waren, von deren Umwelt abhing. Wo die Hygiene und die Wohnverhältnisse schlecht waren, wie etwa in den Entwicklungsländern, waren die Menschen dem Virus schon früh in ihrem Leben ausgesetzt und bildeten schon mit drei oder vier Jahren Antikörper dagegen. In den saubereren und weniger dicht besiedelten Ländern, wie zum Beispiel den Vereinigten Staaten, wurde man mit dem Virus vielleicht erst als Heranwachsender oder sogar Erwachsener konfrontiert; Elaine Hutkin war ein schlagender Beweis für diese Theorie.

Normalerweise war jedoch nicht zu erkennen, daß Menschen, die in unhygienischen Verhältnissen lebten, von dem Virus schon früh im Leben infiziert worden waren. Aus irgendeinem Grund, vielleicht wegen der Unreife ihrer B-Lymphozyten (der Zellen, die das Virus invadiert) oder ihres ganzen Immunsystems, wurden mit dem EBV infizierte Kinder kaum je richtig krank und bekamen auf keinen Fall etwas so Schweres und Langwieriges wie Mononukleose (natürlich mit Ausnahme des Burkitt-Lymphoms). Heiserkeit und Husten, ein paar Tage mit grippeähnlichen Symptomen oder gar nichts –

das sind normalerweise alle Auswirkungen des EBV auf Kinder.

Wenn sich das Virus erst später einnistet, sind die Folgen im allgemeinen schwerer: Es kommt zur Mononukleose. Als Auslöser schlimmerer Krankheiten bei älteren Menschen verhält sich das EBV so wie andere Viren, auch das Hepatitis- und das Poliovirus. Das liegt vielleicht daran, daß das Immunsystem älterer Personen nicht mehr richtig auf die Infektion anspricht. Für das EBV gilt jedenfalls, daß mindestens die Hälfte der spät mit EBV Infizierten signifikant erkrankten. Auch hier war Elaine Hutkin das Paradebeispiel. Die Mononukleose ist also im wesentlichen ein Leiden der entwickelten Länder. Was durch EBV verursachte Krankheiten betrifft, so ist die Mononukleose sicherlich erst die Spitze des Eisbergs, die einzige Krankheit, die man bis jetzt erkannt hat. Doch irgendwie, erkennbar oder nicht, beeinflußt das Virus praktisch uns alle.

Im Lauf ihrer Untersuchungen bekamen die Henles gegen ihren Willen fast so etwas wie Hochachtung vor dem Epstein-Barr-Virus. Wenn das Leben nur zur Vermehrung dient, und wenn ein Virus nur innerhalb lebender Zellen leben und sich vermehren kann, dann sollte dies Virus seinen Wirt möglichst lange bei guter Gesundheit und in Funktion halten. »Im Verlauf seiner Entwicklung hat das Epstein-Barr-Virus eine fast vollkommene Symbiose mit seinem Wirt, dem Menschen, erreicht«, schrieben die Henles, »und sorgt so für das Überleben beider.« Nach der allerersten Einwirkung bleibt das Virus im Körper, infiziert verhältnismäßig wenige Zellen, und die erzeugen dann neue Viren. Von Zeit zu Zeit suchen sich diese jungen, infektiösen Viren einen Weg in den Speichel, und mit diesem werden sie dann vielleicht auf andere Menschen übertragen, die noch nicht immun sind. Und so geht es weiter: Das Virus bleibt am Leben und vermehrt sich, die meisten unter uns, die es infiziert hat, leben weiter und vermehren sich, und nur wenige beklagen sich darüber – ein ideales Verhältnis.

Dieser Zustand des Lebens und Lebenlassens hat ein Ende, sobald wir daran denken, daß, um mit den Henles zu sprechen, »das Epstein-Barr-Virus mit sehr hoher Wahrscheinlichkeit das erste bekannte menschliche Krebsvirus ist«. Doch was genau hat es mit Krebs zu tun?

Die Ergebnisse der Henles hatten Burkitts mühsam erarbeitete Hypothese widerlegt, sein Lymphom werde von einem Insektenstich verursacht. Mononukleose (und mithin das Virus) wurden nicht von Insekten übertragen. Dementsprechend widerrief Burkitt seine Hypothese klaglos. »Ich habe häufig öffentlich die Überzeugung ausgesprochen, daß man weder in der medizinischen Forschung noch in einer glücklichen Ehe weiterkommt, wenn man Fehler nicht offen eingesteht.« Bald hatte er eine neue, wahrscheinlichere Erklärung zur Hand.

Da das Virus schon da ist, meinte er, mußte es zusammen mit irgend etwas anderem das Burkitt-Lymphom auslösen. Was dies andere war, wußte er nicht genau; vielleicht wurde es von einem Insekt vermittelt, etwa einer Malaria übertragenden Stechmücke, denn Malaria kommt im Lymphomgürtel sehr häufig vor.

Diese Ansicht wurde von anderen geteilt. Um darüber zu diskutieren, trafen sich Ende 1968 etwa vierzig Wissenschaftler in Nairobi. Zu der Gruppe gehörten die Henles und der französische Arzt und Epidemiologe Guy de Thé von der International Agency for Research on Cancer, einer Sonderorganisation der Weltgesundheitsorganisation. Auch Denis Burkitt war dabei; zwei Jahre zuvor war er nach zwanzig Jahren Dienst in Afrika aus Uganda nach England zurückgekehrt. Burkitt und die übrigen Wissenschaftler empfahlen regelmäßige Blutuntersuchungen bei allen Kindern, die in Uganda westlich des Nils wohnten, wo die Tumore häufig vorkamen. Wenn einige von ihnen das Burkitt-Lymphom bekamen, was anzunehmen war, konnte man ihr Blut mit früheren Proben vergleichen und wußte dann, ob das Epstein-Barr-Virus im Blut des betreffenden Kindes schon vor dem Krebsausbruch vorhanden gewesen war. Eigentlich war das ein Experiment im Stil Elaine Hutkin, nur diesmal richtig geplant und in großem Maßstab durchgeführt.

Guy de Thé wurde zum Projektleiter bestimmt; zehn Jahre später, 1978, verfaßte er einen Bericht über die Ergebnisse.

Die Forscher untersuchten etwa 42000 Kinder im Alter bis zu acht Jahren. Als erstes stellten sie fest, daß das EBV in Afrika ebenso häufig vorkam wie anderswo, praktisch alle Kinder hatten es. In den darauffolgenden fünf Jahren bekamen vierzehn Kinder ein Burkitt-Lymphom (BL). Die meisten davon waren nicht nur bereits mit dem EBV infiziert gewesen, sondern hatten schon lange vor der Tumorentstehung besonders hohe Antikörpertiter gegen das Virus gezeigt; sie mußten also einer ungewöhnlich starken Virusbelastung ausgesetzt gewesen sein. Daraus schlossen Wissenschaftler, daß »Kinder mit langer und starker EBV-Einwirkung ein erhöhtes BL-Risiko aufweisen«.

Doch warum erkrankten dann nicht mehr Kinder? Vierzehn von 42000 ergibt nur eine Häufigkeit von einem unter dreitausend Kindern. Weshalb so wenige?

Wieder schien die Antwort darauf hinauszulaufen, daß noch etwas anderes erforderlich war, um Krebs auszulösen – »weitere Kofaktoren sind nötig«, wie es die Wissenschaftler ausdrückten. Das konnte sehr wohl auch ein geschwächtes Immunsystem sein. »Die Theorie ist entwickelt worden«, schrieb de Thé, »daß BL aufgrund von Immunstörungen bei Kindern entsteht, die frühzeitig starken Malariainfektionen ausgesetzt waren.« Diese Ansicht ließ sich zwar nicht beweisen, aber sie war nicht minder wahrscheinlich als andere und erklärte, weshalb diese Kinder so hohe Antikörpertiter gegen das Virus aufwiesen. Wenn ihr Immunsystem geschwächt gewesen war, hatte sich das EBV leichter vermehren und damit die Antikörperbildung verstärken können.

Sechs Jahre später, 1984, erhärtete ein anderes Zufallsergebnis auf einem anderen Kontinent die Annahme, daß ein geschwächtes Immunsystem der Kofaktor sein könnte, der das Epstein-Barr-Virus zu schweren Infektionen befähigt: David, der »Bubble Boy«, starb.

David, ein zwölfjähriger Junge aus Texas, war ohne funktionsfähiges Immunsystem auf die Welt gekommen; in der medizinischen Fachsprache heißt das: schwerer kombinierter Immundefekt. An dieser Störung leiden jährlich etwa zweihundert Neugeborene. Nach seiner Geburt gab es für ihn nur zwei Möglichkeiten: binnen weniger Monate zu sterben, wenn nichts getan wurde, oder so lange in einer sterilen Kunststoff»blase« zu leben, bis die Medizintechnik ihm vielleicht zu etwas Besserem verhalf. Diese Möglichkeit deutete sich an, als David elf Jahre alt war und eine Knochenmarksübertragung bekam.

Im Knochenmark werden zahlreiche Arten von Blutzellen gebildet, darunter auch die bei David fehlenden, nämlich die B- und T-Lymphozyten, wichtige Bestandteile des Immunsystems. Ohne die diese Krankheiten bekämpfenden Zellen konnte David nicht einmal die kleinste Infektion abwehren; schon ein Schnupfen hätte ihn umgebracht. Deshalb wurde ihm Knochenmark übertragen. Man hoffte, daß sich das von seiner Schwester gespendete gesunde Knochenmark in Davids Körper hielt und die Zellen produzierte, die ihm fehlten.

In den ersten Monaten nach der Operation lebte David in seiner Blase wie gewohnt. Es gab weder Anzeichen für einen Erfolg noch solche für einen Fehlschlag der Operation. Am Neujahrstag 1984, dreiundsiebzig Tage nach dem Eingriff, bekam David leichtes Fieber. Ein paar Tage darauf war er krank, hatte über 40°C Temperatur, mußte brechen und hatte Durchfall. Es war der Anfang vom Ende.

Die Ärzte nahmen David aus der Blase heraus, um ihn leichter behandeln zu können. Zum ersten Mal spürte er die Berührung eines anderen Menschen, konnte ihn seine Familie drücken und trösten, ohne daß eine Kunststoffwand dazwischen war. Dennoch ging es ihm immer schlechter, und 124 Tage nach der Operation starb er. Er war zwölf Jahre alt geworden. So lange hatte bisher noch kein Kind mit dieser Krankheit gelebt.

Als Todesursache wurde Herzversagen angenommen, vermutlich durch die Flüssigkeit verursacht, die sich in den letzten Tagen um Davids Herz und Lungen angesammelt hatte. Das war die Hypothese. Die wahre Ursache trat erst später bei der Autopsie zutage: Krebs. Die B-Zellen, die David mit dem transplantierten Knochenmark bekommen hatte, waren Amok gelaufen. Er war an B-Lymphozyten-Krebs gestorben; die Tumore ähnelten denen, die beim Burkitt-Lymphom auftreten. Alle Krebszellen enthielten das Epstein-Barr-Virus.

Wie hatte sich David, der sein ganzes Leben in einer sterilen, infektionsfreien Umgebung zugebracht hatte, mit dem Epstein-Barr-Virus infiziert? Die Erklärung gehört zu den stärksten Beweisen dafür, daß eine EBV-Infektion zu Krebs führen kann, wenn kein funktionierendes Immunsystem sie in Schach hält. David hatte das Virus mit dem Transplantat bekommen. Seine Schwester war irgendwann einmal ohne weitere Folgen mit EBV in Kontakt gekommen und hatte diese, im übrigen unschädliche, Dosis mit ihrem Knochenmark an David weitergeben.

Davids Leben und Tod vermittelten so, mehr zufällig, einen ersten Einblick in das ungehemmte Wirken des Epstein-Barr-Virus. Ein kontrolliertes Experiment hätte kein klareres Bild aufzeigen können. Vor der Operation war David nicht mit dem EBV in Verbindung gekommen, das stand absolut fest. Vier Monate später, nach der zufälligen Infektion, war er an Krebs gestorben, weil ihn kein Immunsystem geschützt hatte; bei diesem Krebs spielte das EBV eine große Rolle, und er ähnelte dem Burkitt-Lymphom.

Der Pathologe Jeffrey Sklar von der Stanford University untersuchte Davids Tumore. »Wir mußten unbedingt genau wissen, wann er das Epstein-Barr-Virus bekam, weil er sich ja bis dahin in einer keimfreien Umgebung aufgehalten hatte«, erklärte er. »Das zeigt vermutlich auch, daß das Epstein-Barr-Virus das B-Zellen-Wachstum ganz generell anregt. Daraus entsteht dann ein Tumor.«

Doch nicht immer. Wieder scheint eine Immunschwäche der wichtigste, vielleicht sogar der unerläßliche, Kofaktor bei der EBV-Erkrankung zu sein. »Es spricht sehr viel dafür, daß das EBV zusammen mit irgendeinem anderen Agens auftritt, das das Immunsystem schwächt«, erklärt Sklar. Beim Burkitt-Lymphom ist dieses Agens wohl die Malaria.

»Wir wissen, daß eine sehr frühe Virusinfektion zum Burkitt-Lymphom führen kann«, führt Guy de Thé aus. »Es ist dieselbe Situation wie beim Zigarettenrauchen und Lungenkrebs. Man versteht zwar den Mechanismus noch nicht ganz, kann aber das Risiko beurteilen. Eine sehr frühe, sehr starke Einwirkung des EBV hat dieselben Folgen, als habe man sein Leben lang tagtäglich zwei Päckchen Zigaretten geraucht. Dann kommt als Zweites die Malaria dazu und fördert die weitere Proliferation der mit dem EBV infizierten B-Zellen.«

»Wir sind alle mit dem EBV infiziert«, bemerkt de Thé, »aber den meisten von uns geschieht nichts, weil unser Immunsystem die infizierten B-Zellen in Schach hält. Die Malaria unterdrückt aber gerade den Teil des Immunsystems, der zur Steuerung der B-Zellen dient. Danach verursacht dann irgendein Zufallsereignis, das durch einen unbekannten Faktor ausgelöst wird, eine Veränderung in den Chromosomen und macht dadurch aus der Zelle eine Tumorzelle.«

Bei der Krebsauslösung kann das EBV also offenbar keinen Schaden anrichten, solange das Immunsystem gut funktioniert. Wenn jedoch irgendwo in der Abwehr aus irgendeinem Grund eine schwache Stelle entsteht, wächst das Krebsrisiko. Wie kann man angesichts dieser Erkenntnisse der Krankheit Einhalt gebieten? Da das Virus überall vorkommt, liefe die wirksamste Strategie wohl darauf hinaus, daß man die Abwehr stärkt. Aus naheliegenden Gründen wäre das allerdings kein realistischer Ansatz.

Und doch kann sich de Thé durchaus vorstellen, daß auch das Burkitt-Lymphom eines Tages verschwindet. »Es ist ganz einfach: Wenn sich Afrika gesellschaftlich und wirtschaftlich entwickelt, ist das Burkitt-Lymphom weg. Einfache Hygienevorschriften, Malariabekämpfung und -prophylaxe, Schutznetze über Kinderkrippen, wie jetzt schon in den Städten üblich – damit kann man die Krankheit zu neunzig Prozent eindämmen.«

Aber geschieht das schon so flächendeckend, daß es die Lage insgesamt verändert? »Nein«, sagt de Thé. »Das zeigt wieder einmal, wie schwer Lebensgewohnheiten umzustellen sind.«

Und wenn man gegen das Virus selbst vorgehen könnte? Auch wenn es überall vorkommt, müßte das Epstein-Barr-Virus doch zu neutralisieren, müßte die von ihm verursachte Krankheit zu eliminieren sein.

Das hofft auch Anthony Epstein, der zusammen mit anderen einen Impfstoff gegen die EBV-Infektion entwickelt. Er hat ihn schon an einer Affenart erprobt, die normalerweise binnen weniger Wochen nach einer EBV-Infektion Krebs bekommt. Diesmal sind die geimpften Tiere bis jetzt praktisch frei von Tumoren. Aus seinen Versuchen schließt Epstein, »daß der Impfstoff die Tiere gegen hohe Dosen eines tumorauslösenden Virus schützen kann«.

Als nächstes müßte man den Impfstoff am Menschen ausprobieren. Zunächst möchte Epstein Freiwillige impfen, die noch nicht mit dem EBV infiziert sind, und dadurch feststellen, ob sie zum Schutz Antikörper bilden. Wenn das geschieht, kann er als nächstes untersuchen, ob der Impfstoff vielleicht Mononukleose verhindert. Epstein stellt sich einen Versuch ähnlich der von James Niederman an der Yale University durchgeführten Studie vor, der bei der Entdeckung der Henles, daß das EBV Mononukleose auslöst, eine wichtige Rolle spielte. Er würde den Impfstoff einer Gruppe von Studienanfängern spritzen, die noch keine Anzeichen einer EBV-Infektion zeigen, ihn einer anderen Gruppe ohne EBV-Antikörper vorenthalten und dann in jeder Gruppe vergleichen, wie viele Personen Mononukleose bekommen. Wenn der Impfstoff wirkt, dürften nur wenige, vielleicht überhaupt keine geimpften Studenten krank werden, wogegen mindestens die Hälfte der nicht geimpften Studenten erkranken müßte. Wenn bis dahin alles klappte, müßte man in Afrika und im Burkitt-Lymphom-Gürtel sowie in Südostasien und China weitermachen, wo das Nasopharynx-Karzinom besonders häufig auftritt.

Falls der Impfstoff wirkt, und das ist noch sehr die Frage, und wenn die Menschen früh genug geimpft werden können (besonders kritisch beim EBV, mit dem sich in vielen Gegenden der Welt schon Kinder von ein bis zwei Jahren infizieren), gehören vielleicht auch durch das EBV verursachter Krebs und die Mononukleose der Vergangenheit an.

Karen Rian und den »vielen tausend Ungenannten«, die mit dem Syndrom der chronischen Ermüdung fertigzuwerden versuchen, bietet das vielleicht Hoffnung, vielleicht aber auch nicht. Das Schwierige dabei: Die Krankheit existiert zwar ganz gewiß, aber ihre Ursache ist noch immer nicht bekannt. Das EBV hat unter Umständen etwas damit zu tun, aber niemand weiß, wieviel und was. Ein EBV-Impfstoff beeinflußt die Krankheit vielleicht gar nicht sehr. Beim chronischen Ermüdungssyndrom sind die meisten Fragen immer noch offen. Einigen Ansätzen ist man aber doch schon auf der Spur.

»Ich meine, das Syndrom wird nicht von einem einzigen Agens hervorgerufen«, erklärt James Jones, der dieses Krankheitsbild erforscht, »sondern ist die Folge einer schon vorhandenen Störung im Körper und wird durch eine Reihe von Viren oder anderen infektiösen Agenzien ausgelöst.« Die Ansichten von Jones werden von den meisten Forschern auf diesem Gebiet mehr oder weniger geteilt. Das chronische Ermüdungssyndrom scheint eine Krankheit zu sein, die von einem Agens oder mehreren Agenzien verursacht wird, die im Körper selbst zerstörerische Vorgänge auslösen – das ist das Schlüsselwort dabei – und dann im Endeffekt Tendenzen verstärken, die schon vor dieser Provokation vorlagen. Uneins ist man sich noch über die Identität des Agens oder der Agenzien und die Art der physikalischen Abläufe, die sie auslösen.

Paul Cheney glaubt eher an ein einziges infektiöses Agens. Er arbeitet jetzt in Charlotte in North Carolina und muß nicht mehr ständig auf die Spielbanken und Handelskammern von Lake Tahoe Rücksicht nehmen. (»In einem Kurort forscht man nicht über Viren, schon gar nicht, wenn der von Spielbanken kontrolliert wird«, meint er lachend. »Mit Spielbankgeld geht man nicht leichtfertig um. Der See ist sehr tief. Ich will damit nicht sagen, daß es Drohungen gegeben hat oder ich mir besonders Sorgen machen mußte, doch auf lange Sicht war es für die Forschung wohl nicht der rechte Ort.«) Cheney hält ein neu entdecktes Virus mit der Bezeichnung HHV-6 für den Übeltäter (die Abkürzung bedeutet Human-Herpes-Virus Nr. 6), das sechste Mitglied der mittlerweile sattsam bekannten Herpesfamilie. Das Virus wurde im Herbst 1986 im Laboratorium von Robert Gallo, dem Virologen des National Cancer Institute, entdeckt. Gallo war (zusammen mit französischen Wissenschaftlern) auch an der Entdeckung des AIDS-Virus beteiligt. Wie sein Vetter EBV greift HHV-6 die weißen Blutkörperchen des Immunsystems an. Wie das EBV ist es ein Virus, das überall vorkommt. Allerdings greift es krankheitsbekämpfende Zellen breiter an als das EBV und scheint auch Zellen des Nervensystems zu attackieren. Wo das EBV nachgewiesen ist und mit einem gestörten Immunsystem zusammentrifft, kann HHV-6 das entscheidende Zünglein an der Waage sein. Vielleicht schwächt unter bestimmten Umständen auch die HHV-6-Infektion selbst das Immunsystem so sehr, daß chronische Ermüdung die Folge ist.

Das stimmt natürlich nur, wenn HHV-6 wirklich am chronischen Ermüdungssyndrom schuld ist. »Vielleicht spielt HHV-6 eine Rolle«, meint James Jones, »aber bisher reichen unsere Befunde darüber noch nicht. Manche Patienten, die an dem Syndrom leiden, haben Antikörper gegen das Virus; aber auch bei Gesunden finden wir sie. Wir haben einfach nicht genug Angaben, als daß wir Ursache und Wirkung nachweisen könnten.« Stephen Straus ist noch weniger geneigt, im Virus den Schuldigen zu sehen. »Es könnte schon sein, daß ein Virus damit zu tun hat«, sagt er, »aber ich glaube nicht, daß HHV-6 hierfür besonders in Frage kommt.«

Der jetzt zweiundvierzigjährige Straus befaßt sich, wie Jones, schon zehn Jahre mit der Krankheit. Dabei spricht er Dinge an, die ihn bei vielen Patienten, die am chronischen Ermüdungssyndrom leiden, zur persona non grata gemacht haben. Zunächst streitet Straus rundweg ab, das chronische Ermüdungssyndrom könne eine langwierige, schließlich kräftezehrende Krankheit sein. »Hier handelt es sich meines Erachtens um sehr verbreitete Beschwerden, die nur kurzzeitig auftreten«, meint er, »und es wäre höchst ungewöhnlich, wenn sie länger anhielten. Von denen, die sie wirklich aufweisen, erholen sich manche vollständig, geht es keinem schlechter und stirbt keiner daran. Mir ist es völlig egal, was jemand dagegen anführt; ich muß es sehen.«

Wie kann eine so verhältnismäßig optimistische Ansicht die Menschen schrecken, die am chronischen Ermüdungssyndrom leiden? Weil manche, besonders die am schwersten davon Befallenen, den Eindruck haben, Straus nehme das Syndrom auf die leichte Schulter, was bekanntlich in der Anfangszeit dieser Krankheit nur zu häufig geschah. Aber auch wenn seine Meinung manche beleidigt, muß man berücksichtigen, daß sich Straus mit dem Rest seiner Hypothese noch viel weiter vorgewagt hat.

»Es gibt zwei Arten von Symptomen, die durch Virusinfektionen hervorgerufen werden«, beginnt er bedächtig. »Da sind einmal die Symptome, die auftreten, wenn das Virus Gewebe zerstört. Erkältungsbläschen oder andere Blasen werden von einem Virus hervorgerufen. Auch Kinderlähmung ist eine durch Viren ausgelöste Zerstörung. Aber bei den meisten Virusinfektionen rühren einige oder alle Symptome von der Reaktion des Körpers auf das Virus und nicht von einer unmittelbaren Zerstörung durch das Virus her.«

Nehmen wir zum Beispiel die Grippe. Das Grippevirus greift nur die Atemwege an. Es infiziert weder Muskeln noch Därme oder die Leber. Es zirkuliert nicht im Blut. Und doch tun den Grippekranken alle Glieder weh, und sie haben Fieber, Kopfweh, Muskelschmerzen und sind erschöpft. Warum? Das liegt an der Reaktion des Körpers auf die Atemwegsinfektion. Diese Reaktion überschwemmt gegen eine lokale Störung den ganzen Körper mit Chemikalien, so daß sich der Grippepatient insgesamt schlecht fühlt. Der Unterschied zwischen Infektionen, die Symptome auslösen, und solchen, die keine auslösen, liegt nicht unbedingt daran, wieviel von einem Infektionserreger vorhanden ist, sondern vielmehr daran, wie aggressiv der Körper versucht, den wieder loszuwerden.

Wie auch Jones meint, kommen die Leiden beim chronischen Ermüdungssyndrom wohl mehr von der Reaktion des Körpers auf einen Reiz als von diesem Reiz selbst. Der Reiz ist vielleicht nur eine Art Auslöser und kann in vielen Formen auftreten.

»Wenn man sich die Patienten anhört«, sagt Straus »dann merkt man, daß das Syndrom bei jedem anders anfängt, bei manchen mit einer Atemwegsinfektion, einer Art Grippe oder Bronchitis, bei anderen mit Magen- und Darmbeschwerden und ein paar Tagen Übelkeit, Fieber und Durchfall. Bei wieder anderen entwickelt sich die Krankheit ähnlich wie die Mononukleose. Ich kenne auch zwei Fälle, die mit einer Hepatitis angefangen haben, und andere sind an mich überwiesen worden, bei denen es mit Windpocken losging. Da gibt es eine unendliche Vielfalt, und daraus schließe ich, daß die Krankheit auch von einer ganzen Reihe von Erregern ausgelöst werden kann.«

Das chronische Ermüdungssyndrom ist also vielleicht nicht auf ein einziges, besonders lästiges Virus zurückzuführen, sondern schließt unter Umständen auch eine Dauerreaktion des Körpers auf verschiedene Provokationen ein. Dann stellt sich aber die Frage, warum der Körper so heftig und so lange reagiert. Jones hat dazu eine provozierende Erklärung bereit. »Die meisten Patienten, die zu uns kommen, leiden schon länger an Allergien; das gilt für etwa fünfundsiebzig bis achtzig Prozent. Allergien sind aber Immunstörungen. Dadurch sind sie vielleicht schon prädisponiert.«

Schon wieder das Immunsystem. Immer wieder läuft es darauf hinaus; wenn man es sich richtig überlegt, kann es auch gar nicht anders sein. Allergien sind die Folge nicht eines geschwächten, sondern eines überempfindlichen Immunsystems, das auf bestimmte, sonst völlig harmlose Substanzen, die in den Körper eindringen, überreagiert. Diese Stoffe, die sogenannten Allergene, können alles mögliche sein, Staub, Haare und Federn bis hin zu Pilzen, bestimmten Chemikalien und Lebensmitteln – und natürlich auch Pollen, wovon alle ein Lied singen können, die unter Heuschnupfen leiden. Vielleicht meint Jones damit, daß ein überempfindliches Immunsystem beim chronischen Ermüdungssyndrom genau so ein Kofaktor ist, wie ein geschwächtes Immunsystem bei einem vom EBV verursachten Krebs ein Kofaktor sein kann. Im Kern geht es in beiden Fällen um eine Funktionsstörung des Immunsystems. Straus ist derselben Meinung: »Wenn man behauptet, daß ein bestimmter Patient auf bestimmte Reize überreagieren kann, könnte eine Neigung zu Allergien eine Indikation sein.«

Weitere Indikationen können in der Persönlichkeit und der

seelischen Befindlichkeit eines Menschen liegen. »Wenn man sich die Leute ansieht, die unter diesem Syndrom leiden«, sagt Jones, »kann man die meisten in eine ganz bestimmte Altersgruppe mit einem ganz bestimmten sozioökonomischen Hintergrund, einer bestimmten Ausbildung und so weiter einordnen. Das wirft die Frage auf, ob es nicht einen Persönlichkeitstyp gibt, der für diese Krankheit prädisponiert ist.«

Sind wir etwa wieder beim Thema »Yuppie-Seuche«? Gibt es wahrhaftig eine Persönlichkeit, die für das chronische Ermüdungssyndrom in Frage kommt? Wenn ja, müßte man sich fragen, womit das zu erklären wäre. Straus, der die psychische Komponente beim chronischen Ermüdungssyndrom nachdrücklicher vertritt als die meisten seiner Kollegen, weist dazu auf einiges hin, was wir aus der jüngsten Geschichte gelernt haben.

Um 1930 und 1940 erregte eine als chronische Bruzellose bezeichnete Krankheit viel Aufmerksamkeit. Sie wurde von »Brucella« genannten Bakterien hervorgerufen, die vor allen Dingen Nutztiere, aber auch Menschen infizierten. Die Krankheit äußerte sich in Müdigkeit, Kopfschmerzen, Appetitlosigkeit, Schwäche und Fieber – Symptomen wie bei der Grippe, könnte man denken, aber auch Symptomen wie beim chronischen Ermüdungssyndrom. »Die Merkmale dieses frühen Syndroms sind genau dieselben wie bei unserem jetzigen Syndrom«, sagt Straus. »Dieselbe Altersgruppe, dieselbe Verteilung nach Geschlechtern, dieselben Anfänge, dieselben Beschwerden, dieselben Symptome, alles ist gleich.«

Ende der 40er Jahre konnte man die Krankheit mit Antibiotika behandeln, und viele chronische Bruzellosefälle wurden geheilt. Aber nicht alle. Die Patienten, die nicht wieder auf die Beine kamen, hatten im Blut keinen Hinweis auf die Brucellabakterie. Das erklärte zwar, warum die Antibiotika nicht halfen, enthielt aber doch ein Geheimnis: Wie konnten diese Menschen überhaupt an der Krankheit gelitten haben, wenn ihnen die Bakterien fehlten, die die Krankheit verursachten?

Um die Mitte der 50er Jahre machte sich ein Medizinprofessor an der Johns Hopkins University namens Leighton

Cluff daran, diese Frage zu klären, und unterzog die Patienten erst einmal einer Reihe von psychologischen Tests. Dabei kam heraus, daß diese Menschen häufiger an Neurosen litten als solche, deren Krankheit sich durch die Anwesenheit von Bakterien verifizieren ließ.

Dieses Ergebnis an sich bewies noch gar nichts. Aber es ließ einige Vermutungen zu. Konnte ein bestimmter Seelenzustand eine Krankheit verlängern, auch wenn keine Erreger mehr da waren? Wieder machten sich Cluff und seine Kollegen auf die Suche nach einer Antwort. Wie das Schicksal so spielt, eröffneten sich ihnen sogleich die besten Aussichten, denn 1956 und 1957 überquerte eine Epidemie der Asiatischen Grippe den Pazifik auf dem Weg in die Vereinigten Staaten. Cluff wußte, daß sie im Anzug war; bevor sie die Ostküste erreichte, führte er an über vierhundert Männern, die bei der Armee in Fort Detrick in Maryland beschäftigt waren, einige psychologische Tests durch. Gleich danach schlug die Grippeepidemie zu. Dann untersuchten Cluff und seine Mitarbeiter die Männer noch einmal, um festzustellen, ob irgendwelche Unterschiede im psychologischen Profil zwischen denen, die schwer an der Grippe erkrankt waren und denen bestanden, die es nicht getroffen hatte. »Sie stellten fest, daß die Infektionswahrscheinlichkeit ohne Rücksicht auf das psychiatrische Profil gleich hoch war«, erklärt Straus. »Unterschiede schien es allerdings in der Krankheitsdauer zu geben.« Patienten mit neurotischen Anlagen blieben im allgemeinen länger krank.

Straus hält einen Moment inne und sucht nach dem passenden Ausdruck für seinen nächsten Gedanken. Eines weiß er: Es gibt Ärger, sobald man darauf anspielt, daß Krankheiten auch eine psychologische Komponente aufweisen können, vor allem das chronische Ermüdungssyndrom. »Viele Krankheiten und körperlichen Vorgänge werden durch Stimmungen, Gefühle und Befindlichkeiten beeinflußt«, erklärt er. »Jeder gibt zu, daß Menschen, die zu Geschwüren oder Herzanfällen neigen, oft bestimmte Persönlichkeitsmerkmale aufweisen. Viele Daten, die keiner von uns so recht zu erklären vermag, lassen auch darauf schließen, daß alleinstehende

Krebskranke schneller sterben als verheiratete oder Menschen mit einem Haustier. Das Überleben auf der Intensivstation nach einem Herzanfall korreliert mit der Befindlichkeit. Diese Beobachtungen werden allgemein akzeptiert. Nun stellt sich die Frage, ob es biologische Vorgänge gibt, die von der seelischen Beschaffenheit eines Menschen abhängen. Ich muß fast glauben, daß es sie gibt.«

Für Straus kann das chronische Ermüdungssyndrom also die ganz normale Immunreaktion auf eine Provokation, vielleicht eine Virusinfektion, sein, die aus irgendeinem Grund einfach nicht aufhört. Warum hört die Immunreaktion nicht auf? Vielleicht spielt eine angeborene Neigung zur Überreaktion dabei eine Rolle; vielleicht ist es auch die Folge einer Überempfindlichkeit, wie sie sich zum Beispiel in Allergien äußert. Es kann auch etwas mit der psychischen Beschaffenheit des Betreffenden zu tun haben. Depressionen, Ängste, Phobien – Menschen, die am chronischen Ermüdungssyndrom leiden, haben oft damit zu tun, bevor sie das Ermüdungssyndrom bekommen haben, manchmal Jahre vorher.

Welche Beweise hat Straus für seine Hypothese? Eigentlich keine. Beim heutigen Stand der Forschung über das chronische Ermüdungssyndrom kann es noch gar keine Beweise geben. Alle Überlegungen befinden sich noch im Stadium der Hypothesen und Tendenzen, der vorläufigen Schlußfolgerungen aus Indizienbeweisen. Ein solcher Beweis stammt aus einer Untersuchung am Dana-Farber Cancer Institute in Boston, in deren Verlauf das Blut von Patienten untersucht wurde, die am chronischen Ermüdungssyndrom litten. Die Forscher stellten fest, daß bei Personen mit chronischem Ermüdungssyndrom die natürlichen Killer-T-Zellen nicht richtig zu funktionieren scheinen, also ein Teil der Armada des Immunsystems, dessen Funktion noch nicht genau bekannt ist, das aber offenbar infizierte Zellen angreift und zerstört. Diese verminderte Wirksamkeit der Killerzellen scheint auch bei einigen anderen Krankheiten aufzutreten, unter anderem bei Depressionen.

Was bedeutet diese Korrelation? Etwa daß Patienten mit chronischem Ermüdungssyndrom zu Depressionen neigen und deshalb das Ermüdungssyndrom besonders leicht bekommen? Oder dürfen wir daraus schließen, daß Menschen, die am chronischen Ermüdungssyndrom leiden, gerade deshalb niedergeschlagen sind und die immunologischen Anzeichen einer Depression aufweisen? Niemand weiß es. Die Übereinstimmung ist nur ein weiteres interessantes Teilchen im großen Puzzle.

Zu denken gibt auch die Tatsache, daß Patienten mit chronischem Ermüdungssyndrom im allgemeinen sehr auf die Behandlung mit Placebo ansprechen. Straus hat festgestellt, daß es »einem sehr hohen Prozentsatz der Patienten unter Placebo eine Zeitlang besser geht. Ein Placebo kann viel bewirken. Da gibt es den Fall einer Patientin, der es danach viel besser geht, so daß ihre Familie mit ihr uns aufsucht, um uns zu sagen, daß sie uns ewig dankbar ist, weil es ihrer Tochter in den letzten drei Jahren nicht so gut gegangen ist. Wir stellen später fest, daß sie nur Placebo bekommen hat. Also, das will schon etwas heißen.« Es gibt auch viele Fälle, in denen Krankheiten unter Placebowirkung völlig verschwunden sind. Diese Tendenz allein reicht nicht als Nachweis, daß beim chronischen Ermüdungssyndrom auch die Seele mitspielt.

Schließlich muß noch die Rede davon sein, daß Frauen weitaus am häufigsten unter dem chronischen Ermüdungssyndrom leiden. Sind sie für diese Krankheit nur deshalb prädisponiert, weil sie Frauen sind? Das könnte sein, sagt Straus, wenn auch vielleicht nur aus dem Grund, daß »zwischen Männern und Frauen beträchtliche immunologische Unterschiede bestehen. Unter den Patienten mit Bindegewebeerkrankungen, chronischer Polyarthritis, multipler Sklerose und einigen anderen Krankheiten befinden sich vorwiegend Frauen. Neunzig Prozent aller Lupuspatienten sind Frauen. Und das alles sind immunologisch vermittelte Krankheiten«. Wieder finden wir Indizienbeweise und indirekte Anklagen, aber die Zusammenhänge sind zwingend.

Anekdoten und ausführliche Experimente, Bruchstücke und gründliche Untersuchungen zusammen veranlassen uns zu der Vermutung, die wir schon am Anfang ausgesprochen haben: Die Seele kann beim chronischen Ermüdungssyndrom eine große Rolle spielen. Jetzt ist diese Hypothese allerdings in einen viel größeren Zusammenhang eingebettet, der darauf hinweist, daß ein gestörtes Immunsystem der Hauptfaktor ist und bei dem auch die Wahrscheinlichkeit nicht außer acht gelassen wird, daß Viren als auslösende Erreger wirken, selbst wenn ihre Identität noch unbekannt ist. Und was kommt unter dem Strich heraus? Eine höchst komplizierte Krankheit, für die es vorläufig weder Heilung noch Ursache zu geben scheint.

Abgesehen davon: Was können wir dagegen tun? Auf welche Unterstützung können Karen Rian und das Heer ihrer Leidensgenossen und -genossinnen mit dem chronischen Ermüdungssyndrom zurückgreifen? Bisher gibt es da nicht viel. Gewiß ist die Krankheit mittlerweile in der Öffentlichkeit bekannter geworden. Interessieren sich die Ärzte stärker dafür, wissen sie mehr darüber? Vielleicht – in der Medizin läßt sich durch Druck nichts erreichen, und Entwicklungen vollziehen sich langsam. Gibt es eine wirksame Behandlung oder ein Heilmittel? Vorläufig nicht. Man muß schließlich einräumen, daß alle Hypothesen über die Ursachen der Krankheit schließlich nur Hypothesen sind.

Dennoch sieht Paul Cheney Grund zur Hoffnung. »Wenn wir die biologischen Grundlagen dieses Problems erkennen, wird es sicher auch hervorragende Eingriffsmöglichkeiten geben. Ich weiß nur nicht, in welchem zeitlichen Rahmen sich das abspielen wird. Ich habe keine Ahnung, wie schnell die Entwicklung läuft.«

Sollte das Geheimnis des chronischen Ermüdungssyndroms eines Tages aufgedeckt werden, wird man in diesem Zusammenhang gewiß auch Erkenntnisse über die gegenseitige Abhängigkeit unserer körperlichen Prozesse gewinnen. Nicht unwichtig sind dabei die Zusammenhänge zwischen Krankheit und Immunreaktion, zwischen Seele und Körper, zwischen Geist und Gesundheit.

»Wir sind ein höchst komplizierter, hoch integrierter Organismus«, sagt Straus. »Die Annahme, daß unsere Systeme nicht integriert sind, wäre infantil. Wenn Sie ein Auto auseinandernehmen und nicht viel davon verstehen, dann suchen Sie sich ein Teil heraus, zum Beispiel den Vergaser, und schreiben dicke Lehrbücher darüber. Dann schreibt jemand anderer dicke Lehrbücher über die Achse. Aber irgendwann geht Ihnen auf, daß das alles zusammenhängt. Alles paßt zusammen.«

Das gilt für unseren vielseitigen Körper, und es gilt vielleicht auch für eine der wirklich geheimnisvollen Krankheiten unserer Zeit, das chronische Ermüdungssyndrom.

Nachwort: Vor kurzem wurden bei Untersuchungen der weißen Blutkörperchen von Patienten mit chronischem Ermüdungssyndrom Beweise für noch eine ganz andere Virusinfektion gefunden. Könnte dies bislang unidentifizierte Virus zur Auslösung des Ermüdungssyndrom beitragen? Man weiß es noch nicht. Für Paul Cheney, einen der an der Untersuchung beteiligten Forscher, ist die Entdeckung jedenfalls von großer Tragweite.

»Wir behaupten nicht, daß wir wirklich ein Virus entdeckt haben«, erklärte er einem Zeitungsreporter. »Wir sagen nur, wir haben einen genetischen Marker gefunden, der für das chronische Ermüdungssyndrom spezifisch zu sein scheint.« Ein solcher Marker könnte vielleicht zu einem Bluttest führen, mit dem man die Krankheit diagnostizieren kann – das hoffen mindestens die Betroffenen –, obwohl Cheney gleich zu bedenken gibt, daß ein solcher Test wohl erst in einigen Jahren zur Verfügung stünde.

Heute, fünf Jahre nachdem ihr Leben zerbrach, erklärt Karen Rian, es gehe ihr »gut«. Drei Jahre nachdem ihr Kampf mit dem chronischen Ermüdungssyndrom angefangen hatte, ließ die Krankheit nach. Bis auf winzige Ausnahmen – kurze Rückfälle von Müdigkeit und Abgeschlagenheit, die sie ab und zu durchmacht, dazu ein paar bleibende Gedächtnislücken, vor allem bei Namen – hat sich die Krankheit auch nicht wieder gemeldet.

Rian hat inzwischen ihr Leben umgestellt. Weil sie so lange hilflos darniederlag, hat sie vielleicht jetzt, da es ihr gutgeht und sie optimistisch gestimmt ist, die Gelegenheit genutzt.

Sie hat jedenfalls ihre Stelle gekündigt, um das zu tun, was ihr schon immer vorgeschwebt hatte: schreiben. Trotz ihrer gelegentlich immer noch auftretenden kurzen Schübe einer dem chronischen Ermüdungssyndrom ähnlichen Krankheit geht es ihr besser als vorher; sie hat ein neues Ich gefunden.

»Ich weiß nicht, wie ich es beschreiben soll«, sagt sie. »Es ist eine Hochstimmung. Ich habe das Gefühl, ich bin verliebt, obwohl ich es in Wirklichkeit gar nicht bin.«

Elftes Kapitel

Darauf ist nicht geniest

William Osler, im 19. Jahrhundert Arzt an der Johns Hopkins University, hat es am besten ausgedrückt: »Den Schnupfen kann man nur mit Verachtung behandeln.« An Erkältungskrankheiten leiden mehr Menschen als an allen anderen Krankheiten zusammengenommen. Die Amerikaner geben etwa fünf Milliarden Dollar pro Jahr für Erkältungen aus; wegen Erkältungskrankheiten verlieren wir dreißig Millionen Arbeits- und Schultage im Jahr. Jeder zwanzigste Leser dieses Buches dürfte wahrscheinlich gerade jetzt schniefen und niesen. Sie, verehrter Leser, haben im letzten Jahr schätzungsweise eine bis sechs Erkältungen durchgemacht. Vermutlich wissen Sie nicht, wo Sie sie aufgelesen haben, was sie verursacht hat oder was Sie dagegen tun können; Sie können nur warten, bis es vorbei ist.

Trösten Sie sich; Sie befinden sich in guter Gesellschaft. Die alten Griechen hielten Erkältungen für die Folge von zuviel Müll im Gehirn – ein Gefühl, das man bei Schnupfen manchmal wirklich hat –, und meinten, durch eine laufende Nase werde dieser Überschuß abgegeben und das Gleichgewicht wiederhergestellt. Hippokrates selbst prägte den archaischen Begriff für die Erkältung: *catarrh,* vom griechischen »herabfließen«, und obwohl er es nicht gerade empfahl, merkte er doch an, ein übliches »Heilverfahren« bei Katarrh sei der Aderlaß.

Auch bei den Römern änderte sich das Verhalten gegenüber Erkältungen nur wenig. Im alten Rom entstand allerdings die wohl merkwürdigste Behandlung einer merkwürdigen Krankheit: »Man küsse die haarige Schnauze einer Maus.«

Und so ging es weiter. Im 12. Jahrhundert empfahl der berühmte Rabbi und Arzt Maimonides »die Suppe von einer fetten Henne«, der erste geschichtliche Hinweis auf die Qualitäten einer Hühnerbrühe. Im Mittelalter lösten Erkältungen wahre Sturzbäche ungehemmten Aberglaubens aus. Viele Europäer glaubten, wer einen Schnupfen habe, könne auch von Dämonen besessen sein. Das Niesen galt als besonders gefährlich, weil die Dämonen eindringen konnten, während Stückchen der Seele ausgetrieben wurden. Um dieses Dilemma kam man nur herum, indem man beim Niesen die Hand vor den Mund hielt, damit die Seele nicht davonflog; ein Nebenstehender mußte dazu den Namen des Herrn anrufen (»Helf' Gott«); das wirkte als sichere Abschreckung gegen Dämonen. Beide Bräuche haben sich, mit gewissen Abwandlungen, bis auf den heutigen Tag erhalten.

Im 19. Jahrhundert gab der schon erwähnte William Osler noch eine weise Empfehlung ab: »Ins Bett legen. Den Hut auf einen Bettpfosten stülpen. Whisky trinken, bis zwei Hüte zu sehen sind. Am Morgen geht es dann schon viel besser.« Das ist nicht nur praktisch, denn wer so voll ist, den stört buchstäblich nichts mehr, sondern zieht auch in Betracht, daß Alkohol seit Jahren mehr oder weniger offiziell Hauptbestandteil aller Mittel gegen Erkältungen ist. Die Patentmedizinen im 19. Jahrhundert, die von Erkältung bis Tuberkulose alles heilten, enthielten Alkohol (neben Betäubungsmitteln), und diese Tradition lebt bis auf den heutigen Tag in vielen frei verkäuflichen Schnupfenmitteln fort.

Die Füße dürfen nicht naß werden. Man soll nicht im Zug stehen. Man soll Zwiebeln essen. Knoblauchzehen soll man tragen. Honig im Tee tut gut. Man soll inhalieren. Mit Vitamin C soll man sich vollpumpen. Man soll für seinen Lieblingsheiligen eine Kerze anzünden. Bis heute gibt es gegen Erkältungen ein Sammelsurium von Vorschriften zur Vorbeugung und Heilung. Bis vor kurzem waren sie, ob sie nun halfen oder nicht, auch so ziemlich das einzige, was wir hatten, denn Ärzte und Forscher wußten über Erkältungen verhältnismäßig wenig. Dieses Unwissen drückt sich schon in der Bezeichnung aus, denn so etwas wie *den* Schnupfen gibt es nicht. Vielmehr handelt es sich um einen ganzen Sumpf von Infektionen durch 150 bis 200 verschiedene Viren. Die Schuldigen sind zum Beispiel das Parainfluenzavirus, Coronavirus, das respiratorische Synzytialvirus, Enterovirus und Adenovirus. Meist, vielleicht in der Hälfte aller Fälle, kommt der Schnupfen von einer Virusfamilie, den Rhinoviren. (Der Name kommt vom griechischen Wort für »Nase« [man denke an Rhinozeros], den Infektionsort.) Bis jetzt sind genau hundert Rhinoviren identifiziert worden, und von jedem kann man ganz schnell die Nase voll haben.

Wenn der Schnupfen von Viren verursacht wird, müßte es eigentlich auch einen Impfstoff zur Vorbeugung gegen solche Infektionen geben. Leider ist es längst noch nicht so weit. Man kann zwar vielleicht einen Impfstoff gegen ein bestimmtes Schnupfenvirus entwickeln, aber was dann? Damit schützt man sich gegen eine Version, und schon kommen hundert andere. Wenn wir gegen diese Krankheit wirklich etwas ausrichten wollen, müssen wir es wahrscheinlich anders anpacken.

Zum Glück bieten sich heute einige Möglichkeiten an. In den letzten Jahren ist viel geschehen, was allen Erkälteten Hoffnung machen kann. Diese positiven Entwicklungen und ihre Folgen sollen jetzt beschrieben werden.

Das Schnupfenvirus dringt durch die Doppelportale der Nase in den Körper ein. Haarähnliche Zilien befördern es über einen dicken Schleimteppich bis an die hintere Rachenwand. Diese Reise dauert höchstens zehn bis zwölf Minuten. Meist ist damit schon die Endstation erreicht. Zusammen mit Staub, Bakterien und anderen Fremdkörpern wandert das Virus in den Mülleimer der Mandeln und wird dort zerstört. Oder es wird durch die Speiseröhre in den Darm befördert und dort beim ersten Kontakt mit den Verdauungssäuren völlig vernichtet.

Gelegentlich kommt aber doch ein Virus davon. Ehe es sicher abtransportiert werden kann, hält es sich vielleicht an einer Zelle fest, die den Nasengang auskleidet, und heftet sich mit einem raffinierten Andockmechanismus an einen Rezeptor auf der Oberfläche. Fast sofort kommt es zu einer erstaunlichen Gesetzesübertretung: Das Virus fügt sich in den Körper der Zelle ein, zerlegt sich, macht aus seinen Tiefen Gene locker, und die besetzen das zelleigene genetische Material. Die Zelle bekommt neue Befehle, hört mit der Bildung neuer Zellen auf und beginnt statt dessen, neue Viren zu machen. Die Infektion hat angefangen.

Bis hierher hat man von der Invasion noch nichts gemerkt, doch etwa drei Tage später läßt sie sich nicht mehr verheimlichen. Man niest, hustet, die Nase läuft, der Kopf tut weh – man hat wieder einmal Schnupfen. Doch wodurch werden diese Symptome hervorgerufen? Läßt das Virus selbst die Nase laufen und den Kopf wehtun? Ja ... und nein. Denn man leidet ja eigentlich nur, weil der eigene Körper die Infektion bekämpft. Das geht so vor sich:

Sobald das Virus einige Zellen in der Nasenpassage überwältigt und zur Bildung von neuen Viren an Stelle von neuen Zellen gezwungen hat, nimmt die Invasion exponentiell zu. Binnen weniger Stunden können Hunderte von neuen Viren aus jeder einzelnen Zelle hervorplatzen und sich neue Zellen zur Infektion suchen. Sehr bald merkt allerdings der Körper, was gespielt wird, und setzt das Immunsystem ein, um gegen die eindringenden Viren vorzubeugen. Damit gehen bei uns die Elendssymptome los, die wir so gut kennen. Der Zustrom heilenden Blutes rötet und erwärmt den Nasenbereich. Die Schleimhäute schwellen an, verengen dadurch die Nasenpassagen und machen das Atmen schwer. Gleichzeitig verstärken die Schleimzellen ihre Produktion und sondern so viel Flüssigkeit ab, daß innerhalb der Nasenpassage gar nicht genug Platz dafür vorhanden ist. Sie kann nur nach außen abfließen und tropft einem deshalb aus der Nase oder läuft einem hinten in den Rachen. Der Körper mag diese ungewohnte Überflutung auch nicht. Bald fängt man zu husten und zu niesen an, um die Wege wieder freizumachen.

O weh, denkt man, ich habe den Schnupfen. In Wirklichkeit macht man aber den Kampf gegen eine Infektion durch, die schon vor Tagen eingesetzt hat; diesen Kampf gewinnt man auch. Wenn man sich elend fühlt, ist man schon auf dem Weg der Besserung.

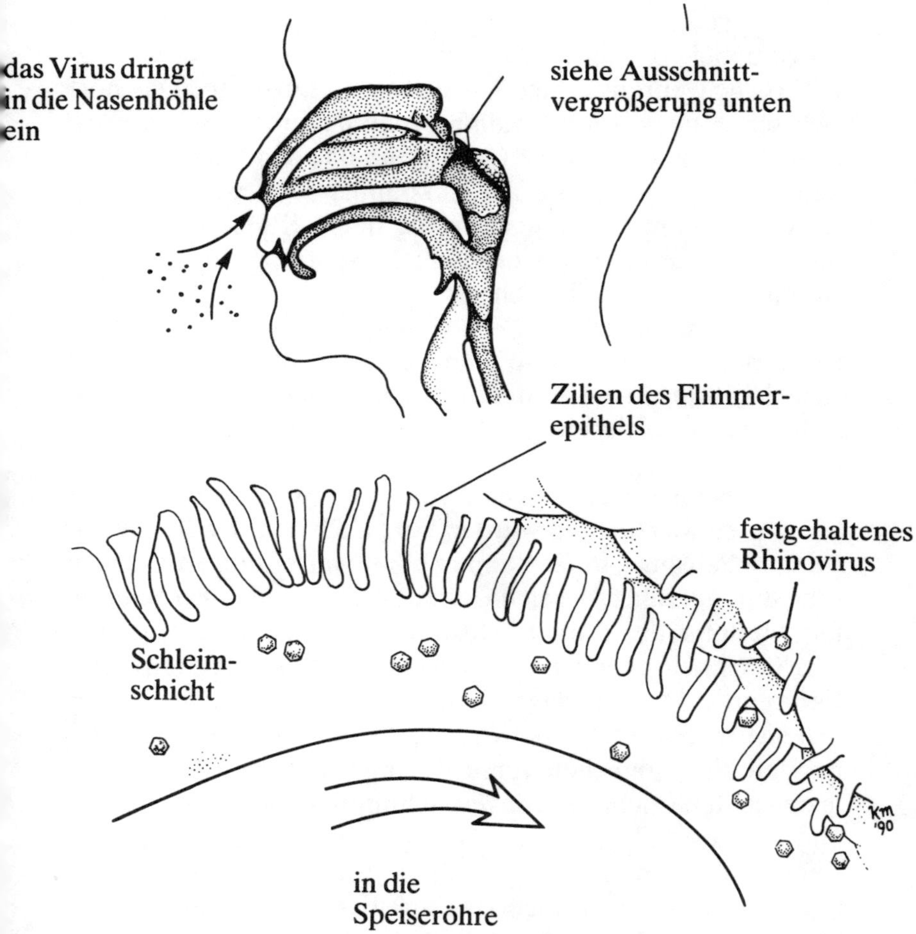

Wie wir den Schnupfen bekommen.
Wenn Schnupfenviruspartikel in die Nase eindringen, treffen sie zuerst auf eine Schleimschicht, die die Nasenschleimhautauskleidung bedeckt. In der Nähe der Rachenmandeln, der Gewebeklumpen hinten am Gaumen, werden Zilien und Schleimschicht dünner, und die Rhinoviren kommen leichter an die Zellen heran, die sie infizieren. Deshalb spürt man das erste Symptom eines Schnupfens im allgemeinen an einer Stelle hinten im Hals.

Also sollte man seinem Immunsystem dankbar sein, denn es schlägt den Angriff des Schnupfens zurück, auch wenn man selbst dabei vorübergehend etwas leidet. Viel besser wäre es natürlich, wenn man sich gar nicht erst infizierte. Das hört sich schön an, doch wie kommt man davon, wenn im Büro alles den Schnupfen hat? Oder wenn das Kind mit einer Erkältung aus der Schule zurückkommt? Und wie kann das Kind verschont bleiben, wenn die halbe Klasse hustet und niest? Es ist offenbar unvermeidlich: Wenn Erkältungen grassieren, breiten sie sich auch aus.

Wie breiten sie sich aus? Wir wissen, wie ein Schnupfenvirus infiziert und bewirkt, daß man sich schlecht fühlt; doch wie sich Erkältungen ausbreiten, ist immer noch umstritten. Daß sich Forscher nicht einigen können, liegt nicht am mangelnden Einsatz.

Die ersten systematischen Versuche zur Erkundung der Schnupfenübertragung wurden kurz nach dem Zweiten Weltkrieg in Salisbury in England in einer weiträumigen Einrichtung durchgeführt, die sich Common Cold Unit, also Schnupfenabteilung, des Harvard Hospital nennt. Unter der Leitung von Sir Christopher Andrewes, einem Arzt, der 1933 ein erstes Virus entdeckt hatte, das zu Krankheiten der Atemwege führt – in diesem Fall ein Grippevirus –, wurden an freiwilligen Probanden alle möglichen Versuche angestellt, mit denen man festzustellen trachtete, wie der Schnupfen von einem auf den anderen übertragen wird. Wird man gegen Schnupfen empfindlicher, wenn man sich verkühlt? Offenbar nicht. Freiwillige, die aus dem warmen Bad ausstiegen und sich naß und nackt in zugige Korridore stellten, erkälteten sich nicht leichter als andere. Bekommt man eher einen Schnupfen, wenn man bis auf die Haut durchnäßt ist? Die Freiwilligen, die sich im Regen durchweichen ließen, bekamen ihn nicht. Nimmt die Ansteckungsneigung zu oder ab, wenn man isoliert ist? Offenbar keines von beiden. 1950 sperrte Andrewes einen Sommer lang ein Dutzend Studenten auf einer unbewohnten Insel vor der schottischen Küste ein, besuchte sie dann und setzte sie Schnupfenviren aus. Den Studenten ging es herrlich. Sie hatten über zwei Tonnen Vorräte mitgebracht, die

Insel und deren Höhlen erforscht, Listen einheimischer Vögel und Wildpflanzen erstellt, geangelt, Cricketspiele und Konzerte veranstaltet, aber gegen Schnupfen waren sie nicht mehr und auch nicht weniger empfindlich als vorher. »Leider«, schrieb Andrewes, »mußten wir ohne die gesuchte Antwort abbrechen ... Über zwölf Menschen genossen ein im Interesse der Wissenschaft geplantes Unternehmen sehr.«

Andrewes Reaktion auf die kargen Antworten, die er zutage gefördert hatte, klang mit Recht nach gelassener Resignation, denn der Schnupfen schien seine Geheimnisse für sich behalten zu wollen. W. J. Mogabgab von der Tulane University isolierte 1954 das erste Rhinovirus. David Tyrell, der Mitte der 50er Jahre zu Andrewes' Forschungsgruppe kam, entdeckte dann noch mehr Stämme dieses Virus und befaßt sich bis heute mit dieser Krankheit. Als sich in den 60er Jahren die amerikanischen Forscher Jack Gwaltney von der University of Virginia und Elliot Dick von der University of Wisconsin auf diesem Gebiet zu betätigen begannen, standen grundlegende Fragen über den Schnupfen immer noch offen. Obwohl die beiden auch noch nicht hinter alle Geheimnisse gekommen sind, haben sie der Forschung über die Übertragung des Schnupfens ganz eindeutig ihren Stempel aufgedrückt und das Gebiet zu einem der am ausführlichsten bearbeiteten Forschungsthemen in der Virologie gemacht.

Zu einer anderen Zeit, doch nicht an einem anderen Ort, hätte Jack Gwaltney auch gut ein Landedelmann aus dem amerikanischen Süden sein können. Er ist 59 Jahre alt, groß, hält sich kerzengerade, spricht langsam und leise, stammt aus Virginia und ist dort auch zur Schule und auf die Universität gegangen, also das Musterbeispiel eines besseren Herrn aus den Südstaaten, selbst wenn dieser Herr einen weißen Laborkittel trägt und das Nasensekret erkälteter Personen untersucht. Wenn man ihn besucht, werden einem seine engen Bindungen an seine Region und deren Geschichte bald bewußt. Er spricht kenntnisreich von der Architektur in Thomas Jeffersons »akademischem Dorf« aus dem 19. Jahrhundert, das nur einen Steinwurf von seinem Büro entfernt auf dem Gelände der University of Virginia in Charlottesville steht. Dann zeigt er auf ein altes Plakat mit Werbung für das Getreidegeschäft seines Vaters in Norfolk und zieht eine dicke Flasche aus dem Regal, in der seine eigenen herausoperierten Adenoide und Mandeln stecken; seine Mutter hatte das Gefäß vor fast einem halben Jahrhundert dort wie einen Marmeladetopf aufgestellt.

Er spricht im melodischen Singsang der amerikanischen Südstaatler von seinen bahnbrechenden Experimenten, die eine Zeitlang ein für allemal zu erklären schienen, wie sich der Schnupfen ausbreitet.

»1963 untersuchten wir eine Gruppe von Mitarbeitern eines Versicherungsunternehmens«, beginnt er, »hier im östlichen Regionalbüro der State Farm, etwa fünfhundert Personen. Die Studie dauerte fünfzehn Jahre.« Es ging darum, ein paar Grundfragen im Zusammenhang mit dem Schnupfen endgültig zu klären. Wann bekamen Menschen den Schnupfen? Ständig, so regelmäßig, wie sie aßen oder schliefen? Oder nur in bestimmten Jahreszeiten, vielleicht aufgrund irgendeines einmaligen, jahreszeitlich bedingten Ereignisses, das man vielleicht beeinflussen konnte? Wer war häufiger erkältet, Männer oder Frauen? Erwachsene oder Kinder? Wie drang das Virus in Familien ein? Und so weiter und so weiter.

Die Mitarbeiter der Versicherungsgesellschaft State Farm eigneten sich für eine solche Untersuchung besonders gut. Im Gegensatz zu Hochschulstudenten, auf die man sich nicht immer verlassen konnte (»die erschienen einfach nicht zu den Terminen; man traf sie dann irgendwo im Billardsaal oder im Schwimmbad«), waren die Leute von der Versicherung zuverlässig und interessiert. Vor allem arbeiteten alle in einem einzigen Gebäude »mit wenigen Raumteilern, so daß es eher wie ein Käfig für Versuchstiere aussah«.

Gwaltney und sein Kollege William Jordan verteilten umfangreiche »Symptomkarten«, auf denen die Mitarbeiter von State Farm ihren täglichen Gesundheitszustand festhalten konnten. Auf diese Karten wurden vierzehn Tage lang die Antworten auf folgende siebzehn Fragen geschrieben:

Krank?
Fieber?
Schüttelfrost?
Kopfschmerzen?
Muskelschmerzen?
Niesen?
Läuft die Nase?
Nase verstopft?
Halsschmerzen?
Kratzen im Hals?
Heiser?
Husten?
Spucken?
Tropft die Nase?
Durchfall?
Zu Hause geblieben?
Keine Symptome?

Nach sechs Jahren hatten die Wissenschaftler so viel Material zusammengetragen, daß sich daraus ein paar interessante Feststellungen über den Schnupfen ableiten ließen. Zum Beispiel erwies sich, daß kleine Jungen sich häufiger erkälten als kleine Mädchen, daß dieses Verhältnis jedoch nach der Pubertät ins Gegenteil umschlägt und Frauen häufiger Schnupfen bekommen als Männer. Warum? Vielleicht deshalb, weil Frauen mehr mit Kindern zu tun haben, denn Kinder spielen bei der Verbreitung von Schnupfen eindeutig die wichtigste Rolle. Sie mischen die Schnupfenviren in der Schule, schleppen sie zu Hause ein, geben sie an Eltern und Geschwister weiter. Hat das vielleicht etwas mit der besonders heftigen Erkältungswelle jeden September zu tun, wenn die Schule anfängt? Vielleicht.

Doch die Grundlage blieb nach wie vor ungeklärt: Wie wurde Schnupfen eigentlich übertragen? Bis dahin hatte man angenommen, daß sich Schnupfen durch die Luft verbreitet. Dann stieß Gwaltney auf einen Hinweis in eine ganze andere Richtung, der zu allem auch noch von einem Fehler herrührte. Als sie bei erkälteten und gesunden Personen Nasenabstriche vorgenommen hatten, um durch Vergleiche die Wirkung der Schnupfenviren auf infizierte Zellen festzustellen, hatten er und sein Kollege Owen Hendley zufällig einige Personen in der gesunden Gruppe infiziert. Nachdem sie zunächst Proben bei den infizierten Personen genommen hatten, hatten die Forscher ihre Instrumente in Alkohol gewaschen. Das Desinfektionsmittel hatte jedoch nicht alle Viren abgetötet, denn Rhinoviren sind zäh, und als sie die Instrumente in gesunde Nasen gesteckt hatten, waren ein paar lebende Rhinoviren weitergegeben worden.

»Da haben wir uns überlegt, daß manche Infektionen vielleicht direkt über die Nase zustande kommen«, erinnert sich Gwaltney. »In diesem Fall mußte man sich fragen, was sich die Leute so alles in die Nase stecken. Wir haben vor allem an die Finger gedacht.«

Kommen Rhinoviren normalerweise an den Fingerspitzen vor? Um das festzustellen, nahm Gwaltney an Nasen und Händen von erkälteten Studenten der University of Virginia Proben und, siehe da, an beiden Stellen zeigten sich Rhinoviren. Also steckten die Leute mit Viren kontaminierte Finger in die Nase und infizierten sich so.

Als nächstes mußte man feststellen, ob Rhinoviren von den Händen einer auf die Hände einer anderen Person übertragen werden konnten und ob das Virus, wenn es in der Umgebung häufig vorkam, auch zufällig aufgelesen wurde. Auch hier bestätigten sich Gwaltneys Vermutungen durch die Experimente. Nachdem sie sich die Nase gerieben oder geputzt und dabei die Viren auf die eigenen Hände übertragen hatten, konnten erkältete Personen diese Viren ganz einfach über eine Berührung an andere weitergeben. Außerdem ließen sie überall, auf Türklinken, Theken, Telefonen, Zeitschriften und Büchern, Rhinoviren zurück. Wenn zum Beispiel jemand dies Buch liest, der gerade einen Schnupfen hat, dürften hinterher auf den Seiten Rhinoviren sitzen.

Die Ergebnisse entsprachen denen eines älteren Tests im Common Cold Unit in England. (Damals wurde eine fluoreszierende Flüssigkeit so angeordnet, daß sie an der Nase eines freiwilligen Probanden heruntertropfte wie beim richtigen Schnupfen; die Spuren wurden in einem abgedunkelten Raum verfolgt.) Rhinoviren konnten also nachweislich überall sein und sich stundenlang auf allen möglichen Flächen halten. Wenn gesunde Personen eine kontaminierte Tür öffneten oder ein kontaminiertes Telefon anfaßten, mit kontaminierten Karten ein Spielchen machten oder die Seiten eines kontaminierten Buches umblätterten, nahmen sie die Schnupfenviren auf. Bald darauf inokulierten sie sich selbst, ohne es zu merken, wenn sie sich an die Nase faßten oder die Augen rieben. Es sah so aus, als ob Schnupfen hauptsächlich durch Berührung übertragen wurde.

Untersuchungen und Beobachtungen, die Gwaltney und Hendley von 1973 bis 1978 zusammenstellten, stützten diese Theorie ebenfalls. Während in der angesehenen britischen Medizinzeitschrift *Lancet* bezweifelt wurde, die häufigste Krankheit der Menschen könne auf einem so banalen Weg übertragen werden, daß jemand den Finger in die Nase stecke, legten Gwaltney und Hendley die Ergebnisse geheimer Beobachtungen an Medizinstudenten und Schülern einer Sonntagsschule vor. In beiden Gruppen wurde tatsächlich sehr häufig an die Nase gegriffen und in der Nase gebohrt. In einem der wichtigsten Experimente wurde nachgewiesen, daß zwar nur fünf Prozent der gesunden Probanden einen Schnupfen bekamen, nachdem sie von erkälteten Personen angehustet und angeschnieft worden waren, sich jedoch ganze 73 Prozent infizierten, nachdem sie mit infizierten Personen Handkontakt gehabt und sich dann Nase oder Augen gerieben hatten.

Das hörte sich zwar alles sehr überzeugend an, aber es reichte nicht. »Wir haben nachgewiesen, daß alle Verbindungen da und auch möglich waren«, erklärt Gwaltney, »aber nichts davon hat bewiesen, daß es unter natürlichen Bedingungen auch wirklich so abläuft.«

Bisher hatten sie also Indizienbeweise zusammengetragen, doch die hielten einer näheren Untersuchung nicht stand. Gwaltney hatte sich da auf etwas eingelassen, denn wenn man beweisen wollte, daß Schnupfen durch Berührung übertragen wird – in der wirklichen Welt, nicht (wie bisher) im Labor beweisen, wo man alle Faktoren in der Hand hatte –, mußte man sich ein Experiment ausdenken, bei dem man in einer Gruppe jede Übertragung durch Berührung verhinderte, sie aber in der anderen Gruppe zuließ und dann in beiden Gruppen die Schnupfenhäufigkeit verglich. Wenn, bei sonst gleichen Bedingungen, in der Gruppe, die Viren durch Berührung weitergegeben hatte, weit mehr Schnupfenfälle auftraten, konnte man ziemlich sicher sein, daß Schnupfen wirklich in erster Linie auf diesem Weg weitergegeben wurde. Schwierig war dabei nur die Versuchsbedingung, daß man die Übertragung von Rhinoviren von Hand zu Hand in einer der beiden Gruppe irgendwie unterbinden mußte.

Wenn Gwaltney Rhinoviren hätte blockieren können, wären alle Versuche überflüssig gewesen – so wie jemand, der Polioviren blockieren konnte, keinen Impfstoff mehr hätte zu entwickeln brauchen. Es war der berühmte Zirkelschluß: Um festzustellen, ob sich Schnupfen durch Berührung ausbreitete, mußte man dafür sorgen, daß er sich nicht durch Berührung ausbreiten konnte. Viel Glück.

Unermüdlich suchten Gwaltney und Hendley weiter und stießen schließlich auf eine Jodlösung, die das Virus wirklich abtötete. Wenn sich die Probanden mit dieser Lösung die Hände bestrichen, stoppte das vielleicht die Ausbreitung des Virus. Die Sache hatte nur einen Haken: Die Jodlösung stank abscheulich und färbte die Hände braun. Der Erfolg eines solchen Experiments hängt aber davon ab, daß man einer Gruppe die zu untersuchende Substanz und der anderen ein Placebo gibt, ohne daß die Gruppen wissen, was sie bekommen haben. Braune Hände in einer Gruppe wären jedoch nicht zu übersehen. Also dachten sich Gwaltney und Hendley eine Placebolösung mit einem Lebensmittelfarbstoff aus, die so aussah wie die Jodlösung. Dann gaben sie fünfzig Müttern, die sich freiwillig gemeldet hatten, die Jodlösung und fünfzig anderen Müttern, ebenfalls Freiwilligen, das braune Placebo und schickten sich an, die Ergebnisse zu messen.

»Es war eine Heidenarbeit«, erzählt Gwaltney. »Wir hatten zwei Gruppen mit je zwei Schwestern, die jede Woche in fünfzig Häuser gingen.« Vier Jahre, von 1983 bis 1986, überprüften die Teams den Versuch in jedem September, der Zeit mit den meisten Erkältungen, und vergewisserten sich, daß die Mütter die Symptomkarten jeden Tag genau ausfüllten und auch die Lösungen richtig auf die Hände auftrugen. Dabei fanden die Forscher heraus, daß bei den Müttern, die die Jodlösung benutzten, vierzig Prozent weniger Schnupfenfälle auftraten als bei denen, die das Placebo verwendeten. Vielleicht wirkte der Eingriff tatsächlich. Vielleicht wurden die meisten Schnupfenfälle wirklich durch Berührung weitergegeben.

Aber die Forscher waren immer noch nicht ganz zufrieden. Gwaltney argwöhnte, daß die Beteiligten zwischen der virustötenden Lösung und dem Placebo unterscheiden konnten. Wenn das stimmte, wies die Auswertung einen systematischen Fehler auf. Bekanntlich neigen Menschen bei Befragungen dazu, das anzugeben, was nach ihrer Meinung von ihnen verlangt wird. Falls also die Mütter, die die virustötende Jodlösung verwandten, diesen Sachverhalt ahnten, beachteten sie vielleicht Schnupfensymptome unbewußt nicht, weil sie ja schließlich keine Erkältung bekommen sollten.

»Wir haben wirklich alles erdenklich Mögliche getan, um jeden systematischen Fehler bei den Müttern und den Schwestern auszuschalten; wie gut es uns gelungen ist, wissen wir nicht. Wir haben sie gefragt, ob sie nach ihrer Meinung die Wirksubstanz oder die Substanz mit dem Placebo bekamen. Weil die Wirksubstanz die Hände austrocknete und auch die Färbung etwas länger hielt, meinten einige, sie bekämen den Wirkstoff statt des Placebos. Deshalb glaube ich schon, daß sich ein kleiner systematischer Fehler eingeschlichen hat. Aber ob er die vierzig Prozent Unterschied verursacht hat...?«

Gwaltney entwickelte ein neues virustötendes Präparat, das die Hände nicht färbte und einer handelsüblichen Handcreme so sehr ähnelte, daß er hoffen konnte, sie sei von der echten Creme nicht zu unterscheiden, die er als Placebo einsetzen wollte. Im September 1988 begann er eine weitere Studie, wieder in Zusammenarbeit mit State Farm. Gwaltneys Team verteilte Flaschen mit der virustötenden Handcreme vorwiegend an Frauen in hundert Familien. Frauen in weiteren hundert Familien bekamen das Placebo, also Flaschen mit einer normalen Handcreme. Die freiwilligen Mitwirkenden wurden angewiesen, die Creme alle zwei bis vier Stunden auf den Händen zu verreiben, also morgens nach dem Aufwachen, tagsüber nach jedem Händewaschen oder sooft sie sich die Hände naß machten, und außerdem in regelmäßigen vorgeschriebenen Abständen.

»Ich habe damals gesagt, was ich wirklich geglaubt habe«, erklärt Gwaltney, »daß das seit 1963 die wichtigste Studie war, die wir je mit State Farm durchgeführt haben.« Sobald die Ergebnisse vorliegen, untermauern sie vielleicht die Beweise dafür, daß Schnupfen vor allem durch Berührung übertragen wird (und zeigen auch die Möglichkeit auf, daß eine handelsübliche Handcreme die Krankheit verhindern kann).

Doch vorläufig ist die wichtigste Übertragungsart des Schnupfens nach wie vor umstritten. »Ich halte es für durchaus möglich, daß sich Schnupfen auf mehr als einem Weg ausbreitet«, sagt Gwaltney. »Vielleicht verbreitet er sich durch die Luft und durch Handkontakte. Ich habe darüber sehr viel nachgedacht. Ich hoffe, ich werde die endgültige Antwort noch erleben, aber ganz überzeugt bin ich davon nicht.«

Elliot Dick ist vielleicht nicht derselben Meinung wie Gwaltney. Daran wäre auch nichts Besonderes, denn beim Thema Schnupfen sind sich Dick und Gwaltney selten einig. Die beiden Schnupfenforscher sind auch bekannt als Gegner – natürlich in aller Freundschaft. Es geht ihnen immer um den Kern der Sache, also die Übertragung des Schnupfens. Gwaltney ist eher von der Übertragung durch Berührung überzeugt, während Dick es für viel wahrscheinlicher hält, daß der Schnupfen durch die Luft verbreitet wird, wobei die Rhinoviren in unsichtbaren Feuchtigkeitströpfchen, von der Brise befördert, von Nase zu Nase schweben.

Der vierundsechzigjährige Dick strotzt vor Lebensfreude und Begeisterung. Er ist sehr groß, grauhaarig, lacht gern und laut – er wirkt ein bißchen wie ein fröhlicher, altmodischer Arzt aus dem amerikanischen Mittelwesten, und sein Dialekt verstärkt diesen Eindruck noch. »Wissen Sie, ich bin schon so alt, daß ich von Anfang an dabei war«, erklärt er, »als John Enders 1949 Viren in einer Zellkultur gezüchtet hat. In meiner Ausbildung habe ich miterlebt, wie die Viren praktisch von Null bis zu ihrer heutigen Blüte gediehen sind. Erst jetzt beschäftigen wir uns richtig mit ihnen.«

Zu seiner Ausbildung, die er mit einem Doktorgrad in Bakteriologie an der University of Minnesota abschloß, gehörte auch ein Stipendium an der Tulane University bei dem unterhaltsamen W. J. Mogabgab, dem Entdecker des Rhinovirus. Der Schnupfen ließ ihn nicht mehr los. Dick fing mit seiner Rhinovirusforschung 1961 an der University of Wisconsin an, ging der Ausbreitung von Erkältungen in Familien nach und erprobte später Virusmittel an Schimpansen. Bald hatte Dick jedoch von dem Aufwand und der Mühe beim Umgang mit Schimpansen genug und wandte sich dem Menschen zu.

»Mit Menschen ist wirklich gut arbeiten, denn man kann mit ihnen sprechen«, lacht er. »Man kann ihnen erklären, was man mit ihnen macht.« Bei der Schnupfenforschung zeigen sich die Vorteile der Arbeit am Menschen besonders deutlich. Andere Krankheiten – die Kinderlähmung ist vielleicht das beste Beispiel – sind so gefährlich, daß man am Menschen nur die allerletzten Impfstofftests durchführen darf. Rhinoviren bringen dagegen fast kein größeres Risiko mit sich. Am Menschen kann man damit eine ganze Reihe von Versuchen durchführen, ohne daß man vor irgendwelchen Gefahren Angst zu haben braucht.

So begann Dick, am Menschen zu arbeiten. Um die Mitte der 70er Jahre hatte er eine Reihe von aussagekräftigen Experimenten angekurbelt, die nicht nur auf Sir Christopher Andrewes' Isolationstest auf der einsamen Insel aufbauten, sondern auch die Möglichkeit einschlossen, daß sich der Schnupfen in erster Linie durch die Luft, nicht durch Berührung ausbreitet. Andrewes' unbewohnte Insel vor der Küste von Schottland war schon ein ausgefallenes Versuchsgelände, doch Dick hatte noch mehr zu bieten: die Antarktis.

Etwa 3300 Kilometer südlich von Neuseeland auf einer Insel am Rand des antarktischen Eisschelfs liegt der größte amerikanische Stützpunkt in der Antarktis, die McMurdo Station. Die Anlage besteht aus über hundert Gebäuden und einem etwas abgelegenen Flughafen und dient als Versorgungseinrichtung zur Unterstützung wissenschaftlicher Projekte am Fuß der Welt – Arbeiten auf den Gebieten Meteorologie, Geologie und Meeresbiologie, Plattentektonik, Untersuchungen an Versteinerungen und über die Beschaffenheit antarktischer Gletscher. Als Dick 1976 seine Arbeit dort aufnahm, arbeiteten auf der McMurdo Station genau 200 Personen, alles Männer, von denen 64 auch den Winter dort verbracht hatten. Die übrigen waren im September und Oktober für 36 Tage eingeflogen worden.

Sie trafen dort ein Eisparadies an, das die Sinne gleichzeitig folterte und verzauberte. Die Temperaturen lagen zwischen −38°C und −12°C. Die Windgeschwindigkeiten konnten über hundert Stundenkilometer erreichen. Doch manchmal war es das reine Paradies. »Ein klarer, ruhiger Tag mit −20°C ist herrlich«, schrieb Dick, »... wenn man an einem solchen Tag am Ufer der Winter Quarters Bay spazierengeht und sich das ständig wechselnde Licht in den transantarktischen Bergen auf der anderen Seite des McMurdo-Sunds ansieht, bekommt man unvorstellbare Eindrücke.«

McMurdo war damals eine abgeschlossene Welt für sich, die sich der Außenwelt nur einmal im Jahr öffnete. Damit bot sich Dick die denkbar beste Möglichkeit, die Ausbreitung von Schnupfen bei den wetterfesten Männern zu untersuchen, die dort überwinterten und sie mit den Neuhinzugekommenen zu vergleichen. Wie Andrewes auf seiner Insel konnte er so feststellen, ob Menschen durch Isolation eher zu Infektionen neigen. Wenn die Sommerbesatzung mit ihrer Ladung Rhinoviren ankam, mußte sich zeigen, ob mehr von denen, die den Winter dort unter verhältnismäßig keimfreien Bedingungen verbracht hatten, Schnupfen bekamen. Das wollte Dick feststellen.

Er erfuhr wesentlich mehr, als er erwartet hatte. So entdeckte er, daß sich der von Rhinoviren verursachte Schnupfen gar nicht so leicht ausbreitet. Trotz der scheinbar idealen Übertragungsbedingungen für Krankheiten verbreitete sich der Schnupfen auf der abgeschlossenen Station nicht schneller als in der üblichen Familie. Die von den Neuankömmlingen eingeschleppten Erkältungen wurden auf die Winterbesatzung auch nicht stärker übertragen, als unter den gesunden Neuankömmlingen selbst. Das bestätigte die Feststellung von Andrewes, daß Isolation nicht zu höherer Schnupfenempfindlichkeit führt. Zu seiner Überraschung stellte er auch fest, daß die verhältnismäßig wenigen Infektionen, die es gab, nicht gleichmäßig über die Basis verteilt waren. Die Männer im Hauptwohntrakt bekamen nur ein Viertel so häufig Erkältungen wie die Bewohner der beiden Häuser am Rand.

Das war merkwürdig. Da Neuankömmlinge und Winterbesatzung etwa gleich häufig Schnupfen bekamen, hätte man erwarten können, daß sich die Infektionen auch etwa gleichmäßig über den ganzen Stützpunkt verteilten. Warum war das nicht der Fall?

Dick strich alle möglichen Gründe auf zwei zusammen: Zum einen war der Hauptwohnbau nicht so dicht belegt wie die anderen beiden Häuser. Je mehr Leute in einem Raum zusammengedrängt werden, um so wahrscheinlicher breiten sich Krankheiten aus; das war nicht anders zu erwarten. Aber es gab noch einen Unterschied: Der Hauptwohnbau hatte eine viele bessere Belüftung. In den abgelegenen Wohnhäusern wurde nur gelegentlich eine Luftbewegung erzeugt, während im Hauptgebäude ein stetiger Luftdurchsatz herrschte; Luft wurde von außen angesaugt, erwärmt und im Gebäude umgewälzt. »Die nicht überbelegten Schlafräume lagen gewissermaßen in einem riesigen Windkanal«, schrieb Dick, »und Zu- und Abluft wurden größtenteils durch die Wände geführt, und damit zogen Virusaerosole vermutlich schnell ab.«

Die Lüftung! War sie vielleicht der entscheidende Faktor bei der Ausbreitung von Schnupfen? Doch wenn Rhinoviren vor allem durch Berührung übertragen wurden, machte die Belüftung nicht viel aus. Auch wenn man ein Gebäude so weit öffnete, daß der Wind hineinblies, hatte das keinen Einfluß auf Schnupfenviren, die an den Fingern klebten und an die Nase gebracht wurden. Anders sah die Sache aus, wenn sich die Rhinoviren über die Luft, also als Aerosole ausbreiteten.

Drei Jahre später, 1979, nachdem er das Auftreten anderer atemwegsgängiger Viren in der McMurdo Station untersucht hatte, wandte sich Dick wieder den Rhinoviren und ihrer Ausbreitung zu. Diesmal verfolgte er die Verbreitung nicht hinterher, sondern wollte sie von vornherein verhindern. Es ging also um ein Eingriffsexperiment, einen Versuch, die übliche Entwicklung von Erkältungskrankheiten in McMurdo mit einem bis dahin unbekannten Gegenmittel zu ändern: durch virentötende Papiertücher. Bald wurden sie als Doktor Dicks Killerkleenex (D2K2 – der Film *Krieg der Sterne* war gerade angelaufen) bezeichnet.

Eigentlich waren es ganz normale Gesichtstücher, die man nur in Jod getränkt hatte; auch Jack Gwaltney merkte bei seinen Übertragungsexperimenten bald, daß man mit Jod die zählebigen Rhinoviren gut abtöten kann. Wie sich zeigte, erzielten sie in McMurdo eine gewaltige Wirkung.

Dick wartete, bis sich der Anstieg der Krankheitsfälle als Folge der neu dazugekommenen Sommerbesatzung abgeflacht hatte, und ging dann mit seinem Team an die Arbeit. »Wir verteilten Zigtausende dieser virentötenden Tücher«, erzählt er. »Wir baten die Leute, sie jedesmal zu nehmen, wenn sie sich die Nase putzten, die Hände oder das Gesicht abwischten. Es wurde schon fast zum Ritual, die Tücher immer und überall zu verwenden. Selbst in den Bars wurden sie benutzt.«

Die Vorstellung, wie die rauhen Bewohner dieses Polarcamps eben mal kurz ihr Bier stehen lassen, um beim leisesten Kribbeln in der Nase nach einem Papiertaschentuch zu greifen, ist schon merkwürdig, beinahe komisch, vor allem, wenn dieses Tuch auch noch mit Jod getränkt ist, das nicht nur färbt, sondern auch scheußlich stinkt. Doch genau das passierte, und die Ergebnisse konnten sich sehen lassen. Die ersten vier Tage, nachdem die Männer Doktor Dicks Killerkleenex zu benutzen begonnen hatten, also in einer Zeit, die nach Dicks Meinung der Inkubationszeit von bereits erworbenen Erkältungen entspricht, stiegen die Erkältungskrankheiten in der Basis auf maximal zehn Neuerkrankungen pro Tag an. Die nächsten fünf Tage gingen sie stark zurück und lagen schließlich bei null bis zwei Fällen pro Tag – ganz im Gegensatz zu früheren Jahren, als die Zahl in einem vergleichbaren Zeitraum immer weiter angestiegen war. Eine im Ausbruch begriffene Grippeepidemie klang genauso schnell wieder ab. Offenbar hatten die virustötenden Papiertaschentücher doch etwas für sich.

Dick und sein Team flogen voll der herrlichsten Zukunftsträume nach Wisconsin zurück. Unter anderem dachten sie daran, eventuell mit virustötenden Papiertüchern die Ausbreitung von Schnupfen wirksam einzudämmen (praktisch mühsam zu erreichen, wenn man sie weiterhin mit übelriechendem, färbendem Jod tränkte). Dazu kam die Theorie, daß Schnupfen vielleicht in erster Linie durch die Luft, nicht durch Berührungen übertragen wird. Zwei entscheidende Experimente standen noch ins Haus, die beide Hypothesen mindestens zu Dicks Zufriedenheit bestätigten und zu einer Strategie im Kampf gegen Erkältungskrankheiten durch bewußte Anwendung des Zufallsergebnisses führten, das er zuerst in der McMurdo Station entdeckt hatte: bessere Lüftung.

Anfang der 80er Jahre begann Dick zwei Versuchsreihen, die unter dem Spitzenamen »Antarktisbarackentests« liefen und ihn mindestens so bekannt machten, wie seine vorausgegangenen Arbeiten in der Antarktis. Zu den neuen Versuchen gehörte ein Verfahren, das man vielleicht als Doktor Dicks Pokermarathon bezeichnen könnte: In den »Baracken«, in Wirklichkeit Räumen mit vier Pokertischen und einem Schreibtisch für einen Betreuer, spielten Freiwillige zwölf Stunden lang Karten. Damit sollte festgestellt werden, ob die Verbreitung von Schnupfen durch virustötende Papiertaschentücher eingedämmt werden konnte und ob die Viren durch die Luft oder durch Berührungen übertragen wurden.

Im ersten der beiden Versuche besetzte Dick jeden der vier Pokertische mit drei gesunden Freiwilligen und zwei Personen, die besonders stark erkältet waren. Diese Anordnung wiederholte er in drei weiteren, ähnlich aufgebauten »Baracken«, so daß insgesamt zwölf gesunde und acht mit dem Rhinovirus infizierte Kartenspieler in jedem Raum saßen, also alles in allem achtzig Personen. In zwei Räumen wurden die erkälteten Teilnehmer angewiesen, normale Stofftaschentücher zum Naseputzen und beim Niesen und Husten so wie sonst auch zu benutzen. In den anderen beiden Räumen verteilte er virustötende Papiertaschentücher in neuer, verbesserter Ausführung: Man hatte sie mit Zitronensäure statt Jod behandelt; sie waren weiß und stanken nicht mehr, aber töteten die Rhinoviren genauso wirksam. Dann ließ er seine Freiwilligen ihr zwölfstündiges Ganztags-Marathon-Pokerspiel anfangen. Überwacht wurden sie von Studenten in den höheren Semestern, die jeden Husten, jedes Niesen, jedes Schneuzen aufzeichneten. Unterbrochen wurde die Veranstaltung nur von einem Mittagessen, einem Abendessen, einer halbstündigen Lockerungspause am Nachmittag und einigen Pausen, in denen die Forscher Proben einsammeln wollten.

Die »Baracken« wurden mit Geräten beheizt oder klimatisiert, die die Luft nur umwälzten und keine Frischluft hereinließen; so blieb die mit Viren reichlich gesättigte Luft in den Räumen. Auch die Pokerspiele förderten alle möglichen Arten der Virusübertragung durch Aerosole, die beim Husten, Niesen, Schneuzen und Sprechen entstanden und durch Kontakte, wenn die Leute die Karten oder einander anfaßten. Damit sollten die vielen Möglichkeiten der Virusübertragung unter natürlichen Bedingungen möglichst genau nachvollzogen werden.

Aber der Schnupfen breitete sich in den Killerkleenex-Räumen überhaupt nicht aus; für Dick war das ein »absolut erstaunliches« Ergebnis. In den beiden Baracken, in denen die erkälteten Teilnehmer Stofftaschentücher benutzten, bekamen vierzehn der vierundzwanzig gesunden Pokerspieler den Schnupfen, also fast sechzig Prozent, während in der Gruppe mit den virustötenden Papiertaschentüchern *nicht ein einziger* gesunder Proband krank wurde. Das waren recht überzeugende Ergebnisse.

Dieser Versuch zeigte zwar eine Möglichkeit auf, wie die Übertragung von Rhinoviren zu verhindern war, löste aber nicht die Frage, wie sich diese Viren verbreiteten. In einem ein Jahr später, 1984, begonnenen Experiment packte Dick diese Frage an. Bis auf zwei große Unterschiede war der Versuch in den meisten Einzelheiten ähnlich aufgebaut. Erstens wurde diesmal ohne Killerkleenextücher gearbeitet; die kranken Freiwilligen, die alle an besonders üblen Erkältungen litten, benutzten Stofftaschentücher, wie sie es auch sonst getan hätten. Zweite Änderung: Die Hälfte der gesunden Kartenspieler spielte genauso Karten wie beim ersten Mal, aber die andere Hälfte trug entweder große Kunststoffkragen von fast einem Meter Durchmesser um den Hals oder starre orthopädische Schienen an den Armen. Diese Geräte sorgten dafür, daß sich die Spieler nicht ins Gesicht fassen und damit das Virus eventuell durch Berührung weitergeben konnten. »Wenn einer der so gefesselten Teilnehmer die Nase geputzt haben oder sich kratzen lassen wollte«, schrieb Dick, »half ihm einer der Aufseher dabei.«

Stellen Sie sich das Bild vor: Ein paar Kartenspieler schniefen, niesen, schneuzen sich und husten, andere sind angekettet, als habe man sie soeben aus irgendeiner teuflischen Notaufnahme befreit, und alle versuchen, sich auf ein zwölf Stunden währendes Kartenspiel zu konzentrieren. Und in welchem Zustand mögen sich erst die Karten nach Ende der Sitzung befunden haben! »Das war eine Schweinerei«, sagte Dick, »eine Riesenschweinerei.«

Doch nach Ablauf der zwölf Stunden, als die Zimmer wieder geräumt waren, war der Versuch noch längst nicht abgeschlossen, denn Dick hatte noch einmal zwölf Personen aufgetrieben, die in einem anderen Raum ein anderes Marathonspiel veranstalten sollten. Diese gesunden Probanden sollten die schmutzigen Karten, die klebrigen Pokerchips, die verschmierten Bleistifte benutzen, die schon seit dem frühen Morgen in Gebrauch waren. Diese zweite Gruppe fing sofort ein weiteres Zwölf-Stunden-Spiel an, das die ganze Nacht hindurch dauerte. Dabei mußten sich die Teilnehmer jede Viertelstunde einmal mit der Hand ins Gesicht fahren (wenn sie es vergaßen, erinnerten die aufsichtführenden Studenten sie daran). Sie bekamen auch ständig Nachschub an frisch verschmierten Karten, Chips und Bleistiften. Dick betrieb nämlich, sozusagen als Materialquelle, noch ein drittes Pokerspiel, an dem nur erkältete Personen teilnahmen.

Sein Wahnsinn hatte Methode. Wenn die in ihrer Bewegungsfreiheit eingeschränkten Pokerspieler während der Tagessitzung von den infizierten Probanden den Schnupfen bekommen sollten, konnte das nur durch die Luft geschehen, denn die Spieler konnten sich ja nichts ans Gesicht führen.

Die anderen gesunden Spieler waren sich selbst überlassen. Wenn sie krank wurden, konnte das von Viren herrühren, die entweder über die Luft oder durch Berührung übertragen worden waren. Aber wenn die Spieler der Nachtsitzung den Schnupfen bekamen, mußte das zwangsläufig von den durch Viren kontaminierten Karten kommen, also nur durch Berührung. In dieser Gruppe blies ja auch niemand kalte Viren in die Luft.

Am nächsten Morgen gingen Dick und seine Mitarbeiter an die Monate dauernde Auszählung der Ergebnisse. Fast gleich viele angeschirrte wie nicht angeschirrte Freiwillige bekamen eine Erkältung – zehn von achtzehn im Vergleich zu zwölf von achtzehn. Daraus ließ sich zwar folgern, daß sich die Viren tatsächlich durch die Luft verbreitet hatten. Von den Teilnehmern der Nachtsitzung, die mit den stark kontaminierten Karten gespielt hatten, bekam keiner den Schnupfen. Wenn Rhinoviren wirklich durch Berührung übertragen werden konnten, tat sich diesmal überhaupt nichts. Dicks Schlußfolgerung war eindeutig: »Aus den Ergebnissen ist zu entnehmen, daß, im Gegensatz zur herrschenden Lehrmeinung, die Übertragung von Rhinoviren mindestens bei Erwachsenen hauptsächlich über Aerosole erfolgt.«

Ist der Fall damit abgeschlossen? Stehen jetzt bald Schachteln mit Killerkleenex in unseren Supermärkten? Bekommen wir in Zukunft weniger oft Schnupfen? Kimberly-Clark, der Hersteller von Kleenex, brachte tatsächlich unter dem Namen »Avert« virustötende Papiertaschentücher auf den Markt; sie waren mit der von Dick entwickelten Zitronensäuremischung getränkt. 1986 wurden sie auf einem Testmarkt im nördlichen Teil des Staats New York, 1987 in Georgia eingeführt, doch sie gingen nicht sonderlich gut. Vielleicht lag es daran, daß sie viel teurer waren als die üblichen Kleenextücher, vielleicht auch daran, daß sie in der Arzneimittelabteilung der Läden und nicht dort geführt wurden, wo man sonst Papiertaschentücher kaufte. Ein dritter Grund mag schließlich gewesen sein, daß nicht alle von der Wirkung dieses Produkts überzeugt waren. Kimberly-Clark hat »Avert« inzwischen wieder vom Markt genommen.

Zu den Zweiflern gehörte natürlich auch Jack Gwaltney. In Gwaltneys Untersuchungen hielten die Papiertaschentücher nur in rund zehn Prozent der Zeit Viren ab. Nach Gwaltneys Meinung ist über virustötende Papiertaschentücher noch längst nicht das letzte Wort gesprochen. Damit die Untersuchungen nicht ganz umsonst waren, »verwenden wir die Wirkstoffe aus den Papiertaschentüchern jetzt bei unseren Handpräparaten. Etwas hat uns der Versuch also doch weitergebracht.« Was dem einen sin Ul, ist dem andern sin Nachtigall – die Debatte Gwaltney/Dick geht weiter.

Elliot Dick ist nach wie vor felsenfest von der Wirkung seiner virustötenden Papiertaschentücher überzeugt, hat zehntausend Kartons voll auf dem Campus der University of Wisconsin gelagert und möchte sie auch einsetzen. Doch zunächst will er die Lüftung als Mittel zur Eindämmung von Schnupfen untersuchen. Er möchte Filteranlagen prüfen, die die mit Viren gesättigte Luft von den Menschen absaugen und statt dessen Frischluft zuführen etwa so, wie es im Hauptwohnhaus der McMurdo Station in der Antarktis getan wurde.

»Wir wollen sehen, ob wir die Übertragung nicht einfach dadurch unterdrücken können, daß wir die Luft in einem Zimmer ständig bewegen«, erklärt er. »Ich glaube, die Luft wird am besten am Boden zugeführt. Wer sich die Nase putzt, möchte ja gern, daß das Zeug aufsteigt und durch die Decke verschwindet, dann gefiltert wird und nicht nur im Raum herumschwirrt. Dazu gehört etwas technischer Aufwand, und teuer wird es wahrscheinlich auch.« Dick lacht dröhnend. »Aber wenn es funktioniert, ist es die Mühe wert.«

Wie sich der Schnupfen ausbreitet, bleibt also weiterhin umstritten; unumstritten ist jedoch das Virus, das die meisten Erkrankungen dieser Art hervorruft. Jetzt können wir auch genau und zuverlässig sagen, was ein Rhinovirus ist, wie groß es ist, wie es aussieht, woraus es besteht, was unter seiner Oberfläche steckt und vor allem, wie es infiziert. Dank der Arbeit des Kristallographen Michael Rossmann von der Purdue University können wir die Landschaft der Rhinoviren so genau betrachten wie die Landschaften hier auf der Erde. Nach der Theorie, daß der Aufbau die Funktion widerspiegelt, ist Rossmann in Zusammenarbeit mit dem Biophysiker Roland Rueckert von der University of Wisconsin 1985 etwas gelungen, das bis dahin als unmöglich galt: Er hat ein genaues dreidimensionales Modell eines Rhinovirus geschaffen.

Stellen Sie sich nur einmal die Größenordnungen vor. Alle Viren sind winzig, eigentlich nur unter dem Elektronenmikroskop zu erkennen; Rhinoviren sind ganz besonders klein. Wie schon weiter oben gesagt, müßten zehntausend Rhinoviren nebeneinandergelegt werden, wenn man damit den Zwischenraum zwischen zwei Worten in diesem Buch ausfüllen wollte. Wie konnte jemand auch nur daran denken, ein Modell eines so seltenen Geschöpfes herzustellen? Die Aufgabe gelang dank einer erstaunlichen Eigenschaft der Viren, ihrer Kristallisationsneigung.

Schon 1935 hatte Wendell Stanley als erster nachgewiesen, daß Viren zu Kristallen werden können. Diese Eigenschaft verbindet man normalerweise mit nichtlebenden Substanzen, also zum Beispiel Quarz oder den Eiskristallen, die sich im Winter am Fenster bilden. Nachdem Stanley zuerst die Kristallstruktur des Tabakmosaikvirus aufgeklärt hatte, wurde die Verwandlung von Viren in Kristalle eine Kunst, die jeder Kristallograph beherrschte, eine Methode, mit der man die Form dieser praktisch unsichtbaren Objekte erkennen konnte.

Es ist allerdings eine sehr schwere Kunst. Kristallographen müssen nicht nur ungewöhnlich saubere Kristalle herstellen, sondern diese Kristalle auch noch analysieren, um genau sagen zu können, welche Substanz darin steckt. Rossmann ist einer der führenden Fachleute auf diesem Gebiet. Ein mächtiger, etwas gebeugter, zurückhaltender Mann, der sein Gesicht hinter einem Bart und einer Brille versteckt. Rossmann wurde vor sechzig Jahren in Frankfurt geboren, studierte an den Universitäten London und Glasgow und ging 1964 an die Purdue University, weil er, wie er heute lachend erklärt, dort eine Stelle bekam. Diese Erklärung ist in ihrer Knappheit typisch für Rossmann. Studenten und Journalisten gegenüber ist er freundlich und geduldig, aber an seine Arbeit geht er zielstrebig und ohne Umwege heran. Er strahlt, wenn er über die erhabene Welt der Kristallographie spricht.

»Wie bringt man Viren zum Kristallisieren?« fragte er in einem aus deutschen und britischen Bestandteilen zusammengesetzten Dialekt. »Haben Sie in der Oberschule jemals Versuche mit Salz- oder Zuckerkristallen angestellt? Oder mit gesättigten Lösungen? Das ist dasselbe. Oder mindestens eine Möglichkeit. Wenn man eine gesättigte Lösung verwendet, fallen nach einer Weile die Kristalle aus.«

Natürlich ist es nicht ganz so einfach, und Rossmann gibt durchaus zu, daß »die Kristallzüchtung so ein bißchen als Schwarze Kunst angesehen wird«; doch ab 1981 ist Rossmann gerade diese Kunst bei Rhinoviren gelungen. Mit den Jahren hat er Millionen und abermillionen Rhinoviren gelöst und in Hunderten von Kristallen ausfallen lassen. Was dabei herauskommt, sieht aus wie kleine Eisstückchen von knapp einem Millimeter Durchmesser, klare Juwelen, für Miniaturschmuck bestens geeignet. Rossmann mag keine großen Worte, aber wenn es um seine Viruskristalle geht, schwindet seine Zurückhaltung. »Die sind wunderschön, phantastisch«, ruft er aus. »Einfach herrlich.«

Sie stecken auch voll Viren. Jedes Rhinoviruskristall enthält etwa eine Million Millionen Viren – reaktionsunfähig, stabil, und in der Zeit eingefroren. Diese Viren liegen nebeneinander und übereinander in einer geometrischen Anordnung, einem ganz feinen Gitternetz. Und da die Millionen und abermillionen Viren in jedem Kristall praktisch identisch und auch in derselben Richtung angeordnet sind, kann man alles, was Rossmann aus dem ganzen Kristall abliest, zur Formerkennung bei jedem einzelnen Virus benutzen.

Der nächste Schritt ist die Röntgenstrukturanalyse, ein theoretisch einfaches, aber in der Praxis schwieriges Verfahren. Dabei beschießt man den Kristall mit Röntgenstrahlen und deutet dann die Muster, die diese Röntgenstrahlen erzeugen. Die zur Kristallographie verwendeten Röntgenstrahlen haben eine Wellenlänge, die rund viertausendmal kürzer ist als die Wellenlänge des sichtbaren Lichts; sie entspricht etwa dem Zwischenraum zwischen den Atomen in vielen Festkörpern. Deshalb können Röntgenstrahlen übrigens auch Substanzen durchdringen, die für das Auge undurchdringlich sind.

Um die Form der Rhinoviren zu bestimmen, nutzte Rossmann die stärkste Röntgenstrahlenquelle, die er zur Verfügung hatte, einen »Atomzertrümmerer«, die sogenannte Hochenergie-Synchrotronquelle an der Cornell University, eines der drei Hochleistungsröntgengeräte in Nordamerika. Er und seine Kollegen beschossen die Kristalle mit besonders hellen und dünnen Röntgenstrahlen immer wieder und aus verschiedenen Winkeln. Sie wechselten die Kristalle nach jedem Schuß aus, denn selbst die kürzeste Belichtung durch einen Röntgenstrahl zerstört die zarten Strukturen innerhalb dieser hellen Flecke. Wenn die Röntgenstrahlen auf die Atome innerhalb des Viruskristalls treffen, werden sie auf Planfilme reflektiert und bilden dort ein kompliziertes Muster aus Millionen Punkten ab, eine Aufzeichnung der Virusstruktur.

Achthunderttausend solche Einzelreflexionen später hatten die Forscher etwas zusammengetragen, das dem ungeschulten Auge allenfalls wie eine Reihe belangloser Abzüge mit Strukturen vorkam, bei denen an bestimmten Stellen Häufungen von Punkten auftraten. Jetzt mußte sich Rossmann anhand dieser Bilder wieder zu den Strukturen zurückarbeiten, die sie erzeugt hatten. Dazu benutzte er Computer. Vor der Einführung des Computers erforderte diese Art von Röntgenstrukturanalyse umfangreiche Berechnungen und sehr viel Erfahrung. Erfahrung braucht man auch heute noch, doch der Computer hat die Bürde des Kristallographen leichter gemacht, und mit seiner Hilfe kann man eine bislang unerreichte Genauigkeit bei der Zusammenstellung und Interpretation dieser Versuchsergebnisse erzielen.

Rossmanns Computer entschlüsselten die Beugungsmuster und setzten sie in Bilder um, die das Auge allmählich deuten konnte. Diese Bilder lagen in Form von Videoaufnahmen wirbelnder Muster vor, von denen jedes einen Querschnitt durch ein einzelnes Virus darstellte, so als sähe man nacheinander auf die einzelnen Scheiben einer auseinandergeschnittenen Tomate, und dabei Details in fast atomarem Maßstab abbildete. Zur dreidimensionalen Verbindung dieser Formen wandelte Rossmann die Computerbilder in große Diapositive um. Als er diese Diapositive übereinanderlegte, so wie man die Tomatenscheiben aufeinanderlegt, um die Form der Tomate wiederherzustellen, und über einer Leuchttafel betrachtete, paßten die Formen zusammen und zeigten die Struktur des winzigen Virus.

Vor fünf Jahren stand Rossmann an seiner Leuchttafel im Labor in der Purdue University und wurde in »einer Tour de force der modernen Röntgenstrukturanalyse«, wie es Fachkollegen ausgedrückt haben, zum ersten Menschen, der das Terrain des Rhinovirus erblickte – eigentlich eines jeden Virus, das Menschen infiziert. »Das war am 6. April 1985.« Rossmann lacht über sich selbst; das Datum hat er gut behalten. »Das war wahnsinnig aufregend, vielleicht der tollste Tag in meinem Wissenschaftlerleben. Er und seine Kollegen zogen anschließend jubelnd in ein Chinarestaurant, um dort zu feiern.

Es war eine beispiellose Leistung, wie man sie sich ein paar Jahre eher noch nicht hätte vorstellen können. Durch seine erste Bestimmung einer Viruskristallstruktur bestätigte Stanley Beijerinck und d'Hérelle. Indem sie Viren zum ersten Mal sichtbar machten, bestätigten die frühen Elektronenmikroskopiker Stanleys Leistung und die Erkenntnisse der Pioniere, die ihm vorgearbeitet hatten. So kann man ermessen, welche großen Vorläufer Rossmann hatte, als er zum ersten Mal ein menschliches Virus in allen Einzelheiten betrachten konnte. Es muß etwa so gewesen sein, als wäre er in einem Hubschrauber in geringer Höhe über die Erde geflogen – seine Sicht auf das Virusbild, das er geschaffen hatte, muß dem entsprochen haben –, nur war sein Planet normalerweise unsichtbar, Teil eines submikroskopischen, nicht eines interstellaren Raums. Sein Planet konnte infizieren und sich vermehren. Und doch hätte er, wie ihn Rossmann jetzt betrachtete, genausogut ein Gebilde aus Stein und Erde sein können, denn seine physikalischen Merkmale sahen ähnlich aus.

Von Elektronenmikroskopaufnahmen wußte Rossmann schon, daß dies Rhinovirus, die Nummer 14 unter den hundert Spielarten, die Form eines Ikosaeders aufwies, also wie eine Art zwanzigseitiger Fußball aussah. Bisher hatte sich jedoch niemand vorstellen können, wie die verknäuelten Proteine in diesen Hüllen aufgebaut waren, wie sie sich verdrillten und falteten und in welcher Beziehung sie zueinander standen. Jetzt erforschten Rossmann und seine Kollegen diese bis auf atomare Größenordnungen aufgelöste dreidimensionale Landkarte und entdeckten dabei, daß die Oberfläche eines Rhinovirus aus vier immer wieder auftretenden Proteinen besteht, die Vorsprünge und Einbuchtungen bilden, als wäre dieser Miniaturplanet mit Gebirgen bedeckt, zwischen denen tiefe, kreisrunde Cañons ausgespart sind.

Rossmann wollte jedoch nicht nur das Terrain, sondern auch die Funktion dieser abwechslungsreichen Topographie erkunden. Ein Virus wendet schließlich der Welt nur eine Seite zu, seine Oberfläche. Seine Überlebens- und Vermehrungsaussichten hängen allein davon ab, wie gut seine Oberfläche mit der Umgebung wechselwirkt. So kann zum Beispiel das Immunsystem ein Virus als Eindringling erkennen, weil die Virusoberfläche dem Körper als etwas Fremdes erscheint. Antikörper heften sich dann an bestimmte Bereiche dieser Oberfläche und neutralisieren die Virusinvasion. Diese Stellen nennt man *immunogen*. Wenn ein Virus seine Oberfläche nicht manipulieren kann, also sozusagen nicht aus seiner Haut heraus kann, um dem Immunsystem des Körpers so lange zu entrinnen, bis es sich an eine einladend aussehende Zelle angeheftet hat, sind seine Tage gezählt, seine Aussichten schlecht. Auch wenn es diese Zelle nicht durch die Verbindung bestimmter anderer Stellen auf seiner Oberfläche mit bestimmten Stellen auf der Zelloberfläche, den Zellrezeptoren, infizieren kann, geht es ihm nicht besser. Zellen sind dicht mit Rezeptorproteinen besetzt, die offenbar Myriaden von Zellwechselwirkungen ermöglichen (ihre Funktionen sind noch längst nicht vollständig bekannt); bestimmte Viren brauchen bestimmte Rezeptoren. Ein Schnupfenvirus und ein Grippevirus können zum Beispiel dieselben Zellen infizieren, doch dabei heften sie sich an unterschiedliche Rezeptoren auf diesen Zellen. Ein Virus, das sich nicht anheften kann, kann auch nicht infizieren.

Rossmann schaute sich die Berge und Cañons des Rhinovirus an und machte sich Gedanken über ihre Funktion. Es dauerte nicht lange, bis ihm ein paar passende Möglichkeiten eingefallen waren. Die Berge, so schloß er, sind die Stellen, an denen die Antikörper unseres Immunsystems wie riesige Landefahrzeuge am Virus andocken, um eine Infektion zu verhindern, also die sogenannten *immunogenen Stellen.* »Antikörper binden sich an die Oberfläche des Virus«, erklärt er, »und zwar vor allem an den Teil, der zugänglich ist.« Was könnte für ein Landefahrzeug auf der Erde zugänglicher sein als eine Bergkuppe?

Doch das Virus möchte eine solche Andockung nicht durch Bewegungslosigkeit erleichtern, denn sie bedeutet den Tod. »Die Oberfläche von tierischen Viren verändert sich fast ständig«, erläutert Rossmann. »Das Virus verteidigt sich gegen das Immunsystem, indem es mutiert und den Antikörpern entkommt.« In diesem Fall schließt die Mutation auch die Berggipfel ein; deren Form ändert sich von einer Virusgeneration zur nächsten, so daß unsere Antikörper sie nicht immer wiedererkennen. Selbst wenn wir das Virus heute noch abwehren können, unterliegen wir vielleicht morgen schon seinen Nachkommen.

Soviel zu den Bergen, in Wirklichkeit also den wechselnden sich verändernden immunogenen Stellen; nun bleiben noch die Cañons. Welchem Zweck dienen sie? Cañon oder Aussparung sind vielleicht nicht die richtigen Bezeichnungen, denn in Wirklichkeit handelt es sich um unglaublich tiefe Risse in der Oberfläche, grabenähnliche Schlitze, die bis zu einem Zwölftel des Virusdurchmessers erreichen können, im Verhältnis also weitaus tiefer reichen als jede Spalte auf der Erde. Selbst der rund 1500 Meter tiefe Grand Canyon, nach dem Rossmann diese Aussparungen auch als Cañons bezeichnet (»wir sprechen sogar von der Nordwand und der Südwand«), gibt die Größenverhältnisse nicht entfernt richtig wieder.

Rossmann beugte sich über seine Leuchttafel und blickte

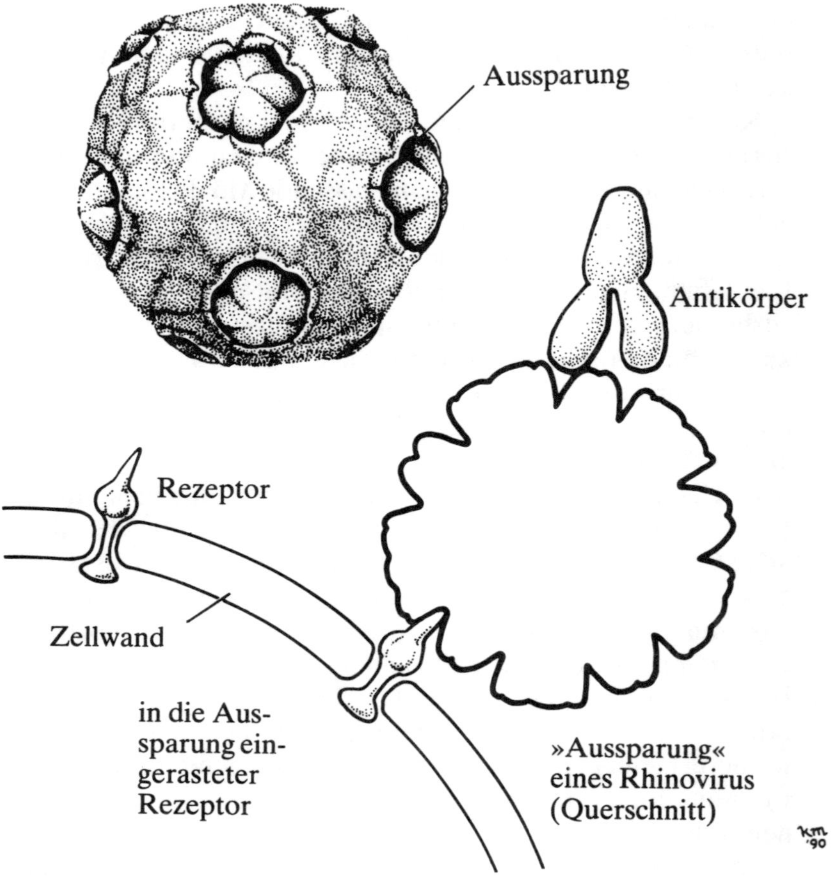

Berge und Cañons eines Rhinovirus.
Das Rhinovirus, der Erreger des Schnupfens, weist »Proteinberge« auf, die von tiefen Cañons oder Aussparungen umgeben sind. Diese Cañons docken an Rezeptoren auf der Oberfläche von Zellen in der Nasenschleimhaut an. Zum Glück für das Virus sind die Aussparungen so schmal, daß Antikörper nicht hineinpassen und deshalb die Infektion auch nicht vereiteln können (Zeichnung unten).

in die Cañons. Er suchte die Lösung eines Rätsels: Wie konnte ein Virus, dessen Oberfläche sich ständig änderte, weil es der Entdeckung durch Antikörper entgehen wollte, dennoch in eine stabile Zelle eindringen? Irgendein Teil des Virus mußte unverändert bleiben, damit es sich immer wieder an einen bestimmten Rezeptor auf den menschlichen Zellen heften konnte, in die es eindrang. Dieser Heftmechanismus des Virus mußte die Bindung an den jeweiligen Rezeptor herbeiführen und gleichzeitig den schützenden Antikörpern des Körpers entgehen. Rossmann hatte eine Idee: Vielleicht steckte dieser Andockmechanismus ganz unten in der Aussparung, im Cañon?

»Als Lösung für dieses Paradoxon bot sich natürlich die Vermutung an, daß das Virus einerseits mindestens einen Teil seiner Oberfläche unverändert lassen, aber gleichzeitig auch dafür sorgen muß, daß keine Antikörper daran festmachen«, sagt Rossmann. »Es versteckt diesen Bereich deshalb einfach in einer Aussparung, in die die Antikörper nicht hineinreichen.«

Was Rossmann bisher von Antikörpern und ihrem Aufbau wußte, stützte seine Theorie. Antikörper sind relativ dicke, ungeschlachte, Y-förmige Moleküle. Ihre Arme sind so breit, daß Antikörper in eine Aussparung beim besten Willen nicht hineinpassen, während der Rezeptor auf einer Zelle hineinflutscht wie die Karte in einen Schlitz. Die Antikörper erreichen also diesen empfindlichsten Teil des Virus, die Andockstelle für einen Rezeptor, nicht.

Für ein Virus ist das ganz schön raffiniert. Man verkleidet seine Oberfläche und schützt gleichzeitig den Andockmechanismus. Diese virale List hat zur Folge, daß eine erfolgreiche vorbeugende Behandlung auf einem von folgenden drei Wegen ablaufen muß: Blockierung der stabilen Andockstellen in der Aussparung. Schutz der Zielzelle vor Infektion. Bekämpfung des Virus, wenn es doch in die menschliche Zelle eingedrungen ist.

Rossmann und sein Kollege Tom Smith haben in jüngster Zeit diesen letzten Ansatz weiter verfolgt und die Funktionsweise einer Reihe vorhandener Arzneimittel überprüft. Dabei haben sie festgestellt, daß sie unter Umständen Schnupfen durch eine Lähmung des Virus in der Zelle verhüten können, indem sie das Virus daran hindern, den genetischen

Apparat und die Vermehrung der Zelle zu übernehmen. Diese Mittel sinken tatsächlich in die Aussparung, den Cañon, ein, passieren die Andockstelle und durchdringen dann eine »Pore«, die in eine Höhle unterhalb des Cañonbodens mündet. Die Forscher vermuten, daß diese Höhle, etwa so wie das leere Innere eines Gummiballs, die Flexibilität der Virusstruktur erhöht. Wenn die Arzneimittel den Hohlraum ausfüllen, machen sie das Virus steifer, so daß es sich nicht zerlegen und auch zur Vermehrung sein genetisches Material nicht ausschütten kann.

Weil das Dach dieser Höhle gleichzeitig der Boden des Cañons ist, verändern die Arzneimittel durch Versteifung der Höhlenstruktur die Konformation des Cañonbodens und verhindern damit oft, daß das Virus überhaupt an der Zelle festmacht. Diese Arzneimittel bieten also nicht nur die Aussicht, Rhinovirusinfektionen zu verhindern, sondern können vielleicht auch weitere Virusgeheimnisse entschlüsseln. Das Sterling-Winthrop Research Institute in Rensselaer im Staat New York, das diese Verbindungen herstellt, erprobt sie jetzt am Menschen.

Wenn die Mittel wirken, könnten die Folgen weit über das Rhinovirus hinausreichen. »Da unzählige Viren offenbar denselben Grundaufbau haben«, erklärt Rossmann, »können wir vielleicht auch bei anderen Viren dasselbe Ziel ansteuern, zum Beispiel beim HIV [dem AIDS-Virus]. Wir versuchen gerade, einen HIV-Bestandteil als Kristall darzustellen, bei dem wir eine ähnliche Tasche wie hier vermuten. Wenn wir sie finden, können wir Arzneimittel maßschneidern, die dort hineinpassen. Viele Eigenschaften von Viren kann man einfach vom Aufbau ableiten. Es ist wirklich phantastisch.«

Es ist aber auch frustrierend. »Ich meine immer, daß wir nicht schnell genug vorwärtskommen«, sagt Rossmann. »Sie wissen ja, wie es bei wissenschaftlichen Arbeiten ist; lange probiert und probiert man, ohne daß es weitergeht. Man weiß nie, wo man steckenbleibt. Eines Tages klappt alles, und dann freut man sich etwa fünf Minuten über den Erfolg. Doch dann heißt es schon wieder weitermachen.

Das ist eine Aussage, die Richard Colonno sicherlich auch unterschreibt. 1982, drei Jahre bevor Rossmann das Rhinovirus darstellte, wandte sich Colonno, Mitarbeiter der Merck Sharp & Dohme Research Laboratories in der Nähe von Philadelphia, der Schnupfenforschung zu. Er konzentrierte sich auf die Rezeptoren der Zellen, die die Nasenpassagen auskleiden, in denen die Infektion stattfindet. Wenn er diese Rezeptoren blockierte und damit dem Virus den Zugang zu den Zellen versperrte, konnte er die Krankheit verhindern. Es war ein logischer und theoretisch aussichtsreicher Ansatz, aber mehr nicht.

Colonno, ein freundlicher vierzigjähriger Mann aus New Jersey, der sich am liebsten mit »Rich« anreden läßt, wagte sich auf bisher unerforschtes Gelände vor. »Eine Virusinfektion durch das Blockieren von Rezeptoren zu vereiteln, war damals ein ganz neuer Ansatz«, berichtet Colonno. »Heute gehen natürlich die AIDS-Forscher genauso vor. Beim Schnupfen bot sich der Gedanke an, weil der Schnupfen in der Nase lokalisiert und zudem noch eine besonders gutartige Krankheit ist.«

Damit spricht er die Vorteile und gleichzeitig auch die Schwierigkeiten bei der Schnupfenforschung an. Zuerst die Vorteile: Da der Schnupfen keine besonders schwere Krankheit ist, birgt das Experimentieren am Menschen kaum solche Risiken wie bei anderen Krankheiten. Doch gerade die Harmlosigkeit des Schnupfens macht die Sache schwierig: Eine erfolgreiche Behandlung muß absolut sicher und frei von Nebenwirkungen sein. Wirksame Schnupfentherapie, das ist für den Forscher eine gewaltige Last; sie muß dem aktuellen Stand der Wissenschaft entsprechen.

Ein weiterer Vorteil ergibt sich bei Erkältungskrankheiten aus dem befallenen Organ, den Nasenpassagen. Colonno beschreibt es so: »Man hat es viel einfacher, wenn man oberflächlich behandeln kann. Da uns das Virus den Gefallen getan hat, auf einem exponierten Organ, der Nase, zu wachsen, besteht kein Grund, den ganzen Körper mit Medizin vollzupumpen, wie bei der Behandlung anderer Krankheiten, nur um das nötige bißchen in die Nase zu bekommen.«

Andererseits kann der Versuch, ein Mittel zur wirksamen oberflächlichen Behandlung in die Nase hineinzubekommen, zum Alptraum werden, »denn die Nase stößt das Arzneimittel zusammen mit dem Virus und allem anderen gleich wieder aus, weil sie so angelegt ist.« Deshalb sind auch einige Mittel, die im Laboratorium ganz vielversprechend wirkten, in der praktischen Erprobung am Menschen kläglich gescheitert; sie wurden weggespült, bevor sie überhaupt eine Wirkung entfalten konnten. Und alle Mittel, die nicht gleich wieder verschwanden, hatten Nebenwirkungen.

Ein schlagendes Beispiel ist das Interferon, eine körpereigene Substanz zur Virusbekämpfung, die ebenfalls über die Blockade von Rezeptoren funktioniert. Unter anderen hat auch Jack Gwaltney mit Interferon als Nasenspray gegen den Schnupfen experimentiert und sogar einigen Erfolg damit gehabt. In einer Studie sank die Häufigkeit von Schnupfenkrankheiten in Familien, die das Interferonspray benutzten, um vierzig Prozent im Vergleich zu Familien, die es nicht anwandten. Doch die Nebenwirkungen des Sprays waren manchmal schlimmer als der Schnupfen: Es kam zu trockener und verstopfter Nase, zu blutigem Schleim aufgrund von winzigen Blutungsherden und sogar zur Geschwürbildung.

Die ganze vorausgegangene Entwicklung sprach also gegen Colonnos Vorhaben. Dennoch versuchte er es.

Gleich zu Anfang türmten sich gewaltige Hindernisse auf. Zunächst mußte der Rezeptor gefunden werden. Zitieren wir Colonno: »Wenn man hundert verschiedene Rhinoviren hat, muß man sich fragen, an wieviel verschiedene Zellrezeptoren in der menschlichen Nase sie sich binden.«

Die Frage war durchaus berechtigt. Bei den einzigen einschlägigen Arbeiten hatte man bisher erst drei Rhinovirusstämme untersucht und dabei festgestellt, daß sich zwei an denselben Rezeptor banden, der dritte jedoch einen anderen vorzog.

»Das ließ zwei Interpretationen zu«, meint Colonno. »Entweder hieß es, daß es für jeweils drei Viren nur zwei Rezeptoren gab, oder daß wir die ganze Reihe verschiedener Rezeptoren durchmachen mußten.«

Colonno mußte also zunächst feststellen, mit wie vielen Rezeptoren er es überhaupt zu tun hatte. Wenn es nicht übermäßig viele waren, ließ sich sein Ansatz vielleicht durchführen. Wenn dagegen die hundert verschiedenen Rhinovirusarten an einer Vielzahl von Rezeptoren andocken, konnte man gleich aufhören. Vorausgesetzt, dieses Problem ließ sich lösen, konnte er an die zweite Aufgabe gehen und die Rezeptoren irgendwie blockieren. Das war kein Kinderspiel.

In der ersten Frage, wie viele verschiedene Arten von Zellrezeptoren überhaupt vorlagen, kam er verhältnismäßig schnell weiter. Er erweiterte seinen ersten Ansatz auf vierundzwanzig Arten von Rhinoviren, also eine so große Stichprobe, daß sich daraus mit einiger Zuverlässigkeit die Zellpräferenzen aller hundert Arten ableiten ließen. Dazu führte er einen sogenannten »konkurrierenden Bindungsversuch« durch. »Wir sättigten eine dünne Schicht von Zellen mit einer Lösung, die nur eine Rhinovirusart enthielt«, erklärt Colonno. »Folglich steckten bald Viren an einigen Rezeptoren. Dann nahmen wir ein zweites Virus und fragten uns einfach: ›Hindert das erste Virus das zweite am Andocken?‹ Wenn das der Fall ist, benutzen beide denselben Rezeptor. Doch wenn sich das zweite ganz normal anheftet, dann natürlich an einen anderen Rezeptor.« Nachdem er den Versuch für alle vierundzwanzig Arten wiederholt hatte, kam Colonno zu dem Schluß, daß sich zwanzig davon an denselben Rezeptor banden. Daraus konnte er hochrechnen, daß sich über achtzig Prozent aller Rhinoviren an denselben Rezeptorort binden. Sein Ansatz schien also doch praktisch durchführbar zu sein.

Jetzt mußte Colonno diesen Rezeptor blockieren. Nur wie? Welcher Mechanismus verhielt sich gegenüber dem Rezeptor wie ein Antikörper gegenüber einem fremden Eindringling, hängte sich an und blockierte damit die Funktion? Warum nahm man eigentlich nicht gleich einen Antikörper? Was passierte, wenn er einen nicht-menschlichen Antikörper einschleuste? Ein solcher Antikörper sollte den menschlichen Rezeptor als fremd erkennen und ihn möglichst schnell und gründlich neutralisieren.

Genauso ging Colonno vor. Er spritzte Labormäusen Bruchstücke von menschlichen Zellen, also für den Mäusekörper fremden Eindringlingen. Die Taktik funktionierte; die Mäuse bildeten reichlich Antikörper. Damit konnte Colonno zum nächsten Schritt übergehen und durch einen Eliminierungsprozeß genau feststellen, welche Antikörper auf den betreffenden Rezeptor zielten. Die Zellfragmente, die er den Mäusen injiziert hatte, enthielten alle Rezeptorarten, aber er hatte nur eine Rhinovirusart. Die Maus hatte deshalb eine ganze Reihe von Antikörpern gebildet, um sich gegen eine Vielzahl von Provokateuren zu schützen. Colonno mußte die Antikörper nacheinander einzeln prüfen, um festzustellen, welchen er eigentlich suchte.

So kam es zu einem Verfahren, das bei Merck als »Colonnos Brutalmethode« berühmt wurde. In achttausend verschiedenen Tests bedeckten er und sein Team eine dünne Schicht von menschlichen Zellen mit verschiedenen Mäuseantikörpern, infizierten sie dann mit dem Rhinovirus und ließen das Ganze über Nacht im Brutschrank stehen. Wenn sich einer der Antikörper an den vom Virus vorgezogenen Zellrezeptor band, schützte er damit die Zelle und blockierte den Eingangsort des Virus. Wenn nicht, konnte das Virus ungehindert angreifen und ließ einen Haufen toter Zellen zurück.

Elf Monate lang wiederholte Colonnos Team den Versuch, überprüfte jeden Morgen die Kulturen und fand nur tote Zellen. Im Mai 1984 hätte er fast aufgegeben, rang sich aber noch zu einer letzten Charge durch. »Wir haben einander angeschaut«, erinnert er sich, »und uns gesagt: ›Wir haben auch nicht das kleinste bißchen Schutzwirkung gesehen. Wenn es diesmal nicht klappt, dann stimmt bei der ganzen Versuchsanordnung etwas nicht.‹ Soweit waren wir. Manchmal«, lacht er, »muß man dem Experiment drohen.«

Am nächsten Morgen öffnete Colonno den Brutschrank und sah, daß einer von den achthundert letzten Versuchen eine Charge gesunder Zellen aufwies. Er traute seinen Augen kaum. »Zuerst habe ich gedacht, das ist ein Ausreißer. Jemand hat vergessen, den Zellen das Virus zuzusetzen. Also haben wir es am Tag darauf noch einmal versucht, und es war wieder positiv. Wir waren vor Freude ganz aus dem Häuschen. Jetzt hatten wir etwas in der Hand.«

Das hatten sie wirklich. In anschließenden Versuchen prüften Colonno und seine Kollegen die Wirksamkeit des Antikörpers, indem sie ihn auf eine Schale voll menschlicher Zellen einwirken ließen und der Mixtur dann zehn Milliarden Rhinoviren zusetzten. Wenn der Antikörper die Rezeptoren blokkierte, durften die Viren die Zellen nicht infizieren. Damit verlangte er von seinen neu entdeckten Antikörpern sehr viel. Zur Infektion reichte es ja schon, wenn sich nur ein Virus an die Zelle band; mehr als das Verhältnis 1:1 war nicht nötig. Und da stand Colonno und erstickte die Zellen in Rhinovirus in der Größenordnung von etwa dreitausend Viren pro Zelle. Bestenfalls konnte er auf einen Teilschutz durch seine Antikörper hoffen.

Doch nicht eine einzige Zelle wurde infiziert. Die Antikörper schützten hundertprozentig; das war ein Ergebnis, wie man es noch in keinem biologischen Experiment erzielt hatte. Es war kein gewöhnlicher Antikörper, sondern ein Superantikörper, der sich nicht nur an den Zellrezeptor band, sondern das Rhinovirus im Anmarsch zurückschlug. Er heftete sich so fest an den Rezeptor, daß Colonno ihn kaum wieder entfernen konnte; folglich mußte er sich auch unter den Strömungsverhältnissen in der Nasenpassage halten. Colonno entdeckte noch etwas Interessantes: Fast alle Zellen im menschlichen Körper (ausgenommen die roten Blutzellen) enthalten denselben Rezeptor. Wenn die Rhinoviren so stabil wären, daß sie sich überall, nicht nur im Nasengang, hielten, bekämen wir vielleicht in jedem Zentimeter unseres Körpers den Schnupfen.

Colonno hatte endlich das Ziel erreicht, das er sich drei Jahre zuvor gesteckt hatte. Er hatte den Zellrezeptor identifiziert, den mindestens achtzig Prozent aller Rhinoviren besetzten, und hatte mit seinen Mäuseantikörpern eine Möglichkeit gefunden, diesen Rezeptor zu blockieren und damit dem Virus den Zugang zur Zelle zu versperren. Dieses bahnbrechende Ergebnis hatte er allerdings erst im Labor und mit Viren und Antikörpern erreicht, die um die Zelle auf Glas-

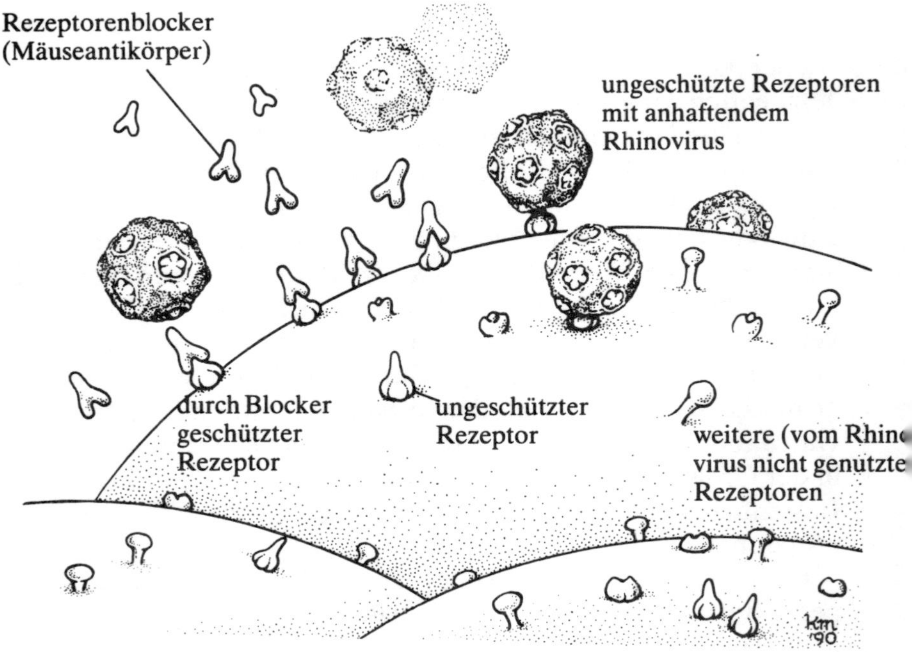

Ein Versuch, die Infektion durch ein Rhinovirus abzublocken. Man kann den Schnupfen verhüten, indem man Rhinoviren daran hindert, sich an Zellrezeptoren zu binden. Richard Colonno experimentiert mit Antikörpern, die die Rezeptoren abdecken und damit für Rhinoviren unzugänglich machen.

schalen, nicht im menschlichen Körper, konkurrierten. Als nächstes mußte er den Ansatz dort erproben, wo es darauf ankam.

Im November 1985 probierte Colonno mit der Unterstützung von Jack Gwaltney und dessen Kollegen Fred Hayden den Antikörper am Menschen aus, indem er ihn direkt in die Nase applizierte. Die Erwartungen waren groß. Etwas ganz Neues bahnte sich an: Schnupfenverhütung. »Wir waren unserer Sache ziemlich sicher«, erinnert sich Colonno. »Nachdem wir die Wirkung des Antikörpers im Labor erlebt hatten, rechneten wir fest damit, daß die Placebogruppe krank wurde und die Kontrollgruppe gesund blieb.« Er lacht. »Was war ich damals doch blauäugig.«

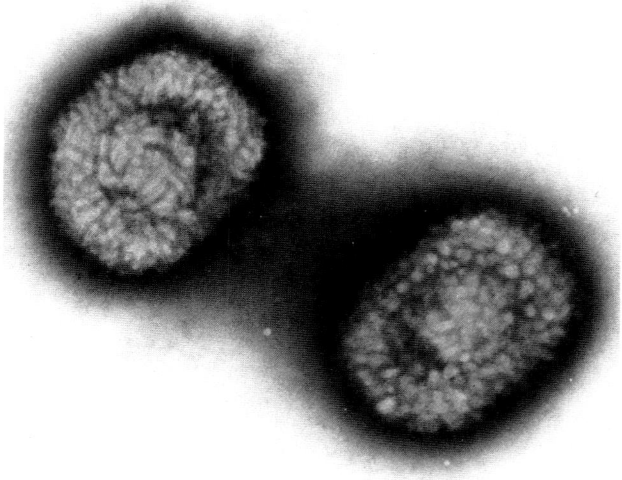

Elektronenmikroskopaufnahme eines Vakziniavirus. (Dr. William A. Samsonoff, Wadsworth Center Laboratories, Albany, N.Y.)

Tabakmosaikvirus. (Aufnahme von Studenten an der California State University, Hayward)

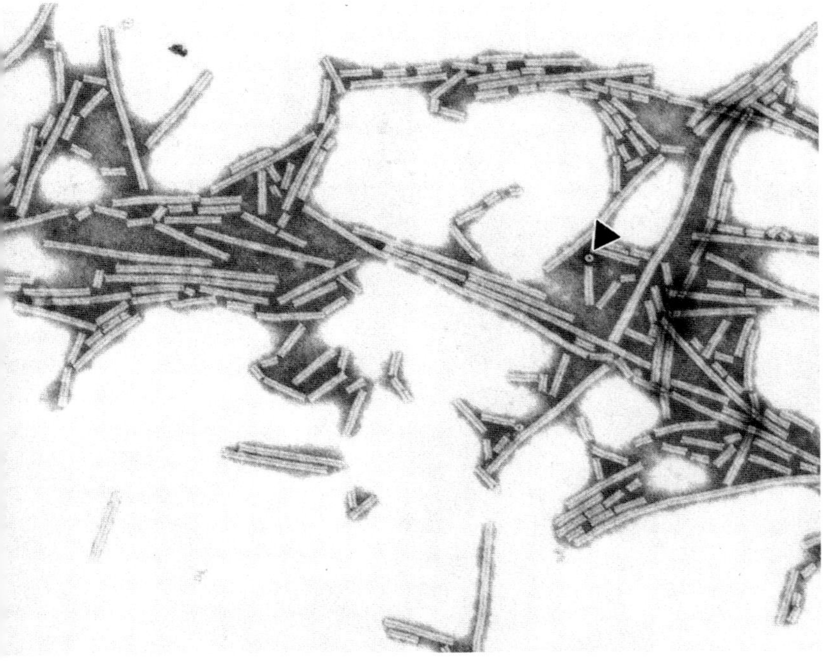

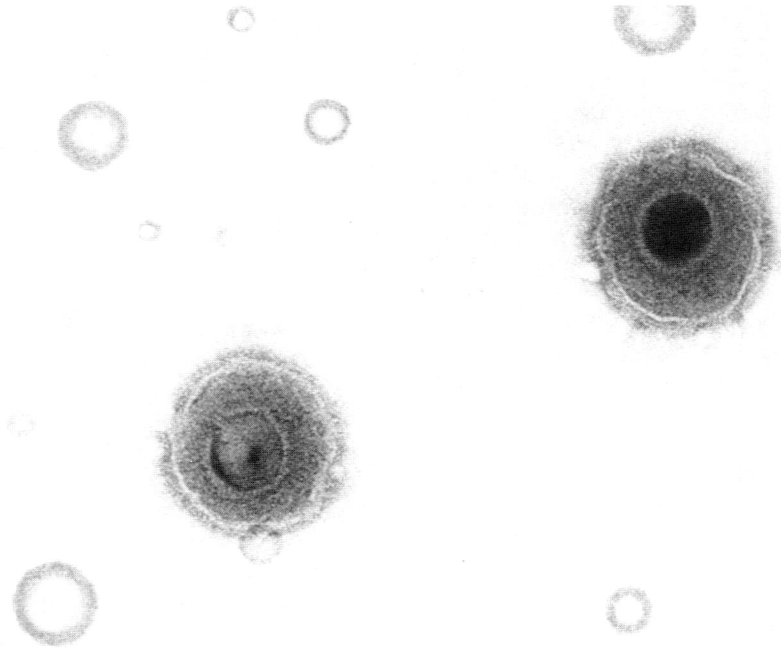

Herpesvirus. (Dr. William A. Samsonoff, Wadsworth Center Laboratories, Albany, N.Y.)

Grippevirus. (MT. Hsu, Peter Palese)

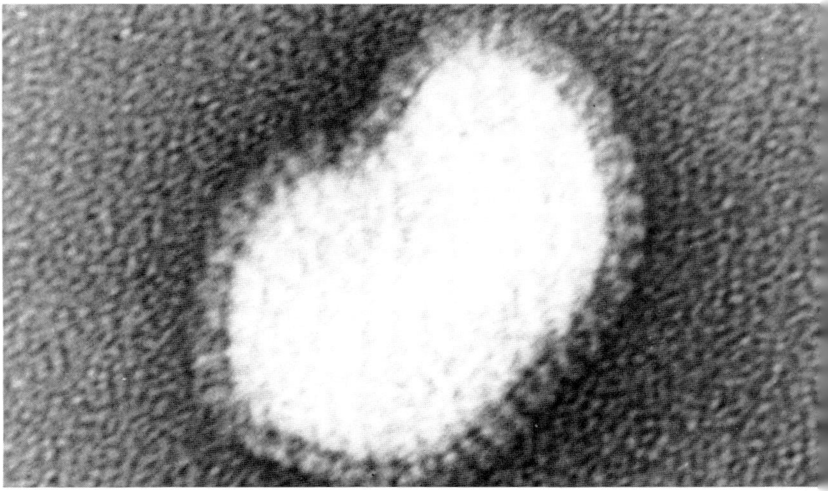

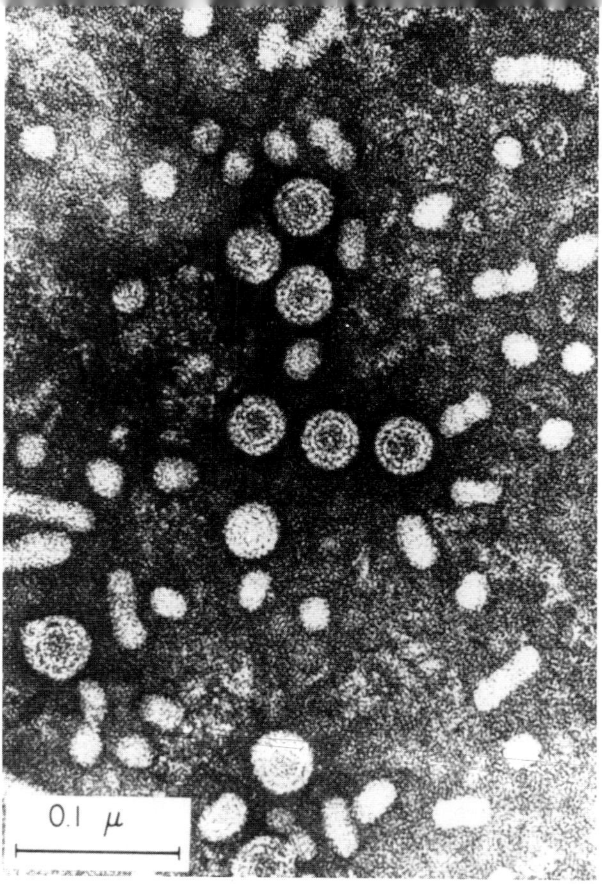

Das Hepatitis-B-Virus und sein Satz Oberflächenantigenteilchen. (Merck & Co., Inc.)

HIV, das AIDS-Virus. (Zur Verfügung gestellt von R. C. Gallo, Laboratory of Tumor Cell Biology, National Cancer Institute, Bethesda, MD)

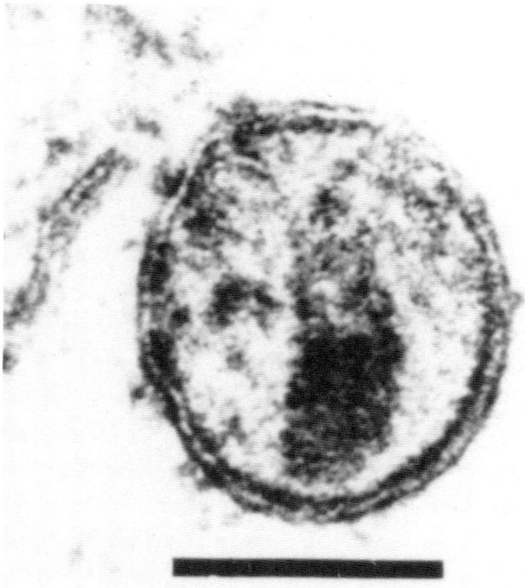

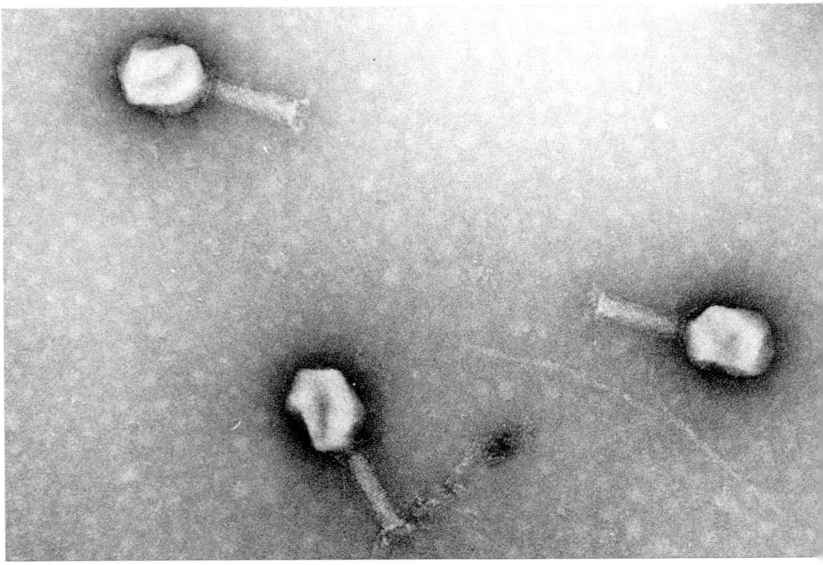

Infektionsbereiter Bakteriophage mit ausgefahrener Schwanzhülle und DNS-gefülltem Kopf. (Manfred E. Bayer, Fox Chase Cancer Center)

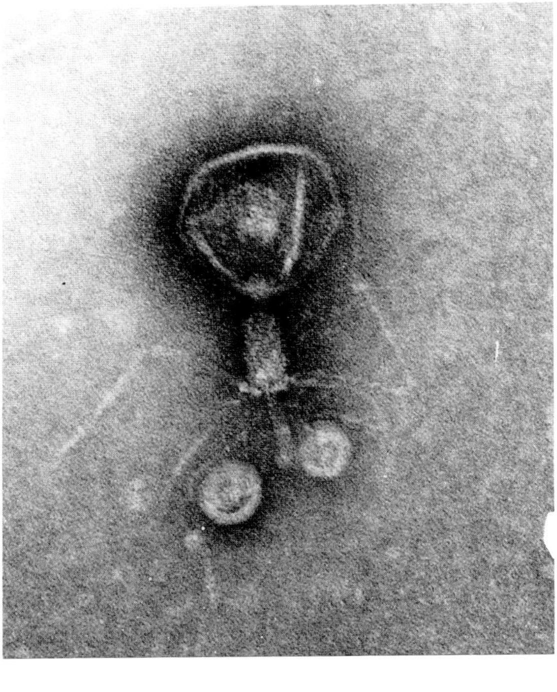

Ein Bakteriophage infiziert eine Zelle. Seine Beine sind in der Zelloberfläche verankert, seine Schwanzhülle hat sich zusammengezogen. Der Phagenkopf ist geleert; seine DNS-Fracht ist schon in die Zelle injiziert worden. (Manfred E. Bayer, Fox Chase Cancer Center)

Baruch Blumberg entdeckte als erster einen Marker für das Hepatitis-B-Virus. (WHYY/Dufor Studio)

Saul Krugman. Seine umstrittenen Versuche führten zu einer Unterscheidung zwischen Hepatitis A und B und zum Hepatitis-B-Impfstoff. (Saul Krugman)

Maurice Hilleman entwickelte den ersten Impfstoff gegen Hepatitis B. (Merck & Co., Inc.)

Robert Gallo und seine Kollegen fanden das erste humane Retrovirus und gehören zu den Entdeckern des AIDS-Virus. (Robert C. Gallo)

Luc Montagnier und seine Kollegen gehören zu den Entdeckern des Virus, das AIDS verursacht. (Reuters/Bettmann)

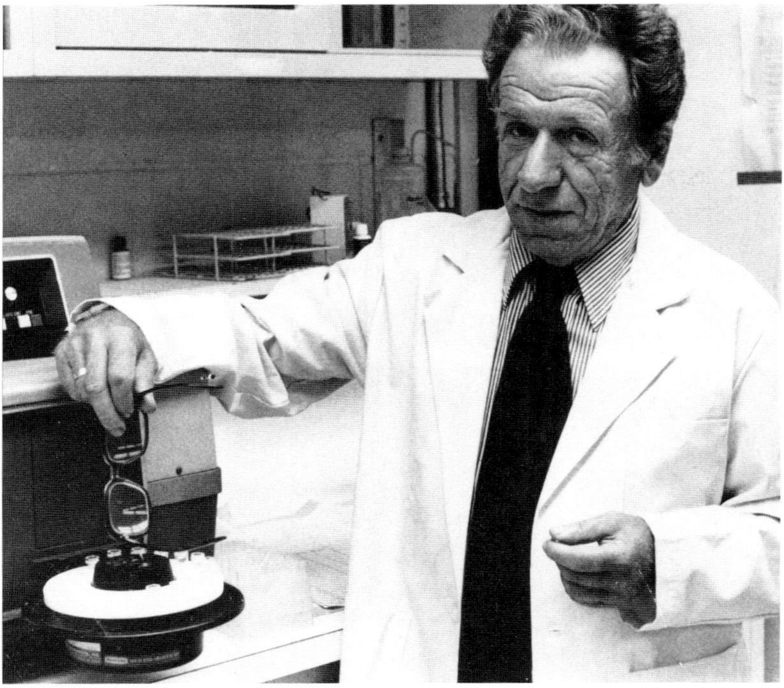

Wolf Szmuness, dessen bahnbrechende Sudien den Wert des Hepatitis-B-Impfstoffs erwiesen haben. (New York Blood Center)

Mike McCune mit einer SCID-hu-Maus. (© SyStemix)

Richard Mulligan, dessen Verfahren zum Einsatz von Viren als Träger für Gene weithin angewandt werden. (Photo von Margaret Laupert)

French Anderson hat als einer der ersten eine Gentherapie beim Menschen versucht. (National Institutes of Health)

Der Versuch erwies sich als großer Reinfall. Der Antikörper schien überhaupt keinen Schutz zu bieten. Fast alle an der Studie Beteiligten bekamen einen Schnupfen.

»Wir wollten besonders schlau sein«, sagt Colonno heute. »Wir wußten, wieviel Antikörper wir gebraucht hatten, um die Zellen auf einer Glasplatte im Labor zu schützen; wir hatten aber keine Ahnung, wie wir das in die Verhältnisse in der Nase umrechnen mußten. Die Ergebnisse waren verheerend.« Er vermutete, daß die Dosis viel zu niedrig gewesen und auch in zu vielen Einzelapplikationen verabreicht worden war. In einem zweiten Versuch gaben die Forscher deshalb vier Monate später, im März 1986, den freiwilligen Probanden achtmal so viel Antikörper. Auch diesmal bekamen zwar die meisten Teilnehmer einen Schnupfen, aber die Ergebnisse waren schon ermutigender.

»Zwei vielversprechende Resultate haben wir erreicht«, erklärte Colonno. »Erstens haben sich bei den mit Antikörpern behandelten Personen die Schnupfensymptome einen Tag bis zwei Tage später entwickelt als bei den Personen in der unbehandelten Gruppe. Zweitens waren die Symptome nur halb so schwer.« Also machte der Antikörper genau das, was er im Labor getan hatte: Er blockierte Rezeptoren und hielt das Virus von den Zellen fern. Bis auf Interferon hatte kein Arzneimittel je zuvor diese Krankheit irgendwie beeinflußt. Im vorliegenden Fall gab es, im Gegensatz zu den Interferonstudien, keinerlei Nebenwirkungen.

So konnte nach vier Jahren mühevoller, oft frustrierender Arbeit Colonno schließlich davon ausgehen, daß sein Antikörper ein wirksames Mittel zur Linderung des Schnupfens wurde. Dennoch mußte er gewissermaßen fast noch einmal bei Null anfangen, denn der Antikörper hatte seinen Zweck erfüllt und gezeigt, daß eine Rezeptorblockade möglich war. Jetzt konnte man ihn in den Ruhestand schicken. Als Mäuseantikörper war er für den Menschen ein körperfremdes Protein, und es bestand die geringe Möglichkeit, daß ihn das Immunsystem eines Menschen bei wiederholter Einwirkung angriff, daß also gerade bei denen eine allergische Reaktion ausgelöst wurde, denen der Antikörper half. Jetzt blieb noch der letzte Schritt: die mühsame Suche nach Molekülen, die die Blockierungsfähigkeit des Antikörpers nachmachen konnten, ohne für den Menschen ein Risiko darzustellen.

Dazu reduzierte Colonno den Antikörper erst einmal auf seine Funktionsstruktur. »Mit Enzymen«, erklärte er, »kann man das Ende des Y-förmigen Antikörpers abzwicken, also den Teil, der ihn als Mäuseantikörper und nicht als menschlichen oder irgendeinen anderen Antikörper kennzeichnet. Die beiden Arme funktionieren genausogut wie der ganze Antikörper. Die Möglichkeit, daß sich gegen diese Arme eine Immunreaktion ausbildet, ist allerdings viel geringer.«

Jetzt muß nur noch bestimmt werden, wieviel man vom Antikörper abknipsen kann, ehe man damit die Aussichten auf die erwünschte Antikörperreaktion zu sehr mindert. Colonno hat den Antikörper bis auf einen Arm reduziert, der den Rezeptor ebenso wirksam wie vorher blockiert, doch im stetigen Fluß in der Nasenpassage vermutlich weggeschwemmt wird. Es geht also darum, eine Antikörperkonfiguration auszutüfteln, die so groß ist, daß sie noch gut funktioniert, aber andererseits so klein ist, daß sie keine nachteiligen Immunreaktionen hervorruft, die sich außerdem in großen Mengen herstellen und zu einem kostengünstigen, niedrigen Preis verkaufen läßt.

»Ein Heilmittel gegen den Schnupfen ist gar nicht gefordert, denn wenn man den Schnupfen schon hat, läßt sich die Infektion ja nicht mehr aufhalten«, erklärt Colonno. »Aber dem Schnupfen vorzubeugen, das ist wichtig. Jetzt haben wir wirklich Hoffnung, daß uns das gelingt.«

Der Schnupfen erweist sich zwar als heimtückischer Geselle, muß aber seine Geheimnisse Schritt für Schritt preisgeben, und damit übrigens auch die Geheimnisse aller Viren. Wir haben sehr viel über den Aufbau der Viren erfahren, über die Art und Weise, in der sie infizieren, sich ausbreiten, über die Reaktion des Körpers, und das alles verdanken wir der Schnupfenforschung.

Darauf ist wirklich nicht geniest. Der Schnupfen ist zwar eine gemeine, lästige, oft verwünschte Krankheit, erweist sich aber auch als ergiebige Quelle submikroskopischer Informationen. Obwohl niemand den Schnupfen vermissen würde, wenn er durch irgendein Wunder noch heute von der Erde verschwände, können wir uns vielleicht doch glücklich schätzen, daß es eine Viruskrankheit gibt, die uns verhältnismäßig ungeschoren läßt, aber genauso viele Hinweise auf die Natur der Viren liefert wie viele ihrer weitaus gefährlicheren Vettern. Wir können sie zwar mit Verachtung behandeln, aber auch sehr viel von ihr lernen.

Zwölftes Kapitel

Der Verwandlungskünstler

»Ihre Lungen füllten sich, ... die Patienten litten an Atemnot und liefen immer stärker (blau) an. Sie rangen einige Stunden nach Luft, verfielen dann ins Delirium, wurden inkontinent, und viele starben bei den krampfhaften Versuchen, den mit Blut vermischten Schaum aus den Atemwegen loszuwerden, der ihnen manchmal aus Nase und Mund schoß. Es war entsetzlich.«

Zeit: Herbst 1918. Ort: Philadelphia. Verfasser: Isaac Starr, Medizinstudent im dritten Jahr an der University of Pennsylvania. Die letzte, siegreiche Offensive der Alliierten an der Westfront begann; in knapp einem Monat war der Weltkrieg zu Ende. Eigentlich hätte in den Vereinigten Staaten eitel Freude herrschen müssen. Doch Starrs Erinnerungen zeigen das Land in den Klauen eines Killers, dessen Auftreten so schrecklich war wie die Folgen.

»... bald darauf hörten wir Geschrei von der Straße und sahen, daß Mike, der Klaviertransporteur, auf dem Fensterbrett stand und hinausspringen wollte. Zusammen mit allen Pflegern umzingelten wir ihn, lenkten ihn ab, drängten ihn in eine Ecke, packten ihn bei den Armen und Beinen, trugen ihn triumphierend ins Bett zurück und schnallten ihn fest. Doch bald darauf war wieder Lärm aus der Station zu hören. Mike hatte im Delirium das Bett umgedreht und auf sich geworfen und schleppte es jetzt auf dem Rücken durch die Station. Danach lebte er nur noch ein paar Stunden.

Dann war da die jüdische Familie mit der todkranken achtzehnjährigen Tochter. Sie war vom Fieber gerötet und sah nach meiner Meinung bildschön aus. Vater, Mutter, Brüder und Schwestern umringten sie und wollten nicht von ihr gehen. Nachdem sie ein paar Tage gelitten hatte, ging sie von ihnen.«

Solche Geschichten hörte man in jenem Herbst immer häufiger, je weiter die Epidemie um sich griff. Sie hatte ganz harmlos im März angefangen, als sich ein Koch in der Kantine von Fort Riley im Staat Kansas mit Schüttelfrost und Fieber, den üblichen Grippesymptomen, krank meldete. Gegen Ende der Woche waren 522 weitere Männer an der Grippe erkrankt, alle um die Zwanzig oder Dreißig, also in einem Alter, in dem die Widerstandsfähigkeit gegen Krankheiten eigentlich am höchsten ist.

In anderen überfüllten Lagern kam es bald zu ähnlichen Vorfällen, doch niemand schien sich sonderlich zu ängstigen. Die Grippe hatte es auf Militärstützpunkten schon immer gegeben, und außerdem waren wichtigere Dinge zu überlegen, zum Beispiel die Frage, wie man zwei Millionen frische Soldaten rechtzeitig nach Frankreich zur Offensive brachte, von der alle hofften, daß sie den Krieg beende. Schließlich starben in Camp Riley 46 Menschen. Als Todesursache galten Komplikationen nach Lungenentzündung, doch nicht Grippe, und die Armee bildete ihre Männer weiter aus und transportierte sie über den Atlantik. Doch wenn sie in Frankreich ankamen, brachten sie einen tödlichen blinden Passagier mit: die Grippe.

Im Herbst war ersichtlich, daß es sich nicht um eine gewöhnliche Grippe handelte. Außer den bekannten Symptomen, wie sie in Fort Riley gemeldet worden waren, hatten die Patienten jetzt auch Atemnot und heftige Schweißausbrüche. Wie im Bericht von Isaac Starr erwähnt, liefen die Grippekranken aus Sauerstoffmangel blau an. Sie bekamen rote Blasen auf der Haut und heftiges Nasenbluten. Manche litten unter schrecklichem Husten, manche spuckten kübelweise gelbgrünen Eiter aus. Die Menschen starben, zunächst relativ langsam, dann immer immer schneller und schließlich schon ein paar Tage nach der Erkrankung.

Durch den riesigen Zustrom amerikanischer Soldaten breitete sich die Grippe in Europa von Frankreich nach England, dann weiter nach Spanien aus, wo ihr acht Millionen Menschen zum Opfer fielen; als spanische Grippe wurde sie denn auch bekannt. Sie wanderte nach Osten weiter und dezimierte dort das ohnehin geschwächte deutsche Heer noch stärker; dann zog sie nach Indien, China, Japan, Afrika und Südamerika. Die Krankheit erreichte sogar Alaska; in Nome starben 176 von 300 Eskimos. Auch Samoa suchte sie heim; dort fielen ihr fünfundzwanzig Prozent der Bevölkerung zum Opfer. Kein Ort auf der Welt war vor ihr sicher.

In den Vereinigten Staaten eskalierte die Epidemie verhältnismäßig langsam; im August starben daran »nur« 2899 Personen, im September 10481. Aber dann schlug sie mit Gewalt zu, forderte im Oktober 195876 und in den letzten beiden Monaten des Jahres über 100000 Menschenleben. In der dritten Oktoberwoche verzeichnete allein Philadelphia 4600 Grippetote. Man konnte nichts dagegen tun, denn so etwas hatte noch niemand erlebt. Gesundheitsminister Rupert Blue, der schon eine Beulenpestepidemie in San Francisco und eine Gelbfieberepidemie in New Orleans bekämpft hatte, erklärte, was man ohnedies wußte: Ein erbarmungsloser neuer Killer sei aufgetreten, der mit früheren Grippeursachen nicht das geringste zu tun habe. Dann bildete er mit den wenigen Ärzten, die nicht eingezogen worden waren, ein Freiwilligenkorps, das gegen die Krankheit vorgehen sollte. Der Kongreß gab einstimmig eine Million Dollar zur Grippebekämpfung frei, und Blue, der (wie sich später zeigte, mit Recht) vermutete, daß sich die Krankheit durch die Luft verbreitete, dachte an eine strenge Quarantäne für alle Grippekranken. Schließlich ging er davon wieder ab, forderte aber die Bundesstaaten auf, große Menschenansammlungen zu verbieten.

Nichts half. In allen größeren Städten wurden zwar die Theater und sonstigen Versammlungsräume geschlossen, doch Blues Vorschläge wurden genausooft in den Wind geschlagen; so kamen zum Beispiel in Philadelphia 200000 Menschen zu einer Kriegsdemonstration, in San Francisco 150000 aus demselben Anlaß zusammen. Millionen drängten sich in öffentliche Gebäude, um sich zum Militärdienst zu melden, und als der Krieg im November endlich zu Ende war, gingen Millionen auf die Straße, feierten, fielen einander um den Hals, küßten einander und verbreiteten das Grippevirus in Windeseile. (Das Virus spielte übrigens beim Waffenstillstand eine nicht geringe Rolle. Wie deutsche Generäle ziemlich unverhohlen äußerten, beendeten weniger die nach Europa eilenden Amerikaner den Krieg, als vielmehr das Virus, das sie mitbrachten.) Die Epidemie nahm noch immer kein Ende.

Man weiß nicht, ob die Vorschriften gegen das Abhalten von Versammlungen überhaupt gewirkt hätten. Die Grippe läßt sich weder gänzlich verhüten noch heilen. Noch heute sucht sie uns heim, obwohl wir mittlerweile mit Impfstoffen reichlich ausgerüstet sind. 1918 konnte man von einem Impfstoff gegen die Grippe höchstens träumen. Niemand wußte genau, wodurch die Krankheit verursacht wurde; das Virus wurde ja bekanntlich erst 1933 entdeckt.

Also wütete die Pandemie auf der ganzen Welt. Sie drang zwar unglaublich weit vor und wirkte sich verheerend aus, doch dauerte sie zum Glück nur kurze Zeit. Anfang 1919 war sie fast vorbei; sie verschwand so mysteriös, wie sie gekommen war. Doch sie zog eine entsetzliche Spur. In den Vereinigten Staaten erkrankten 25 Millionen Menschen, ein Viertel der Bevölkerung; über 500 000 starben. Kein Krieg, nicht der Bürgerkrieg, nicht der Erste, auch nicht der Zweite Weltkrieg und kein späterer Krieg, hat so viele Amerikaner das Leben gekostet. Auf der ganzen Welt erkrankten schätzungsweise zwei Milliarden Menschen, und mindestens 20 Millionen, gelegentlich ist sogar von der doppelten Anzahl die Rede, starben – das alles in etwas mehr als zehn Monaten. Nie zuvor hatte es in der Weltgeschichte ein solches Massensterben in einer vergleichbar kurzen Zeit gegeben, und nie ist so etwas seitdem wieder aufgetreten.

Doch soll das nicht heißen, daß wir seitdem von der Grippe verschont geblieben sind. Alle paar Jahre sucht sie uns auf irgendeine Weise heim. Gelegentlich hört man die Prophezeiung, daß alle zehn oder zwanzig Jahre eine große Grippepandemie auftritt. Trotz aller anderen, vielleicht häufiger Schlagzeilen machenden Krankheiten ist die Grippe wohl die gefährlichste Infektionskrankheit, die wir kennen.

»Ich erinnere die AIDS-Forscher immer daran, daß viel mehr Leute an der Grippe sterben als an AIDS«, erklärt Peter Palese von der Mount Sinai School of Medicine in New York.

»Jedes Jahr fallen in den Vereinigten Staaten zwanzig- bis fünfzigtausend Menschen der Grippe zum Opfer; in Pandemiejahren sind es noch mehr. Die Grippe ist keine sonderlich dramatische Krankheit, aber wenn man die Sterbeziffern über längere Zeit vergleicht, ist AIDS dagegen harmlos.«

Warum stellt eigentlich die Grippe ein solches Problem dar? Im Gegensatz zu AIDS gibt es in diesem Fall doch Impfstoffe. Und im Gegensatz zum Schnupfen, einer weiteren, immer wieder auftretenden Viruskrankheit, die von rund zweihundert verschiedenen Viren verursacht wird, gibt es nur drei Arten des Grippevirus, die mit A, B und C bezeichnet werden. Davon scheint der Typ C beim Menschen überhaupt keine Krankheit auszulösen, und ein weiterer Typ, B, verursacht verhältnismäßig wenige Grippefälle (hängt allerdings mit dem Reye-Syndrom, einer häufig tödlich endenden Krankheit im Kindesalter zusammen). An den meisten Erkrankungen ist also nur das Virus vom Typ A schuld. Warum läßt sich gegen diese eine Virusart nichts ausrichten?

Diese Frage hat sich auch Peter Palese immer wieder gestellt. Er ist Vorsitzender des Department of Microbiology in Mount Sinai, Leiter eines eleganten Laboratoriums im 16. Stock mit Blick auf den East River und die Triborough Bridge. Palese beschäftigt sich mit der Kartierung der Gene von Grippeviren und will damit feststellen, welches Gen welchen Teil des Virus erzeugt. Wenn man das weiß, kann man vielleicht die Bildung neuer Viren blockieren.

In einer Hinsicht hat er sich ein Virus ausgesucht, das sich besonders gut untersuchen läßt. Es wurde schließlich schon 1933 entdeckt und ist seitdem ständig Gegenstand der Forschung. »Bei der Grippe haben wir Glück, daß sich seit über fünfzig Jahren soviel getan hat«, sagt er. »Kein anderes tierisches Virus ist in solcher Breite und Tiefe untersucht worden. Heute stehen uns auch die molekurlarbiologischen Verfahren zur Verfügung, mit denen wir uns die Gene dieses Virus anschauen können.«

In anderer Hinsicht hätte Palese allerdings kaum ein schwieriges Thema aufgreifen können, denn das Grippevirus steht einfach nicht still. Wie wir im letzten Kapitel gesehen haben, hat sich auch das Rhinovirus ein paar Überlebensstrategien ausgedacht, die sehr raffiniert zu sein scheinen, doch das Grippevirus kann es noch viel besser. Von seiner bizarren Form bis hin zu seiner Fähigkeit, von den vielen Fehlern zu profitieren, die es bei seinen Vermehrungsversuchen macht, ist es einfach ein faszinierendes Geschöpf. Palese beschäftigt sich schon fast zwanzig von seinen fünfundvierzig Berufsjahren damit, seit er aus seiner Heimatstadt Wien nach New York gekommen ist. Seinen österreichischen Akzent hat er bis heute nicht verloren, und seine Bemerkungen unterstreicht er gern mit einem rhetorischen »Ja?«. »Für Untersuchungen ist es ein sehr schönes Virus«, erklärt er. »Es ist geradezu ein Musterbeispiel, an dem man alle anderen Viren messen kann, ja?«

Die treibende Kraft hinter allen Arbeiten am Virus ist der Wunsch, etwas gegen die Krankheit zu tun. »Wir hoffen natürlich, daß wir in Zukunft bessere Impfstoffe herstellen und auch mehr über die richtige Entwicklung von Virusmitteln lernen werden«, sagt Palese; »alles hängt von unserer Kenntnis dieser Viren auf der Ebene der Molekularbiologie ab.

Auch in seinen Molekülen ist das Grippevirus einmalig. Für ein Virus ist es nur mittelgroß (zum Vergleich: das Rhinovirus hat rund ein Drittel dieser Größe, das Vacciniavirus ist dreimal so groß). Das Grippevirus ist eine Ansammlung von Genen, die in einer widerstandsfähigen Kugel aus Protein stekken. Das ist, mindestens für Viren, nichts Besonderes, doch diese Proteinhülle ist ihrerseits noch von einer Fettmembran umgeben, die ringsum mit dünnen, gezackten Stacheln besetzt ist. Das Gebilde sieht etwa so aus wie ein mittelalterlicher Morgenstern, diese furchtbare Eisenkugel mit eisernen Spitzen, mit der man dem Gegner die Rüstung zerdrosch. Für das Virus ist die Rüstung, die es durchdringen möchte, die Wand der menschlichen Zelle. Es sieht unter allen Viren am schrecklichsten aus und ist auch eines der wirksamsten.

Das Virus dringt, ähnlich wie das Rhinovirus, durch Nase und Mund in den Körper ein. Wie das Rhinovirus greift es die Zellen in der Nasenpassage an, macht an Rezeptoren an der

Oberfläche dieser Zellen fest, dringt ein, übernimmt den Vermehrungsapparat der Zelle und zwingt ihn dazu, keine neuen Zellen, sondern neue Viren herzustellen. Im Gegensatz zum Rhinovirus infiziert das Grippevirus jedoch die Zellen weiter unten in den Atemwegen, also im Hals, in der Luftröhre und den Lungen.

Wenige Tage nach der Infektion treten die bekannten Grippeerscheinungen auf: Schmerzen in Brust und Hals, Husten, Fieber, vielleicht Kopfschmerzen, Muskelschmerzen im ganzen Körper, Schüttelfrost, Abgeschlagenheit. Zum Glück dauert die Grippe meist nicht lange. Antikörper gegen das Virus treten oft schon vier Tage nach Beginn der Infektion im Blut auf (aber auch viel später, wenn es der erste Kontakt mit dem Virus ist). Wenn alles gutgeht, müßte man ein paar Tage danach wieder auf den Beinen sein, und nach vierzehn Tagen ist alles vergessen. Wenn nicht alles gutgeht, was bei Grippepandemien leider häufig der Fall ist, kann die Grippeinfektion, die selbst nicht unbedingt lebensgefährlich zu sein braucht, anderen Infektionen den Weg bahnen, und die können dann durchaus zum Tod führen. Die schwerste Komplikation ist die Lungenentzündung, die entstehen kann, wenn das Grippevirus tief in die Lungen eindringt oder die schützenden Schleimschichten und Zilien zerstört und damit den nachfolgenden Bakterien einen Zugang zu dem jetzt freiliegenden Atmungsgewebe eröffnet. Um solche Sekundärinfektionen zu verhindern, verschreiben die Ärzte bei Grippe oft Antibiotika. Die richten zwar gegen das Virus nichts, doch gegen die Bakterien sehr viel aus.

Mit einem solchen Ablauf kann man die zugrundeliegende Krankheit erklären, weiß aber noch längst nicht, warum die Grippe in immer neuen Wellen von Pandemien und Epidemien zuschlägt, gegen die uns ältere Infektionen nicht immunisieren. Zur Erklärung muß von zwei wichtigen Bestandteilen des Virus die Rede sein, von *Hämagglutininen* und *Neuraminidasen.* Diese komplizierten Begriffe vermitteln uns den Zugang zur erhabenen Welt des Grippevirus. (Der Einfachheit halber werde ich lieber die Abkürzungen H und N verwenden). Die beiden Worte bezeichnen die Proteine, aus

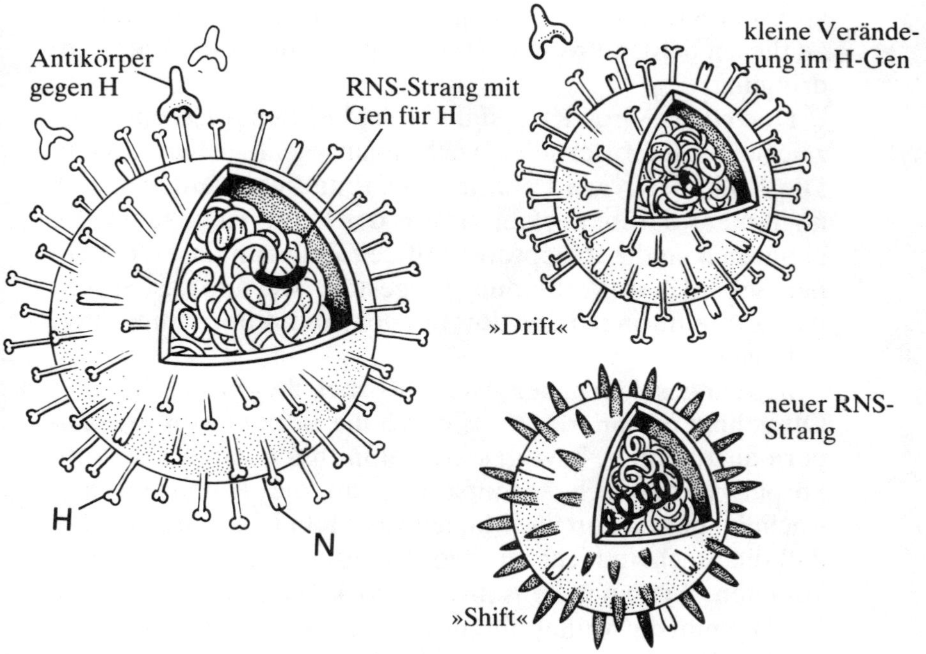

Das verwandlungsfähige Grippevirus.
Grippeviren weisen an der Oberfläche zwei Proteine auf, die N- und die häufigeren H-Proteine, die beide von unseren Antikörpern erkannt werden können (links). Aber das schlaue Grippevirus verändert ständig seine Proteine, um unsere Antikörper an der Nase herumzuführen. Bei diesem als »Drift« bezeichneten Mechanismus (oben rechts) verursachen geringfügige Veränderungen in den Virusgenen auch geringfügige Änderungen bei den Oberflächenproteinen, und dadurch können sie sich die Antikörper wieder eine Zeitlang vom Leibe halten. Bei dem »Shift« genannten Vorgang (unten rechts) erscheint ein völlig neuer Genstrang, der die Oberflächenproteine ganz anders aussehen läßt, so daß sie wiederum der Antikörperüberwachung entgehen. Die meisten neuen, virulenten Grippevirusstämme bilden sich nach diesem Muster.

denen die beiden Arten von Zacken bestehen, die aus der Oberfläche des morgensternähnlichen Virus hervorstehen. Weil sie aus der Oberfläche herausragen, sind sie auch die ersten Stellen an diesem Virus, auf die unser Immunsystem stößt. So wie vorausgeschickte Späher die gegnerische Armee an ihren Kriegsfahnen erkennen, identifiziert unser Körper an diesen beiden Proteinen das Grippevirus als fremden Eindringling.

Doch diese Virus-Kriegsfahnen sind nicht nur Erkennungszeichen, sondern erfüllen auch lebenswichtige Funktionen. Die Rolle der N wird erst jetzt klar, und wir werden später noch mehr darüber erfahren. Was das H tut, ist bekannt: Es hängt sich an die Rezeptoren auf den Zellen in unserem Körper. Sobald diese Verbindung hergestellt ist, kann das Virus in die Zelle eindringen und dort mit der Produktion neuer Viren anfangen.

Wie wir gesehen haben, ist der Körper aber nicht schutzlos. Oft gelingt es ihm, das Virus durch die Bildung von Antikörpern aufzuhalten, bevor es in Aktion treten kann. Die Antikörper setzen sich schnurstracks an die Hämagglutininstacheln, haften dort wie Magnete an Metall und sorgen dafür, daß die Stacheln nicht mit den Zellrezeptoren in Berührung kommen. Wenn das Virus nicht andocken kann, ist es hilflos. Bald kommt die Müllabfuhr des Immunsystems in Gestalt der weißen Blutkörperchen, umschlingt das Virus und zerstört es.

Leider funktioniert diese Antikörperabwehr beim Grippevirus häufig nicht. Wieso? Weil das Grippevirus seine Kriegsfahnen regelmäßig wechselt, indem es die Konfiguration seiner Hämagglutinine verändert. Unsere Antikörper erkennen an diesen anderen Stacheln, fast einer Verkleidung, das Virus nicht mehr und können deshalb auch die Infektion nicht verhindern. Das ist sehr schlau eingefädelt. In der Rolle als Verwandlungskünstler tut es dem Grippevirus niemand gleich (allenfalls HIV, das AIDS-Virus, wie wir noch sehen werden).

Stellen wir uns zum Beispiel vor, der H-Stachel ähnele einem Schlüssel, der Rezeptor auf der Zelle einem Schloß. Der Schlüssel paßt in das Schloß, und wenn er erst einmal steckt, öffnet er das Schloß genauso wie der Stachel die Zelle öffnet und sie damit zur Virusinvasion bereit macht. Als nächstes wollen wir uns von diesem Schlüssel einen Wachsabdruck anfertigen. Da der Abdruck in der Form mit der Schlüsselform identisch ist, kann die Form den Schlüssel vollständig umhüllen, lahmlegen und vom Schloß fernhalten; so wirkt ein Antikörper gegen das Virus. Wenn man jedoch auf einen anderen Schlüssel trifft, der auch in das Schloß paßt, allerdings etwas anders aufgebaut ist, so wie sich der Hauptschlüssel oft von den Einzelschlüsseln geringfügig unterscheidet, aber dennoch schließt, ist jetzt der Abdruck in der Wachsform gerade so anders, daß er zur Umhüllung des Schlüssels nicht mehr taugt. Man muß also eine andere Form herstellen, wenn man sicher sein will, daß der neue Schlüssel auch hundertprozentig eingehüllt und so daran gehindert wird, das Schloß zu öffnen.

Das Grippevirus tut genau das, indem es seine Hämagglutininstacheln so raffiniert verändert, daß die Antikörper des Körpers sie nicht mehr neutralisieren können. Wenn wir wieder neue wirksame Antikörper bilden können, ist es schon zu spät, ist die Infektion schon in vollem Gang. Das Grippevirus nimmt diese Änderungen ohne großen Aufwand vor, und der Körper kommt einfach nicht mit. Deshalb entsteht alle paar Jahre eine neue Grippewelle, und die auf eine bestimmte Virusart abgestimmten Impfstoffe sind schon veraltet, bevor sie gespritzt werden. Sie müssen immer wieder modifiziert werden, damit sie den Veränderungen des Virus folgen können. »Ich glaube, das Grippevirus kriegen wir durch Impfung nie unter Kontrolle; dazu ist es zu schlau«, erklärt Robert Krug, Direktor des Department of Molecular Biology and Biochemistry an der Rutgers University, der sich mit Fragen der Virusvermehrung beschäftigt, um in diesen Prozeß einzugreifen.

Dabei sind die ständigen kleinen Änderungen, die sogenannte *Antigendrift,* bei weitem nicht der einzige Trick, mit dem uns das Virus an der Nase herumführt. Gelegentlich verwandelt es sich auch nachhaltiger; dieser Vorgang heißt *Antigenshift.* Während beim Driftprozeß ein Virus mit einem geringfügig geänderten Gesicht entsteht, etwa so, als ließe man sich in einem vorher glatt rasierten Gesicht einen Bart wachsen oder ließe sich die Nase korrigieren, führt der Shiftvorgang zu einem ganz neuen Hämagglutininprotein. Das entspräche schon einer größeren Schönheitsoperation, einem völligen Gesichtsumbau. Nun sieht das Virus ganz neu aus, hat auch neue Fahnen, also neue Oberflächenstacheln, mit denen es dem Immunsystem entgehen und die Zellen der Atemwege mit frischer Behendigkeit infiltrieren kann. Der Körper erkennt den Eindringling jetzt überhaupt nicht. Unter Umständen kommt es zu ausgedehnten, schweren Krankheitsepidemien, wie etwa der spanischen Grippe 1918, der asiatischen Grippe 1957 und der Hongkong-Grippe 1968.

Bei dem Versuch, dem Virus auf die Schliche zu kommen, sind wir damit am Ende unserer Weisheit angelangt. Vergleiche mit Verkleidungen und Schönheitsoperationen, als wäre das Virus eine Intelligenz im Kleinformat, die sich so etwas ausdenkt, um das Immunsystem zu überlisten, sind ja ganz hübsch, aber die Wirklichkeit, oder was wir dafür halten, ist ganz anders und auf ihre Art noch viel erstaunlicher. Die Veränderungen, die Mutationen – die kleinen bei Antigendrift ebenso wie die großen bei Antigenshift – sind schlicht Folgen von Fehlern, von zufälligen Unterbrechungen in den Virusgenen. Wenn man Gene unterbricht, unterbricht man auch Hämagglutininstacheln. Schon durch geringfügige Unterbrechungen kann ein Virus entstehen, das sich fürs erste an den Antikörperwachen des Körpers vorbeimogeln kann – daher »Antigendrift«. Große Unterbrechungen, bei denen Gene völlig verändert oder durch andere Gene von woanders ersetzt werden, führen zur Antigenshift, und dabei entsteht ein Virus, das der Antikörperüberwachung völlig entgehen und den Körper mit einer solchen Gewalt heimsuchen kann, daß es unter Umständen zu einer Pandemie kommt.

Das Grippevirus ist nun zufällig so ausgestattet, daß es diese verheerenden Mutationen sehr leicht vornehmen kann. Es ist kein beständiges Virus. »Das ist nun einmal so bei diesem Virus«, sagt Palese; »es macht beim Kopieren seiner Gene schrecklich viele Fehler.«

Wenn man den Dingen auf den Grund geht, also hinter die Oberflächenstacheln, die Lipidmembran und die Eiweißhülle ins Innere des Virus schaut, trifft man auf RNS- und nicht auf DNS-Gene. Bei der Replikation von RNS entstehen aber zwangsläufig mehr Fehler als bei der stabileren DNS. Hinzu kommt die erstaunliche Feststellung, daß das Grippevirus, im Gegensatz zu anderen Viren, nicht einen Genstrang (wie das Rhinovirus und das Poliovirus), auch nicht zwei miteinander verwundene Stränge (wie das Vaccinia- und das Epstein-Barr-Virus sowie andere Herpesviren), sondern acht getrennte RNS-Stränge enthält, die alle im Kern des Virus ineinandergewickelt sind. Insgesamt bilden sie den vollständigen Geninhalt des Virus, das sogenannte *Genom*.

Jetzt wird es kompliziert. Unsere infizierten Zellen fangen an zu leiden, wenn sich ein Grippevirus mit Hilfe seiner Hämagglutininstacheln an den Rezeptor einer Zelle in den Atemwegen heftet. An dieser Stelle schaltet sich die Neuraminidase ein, über die wir viel weniger wissen als über Hämagglutinin. Erstaunlicherweise kann sie genau den Rezeptor zerstören, an den sich das Virus bindet. »Das ist doch verrückt; es macht den Rezeptor kaputt«, sagt Krug.

Wenn er über das Grippevirus spricht, bedient sich Krug, ein untersetzter, ernsthafter, fünfzigjähriger Wissenschaftler, gern einer bildkräftigen Ausdrucksweise. »Na ja, zum einen gibt es weniger Neuraminidasen als Hämagglutinine, und bei einer normalen Infektion wird der Rezeptor offensichtlich nicht zerstört«, erklärt er und blickt über seine Halbbrille. »Es gibt eine Reihe von Hypothesen über das Verhalten der Neuraminidasen. Nach einer davon liegen überall sehr viele ähnliche Rezeptoren vor, ehe das Virus an die Zellen herankommt. Vielleicht machten die Neuraminidasen den Weg frei, damit sich das Virus nicht an irgend etwas anderes heftet, bevor es die Zelle erreicht.« Mit anderen Worten: Die Neuraminidasen räumten dem Virus vielleicht die Hindernisse aus dem Weg, die sonst vielleicht verhindern, daß sie sich an den richtigen Rezeptor in der Zelle binden.

Sobald das Virus angelegt hat, schlägt die Zelle zurück. Sie verschlingt das Virus und befördert es in eine besondere Kammer im Zellinnern, das sogenannte *Endosom*, um es dort zu zerstören. Innerhalb der Zelle wird aus dem mit dem Virus gefüllten Endosom schließlich eine etwas anders geartete

Zellkammer, das sogenannte *Lysosom,* also der Abfallhaufen der Zelle; er ist mit Enzymen und Säuren gefüllt, die Rückstände und Fremdmaterial auflösen.

Von hier an wird die Geschichte etwas unübersichtlich; irgendwann verwandelt sich das Virus jedenfalls grundlegend. Vielleicht geschieht das, während diese umhüllende Zellkammer noch verhältnismäßig neutral ist und das Virus gerade in die Zelle schafft. Vielleicht passiert es auch, wenn die Zelle sich anschickt, das Virus zu verarbeiten, es zu verdauen und auszuscheiden. Jedenfalls verändert sich plötzlich die vielseitige äußere Membran des Virus. Sie entfaltet sich wie eine Blüte und verschmilzt mit der Membran rings um die Kammer. So bekommt das Virus Zugang zum Zellinnern und leert seine Innereien in das Zellinnere aus. Diese Innereien sind natürlich die Gene des Virus, alle acht Stränge.

Sobald sie sich innerhalb der Zelle frei bewegen können, machen sich die Gene auf den Weg zum Zellkern, überwältigen dort den Vermehrungsapparat der Zelle und ordnen die Herstellung neuer Virusgene und -proteine an. Bald wandern diese frischen Virusbestandteile wieder zum Rand der Zelle zurück, an dem das Virus ursprünglich eingedrungen war, teilen sich in passende Abschnitte (ein paar Gene hier, acht Stränge reichen; ein bißchen N und H dort; eine Proteinhülle, die alles umschließt), und dann tun sie der Zelle noch den letzten Tort an, indem sie aus deren Fettmembran einen äußeren Mantel reißen, der die neuen Viren in der feindlichen Außenwelt schützen soll. Danach trennen sich die jungen Viren wieder von der Zelle, sind endlich selbständig und entsprechen gewöhnlich in jeder Hinsicht dem ursprünglichen Virus, das in die Zelle eingedrungen war.

An dieser Stelle könnte die Neuraminidase auch noch eine andere Rolle spielen. Das Stückchen Zellmembran, das sich das neue Virus auf seinem Weg ins Freie als Mantel mitgenommen hat, enthält vielleicht alle möglichen Zellmerkmale, die das Virus nur behindern könnten, also zum Beispiel Rezeptoren. Das N reinigt das Virus von diesen Rezeptoren, macht es schlank und funktionsfähig, reisefertig und infektionsbereit. »Im Grunde genommen«, erklärt Krug, »spielt das N wohl eine Rolle bei der Ausbreitung des Virus. Es bahnt den Weg zur Zelle, und es reinigt auch das Virus, macht es einsatzfähig.«

In sieben bis zehn Stunden dringen aus der armen Zelle Hunderte neuer Viren hervor. Bald geht sie zugrunde.

Manchmal läuft dieser Replikationsprozeß nicht ganz richtig ab, und dann entstehen Mutationen. Während ein Genstrang einen anderen bildet, bindet an irgendeiner Stelle ein einzelner Bestandteil, ein sogenanntes *Nukleotid* – eines von vierzehntausend Nukleotiden im Genom – sein Komplementärnukleotid nicht. Dieser scheinbar unbedeutende Fehler, der im Laboratorium vielleicht einmal pro Million Viren eintritt, reicht dem Virus. Das Ergebnis kann ein neuer Genstrang sein, der zu einem neuen Virus mit geringfügig veränderten H-Stacheln führt. Damit kann ein Virus bei seiner nächsten Infektion den Antikörpern entgehen, die gegen den ursprünglichen Eindringling aufgebaut worden waren. Deswegen die Bezeichnung Antigendrift.

Manchmal kommt es auch zu dramatischeren Vorgängen. Wenn eine Zelle zufällig gleichzeitig von mehreren Viren infiziert ist, was selten, aber doch so häufig vorkommt, daß es erhebliche Folgen zeitigen kann, findet mitunter eine merkwürdige Vermischung statt. Ein infizierendes Virus ist vielleicht eine bekannte Version des Grippevirus, während das andere von einem ganz anderen Stamm kommt. »Woher stammt dieses andere Virus?« fragt Krug. »Darüber wird schon lange diskutiert. Man nimmt an, daß es ein tierisches Reservoir für das Grippevirus gibt. Schweine zum Beispiel – Sie erinnern sich doch an die Schweinegrippe. Ein Schweinevirus könnte jemand genau in dem Moment infizieren, in dem der oder die Betreffende von einem schon vorhandenen Stamm infiziert wird.«

Jetzt sind nicht nur die Gene lediglich eines Virus in der Zelle losgelassen, also acht verschiedene Stränge, die sich dort im Innern tummeln, sondern zu dieser Mischung kommen die Gene des zweiten infizierenden Virus hinzu, das heißt, noch einmal acht Stränge. Man kann sich leicht vorstellen, welche verwirrenden Möglichkeiten sich da auftun.

Sechzehn verschiedene Genstränge sind jetzt innerhalb der Zelle am Werk, können sich mischen, neu ordnen, und wenn sie dann schließlich zur Verpackung innerhalb der neuen Viren in Achtergruppen geteilt werden, entstehen ganz neue Kombinationen. Am Ende bekommt man ein neues Virus, das sieben Genstränge von einem der infizierenden Viren und einen anderen Genstrang aufweist, also beispielsweise sieben menschliche Stränge und einen Schweinegenstrang oder eine ähnlich originelle Zusammensetzung; insgesamt bestehen 256 Möglichkeiten. Falls dieses Zufallsgen nun ausgerechnet Hämagglutinine produziert, muß man auf der Hut sein.

Wenn das neue Virus eine Zelle infiziert und sich repliziert, entstehen dabei Viren mit ganz neuen Hämagglutininstacheln, nicht nur mit einem einzigen, geringfügig veränderten H-Stachel, wie bei Antigendrift, sondern mit einem ganz anderen Molekül. Für ein Immunsystem, das schon Mühe hat, mit durch die Drift leicht veränderten Stacheln fertigzuwerden, bedeutet das fast die Katastrophe. Wenn eine bis dahin unbekannte H-Art den Körper belagert, ist der Ausgang völlig offen. Krug erklärt es so: »Dieselbe Zelle wird von beiden Viren infiziert, es kommt zur Umlagerung, und ein neues Virus nimmt das Schweine-H-Gen auf. Also bekommt man ein Virus, das gegen die vorhandenen Antikörper absolut resistent ist.«

Daher die verheerenden Grippepandemien, die sich immer wieder ereignen und die man nicht vorhersehen kann. Man kann den Mutationen des Grippevirus zwar nachgehen, aber man kann sie nicht vorhersagen. »Das hängt wirklich rein vom Zufall ab«, sagt Palese. »Es ist wie in der Lotterie; man weiß, daß jeden Monat ein Los gewinnt, kann aber nicht vorhersagen, welches.« Die Mutationen ereignen sich rein statistisch aufgrund der Fehler eines zu Fehlern neigenden Virus, und man kann unmöglich vorher erkennen, welche Antigendrift- oder -shiftprozesse eintreten, die entweder die Infektionsfähigkeit des Virus verstärken oder eine nutzlose Mutation ergeben, die seine Überlebensfähigkeit sogar beschränkt. »Unter dem Strich heben sich alle diese Veränderungen auf«, erklärte Palese. »Wenn das Virus zu viele Fehler macht und zu viele tödliche Veränderungen einführt, kann sich der Organismus selbst umbringen. Andererseits ist eine bestimmte Fehlermenge für das Virus und sein Überleben ganz nützlich. Aber das muß im Gleichgewicht bleiben. Ein bißchen Veränderung ist gar nicht schlecht; auch Flexibilität ist ganz gut; doch wenn die Flexibilität ein bestimmtes Maß übersteigt, erreicht sie einen Zustand, in dem keine funktionsfähigen Proteine mehr gebildet werden können. Ein solcher Organismus wandelt also geradezu auf Messers Schneide.«

Die Fehler, die zu einer erfolgreichen Infektion und Reproduktion führen, bleiben mindestens bis zum nächsten Fehler erhalten; die erfolglosen verschwinden. Und das Grippevirus macht fröhlich weiter Fehler auf Fehler, Mutation auf Mutation und verursacht weiterhin regelmäßig Krankheiten.

Im Lauf der Zeit haben die Forscher bei ihrer Untersuchung dieser Veränderungen eigene Bezeichnungen zur Einteilung der wichtigsten Schwankungen entwickelt. So wird zum Beispiel das Virus, das die große Pandemie von 1918 ausgelöst hat, das sogenannte spanische Grippevirus oder Schweinegrippevirus, als HINI bezeichnet, ist also eine Art (H)ämagglutinin und (N)euraminidase, die beide mit I gekennzeichnet werden. Dieses Virus geisterte in verschiedenen Verkleidungen aufgrund von Drift fast vierzig Jahre herum, bis 1957 das asiatische Grippevirus an seine Stelle trat. Dieses Virus wurde H2N2 genannt, da sowohl seine Hämagglutinin- als auch seine Neuraminidasestacheln im wesentlichen neu waren. Elf Jahre später, 1968, entstand durch Antigenshift ein weiterer Subtyp, das Hongkong-Grippevirus. Dieses Virus, H3N2, hatte neue Hämagglutininstacheln, aber seine Neuraminidasen entsprachen denen des Vorgängers. Mittlerweile hat es sich aufgrund von Drift hie und da geringfügig verändert, ist auch nicht mehr so gefährlich wie am Anfang, aber immer noch tritt das Hongkong-Grippevirus auf. Insgesamt haben die Grippeforscher dreizehn verschiedene H-Subtypen und neun verschiedene N-Subtypen identifiziert, von denen einige einen menschlichen Körper noch nie von innen gesehen haben (der Grund dafür soll gleich erklärt werden).

Während sie mit dem Katalogisieren beschäftigt waren, erlebten die Forscher eine große Überraschung – als sei es dem Virus unangenehm, sich so leicht erfassen zu lassen. 1977 erschien noch eine andere Virusart, das russische Grippevirus. Es hielt sich überhaupt nicht an die Spielregeln. Palese und seine Kollegen in Mount Sinai entdeckten, daß das Virus keine neuen Hämagglutinine und auch keine neuen Neuraminidasen bildete, sondern Stacheln aufwies, die praktisch mit denen eines vorausgehenden Stamms identisch waren; dabei handelte es sich um eine Abart des ursprünglichen Schweinegrippevirus von 1918, die 1950 immer noch verbreitet war. Aber nicht nur die Stacheln des neuen Virus waren identisch mit denen des Stamms von 1950, sondern auch die Gene. Es war praktisch dasselbe Virus und bekam deshalb auch dieselbe Bezeichnung, HINI.

Diese Entdeckung machte die Vorstellung der Forscher zunichte, daß sich neu gebildete Viren immer wieder von ihren Vorgängern unterscheiden, da Änderungen im Grippevirus die Folge von Fehlern sind. Hier hatte man jetzt praktisch dasselbe Virus, das schon 1950 aktiv gewesen war. »Das überraschte uns sehr«, erklärte Palese, »denn so etwas hatten wir noch nie gesehen; außerdem war uns auch nicht klar, wie ein Virus, das sich so schnell veränderte, in der Zeit von 1950 bis 1977 genetisch unverändert bleiben konnte.«

Wie hatte so etwas geschehen können? War das Virus vielleicht wirklich in eine frühere Form zurückmutiert? »Das möchte ich ausschließen«, erklärt Palese. »Es wäre sehr schwierig, wenn das Virus alle Nukleotidveränderungen rückgängig machen wollte, die sich im Lauf der Zeit angesammelt haben.«

Lag es vielleicht an uns; hatten wir unbeabsichtigt ein altes, irgendwo im Labor aufgehobenes Virus wieder in Umlauf gebracht? »Das behaupten viele«, sagte Palese. »Da gäbe es auch noch andere Möglichkeiten, nicht nur die Freisetzung durch den Menschen. Vielleicht war das Virus irgendwo in der Natur eingefroren und gelangte dann wieder in die menschliche Population. Aber man kann sich schwer vorstellen, wie das passiert sein soll.«

Also bleibt uns die ernüchternde, wenn auch nicht ganz unerwartete Erkenntnis, daß dieses Virus nach wie vor unerklärliche Überraschungen für uns bereithält, obwohl wir ihm schon über fünfzig Jahre auf der Spur sind.

Nun ist allerdings einem Virus, das einen großen Teil seines Lebens im Bauch von Wildenten zubringt, alles zuzutrauen. Grippeviren bereisen die Welt in Wildenten und anderen Wasservögeln, zum Beispiel kleinen Küstenvögeln und Möwen. Diese gefiederten, beweglichen Brutschränke sind für das Virus ideale Träger. Sie werden vom Virus nicht angegriffen, verbreiten es aber auf der ganzen Welt, und dann wandert es über Pferde, Schweine, sogar Seehunde und Truthühner bis zum Menschen.

Darüber weiß wohl niemand besser Bescheid als Robert Webster. Webster, ein großer, schlanker, siebenundfünfzigjähriger Neuseeländer, verfolgt die Weltreisen des Grippevirus als Vorsitzender des Department of Virology and Molecular Biology am Saint Jude Children's Research Hospital in Memphis, Tennessee. Natürlich spürt er dem Virus nicht von seinem Büro aus nach. Webster und sein Team gehen überall auf der Welt auf Jagd, verfolgen das Virus mit Enten von Island bis Australien, von Kanada bis Peru und natürlich weiter nach Rußland und China, dem Ursprung so vieler Grippeviren.

Wieso Enten? Das hat zwei Gründe: Erstens vertragen sich alle Grippeviren mit Enten bestens. Jede Art Grippevirus mit allen erdenklichen Ausprägungen von Hämagglutininen und Neuraminidasen findet sich in diesem Federvieh. Da zweitens die Enten den Viren ein sicheres, gastfreundliches Zuhause bieten, revanchieren sich die Viren, wie schon erwähnt, indem sie den Vögeln nichts tun. Wie beim Menschen, so infizieren sie auch hier die Atemwege, aber nur ganz leicht. Ihre Vermehrung findet hauptsächlich im Darm statt, und da richten sie keinen Schaden an. Diese Regelung paßt dem Virus, denn so kann es über den Kot und damit über das Wasser unzähliger Seen und Teiche, wo Enten leben und brüten, ideal auf andere Enten übertragen werden. »Im August kann man in Kanada Wasserproben aus jedem See entnehmen«, sagt Webster,

»und daraus jedes gewünschte Grippevirus isolieren, und keines davon löst bei den Enten irgendeine Krankheit aus. Vor kurzem haben wir noch ein Reservoir von Grippeviren gefunden: kleine Küstenvögel, die im Frühling aus Südamerika nach Norden ziehen. Wir glauben, daß diese Vögel das Virus im Frühling beherbergen, die Enten im Herbst, manche sich die Viren teilen, andere wieder nicht.«

Wie hängt nun die Feststellung, daß so viele Enten und andere Wildwasservögel den Grippeviren ein mobiles Zuhause bieten, mit der Erkenntnis zusammen, daß so viele Epidemien dieser Krankheit aus China und Rußland zu kommen scheinen? Der riesige Kontinent Asien beherbergt Enten und andere Vögel in großer Zahl. Und obwohl diese Regionen auch gut bevölkert sind, leben viele Menschen auf dem Land und kommen dort oft mit Wildvögeln in Kontakt. Damit ist die Bühne vorbereitet. Praktisch unendlich viele Vögel enthalten unzählige Millionen von Grippeviren, und Millionen Menschen leben in der Nähe dieses »Vogelreservoirs«, wie es Webster nennt. Jetzt brauchen die Viren nur noch eine Möglichkeit, wie sie von den Vögeln auf die Menschen übertragen werden können.

Die gibt es. So wie Flugzeuge auf Langstreckenflügen gelegentlich auf halber Strecke zwischenlanden und auftanken, machen auch die Viren Zwischenstation, bevor sie sich ans Ziel trauen. Diese Zwischenstation ist nach Websters Meinung das Schwein.

Wie wir wissen, wurde die spanische Grippepandemie 1918 durch ein Schweinegrippevirus ausgelöst. Allerdings wurden Schweine und die Grippe allgemein erst nach der Schweinegrippe 1976 miteinander in Zusammenhang gebracht. Im Januar jenes Jahres starb ein Soldat im Armeestützpunkt Fort Dicks in New Jersey an der Grippe. Das dem toten Soldaten entnommene Virus erwies sich als Abkömmling des Virus, das 1918 die Pandemie ausgelöst hatte. Die Epidemiologen hatten Angst vor einer weiteren Pandemie, ließen deshalb schnell einen Impfstoff herstellen, im ganzen Land eine Impfkampagne durchführen und hofften, daß sie der Pandemie damit die Spitze abgebogen hatten.

Bald zeigte sich jedoch, daß sich die Grippe nicht einmal aus Fort Dix hinaustraute. Weshalb war das ein falscher Alarm gewesen? Webster glaubt, weil das Virus zwar vom Schwein auf den Menschen übertragen werden, doch sich vom Menschen nicht auf andere Menschen verbreiten konnte.

»1988 hatten wir einen weiteren Schweinegrippefall im Norden der Vereinigten Staaten, der fast nicht bemerkt wurde«, erzählt er. »Die Forscher von den Centers for Disease Control berichteten, daß eine schwangere Frau in Minneapolis an der Grippe gestorben war. Das isolierte Virus war das Schweinevirus. Alle Gene in diesem Virus stammten von einem Virus, von dem man wußte, daß es Schweine infizierte. Die Frau hatte sich auf einer Landwirtschaftsausstellung infiziert. Unter dem Schweinebestand hatte es eine kleine Grippeepidemie gegeben, und alle 4-H-Kinder, die auf der Ausstellung Schweine ausgestellt hatten, infizierten sich. Einige von ihnen übertrugen das Virus innerhalb der Familie, doch weiter breitete es sich nicht aus.« Auch dieses Schweinegrippevirus kam auf seiner Reise nicht weiter.

Die Schweine scheinen dem Grippevirus also eine Art Zwischenstation auf dem Weg von der Ente zum Menschen zu bieten, einen »Mischbehälter«, in dem das Virus mutieren und Säugetiermerkmale annehmen kann, bis es, wie das Virus von 1918, nicht nur vom Schwein zum Menschen, sondern anschließend auch weiter zu anderen Menschen reisen kann. Das 1976 aufgetretene Virus war wie ein voreiliger Jüngling, zwar groß genug, um vom Schwein zum Menschen zu wandern, doch nicht mehr. Inzwischen mutieren weitere Viren in den Schweinen und bereiten sich auf den nächsten Versuch vor. Die Aussicht stimmt nicht fröhlich.

Wenn das Virus tatsächlich den Übergang schafft und den Menschen immer wieder infizieren kann, sind die Folgen unter Umständen katastrophal. Untersuchungen an H3N2, dem Hongkong-Grippevirus von 1968, zeigen, daß zwar sechs seiner acht Gene aus dem vorausgegangenen Stamm kamen (einem Abkömmling des asiatischen Grippevirus von 1957), daß jedoch die beiden anderen Gene wahrscheinlich von einem Entenvirus stammten. Eines dieser beiden hinzugekommenen Gene hatte den neuen Hämagglutininstachel, das H3 in der Klassifizierung, gebildet. Webster vermutet, daß das Hongkong-Virus auftrat, als der Abkömmling des asiatischen Grippevirus von 1968 und ein Stamm eines Grippevirus von einer Ente gleichzeitig eine einzelne Zelle in einem Schwein oder einem Menschen infizierten, wahrscheinlich in China. Zwei Entenvirusgene vermischten sich dabei mit den asiatischen Grippevirusgenen, und schließlich landeten alle zusammen in einem Virus. Die Folge: Antigenshift und eine neue Grippeepidemie. Aus so kleinen Anfängen entstehen die großen Katastrophen.

Das sind die Beweise, die uns die Forschung liefert. Gibt es irgendwelche Augenzeugenberichte dafür, daß Grippeviren vom Vogel auf andere Tiere und weiter auf den Menschen übertragen werden? Die gibt es, und eines dieser Ereignisse konnte Webster aus nächster Nähe miterleben. 1980 untersuchte er im Institut für Experimentelle Pathologie bei Reykjavik auf Island einen besonders virulenten Grippevirusstamm, der als H7H7 bekannt ist. Das Virus hatte die Seehundbestände vor der Nordatlantikküste Amerikas verheert, dabei die schlimmste durch Grippeviren ausgelöste Lungenschädigung verursacht, die Webster je gesehen hatte; bis zu einem Drittel der Seehunde waren eingegangen. Das Virus war genetisch mit einem anderen tödlichen Grippevirusstamm, der Hühnerpest, verwandt, der ein Huhn binnen achtundvierzig Stunden durch Zerstörung des zentralen Nervensystems töten konnte.

Einer von Websters Kollegen wurde aber doch infiziert. Als Webster einen kranken Seehund untersuchte, der zu Versuchszwecken mit dem H7N7-Virus infiziert worden war, drehte sich das Tier plötzlich um und nieste einem Labortechniker, der es von hinten festhalten wollte, direkt ins Gesicht. Das war ein schrecklicher Augenblick, denn dieser Seehund beherbergte ja ein besonders virulentes Virus. Wenn das Virus beim Niesen auf den Techniker übergegangen war, war der Mann bald übel dran. Webster wollte zwar erfahren, ob eine solche Übertragung möglich war, aber nicht um den Preis der Erkrankung eines Technikers.

Schon nach achtundvierzig Stunden mußte Webster sehen, daß seine Angst zum Teil begründet war. Der Techniker erkrankte an einer heftigen Bindehautentzündung, und im infizierten Auge fand Webster das Seehundvirus in hoher Konzentration. Es war beim Niesen tatsächlich vom Seehund auf den Menschen übergegangen und hatte diesen infiziert. Zum Glück für alle Beteiligten richtete das Virus außer dieser Entzündung offenbar keinen weiteren Schaden an.

Das ist jedoch noch nicht alles. Genetische Untersuchungen in Websters Labor zeigten später, daß das Virus ursprünglich aus Vögeln stammte. Damit hatte man den Nachweis, daß ein Grippevirus aus dem Vogelreservoir, das unter den Vögeln selbst keinen Schaden anrichtete, durchaus auf andere Tiere (in diesem Fall einen Seehund) und von dort weiter auf den Menschen übertragen werden und auf diesem Weg schwere Krankheiten hervorrufen konnte.

Webster hatte für das Vorkommen dieser Viren in Vögeln schon jahrelang Beweise gefunden, doch diesmal nahm die Wissenschaft seine Feststellungen aufmerksam zur Kenntnis. Daß sich das Grippevirus in riesigen Mengen ohne Zwischenfälle in Wasservögeln vermehren konnte, ging noch an; wenn dieselben Viren aber Tiere töteten und dann leicht auf den Menschen übergingen, sah es schon anders aus. Wenn sich die Krankheit nun auf den Labortechniker genauso tödlich ausgewirkt hätte wie auf den Seehund? Die Aussicht erschreckte Webster, und wenn er sie auf die Menschheit überträgt, erschreckt sie ihn immer noch.

Seine Besorgnis äußert er in Form eines Beispiels aus der Landwirtschaft. »Im Frühjahr 1983 drang das Grippevirus in Hühnerställe in Pennsylvania ein«, erzählt er. »Wir hatten Glück, daß ein aufmerksamer Tierarzt aus einer bis dahin schwachen Infektion ein Virus isolierte. Es war H5N2. Im Oktober wurde das Virus virulent, und alle Hühner gingen daran ein.«

Auch dieses Virus kam von Wasservögeln, bei denen es überhaupt keine Krankheit hervorgerufen hatte. Am Anfang hatten auch die Hühner allenfalls eine schwache Infektion davongetragen. Doch innerhalb eines halben Jahres hatte irgendetwas das Virus zum Killer gemacht. »Von April bis Oktober hat sich nur das Hämagglutiningen verändert«, sagt Webster. »Diese eine Mutation hat gereicht, aus einem gutartigen ein tödliches Virus zu machen.«

Dann kommt er zur Sache. »Was tut man in so einer Epidemie? Das Landwirtschaftsministerium in Pennsylvania brachte sie mit der üblichen Ausrottungsmethode zum Stillstand; das heißt, alle Hühner wurden getötet und in einem tiefen Loch verscharrt. So macht man es seit Jahrhunderten überall auf der Welt. Siebzehn Millionen Hühner wurden getötet; das kostete den Steuerzahler einundsechzig Millionen Dollar. Doch was hätten wir getan, wenn das Virus beim Menschen aufgetreten wäre? Da kann man es wohl kaum auf diese Art ausrotten, oder?« Er lacht und wird abrupt wieder ernst. »Darum geht es doch. Der Hühnerbestand in Pennsylvania entspricht dem heutigen Zustand der Welt. Tausende, Hunderttausende, Millionen Hühner warten geradezu auf die Infektion.«

Unser ewiger Kampf mit dem glatten Grippevirus ist also noch längst nicht entschieden. »Alle Gene aller Grippeviren auf der Welt halten sich in Wasservögeln«, erklärt Webster, »und werden regelmäßig auf andere Arten übertragen, wie zum Beispiel Schweine. Die Viren von 1918 sind in diesem Vogelreservoir immer noch vorhanden. Obwohl sie schon sehr alt sind, können sie sich immer noch weiter entwickeln, neue Gene bekommen und neue Wirte suchen. Eine Katastrophe wie die von 1918 kann sich durchaus wieder ereignen.«

Was können wir dagegen ausrichten? Natürlich Impfstoffe entwickeln, bisher das wirksamste Mittel gegen Virusbefall. Es gibt durchaus Grippeimpfstoffe, mit denen das Auftreten der Krankheit um sechzig bis achtzig Prozent vermindert werden kann. Doch sie haben alle eine schwache Stelle: Sie sind fast ausschließlich gegen einen einzigen Stamm des Virus wirksam. Da der Impfstoff aus Viren besteht, normalerweise abgetöteten, manchmal auch lebenden und geschwächten, die von einem bestimmten Grippevirusstamm kommen, richtet er wahrscheinlich gegen einen anderen Virusstamm mit einer anderen Konfiguration der Hämagglutininstacheln wenig aus. Ein Impfstoff kann also gegen die Viren schützen, die in einer einzigen Grippesaison auftreten, und ist gegen den Stamm in der nächsten Grippesaison machtlos. Wenn ein Grippeimpfstoff überhaupt wirken soll, muß man ihn schon im Anfangsstadium einer Epidemie einsetzen, ehe das Virus durch Drift oder Shift so viele Änderungen erfahren hat, daß er keinen Schutz mehr bietet.

Das bedeutet einen erheblichen Druck auf alle, die neue Grippevirusstämme schnell erkennen müssen. Die Weltgesundheitsorganisation erhält in über hundert Ländern auf der Welt ein Netz von Zentren, in denen Experten jedes neue Auftreten der Grippe in ihrem Einzugsbereich genau untersuchen. Sobald eines dieser Zentren einen neuen Stamm identifiziert, schickt es ihn sofort an eines der beiden WHO Collaborating Centers for Reference and Research on Influenza in Atlanta, Georgia, oder London. Dort untersuchen die Wissenschaftler die neuen Viren, und wenn sie die Befunde der Außenstellen bestätigen können, verkünden sie sofort, daß vielleicht eine neue Grippeepidemie im Anmarsch ist. Dann können die Impfstoffhersteller ans Werk gehen, damit das Material für die kommende Saison zur Verfügung steht.

Dieser Vorgehensweise ist zwar schon eine ganze Reihe von wirksamen Grippeimpfstoffen zu verdanken, doch sie hat auch ihre Grenzen. Wie die Schweinegrippe 1976 gezeigt hat, kommt es vielleicht gar nicht zu der erwarteten Epidemie; man hat den ganzen Aufwand für einen Impfstoff getrieben, den man dann gar nicht braucht. Über die Grippe lassen sich eben schlecht Voraussagen treffen. Nachweis und Analyse einer neuen Virusart sind schon kompliziert, aber Entwicklung, Herstellung und Vertrieb eines neuen Impfstoffs sind bereits im Normalfall ein anstrengendes Geschäft. Wenn eine Grippeepidemie bevorsteht, wird es nicht einfacher. Der Hersteller muß das Virus in großen Mengen im Labor züchten können, dann den Impfstoff entwickeln, auf Sicherheit und Wirksamkeit prüfen, an diejenigen verteilen, die ihn verabreichen, und die wiederum müssen ihn den Leuten in die Hand geben, die ihn wirklich brauchen. Nach all diesen

Schritten dauert es normalerweise rund eine Woche, bis die geimpfte Person Immunität entwickelt (je nachdem, welchen Viren der oder die Betreffende schon ausgesetzt war). Der ganze Vorgang kann Monate dauern. Bis dahin ist das Virus vielleicht längst weitergezogen, hat dabei viele, viele Menschen infiziert und schickt sich gerade an, durch Drift die nächste Mutation zu erzeugen. Der Mühe Lohn ist zwar manchmal Segen, aber mitunter auch schreckliche Frustration.

Angesichts dieser Sachlage könnte man zur Grippebekämpfung eigentlich den Ansatz der Forscher übernehmen, die andere schnell wandelbare Viren untersuchen, beispielsweise das HIV und das Rhinovirus. Die suchen sich eine Stelle auf dem Virus, die sich nicht verändert, also vielleicht eine, die beim Andocken an den unveränderten Rezeptor auf der Zielzelle eine Rolle spielt. Wenn man eine solche Stelle finden könnte, ließe sich eventuell ein Allzweckimpfstoff dagegen entwickeln, der dann immer wirken würde, gleichgültig, welcher Grippevirusstamm in einer bestimmten Saison gerade unterwegs wäre.

Um eine solche Stelle zu finden, muß man allerdings noch viel mehr über die Hämagglutininstacheln des Virus wissen. Einen großen Schritt auf diesem Weg taten 1981 Don Wiley und Ian Wilson von der Harvard University. Mit Hilfe von Kristallisation und Röntgenbeugung, wie sie ähnlich Rossmann zur Entschlüsselung des Rhinovirus angewandt hatte, erstellten sie eine dreidimensionale Karte des Hämagglutininstachels. Damit ist das H jetzt eines der am besten erforschten biologischen Moleküle. Dieser Stachel weist drei Beine auf, die sich auf die Oberfläche des Virus abstützen; sie sehen ähnlich aus wie ein Stativ. Am Ende dieser Beine sitzen schlägerartige Auswüchse mit je vier sogenannten »Hot Spots«. Diese Stellen sind eigentlich kurze Aminosäuresequenzen und stellen die Antigenorte dar, die der Körper als fremd erkennt und gegen die er sich mit Antikörpern verteidigt. Der Rezeptorbindungsmechanismus scheint in einer Spalte zwischen diesen Beinen zu sitzen.

Wie zu erwarten, sind diese »Hot Spots« sehr instabil; durch Antigendrift verändern sie sich ständig. Um dem Immunsystem des Körpers zu entkommen, braucht ein Virus ja nur eine einzige Aminosäure zu verändern, also eine sogenannte Punktmutation auszulösen. Mit anderen Worten: Um ein neues infizierendes Grippevirus zu bilden, muß sich nicht das ganze H-Molekül ändern, ja nicht einmal ein signifikanter Teil davon. Die erforderliche Veränderung ist so winzig, daß man sie sich kaum vorstellen kann. Sie wirkt sich etwa so aus, als ob sich unsereins durch eine Farbänderung der Kontaktlinsen unkenntlich machen könnte.

Anhand der von Wiley und Wilson gezeichneten Karte können die Forscher jetzt allerdings die Stellen näher unter die Lupe nehmen, an denen sich das H an die Zelle bindet, und auf diesem Weg hoffentlich einen Impfstoff entwickeln, der sich diese angeblich erhaltene, unveränderte Struktur zunutze macht. »Bisher«, erklärt Peter Palese, »ist bei diesen Versuchen nicht viel herausgekommen.«

Die Schwierigkeiten rühren daher, daß ein erfolgreicher Impfstoff den Körper zur Bildung von Antikörpern anregen muß, die einen Ausbruch der wirklichen Krankheit verhindern können. Dazu muß der Impfstoff eine sichere Version der Virusteile darstellen, die der Körper als fremd und gefährlich erkennt, also der Antigenstellen. Die zur Abwehr dieses angeblichen Feindes erzeugten Antikörper stehen dann zum Schutz gegen die wirkliche Krankheit bereit. Doch auf dem Grippevirus sind diese erhaltenen Bereiche vielleicht überhaupt keine Antigenstellen. Da sie offenbar in einem Spalt zwischen den Stativbeinen des Hämagglutinins sitzen, so wie die Bindungsstelle des Rhinovirus tief in der Aussparung sitzt, sind sie dem Immunsystem womöglich gar nicht zugänglich und lösen auch keine Antikörperbildung aus. Wenn ein Impfstoff aber keine Antikörper entstehen läßt, schützt er auch nicht gegen die Krankheit.

Die Aussichten auf einen Allzweckimpfstoff stehen also nicht gut; Palese konzentriert sich deshalb auf eine weitere Schwierigkeit bei der Eindämmung der Grippe: die Diagnose und die Analyse. Selbst unter den besten Bedingungen müssen sich die Forscher bei der Grippebekämpfung immer sehr beeilen, um überhaupt mitzukommen. Jeder Fehler, jede Verzögerung bei der Diagnose der Krankheit oder Analyse des Virus kann alle Mühen zunichte machen.

»An dieser Stelle sind die Diagnoseverfahren unserer Ärzte unzulänglich«, erklärt er. »Wenn man wirklich krank ist und zum Arzt geht, dann sieht er einen an, und wenn einem die Nase läuft und in den letzten fünf Tagen fünfzehnhundert weitere Leute mit laufender Nase bei ihm in der Praxis waren, dann verkündet er: ›Sie haben Grippe.‹ Doch in vielen Fällen stimmt das gar nicht.«

Im Gegensatz zu bakteriell verursachten Krankheiten sind Viruserkrankungen gar nicht schnell und eindeutig zu diagnostizieren. Wenn man mit Halsschmerzen und Husten zum Arzt geht, zeigen ein Halsabstrich und ein einfacher chemischer Test binnen weniger Minuten, ob man eine Streptokokkeninfektion im Hals hat, also an einer Bakterienkrankheit leidet, oder ob es etwas anderes ist. Sollte es etwas anderes sein, spricht der Arzt wahrscheinlich von einem nicht näher bekannten Virus, vielleicht der Grippe, vielleicht irgendeiner anderen Erkrankung der Atemwege, wogegen ohnehin wenig zu machen sei; man solle also warten, bis es von selbst wieder weggehe. Palese rechnet allerdings damit, daß sich das alles ändert.

»Es wird bald schnelle Tests zur Sputumanalyse geben«, erklärt er. »Man nimmt ein kleines bißchen Spucke und kann mit Hilfe von gentechnischen Verfahren und neuen Anwendungen molekularbiologischer Methoden in einer halben Stunde feststellen, ob es sich um Grippe handelt oder nicht. Und dann kann man die richtigen therapeutischen Mittel wählen. Wir haben ja schließlich schon Virusmittel, die gegen die Grippe helfen, nicht wahr?«

Das bekannteste unter diesen Mitteln ist Amantadin, eines der ältesten und wirksamsten Virusmittel sowohl zur Grippeverhütung als auch, wenn es früh genug verabreicht wird, zur Linderung der Begleiterscheinungen der schon ausgebrochenen Krankheit. Es hindert das Grippevirus am Eindringen in die Zelle; wie das geschieht, weiß man nicht genau. Da es etliche Nebenwirkungen hat, wie zum Beispiel Nervosität und Schlaflosigkeit, wird Amantadin vorwiegend Patienten mit hohem Gripperisiko oder Komplikationen nach der Infektion gegeben, also Patienten mit Herz- und Lungenbeschwerden oder älteren Menschen. Amantadin weist auch noch zwei weitere schwerwiegende Nachteile auf: Es wirkt nur gegen manche Grippevirusstämme und läßt andere völlig ungeschoren, und die häufigen Mutationen des Virus können das Mittel leicht unwirksam werden lassen.

Mittlerweile befinden sich jedoch weitere Grippemittel in der Entwicklung. Robert Krug verfolgt einen besonders aussichtsreichen Weg. Die Rückschläge und Mißerfolge, die er dabei erleidet, zeigen deutlich, welche Schwierigkeiten dieses widerstandsfähige Virus nicht nur Ärzten und Grippekranken, sondern auch der Forschung machen kann. Krug untersucht genau, wie sich das Grippevirus innerhalb der infizierten Zelle repliziert. Im allgemeinen vermehren sich alle Viren auf ähnliche Art, doch bei näherer Prüfung zeigt jedes einen ganz eigenen Stil. Auch das ikonoklastische Grippevirus bildet da keine Ausnahme. Es durchläuft eine hochinteressante Reihe von Schritten, die Krug »cap snatching« (Kappenklau) nennt und gegen die er seine eigene »Abwehrrakete« in Stellung bringt.

Wie wir wissen, vermehren sich Viren, indem sie die in ihren Genen enthaltenen Anweisungen an den Proteinherstellungsapparat der Zellen weitergeben, die sie infizieren. Zellen vermehren sich fast genauso; die Blaupausen von den Genen in ihrem Kern steuern die Proteinfabriken der Zelle. Beide Organismen stehen also vor demselben Problem: Wie bringt man diese genetischen Informationen in die Fabriken? Dazu brauchte man einen Botendienst, der die Befehle an Ort und Stelle schafft. Genau das gibt es auch, wie wir schon gesehen haben: einen Blaupausen-Botendienst in Form der Boten-RNS (mRNS), einer besonderen Form der Ribonukleinsäure. Die Gene innerhalb der Zelle oder des Virus müssen also zunächst mRNS herstellen, bevor sie dann an die Produktion der Proteine gehen können, aus denen sich neue Viren und neue Zellen aufbauen.

Mit Hilfe der dabei als Katalysatoren wirkenden Enzyme läuft der Vorgang genau so ab. Sobald sie hergestellt worden ist, geht die mRNS ans Werk und schafft die wertvollen genetischen Informationen aus dem Kern ins Zytoplasma der Zelle, wo die Proteinfabriken, die sogenannten Ribosomen, dann große Mengen von Proteinen nach Maß herstellen.

Aus irgendwelchen Gründen kann jedoch das Grippevirus keine eigene Boten-RNS produzieren. Es verfügt über die erforderlichen Gene, auch über die notwendigen Enzyme, aber allein kann es damit nichts anfangen. Es muß sich dazu einen Teil der zelleigenen Fähigkeit zur mRNS-Herstellung ausleihen. Ausleihen wäre hier wohl die Ausdrucksweise eines Viruspolitikers; »stehlen« träfe den Sachverhalt genauer. »Das Virus geht folgendermaßen vor«, erläutert Krug. »Es dringt in den Kern ein und stiehlt ein Ende der neugebildeten Wirtszellen-mRNS. Das Virus trennt dieses Ende sogar ab, damit auch einen als »Cap« oder »Kappe« bezeichneten Teil, und verwendet diesen als Auslöser für die Synthese der eigenen Boten-RNS. Es betreibt seine eigene Gentechnik.« Diese Kappe ist ein Segment ganz am Ende des Zell-mRNS-Strangs; sie schließt den Strang ab. Obwohl man es noch nicht so richtig weiß, vermutet man, daß die Kappe unter anderem auch zur Stabilisierung der mRNS dient und ihr eine wirksamere Proteinherstellung ermöglicht. Zu stehlen braucht sonst fast kein anderes Virus.

Da überlegte sich Krug: »Also denkt man doch, wenn man diesen Schritt blockieren kann, stoppt man damit sicher alle Grippeviren. Dazu müßte man allerdings irgendeinen Hemmer entwickeln, der in die Zellen eindringt und nur für diesen einen Schritt spezifisch ist. Das hat man versucht, und es hat nicht geklappt.« Dann hellt sich seine Miene wieder auf. »Möglicherweise gibt es in der Natur einen Hemmer für diesen Schritt, das Mx-Protein. Das Mx-Protein ist eine biologische Rakete, glauben Sie mir. Es ist ein Protein, das von Interferon ausgelöst wird.«

Dem Interferon sind wir das letzte Mal bei dem Versuch begegnet, damit den Schnupfen zu heilen. Es gehört zur Ausstattung des Immunsystems und ist ein von infizierten Zellen gebildetes Protein, das alle Zellen ringsum in Virusalarm versetzt. »Es passiert folgendes«, erläutert Krug. »Das Interferon dringt in eine Zelle ein und regt die Bildung spezieller Proteine an, die irgendwie einen Virusabwehrzustand herbeiführen. Daran wird jetzt schon fünfundzwanzig Jahre geforscht, und doch hat bisher niemand eindeutig erklären können, wie diese durch Interferon entstandenen Proteine diesen Virusabwehrzustand erreichen. Auch der Zustand selbst ist noch nicht bekannt. Mit dem Mx-Protein läßt er sich vielleicht am ehesten feststellen.«

Dann erzählt Krug eine interessante Geschichte. Ende der 70er Jahre befaßten sich Forscher in der Schweiz unter Leitung von Otto Haller mit den Eigenschaften des Grippevirus. Sie injizierten es Mäusen. Im Verlauf der Untersuchung stellte sich heraus, daß Mäuse im allgemeinen, ebenso wie Menschen, dem Virus ohne weiteres erliegen; es gab jedoch einen Nagerstamm, der sich davon überhaupt nicht stören ließ. Er wuselte fröhlich weiter, während alle übrigen Mäuse dieselben Elendserscheinungen zeigten wie Menschen, die an der Grippe leiden. Wieso das? Die Wissenschaftler fanden heraus, daß die gripperesistenten Mäuse ein Gen aufwiesen, das die anderen nicht hatten. Sie nannten das Gen Mx, für Myxovirus, die Familie, zu der das Grippevirus gehört.

So weit, so gut. Aber hatte das Gen irgend etwas damit zu tun, daß es nicht zu einer Grippeansteckung kam? Um das zu erfahren, entnahmen die Schweizer Forscher den Mäusen mit dem Mx-Gen und den Mäusen ohne dieses Gen Zellen und führten damit umfangreiche Versuche durch, in denen sie die genetische Produktion aller dieser Zellen unter den verschiedensten Bedingungen untersuchten. Nur wenn die das Mx-Gen enthaltenden Zellen Interferon ausgesetzt wurden, bildeten sie ein sonst nirgendwo auftretendes Protein. Die Forscher nannten es Mx-Protein. Es schien das Grippevirus zum Stillstand zu bringen.

Zusammen mit Krug fanden sie weiter heraus, daß das Protein tatsächlich die Grippe verhinderte, indem es die Bildung der Virus-Boten-RNS blockierte. Bei allen anderen untersuchten Viren hatte das Protein keine vergleichbare Wirkung; der Effekt trat nur beim Grippevirus auf. Andere Virusinfektionen wurden durch Interferon mehr oder weniger stark gehemmt, ob das Mx-Protein vorhanden war oder nicht. Doch ohne das Mx-Protein stoppte das Interferon eine Grippeinfektion fast nicht. Das Protein war speziell gegen das Grippevirus gerichtet. Es war so treffsicher und so wirksam im Einsatz wie eine Mx-Rakete.

Das war eine aufregende Entdeckung; allerdings ist die Beobachtung eines bei Mäusen und im Labor funktionierenden Proteins etwas anderes als der Versuch, daraus ein Grippemittel für den Menschen herzustellen. Man kann den Leuten ja nicht einfach das Anti-Grippe-Protein verabreichen, denn der Körper würde dann Antikörper gegen diesen fremden Eindringling erzeugen. »Uns interessiert vor allem der Mechanismus«, sagt Krug, »wenn wir herausfinden wollen, wie es funktioniert. Wenn man den Mechanismus erkennen könnte, ließe sich auch ein Arzneimittel entwickeln, das genauso wirkt. Aber erst muß man beweisen, wie das Mx-Gen arbeitet.« Nach seiner Ansicht greift es an der Stelle ein, an der das Virus die Kappen von der infizierten Zelle abreißt.

Müde schüttelt Krug den Kopf. Selbst wenn er beweisen könnte, daß das Protein diese Kappenentfernung verhindert, wäre er nur ein Stückchen weiter. »Und bei diesem Mx-Protein«, sagt er, »hat vielleicht die grippehemmende Wirkung gar nichts mit der normalen Funktion zu tun. Vielleicht hat es eine ganze Reihe anderer Aufgaben. Wie es wirkt, wissen wir noch nicht, aber es ist ein vielversprechender Anfang.«

Deshalb treiben er und die Schweizer Gruppe, jetzt nicht mehr Partner, einander an; jeder möchte als erster die Lösung des Mx-Proteins finden und auf dieser Grundlage eine neue Grippebehandlung entwickeln (Krug hat sich dazu mit der Pharmafirma Merck Sharp & Dohme zusammengetan). »Auf einer Skala von 1 bis 10 stehen wir jetzt so zwischen 5 und 7«, sagt Krug und lacht bitter. »Bis heute wissen wir eigentlich erst, daß es sich um ein ganz spezielles Protein handelt, das nur gegen das Grippevirus gerichtet ist. Wir wissen ferner, daß in Zellen, die das Mx-Protein exprimieren, keine mRNS-Synthese des Grippevirus stattfindet. Aber wie das Protein das schafft, wissen wir nicht. Auch nicht, ob es das allein fertigbringt. Wir wissen wohl, daß es dazu keine anderen durch Interferon bewirkten Proteine braucht, aber nicht, ob andere, bereits vorhandene, Wirtszellenproteine nötig sind. Wirkt es direkt oder indirekt? Wir haben nicht den geringsten Anhaltspunkt. Wenn wir den Mechanismus aufgeklärt haben, rutschen wir auf unserer Skala wieder ein paar Punkte nach oben. Aber dazu gehört ein großer Schritt, und bisher ist es nicht einfach gewesen.«

Krug breitet die Hände aus und starrt über seine Halbbrille hinweg. »Wissenschaft ist schwer. Die richtigen Gedanken zu haben und die richtigen Versuche auszutüfteln, ist sehr schwer. In der Wissenschaft kann man ein halbes Jahr, ein ganzes Jahr, zwei Jahre arbeiten, immer die richtigen Gedanken haben, immer die richtigen Versuche durchführen und trotzdem nicht weiterkommen. Das kann frustrierend sein, wirklich schlimm.« Er lacht. »Irgend jemand kann den Mechanismus aber auch genausogut schon nächste Woche entdecken. Wer weiß? So etwas läßt sich nicht vorhersagen. Einer wird die Antwort finden, und ich hoffe, wir sind es.«

Wissenschaft ist besonders mühevoll, wenn man es mit einem Virus zu tun hat, das einem von Anfang an einen Schritt voraus war. Doch trotz aller Schwierigkeiten, die es dem Forscher und aller Krankheiten, die es uns anderen beschert, kann uns das Grippevirus unter Umständen entscheidende Einblicke in die Vermehrung und das Wachstum der Körperzellen ermöglichen. Das ist das Schöne an der Arbeit mit Viren: In gewisser Weise ähneln sie abgetakelten Zellen und zeigen in vereinfachter Form viele Vorgänge, die auch in Zellen stattfinden. Wenn schon Viren schwer zu verstehen sind, bieten Zellen noch viele größere Schwierigkeiten. Für den Molekularbiologen kann es direkt eine Erholung sein, wenn er sich auf die minimalistische Welt der Viren zurückziehen darf, sei die Jagd auch noch so enttäuschend.

Grippeviren sagen auch etwas über die Funktion anderer Viren aus, zum Beispiel darüber, wie sich Gene replizieren. Zusammen enthalten die acht Genstränge im Grippevirus etwa 14000 Nukleotide; jeder Genstrang enthält nur einen Bruchteil davon, der größte 2400, der kleinste nur 890 Nukleotide. Ein einzelner Genstrang im Retrovirus, der Familie, zu der auch das HIV gehört, kann bis zu 10000 Nukleotide lang sein. In unseren Zellchromosomen kann die Nukleotidzahl in die Milliarden gehen. Da ist es wirklich besser, man entschlüsselt das Wirken der acht verhältnismäßig kleinen Stränge beim Grippevirus und verwendet sie dann als Modell für die komplizierteren Prozesse in größeren Organismen. Wie Krug unterstreicht: »Grippeviren sind sehr hübsche molekulare Modelle für normale Zellfunktionen.«

Dreizehntes Kapitel

Ein Virus macht gelb

Saul Krugman lehnt sich in seinen Stuhl im Büro im Medical Center der New York University zurück. »Ich war damals im Südpazifik dabei«, erklärt er. »Ich habe dort viele Patienten behandelt, bin auch selbst gegen Gelbfieber geimpft worden, aber ich habe Glück gehabt.« Krugman, geachteter Fachmann für Infektionskrankheiten, ist zum Zeitpunkt unseres Gesprächs 79 Jahre alt; sein graues Haar lichtet sich an der Stirn; er trägt eine starke Brille, ist schlank, fast hager. 1942, als junger Arzt, konnte er nur verzweifelt zusehen, wie ein Rekrut nach dem anderen erkrankte.

Der Krieg stand schlecht. In der ersten Jahreshälfte war Douglas MacArthur von den Philippinen abgezogen und hatte geschworen: »Ich komme wieder.« Bataan und Corregidor waren gefallen. Kranke, halbverhungerte amerikanische und philippinische Kriegsgefangene wurden zum Todesmarsch, wie er später genannt wurde, fast hundert Kilometer weit bis zu einem japanischen Internierungslager im Landesinnern gezwungen.

Drei Jahre zuvor, 1939, hatte der Gesundheitsminister der Vereinigten Staaten das Rockefeller Institute gebeten, für die Armee den neuen Impfstoff gegen Gelbfieber in großen Mengen herzustellen. Im Frühjahr 1942 hatten die Rockefeller Laboratories sieben Millionen Dosen des Impfstoffs fertiggestellt. Das Material wurde ausgeliefert und schnell eingesetzt. Das Kriegsgeschehen entwickelte sich schlecht genug; da war eine Epidemie das letzte, was die Armee noch brauchte. Leider brach sie dennoch aus.

Es war allerdings keine Gelbfieberepidemie, denn dagegen

wirkte der Impfstoff. Die Rekruten fielen vielmehr einer Krankheit zum Opfer, die erheblich weiter verbreitet war. Damals waren vermutlich nur Schnupfen, Grippe und Masern noch häufigere Viruskrankheiten. Ursache und Behandlung der neuen Epidemie waren vorläufig unbekannt. Die Krankheit? Hepatitis.

Hepatitis, im Volksmund als »Gelbsucht« bezeichnet, ist bis heute eine Krankheit, die die Leber angreift – *Hepatitis* ist der lateinische Ausdruck für »Leberentzündung«. Sie fängt wie Grippe an, geht aber nicht zurück; das Fieber steigt bis 38 Grad Celsius, und der Kranke verliert den Appetit. Er mag kein Fleisch mehr, keine gewürzten Speisen, keine Zigaretten und keinen Alkohol. Hinzu kommen fürchterliche Müdigkeit, Kopfschmerzen, Schüttelfrost und Erbrechen. Nach etwa einer Woche Fieber geht es dem Patienten scheinbar etwas besser. In diesem Augenblick tritt die Gelbsucht auf, eine senfgelbe Hautfärbung, die mindestens ein paar Wochen anhält.

Obwohl sich die meisten Menschen von der Hepatitis erholen, werden sie von der Krankheit doch stark mitgenommen. Es kann durchaus zu langwierigen, sogar tödlichen, Komplikationen kommen. Damals war noch nicht bekannt, daß die später als Hepatitis-B bezeichnete Abart der Hepatitis, wenn der Patient sie ziemlich früh bekommt, zu Leberkrebs führen kann. In manchen Teilen der Welt, vor allem in Afrika, China und Südostasien, ist Leberkrebs wohl die Krebsart mit der höchsten Sterblichkeit; die meisten Fälle lassen sich unmittelbar auf einen schon bei der Geburt erworbenen Hepatitisvirenstamm zurückführen.

Die Armee reagierte schnell. Binnen weniger Monate stoppte der Gesundheitsminister die weitere Verwendung des Rockefeller-Impfstoffs, bis ein Untersuchungsergebnis vorlag. Doch da war es schon zu spät. Allein 1942 erkrankten fast 30000 Soldaten an Hepatitis, 84 davon starben. 1942 bis 1945 kam es in der amerikanischen Armee aus sämtlichen erfaßten Ursachen zu 200000 Hepatitisfällen; 352 Erkrankte starben. (Auf der anderen Seite der Front erkrankten angeblich 5 Millionen Deutsche, Zivilisten ebenso wie Soldaten.)

Die Armee war offenbar gerade noch um eine Katastrophe herumgekommen, als schon die nächste nahte. Wie konnte ein Impfstoff gegen Gelbfieber eine Hepatitisepidemie hervorrufen? Es stellte sich heraus, daß der im übrigen wirksame Virusimpfstoff mit einem anderen Virus verunreinigt war, das Hepatitis verursachte. Doch das wußte damals noch niemand. »Sie dürfen nicht vergessen, daß das in den 40er Jahren passiert ist«, sagt Krugman. »Als der Impfstoff hergestellt wurde, nahm man menschliches Blutserum zur Stabilisierung, aber es gab keine Möglichkeit, das Blut auf ein Hepatitisvirus zu testen. Daran hätte auch niemand gedacht. Das Virus hätte man überhaupt erst Ende der 60er Jahre nachweisen können.«

Also war man machtlos. Die vielen tausend Soldaten wurden krank, und der Krieg zog sich weiter hin. Zu gegebener Zeit nahm die Rockefeller Foundation in ihrem Labor die Impfstoffherstellung wieder auf, aber verpackte ihn diesmal in Wasser statt Blutserum, damit nicht wieder Blutverunreinigungen in den Impfstoff gelangen konnten. 1947, nach der siegreichen Beendigung des Krieges, hatte das Laboratorium der amerikanischen Armee und der übrigen Welt achtundzwanzig Millionen Dosen Gelbfieberimpfstoff geliefert. Jetzt erwies sich der Einsatz als großer Erfolg. 1960 waren hundert Millionen Menschen auf der ganzen Welt damit geimpft worden, und aus der ehemaligen Geißel Gelbfieber war eine nur noch sporadisch auftretende Krankheit geworden.

Bei der Hepatitis war es anders. Nach dem Krieg schien sie noch weiter verbreitet, noch geheimnisvoller zu sein als je, vor allem auch, weil man sie immer als Folge elender, beengter Lebensverhältnisse betrachtet hatte, doch jetzt, nach dem Vorfall mit dem kontaminierten Impfstoff, erkennen mußte, daß sie über das Blut übertragen wurde. Sie war also nicht nur umweltbedingt, sondern konnte jedermann zu jeder Zeit und überall heimsuchen. Die Ursache der Krankheit war nach wie vor unbekannt. Tierversuche blieben ergebnislos, weil die Tiere, die man wegen ihrer Nähe zum Menschen für anfällig gegen Hepatitis hielt, zum Beispiel Schimpansen, auf Versuchsinfektionen nicht ansprachen. Auf die vielen grundlegenden Fragen zur Hepatitis – wodurch wurde die Krankheit verursacht, gab es verschiedene Erregerstämme, konnte man sie verhindern? – gab es eigentlich nur eine Antwort: Man wußte es nicht.

An dieser Lage hatte sich auch ein Jahrzehnt später nichts geändert, als Saul Krugman, damals Professor für Kinderheilkunde an der Medicial School der New York University, einen Hilferuf von der Willowbrook State School für geistig behinderte Kinder bekam. Die Schule hatte mit einer ganzen Reihe von Krankheiten, darunter auch Hepatitis, zu kämpfen, und Krugman wurde gefragt, ob er er nicht dazu beitragen könne, diese Infektionskrankheiten unter Kontrolle zu bringen.

Willowbrook lag auf einem rund 1,6 Millionen Quadratmeter großen Grundstück in Staten Island; die Einrichtung war für 3000 geistig behinderte Kinder aus dem Großraum New York geplant und gebaut worden. Als Krugman 1955 dort hinkam, befanden sich in den vierundzwanzig Gebäuden der Schule über 4000 Kinder – die am stärksten zurückgebliebenen, am meisten behinderten, die allerhilflosesten unter allen Kindern in den Heimen des Staates New York. Über die Hälfte von ihnen konnte nicht allein auf die Toilette gehen, über die Hälfte nicht allein essen, über die Hälfte sich nicht allein bewegen. Ein weiteres Drittel litt an epileptischen Anfällen. Eine richtige Pflege und Versorgung der Patienten war wegen der Überbelegung nahezu unmöglich. In den überfüllten Tagesräumen verbrachten die Kinder ihre Zeit meist damit, einander anzufallen, schmutzig zu machen, weh zu tun und die Kleidung zu zerreißen. Manche steckten alles in den Mund, was sie nur greifen konnten, auch Schmutz und Kot. Nachts mußten die Betten zusammengeschoben werden, damit für alle Kinder genug Platz war. Dazwischen lag nur ein schmaler Gang, und das Pflegepersonal konnte die meisten Kinder nur über die Betten kletternd erreichen. Die Verhältnisse waren unerträglich.

Krugman kam sich vor wie in einem Alptraum mit allen Aussichten auf eine unkontrollierte Epidemie. Bevor er die Schule besucht hatte, waren über tausend Hepatitisfälle (beim erwachsenen Personal mehr als unter den Kindern) zu verzeichnen gewesen. Das waren jedoch nur die erkennbaren Fälle mit Gelbsucht. Seine eigenen epidemiologischen Untersuchungen überzeugten ihn bald, daß sich fast alle Neuzugänge binnen weniger Monate auch infizierten. Irgend etwas mußte geschehen. Nur was?

Krugmans Maßnahme wurde schließlich zum Wendepunkt im Kampf gegen die Hepatitis. In ein paar Jahren war die Epidemie in der Willowbrook School eingedämmt, ein Rahmen gefunden, in den sich alle neueren Entdeckungen über die Hepatitis einordnen ließen, und ein Impfstoff entwickelt, der Millionen vor dieser Krankheit bewahrt hat. Andererseits waren Krugmans Arbeiten so umstritten, daß sie im Senat des Staates New York öffentlich verurteilt wurden und eine Gesetzesvorlage eingebracht wurde, die ein zweites Experiment dieser Art verhindern sollte. Alles fing mit einer Entscheidung an, die Krugman eigentlich für logisch hielt.

Krugmans Auftrag war vom ersten Tag an klar: Die Schule mußte hepatitisfrei werden. Doch wie bringt man eine Krankheit zum Stillstand, die auf keine Behandlung anspricht? Die Antwort: Man beugt ihr vor. Und bei Viren bedeutet Vorbeugung automatisch Impfung.

Um einen Impfstoff gegen eine Viruskrankheit herzustellen, muß man allerdings das Virus erst einmal identifizieren können. Dann muß man es in einer Kultur züchten und mit ihm im Labor arbeiten. Bis jetzt hatte niemand den Verursacher der Hepatitis ermittelt. Es galt noch nicht einmal als gesichert, daß Hepatitis wirklich eine Viruskrankheit war. Man hatte es bisher nur angenommen, weil man keine anderen Erreger gefunden hatte.

Krugman waren also die Hände gebunden. Rings um ihn brach Hepatitis aus, und er konnte sie weder behandeln, noch einen Erreger isolieren und daran arbeiten. Er traf eine schicksalsschwere Entscheidung: Um die Hepatitisepidemie in Willowbrook einzudämmen, wollte er Versuche durchführen und dabei die Krankheit bei den Kindern künstlich auslösen.

»Alle Neuankömmlinge mußten zwangsläufig an Hepatitis erkranken«, erklärt Krugman. »Also konnten wir über die

Krankheit nur etwas erfahren und schließlich zu ihrer Verhütung beitragen, indem wir kleine Gruppen von Kindern untersuchten und sie tatsächlich demselben Hepatitisvirusstamm aus Willowbrook aussetzten, mit dem sie ja ohnehin in Berührung kommen mußten, sobald sie in das Heim eingewiesen wurden.«

Es war eine kühne, eine riskante Entscheidung. Medizinische Experimente am Menschen durchzuführen ist bis heute umstritten, doch bei Erwachsenen, die ihre Einwilligung dazu erteilen, nicht ungebräuchlich. Wer an Kindern medizinische Versuche vornimmt, bewegt sich in einer Grauzone der ärztlichen Ethik. Doch auch das geschieht oft; die Entwicklung der Polioimpfstoffe ist ein bekanntes Beispiel. Wenn diese Kinder geistig behindert sind und gar nicht verstehen, was mit ihnen geschieht oder die Gründe dafür nicht erkennen können, wird die ethische Rechtfertigung allerdings fragwürdig – mindestens für manche. Auf jeden Fall ist es eine emotional brisante Situation.

Krugman wußte keinen anderen Weg. Unter einer Bedingung wollte er den Versuch wagen: »Nur Kinder, deren Eltern in das Verfahren einwilligten, sollten einbezogen werden«, erklärt er. »Kinder unter staatlicher Vormundschaft oder Waisen haben wir aus unseren Untersuchungen immer ausgeschlossen.« Außerdem sollten die Kinder, mit denen er arbeiten wollte, in einer besonders ausgerüsteten Abteilung mit eigenem Pflegepersonal untergebracht werden. Dadurch waren sie von allen anderen Krankheiten, die es in Willowbrook gab, isoliert, also zum Beispiel den Masern, Durchfall, Infektionen der Atemwege und durch Parasiten hervorgerufenen Infektionen. Auch wenn die Versuche nichts brachten, ging es diesen Kindern besser als sonst. 1956 begann er seine Experimente. Die erste Reihe sollte sieben Jahre dauern.

In dieser Zeit machte Krugman gegen die Krankheit beträchtliche Fortschritte und verminderte die erkennbaren Hepatitisfälle mit Gelbsucht unter Kindern und Pflegern um 85 Prozent. Mittels Injektionen von Gammaglobulin, dem an Antikörpern reichen Teil des Blutplasmas, wies er nach, daß Antikörper, die durch gegenseitige Hepatitisinfektionen entstanden waren, einem bis dahin noch nicht Erkrankten vorübergehend Immunität verliehen. Die »geborgten« Antikörper im Gammaglobulin bewirken eine »passive« Immunität, wie innere Leibwächter, die die Auswirkungen der Krankheit bis zu sechs Wochen abschwächen können.

Krugman zeigte außerdem, daß man, wenn man einmal Hepatitis gehabt hatte, von da ab gegen die Krankheit immun war. Er verabreichte Gruppen von sechs bis vierzehn Kindern Dosen aus verdünntem Blutserum von anderen Kindern aus Willowbrook, die schon Hepatitis gehabt hatten; nachdem sie von dieser induzierten Krankheit genesen waren, gab er ihnen eine weitere Dosis des infizierten Serums. Beim zweiten Mal blieben die Kinder tatsächlich gesund.

Doch Gewißheit schlug bald in Angst um. Während er die Infektionshäufigkeit überwachte, fiel Krugman etwas auf, das ihn beunruhigte und überraschte: Fast jedes zwölfte Kind, das die Krankheit gehabt hatte, erkrankte innerhalb eines Jahres zum zweiten Mal. Krugman stand vor einem Rätsel. Sieben Jahre lang hatte er gearbeitet, um unter anderem zu beweisen, daß eine Hepatitiserkrankung zur Immunität führte. Und jetzt infizierten sich diese Kinder zum zweiten Mal.

Woran konnte es liegen? Vielleicht an einer besonders starken Belastung durch das Virus – in einer Einrichtung vom Durchseuchungsgrad der Schule in Willowbrook nicht weiter erstaunlich –, also einem Virusbefall, der die nach dem ersten Angriff aufgebaute Immunität des Körpers irgendwie überrannte? Das überzeugte nicht recht. Krugman vermutete vielmehr, daß die Ursache dieser störrischen Krankheit komplizierter war, als bisher vermutet. Kam der zweite Angriff vielleicht von einem ganz anderen Virus?

Wenn diese Vermutung stimmte, war manches erklärt. Krugman erinnerte sich an seine Tage während des Zweiten Weltkriegs im Pazifik. Wie viele Soldaten hatte er wegen einer vom Gelbfieberimpfstoff verursachten Hepatitis behandelt. Wie so viele hatten krank werden können, war damals ein Geheimnis gewesen, denn Hepatitis wurde landläufig mit Überfüllung und unhygienischen Lebensbedingungen assoziiert, also Bedingungen wie hier in Willowbrook. Aber die Soldaten hatten ihre Krankheit über das Blut, aufgrund eines verunreinigten Impfstoffs, bekommen. War Hepatitis vielleicht in Wirklichkeit zwei verschiedene Krankheiten?

Krugman machte sich ans Werk. Im September 1964 ging er eine zweite Versuchsreihe an. Sie sollte noch einmal drei Jahre dauern.

Im ersten Schritt, Krugman bezeichnete ihn als den ersten Versuch, bekam eine Gruppe von elf neu eingewiesenen Kindern eine Blutmischung von vielen Hepatitiskranken in Willowbrook. Sie enthielt vermutlich alle Hepatitisviren, die es in der Schule gab. Falls sich ein unbekanntes Virus darunter befand, mußte Krugman es finden. Diese erste Dosis sollten die Kinder schlucken. Nach einer Inkubationszeit von dreißig bis sechzig Tagen zeigten Blutuntersuchungen, daß zehn von den elf Kindern die Krankheit bekommen hatten. Krugman entnahm dann einem der Kinder, einem Jungen, eine Blutprobe und kennzeichnete sie mit MS-1.

Ein halbes Jahr später, nachdem die Kinder das Virus aus dem Körper ausgeschieden und sich von der Krankheit erholt hatten, gaben Krugman und sein Team den Kindern dasselbe Virusgemisch noch einmal, diesmal aber in Form einer Injektion, und warteten dann begierig auf die Ergebnisse. Das war der zweite Versuch. Wenn sich die Kinder wieder infizierten, geschah hier etwas Sonderbares.

Innerhalb von zwei Monaten erkrankten vier der Kinder wiederum an Hepatitis. Auch zwei weitere, die am ersten Versuch nicht beteiligt gewesen waren, hatten sich infiziert. Das lief der allgemeinen Ansicht zuwider, eine Erkrankung an Hepatitis mache gegen weitere Infektionen immun. Oder war diese Neuinfektion von einem anderen, unbekannten Virus verursacht worden? Krugman war zu diesem Zeitpunkt fast davon überzeugt, denn er hatte darauf geachtet, in der zweiten Studie den Kindern das Virus nur zu injizieren, damit sie sich auf keinen Fall durch dessen Ingestion angesteckt haben konnten, sofern sie sich ein zweites Mal infizierten. Die zweite Injektion erfolgte also über das Blut, wie die mit dem Gelbfieberimpfstoff im Zweiten Weltkrieg übertragene

Hepatitis. Wie damals, so trat sie auch hier mit Verspätung auf und dauerte länger als die erste, orale Hepatitisinfektion. Das bestätigte Krugman in seiner Ansicht, daß es sich hier um einen anderen Stamm handelte. Krugman nahm dann demselben Jungen, dem er schon in der ersten Studie eine Blutprobe entnommen hatte, eine zweite Dosis Blut ab und bezeichnete sie mit MS-2.

Jetzt hatten Krugman und sein Team zwei verschiedene Blutproben, MS-1 und MS-2, die nach ihrer Meinung zwei verschiedene Typen von Hepatitisviren enthielten. Dem mußte man endlich auf den Grund gehen. Damit begann die dritte Studie. Eine neue Gruppe von vierzehn Kindern wurde auf die Station eingewiesen, acht davon bekamen die Blutprobe MS-1 gespritzt, also das Blut von der oral ausgelösten Hepatitisinfektion. Nach etwa einem Monat erkrankten sieben der acht Kinder, die diese Injektion bekommen hatten, an Hepatitis, und bald danach erkrankten auch alle sechs, die die Injektion nicht bekommen hatten, einfach am Kontakt mit den anderen. Der Versuch bestätigte, was das Team schon wußte: Das MS-1-Virus, das ursprüngliche Hepatitisvirus, war noch infektiös. Nach ihrer Verbreitung über die ganze Welt aufgrund unhygienischer Lebensbedingungen und den Epidemien im verdreckten Willowbrook sowie dieser jüngsten Übertragung, nur wegen des täglichen Zusammenseins mit anderen infizierten Kindern, zu schließen, war das eine höchst ansteckende Krankheit.

Damit war alles für den Höhepunkt des Experiments gerichtet, auf dem Krugmans Überzeugung, daß in der Schule zwei verschiedene Hepatitisviren wirkten, bestätigt oder widerlegt werden sollte. Es begann der vierte Versuch.

Krugman bildete eine weitere Gruppe von vierzehn Kindern, die er vollständig von der dritten Gruppe getrennt hielt. Neun von diesen Kindern in der vierten Studie inokulierte er die zweite Blutprobe, MS-2. Jetzt mußte sich zeigen, ob diese Probe ein anderes Virus enthielt, das auch Hepatitis auslöste, oder ob die beiden Ausbrüche der Krankheit nur Variationen derselben Infektion gewesen waren.

Die Antwort ließ nicht lange auf sich warten. Nach etwa

anderthalb Monaten waren sieben der neun inokulierten Kinder infiziert, doch im Gegensatz zur dritten Studie erkrankten nur zwei der fünf Kinder, die keine Injektion bekommen hatten; sie steckten sich beide bei Kontakten mit geimpften Kindern an, die wahrscheinlich offene Pusteln oder Schnittwunden hatten, an denen es zu einem Austausch von Körperflüssigkeiten kommen konnte. Ergo: In der Schule war tatsächlich ein anderer, zweiter Stamm von Hepatitisviren aktiv. Bei Übertragung durch Inokulation wirkte er stark infektiös, doch war er, im Gegensatz zum Stamm MS-1, sonst weit weniger ansteckend. Aus diesen Untersuchungen ging ferner hervor, daß der Stamm MS-2 durch Berührung übertragen werden konnte.

Damit war man ein gutes Stück weitergekommen. Die vielen widersprüchlichen Erscheinungen bei dieser Krankheit ließen sich nun endlich erklären, das Geheimnis der Hepatitisepidemie im Zweiten Weltkrieg war aufgeklärt, und die Forschung konnte nach zwei bestimmten, identifizierbaren Erregern suchen. Die beiden Arten von Hepatitisviren führten zu ähnlichen, aber doch verschiedenen Krankheiten, und sie verbreiteten sich auf zwei deutlich voneinander getrennten Wegen: das eine durch den Mund, das andere mit dem Blut. Aus Krugmans Bezeichnungen MS-1 und MS-2 wurden später Hepatitis A und B, weil man so zwischen den bis dahin lediglich vermuteten beiden Manifestationen der Krankheit unterscheiden konnte. Krugmans Ergebnisse grenzten diese beiden Stämme ein für allemal klar ab.

Diese Entdeckung war der Höhepunkt in Krugmans Berufsleben. Als er sich an die Veröffentlichung der Ergebnisse machte, war er mit Recht davon überzeugt, daß seine Arbeit Aufmerksamkeit erregen werde. Das tat sie auch. Sie rief sogar eine Sensation hervor, doch nicht aus den Gründen, die Krugman erwartet hatte.

Am 10. Januar 1967 stand im Sitzungssaal des Senats des Staates New York in Albany Senator R. Seymour Thaler auf, teilte aufgeregt und wütend mit, daß er »seine Seele und sein Gewissen erforscht« habe, und rief aus: »Die Ärzteschaft hat sich angemaßt, wie Gott über die Gesundheit und das Leben der Unterprivilegierten zu bestimmen. Ich habe dokumentarische Beweise. Ich habe einen schrecklichen Konflikt in mir ausgetragen und mich gefragt, ob ich es wirklich an die Öffentlichkeit bringen sollte, daß täglich Tausende von Patienten der Medizin als Versuchskaninchen dienen.«

Dann beschuldigte er Krugman und dessen Team, Kindern ein lebendes Hepatitisvirus gespritzt zu haben, nur weil sie ein Hepatitisforschungsprogramm hatten in die Wege leiten wollen. Zu allem Überfluß verknüpfte er die Experimente in Willowbrook mit angeblichen Untaten der Medizin an anderer Stelle, beschuldigte das Harlem Hospital, Kindern mit angeborenen Mißbildungen Glieder entfernt und bei einer Patientin ohne deren Einwilligung eine Hysterektomie durchgeführt zu haben, nur um den Assistenzärzten die technischen Vorgänge vorzuführen; dem Bellevue Hospital warf er vor, für den Tod von fünf Alkoholikern und Nichtseßhaften nach der Entnahme von Leberbiopsien für das hauseigene Forschungsprogramm verantwortlich zu sein.

Dann brachte Thaler einen Entschließungsantrag ein, in dem er einen Untersuchungsausschuß des Bundesstaates forderte, der »das Gebaren, die Praxis und die Vorgehensweise des ärztlichen Establishments untersuchen« solle.

Die Reaktion folgte auf der Stelle. Dr. Jack Hammond, Verwaltungsdirektor in Willowbrook, verteidigte das Krugman-Programm mit der Feststellung: »Wir arbeiten nicht deshalb mit den Kindern, weil sie geistig zurückgeblieben sind, sondern weil in Willowbrook die Hepatitis ein besonderes Problem darstellt. Wir haben die Einwilligung der Eltern aller am Programm beteiligten Kinder.«

Auch die Gesundheitsbehörden des Staates New York nahmen dieselbe Haltung ein und wiesen darauf hin, daß durch Krugmans Programm die Hepatitis in Willowbrook so gut wie beseitigt sei. Ein Verband angestellter Ärzte an den Städtischen Krankenhäusern ging noch weiter und beschuldigte Thaler, »mit einer Taktik aus Ehrabschneidung und Panikmache« zu arbeiten. Seine Anschuldigungen seien schlichtweg »böswillig, unverantwortlich und erlogen«.

Thaler schlug zurück und bezeichnete die Hepatitisforschung in Willowbrook als »unethisch, ehrlos und ungesetzlich«. Dann fügte er hinzu, daß sie »die gesetzlichen und sittlichen Rechte der Kinder verletzt, die hier als Versuchskaninchen dienen«, und brachte einen Gesetzesantrag ein, in dem Forschung an Kindern verboten wurde. Darin wurde außerdem gefordert, die schriftliche Einwilligung von Eltern oder Vormündern nur noch in Notfällen zuzulassen. Das war zuviel für Saul Krugman. Er nannte den Gesetzesantrag »eine Katastrophe, eine wahre Katastrophe«, und erklärte, wenn es Anfang der 50er Jahre ein solches Gesetz gegeben hätte, würde die Kinderlähmung heute noch wüten, und Hunderte von Kindern würden jedes Jahr an den Masern sterben. Die Impfstoffe gegen diese Krankheiten habe man an Kindern ausprobiert, weil »man sie anders gar nicht hätte testen können«.

»Die Geschichte mit dem Senator Thaler war wirklich übel«, sagt Krugman heute. Selbst zwei Jahrzehnte später geht ihm der Vorfall noch nach. »Thaler hatte sich damals gerade zur Wiederwahl aufstellen lassen. Politiker brauchen die Öffentlichkeit; deshalb hatte er die Presse eingeladen, in Willowbrook eine Pressekonferenz abgehalten und [Anschuldigungen erhoben], wobei natürlich alles aus dem Zusammenhang gerissen war.« Er schüttelt den Kopf. »War das ein Kreuz.«

Kurz nach Thalers Ausbrüchen veröffentlichte Krugman im Mai 1967 die Ergebnisse seiner Untersuchungen, aus denen die Existenz von zwei verschiedenen Hepatitisvirusstämmen, A und B, hervorging. Wieder ließ die Reaktion nicht lange auf sich warten, doch diesmal war sie eindeutig: Krugman wurde als Held gefeiert, und das nicht nur wegen seiner Ergebnisse, sondern auch wegen seiner Methoden. Das *Journal of the American Medical Association* (JAMA), in dem Krugmans Artikel erschien, erklärte: »Diese jüngsten Untersuchungen von Krugman ... wären ohne den umsichtigen Einsatz von Menschen bei sorgfältig überwachten experimentellen Arbeiten unmöglich gewesen.«

Der Herausgeber des *New England Journal of Medicine* ging sogar noch weiter: »Den Patienten selbst gereichte es zum Vorteil, daß sie an einer sorgfältig überwachten Studie mitarbeiteten und die beste fachliche Beobachtung bei einer Krankheit von eigentlich unbekannter Herkunft bekamen ... Wieviel besser ist es doch, einen Patienten mit einer zufällig erworbenen oder absichtlich gesetzten Hepatitis unter der Führung eines Krugman als unter der Fürsorge eines [nur auf Rechte versessenen] Eiferers zu haben.«

Ist der Fall damit abgeschlossen? Nicht ganz. Obwohl Thalers Gesetzesantrag im Senat still unterging, hatte ihr Urheber damit die Büchse der Pandora geöffnet. Nach seiner Kritik wollte die Kontroverse um Krugmans Versuche nicht aufhören. Kritiker behaupteten, Krugman habe zwar die schriftliche Einwilligung von den Eltern der betroffenen Kinder bekommen, so daß eigentlich nie ein Zweifel daran bestanden habe, ob er an diesen Kindern habe Versuche durchführen dürfen. Doch Krugman habe diesen Eltern ein Angebot gemacht, das sie einfach nicht hätten abschlagen können. »Druck« sei vielleicht ein bißchen zu drastisch ausgedrückt, aber welche praktischen Alternativen zu Krugmans Vorschlag hatten denn Eltern eines neu eingewiesenen Kindes? War nicht trotz aller Risiken dieses Experiments das Leben in Krugmans abgetrennter, sauberer, mit Personal gut besetzter Abteilung dem überfüllten, mit Personal unterbesetzten Chaos der ganzen Schule vorzuziehen? Von Zeit zu Zeit wurden sogar die regelmäßigen Neuzugänge wegen Überfüllung eingestellt, so daß Krugmans Abteilung als einzige in der Stadt noch offen war. Die Entscheidung war einfach: Entweder unterschrieb man das Formular und erteilte seine Einwilligung, oder man sah sich nach einem anderen Heim für sein Kind um. Als Krugman 1972 vom American College of Physicians eine Auszeichnung verliehen wurde, mußte das Podium von der Polizei umstellt werden, um Krugman vor 150 Protestierern zu schützen, die das ethische Moment in seiner Arbeit bestritten.

Doch selbst wenn seine Methoden immer noch umstritten sind, ist seine Leistung, die Entdeckung der beiden Hepatitisstämme, anerkannt. Was das JAMA als »wichtigen Beitrag zu unserer Kenntnis der Hepatitis« bezeichnete, sollte sich bald als noch mehr erweisen und die zweite Wende im Kampf gegen die Hepatitis herbeiführen. Den Anstoß zu diesem unwahrscheinlichen Ergebnis lieferte ein kleines Reagenzglas mit einer Blutprobe, die man einem australischen Ureinwohner auf der anderen Seite der Erdkugel entnommen hatte.

Während Krugman 1963 den Hepatitisviren A und B auf der Spur war, ging Baruch Blumberg, von seinen Freunden »Barry« genannt, Genetiker am Institute for Cancer Research im Fox Chase Center in Philadelphia, der Frage nach, warum manche Menschen bestimmte Krankheiten bekommen und andere nicht. Blumberg, untersetzt, kräftig, extrovertiert, gebürtiger New Yorker, mit einem Doktorgrad in Biochemie aus Oxford und einem in Medizin von der Columbia University, war 1949 in das südamerikanische Surinam gereist, um dort durch Parasiten verursachte Infektionskrankheiten zu erforschen. Surinam ist ein von einem besonders bunten Völkergemisch besiedeltes Land – Afrikanern, Javanern, Hindus, Chinesen, eingeborenen Indios und, in der verhältnismäßig kleinen Bevölkerungsgruppe der Weißen, einer Gruppe von sephardischen Juden, die aus Brasilien nach Norden gezogen waren. Blumberg war aufgefallen, daß diese Menschen von so unterschiedlicher Herkunft auf die dort herrschenden Infektionskrankheiten ganz verschieden reagierten, besonders auf die sogenannte Elephantiasis, die zu schmerzenden Schwellungen an Beinen, Brüsten und Hoden führt. Doch wieso? Warum infizierten die Parasitenwürmer, die die Elephantiasis verursachten, nicht alle gleich? Was führte in verschiedenen Bevölkerungsgruppen zur unterschiedlichen Empfindlichkeit gegen bestimmte Krankheiten? Vielleicht war es der Unterschied in der Genzusammensetzung.

Als Blumberg im Jahr danach an die Columbia Medical School in New York City zurückkehrte, brachte er ein nagelneues Arbeitsgebiet mit: Bevölkerungsgenetik. Ihm war eines klar geworden: Um festzustellen, ob genetische Unterschiede zu unterschiedlicher Empfindlichkeit gegen bestimmte Krankheiten führen, mußte er erst einmal herausfinden, worin diese genetischen Unterschiede bestanden. Wenn er das wußte, konnte er den nächsten Schritt tun und genetische

Variationen mit dem Auftraten bestimmter Krankheiten in Verbindung bringen.

Er hatte das Tor zu einer weiten, komplizierten Welt aufgestoßen. Keine zwei Menschen sind in jeder Hinsicht identisch. Im Grunde genommen ist jeder einmalig, und diese Einmaligkeit zeigt sich in Variationen unserer Gene. Blumberg nahm sich die herkulische Aufgabe vor, diese Unterschiede nachzuweisen und aufzuzeichnen.

Dazu konzentrierte er sich auf Proteine, die in der Blutbahn zirkulieren. Verschiedene Gene erzeugen dementsprechend verschiedene Proteine. Wenn man die Verteilung eines Proteins unter der Weltbevölkerung aufzeichnet, dann beschreibt man damit auch die Verteilung eines bestimmten genetischen Merkmals. Sobald man genug verschiedene Proteine in genug verschiedenen Blutproben findet, kann man schon eine Karte der genetischen Verteilung auf der ganzen Welt anfangen. Untersucht man danach das Auftreten bestimmter Krankheiten unter diesen genetischen Populationen, begreift man allmählich die Rolle der Gene beim Krankwerden oder Gesundbleiben.

Blumberg reiste also um die Welt und sammelte Blutproben ein (mittlerweile hat er 350 000 Proben in seiner Tiefkühltruhe). Dabei sah er sich auch das Blut von Menschen an, die Transfusionen bekommen hatten. »Ich dachte mir«, erklärt er, »daß diese Menschen bei ihren vielen Transfusionen Blut bekommen haben mußten, das Proteine enthielt, die nicht Teil ihres Erbguts waren. Wenn einige dieser Proteine als Antigene wirkten (also eine Immunantwort auslösen konnten), mußten die Menschen, denen dieses Blut übertragen worden war, ebenfalls Antikörper dagegen entwickeln. Mit Hilfe dieser Antikörper könnten wir dann nach den Proteinen suchen.«

Die Arbeit ging gut voran. Im Blut von Patienten mit einer ererbten Blutkrankheit, die zur Anämie führt, der sogenannten Thalassämie, entdeckte Blumberg Antikörper, mit deren Hilfe eine bis dahin unbekannte Proteinfamilie entdeckt wurde. Als er 1963 das Blut einer Gruppe von Blutern untersuchte, stießen er und sein Kollege Harvey Alter, ein Hämatologe bei den National Institutes of Health, auf neue Antikörper, die gegen das Blut eines australischen Ureinwohners reagierten. Im Blut dieses Ureinwohners mußte sich also ein Antigen befinden, das diese Antikörper provozierte. Blumberg nannte es Australia-Antigen.

Sonderbar. Während seine bisher entdeckten Antikörper gegen Blut unterschiedlichster Herkunft reagiert und damit bewiesen hatten, daß das neu entdeckte Protein weit verbreitet war, reagierten die Antikörper diesmal nur auf diese eine Blutprobe. Wieso? Warum enthielt das Blut eines Bluters aus New York Antikörper, die nur gegen das Blut eines Ureinwohners aus Australien reagierten? Blumberg und Alter suchten zunächst nach dem Antigen und den Antikörpern in Blutproben aus unterschiedlichen Bevölkerungsgruppen mit den verschiedensten Krankheiten. Irgendwann fanden sie das Antigen auch in anderen Blutproben, aber in den Vereinigten Staaten kam es selten vor, höchstens in jeder tausendsten Blutprobe. Im Blut von verschiedenen asiatischen und afrikanischen Bevölkerungsgruppen war es dagegen viel häufiger zu finden. Dann entdeckten die beiden etwas noch Seltsameres: Das Australia-Antigen trat oft auch im Blut von Leukämiekranken auf.

Jetzt wurde die Sache hochinteressant. Vielleicht zeigte das Australia-Antigen eine Leukämie an? Vielleicht bekamen Träger des Antigens leichter Leukämie als Personen, die das Antigen nicht aufwiesen? In der Medizin gibt es wohl keine stärkere Triebfeder als die Suche nach einem Tumormarker. Da Leukämie ein Blutkrebs ist, dachte Blumberg allmählich, er und Alter hätten vielleicht gerade einen solchen Marker entdeckt. Aber das Australia-Antigen zeigte einen ausgeprägten Zusammenhang mit anderen Krankheiten, bei denen Bluttransfusionen eine Rolle spielten. Die Leukämie war einfach die am häufigsten damit verbundenen Krankheit. Das Antigen fand sich auch in Bevölkerungsgruppen, in denen Leukämie nicht sonderlich häufig auftrat, doch die Menschen oft an Infektionskrankheiten litten. Es kam zum Beispiel in den von Infektionskrankheiten heimgesuchten Tropen besonders häufig vor.

Dennoch veröffentlichte Blumberg 1965, mittlerweile an das Fox Chase Cancer Center umgezogen, die Ergebnisse seiner Untersuchung unter dem Titel »Ein ›neues‹ Antigen in Leukämieseren«. Dann machte er sich daran, das Antigen bei Menschen zu suchen, bei denen sich noch keine Leukämie entwickelt hatte, die aber eine ausgeprägte Risikogruppe für diese Krankheit darstellten. Darunter befand sich eine Gruppe von Kindern mit dem Down-Syndrom, also Mongolismus. Aus bisher ungeklärten Gründen bekommen Kinder, die am Down-Syndrom leiden, häufiger Leukämie als andere Menschen. Blumberg fand das Antigen bei etwa einem Drittel dieser Kinder.

Dann geschah noch etwas Unerwartetes. 1966 wurde ein am Down-Syndrom leidender Teenager, der ursprünglich keinerlei Anzeichen des Australia-Antigens im Blut gezeigt hatte, noch einmal untersucht. Diesmal ließ sich das Antigen nachweisen. Warum? Hatte er plötzlich Leukämie bekommen?

»Wir nahmen ihn mit auf unsere klinische Forschungsstation und beobachteten ihn«, erinnert sich Blumberg. »Unter anderem untersuchten wir auch klinisch, ob bei ihm irgendwelche Leberstörungen vorlagen. Der einzige Grund dafür: In der Leber entstehen viele Proteine, und dieses Antigen war ja ein neues Protein. Also dachten wir uns, daß da vielleicht eine Leberanomalie vorlag.«

Die Leber des jungen Mannes hatte sich verändert, seit in der ersten Untersuchung bei ihm kein Antigen gefunden worden war. Aber seine Leberanomalie ließ nicht im geringsten auf Leukämie schließen. Sie bewies vielmehr, daß er an der Krankheit gelitten hatte, die als Ursache für »Leberentzündung« bekannt war: Er hatte Hepatitis bekommen.

Hepatitis. Bestand vielleicht eine Beziehung zwischen dem Australia-Antigen und Hepatitis? Blumberg, Genetiker, aber kein Fachmann für Infektionskrankheiten, hatte auf diesen Zusammenhang nicht groß geachtet, doch jetzt untersuchte er das Blut von Hepatitiskranken und entdeckte natürlich, daß viele von ihnen im Verlauf der Krankheit das Australia-Antigen im Blut aufwiesen.

Wie hing das zusammen? Die Antwort: Leukämiekranke, ebenso wie Bluter, bekommen normalerweise häufig Transfusionen. Saul Krugman hatte nachgewiesen, daß ein bestimmtes Hepatitisvirus mit dem Blut übertragen wurde; eine Infektion war also kaum wirksamer herbeizuführen als durch eine Blutübertragung. Deshalb waren auch Leukämiekranke und Bluter besonders hepatitisgefährdet. Am Down-Syndrom leidende Kinder, deren Immunsystem von Anfang an gestört ist, leben fast immer in Heimen für geistig Behinderte (alle von Blumberg untersuchten Kinder waren in Heimen untergebracht), die ohne Hepatitis fast nicht denkbar sind. Alle diese Menschen hatten als gemeinsames Merkmal Hepatitis. Das mußte es sein.

Krugman schickte Blumberg Proben seines mit MS-1- und MS-2-Hepatitisviren infizierten Blutes und bat ihn, das Serum auf Australia-Antigen hin zu prüfen. Er sandte auch dem New York Blood Center, den National Institutes of Health und der Yale University Blutproben. Die Nachprüfungen ergaben, daß das Australia-Antigen tatsächlich in Hepatitisblut vorlag, jedoch nur im MS-2-, also dem Hepatitis-B-Stamm. Das Australia-Antigen war demnach ein Marker für das Hepatitis-B-Virus. Später wurde es amtlich als *Hepatitis-B-Oberflächenantigen* bekannt.

Die Weltgesundheitsorganisation nannte die Entdeckung »den spektakulärsten Fortschritt in der scheinbar nicht zu lösenden Frage der Hepatitis beim Menschen«. Jetzt hatte man endlich einen erkennbaren Marker für die Krankheit und, vor allen Dingen, für Hepatitis B. Obwohl sich das Virus selbst immer noch bedeckt hielt, war man einen großen Schritt weitergekommen. Blumbergs Entdeckung bestätigte Krugmans Arbeit, und dank Krugmans Ergebnissen ließ sich erst die wahre Bedeutung von Blumbergs Leistung ermessen. Ohne Blumbergs Australia-Antigen hätte es keinen Hepatitismarker gegeben; ohne Krugmans Trennung der beiden Krankheitsstämme und seine dabei entstandenen Blutserumproben hätte kein Zusammenhang bestanden, in dem man das Antigen hätte prüfen können. Die Entdeckung hätte buchstäblich im luftleeren Raum geschwebt.

Und ohne Blumbergs Sturheit hätte es vielleicht überhaupt keine Entdeckung gegeben. Daß er die Bedeutung des Australia-Antigens erkannt hatte, beweist wiederum Pasteurs Spruch, daß »der Zufall nur dem hilft, der dafür gerüstet ist«. Angesichts einer lediglich merkwürdigen Erscheinung hatte Blumberg Geistesgegenwart und Ausdauer gezeigt.

»Ich glaube, Blumbergs wichtigster Beitrag zu dieser ganzen Geschichte war sein Stehvermögen, seine Fähigkeit, eine Hypothese aufzustellen und ihr dann zu folgen«, erklärt sein erster Mitarbeiter Harvey Alter. »Da ist er wirklich phantastisch. Sobald er etwas sieht, spinnt er Hypothesen: Was könnte das sein? Was sollten wir tun? Er hat eine ganze Wand mit alten Hypothesen und deren weiterer Geschichte tapeziert. Den Fall hier hätte man ohne weiteres gleich wieder aufgeben können, aber Blumberg ließ sich nicht beirren, und am Ende hatte er recht behalten.«

Blumberg bekam 1976 den Nobelpreis in Physiologie oder Medizin für seine Entdeckung des Hepatitis-B-Oberflächenantigens. Jetzt, da sich die Krankheit endlich genau nachweisen, das Virus vielleicht sogar identifizieren ließ, konnten die Fachleute an einem Impfstoff arbeiten, mit dem Infektion und Weiterverbreitung des Virus zu verhindern waren.

Dank einer wahren Forschungsexplosion nach Blumbergs Entdeckung wußte man bald mehr über Hepatitis; die Krankheit war tückischer und gefährlicher als vermutet. Das Hepatitis-B-Virus wurde jedes Jahr bei über 150 000 Amerikanern nachgewiesen, über 3000 davon starben. Auf der ganzen Welt hatten sich unzählige Millionen Menschen mit diesem Virus infiziert. Arbeiten, die schließlich in den Krebsuntersuchungen des Epidemiologen Palmer Beasley in Taiwan gipfelten, ergaben, daß Hepatitis B bei Patienten, die früh im Leben daran erkrankten, eine der Hauptursachen von Leberkrebs war. Das Virus konnte nicht nur bei der Geburt von der Mutter auf das Kind übertragen werden, sondern auch im Blut bleiben und keine Krankheit auslösen, aber weitergegeben werden. Schätzungsweise dreihundert Millionen Menschen auf der Welt sind Träger des Hepatitis-B-Virus.

Die Möglichkeit, das Hepatitis-B-Virus nachzuweisen, führte jetzt auch zu der Erkenntnis, daß eine Infektion durch den Austausch von Körperflüssigkeiten entstehen konnte, also durch Geschlechtsverkehr ebenso wie durch die Weitergabe von Blutprodukten im Dialysegerät oder durch einfache Bluttransfusionen. Amerikanische Blutbanken stellten daraufhin ihr Verfahren völlig um. 1970 leiteten sie die weltweit erste breit angelegte Untersuchung von Spenderblut ein; sie suchten dabei nach dem Australia-Antigen und schalteten so mit der Zeit Blutübertragungen als Ursache von Hepatitis B praktisch aus. Daraus entwickelten sich routinemäßig Blutanalysen, wie wir sie heute als gegeben hinnehmen und bei denen jetzt auch auf Hepatitis-B- und -C-Viren (das erst vor kurzem entdeckte Hepatitis-C-Virus wird später in diesem Kapitel beschrieben), das AIDS-Virus, das menschliche T-Zellen-Leukämievirus und Syphilis geprüft wird. Der Test auf Syphilis ist sogar schon älter als der auf Hepatitis B. Die Folge: weniger geeignete Blutspender, aber eine viel sicherere Versorgung mit Spenderblut.

Worum handelt es sich bei diesem Australia-Antigen, dem sogenannten Hepatitis-B-Oberflächenantigen? Elektronenmikroskopaufnahmen zeigen zahlreiche kleine Teilchen, manche rund, andere wurstförmig, die sich in Blutproben mit dem Antigen vermehren. Sind sie die Viren? Oder sind sie etwas anderes, ein Virusteil, das auf die Anwesenheit des Virus hindeutet?

Auch diese Frage sollte bald beantwortet werden. 1970 identifizierte schließlich der englische Naturwissenschaftler D. M. S. Dane das Hepatitis-B-Virus. Es war ein rundes Partikel von etwa 42 Nanometer Durchmesser, für ein Virus ziemlich klein, aber im Durchmesser doppelt so groß wie die merkwürdigen Teilchen, die man schon unter dem Elektronenmikroskop gesehen hatte. Wie diese Teilchen, wies es ebenfalls das Australia-Antigen auf. Doch während die kleineren Teilchen den Körper zur Antikörperbildung anregten, fehlte ihnen der Viruskern mit genetischem Material, der die Infektion auslöst; also waren sie harmlos. Sie wirkten als Antigene, konnten also eine Antikörperreaktion verursachen, waren aber nicht infektiös. Außerdem kamen sie wesentlich häufiger vor als die Viren; auf ein infektiöses Virus entfielen manchmal ganze zehntausend Partikel. Insgesamt waren es vielleicht eine Milliarde bis zu einer Billion Partikel pro Milliliter Blut. So etwas hatte man bis dahin noch nicht gesehen.

Das Hepatitis-B-Virus erwies sich bald auch in der Hinsicht als einmalig, daß es den Körperzellen befiehlt, diese schwindelerregende Menge von nicht-infektiösen Virusteilchen herzustellen, die alle von der Anwesenheit des lebenden Virus künden. Diese Partikel hatten in Blumbergs Experimenten die Antikörperreaktionen ausgelöst, und sie, also die Teilchen, die heute Hepatitis-Oberflächenantigen heißen, hatte er als Australia-Antigen bezeichnet. Warum das Virus irrtümlich so viele Oberflächenantigenpartikel herstellt, weiß man nicht. Vielleicht geschieht es gar nicht aus Versehen, sondern ist eine raffinierte Überlebensstrategie des Virus. »Für das Virus könnte es sehr nützlich sein«, meint Alter. »Es schickt diese Attrappen aus, die dann sozusagen die Radarstrahlen auffangen und Antikörper aufsaugen; damit bahnen sie der eigentlichen Bombe den Weg. Ich weiß nicht, ob das Virus deswegen so arbeitet, aber man kann sich durchaus vorstellen, daß es sich so schützt.«

Wenn diese Partikel ein Schutzmechanismus sind, könnten sie allerdings ungewollt den nächsten Schritt im Kampf gegen die Hepatitis ermöglichen, nämlich die Entwicklung eines Impfstoffs. Eine Reihe von Forschern erkannte sehr bald, daß diese Partikel, die ja den Körper zur Bildung von Antikörpern anregen, unter Umständen genutzt werden und eine Dauerimmunität bewirken können. Zu diesen Wissenschaftlern gehörte auch Baruch Blumberg selbst, der 1969, noch bevor das Virus entdeckt worden war, zusammen mit seinem Partner Irving Millman einen Impfstoff auf der Grundlage von Oberflächenantigenen zum Patent anmeldete. Etwa gleichzeitig interessierte sich auch der Virologe Maurice Hilleman von den Forschungslaboratorien des Pharmaunternehmens Merck Sharp & Dohme besonders für das Hepatitis-B-Virus. »›Mensch, das ist interessant‹, dachte ich. Aber man kann das Virus ja nicht in einer Zellkultur züchten, und deshalb bringt der übliche Weg zum Impfstoff nichts. Wenn man sich als Virologe für Impfstoffe interessiert, denkt man von dem Tag an, an dem man den Erreger züchten kann, sofort an einen Impfstoff. Dann fiel mir eines Tages ein, daß das Blutplasma vielleicht genug Antigen für einen Impfstoff enthält.« Also befaßte sich auch Hilleman mit einem Impfstoff auf der Grundlage des Hepatitisoberflächenantigens. Bald untersuchte er, wie man das Antigen am besten konzentrieren und rein darstellen konnte.

Die Arbeiten kamen nicht recht voran. Blumbergs Laboratorium war für die Entwicklung eines Impfstoffs nicht eingerichtet (sein »Impfstoff« war im übrigen auch ein rein theoretisches Gebilde; im Patent wurde einfach eine Reihe denkbarer Ansätze beschrieben, von denen manche technisch überhaupt nicht machbar waren), und Hilleman hatte zudem eine Reihe dringenderer Projekte laufen. Es fehlte ein Anreiz, ein Vorfall, der die Beteiligten davon überzeugte, daß ein Impfstoff auf Antigenbasis nicht nur theoretisch aussichtsreich, sondern auch praktisch möglich war. Für diesen Vorfall sorgte Saul Krugman.

Am 24. März 1971 lautete die Schlagzeile auf der Titelseite der *New York Times*: »Serumhepatitisversuche beweisen Immunisierung«. Ohne eigene Mittel und technisches Gerät, ohne Fachwissen und Geld für Impfstofforschung hatte Krugman die Entwicklung einfach selbst in die Hand genommen.

»Das waren ganz schön aufregende Zeiten«, sagt er heute. »Dabei hatte ich eigentlich gar nicht vor, einen Impfstoff zu entwickeln. In unserem kleinen Waschküchenlabor haben wir nur Hepatitis-B-Blutserum und Wasser erhitzt.« Krugman wollte feststellen, mit wie wenig Hitze Hepatitisviren, A ebenso wie B, schon inaktiviert werden konnten. Dazu gab er einem Serum mit dem jüngst entdeckten Hepatitis-B-Virus etwas Wasser zu, krempelte dann, bildlich gesprochen, die Ärmel hoch, band sich eine Schürze um und kochte die Mischung eine Minute lang auf dem Küchenherd. Dann spritzte er die Mixtur ein paar ausgewählten Kindern in Willowbrook.

Wie schon oft im Kampf gegen die Hepatitis, so waren auch hier die Ergebnisse erstaunlich. Die Injektionen bewirkten in den meisten Fällen, daß die Kinder *nicht* an Hepatitis erkrankten, und machten sie sogar gegen die Krankheit immun. Wenn man das Gemisch aus Serum und Wasser eine Minute lang kochte, reichte das schon, das Virus zu entschärfen. Erhalten blieb hingegen die Fähigkeit seiner vielen Millionen Oberflächenantigene, die Bildung von Antikörpern anzuregen. Krugman hatte einen »Hausmacher-Impfstoff« zusammengebraut.

»Ich nenne das Zeug nicht gern Impfstoff«, sagt er, »denn in Wirklichkeit war es ja keiner, sondern ein reines Zufallsergebnis und hat lediglich gezeigt, daß ein Impfstoff tatsächlich aus dem Plasma abgeleitet werden kann. Jetzt mußten die Impfstoffhersteller mit ihrer hochkomplizierten Technik unseren Anstoß aufgreifen.«

Das taten sie auch. Robert Purcell von den National Institutes of Health machte sich an die Entwicklung eines Impfstoffs für Forschungszwecke, und Maurice Hilleman verstärkte seine Anstrengungen noch. Hilleman hat mehr Impfstoffe für den Menschen entwickelt als jeder andere, darunter Impfstoffe gegen Masern, Mumps, Röteln, Windpocken, die Pneumokokkenpneumonie, Grippe und Meningitis. Keine Entwicklung war jedoch so aufwendig wie die des Impfstoffs gegen Hepatitis B. »Über diese Geschichte könnte ich eine ganze Woche lang reden«, sagt er. »Die Plackerei bei der Herstellung eines Impfstoffs ganz von vorn war ein Alptraum.«

Hilleman stammt aus Montana, ist groß, hat ein Kränzchen silberweißer Haare, buschige Augenbrauen über tiefliegenden, nachdenklichen Augen und sieht immer so aus, als trage er die Last der ganzen Welt auf seinen Schultern. Genau so fühlte er sich auch, als er den Hepatitis-B-Impfstoff entwikkelte. »Krugman berichtete, daß er diese Versuche an Menschen durchgeführt und das Zeug gekocht hatte, um die Wärmeempfindlichkeit zu bestimmen. Er meinte, diese Präparate hätten zum Teil Schutzwirkung. Da dachte ich mir, gut, damit ist der Grundsatz bewiesen, daß Antikörper tatsächlich schützen. Also, habe ich mir gesagt, jetzt Volldampf voraus, denn in diesem Plasma muß so viel Antigen stecken, daß man damit eine Immunität herbeiführen kann; also los!«

So kam es zu einem der anstrengendsten, auch ungewöhnlichsten Forschungs- und Entwicklungsprojekte für einen Impfstoff. Der Impfstoff sollte aus dem Blut von Hepatitiskranken gewonnen werden. Menschen, die heute an der Krankheit litten, sollten künftige Opfer vor eben dieser Krankheit bewahren – eine nicht ganz einfache Überlegung, denn es handelte sich um dieselben Menschen, die aufgrund der neuen Blutuntersuchungsverfahren nicht mehr als Blutspender in Frage kamen. Jetzt wollte man mit diesem infizierten Blut Infektionen verhindern: eigentlich eine Variation über das alte Thema similia similibus.

Dieser unorthodoxe Ansatz hatte seinen Grund darin, daß das Hepatitis-B-Virus mit keinem der üblichen Verfahren zur Impfstoffherstellung zu zwingen war. Im Gegensatz etwa zum Poliovirus, das Salk im Labor gezüchtet und dann inaktiviert und das Sabin erst gezüchtet und dann abgeschwächt hatte, war das Hepatitis-B-Virus auch mit dem größten Aufwand nicht im Laboratorium zu züchten. Während sich das Virus hier denkbar unkooperativ verhielt, war es in anderer Hinsicht wesentlich entgegenkommender: in der Produktion von reichlich Oberflächenantigenpartikeln im Blut infizierter Personen. Hilleman baute also auf Krugmans Arbeiten auf und versuchte, die Blutserummethode in einem großtechnischen Maßstab zu verwirklichen, daß es einen schwindelte.

»Von Krugman bekam ich ein bißchen Plasma aus dem Zeug, das er benutzt hatte«, erinnert sich Hilleman. »Da steckte eine riesige Menge Antigen drin. Damit hatte ich etwas für den Anfang; ein paar Mikrogramm reines Antigen pro Dosis mußte eigentlich immunisieren. Doch wie machte man das Zeug sicher?«

Davon hing alles ab. Daß der Impfstoff funktionierte, war anzunehmen, aber da er aus Menschenblut, noch dazu infiziertem Blut, gewonnen wurde, mußte Hilleman alle Verunreinigungen, vom Hepatitis-B-Virus selbst (Krugmans »Hausmacher-Impfstoff« hatte immer noch aktive Viren enthalten) bis zu beliebig vielen anderen, daraus entfernen. Der kontaminierte Impfstoff gegen Gelbfieber im Zweiten Weltkrieg fiel einem da als warnendes Beispiel ebenso ein wie die Unfälle mit dem Cutter-Polioimpfstoff Mitte der 50er Jahre. Aus dem Hepatitis-B-Impfstoff konnte nur etwas werden, wenn er absolut und in einem nie zuvor erreichten Umfang nachweisbar sicher war.

Hilleman reinigte zu diesem Zweck das Blutplasma in mehreren Schritten soweit, daß nichts Infektiöses oder Nichtinfektiöses diese Prozedur überstand. Der Impfstoff mußte »mausetot« sein. Dabei ging Hilleman auf Nummer Sicher und schickte das Plasma mit dem Oberflächenantigen von den Venen des infizierten Spenders aus durch eine alptraumähnliche Folge von Folterkammern, bis es für die klinische Prüfung geeignet war.

Zuerst wurde den freiwilligen Probanden, die als Virusträger bekannt waren, Blut entnommen; die meisten von ihnen waren Homosexuelle aus New York, also Angehörige einer Gruppe, die besonders unter der Krankheit zu leiden hatte (darüber später mehr). Dann drehten Labortechniker das Blut so durch die Zentrifuge, daß sich die verhältnismäßig festen roten Blutkörperchen vom infektiösen flüssigen Plasma trennten. (Die roten Blutkörperchen wurden später in eine Kochsalzlösung gegeben und den Spendern wieder injiziert, damit diese nicht blutarm wurden.)

Nachdem das Plasma per Lastwagen in die Laboratorien von Merck in der Nähe von Philadelphia transportiert worden war, liefen die erforderlichen Schritte zur Trennung, Reindarstellung und Inaktivierung der Oberflächenantigenteilchen an. Die damit beschäftigten Techniker bei Merck steckten von Kopf bis Fuß in sterilen Anzügen, Gesichtsmasken und Handschuhen. Das Plasma war so ansteckend, daß schon ein zwanzigmilliardstel Liter davon ein ganzes Zimmer voll Menschen infizieren konnte. Um ein Höchstmaß an Sicherheit zu erreichen, wurden die Arbeiten zum größten Teil fernbedient durchgeführt.

Hillemans Mitarbeiter trennten die Oberflächenteilchen dadurch vom Virus ab, daß sie das Plasma in einer Zentrifuge schleuderten. Die leichteren, kleineren Teilchen trennten sich dabei vom größeren, schwereren Virus und vom größten Teil des Proteins im Blut. Dann ließen sie auf die Lösung Enzyme einwirken, die alle vielleicht noch verbliebenen Verunreinigungen aufzehrten. Sogar das Aussehen der noch verbleibenden Partikel wurde durch eine Behandlung mit Harnstoff verändert, bei der, mit Hillemans Worten, diese Oberflächenantigenteilchen auseinandergerollt wurden und dann wieder in ihre alte Form zurückschnappten; dabei wird das Virus getötet.« Dann liefen die Teilchen durch ein Rohr in einem Behälter mit Formaldehyd, also derselben Chemikalie, mit der das Virus im Polioimpfstoff von Salk und anderen abgetötet wird.

Nach all diesen Schritten und mit einem finanziellen Aufwand von etwa siebzig Millionen Dollar hatte Hilleman Ende 1974 endlich einen Impfstoff. Versuche an Schimpansen zeigten, daß er ungewöhnlich wirksam und vielleicht der sicherste bislang hergestellte Impfstoff war. Doch die Schlacht war noch nicht gewonnen. Einen Impfstoff zu entwickeln und ihn im Tierversuch zu testen, war eines; jetzt mußte Hilleman ihn am Menschen ausprobieren. Das war gar nicht so einfach, denn wer ließ schon freiwillig einen aus Blut gewonnen Impfstoff an sich erproben, auch wenn der sich im Tierversuch und im Labor als noch so sicher erwiesen hatte.

Hilleman führte deshalb die ersten Versuche mit seinem neuen Impfstoff zum Nachweis der Sicherheit beim Menschen mit leitendem Personal und Mitarbeitern von Merck durch. »Wohin sollte ich mich denn auch wenden?« erinnert er sich. »Ich mußte doch Leute nehmen, die (sonst) noch nichts mit Hepatitis B zu tun gehabt hatten; ein einziger Hepatitis-B-Fall unter den Probanden, und das ganze Impfstoffprojekt wäre für die Katz gewesen. Woher also eine Population nehmen, die sich erstens freiwillig meldete und zweitens nicht den Eindruck bekam, als Versuchskaninchen zu dienen? Da steckte ich ganz schön in der Klemme. Deswegen habe ich leitende Mitarbeiter von Merck genommen.«

Mit der Erprobung des Impfstoffs an Mitarbeitern der eigenen Firma umging er nicht nur die Schwierigkeit mit den freiwilligen Probanden, sondern tat auch noch etwas für die

Glaubwürdigkeit des Unternehmens, denn wenn sich Mitarbeiter von Merck bereitwillig Hillemans neuen Impfstoff in den Arm spritzen ließen, mußte der wohl in Ordnung sein. Doch nicht nur leitende Mitarbeiter von Merck meldeten sich freiwillig. Auch zwei andere Interessenten kamen dazu: Saul Krugman und seine Frau Sylvia.

Krugman war damals 64. Er hatte seine Arbeit in Willowbrook abgeschlossen und deshalb nicht mehr regelmäßig mit Hepatitis-B-infiziertem Blut zu tun. Außerdem hatten er und seine Frau sich bei Tests auf Hepatitis-B-Antikörper oft als negativ erwiesen. Sie waren also »clean«.

Im November 1975 bekamen elf Personen – Saul und Sylvia Krugman und neun leitende Mitarbeiter von Merck – die erste Inokulation des neuen Hepatitis-B-Impfstoffs. (Maurice Hilleman war nicht dabei, weil er als Schöpfer des Impfstoffs, der höchstwahrscheinlich mehr mit verunreinigtem Blut umgegangen war als alle anderen, ein zu großes Risiko darstellte. »Ich stand im Labor, und im Labor arbeitet man zwangsläufig ständig mit Blut. Wenn sich einer von uns mit Hepatitis B infiziert hätte, wäre der Impfstoff unter Umständen daran kaputtgegangen. Nein, ich tue alles mögliche, aber ich wollte unsere Experimente nicht ruinieren, indem ich den Helden spielte.«) Krugman erinnert sich: »Ich ließ mir von der Schwester die erste Injektion verpassen. Dann spritzte ich alle anderen.«

Danach kamen sechs Monate Überwachungszeit – die maximale Inkubationszeit von Hepatitis B –, in der sich alle Probanden zahllosen Blutuntersuchungen unterziehen mußten. Nach Ablauf dieser Frist wies nicht einer von ihnen Anzeichen einer Hepatitis-B-Infektion auf. Der Impfstoff war sicher. Wenn er überhaupt Hepatitis-B-Viren enthielt, waren sie gründlich inaktiviert worden.

Jetzt konnte man untersuchen, ob der Impfstoff Hepatitis-B-Infektionen verhinderte. Hilleman, Krugman und andere führten mit ein paar hundert Mitarbeitern aus dem Gesundheitswesen, die sich den Impfstoff freiwillig spritzen ließen, neue Versuche durch. Wieder erwies sich der Impfstoff als erfolgreich: Er war sicher und regte bei den Geimpften die

Antikörperbildung an. Folglich mußte er auch bei der Vorbeugung gegen die Krankheit wirken. Gleichzeitig konnten die Forscher jetzt auch optimale Dosen und Verabreichungszeiten für den Impfstoff bestimmen. Gegen Ende der 70er Jahre war die Bühne endlich für den kompliziertesten und schwierigsten Test bereit: die Feststellung, ob der Impfstoff auch in einer großen Menschenpopulation Hepatitis verhinderte. Wieder stand das Team vor der alten Frage, wen man für die Versuche einsetzen konnte.

Für diese Lage gab es keinen Präzedenzfall. Bei den Polioimpfstoffen hatten Eltern ihre Kinder bereitwillig zur Verfügung gestellt, weil sie vor der Krankheit solche Angst gehabt hatten, daß die mit den Impfstoffen verbundenen Risiken bei weitem das kleinere Übel zu sein schienen. Vor der Hepatitis fürchtete sich die Bevölkerung allerdings weit weniger. Obwohl Anfang der 80er Jahre in den Vereinigten Staaten jährlich rund 200 000 Personen an Hepatitis erkrankten (viel mehr als jemals in einem Jahr Kinderlähmung bekommen hatten), 10 000 bis 20 000 davon zu chronischen HBV-Trägern wurden (zusätzlich zu den 800 000, die es schon im Land gab) und beinahe 4000 Menschen jedes Jahr an Hepatitis B starben, hätte bei einer Umfrage in der Öffentlichkeit Hepatitis auf einer Liste der gefürchtetsten Krankheiten kaum sehr weit oben gestanden. Ihre Symptome waren zwar schwer, verschwanden aber normalerweise bald wieder, und die schlimmsten Folgen, wie Leberzirrhose, Leberkrebs und eine riesige, stumme Population infektiöser Träger, ließen entweder lange auf sich warten oder traten unbemerkt auf.

Doch im Gesundheitswesen war die Hepatitis durchaus bekannt, und man wußte, daß sie die amerikanische Wirtschaft jedes Jahr 750 Millionen Dollar an Krankenhauskosten, Arzthonoraren und Arbeitszeitausfall kostete. Daß diese schwindelerregenden Zahlen nur einen Bruchteil der weltweiten Folgen dieser Krankheit darstellten, war ebenfalls bekannt. Schätzungsweise zweihundert Millionen Menschen galten als Hepatitis-B-infiziert. Die Folgen eines solchen Heers von Kranken waren gar nicht auszudenken.

Das war die Lage auf der ganzen Welt. In den Vereinigten

Staaten kannten diese Krankheit außer den im Gesundheitswesen Tätigen nur zwei Gruppen, nämlich homosexuelle Männer und Fixer, also Drogenabhängige, die sich ihre Drogen spritzten. Für sie war es kaum eine folgenlose Affäre, sondern die größte Gesundheitsschädigung im Leben. Heute liest sich das alles wie ein Vorspiel zu AIDS, der bald danach auftauchenden schrecklichen Seuche. In den ausklingenden 70er Jahren wandte sich Hilleman an diese beiden Gruppen um Hilfe. Die Schlacht gegen die Hepatitis sollte durch eine Maßnahme verstärkt werden, die mittlerweile als bester Feldversuch in die Geschichte der Medizin eingegangen ist.

1973 wurde das Gay Men's Health Project in New York City gebeten, an einer Studie mitzuwirken, in der die Hepatitishäufigkeit in verschiedenen Bevölkerungsgruppen bestimmt werden sollte: bei in der Medizin Beschäftigten, Blutspendern, Amerikanern chinesischer Herkunft und homosexuellen Männern. Das Health Project selbst war Ausdruck der Angst unter homosexuellen Männern angesichts der Zunahme von Erkrankungen im Gefolge der homosexuellen Befreiungsbewegung. Seit 1969, als eine Polizeirazzia in einer Homosexuellenbar in Greenwich Village einen Aufstand ausgelöst hatte, der später als »Stonewall Rebellion« bekannt wurde, hatten viele Homosexuelle in New York ein offeneres, auch abwechslungsreicheres, Sexualleben geführt als zuvor. In Bars, Badehäusern oder auch nur bei Begegnungen auf der Christopher Street und in ihrer Umgebung in Greenwich Village fanden homosexuelle Männer Gelegenheit zu neuen Beziehungen, von flüchtigen sexuellen Kontakten bis zu dauerhaften Verbindungen. Es war eine fröhliche Zeit, doch mit der größeren Freiheit kamen auch mehr Krankheiten. Gonorrhöe, Syphilis und Hepatitis B waren am schlimmsten, und unter ihnen stellte die Hepatitis bei weitem die größte Bedrohung dar. Syphilis und Gonorrhöe konnte man mit Antibiotika behandeln, Hepatitis B nicht. Als das New York Blood Center das Gay Men's Health Project bat, an seiner Hepatitisstudie mitzuwirken, reagierten die Mitglieder der Gruppe sehr schnell, lieferten Blutproben ab und füllten bereitwillig Fragebögen über ihr bisheriges sexuelles Leben aus.

Die Ergebnisse der Studie erschütterten die Welt der Homosexuellen. Im Vergleich zu einer nur fünfprozentigen Belastung der allgemeinen Bevölkerung mit dem Hepatitis-B-Virus zeigten über fünfzig Prozent der homosexuellen Männer Anzeichen einer gegenwärtigen oder zurückliegenden Infektion. Jeder sexuell aktive homosexuelle Mann erkrankte mit hundertmal höherer Wahrscheinlichkeit an Hepatitis B als ein sexuell aktiver heterosexueller Mann. Wenn man nichts dagegen tat, mußte sich die Krankheit weiter ausbreiten.

Auftritt des unwahrscheinlichen Helden. Wolf Szmuness war 1969 unangemeldet im New York Blood Center aufgetaucht. Szmuness, ein kleiner, fünfzigjähriger Mann mit großem Kopf, pockennarbigem Gesicht und einer auffallenden gelben Haarmähne, war erst ein paar Monate zuvor mit seiner Frau Maya aus seinem Heimatland Polen in die Vereinigten Staaten gekommen; er hatte fünfzehn Dollar in der Tasche gehabt; sein Fachwissen verdankte er eigenem Leid.

Er hatte einen langen Weg hinter sich. In Warschau kam er zur Welt, seine Eltern gehörten der jüdischen Mittelschicht an. Er verlor sie im Holocaust, floh vor der einmarschierenden deutschen Wehrmacht nach Rußland. Die nächsten zwei Jahrzehnte studierte er in Sibirien Medizin, praktizierte dort und später auch in der Ukraine, wo seine Frau fast an einer durch eine Blutübertragung verursachten Hepatitis gestorben wäre. Szmuness widmete von da an dem Kampf gegen diese Krankheit sein ganzes Leben.

1959, zwanzig Jahre nach seiner Flucht aus Polen, kehrte Szmuness zurück und ließ sich in Lublin nieder, um seine Arbeiten im öffentlichen Gesundheitswesen, in der Epidemiologie und Hepatitisforschung fortzusetzen. Der Sechstagekrieg zwischen Ägypten und Israel 1967 verstärkte die ohnehin vorhandenen antisemitischen Strömungen in Polen. Szmuness wurde befohlen, auf einer großen Kundgebung gegen die Handlungsweise Israels zu protestieren. Er weigerte sich. Als er am nächsten Morgen zur Arbeit kam, lag das Kündigungsschreiben auf seinem Tisch.

Zwei Jahre später befand er sich in New York. Seine Frau hatte eine Arbeit als Krawattennäherin gefunden, und er klapperte alle Gesundheitseinrichtungen der Stadt ab, kam aber nirgendwo an. Als er schon drauf und dran war, sich als Fabrikarbeiter zu verdingen, stellte ihn das Blood Center als Assistenten ein. Das war der Beginn einer ebenso steilen wie unerwarteten Karriere. Schon vier Jahre später, 1973, leitete er die Hepatitistests bei den New Yorker Homosexuellen. Ein Jahr danach richtete das Blood Center eine neue Abteilung für Epidemiologie ein, die er führte. Gleichzeitig wurde er vom Lehrbeauftragten an der School of Public Health der Columbia University zum ordentlichen Professor befördert. Eine beeindruckende Entwicklung, aber erst das Vorspiel zur Krönung von Szmuness' Lebensarbeit, der Erprobung von Maurice Hillemans neuem Impfstoff gegen Hepatitis B.

Der Impfstoff hatte sich als sicher erwiesen, jedoch nur bei verhältnismäßig kleinen Gruppen; seine Wirksamkeit war in experimentellen Studien an Schimpansen nachgewiesen worden. Bevor man ihn zum allgemeinen Einsatz freigeben konnte, mußten seine Vorteile auch bei Menschen mit hohem Infektionsrisiko demonstriert werden. Da er aus hepatitisinfiziertem Menschenblut hergestellt wurde, wurde er von vornherein beargwöhnt. Auch der kleinste, unbedeutendste Mangel konnte ihm für immer den Garaus machen. Der Versuch mußte also über jeden Zweifel erhaben sein. Szmuness war entschlossen, den Impfstoff an einer optimal geeigneten Population zu erproben, einer Population, die die klarste, eindeutigste und ausgewogenste Antwort liefern mußte. Denn eines war ziemlich gewiß: Wenn dieser Versuch fehlschlug, gab es keine weiteren mehr.

Doch was für Menschen brauchte man für einen Versuch dieser Art? Was war die ideale Testpopulation? Zunächst mußten so viele Personen beteiligt werden, daß statistisch stichhaltige Ergebnisse herauskamen. An die tausend Personen mußten es schon sein. Es sollten auch Menschen mit einem hohen Krankheitsrisiko sein. Wenn überhaupt keine Gefahr bestand, daß sie je Hepatitis bekamen, konnte Szmuness auch nicht sicher sein, daß der Impfstoff sie vor der

Krankheit schützte. Außerdem sollten die Teilnehmer gesund und jung sein und eine verhältnismäßig homogene, identifizierbare Gruppe bilden. Verständig mußten sie auch sein und leicht zu erreichen. Wenn es Szmuness nicht fertigbrachte, daß sie sich den Impfstoff spritzen ließen und dann zu den Verlaufsbeobachtungen und -untersuchungen kamen, mußte der Versuch fehlschlagen.

Er brauchte schließlich gar nicht weit zu gehen. Von den Büros des Blood Center auf der East Side aus gesehen auf der anderen Seite der Stadt gab es genau die Leute, die er suchte. Sie waren zahlreich, jung, bekamen zehnmal so oft Hepatitis B wie die allgemeine Bevölkerung, waren gebildet und machten sich Sorgen wegen der Krankheit. Szmuness hatte mit ihnen schon gearbeitet und wußte, daß sie zugänglich und zuverlässig waren. Ja, die homosexuellen Männer in der Großstadt New York waren die perfekte Zielgruppe für diesen Versuch. Jetzt mußte man nur noch Homosexuelle in genügender Anzahl zum Mitmachen bewegen.

Eine Blutuntersuchung auf sich zu nehmen, ging noch an, doch sich einen verhältnismäßig unerprobten Impfstoff spritzen zu lassen, war etwas ganz anderes. Auch wenn eine Gruppe Hepatitis B noch so gern ausgerottet sehen möchte, heißt das noch längst nicht, daß sie sich monatelang als Versuchskaninchen zur Verfügung stellt. Eine randomisierte, placebokontrollierte Doppelblindstudie war geplant. Eine Hälfte der freiwilligen Probanden sollte den Impfstoff, die andere ein Placebo bekommen, und niemand, nicht Hilleman, nicht Krugman, nicht das ausführende Personal, auch nicht Szmuness, durfte wissen, wem was gespritzt worden war. Die Geheimhaltung sollte mit Hilfe eines Schlüssels erreicht werden; die Impfstoff- und die Placebogruppe wurden nur mit Zahlen bezeichnet; nur zwei Leute, die für die Sicherheit des Versuchs zuständig waren, sollten wissen, wie der Code zu entschlüsseln war. Alles war vorbereitet. Jetzt mußte Szmuness nur noch seine Probanden beibringen.

Ein ungleicheres Team läßt sich kaum vorstellen. Die große Schlacht gegen Hepatitis B vereinte Hilleman, den schlaksigen, ernsten Viruscowboy aus Montana; Krugman, den

Urheber der umstrittenen ersten Untersuchungen, die zum jetzigen verheißungsvollen Augenblick geführt hatten; Szmuness, den Flüchtling vor dem Terror Hitlers und des Antisemitismus; und die homosexuellen Männer der Großstadt New York, Angehörige einer verfemten, unterdrückten, mißverstandenen Minderheit. Jetzt hatten die Homosexuellen die Möglichkeit, zum Schutz der Öffentlichkeit vor einer Krankheit beizutragen, die für sie eine besonders große Gefahr darstellte (wie sie ja schon mit ihrem Blut die allererste Grundlage für den Impfstoff geschaffen hatten). Sie mußten allerdings erst überredet werden. 1978 ging Szmuness zusammen mit Dr. Cladd Stevens vom Blood Center und ein paar besonders engagierten Mitarbeitern auf große Überzeugungstour.

In ihrem 1985 erschienenen Buch *Quest for the Killers* zitiert June Goodfield aus den Erinnerungen von Allison Brennan, einer damaligen Mitarbeiterin von Szmuness.

> »Als wir im Frühjahr 1978 in großem Maßstab mit dem Screening anfingen, um die 850 geeigneten Männer zu finden, führten wir eine riesige PR-Kampagne durch und fuhren dann mit den Blutmobilen durch die Stadt. Das waren große Lieferwagen, mit denen wir die Blutspender aufsuchten, statt sie ins Blutzentrum zu bitten. Jetzt kurvten wir mit diesen Blutmobilen überall herum, kamen zu den Homosexuellenbars, hinunter zur Pier an der West Side, wo sich die homosexuellen Männer treffen; dabei erwischten wir viele Leute, die gerade ein Sonnenbad nehmen wollten. Wir holten sie ins Blutmobil und forderten sie zu einem Bluttest auf.
>
> ... Im Blutmobil hatten wir ein Bild von Dracula hängen, um die Leute einzustimmen, und einer unserer ehrenamtlichen Mitarbeiter hatte ein paar Vampirzähne mitgebracht ... Wir mußten den Männern viele intime Fragen stellen, sie also nicht nur nach dem Alter oder ihren früheren oder jetzigen Krankheiten, sondern auch danach fragen, wann sie mit ihrem aktiven Leben als Homosexuelle angefangen und wie viele sexuelle Kontakte sie im letzten Jahr gehabt hatten. Das konnten so 200 bis 700 im Jahr sein; der Schnitt lag etwa bei 160.«

Danach verteilte Szmuness' Team eine Broschüre mit dem Titel »Was man über Hepatitis B bei homosexuellen Männern und über den Hepatitis-B-Impfstoff wissen sollte« und bat die Männer, in einer Woche wiederzukommen. Wenn die Blutuntersuchung keine Anzeichen von Hepatitis ergeben hatte, wurden sie gebeten, sich für den Versuch anzumelden.

Szmuness suchte die Anführer der Homosexuellenszene auf und lud sie ins Blood Center ein, um mit ihnen über die Krankheit und den geplanten Impfstofftest zu sprechen; er ging in die Kirchen und Synagogen der Homosexuellen, ihre Bars und ihre Saunen. Nach und nach fanden sich ein paar Freiwillige ein, aber längst nicht genug. Die Werbung wurde verstärkt.

»Die nächste Broschüre bekam deshalb eine knallige Überschrift: ›Ist Abwechslung die Würze in Ihrem Sexualleben?‹« erinnerte sich Brennan.

> »Im Grunde genommen hieß das, daß man den Hepatitis-B-Test mitmachen sollte, wenn man weiterhin ein sorgloses Liebesleben führen wollte ... Wir knöpften uns die Leute vor, machten an Ort und Stelle eine Art Poliklinik auf und hofften, daß sie von unserem Straßenposten direkt dorthin gingen. Vor allen Dingen kam es uns auf die Blutuntersuchung an. Natürlich suchten wir nach wie vor alle Clubs und die üblichen Organisationen auf, und Angehörige dieser Gruppen beteiligen sich auch freiwillig. Auf diese Art und Weise kamen wir überall hin, und alles in allem war es wirklich ein ungewöhnlicher Erfolg.«

Schließlich durchliefen über 10000 Menschen dieses Screening, und 1083 meldeten sich für den Versuch. Im Januar 1979 begann die Probeimpfung.

Sie dauerte anderthalb Jahre, bis zum Juni 1980. In dieser Zeit verabreichten Szmuness und sein Team jedem der 1083 freiwilligen Probanden drei Dosen eines Hepatitis-B-Impfstoffs oder eines Placebos und führten nach jeder Dosis Blutuntersuchungen und Befragungen durch – eine höchst aufwendige Unternehmung. Szmuness, schon unter normalen Umständen nicht gerade ein ruhiger Mensch, war zappelig und nervös, fast wie besessen. Zum Fortgang der Untersuchung sagte er meist nur: »Diese Studie ist eine Katastrophe.« Er sorgte sich um die Compliance bei den Probanden, machte sich Gedanken über den Nutzen der anschließenden Blutuntersuchungen (deren Anzahl er schließlich noch erhöhte) und grübelte, wie die Studie wohl aufgenommen würde.

Doch am Ende, nach ein paar heiklen Zwischenphasen, in denen er die Studie fast abgebrochen hätte, obsiegten er, der Impfstoff und die tausend Probanden. Von den 1083 Männern, die die Studie angefangen hatten, kamen 1040 zur zweiten Injektion, also 96 Prozent, eine bis dahin nie erlebte Compliance. Szmuness hatte damit gerechnet, daß bis zum Schluß rund 40 Prozent der Männer die Studie abbrachen, doch es waren nur 15 Prozent. Über 90 Prozent der angesetzten zigtausend Nachuntersuchungen fanden tatsächlich statt. Schon was Zuverlässigkeit und Mitarbeit betrifft, gab es nichts, was den Ergebnissen der Szmuness-Studie auch nur entfernt nahekam.

Auch der Impfstoff erwies sich als ähnlich erfolgreich. Nur drei Prozent der geimpften Gruppe bekamen Hepatitis B; in der Placebogruppe brach die Krankheit bei 27 Prozent der Teilnehmer aus. Bei den Probanden, die alle drei Dosen des Impfstoffs bekommen hatten, bildeten 96 Prozent Antikörper gegen das Virus. Insgesamt verhütete der Impfstoff Hepatitis B mit einem Wirkungsgrad von über 92 Prozent. Es wäre stark untertrieben, wenn man sagte, die Studie und der Impfstoff hatten Erfolg.

Szmuness und seine Mitarbeiter veröffentlichten die Ergebnisse in der Ausgabe des *New England Journal of Medicine* vom 9. Oktober 1980. In der Zeitschrift wurde die Arbeit als bahnbrechend gewürdigt. In derselben Woche pries *Nature* die Studie als »Meilenstein in den Annalen der Präventivmedizin«. Am 17. November 1981 bekam der Impfstoff die Zulassung der amerikanischen Arzneimittelbehörde, der Food and Drug Administration. Fünfundzwanzig Jahre zuvor hatte Krugman mit seinen Experimenten in Willowbrook begonnen; sechzehn Jahre zuvor Blumberg das Hepatitis-Oberflächenantigen entdeckt; fast zwölf Jahre zuvor Dane das eigentliche

Hepatitis-B-Virus nachgewiesen; zehn Jahre zuvor Krugman seinen selbstgemischten Impfstoff hergestellt; kurz danach Maurice Hilleman mit der Entwicklung eines richtigen Impfstoffs angefangen. Nach all diesen Vorarbeiten wurde jetzt der Impfstoff zur allgemeinen Verwendung freigegeben.

Die treibende Kraft in dieser letzten Phase mußte sehr bald aufgeben. Im Juni 1982 starb Wulf Szmuness an Lungenkrebs. Nach einem Leben voller Enttäuschungen und schwerer Arbeit war ihm gerade noch Zeit für eine überragende Leistung gegeben. Er wurde nur 63 Jahre alt. »Ich kann mich noch daran erinnern, wie wütend und enttäuscht er war, als er krank wurde«, berichtet Stevens. »Gerade hatte er es geschafft, und jetzt mußte er sterben. Das war ungerecht.«

Von den anderen Hauptfiguren in diesem Drama ist niemand mehr aktiv in der Hepatitisforschung tätig. Die Frucht ihrer Arbeit, der Hepatitis-B-Impfstoff, hat sich hervorragend entwickelt. Vor allem hat er sich als ungewöhnlich sicher erwiesen. Heute, in der Zeit von AIDS, ist dieser Gesichtspunkt besonders wichtig. Dazu Harvey Alter: »Hilleman ging bei der Herstellung des Impfstoffs höchst umsichtig vor. Er inaktivierte ihn in mehr zusätzlichen Verfahren, als absolut notwendig waren. Das erwies sich schließlich auch als richtig, denn dann trat AIDS auf den Plan, und alle Welt hatte die größte Angst vor Impfungen. Doch er hatte alles getan, um das AIDS-Virus abzutöten, obwohl er damals noch gar nicht wissen konnte, daß es sich darin befand.« Im Zusammenhang mit dem Impfstoff ist kein einziger AIDS-Fall aufgetreten, und der Impfstoff hat auch keine anderen bekannten Viren übertragen oder irgendeine bekannte Krankheit ausgelöst.

Zweitens schützt der Impfstoff auf Dauer gegen das Hepatitis-B-Virus. Weit über zwei Millionen Menschen auf der Welt sind bisher damit geimpft worden; zu Beginn war die Akzeptanz niedrig, weil man Angst vor einem aus Blut gewonnenen Impfstoff hatte. Solche alten Ängste lassen sich nur schwer abbauen. Zusammen mit Hepatitis-B-Immunglobulin, also praktisch derselben Art von Gammaglobulinpräparat, wie es Saul Krugman den Kindern in Willowbrook gegeben hatte, verringert der Impfstoff mit Erfolg das Auftreten von Hepatitis-B-Erkrankungen, die bei der Geburt von der Mutter auf das Kind übertragen werden. Aus einer Untersuchung in Taiwan geht hervor, daß mit dieser Kombination 95 Prozent derartiger Fälle verhindert werden können; damit unterbricht man den uralten Teufelskreis, in dem Neugeborene von Hepatitis-B-befallenen Müttern mit dem Virus infiziert werden und ihrerseits andere infizieren.

Doch viele Hoffnungen, die man in den Impfstoff gesetzt hatte, sind bis heute Hoffnungen geblieben. Trotz seiner erwiesenen Wirkung hat der Impfstoff noch nicht den Durchbruch erzielt, den sich seine Erfinder erhofft hatten. Noch immer treten gelegentlich Schwierigkeiten im Zusammenhang mit dem Impfstoff auf, so zum Beispiel bei den verhältnismäßig wenigen Menschen, deren Immunsystem gestört ist (wie zum Beispiel Dialysepatienten) und die deshalb vom Impfstoff nicht richtig geschützt werden. Das größte Hindernis, das auch bei weitem die meisten Menschen betrifft, hat allerdings nichts mit der Antikörperreaktion, der Wirksamkeit oder Sicherheit des Impfstoffs zu tun. Es hängt auch nicht mit der Fähigkeit des Impfstoffs zusammen, Hepatitis B zu verhindern. Vielmehr handelt es sich darum, den Impfstoff an die Menschen heranzubringen, die ihn am nötigsten brauchen.

In den Vereinigten Staaten hat der Impfstoff gegen Hepatitis B so wenig Wirkung gezeigt, weil die Menschen mit dem höchsten Risiko meist Gruppen angehören, die für Schutzimpfungen schwer zu gewinnen sind. Ärzte und im Gesundheitswesen tätige Personen haben häufig mit infiziertem Blut zu tun und bilden deshalb eine dieser Risikogruppen. Obwohl man meinen sollte, daß sie den Impfstoff weit mehr als andere nutzen, trifft genau das Gegenteil zu. Als Gruppe sind sie stockkonservativ. Inzwischen sind zwar die meisten Angehörigen dieser Berufe immunisiert, doch das hat sehr lange gedauert.

Erstaunlicherweise ist die Situation bei homosexuellen Männern kaum anders. Obwohl diese Gruppe zur Herstellung und Erprobung des Impfstoffs entscheidend beigetragen hat, macht sie kaum Gebrauch davon. Es gibt zwar mittlerweile weniger Hepatitis-B-Fälle unter homosexuellen Männern, doch dieser Rückgang ist eher darauf zurückzuführen, daß seit dem Auftreten von AIDS weniger gefährliche Sexpraktiken unter Homosexuellen ausgeübt werden, und nicht so sehr dem Einsatz des Impfstoffs zuzuschreiben. Die noch verbleibende Gruppe mit besonders hohem Risiko, die Fixer, sind vom heutigen Gesundheitswesen ohnehin zum größten Teil nicht zu erreichen.

Außerdem erklärt Robert Purcell, Leiter der Hepatitis Virus Section beim NIH, »sind 40 Prozent der Hepatitis-B-Fälle in den Vereinigten Staaten nicht mit einer bekannten Einwirkung des Virus in Zusammenhang zu bringen. Also wissen wir vielleicht immer noch nicht so richtig, wie sich das Virus in der Bevölkerung ausbreitet. Solange man nicht die ganze Bevölkerung immunisiert, erzielt man wohl keine große Wirkung«.

Die Lage ist überall auf der Welt ähnlich, jedoch aus einem anderen Grund: den Kosten. »Der Haken an der Sache«, erklärt Harvey Alter, »liegt darin, daß die Menschen, die den Impfstoff am dringendsten brauchen, nämlich die Asiaten und die Afrikaner, ihn sich nicht leisten können.« Mit etwa 90 Dollar für drei Injektionen – eine erste Inokulation, dann eine weitere einen Monat später und eine letzte Injektion ein halbes Jahr später – ist das Vakzin einfach zu teuer.

Die Hoffnung liegt in der Gentechnik. In den Vereinigten Staaten haben durch Rekombination erzeugte Hepatitis-B-Impfstoffe die ursprünglichen, aus Plasma gewonnenen, Präparate praktisch vom Markt verdrängt. Die Impfstoffe werden in Hefe hergestellt. Wissenschaftler entfernen das Gen, das das Hepatitis-B-Oberflächenantigen bildet, vom eigentlichen Virus und fügen es in die Chromosomen im Innern von Hefezellen ein. Nach dem Einbau dieses Fremdgens produziert die Hefe von nun an nicht nur Hefezellen, sondern auch Hepatitis-B-Oberflächenantigen. Die Impfstoffhersteller brauchen also jetzt als Quelle für das Oberflächenantigen nicht mehr das Blut von infizierten Personen, sondern haben eine Quelle, die mit Blut nichts mehr zu tun hat. Das bietet viele Vorteile.

Noch etwas wird manchmal nicht genügend gewürdigt: Auch

wenn das Impfprogramm bisher nicht richtig gegriffen hat, ist der Impfstoff gegen Hepatitis B sowohl in der ursprünglichen, aus Blut gewonnenen, Ausführung, wie auch als Rekombinationspräparat viel mehr als nur ein Mittel zur Vorbeugung gegen infektiöse Hepatitis: Er stellt das erste Beispiel für ein Mittel dar, nach dem die Medizin schon immer sucht, das die Öffentlichkeit schon immer fordert, seit es Impfstoffe gibt. Hepatitis B ist schließlich keine genau umschriebene Krankheit. Wie schon erwähnt, führt sie häufig zu anderen, viel gefährlicheren Komplikationen, vor allem Leberzirrhose und Leberkrebs. In der Vorbeugung gegen Hepatitis B hat man mit diesem Impfstoff eigentlich den ersten Impfstoff der Welt gegen Krebs in der Hand. Da man mittlerweile weiß, daß auch andere Krebsarten, wie zum Beispiel Leukämie, von Viren verursacht werden, kann man hoffen, daß es nicht der letzte Impfstoff dieser Art ist.

Hepatitis B ist nur eine von vielen Hepatitisformen. Das stellte sich schon vor rund 25 Jahren heraus, als Saul Krugman einen weiteren Stamm isolierte, *Hepatitis A,* der noch infektiöser wirkte als B, jedoch nicht so lange anhielt. Mittlerweile sind mindestens zwei weitere Stämme dieser Krankheitserreger dazu gekommen, nämlich Nicht-A-nicht-B (die jetzt endlich allgemein als *Hepatitis C* bezeichnet werden) und *Delta.* Obwohl die Abwehrmaßnahmen gegen diese Formen nicht denselben Erfolg gebracht haben wie die gegen B, sind doch einige wichtige Teilergebnisse erzielt worden.

Hepatitis A

Im Gegensatz zu Hepatitis B wird Hepatitis A durch Lebensmittel und mit dem Wasser übertragen. Diese Hepatitisform ist sehr stark von Umweltbedingungen abhängig. Je besser die sanitären Verhältnisse, desto stärker gehen zum Beispiel die Hepatitis-A-Fälle zurück. Im Gegensatz zu Hepatitis B gibt es hier keine chronischen Hepatitis-A-Virusträger, und es entwickeln sich auch keine Folgekrankheiten, so wie etwa aus Hepatitis B Leberzirrhose und Leberkrebs entstehen. Hepatitis A ist eine Krankheit, die von selbst aufhört, wie Grippe oder Erkältung. Sie tritt auf, man erkrankt, und im allgemeinen erholt man sich auch wieder, obwohl die Krankheit gelegentlich auch zum Tod führen kann. Der ganze Ablauf dauert vielleicht ein paar Wochen, höchstens ein paar Monate.

Außerdem stellt die Hepatitis A auch keine Gefahr für Blutbanken dar, wie es bei Hepatitis B der Fall ist. »Das ist ja auch erklärlich, denn es gibt keine Hepatitis-A-Träger«, erklärt Alter. »Durch Transfusion könnte man die Krankheit also nur übertragen, wenn man Blutspender hätte, die zwar infiziert, aber noch nicht krank sind; wenn sie schon krank wären, würde man sie ja nicht als Blutspender akzeptieren.«

Dennoch handelt es sich bei der Hepatitis A um eine Krankheit, die an den Kräften zehrt, und deshalb hat man mit großem Aufwand das Virus identifiziert und einen Impfstoff dagegen entwickelt. 1975 wiesen Robert Purcell und seine NIH-Kollegen Stephen Feinstone und Albert Kapikian das Virus zum ersten Mal nach, und 1979 züchteten es Maurice Hilleman und seine Mitarbeiter bei Merck Sharp & Dohme in Gewebekulturen im Labor, allerdings unter großen Schwierigkeiten. Bis heute läßt sich das Hepatitis-A-Virus im Labor nur schwer untersuchen, denn es wächst unter diesen Bedingungen langsam oder gar nicht und vermehrt sich auch kaum. Das Virus macht den Forschern das Leben auch deshalb schwer, weil es als einsträngiges RNS-Virus verhältnismäßig oft mutiert. Wie das Poliovirus neigt es dazu, nach Abschwächung wieder virulent zu werden. Unter Umständen wird ein Impfstoff mit abgetötetem Hepatitis-A-Virus an Stelle der hartnäckigeren lebenden Ausführung als erster für den Gebrauch beim Menschen zugelassen. »Ein Impfstoff gegen Hepatitis A kommt demnächst«, erklärt Purcell. »Der Abstand zur Entwicklung der neuen Hepatitis-B-Impfstoffe beträgt etwa fünf Jahre.«

Nicht-A-nicht-B-Hepatitis (Hepatitis C)

Als Feinstone, Kapikian und Purcell 1975 mit der Arbeit am Hepatitis-A-Virus begannen, entwickelten sie einen Bluttest für Hepatitis A. Damit gingen sie zu Harvey Alter, um eine Reihe von Hepatitisfällen unter Herzpatienten zu untersuchen, deren Blut Alter analysiert hatte. Nach ihrer Ansicht war die Hepatitis dieser Patienten durch Transfusionen übertragen worden. Da sie wußten, daß es sich nicht um Hepatitis-B-Fälle handelte, hielten sie sie für Hepatitis-A-Fälle. Die Überraschung war groß: Kein einziger Patient hatte Hepatitis A. Irgendein anderer Erreger mußte die Krankheit verursachen. Aber welcher? Da sie ihn nicht finden konnten, aber sicher wußten, daß es sich weder um Hepatitis A noch um Hepatitis B handelte, nannten ihn die Mitarbeiter im NIH vorläufig Nicht-A-nicht-B. Die Bezeichnung war zwar umständlich, doch genau, und sie hat sich gehalten. Nunmehr gab es auf der Welt drei Arten von Hepatitis.

Wie sich bald erwies, hatte die Nicht-A-nicht-B-Hepatitis nicht nur eine eigene Ursache, sondern auch ein eigenes Verlaufsbild. Sie war in den Anfangsstadien leichter als Hepatitis B, doch während diese nur bei 5 bis 10 Prozent der Patienten chronisch wurde, entwickelten über 50 Prozent der mit Nicht-A-nicht-B-Infizierten chronische Hepatitis. Etwa 20 Prozent davon bekamen Leberzirrhose, und in jüngster Zeit ist nachgewiesen worden, daß Nicht-A-nicht-B-Hepatitis auch zu Leberkrebs führen kann. Insgesamt dürften heute wohl 25 Prozent aller Hepatitisfälle in den Vereinigten Staaten Nicht-A-nicht-B-Hepatitis sein (einschließlich 95 Prozent aller durch Transfusionen ausgelösten Hepatitisfälle); dieser Prozentsatz bedeutet immerhin 150 000 Fälle pro Jahr. Das sind jährlich rund 75 000 chronische Infektionen und mindestens 15 000 Fälle von Leberzirrhose. Auf lange Sicht ist dieses Virus also für eine stattliche Anzahl von Lebererkrankungen verantwortlich.

Bis 1987, als der stellvertretende Forschungsleiter Michael Houghton und seine Kollegen bei der Chiron Corporation in Kalifornien hieb- und stichfest bewiesen, daß Nicht-A-nicht-B-Hepatitis tatsächlich von einem Virus verursacht wird und dann auch einen Bluttest zum Nachweis entwickelten, war nur vermutet worden, daß Nicht-A-nicht-B-Hepatitis eine Viruskrankheit war. Wie diese Vermutung bestätigt wurde, ist ein Mikrokosmos der in den letzten Jahrzehnten entwickelten Verfahren zur Virusjagd.

Um festzustellen, ob der Erreger, wie gedacht, tatsächlich mit dem Blut übertragen werden kann, injizierten Alter, Purcell und Feinstone 1975 fünf Schimpansen das Blut von hepatitiskranken Herzchirurgiepatienten. Alle fünf Schimpansen steckten sich an. Die Virologen hatten es tatsächlich mit einem übertragbaren Erreger zu tun.

Als nächstes übertrugen die Forscher am NIH Blut infizierter Schimpansen auf gesunde Schimpansen, führten also ein ähnliches Experiment durch, wie es Beijerinck etwa siebzig Jahre zuvor mit dem Tabakmosaikvirus angestellt hatte. Wie Beijerinck, so stellten auch sie fest, daß ihr Erreger anstekkend blieb, auch wenn er in einer Kette von Wirt zu Wirt übertragen wurde. Die gesunden Schimpansen infizierten sich am Blut der vorher infizierten Tiere.

Als nächstes griff die moderne Welt ein, denn Purcell führte einen Versuch durch, der nicht aus dem Arsenal der frühen Virusjäger stammte: Er und Feinstone und dazu noch Dan Bradley, der unabhängig von beiden an den Centers for Disease Control arbeitet, stellten fest, daß der Erreger auf Chloroform reagierte und in Lösungsmitteln aufgelöst werden konnte; folglich war er wohl mit einer Lipidmembran oder -hülle umgeben, einem verbreiteten Merkmal von Viren.

Der nächste Versuch führte wieder in die Frühzeit der Virusforschung zurück. Bradley und Purcell ließen Blut mit dem Erreger durch eine Reihe von hintereinandergeschalteten Filtern laufen und fanden dabei, daß er ein Filter mit Löchern von 80 Nanometer Durchmesser, gelegentlich auch eines mit 50 Nanometer Durchmesser, durchlief. Folglich mußte der Erreger einen Durchmesser von 50 bis 60 Nanometer aufweisen. Für ein Hüllenvirus (wenn es sich darum handelte) war das wenig, aber nicht unwahrscheinlich. Es gibt eine Virusklasse, die sogenannten Togaviren, auf die diese Beschreibung genau zutrifft. Es sind Viren mit einer Hülle und einem Durchmesser von etwa 50 bis 60 Nanometer. Zu ihnen gehören die Viren, die Röteln, Gelbfieber und Dengue-Fieber auslösen.

Hauptsächlich mit Hilfe altehrwürdiger virologischer Verfahren hatten Purcell, Alter, Bradley und Mitarbeiter eine ziemlich genaue Vorstellung von ihrem Untersuchungsgegenstand bekommen. Houghton und sein Team bei Chiron mußten nur noch den Beweis führen. Dazu wendeten sie etwas neuzeitlichere Methoden an, nämlich die der modernen Molekularbiologie. Es gelang ihnen, das genetische Material aus dem Nicht-A-nicht-B-Erreger zu gewinnen, zu klonieren und dann festzustellen, daß es sich bei dem Erreger tatsächlich um ein den Togaviren ähnliches Virus mit einem einzigen RNS-Strang und eine Lipidhülle handelte. Genauer gesagt, ist es ein Virus, das dem gelbfieberverursachenden Virus sehr ähnelt, technisch ausgedrückt, ein flavivirusähnliches Virus.

Anschließende Versuche zeigten, daß die meisten Menschen mit Nicht-A-nicht-B-Hepatitis Antikörper gegen dieses Virus aufwiesen; das Virus war also tatsächlich die Ursache von Nicht-A-nicht-B-Hepatitis. Mittlerweile wird, wie schon oben gesagt, der Begriff *Nicht-A-nicht-B* durch eine neue Bezeichnung, *Hepatitis C,* ersetzt, und das neu entdeckte Virus heißt *Hepatitis-C-Virus* oder *HCV.* Damit gehören jetzt zur Familie der Hepatitisviren HCV, HBV und HAV. Wie Adoptivgeschwister haben sie in Struktur, Größe oder Typ jedoch kaum etwas gemein. Verwandt miteinander sind sie nur in der Eigenschaft, die für die meisten Menschen am allerwichtigsten ist: Sie verursachen ähnliche Krankheiten.

Chiron hat auch einen Bluttest auf Hepatitis C entwickelt. Die Tage des Virus, die es noch Krankheiten durch Transfusionen auslösen kann, dürften damit gezählt sein. Eine routinemäßige Blutuntersuchung auf HCV wird sicherlich bald zum Rüstzeug aller nationalen Blutbanken gehören. Auch ein Impfstoff steht vielleicht in Aussicht, denn von den Flaviviren haben wir bisher einen unserer besten Impfstoffe bekommen, den gegen das Gelbfieber.

Delta

1977 fiel dem italienischen Gastroenterologen Mario Rizzetto bei der Untersuchung von Leberzellen von Hepatitis-B-Patienten etwas Ungewöhnliches auf. In den Zellkernen fand er etwas, das wie ein neues Protein aussah. Dabei handelte es sich wohl kaum um einen Teil des Hepatitis-B-Virus, denn es

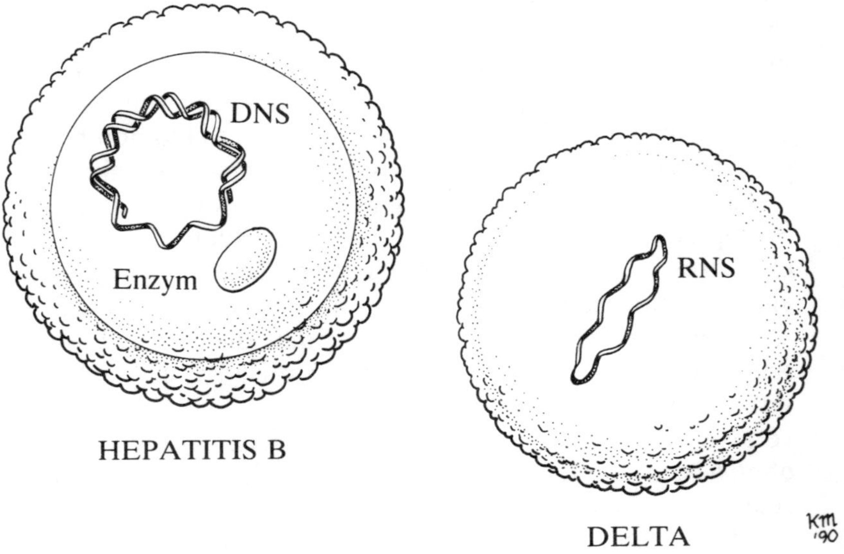

Das Hepatitis-B-Virus und sein parasitärer Vetter, das Deltavirus.

Das Hepatitis-Delta-Virus wird mit einer besonders schweren Form der Hepatitis in Verbindung gebracht. Es ist viel einfacher aufgebaut als das Hepatitis-B-Virus und verfügt nur über einen einzigen, abgeplatteten RNS-Ring, während das Hepatitis-B-Virus einen unvollständigen Doppelring aus DNS und Enzymen aufweist. Äußerlich scheinen die beiden jedoch praktisch identisch zu sein, da das Deltavirus in das Hepatitis-B-Virus hineinschlüpft und dessen Hülle stiehlt, während sich die Viren im Innern von Zellen herausbilden.

regte die Bildung von anderen Antikörpern an als denen, die das Virus angriffen.

In jüngster Zeit haben Rizzetto und andere diesen seltsamen Befund bestätigt. Im Blut einiger mit Hepatitis-B infizierter Patienten fand sich nicht nur das Hepatitis-B-Virus, sondern auch etwas bis dahin noch nie Gesehenes, ein länglicher RNS-Kreis in einer Hülle des Proteins, das Rizzetto in den Leberzellen nachgewiesen hatte. Das alles steckte in einer weiteren Umhüllung, die zum eigentlichen Hepatitis-B-Virus gehörte. Irgendwie hatte sich der RNS-Strang die Schutzhülle des Hepatitis-B-Virus für eigene Zwecke zunutze gemacht. Rizzetto nannte den neuen Erreger *Delta*.

In weiteren Untersuchungen zeichnete sich allmählich das Bild eines eklatanten Mikrobendiebstahls ab. Das Deltavirus infiziert nur Zellen, die das Hepatitis-B-Virus schon besetzt hat. In der Verkleidung als äußere Virushülle gewinnt das Deltavirus offenbar unter Verwendung desselben Oberflächenrezeptors, wie ihn auch das B-Virus benutzt, Eingang in die Zelle; damit dringt nicht das Hepatitis-B-Virus, sondern das Deltavirus in die Zelle ein und lagert seine Gene darin ab. Sobald es sich dort eingenistet hat, zwingt das Deltavirus die jetzt doppelt infizierte Zelle dazu, vorwiegend Deltaerreger zu erzeugen, die sich dann quasi ans Virusmontageband drängeln und die für die Hepatitis-B-Viren gedachten Hüllen in Besitz nehmen. Unter diesem Schutz treten sie aus der Zelle aus und infizieren weiter. »Dieses Delta ist schon ein komischer Vogel«, erklärt Michael Houghton von der Firma Chiron, einer der Wissenschaftler, die Deltagene 1986 zum ersten Mal sequenziert haben. »Es ist der Kuckuck im Virusreich und nimmt dem B-Virus die Hülle weg, so wie der Kuckuck anderen Vögeln die Nester klaut.«

Prozeß und Erreger waren bis dahin unbekannt gewesen. Es ist »buchstäblich eine neu erscheinende Virusstruktur«, erklärt Houghton und äußert den Verdacht, daß es noch andere, ähnliche, bisher ebenfalls unentdeckte Erreger gibt, die an Krankheiten des Menschen beteiligt sind. Das Deltavirus verstärkt jedenfalls die Infektion, und der Patient bekommt eine schwere Hepatitis. Die Deltahepatitis ist in Italien und in anderen Mittelmeerländern sowie in verschiedenen Regionen Südamerikas, darunter auch in Nordkolumbien, schon endemisch. Allmählich bahnt sie sich ihren Weg in die Vereinigten Staaten, wo sie hauptsächlich bei Fixern und homosexuellen Männern auftritt, die ohnehin das größte Risiko aufweisen, eine Hepatitis-B-Infektion zu bekommen. Im Rückblick hat man mittlerweile festgestellt, daß viele Fälle von fulminanter Hepatitis, einer besonders schweren Form der Erkrankung, die auch bildkräftig als akute gelbe Atrophie bezeichnet wird, in Wirklichkeit wohl auf überlagerte Deltainfektionen zurückzuführen waren. Bis zu fünfzig Prozent aller Fälle von fulminanter Hepatitis, für die man früher nur das Hepatitis-B-Virus verantwortlich machte, hängen in Wirklichkeit mit dem Deltavirus zusammen.

Da das Deltavirus nur in Gegenwart des Hepatitis-B-Virus infiziert, kann man seiner Herr werden, wenn man das B-Virus eliminiert. Deshalb leisten die Impfstoffe gegen Hepatitis B unter Umständen mit der Vorbeugung gegen Deltahepatitis noch viel mehr als ursprünglich erwartet. Auch aus diesem Grund muß man unbedingt dafür sorgen, daß diese Impfstoffe möglichst bald überall auf der Welt zur Verfügung stehen.

Dennoch ist das Geheimnis um das Deltavirus noch längst nicht aufgeklärt. So ist zum Beispiel die Frage nach wie vor offen, woher dieses mangelhafte, parasitäre Virus ursprünglich stammt. Obwohl es niemand genau weiß, läßt sich eine Antwort vielleicht daraus ableiten, daß es in der Pflanzenwelt noch primitivere Agenzien gibt, die sogenannten Viroide. Sie sind, wie das Deltavirus, kleine Kreise aus nackter RNS, die aber, im Gegensatz zum Deltavirus, nicht einmal eine eigene innere Proteinhülle bilden können. Dennoch können sie verheerende Wirkungen entfalten. Das Viroid, das eine als Cadang-Cadang bezeichnete Krankheit verursacht, hat Millionen Kokosnußbäume auf den Philippinen zerstört und damit große wirtschaftliche Verluste verursacht. Andere Viroide infizieren Kartoffeln, Hopfenpflanzen, Gurken und Avocados.

Houghton postuliert, daß irgendwann einmal ein Viroid irgendwie mit einem Stück RNS in einer lebenden Zelle verschmolzen ist und von da an sein eigenes Protein gebildet hat. Danach hat es sich zu einem Parasiten entwickelt, der sich zufällig in die Hülle des Hepatitis-B-Virus gesteckt hat. »Ich glaube, in der Natur ist alles möglich«, erklärt er. »Wenn ein Molekül existiert, hat es vermutlich irgendwann in seiner Geschichte mit einem anderen Molekül reagiert, und daraus entsteht etwas Neues. So etwas kommt zwangsläufig zustande, und dann findet eine Selektion dafür oder dagegen statt.«

In diesem Fall hat die unwahrscheinliche Kombination überlebt.

Das allergrößte Geheimnis liegt aber darin, wie sich das Deltavirus vermehrt. Viren können ja nur dadurch weitere Viren herstellen, daß sie den Vermehrungsapparat der Zellen übernehmen. Dazu muß das Virus erst einmal sein genetisches Material in der Zelle zum Funktionieren bringen; zu diesem Übergang braucht es im allgemeinen seine eigenen Spezialenzyme. Das Deltavirus hat aber gar keine Enzyme. Sein Kern enthält nichts als den abgeplatteten RNS-Ring. Eigentlich sollte sich das Deltavirus überhaupt nicht vermehren können. Aber es vermehrt sich. Wie, das weiß man noch nicht genau. Man nimmt an, daß Viroide die Enzyme infizierter Zellen zur Vermehrung nutzen. Vielleicht gilt das auch für das Deltavirus.

Daraus lassen sich hochinteressante Schlußfolgerungen ableiten, denn das Deltavirus ist ganz eindeutig ein Bindeglied zu den Anfängen des Lebens. Da es sich vielleicht aus Viroiden entwickelt hat, stammen die Viroide unter Umständen aus nicht mehr benötigten Teilen primitiver Gene, also aus RNS-Stücken, die sich bei der Vermehrung aus dem Strang herauslösen können. In diesem Fall wären das Deltavirus, die Viroide und alle sich von selbst spleißenden RNS-Stücke direkte Abkömmlinge einer Ur-RNS.

»Immer mehr Menschen neigen heute zu der Ansicht, daß RNS und nicht DNS das erste genetische Material gewesen ist«, erklärt Purcell. »Am Anfang, vor etwa drei Milliarden Jahren, hat sich vielleicht nur RNS von selbst vermehrt.«

Die Entdeckung des Deltavirus führt uns vor Augen, daß wir über die Welt der Viren noch längst nicht alles wissen. Die Wissenschaft hat erst vor kurzem noch ein weiteres Hepatitisvirus entdeckt; es heißt *Hepatitis E* oder *epidemisches Nicht-A-nicht-B-Virus* und verursacht hepatitis-A-ähnliche Symptome in Epidemien, zum Beispiel bei zwanzigtausend Fällen auf einmal, aber auch in Einzelfällen in Asien, Afrika und Mexiko. Die Wissenschaft vermutet, daß es vielleicht noch einen weiteren Erreger gibt, dem die wenigen Fälle von Nicht-A-nicht-B-

Hepatitis zuzuschreiben sind, für die man das Hepatitis-C-Virus nicht verantwortlich machen kann.

Die ganze Familie der Hepatitisviren zeigt immer wieder, wie erstaunlich sich Viren verhalten können. Das Hepatitis-B-Virus durchläuft zum Beispiel einen komplizierten, widersprüchlichen Prozeß, die reverse Transkription, die nur noch bei einer berüchtigten Klasse von Viren auftritt, den Retroviren, von denen das HIV, also das AIDS-Virus, am bekanntesten ist. Nun spekulieren Wissenschaftler, das Hepatitis-B-Virus und die Retroviren könnten vielleicht vom selben Urahn abstammen. Selbst auf niedrigerer Ebene ist die Verwandtschaft zwischen den beiden Virusfamilien überraschend eng. Wie wir gesehen haben, wird Hepatitis mit dem Blut und beim Geschlechtsverkehr übertragen, sind Homosexuelle und Fixer unverhältnismäßig stark betroffen. Das hört sich an wie ein Vorspiel in Moll zu dem lauten Getöse um AIDS. Im nächsten Kapitel wollen wir uns ausführlicher mit AIDS, HIV und der revolutionären HIV-Familie, den Retroviren, befassen.

Vierzehntes Kapitel

Das Virus, das sich »zurückarbeitet«

»Vor gar nicht so langer Zeit, im finsteren Mittelalter der Medizin, konnte man sich über diese Krankheit alles mögliche ausdenken, weil man fast nichts über sie wußte.«

Das schrieb Peyton Rous 1936. Fünfundzwanzig Jahre zuvor hatte er entdeckt, daß Viren bösartige Tumore auslösen können; 1936 war er erst kurz zuvor wieder auf diese Fragestellung zurückgekommen. Seine ersten Ergebnisse waren auf so viel Widerstand oder einfach auf Gleichgültigkeit gestoßen, daß er sich mit der Erforschung der Viren und ihrer Rolle beim Krebs erst einmal nicht weiter beschäftigt hatte. 1933 entdeckte jedoch ein Forscher im Rockefeller Institute ein Virus, das bei wildlebenden amerikanischen Waldkaninchen warzenähnliche Tumore hervorruft. Proben der Tumore und das auslösende Virus ließ er Rous zukommen. Daraufhin setzte sich Rous erneut, und diesmal noch eingehender, mit der Fragestellung auseinander. Bis jetzt war er seiner Zeit voraus gewesen; nun endlich holte die Welt auf.

Dennoch dauerte es fast noch einmal anderthalb Jahrzehnte, bis Rous' Feststellung, daß Viren Krebs auslösen können, bestätigt wurde. 1951 entdeckte Ludwik Gross, ein polnischer Flüchtling, der am Veterans' Administration Hospital in New York arbeitete, daß ein dem ursprünglichen Hühnersarkomvirus von Rous ähnliches Virus bei Mäusen Krebs verursachte. Damit war das erste Indiz dafür gefunden, daß Viren, ähnlich denen, die Rous entdeckte hatte, bei Säugetieren Krebs hervorrufen können. Allerdings handelte es sich dabei um Laborstämme von Mäusen, und der Krebs war auch das Ergebnis eines Laborversuchs. Viele Menschen bezweifelten immer noch, daß in der wirklichen Welt außerhalb des Laboratoriums infektiöse Agenzien, wie Viren, überhaupt etwas mit Krebs zu tun hatten. Dieselben Menschen glaubten auch nicht, daß diese Viren in der Außenwelt eine bedeutende Rolle spielten, von Krebs einmal ganz abgesehen. Vielleicht waren es nur Laborkuriositäten.

Anfang der 60er Jahre änderte sich das alles. William Jarrett von der University of Glasgow in Schottland entdeckte das Katzenleukämievirus, die Ursache der Leukämie, also des Blutkrebses, bei Katzen. Auch das war ein dem Rous-Virus ähnliches Virus. Und wer immer noch bezweifelte, daß Krebs durch ein infektiöses Agens ausgelöst werden konnte, wurde durch weitere Berichte von Forschungsgruppen unter der Leitung von Jarrett und Max Essex von der Harvard University eines besseren belehrt: Die Krankheit ließ sich ohne weiteres in einer normalen Umgebung im Haushalt von Katze auf Katze übertragen. Die Katzenleukämie war also eine *Infektionskrankheit.*

Sehr bald zeigte sich, daß alle möglichen Tiere, zum Beispiel Affen, Hamster, Ratten, Frösche, Vögel, an Krebsformen litten, die von Viren verursacht wurden. 1966 bekam Rous als verspätete Anerkennung seiner Pionierarbeiten den Nobelpreis. Er war damals schon 86 Jahre alt.

Dennoch hätten sich Rous und andere auf diesem Gebiet tätige Wissenschaftler genausogut noch im finsteren Mittelalter befinden können, wenn man ihr geringes Wissen über die Funktionsweise dieser Viren als Maßstab nimmt. Die Struktur war ihnen recht gut bekannt: Das genetische Material dieser sogenannten Rous-Viren bestand aus RNS, nicht DNS; die schützende Proteinhülle um die RNS war ihrerseits von einer weiteren Lipid-, das heißt Fetthülle, umgeben, die von virusinfizierten Zellen »entliehen« war. Die Partikel waren für Viren nur von mittlerer Größe, irgendwo zwischen den kleinen RNS-Viren, wie zum Beispiel Polioviren und Rhinoviren, und den etwas robusteren DNS-Viren, wie dem Epstein-Barr-Virus; doch wie sie Krebs auslösten, wußte niemand.

Krebs ist eine Erkrankung normaler Körperzellen, die aus irgendeinem Grund in Krebszellen »umgewandelt« werden;

sie vermehren sich plötzlich unkontrolliert. Dabei weisen sie eine Grundeigenschaft normaler Zellen nicht mehr auf: die Tendenz, aneinander zu haften und nicht weiterzuwachsen, sobald sie aneinanderstoßen. Gerade diese Eigenschaft führt aber zu einer stabilen Zellmatrix, in der jede Zelle selbst für die gesunde Beziehung zu den anderen Zellen sorgt. Den Krebszellen scheint es dagegen gleichgültig zu sein, ob sie aneinanderstoßen oder nicht. Sie wachsen immer weiter, vermehren sich nebeneinander, übereinander und durcheinander und bilden schließlich eine chaotische Masse, den Tumor. Bei Leukämie vermehren sich die Blutzellen unkontrolliert und lassen in Extremfällen das Blut buchstäblich stocken, machen es dick und zähflüssig. Krebszellen setzen diese unkontrollierte Vermehrung meist solange fort, bis sie durch irgend etwas gebremst werden oder im schlimmsten Fall der Wirtskörper stirbt.

Rous und die nach ihm tätigen Forscher stellten sich deshalb immer wieder die Frage, wie Viren diese Umwandlung bewirkten. Zwei Möglichkeiten schienen sich anzubieten: Entweder dringen die Viren in die Zellen ein, infiltrieren schließlich die Zellkerne und wirken dabei wie Gene, die die Zellen in Krebszellen umwandeln oder, und das ist die überraschendere Möglichkeit, *die Viren brauchen überhaupt nicht in die Zellen einzudringen,* weil sie schon dort sind. Trotz vieler Beweise von Essex und Jarrett und deren Mitarbeitern waren nicht alle Forscher davon überzeugt, daß *infektiöse* Rous-Viren Krebs erzeugen. Nach ihrer Ansicht handelte es sich bei diesen Rous-Viren allenfalls um Artefakte aus dem Labor. Wichtig war ein Virustyp, dessen genetisches Material in den Genen verschiedener Tiere auftrat, ohne daß irgendwelche Anzeichen für Infektionen erkennbar waren. Mit anderen Worten: Diese Virusgene waren »endogen«, stammten von innen, im Gegensatz zu den »exogenen«, den von außen kommenden, Viren; sie steckten also Generation um Generation in den Tierchromosomen, waren Überbleibsel irgendeiner alten Infektion und wurden durch die normalen Vererbungsprozesse von einer Tiergeneration an die nächste weitergegeben. Die Ansicht vertraten Robert Huebner und George Todaro vom National Cancer Institute. Nach ihrer Hypothese entstand Krebs, wenn diese von ihnen als *Onkogene* bezeichneten Gene durch irgendwelche Karzinogene aus der Umwelt angeknipst wurden. Anfang der 60er Jahre schien es, als veränderten die Rous-Viren, wenn sie bei der Krebsentstehung, ob endogen oder exogen, überhaupt eine Rolle spielten, die genetische Ausstattung der Zellen.

Wie sollte das geschehen? Man wußte, daß Viren Zellen töten, aber nicht so verändern, daß die Zellen weiterleben (und wie sie weiterleben). Außerdem bestand das genetische Material der Zellen aus DNS, während die Tumorviren nur RNS enthielten. Wenn die Viren ihre Gene irgendwie in die Gene der Zellen einschleusten, heute oder irgendwann früher, mußte dazu der Virus-RNS-Abschnitt der DNS der Zelle aufgepfropft werden; daß so etwas nicht ging, war allgemeiner Stand der Wissenschaft. Die beiden Arten von Nukleinsäuren konnten einfach nicht so miteinander vermischt werden. Es war ein Szenario, in dem man Äpfel und Birnen hätte miteinander mischen müssen.

Nein, diese RNS-Tumorviren konnten sich in den Zellgenen nur einnisten, wenn der Virus-RNS-Strang irgendwie DNS erzeugen konnte, die sich dann vielleicht in den DNS-Satz der Zelle einschleusen konnte. Doch auch das schien nicht gut möglich zu sein. In der Zelle erzeugt die DNS zur Vermehrung RNS. Der umgekehrte Weg widersprach eigentlich dem »zentralen Dogma der Molekularbiologie«, wie kein geringerer als Francis Crick erläutert hatte. Dieser Lehrsatz besagte, daß alles mit der Blaupause des Lebens, der DNS, anfängt; die stellt dann RNS her, eine Botensubstanz, die die Produktion von Proteinen, den Bausteinen des Lebens, regelt. Von der DNS über die RNS zu Proteinen – das war die Richtung des Lebens. Sie verlief »von oben nach unten«.

Und selbst so offenkundige Ausnahmen von dieser Regel wie andere RNS-Viren liefen eigentlich diesem Lehrsatz nicht wirklich zuwider, denn die RNS in Polioviren beispielsweise ist selbst Boten-RNS. Das Virus befiehlt der Zelle die Herstellung von Proteinen, in diesem Fall von Enzymen, die dann zur Herstellung von noch mehr RNS beitragen, die wiederum die Bildung von weiterem Protein bewirkt, bis schließlich neue Viren fertig sind. Das Poliovirus verkürzt also vielleicht den Lehrsatz, verletzt ihn aber nicht.

Doch das Poliovirus kann keinen Krebs auslösen. Es bewirkt keine Zellumwandlung. Dabei geht es auch gar nicht darum, ob es seine Gene in die Zellgene einschleust, denn es schleust sie nicht ein. Und doch gab es hier diese merkwürdigen RNS-Tumorviren, die offenbar genau das taten. Wenn nicht, war die Geschichte noch undurchsichtiger. Auf irgendeinem unvorstellbaren Weg schafften es diese Viren doch tatsächlich, die Zellen zur Krebsform entarten zu lassen.

Damit steckten die Forscher bei ihren Untersuchungen der RNS-Tumorviren in der Klemme: Einerseits gab es die Realität dessen, was vor ihren Augen passierte; andererseits konnten sie nicht erklären, wie so etwas angesichts ihrer Kenntnisse über Schöpfung und Vermehrung überhaupt zustande kommen konnte. Rous selbst gestand diese Schwierigkeiten ein, als er schrieb, »die Natur tut ihre Geheimnisse oft mit zarter, leiser Stimme inmitten eines Dickichts von Vorgängen kund. Wer hört und versteht, darf sich nichts auf sein Wissen einbilden und keine vorgefaßte Meinung haben; er muß nur genau hinhören und sich fragen, was er wohl vernommen hat«.

Alle, die bei der Erforschung der RNS-Tumorviren genau hinhörten, sollten bald etwas vernehmen, das ihre vorgefaßten Meinungen ins Wanken brachte. Wie sie feststellen sollten, wirkten diese Viren in einer bis dahin unbekannten Art und Weise, die dem zentralen Dogma durchaus zuwiderlief. Außerdem verursachten die Viren nicht nur Krebs, sondern steckten auch hinter einer weiteren, ganz unerwarteten Plage im letzten Viertel unseres 20. Jahrhunderts: AIDS.

1960 nahm Howard Temin, ein 25jähriger Student, der gerade seine Hochschulausbildung am Caltech abgeschlossen hatte, seine Tätigkeit als Biologieassistent an der University of Wisconsin auf. Seine Doktorarbeit hatte er über das Rous-Sarkomvirus geschrieben, und als er sich in seinem nicht sonderlich eindrucksvollen Laboratorium in Madison eingerichtet hatte – »mein erstes Labor lag im Keller, in meinem Gewebekulturlabor befand sich der Sumpf, und die Dampfleitungen für das ganze Gebäude durchzogen mein Biochemielabor« –, fing er zwei Experimente an, aus deren Ergebnissen er eine ganze neue, unorthodoxe Antwort auf die Frage formulierte, wie das Virus Krebs verursacht.

Im ersten Experiment wurde das Antibiotikum Actinomycin D verwendet, das jüngsten Erkenntnissen zufolge die DNS an der Herstellung von RNS hindert, indem es sich zwischen die aufgewickelten DNS-Stränge zwängt und dadurch die benötigten Enzyme fernhält. Temin wollte das Mittel an Zellen ausprobieren, die mit dem Rous-Sarkomvirus infiziert worden waren, und sehen, was passierte. Da die Gene des Virus aus RNS und nicht aus DNS bestanden, rechnete er damit, daß sich das Antibiotikum kaum auf das Virus auswirkte; das Virus mußte sich einfach in der Zelle weiter vermehren, und das Antibiotikum mußte den normalen Zellvermehrungszyklus von DNS über RNS zum Protein stören und lahmlegen. Ihm stand eine Überraschung bevor. Es erwies sich, daß das Antibiotikum auch das Virus lahmlegte.

»Wenn ich Actinomycin D Zellkulturen zusetzte, die das Rous-Sarkomvirus erzeugten«, schrieb Temin, »stellte ich fest, daß das Antibiotikum die Bildung *jeglicher* RNS hemmte. Man hätte erwarten sollen, daß die Replikation ... eines RNS-Virusgenoms ungehindert weitergeht. Das Ergebnis war der erste unmittelbare Beweis dafür, daß die Vermehrung des Rous-Sarkomvirus anderen Gesetzen der Molekularbiologie folgte als die aller übrigen RNS-Viren.«

Wie konnte so etwas sein? Wie konnte ein Antibiotikum, das die Transkription von DNS und RNS zum Stillstand brachte, die Replikation eines RNS-Virus verhindern, das überhaupt keine DNS enthielt? Die Antwort, die sich Temin ausdachte, kommt uns heute völlig logisch vor, war damals jedoch revolutionär: Im Gegensatz zum zentralen Dogma ging er davon aus, daß das Rous-Sarkomvirus an irgendeiner Stelle seines Vermehrungszyklus DNS bilden mußte. Es war zwar ein RNS-Virus, aber es mußte auch eine DNS-Phase durchlaufen.

In seinem zweiten Experiment wurde diese Hypothese untermauert. Temin ließ das Virus auf Zellen in Laborschalen einwirken und setzte dann sofort Mittel zu, die die DNS-Bildung unterbanden. Folge: Die Zellen infizierten sich nicht. Keine DNS, keine Virusreplikation. Die Bedeutung lag auf der Hand: Irgendwie brauchte dies RNS-Virus in einem bestimmten Umfang zu seiner Vermehrung DNS.

Temin bezeichnete seine unkonventionelle Annahme als »DNS-Provirus-Hypothese«. Sie lief wiederum darauf hinaus, daß die RNS des Rous-Sarkomvirus an einer Stelle in ihrem Vermehrungszyklus DNS herstellte. Diese DNS produzierte dann ihrerseits weiterhin RNS, die darauf in ihrer üblichen Aufgabe fortfuhr und Proteine für neue Viren erzeugte. Das Rous-Sarkomvirus und mithin alle RNS-Tumorviren arbeiteten also rückwärts; so etwas hatte man von anderen Viren, überhaupt von einem anderen Lebewesen, noch nie gehört.

Es war eine gewagte Vorstellung, und sie erklärte nicht nur die Versuchsergebnisse, sondern auch die Art und Weise, wie diese Viren wohl Zellen umwandelten. Jetzt konnte man sich mit Recht vorstellen, daß das Virus seine Gene, seine *DNS*-Gene, in die DNS der Zelle einschleuste und diese damit in eine Krebszelle umwandelte. Die Provirustheorie löste alle offenen Fragen über RNS-Tumorviren ein für allemal.

Der Gedanke war zwar ingeniös und offenbar auch schlüssig, doch mehr als eine Theorie war er nicht. Als Temin ihn im Frühjahr 1964 auf einer Virologentagung an der Duke University vortrug, wurde ihm das in aller Kraßheit klargemacht. »Auf dieser Tagung und die nächsten sechs Jahre blieb die Hypothese nahezu völlig unbeachtet«, schrieb er.

Temin gab nicht auf. Im Lauf der Jahre verfaßte er Berge von Artikeln und Vorträgen über die Vorzüge seiner Provirustheorie, aber alles war umsonst. Die Ansicht war einfach zu unorthodox, als daß eine konservative Wissenschaft sie ohne weiteres hätte zur Kenntnis nehmen können. Mangels direkter Beweise konnte sie auch kaum etwas bewegen. »Teminismus« hieß seine Theorie mittlerweile, und das war nicht als Auszeichnung gedacht. Wenn er ernst genommen werden wollte, mußte Temin seine Hypothesen beweisen.

Um dieselbe Zeit versuchte in einem Laboratorium einen halben Kontinent weiter entfernt ein weiterer Jungtürke der Mikrobiologie, David Baltimore vom Massachusetts Institute of Technology, mit dem Poliovirus zu Rande zu kommen. Obwohl das Poliovirus in den Jahren vor und nach der großen Polioimpfkampagne ausführlich untersucht worden war, wußte man immer noch nicht genau, wie es sich vermehrte. Baltimore hatte zuvor als Mitarbeiter am Salk Institute for Biological Studies in La Jolla, Kalifornien, entdeckt, daß das Poliovirus bei der Infektion einer Zelle seine Gene nicht, wie andere Viren, Stück für Stück in Proteine übersetzte, sondern sein ganzes Genom, sämtliche 7500 Nukleotide, in ein einziges, langes, kontinuierliches Protein umwandelte; das nannte er Polyprotein. Dann zerteilte das Virus das lange Protein je nach Bedarf in nutzbare Stücke. Allmählich kam Baltimore dem Virus auf die Schliche. Dabei interessierte er sich immer stärker für die Vermehrungsstrategien von RNS-Viren im allgemeinen.

Durch ein unerwartetes Ereignis wurde er schließlich in eine Richtung gedrängt, die ihn vorübergehend vom Thema Polio weg und zur selben Fragestellung führte, die Temin zu lösen versuchte: Wie infizieren RNS-Tumorviren Zellen? Schuld daran war die in China geborene promovierte Studentin Alice Huang, die am Salk Institute auftauchte. Sie interessierte sich für ein weiteres RNS-Virus, das vesikuläre Stomatitisvirus, VSV genannt, das bei Tieren Maul- und Klauenseuche verursacht. Als Baltimore 1968 als Associate Professor ans MIT ging, kam sie mit. Jetzt hatte sie nicht nur eine neue Forschungsstelle am MIT, sondern auch einen neuen Namen, denn sie hatte David Baltimore geheiratet. Mit Hilfe der Diplomandin Martha Stampfer ging sie daran, Baltimores Poliovirusverfahren zur Untersuchung des VSV einzusetzen; bald interessierte sich auch ihr Mann für diese Aufgabe.

Baltimore überlegte sich, wie das VSV überhaupt eine infizierende Wirkung entfalten konnte. Das Virus war mit einem sogenannten negativen RNS-Strang ausgestattet, einer impotenten Form, die nur als Matrize zur Herstellung des aktiven positiven Strangs diente, der infizieren konnte. Zu diesem

Verfahren war ein Enzym nötig, die sogenannte Polymerase, ein Protein, das bei solchen biologischen Abläufen als Katalysator wirkt. Niemand hatte bis jetzt in Zellen eine Polymerase gefunden, die RNS in RNS katalysierte. Daraus schloß Baltimore, daß sie im Virus stecken mußte.

Als Baltimore 1969 daran ging, die Funktion des VSV zu untersuchen, war er 31. »Während ein Virus mit einem positiven Strang, wie Polio, als Boten-RNS in die Zelle gelangen und zunächst einmal Protein und weitere RNS herstellen kann«, erläutert er, »gelingt das einem Virus mit einem negativen Strang nicht, weil es als Genom nur eine unnütze RNS aufweist. Also brauchte es eine Polymerase. Doch wo war die? Entweder mußte das Virus die Polymerase selbst mitbringen, oder sie mußte in der Zelle stecken; solche Enzyme in Zellen waren uns aber nicht bekannt. Deshalb habe ich das Enzym im Virus gesucht und auch gefunden.«

Binnen weniger Stunden stellten er, Huang und Stampfer fest, daß das VSV tatsächlich sein eigenes Vermehrungsenzym, seine eigene RNS-Polymerase, enthält. Sie entdeckten außerdem, daß es eine ganze Reihe solcher RNS-Viren mit negativem Strang gibt, die ebenfalls Enzyme zur Hilfe bei der Herstellung von positiven Strängen enthalten. Dann kam Baltimore noch ein Gedanke: »Welche anderen Viren haben vielleicht auch Enzyme im Viruspartikel? Mir fiel ein, daß RNS-Tumorviren nach allem, was wir bisher über sie wissen, welche enthalten könnten, denn sie befanden sich ja in derselben Zwangslage. Sie waren RNS-Viren, und sie mußten irgend etwas tun, um Zellen zu infizieren; aber was danach geschah, lag im dunkeln.« Also suchte Baltimore in Rous-Sarkomviren nach einem Enzym, das, wie dasjenige im VSV, die RNS bei der Herstellung von noch mehr RNS unterstützte. Diesmal zog er eine Niete. Dann fiel ihm Howard Temin ein.

Baltimore kannte Temin schon, seit er einen Sommer im Jackson Laboratory in Maine verbrachte hatte. Temin war vier Jahre älter als Baltimore; er ging schon aufs College, als Baltimore noch die höhere Schule besuchte, und er war damals schon der anerkannte »Guru« des Labors. Baltimores Bewunderung für Temin hatte mit der Zeit nicht nachgelassen; er war auch durchaus mit dessen Theorie vertraut, daß RNS-Tumorviren DNS transkribieren. »Ich wußte, daß Temin das schon vor Jahren postuliert hatte und die Beweise dafür ziemlich dürftig waren, aber ich wollte auch diese Theorie prüfen.«

»Der Zufall hilft nur dem, der dafür gerüstet ist«, sagte Pasteur. Baltimore interessierte sich nicht besonders für RNS-Tumorviren. Wahrscheinlich hätte er die RNS-Virusenzyme gar nicht angeschaut, wenn nicht vor ein paar Jahren Alice Huang im Salk Institute aufgetaucht wäre. Jetzt war er quasi durch die Hintertür doch an dieses Thema gekommen und konnte bald zu einer der großen Entdeckungen in der modernen Virologie beitragen. »Manche Menschen brauchen jahrelange Vorbereitung und müssen sich erst ein Gerüst erarbeiten, bis sie endlich an das kommen, was sie sich eigentlich vorgenommen hatten«, erklärt er. »In meinem Fall floß zwar auch alles in diese Arbeiten ein, was ich bis dahin getan hatte, doch das Ergebnis fiel mir eigentlich in den Schoß. Das Experiment selbst war trivial. Es dauerte nur ein paar Tage. Wenn etwas stimmt, dann stimmt es eben.«

Baltimore gestaltete seinen Versuch nach Arbeiten, die der Nobelpreisträger Arthur Kornberg Ende der 50er Jahre durchgeführt hatte, um nach DNS-Polymerasen zu suchen. In einem Verfahren ähnlich dem, mit dem er das VSV-Enzym gefunden hatte, entfernte Baltimore zunächst chemisch die schützende Lipidhülle von Mäuseleukämieviren und setzte dann der jetzt freiliegenden Nukleinsäure die radioaktiv gemachte Chemikalie TTP (Thymidintriphosphat) zu. TTP ist ein Vorläufer der DNS, einer der chemischen Bestandteile, die zur endgültigen Nukleinsäureform beitragen. Wenn das Virus zufällig ein Enzym enthielt, das aus RNS DNS herstellte, mußte es dazu TTP verwenden. Da dieses TTP jetzt radioaktiv war, konnte Baltimore es in allen späteren DNS-Spuren leicht nachweisen und damit eindeutig beweisen, daß es neue DNS war, die das Virus selbst erzeugt hatte. Er konnte zusehen, wie der Vorgang ablief.

Genauso kam es auch. Nachdem Baltimore die Viren und TTP zusammen eine Dreiviertelstunde bei Körpertemperatur im Brutschrank gelassen hatte, fand er neu gebildete DNS, die radioaktives TTP enthielt. Das Virus wies tatsächlich ein Enzym auf, das RNS in DNS umschreiben konnte. Dann wiederholte er den Versuch mit dem Rous-Sarkomvirus, und die Ergebnisse waren ähnlich. Jetzt hatte er Beweise dafür, daß diese RNS-Tumorviren Cricks wichtigstem Lehrsatz zuwiderhandelten. Alles sprach für die Richtigkeit von Howard Temins Provirustheorie, die erklärte, wie diese Viren die Umwandlung in Krebszellen bewirken. Unbeabsichtigt hatte Baltimore den vielgeschmähten Ansatz eines alten Bekannten bestätigt.

Also griff er zum Telefon und rief Temin an. »Ich sagte ihm, erinnert sich Baltimore, ›weißt du übrigens, daß es im Mäuseleukämievirus eine RNS/DNS-Polymerase gibt?‹

Er sagte: ›Ja, das ist mir durchaus bekannt.‹

Darauf ich: ›Woher weißt du das?‹

›Weil ich's gefunden habe‹, sagte er.

›*Du* hast es gefunden?‹ sagte ich. *Ich* habe es entdeckt!‹« Baltimore lacht. »Das war der erste Hinweis darauf, daß er in derselben Richtung gearbeitet hatte. Er und Mizutani hatten Beweise für denselben Vorgang.«

Nach jahrelangen Versuchen war Temin schließlich selbst auf Beweise für seine Provirustheorie gestoßen. In einem Versuch mit dem Rous-Sarkomvirus, ähnlich Baltimores Experiment, waren er und sein Kollege Satoshi Mizutani zur selben Schlußfolgerung gelangt: Das Virus enthält ein Enzym, das aus dem genetischen RNS-Core des Virus DNS herstellen kann. Ohne zu wissen, daß ein Kollege am selben Thema arbeitete, hatte jeder der beiden Forscher unabhängig vom anderen ein vergleichbares Experiment durchgeführt und die Frage beantwortet. Einerseits war das die ausgleichende Gerechtigkeit, andererseits aber auch ein schlagendes Beispiel für die Launenhaftigkeit wissenschaftlicher Entdeckungen. Temin hatte sich jahrelang mit dieser Frage herumgeschlagen und schließlich die Entdeckung gemacht, die seine so lange belächelte Hypothese bestätigte, während Baltimore ohne irgendeinen persönlichen Ehrgeiz in dieser Sache fast zufällig um dieselbe Zeit ans selbe Ziel kam.

Temin und Baltimore schrieben ihre Ergebnisse nieder und schickten sie beide innerhalb von vierzehn Tagen an die Zeitschrift *Nature*. Am 27. Juni 1970 erschienen beide Aufsätze zusammen unter dem Sammeltitel »Von Virus-RNS abhängige DNS-Polymerase«. Fast unmittelbar darauf bestätigte der Mikrobiologe Sol Spiegelman von der Columbia University ihre Ergebnisse nicht nur, sondern fand in nicht weniger als sechs anderen RNS-Tumorviren ein ähnliches Enzym. Obwohl *Nature* vorsichtig anmerkte, die Ergebnisse seien »sehr vorläufig« und »ketzerisch«, reagierte sie doch mit ungeheurer Begeisterung. »Zentrales Dogma widerlegt«, lautete die Schlagzeile über dem Leitartikel. »Die Entdeckung dieses bisher einmaligen Enzyms, die bestimmt einschneidende Folgen für die gesamte Molekularbiologie ebenso wie für den Mechanismus der Krebsauslösung durch RNS-Viren hat, ist eine außergewöhnliche persönliche Bestätigung für Dr. Howard Temin. Wenn je ein Mensch sagen konnte: ›Ich habe es gleich gewußt‹, dann ist er es.« Die Entdeckungen von Temin und Baltimore, so hieß es weiter in dem Artikel, und die Bestätigung durch Spiegelman »dürften Anschlußarbeiten in der Molekularbiologie auslösen wie kaum etwas zuvor.«

Dieser Satz erwies sich als höchst prophetisch. Gleich danach bezeichnete *Nature* das Enzym als *reverse Transkriptase* und verlieh damit einem bis dahin unbekannten Enzym und dem von ihm bewirkten Prozeß eine rätselhafte Aura. Wenig später wurden diese RNS-Tumorviren unter Hinweis auf ihre Neigung, die gewohnte Ordnung des Lebens umzukehren, als Retroviren bekannt, und diese treffende Bezeichnung hat sich bis heute gehalten. Fünf Jahre später bekamen Temin und Baltimore gemeinsam mit Renato Dulbecco vom Salk Institute, der nachgewiesen hatte, wie DNS-Viren Krebs hervorrufen können, den Nobelpreis für Physiologie oder Medizin. Die Retroviren waren von der Viruskarte nicht mehr wegzudenken.

Retroviren sind heute vielleicht die bekannteste, auf jeden Fall die am genauesten untersuchte Virusfamilie. Als Gruppe umfassen sie eine ungeheure Vielfalt von Viren und rufen die verschiedensten Folgen hervor, von bösartigen Tumoren bis zur Leukämie, von verschiedenen Immunschwächekrankheiten bis zu überhaupt keinen erkennbaren Folgen. Das allerbekannteste Retrovirus, das menschliche Immunschwächevirus HIV, ist natürlich die Ursache der berüchtigtsten Krankheit unserer Tage, AIDS.

Alle Retroviren unterscheiden sich zwar in unzähligen Kleinigkeiten, gehen aber im großen ganzen ähnlich zu Werke. Nachdem es seine Innereien in das Zytoplasma der Zelle eingeschleust hat, die es infizieren möchte, fängt das Retrovirus mit dem erstaunlichen Prozeß an, dem es seinen Namen verdankt. Unter Einsatz des Enzyms reverse Transkriptase, das es mitbringt, und mit Hilfe seines einzigen positiven RNS-Strangs als Matrize erzeugt das Virus einen komplementären negativen DNS-Strang. Dieser Minus-DNS-Strang wird dann seinerseits zur Schablone für einen positiven DNS-Strang, und das Virus enthält bald ein doppelsträngiges DNS-Molekül, eine Doppelhelix von genau derselben Form, wie sie die DNS im Zellkern aufweist. Die Virus-DNS dringt dann auf noch ungeklärten Wegen in den Kern ein, drückt sich wie jemand, der sich in einer Warteschlange vordrängt, in die Zell-DNS ein und bleibt dort.

Das Virus oder vielmehr alles, was davon übriggeblieben ist, also die Gene, bilden jetzt einen Teil der Zellchromosomen und sitzen sozusagen in der ersten Reihe. Wie jede gute DNS kann es Boten-RNS transkribieren, die dann wieder in das Zytoplasma zurückwandert und zum Teil die Ribosomen der Zelle zur Herstellung neuer Virusproteine zwingt, von denen manche von den austretenden Viren eingehüllt werden und damit die neuen RNS-Cores bilden. Die integrierte Virus-DNS kann aber auch das Zellgenom beeinflussen und dafür sorgen, daß sich die Zelle falsch, unregelmäßig, ungesteuert vermehrt, sie also in eine Krebszelle verwandeln. Oder die Virusgene tun überhaupt nichts, bleiben vielleicht jahrelang stumm und ruhen sicher und unbeobachtet im Innern der Zelle, bis irgend etwas sie wieder aktiviert und sie weitere Viren oder eine transformierte Zelle oder beide bilden. Was diese Aktivierung auslöst, weiß man nicht immer so recht.

Bei den Retroviren sind nach wie vor viele Geheimnisse unentschlüsselt.

Gleichgültig, welche Ursachen dieses unorthodoxe Verhalten hat, muß man jedenfalls anerkennen, daß es eine meisterhafte Strategie ist. »Das ist eine ganz besonders schlaue Daseinsform«, meint David Baltimore, »denn das Virus muß sich nicht ständig neue Wirte suchen, in denen es wachsen kann.«

Damit befindet es sich im Gegensatz zum Poliovirus oder beispielsweise dem Virus, das Masern verursacht. Weil das Poliovirus die von ihm infizierte Zelle schädigt und meist gleich tötet, müssen die Virusnachkommen, wenn sie sich weiter vermehren wollen, von einem Wirt zum nächsten wandern. In einem einzigen Wirt können sich die Viren etwa eine Woche lang halten; danach sind die Zellen tot, die sie infiziert haben. Die Viren können sich aber nur in einer lebendigen Zelle halten. Sie können sich auch nicht darauf verlassen, daß sie denselben Wirt erneut infizieren, denn inzwischen hat der Körper schon eine Immunität gegen sie aufgebaut. Wenn sie sich also nicht schnell weiterbegeben, stirbt dieser Virusstamm aus und ist ein für allemal verschwunden.

Masernviren, ein weiterer RNS-Virusstamm, haben fast dieselben Bedürfnisse. Auch sie erhalten sich am Leben, indem sie schnell von Person zu Person, bei Masern meist von einem Kind zum anderen, weiterziehen. Das Masernvirus kann sich also nur in einer großen Population halten, in der viele Mitglieder noch nicht infiziert sind. In kleinen, weltabgeschiedenen Dörfern, zum Beispiel Eskimodörfern, gibt es keine Masern. Die Bevölkerung ist einfach nicht so groß, daß sich das Virus dort länger halten kann. (Aber da diese isolierten Völker niemals mit Masern in Berührung gekommen sind, haben sie auch nie eine Immunität gegen das Virus entwickeln können. Wenn jemand in ihre Umgebung kommt, der sich mit dem Masernvirus infiziert hat, kann die Krankheit unter Umständen ganze Orte auslöschen; das ist auch tatsächlich schon geschehen.)

Daß sich solche Viren schnell neue Wirte suchen müssen, die sie infizieren können, erklärt auch, weshalb die schlimmsten Krankheitspidemien oft nur von kurzer Dauer sind. Die

Grippe ist das beste Beispiel dafür. Sobald ein neues Grippevirus erscheint, arbeitet es sich systematisch durch die anfällige Bevölkerung durch, und wenn niemand mehr zu infizieren ist, verschwindet es abrupt. Wenn sich das Virus nicht so virtuos in neue infektiöse Formen umwandeln könnte, wäre seine Laufbahn damit am Ende.

Die Retroviren haben es dagegen gar nicht eilig. Sie dringen ein, machen es sich gemütlich und tun erst einmal gar nichts. Sie werden so sehr zu Dauergästen, daß die infizierte Zelle zwar dem Körper vielleicht noch signalisiert, daß ein Virus eingedrungen ist, doch die Virusbekämpfer des Immunsystems einfach nicht mehr genug dagegen tun. Das Virus, das heißt, die Virusgene, nutzen diese großzügige Lässigkeit und werden damit quasi zu Dauergästen. So kann man eine Infektion besonders schlau und wirksam bewerkstelligen.

Für die Retroviren ist das alles sehr schön, für den Menschen viel weniger. Und doch ändern sich die Verhältnisse schnell. Als Temin und Baltimore 1970 die reverse Transkriptase entdeckten und die Retroviren zum Dauerbrenner in der Molekularbiologie wurden, kannte man noch keine Retroviren, die den Menschen infizierten, und auch keine vom Retrovirus verursachten Erkrankungen beim Menschen. Hühner, Mäuse, Katzen, Rinder, Affen – das waren die Tiere, die nach allgemeiner Ansicht von Retroviren infiziert wurden. In der Biologie wurde überhaupt stark bezweifelt, daß es humane Retroviren gab. Diese Ansicht stützte sich hauptsächlich darauf, daß sich Retroviren in Tieren schnell und ungeheuer stark vermehrten und zu riesigen neuen Viruszahlen führten, bevor sie Krebs auslösten. Die Wissenschaftler konnten die vielen neuen Viren unter dem Elektronenmikroskop erkennen. Doch wie sorgfältig sie auch die Zellen von Menschen untersuchten, die an denselben Krebsarten litten, wie sie Retroviren bei Tieren auslösten, zum Beispiel Leukämie – nie fanden die Wissenschaftler einen Hinweis auf die Viren. Also kamen sie zu dem Schluß, daß es solche Viren beim Menschen gar nicht gab.

Etwa um diese Zeit befaßte sich ein junger Arzt aus Connecticut namens Robert Gallo mit Enzymen, die in Blutzellen DNS bilden. Voll Ungestüm und Ehrgeiz mochte sich Gallo mit den üblichen Lehrmeinungen nicht abfinden. Vielleicht, dachte er, arbeiten die Retroviren beim Menschen mit einem anderen Mechanismus zur Krebsauslösung, bei dem es nicht zu dieser starken Vermehrung der Viren kommt. Wenn das stimmt, könnte man unter dem Elektronenmikroskop (einem dafür ohnehin nicht geeigneten Hilfsmittel) den Krankheitserreger niemals entdecken. Mit einer empfindlicheren Analyse könnte es aber gehen.

Gallo beschloß, diese Analyse zu entwickeln und damit ein für allemal festzustellen, ob seine Vermutung zutraf und es wirklich humane Retroviren gab. Ihm stand ein Abenteuer bevor.

Zu beneiden ist er nicht unbedingt. Gallo und Gallos Entdeckungen bilden das Kernstück der Forschung über humane Retroviren. Das hat manche dazu veranlaßt, ihn als »modernen Mikrobenjäger vom gleichen Kaliber wie seine Kollegen in der Vergangenheit« zu preisen. Andere haben ihn als »den verlogensten Wissenschaftler der Welt ... einen großen Gauner« beschimpft. Das Leben auf dem Präsentierteller ist nicht einfach.

»Ich hatte keine Ahnung, daß ich mit meiner Arbeit jemals andere so interessiere«, erklärt Gallo, nicht sonderlich überzeugend. Dann fängt er sich wieder und lacht. »Wirklich und wahrhaftig, so ist es. Ich mache nicht in falscher Bescheidenheit, denn wie man weiß, bin ich nicht bescheiden. Ich hatte immer viel zu tun und nie Zeit, mich selbst furchtbar ernst zu nehmen. Ich habe gearbeitet, weil es mir Spaß gemacht hat, weil ich ein Interesse an wissenschaftlichen Fragen, biologischen Fragen und auch am Wettstreit mit anderen hatte.«

Das hatte er 1970 mit 33 Jahren geschafft. Es machte ihm Spaß, gegen die etablierte Lehrmeinung anzugehen und Möglichkeiten zum Nachweis von humanen Retroviren zu suchen. Er stand damit nicht allein, gehörte aber zur einer verlachten Minderheit. »Mitte der 60er und Anfang der 70er Jahre, als jede untersuchte Tierart schließlich ihre eigenen Retroviren aufwies, meist diese chronischen Leukämieviren, stellte sich die Frage: ›Warum gibt es so etwas nicht beim Menschen?‹« Das sagt Werner Kirsten, Direktor am National Cancer Institute, der in den 60er Jahren ein Retrovirus entdeckte, das bei Mäusen Leukämie verursacht und seitdem Kirsten-Leukämievirus heißt. »Dann fingen die Kollegen an, sich mit Retroviren beim Menschen zu beschäftigen, auch die Kollegen in meinem eigenen Labor, doch es sind wahrscheinlich viel mehr Arbeiten über das Thema geschrieben worden, als jemals erschienen sind, denn schon der Grundgedanke stieß auf einen gewissen Widerstand. Die besten Köpfe haben sich damals damit beschäftigt und nichts davon gehalten.«

Robert Gallo teilte diese Meinung nicht. Sein Interesse rührte unter anderem, Ironie des Schicksals, von der Theorie der endogenen Viren von Huebner und Todaro her. »Mich haben die Arbeiten von Robert Huebner sehr beeinflußt«, sagt Gallo. »Allmählich dachte ich, daß es eigentlich gar nicht so wichtig ist, ob ein Retrovirus nun beim Menschen Leukämie auslöst oder nicht; es war jedenfalls ein Gebiet, das uns vielleicht etwas über die Zelle und das Leben sagen konnte.« Um dieselbe Zeit war Gallo auch von Max Essex' Arbeiten beeinflußt worden, der zusammen mit William Jarrett und William Hardy vom Memorial Sloan-Kettering Cancer Center in New York City genau das Gegenteil der Huebnerschen Theorie postulierte. Wie schon oben erwähnt, erklärte Essex, daß Retroviren, *infektiöse* Retroviren, Leukämie bei Katzen nicht nur im Labor auslösen. Die Katzenleukämie war bei diesen Tieren, wie er nachwies, eine natürlich auftretende, ansteckende Krankheit, die unter ganz normalen Bedingungen im Haushalt vorkam. Das Katzenleukämievirus befindet sich im Speichel der Katze, und weil Katzen bei ihren Kämpfen einander häufig beißen oder ablecken, geben sie dabei das Virus weiter. Außerdem entdeckten Essex und seine Kollegen, daß Katzen Antikörper gegen das Virus bilden, ein weiterer Hinweis darauf, daß es sich bei der Katzenleukämie um eine von einem Fremdagens übertragene Infektionskrankheit handelt.

Gallo hielt diese Beweise für zwingend und für ein wahrscheinliches Analogon zu den Vorgängen beim Menschen. Doch mit dieser Ansicht stand er allein. Essex und seine Kollegen hatten viel zu tun, bis sie die Wissenschaft von der Richtigkeit ihrer an Katzen erzielten Ergebnisse überzeugt hatten.

»Die Epidemiologen hatte keine Lust, überhaupt an eine infektiöse Krebsursache zu denken«, erklärt Essex. »Sie untersuchten statt dessen lieber Tabakrauch, die Ernährung und die Lebensführung als Risikofaktoren bei zig verschiedenen Krebstypen auf einmal. Von bestimmten infektiösen Agenzien durfte nicht gesprochen werden ... Der einzige Forscher außerhalb des engen Fachbereichs Katzenleukämie und vergleichbare Tierviren, der es wirklich begriffen hatte, war wohl Gallo.«

Jetzt mußte sich Gallo überlegen, woher er Beweise für eine Retrovirusinfektion beim Menschen nehmen sollte. Bei Katzen traten die Viren in riesigen Mengen auf; beim Menschen gab es überhaupt keine, wenn dem Elektronenmikroskop zu trauen war. Wie konnte ein Virus infizieren, vielleicht sogar eine so schreckliche Krankheit wie Leukämie verursachen und dabei unsichtbar bleiben? Wieder kam ein Hinweis auf die Antwort, zugleich mit einer Bestätigung Gallos auf der Suche nach den humanen Retroviren, aus dem Tierreich.

1969 hatte Janice Miller, eine Virologin im amerikanischen Landwirtschaftsministerium, festgestellt, daß auch Rinder nach Infektionen mit Retroviren Krebs bekamen. Dieses »Rinderleukämievirus« bildete riesige Tumore, an denen die Tiere eingehen konnten. Die Entdeckung des Virus löste ein Rätsel, das sich Viehzüchter und Tierärzte jahrelang nicht hatten erklären können. Ihnen war aufgefallen, daß diese Tumore offenbar in der Herde eines Züchters, doch nicht in der seines Nachbarn auftraten, so als sei Krebs eine übertragbare Krankheit, eine Herdenkrankheit. Viele Fachleute waren sogar schon zu dem Schluß gelangt, daß die Tumore von einem infektiösen Agens hervorgerufen werden mußten, doch niemand hatte ein solches Agens bisher gesehen. Auch auf Elektronenmikroskopbildern von Tumoren und Blutzellen war nichts zu erkennen gewesen. Und nun fand sich die Bestätigung, daß die Tierärzte und Viehzüchter recht gehabt hatten: Die Rinderleukämie war tatsächlich eine Infektionskrankheit.

Janice Miller entdeckte das Virus nicht in Krebszellen. Sie stieß übrigens völlig unbeabsichtigt darauf, als sie nach etwas ganz anderem suchte. Unter dem Elektronenmikroskop besah sie sich die Anomalien bei Blutzellen von leukämiekranken Rindern. Um sich die Arbeit zu erleichtern, züchtete sie die Zellen einen Tag oder zwei Tage lang in einer Kultur an, doch mußte sie danach feststellen, daß die Zellen voll Viren steckten. Als sie daraufhin bei den Rindern frische Zellen untersuchte, konnte sie keine Viruspartikel finden. Kein Virus im Rind, doch wenn man die Zellen den Tieren entnahm und 24 bis 48 Stunden in einer Kultur wachsen ließ, fand man darin reichlich Viren. Woran konnte das liegen?

Die Antwort lieferte ein umgänglicher Belgier namens Arsène Burny, der zu diesem Zeitpunkt als wissenschaftlicher Mitarbeiter im Labor von Sol Spiegelman an der Columbia University beschäftigt war. Obwohl Spiegelman selbst zu den wenigen Wissenschaftlern gehörte, die sich mit der Suche nach dem humanen Retrovirus beschäftigten, also Gallos Konkurrent war, freundeten sich Burny und Gallo an. Bald danach kehrte Burny aus Spiegelmans Labor nach Brüssel zurück und arbeitete am Rinderleukämievirus.

»Diese Viren werden immer eigener; sie wollen sich nicht zeigen«, erklärt Burny in seinem französisch gefärbten Englisch. »Ein Rinderleukämievirus dringt in eine Targetzelle ein, drängt sie bis an die Schwelle zur Umwandlung in eine Krebszelle, und wenn das passiert ist, rührt es sich nicht mehr. Diese Zelle wird dann vollständig transformiert, die erste Zelle eines kiloschweren Riesentumors, der das Tier schließlich umbringt.«

Offenbar vermehrt sich das Virus, solange die Zelle noch nicht umgewandelt ist. Gleich nach der Transformation schaltet es sich ab. Es hat bis dahin vielleicht Tausende und Abertausende von Zellen infiziert, braucht aber nur eine einzige umzuwandeln. Diese eine transformierte Zelle vermehrt sich dann mit Höchstgeschwindigkeit und hört nie mehr auf, bis sie schließlich ihren riesigen grotesken Tumor gebildet hat. Bis dahin ist das Virus längst wieder untergetaucht und steckt in den Genen der umgewandelten Zelle. »Man findet in diesen Zellen kein Virus«, erläutert Burny. »Aber wenn man mit einem biochemischen Hilfsmittel darangeht, also einer

DNS-Sonde, entdeckt man dort das Provirus. Es ist absolut still und stumm, abgeschaltet, aber immer noch da.«

Das Virus hat also sein Werk verrichtet. Es braucht sich nicht mehr zu vermehren, denn es hat seine DNS in die DNS der Wirtszelle eingeschleust und ist damit ein von Temin so genanntes Provirus geworden. Es spannt vielmehr die Zellen ein, die an seiner Stelle die Vermehrung übernehmen, denn wenn sich die umgewandelte Zelle unkontrolliert vermehrt, entstehen Hunderttausende von Kopien der Virus-DNS. Inzwischen hat sich vielleicht längst ein weiteres Tier infiziert und macht schließlich denselben Vorgang durch. Und so geht es weiter, Tier für Tier.

Ein Tumor wächst zwar schnell, doch bis dahin verläuft der Vorgang unendlich langsam. Diese Rinderretroviren zeichnen sich ja vor allem dadurch aus, daß sie sich als Teil der Zellgene latent im Innern des Tiers befinden, dort monate- oder jahrelang lauern und nur darauf warten, daß die Zelle ausbricht und sich hemmungslos zu teilen beginnt. Wenn die Krankheit erkennbar wird, ist das Virus schon längst weg, unsichtbar und nur am Vorkommen von DNS zu erkennen. Raffinierter geht es nicht. Kein Wunder, daß sich unter dem Elektronenmikroskop kein Virus gezeigt hat; es war keines da. Das erklärt, warum so viele Leute felsenfest überzeugt waren, daß es ein solches Virus nicht gab. Man begreift auch, weshalb sich Bob Gallo auf seiner Suche nach einem humanen Retrovirus durch Burnys Arbeiten bestärkt fühlte.

»Burny hat das System der Rinderleukämie erst mit Leben erfüllt«, sagt Gallo. »Er hat mich davon überzeugt, daß sehr wohl einiges dafür sprach, daß sich beim Menschen etwas ähnliches abspielte.«

Für Gallo ergaben die vielen Einzelteile allmählich ein zusammenhängendes Bild. Das Beispiel Katzenleukämie zeigte, wie ein bei Tieren natürlich vorkommender, durch Infektion ausgelöster Krebs von einem Retrovirus hervorgerufen wurde; das Rinderleukämievirus war ein Beispiel für ein Retrovirus, das Krebs verursachte, aber fast nicht zu entdekken war, weil es sich nur vor dem Ausbruch der Krankheit vermehrte. Danach war es so gut wie unsichtbar. Mehr denn je war Gallo davon überzeugt, daß sich irgendwo auch ein humanes Retrovirus versteckte. Er mußte nur danach suchen.

Ein Virus nachzuweisen, das sich so selten vermehrte, daß es selbst unter dem Elektronenmikroskop nicht zu entdecken war, stellte sich als gewaltige Aufgabe heraus. Zum Glück fand sich ein Ansatzpunkt in der Eigenart dieser Viren, in umgekehrter Richtung zu arbeiten. Durch die Transkription ihrer RNS in DNS und wieder zurück in RNS funktionierten diese Viren anders als alle übrigen Viren (oder überhaupt alle Zellen im Körper), und da dieser einmalige Ablauf durch die reverse Transkriptase, ein nur bei diesen Viren vorkommendes Enzym, katalysiert wurde, konnte Gallo gewiß sein, daß er auf ein Retrovirus gestoßen war, wenn er dieses Enzym in bösartigen Neubildungen nachweisen konnte. Das Virus hinterließ eine Art Fußabdruck.

Die Überlegung war bestechend und hatte sich bei Temin und Baltimore auch bewahrheitet. Sie in einer Situation anzuwenden, in der es fast keine Viren gab, erwies sich jedoch als schwierig. »Meine frischgebackenen Doktoren schufteten Tag und Nacht an einem Verfahren, mit dem wir die reverse Transkriptase aus Zellen analysieren konnten und dann sahen, woran wir waren«, erinnert sich Gallo. »Es hat Jahre gedauert, bis wir eine Methode entwickelt hatten, bei der wir genau wußten, daß wir wirklich reverse Transkriptase in den Händen hatten.«

»Es dauerte genau fünf Jahre, nämlich von 1970 bis 1975. In dieser Zeit arbeiteten Gallo und seine Kollegen an der Verbesserung der Analyse, machten sie empfindlicher und spezifischer. Gleichzeitig wurde ihnen klar, daß sie dieses seltene humane Retrovirus in größeren Mengen brauchten, wenn sie ihm auf die Schliche kommen wollten. Leider wachsen weiße Blutkörperchen, also genau die Zellen, die bei der Leukämie außer Kontrolle geraten, im Laboratorium nicht gut. Wenn Gallo diese Zellen nicht züchten konnte, konnte er auch das Virus nicht züchten. Es war eine ähnlich fatale Lage, wie sie seinerzeit John Enders und andere Virologen durchgemacht hatten, als sie feststellen mußten, daß sich Viren schwer züchten ließen. Doch Gallo war seinen Vorgängern eine Nasenlänge voraus, denn Anfang der 70er Jahre waren natürlich vorkommende Proteine entdeckt worden, die sogenannten *Wachstumsfaktoren,* die im Körper als Katalysatoren funktionierten und das Zellwachstum unterstützten. Wenn Gallo einen Wachstumsfaktor finden konnte, der weiße Blutkörperchen besser wachsen ließ, hatte er vielleicht gewonnen. Also machte er sich auf die Suche nach dem richtigen Wachstumsfaktor.

Als nächstes stieß Gallo auf sein humanes Retrovirus. Zumindest dachte er es. Im Januar 1975 veröffentlichte er mit seinem Kollegen Robert Gallagher einen Artikel in der Zeitschrift *Science,* in dem erklärt wurde, daß sie ein RNS-Tumorvirus bei einer 61jährigen leukämiekranken Frau aus Houston im amerikanischen Bundesstaat Texas gefunden hatten. Er nannte das Virus HL23V-I nach der Kurzbezeichnung der Patientin in Houston, HL23, und schrieb in einem anschließenden Artikel in *Nature,* daß es »eventuell zum Nachweis und zur Vermehrung ähnlicher Viren aus frisch isolierten Geweben von Leukämie und festen Tumoren dienen« könne.

Wenn man sich die ungeheuren Folgen dieses Ergebnisses vor Augen hält, war das eine recht bescheidene Aussage. »Eventuell dienen kann«; noch zurückhaltender ging es wohl kaum. Falls seine Entdeckung zutraf, bahnte sie endlich den Weg in eine neue Welt der Viren und eine neue Welt möglicher Mittel gegen Krankheiten. Wenn manche Leukämiefälle beim Menschen von Viren verursacht wurden, bestand jetzt Hoffnung, daß man durch Verhütung oder Eindämmung der Infektion den Krebs vereiteln konnte (und das alles um dieselbe Zeit, in der Maurice Hilleman seinen neu hergestellten Hepatitis-B-Impfstoff als weiteren Versuch erprobte, einen von Viren verursachten Krebs unter Kontrolle zu bringen). Gallo war natürlich in Hochstimmung. Er war als erster durchs Ziel gegangen und hatte, unter anderen, auch Sol Spiegelman überholt. Wenn Gallo bis dahin wirklich noch ziemlich unbekannt war, mußte sich das jetzt ändern.

Unbekannt war er bald nicht mehr, das stimmte schon, doch nicht aus den Gründen, die er sich vorgestellt hatte. In dem Artikel in *Nature* hatte er ein interessantes Merkmal des

Virus erwähnt: »Das Virus ist eng mit dem beim Affensarkom auftretenden Virus verwandt, das aus einem Wollaffen isoliert wurde.« Die Ähnlichkeit mit diesem Simian Sarkomvirus, SSV, war wirklich schlagend. Die beiden Viren ähnelten einander in der Molekülstruktur, lösten eine ähnliche Immunantwort aus und waren so ähnlich aufgebaut, daß es Gallo und seine Mitarbeiter für notwendig hielten, absolut sicherzustellen, daß sie nicht identisch waren. Sie hatten vor allen Dingen Angst, das Affenvirus könne sich irgendwie ins Labor eingeschlichen, die Kultur kontaminiert und sich als Humanvirus dargestellt haben, das er zu entdecken vermeint hatte. »Viele Vorsichtsmaßnahmen gegen die Möglichkeit einer Laborkontamination wurden ergriffen«, schrieb er. Es wurden in dem Kontrollbereich, in dem das neue Virus isoliert wurde, absolut keine Affenviren gezüchtet oder gehandhabt. Weiter erklärte Gallo, wenn es eine Ähnlichkeit zwischen den beim Menschen und den beim Affen auftretenden Viren gebe, liege dies wahrscheinlich daran, daß sich der Affe, ein mit dem Menschen in engen Kontakt gekommenes Haustier, irgendwann einmal mit dem menschlichen Virus infiziert habe. Nein, so schrieb er, »sie sind zwar eng miteinander verwandt, aber HL23V-I und SSV sind nicht identisch.«

Er irrte sich. Die beiden Viren ähnelten einander nicht deshalb, weil der Affe vom Humanvirus infiziert worden war; in Wirklichkeit war es genau anders passiert: Das Affenvirus hatte tatsächlich in seinem Labor menschliche Zellen infiziert und seinen Versuch kontaminiert. Was Gallo für ein neu entdecktes Humanvirus gehalten hatte, war ein nur leicht modifiziertes Affenvirus. In einem weiteren Artikel mußte er ein halbes Jahr später in *Nature* alles zurücknehmen. »Wir haben festgestellt, daß die Teilchen ... ein Gemisch aus zwei Viren sind, die immunologisch und in ihrer Nukleotidsequenz von zwei bekannten nicht-humanen Primatenviren nicht zu unterscheiden sind ... Also muß man davon ausgehen, daß die Gleichsetzung unbekannter Gewebekulturviren mit bekannten Laboragenzien die auf der Hand liegende Möglichkeit aufwirft, daß sie durch Kontamination entstanden sind.«

Das war, gelinde gesagt, ein schmähliches Eingeständnis.

»Mir war ganz elend, als die Sache herauskam«, erinnert sich Gallo. »Zu den Kontaminationen war es gekommen, als wir das Virus in eine Zellinie eingebaut hatten. Damit es überleben konnte, mußten wir es in eine neue Zellinie einbringen; die ursprünglich infizierten Zellen konnten wir nicht länger am Leben erhalten.«

Die alte Schwierigkeit: Wie züchtet man Viren im Labor? Bei seinem Versuch, ein humanes Retrovirus zu züchten, mußte Gallo es von den ursprünglich infizierten Zellen auf eine neue Zellkultur übertragen. Dabei setzte er sein Experiment der Kontamination durch ein Affenvirus aus, das sich auf unerklärliche Weise in die neue Gewebekultur eingeschlichen hatte. Er konnte dann zwar ein Virus züchten, doch es war ein Affenvirus, nicht das humane Retrovirus, das er erwartet hatte. Er war am Boden zerstört.

Für jemand wie Robert Gallo waren die Auswirkungen eines solchen Fehlers besonders schwer zu ertragen. In diesem Anfangsstadium seiner Laufbahn war er besonders großspurig und redselig. Wen wundert es also, daß die Kollegen die Nase rümpften, als Gallo ein Retrovirus beim Menschen suchte? Wen wundert es, daß sich die Kollegen freuten, weil er gepatzt hatte? Als er in sein Labor zurückkehrte, war er zunächst völlig auf sich gestellt. »In den nächsten fünf bis sechs Jahren suchte außer Gallo fast niemand mehr nach Retroviren beim Menschen«, berichtet Essex.

»Zuerst war ich bestürzt«, berichtet Gallo. »Doch dann bekam ich eine Wut. Das ist bei mir die übliche Reaktion: Man erlebt eine Niederlage, verliert alles Selbstvertrauen, ist eine Weile deprimiert, und dann bekommt man die Wut. Wie zum Teufel konnte so etwas passieren?«

Es dauerte vier Jahre, bis er sich von diesem Schlag erholt hatte. Der erste Schritt dazu war eine Erkenntnis, über die man außerhalb der Wissenschaft kaum etwas hörte, die aber nicht nur zur Entdeckung des humanen Retrovirus, sondern danach auch zum Nachweis des Virus führte, das AIDS verursacht.

Wie kann man Viren im Labor züchten? Dieser Refrain zieht sich durch die Geschichte der Virologie. Ernest Goodpasture hatte in den 30er Jahren gezeigt, daß es ging, und John Enders hatte in den 40er Jahren bewiesen, wie es ging. Doch keiner von beiden hatte behauptet, daß es einfach war. Als mit den Jahren immer aufwendigere Verfahren zum Nachweis und zur Untersuchung von Viren aufkamen, entstanden auch bessere Möglichkeiten zur Züchtung von Viren. Man brauchte sie auch, wenn die Versuche Erfolge haben sollten.

Gallo stand vor einer doppelten Schwierigkeit. Er mußte ein Virus züchten, das sich nur zaghaft in einer Kultur vermehrte, die ihrerseits im Labor nicht gut wuchs. Wir haben ja schon gesehen, daß die weißen Blutkörperchen, also die Zellen des Immunsystems, die er für infiziert gehalten hatte, in einer Gewebekultur nicht gut wachsen. Wenn er überhaupt so viele Viren züchten wollte, daß er sie absolut sicher identifizieren und beschreiben konnte, mußte er diese nicht sonderlich hilfsbereiten Zellen irgendwie zum Wachsen bringen. Dazu brauchte er einen Verstärker, der die Zellen in ihrem Labor zuhause wachen ließ.

Da traten die Wachstumsfaktoren auf den Plan. Gallo suchte nach einem Wachstumsfaktor, der das Wachstum weißer Blutkörperchen förderte. Einen Hinweis hatte er schon, denn in den 60er Jahren hatte ein Wissenschaftler namens Peter Nowell an der University of Pennsylvania entdeckt, daß ein pflanzliches Protein, das *Phytohämagglutinin* oder PHA, bei Einwirkung auf Zellen diese dazu brachte, zu wachsen und sich ein paarmal zu teilen; es konnte also in kleinem Maßstab als Wachstumsfaktor dienen. Gallo und seine Kollegen Doris Morgan und Francis Ruscetti probierten PHA im Knochenmark aus, in dem ja eine Reihe von Blutzellen gebildet werden, und sahen, daß das Protein tatsächlich das Wachstum anregte. Die schnell wachsenden Zellen waren nichts anderes als T-Zellen, also dieselben weißen Blutkörperchen, die bei der Leukämie verrückt spielen. Diese Zellen wuchsen nicht nur schnell, sondern schütteten auch einen Wachstumsfaktor aus. Die Forscher nannten ihn TCGF, T-Zellen-Wachstumsfaktor.

Jetzt mußte nur noch festgestellt werden, welchen Schub der TCGF den T-Zellen mit auf den Weg gab. Wie sich bald erwies, war der ziemlich kräftig, denn die mit PHA stimulierten Zellen schütteten nicht nur den Wachstumsfaktor aus, sondern bildeten an ihrer Oberfläche auch Rezeptoren für den TCGF. Wenn sich der Wachstumsfaktor wieder mit den Zellen vereinigte, indem er sich an ihre neuen Rezeptoren heftete, teilten sich die T-Zellen bald lustig und fühlten sich in ihrer Petrischale so wohl, als wäre es ein vertrauter Körper. Man schrieb das Jahr 1976.

Unbeabsichtigt waren Gallo und seine Mitarbeiter dabei einem wichtigen Prozeß im menschlichen Immunsystem auf die Spur gekommen. Diese Ausschüttung und Aufnahme des TCGF durch die T-Zellen spiegelt genau wider, was im Immunsystem abläuft, wenn es gegen eine Infektion ankämpft. Wenn die T-Zellen im Körper mit einem Eindringling konfrontiert werden, beispielsweise einem Virus, reagieren sie ganz genau so und bilden denselben Wachstumsfaktor. Der heftet sich an die neu ausgebildeten Rezeptoren und regt die T-Zellen ebenso wie die B-Zellen, einen weiteren Bestandteil des Immunsystems, zu schneller Vermehrung an. Diese aktivierten Zellen gehen dann gegen die Infektion vor.

Damals wußten Gallo und seine Mitarbeiter noch wenig über diese Parallelfunktion; sie wurde erst Jahre später aufgeklärt. Der Wachstumsfaktor, den Gallo TCGF nannte, ist heute als Interleukin-2 bekannt, eines von vielen Interleukinen, die die Funktion des Immunsystems fördern und regeln. Auch seine Entdeckung ist ein Beispiel für Zufallsergebnisse in der Wissenschaft. »Wir hatten das keineswegs geplant«, erklärt Gallo. »Es ist nur eine der kaum bekannten Auswirkungen von Retroviren.«

Jetzt konnte Gallo Hunderttausende von T-Zellen in Gewebekulturen züchten, und wenn sie von einem Retrovirus infiziert wurden, konnte er so viele Viruspartikel herstellen, daß der Organismus ein für allemal zu analysieren und zu charakterisieren war. Auf gar keinen Fall wollte er noch einmal einen Absturz durchmachen wie nach seinem Fehler mit HL23B-I, dem als Menschenvirus verkleideten Affenvirus.

»Er war wie besessen, wirklich, wie besessen«, erinnert sich Werner Kirsten. »Er wußte, daß seine Laufbahn als Wissenschaftler auf dem Spiel stand. Wenn es diesmal wieder nicht klappte, war er erledigt. Es ging ums Ganze.«

Am Weihnachtsabend 1978 klingelte bei Arsène Burny in Brüssel das Telefon: Ein Anruf aus Washington. »Es war acht Uhr abends«, erinnert sich Burny. »Ich war als einziger noch im Labor. Am Apparat war Gallo. Er erklärte: ›Burny, wir sind auf einer heißen Spur. Ich glaube, wir haben ein Trumpf in der Hand. Aber ich habe Angst, daß es vielleicht wieder eine Verunreinigung ist.‹«

Gallo befürchtete unter anderem eine Kontamination über das Blut von Kälberföten, das ihm als Quelle für das Nährstoffserum für seine Kulturen diente. Wenn dieses Kälberblut das Rinderleukämievirus enthielt, verunreinigte es unter Umständen seine Kulturen, ohne daß er es merkte. »Wir arbeiteten gerade am Rinderleukämievirus«, erinnert sich Burny. »Wir hatten DNS, wir hatten Antikörper, wir hatten Serum aus infizierten Tieren. Gallo bat uns: ›Schickt mir das alles, damit ich meine Kulturen überprüfen kann. Ich erzähle euch dann mehr darüber, aber zuerst möchte ich wirklich sichergehen, daß wir es nicht wieder mit einer Verunreinigung zu tun haben ...‹

Also schickten wir ihm das alles«, sagt Burny. »Heute, im Rückblick, wissen wir, daß er es wohl wieder für eine Verunreinigung gehalten hätte, wenn er nicht die allerstrengsten Maßstäbe angelegt hätte. Das Rinderleukämievirus und das humane Retrovirus, um dessen Entdeckung es ging, gehören zum selben Evolutionszweig. Wenn man sich die Gene ansieht, findet man sehr ähnliche Bereiche. Er mußte absolut saubere molekularbiologische Arbeit leisten.«

Ein Jahr später, 1979, wußte Gallo, daß er sein humanes Retrovirus endlich gefunden hatte. Aus den bösartigen T-Zellen eines 28jährigen Schwarzen aus Alabama isolierten Ruscetti und der Stipendiat Bernard Poiesz ein mittelgroßes RNS-Virus von etwa 1/250 000 Zoll Durchmesser. Im Herzen des Virus befanden sich zwei RNS-Stränge, dazu ein paar Moleküle reverse Transkriptase, und alles steckte in einer Proteinhülle, die ihrerseits wieder von einer Lipiddoppelschicht aus der Zellmembran umgeben war, in der sich das Virus vermehrt hatte. Ein bißchen wie beim Grippevirus war diese Lipidhülle mit kleinen Ansätzen gespickt, stacheligen Knöpfchen aus Protein und Zucker, die mit Proteinnieten am Virus angeheftet waren.

Es handelte sich zweifelsfrei um ein Retrovirus, ein neu entdecktes Virus, das nur im Menschen vorkam. Gallo und seine Kollegen prüften es nicht nur mit Antikörpern gegen das Rinderleukämievirus, sondern auch mit einer Vielzahl von Antikörpern, die normalerweise vor allen anderen bekannten tierischen Retroviren schützten, auch dem Affenvirus SSV, auf das er das letzte Mal hereingefallen war. Doch keiner der Antikörper konnte die Antigene dieses Virus erkennen; sie ließen es in Frieden. Das war etwas Neues. Gallo nannte das Virus HTLV als Abkürzung für den englischen Begriff Human T-cell Lymphoma Virus.

Als Gallo diesmal die Entdeckung seiner Gruppe bekanntgab, sorgte er dafür, daß nichts mehr schiefgehen konnte. Auf einen ersten Artikel mit der Beschreibung der Ergebnisse in den *Proceedings of the National Academy of Science* im Dezember 1980 folgten sofort vier weitere Arbeiten in verschiedenen Zeitschriften, damit praktisch jedermann erreicht wurde; darin wurde die Entdeckung erklärt und ausführlicher abgehandelt. In einer Arbeit wurden die Nukleotidsequenzen des Virus charakterisiert; in der zweiten wurde seine reverse Transkriptase beschrieben; in der dritten wurde festgestellt, daß menschliche Antikörper im Gegensatz zu tierischen Antikörpern gegen das Virus reagierten (»die Antikörper gegen HTLV sind mithin der erste Beweis für eine spezifische Immunantwort des Menschen gegen ein Retrovirus«); und in einer vierten Arbeit wurde schließlich der Nachweis des Virus bei anderen Patienten mit malignen T-Zellenentartungen angeführt. Nach diesem Rundumschlag von Gallo konnte niemand zu diesem Virus mehr eine Frage stellen, auf die nicht schon eine Antwort vorlag; niemand konnte die Authentizität der Entdeckung bezweifeln.

»Das haben wir mit Absicht so gemacht«, erinnert sich

Gallo. »Wir wollten erst veröffentlichen, wenn wir unsere fünf Artikel fertig hatten, und wir gaben sie erst frei, als wir es für richtig hielten, die Fachkollegen Schritt für Schritt durch Vorwegnahme aller Fragen zu überzeugen. ›Überlegen wir uns doch alle diese Fragen vorher und schreiben wir sie an die Tafel‹, sagten wir uns, ›und dann formulieren wir unsere Artikel so, daß sie alles abdecken.‹

Also: Erste Salve, zweite Salve, dritte Salve ... so lief es.« Er lacht. »Das sollte keine Spielerei sein. Ich hatte Angst; wenn wir alles auf einen Schlag veröffentlicht hätten und jemand es vielleicht nicht sorgfältig gelesen hätte, wäre unter Umständen eine ganz unerwartete Reaktion zustande gekommen. Jetzt mußten die Leute den ersten Artikel lesen und sagten sich: ›Na ja, aber ...‹ Dann kam der nächste Artikel, den lasen sie auch und sagten sich: ›Na ja, vielleicht ist doch etwas dran‹, und beim dritten Artikel fallen ihnen beinahe die Augen aus dem Kopf. So wurde es gemacht.«

Gallo lacht wieder und freut sich noch nachträglich. »Ja, das wurde mit aller Sorgfalt geplant, die mir zu Gebote steht; dabei hielten wir alle auch noch dicht.«

Doch wieder entsprach die Reaktion nicht ganz seinen Erwartungen. Sie war eher von der Art »Na ja, aber ...«, als daß den Lesern die Augen aus dem Kopf gefallen wären.

»Als er das erste Mal darüber schrieb, rissen sich die Leute förmlich um ihn«, erklärt Werner Kirsten. »Aber jetzt glaubte ihm niemand mehr; das war es. Die Leute dachten: ›Dieser Großangriff, soviel Geld dahinter, das NIH ...‹; keiner nahm ihn für voll. Dabei hatte er recht, war von seinen Ergebnissen überzeugt, glaubte an seine Daten und war völlig fertig. Ich erinnere mich noch an eine der ersten Konferenzen in Deutschland an einem wunderschönen Ort südlich von Hamburg, in Wilsede. Nach der Tagung saßen wir an einem Samstagnachmittag in Hamburg in unserem Hotel; es goß in Strömen. Die Reaktion, die er erlebt hatte, machte ihn ganz deprimiert. Diesen Abend haben wir uns richtig vollaufen lassen.«

Max Essex beschreibt noch eine Konferenz, auf der Gallo die Teilnehmer nicht davon zu überzeugen vermochte, daß seine Ergebnisse interessant oder gar wichtig waren. »Gallo hatte das HTLV, aber die meisten glaubten ihm nicht oder nahmen ihn nicht ernst oder paßten nicht auf – es war entweder unwichtig oder falsch. Mir fällt da eine Tagung Ende 1989 in Seattle ein, die Gallo veranstaltete; damals arbeiteten noch so wenig Leute mit humanen Retroviren, daß der Saal bei weitem nicht voll war. Gallo konnte nicht einmal die Kollegen in seinem eigenen Labor überzeugen.«

Unter anderem lag es vielleicht daran, daß das HTLV ein Virus ohne Krankheit war. Gallo und seine Mitarbeiter hatten es bei höchstens einem Dutzend Menschen nachgewiesen, und die Krankheit, mit der es zusammenhing, das Lymphom, also Lymphknotenkrebs, ist verhältnismäßig selten. Auf der anderen Seite der Erde, in Japan, beschäftigten sich Forscher mit einer viel häufigeren Krebsart, der Leukämie. Eine erst kurz zuvor erkannte Form dieser Krankheit war gehäuft aufgetreten, und man hatte sie »Erwachsenen-T-Zellenleukämie« oder (nach der englischen Bezeichnung) ATL genannt. Es war eine besonders aggressive Leukämieart, an der die Patienten drei bis vier Monate nach der Diagnose starben. Sie kam sehr stark gehäuft auf Kyushu und Shikoku, den beiden südlichsten Inseln Japans, vor.

Die japanischen Forscher hatten in den infizierten T-Zellen ein Retrovirus entdeckt, bald erwies es sich als identisch mit dem HTLV. Unter Leitung des NCI-Epidemiologen William Blattner wurde es anschließend fast in der ganzen Karibik, im nördlichen Teil Südamerikas und in weiten Teilen Afrikas nachgewiesen, wo es endemisch auftrat. Gallo vertrat die Ansicht, daß es in Afrika entstanden war, dort Affen und Menschen infiziert hatte und dann als eine Art blinder Passagier auf Sklavenschiffen nach Japan und Nord- und Südamerika gelangt war.

Damit gab es nun eine Krankheit für das HTLV. Auch die weitverbreitete Skepsis, die dem Wert einer Untersuchung von humanen Retroviren immer wieder entgegengebracht wurde, sollte bald verschwinden. Sehr schnell wurde gerade dieses Gebiet in der Virologie beherrschend.

Die ersten Berichte erschienen Ende der 70er Jahre. Junge Weiße, viele von ihnen homosexuell, litten an einem seltenen Hautkrebs, dem sogenannten Kaposisarkom, das man bis dahin hauptsächlich bei älteren Juden, Italienern und in Afrika gefunden hatte. Gleichzeitig litten aber andere junge Homosexuelle an einer weiteren seltenen Krankheit, einer von dem sonst unschädlichen Einzeller *Pneumocystis carinii* verursachten Lungenentzündung. Und noch andere homosexuelle Männer meldeten ähnlich seltene Krankheiten, wie zum Beispiel vergrößerte Lymphknoten und eine Krebsart, das sogenannte Nicht-Hodgkin-Lymphom. Der einzige gemeinsame Nenner bei all diesen Krankheiten, abgesehen davon, daß sie vorwiegend homosexuelle junge Männer befallen hatten, bestand darin, daß jedesmal ein geschädigtes Immunsystem beteiligt war, vor allem eine Abnahme der T-Zellen.

Wie kam es dazu? Die ersten Theorien waren lachhaft bis bizarr. Da hieß es zum Beispiel, die Krankheiten seien vielleicht darauf zurückzuführen, daß bei sexuellen Kontakten zuviel Sperma eingewirkt habe; oder sie rührten von übermäßiger Einnahme der unter Homosexuellen sehr verbreiteten Droge Amylnitrat her. Vielleicht gab es auch gar keine Ursache; das Immunsystem dieser Männer war einfach unter zu vielen Einflußfaktoren zusammengebrochen. Vielleicht, so verkündeten manche, war es auch der Zorn Gottes, der sich über diejenigen ergoß, die ein unmoralisches Lotterleben führten. Doch als sich bald herausstellte, daß diese Erkrankungen auch unter Fixern immer häufiger auftraten, merkwürdigerweise aber gehäuft auch bei Haitianern, und dort nicht nur bei Männern und nicht nur bei Homosexuellen, vorkamen, und als dann schließlich nachgewiesen wurde, daß die Partnerinnen von Fixern an denselben Krankheiten litten, und als aus Befürchtung Gewißheit wurde, daß in Mittelafrika diese Krankheit bei Männern und Frauen epidemisch auftrat und die Patienten schließlich an diesen Symptomen zu sterben begannen, da hörte das Rätselraten um die Ursache auf. Die Krankheit konnte nicht mit einer bestimmten Lebensführung oder mit sexuellen Präferenzen zusammenhängen, sondern mußte die Folge einer Infektion, vielleicht eines Virus, sein.

Man gab ihr den Namen *Acquired Immune Deficiency Syndrome* (AIDS), also Immunschwächekrankheit.

Bob Gallo, der eben erst ein humanes Retrovirus entdeckt hatte, kam sofort auf den Gedanken, daß die neue Krankheit Folge eines neuen Agens sein mußte. Wenn man die Zusammenhänge mit Krebs berücksichtigte, kam dafür eigentlich nur ein Retrovirus in Frage. Vielleicht war es sogar das HTLV selbst, und wenn nicht, dann eventuell etwas sehr Ähnliches. Nachdem ihn Gallo dringend aufgefordert hatte, sich eingehender mit dem HTLV zu beschäftigen, und da er ohnehin mit dem Katzenleukämievirus vertraut war, einem Retrovirus, das bei Katzen eine Immunsuppression hervorrief, kam Max Essex auf denselben Gedanken. »Ich sagte Gallo meine Mitarbeit zu. Als erstes wollte ich feststellen, ob das HTLV eine Immunsuppression verursachte wie die Katzenviren. Diese Annahme bestätigte sich bald. Die ausgelöste Immunsuppression ist nicht entfernt so stark wie bei AIDS, doch nun war auf jeden Fall erwiesen, daß ein Retrovirus das Immunsystem unterdrücken konnte.« Gallo war von den Ergebnissen und von der Parallele, die Essex zwischen dieser neuen Krankheit und der vom Retrovirus bewirkten Immunsuppression bei Katzen gezogen hatte, beeindruckt und erklärte ab Anfang 1982 öffentlich, daß AIDS durchaus die Folge einer Infektion mit einem humanen Retrovirus sein konnte.

Auf der anderen Seite des Atlantik ging Jacques Leibowitch in Paris einer ähnlichen Vermutung nach. Leibowitch, ein jugendlich wirkenden 40jähriger Arzt und Leiter einer Pariser AIDS-Arbeitsgruppe, hatte einen Artikel gelesen, in dem Gallo ein HTLV-ähnliches Virus als mögliche Krankheitsursache erwähnte. Leibowitch war zwar in erster Linie Kliniker, hatte aber auch etwas vom medizinischen Detektiv an sich. Schon lange hatte er sich den Kopf darüber zerbrochen, welches Agens wohl die T-Zellen angriff. An ein Retrovirus hatte er dabei allerdings nicht gedacht. Jetzt kam ihm die Erleuchtung. »Ich sagte mir: ›Mein Gott, natürlich! Warum ist mir das nicht früher eingefallen?‹« Einer seiner AIDS-Patienten, ein heterosexueller Franzose, hatte eine Bluttransfusion bekommen, während er als Beamter in Haiti stationiert gewesen war. Haiti war als AIDS-Brutstätte bekannt, und auch das HTLV kam dort endemisch vor. War dieser Zusammenhang nicht doch mehr als ein Zufall? Leibowitch machte sich an die Arbeit. Dabei fiel ihm auch Afrika ein. AIDS kam bekanntlich auch in Afrika gehäuft vor, doch hatte man das HTLV dort noch nicht in hohen Konzentrationen nachgewiesen. Aber Leibowitch hatte einen Leukämiepatienten aus Zaire. Bestand vielleicht auch in Afrika eine Verbindung zwischen AIDS und HTLV?

AIDS gibt es Afrika, dachte Leibowitch. »Wenn HTLV die Ursache von AIDS ist, muß es auch in Afrika vorkommen. Also rief ich meine Schwester an; sie ist Pathologin und Professorin für Dermatologie. Sie arbeitete gerade über eine Hautkrankheit, die sogenannte Sézary-T-Zellenleukämie, die manchmal beim T-Zellen-Lymphom auftritt. Ich hatte mit meiner Schwester zusammen diese Leukämieart untersucht und wußte, daß sie vom HTLV verursacht sein konnte. Also bat ich sie: ›Halte Ausschau nach jemand aus Afrika, der ein Sézary-Syndrom hat, und rufe mich dann an.‹ Drei Tage später hatte sie einen solchen Fall, und seitdem ist ihr nie wieder einer vor die Augen gekommen.« Leibowitch lacht. »Es war ein merkwürdiger Zufall. Sie sagte mir: ›Ich habe jemand mit einer sehr ungewöhnlichen Sézary-Leukämie; er hat so sonderbare Zellen auf der Haut, und er kommt auch aus Zaire.‹

Also fuhr ich hin, nahm Proben von seinen Zellen, trennte sie und betrachtete sie unter dem Mikroskop. Es waren typischen HTLV-Sézary-Zellen. Ich sagte mir: ›Damit haben wir es; er hat HTLV.‹«

Leibowitch geriet in Aufregung. Anhand seiner Biopsien von Patienten aus Haiti und Afrika verkündete er in ganz Paris, daß das HTLV vielleicht die Ursache von AIDS war. Er hielt öffentliche Vorträge zum Thema »Afrika und HTLV: ein Retrovirus verursacht AIDS«. Auf der Suche nach einem französischen Retrovirologen, der diese Möglichkeit näher untersuchen sollte, kam er auch ins Institut Pasteur, hatte aber wenig Erfolg. Dann rief er Robert Gallo an.

»Ich kannte Gallo nicht«, erzählt Leibowitch, »und bekam seine Sekretärin an die Strippe. Ich sagte: ›Ich rufe aus Paris an. Bitte geben Sie ihm das weiter: AIDS, Haiti, Transfusion, heterosexuell, Afrikaner, Lymphom, Leukämie.‹« Leibowitch lacht. »Ich schwöre Ihnen, genau das habe ich gesagt. Ich kann es heute noch nicht fassen, daß er mich schon am nächsten Tag anrief. ›Was haben Sie da?‹ fragte er. Ich erzählte es ihm.«

Gallo lud Leibowitch nach Bethesda ein; er solle seine Zellproben mitbringen und seine Argumente vortragen – aber bezahlen müsse er es selbst. Da Leibowitch keinen Reiseetat hatte, ging er wieder in Paris um Unterstützung für seine Theorie und einen Flugschein für sich hausieren.

Inzwischen war Leibowitchs AIDS-Arbeitsgruppe von seiner Vorstellung, wie er es nannte, »infiziert« worden. Ein Mitarbeiter, der Kliniker Willy Rozenbaum, wandte sich noch einmal an das Institut Pasteur, ob dort nicht doch Interesse an der Suche nach einem Retrovirus als Ursache von AIDS bestehe. Tatsächlich fand sich ein Interessent. Er hieß Luc Montagnier. Als Direktor der Gruppe Virusonkologie war Montagnier schon auf der Suche nach Retroviren, doch nicht im Zusammenhang mit AIDS, sondern mit einem Hepatitis-B-Impfstoff, an dessen Entwicklung das Institut mitarbeitete. Da der Impfstoff, ähnlich aufgebaut wie Maurice Hillemans Hepatitis-B-Impfstoff, der bei Merck Sharp & Dohme entstand, aus Blutplasma hergestellt wurde, wollte das Institut ganz sichergehen, daß er nicht mit dem neu entdeckten HTLV kontaminiert war. Montagnier suchte nach Hinweisen auf reverse Transkriptase im Impfstoff, als ihm von Rozenbaum ein Stück des geschwollenen Lymphknotens eines jungen französischen Homosexuellen ins Labor geschickt wurde. Diese »Lymphadenopathie« konnte durchaus ein erstes Anzeichen einer sich entwickelnden AIDS-Erkrankung sein, und es war vielleicht sinnvoller, jetzt gleich nach einem Virus zu suchen als später, wenn der AIDS-Patient unter einer ganzen Reihe von opportunistischen Infektionen litt. Man schrieb die erste Januarwoche 1983.

»Am Nachmittag bekam ich die Biopsie, konnte mich aber erst später damit befassen«, erinnert sich Montagnier. »Ich war Leiter eines Biologiekurses am Institut, und da mußte die

Forschung warten. Nach vierzehn Tagen fanden wir einen winzigen Hinweis auf die Aktivität einer reversen Transkriptase. Jetzt wurde es aufregend. Zweierlei mußte getan werden: Das Virus mußte erhalten bleiben, und es mußte charakterisiert werden, damit wir feststellen konnten, ob es ein HTVL-ähnliches Virus war. Ich hatte mit Gallo in Verbindung gestanden und beschloß, ihn um Reagenzien für das HTLV zu bitten.«

Montagnier brauchte Reagenzien, also Antikörper, deren Reaktion gegen das HTLV bekannt war, um genau festzustellen, was für eine Art Virus er vor sich hatte. Wenn die Antikörper das Virus angriffen, war es wirklich HTLV. Gab es keine Reaktion, hatte Montagnier wohl etwas anderes vorliegen. Zufällig wollte gerade ein Bekannter nach Bethesda fliegen und dabei auch Gallos Labor besuchen. Montagnier bat ihn, Gallo persönlich einen Brief mit der Bitte um die Reagenzien abzugeben. Der Überbringer war Jacques Leibowitch.

Leibowitch war auf das Institut Pasteur nicht mehr gut zu sprechen, denn es hatte ihn bei seinen ersten Anfragen abgewiesen und dann mit jemand anderem aus seiner französischen AIDS-Gruppe zusammengearbeitet. Ziemlich spät hatte es sich jetzt doch noch dazu durchgerungen, ihm den Besuch bei Gallo zu finanzieren, und hatte ihm das Geld für den Flug zur Verfügung gestellt. Natürlich wollte er den Brief abliefern.

Leibowitch wurde in diesem Melodrama rasch zu einer Art von Schicksalsboten. (»Es sieht fast so aus, als sei die Epidemie nur zum Zweck meiner Fortbildung entstanden«, erklärt er bedauernd.) So flog er mit einem Schreiben von Montagnier und mit seinen Proben von Zellen des französischen Beamten, der sich in Haiti mit AIDS infiziert hatte, und den Zellproben von den leukämiekranken Afrikanern über den Atlantik. In Bethesda trug er Gallo und dessen Kollegen seine Theorie vor, AIDS werde vom HTVL verursacht. Man arbeitete dort zwar schon in dieser Richtung, doch was Leibowitch jetzt ausführte, stärkte die Entschlossenheit noch. »Bis dahin hatten wir nur etwa fünfzehn Prozent unserer Kapazität in diese Arbeit gesteckt«, erklärt Gallo. »Vor allem Jacques hat uns veranlaßt, mehr zu tun.« Obwohl sein Besuch ein Erfolg war, argwöhnte Leibowitch schon damals – sagt er wenigstens heute –, daß er in eine Lage geraten war, aus der ganz schnell etwas Unangenehmes entstehen konnte.

»Es war mit Händen zu greifen, daß es einen harten Konkurrenzkampf geben mußte – Streit, Egoismus, Wirtschaftsinteressen –; es mußte einfach fürchterlich werden«, erklärt Leibowitch. »Ich mochte über die Mitwirkenden in dieser Geschichte nicht mehr nachdenken und konzentrierte mich lieber auf die Aufgabenstellung. Aber mir war klar, daß es böse enden mußte. Eigentlich hätten wir die besten Leute daransetzen müssen, um AIDS möglichst schnell auszurotten. Aber das war Wunschdenken.«

Es war wirklich Wunschdenken. Bald hatten die mit der Suche nach dem AIDS-Virus Beschäftigten kaum noch einen Grund, sich über irgend etwas zu freuen. Besonders für Bob Gallo erwiesen sich die künftigen Ergebnisse und die gleichzeitig auftauchenden Schwierigkeiten bald als schön und schmerzlich zugleich. Mit dem Ausbruch von AIDS nahmen die Menschen seine Entdeckung des ersten humanen Retrovirus endlich ernst. Gallo stand auf dem Gipfel des Erfolgs und hatte die Scharte mit dem HL23V-I mehr als ausgewetzt. Jetzt gilt er als Mann, der Weitblick und Entschlossenheit bewiesen, die nötigen Verfahren entwickelt und die beste Forschergruppe zusammengestellt hatte. Deshalb, so meinten viele, konnte es nur eine Frage der Zeit sein, bis er auch das Virus entdeckte, das AIDS verursachte, wenn es sich überhaupt um eine Viruskrankheit handelte. Die Aussage stimmte: Es war wirklich nur eine Frage der Zeit, bis er das Virus entdeckt hatte. Aber jemand kam ihm zuvor. Als Luc Montagnier sein Virus mit den Reagenzien prüfte, die ihm Gallo geschickt hatte, stellt er fest, daß die HTLV-Antikörper sein Virus nicht erkennen konnten. Er hatte also etwas Neues vor sich.

Im Mai 1983 veröffentlichten Montagnier und seine Kollegen Françoise Barré-Sinoussi und Jean-Claude Chermann in der Zeitschrift *Science* einen Bericht über ihre Ergebnisse. Es handelte sich dabei, wie sie schrieben, um »ein Retrovirus aus der Familie der vor kurzem entdeckten humanen T-Zellen-Leukämieviren (HTLV), das sich jedoch von allen bis dahin isolierten Viren grundlegend unterscheidet«, es sei »aus einem weißen Patienten mit Anzeichen und Symptomen gewonnen worden, die oft dem erworbenen Immunschwächesyndrom (AIDS) vorausgehen«. Was dies Virus nun genau war und was es vielleicht mit AIDS zu tun hatte, wollten Montagnier und seine Kollegen nicht sagen. Sie waren vorsichtiger als seinerzeit Gallo bei seiner Vorstellung des HTLV. Sie hatten es nur bei einem Patienten isoliert und kaum genug Beweismaterial in der Hand, um irgendeinen belastbaren Schluß daraus zu ziehen: »Wir folgern daraus zunächst, daß dieses Virus, ebenso wie alle bisherigen HTLV-Isolate, zu einer Familie von T-lymphotropen Retroviren gehört, die ... vielleicht bei einer Reihe von pathologischen Syndromen, darunter auch AIDS, eine Rolle spielen.«

Montagnier war aufgeregt, Gallo ebenfalls. In derselben Ausgabe von *Science* erschienen zwei Arbeiten von Gallo mit der Erklärung, daß er das HTLV bei AIDS-Patienten nachgewiesen hatte. Zwei Aufsätze von Max Essex enthielten ähnliche Ergebnisse und zusätzliche Angaben darüber, wie das Katzenleukämievirus das Immunsystem unterdrückte. Nach Ansicht dieser beiden Autoren bestätigte Montagnier lediglich, daß ein HTLV-ähnliches Virus bei AIDS eine Rolle spielte. »Wir hatten den Eindruck«, erklärt Essex, »daß Montagnier unsere Befunde bestätigte und wir die seinen.«

Die französische Arbeit wurde mit Skepsis aufgenommen. Nicht nur war das Beweismaterial für dies neue Virus dürftig, sondern auch die Elektronenmikroskopaufnahmen waren nicht besonders deutlich, und nicht jeder war überzeugt, daß es sich überhaupt um ein Retrovirus handelte. Montagnier und seine Kollegen hatten außerdem Schwierigkeiten, das Virus in ausreichender Menge für eine genaue Analyse zu züchten. Es tötete immer wieder die Zellen ab, in denen es wuchs, und deshalb mußten Chermann und Barré-Sinoussi es ständig auf neue T-Zellen übertragen. Dennoch war die Gruppe vom Institut Pasteur überzeugt, daß sie etwas in der Hand hatte, und Montagnier bat Gallo um Übersendung von etwas Interleukin-2, damit er sein Virus mit besseren Aussichten auf Erfolg züchten konnte. Gallo seinerseits bat darum, etwas vom Virus zu sehen zu bekommen.

Im Sommer 1983 gerieten Gallos eigene Arbeiten ins Stokken. Seine Wissenschaftler wiesen reverse-Transkriptase-Aktivität in infizierten T-Zellen von einem anderen Virus nach, das sie einfach nicht züchten konnten. Die Verfahren, die sich beim HTLV so bewährt hatten, wo sie mit IL-2 die T-Zellen und das Virus unendlich lange hatten am Leben halten können, funktionierten bei diesem unbekannten Virus nicht. Auch bei der Probe des französischen Virus, das Montagnier Gallo zur Verfügung gestellt hatte, schlugen sie nicht an. Vor derselben Schwierigkeit stand auch die Gruppe im Institut Pasteur: Das Virus tötete die Zellen ab, die es infizierte. Gallo und seine Mitarbeiter waren jedoch an das HTLV gewöhnt, das die Zellen zur Proliferation und nicht zum Absterben brachte, und deshalb erkannten sie den Unterschied wohl nicht richtig. Sie hoben das Virus vom Institut Pasteur und ihr eigenes, noch nicht identifizierbares Virus in der Tiefkühltruhe auf und suchten weiter nach einer HTLV-Variante. »Es läßt sich nicht abstreiten, daß damals, also im Sommer und gewiß im Frühherbst, Chermann die zytopathische Wirkung dieses Virus erkannt hatte, ich jedoch nicht«, berichtete Gallo in *Science.* »Im Rückblick könnte ich mir heute noch alle Haare ausreißen, wenn ich daran denke, daß wir immer wieder stur versucht haben, diese Zellen langfristig in IL-2 zu züchten ... Damit haben wir Monate verloren.«

Das war der Stand der Dinge im Herbst 1983, als Gallo eine Tagung über Human-T-Zellen-Leukämieviren in Cold Spring Harbor auf Long Island veranstaltete. Sie bot allen, die sich im Wachstumsgebiet humane Retroviren betätigten, die erste Möglichkeit zum persönlichen Zusammentreffen und zur Klärung der Vorgänge im Gespräch. Die schriftlichen Arbeiten aller Kollegen zu lesen war nur eine Seite; miteinander sprechen zu können, brachte zusätzlich Gewinn. Prompt traten die ersten Spannungen auf.

Montagnier ging ans Rednerpult und erklärte unter anderem, er und seine Mitarbeiter hätten das unbekannte Virus

LAV genannt, also Lymphadenopathie-assoziiertes Virus, und sie hielten es für die wahrscheinlichste Ursache von AIDS. Die Gruppe am Institut Pasteur entwickle auch einen Test zum Nachweis von Antikörpern gegen LAV im Blut, ähnlich dem Test, den Essex bereits für die Suche nach einem HTLV-ähnlichen Virus ausgearbeitet habe. Außerdem verkündete Montagnier, daß dieselben AIDS-Patienten, die Antikörper gegen LAV gebildet hatten, auch einen negativen Test auf HTLV zeigten. Die beiden Viren seien mithin »deutlich verschieden voneinander«.

Alle damals Anwesenden erinnern sich an diesen Augenblick als ein höchst dramatisches Ereignis. Montagnier erklärte damit Gallo praktisch auf dessen eigenem Territorium, daß er sich bei HTLV und AIDS geirrt habe. Das französische Virus war keine HTLV-Variante, sondern ein eigenes Virus und wahrscheinlich die Ursache von AIDS.

In der anschließenden Diskussion meldete sich Gallo zu Wort. Er stellte Montagniers Ergebnisse in Frage. »Er erklärte ihm, das sei wissenschaftlich völlig unhaltbar«, teilte später ein Beobachter einem Journalisten mit, »so etwas könne unter gar keinen Umständen stimmen.«

»Ich habe ihm eigentlich nur Fragen gestellt«, erinnert sich Gallo, »aber es waren immer gleich sieben Fragen auf einmal. Er faßte das wohl als schärfste Kritik auf und meinte, ich wolle ihm ein Bein stellen.«

Doch für Jacques Leibowitch, den ewigen Bilderstürmer, spielte sich hier wesentlich mehr ab als ein rein wissenschaftlicher Meinungsaustausch. »Er behandelte Montagnier grob, nur weil der Daten vorgelegt hatte, die Gallo nicht anerkennen mochte. Es war ein Kampf mehr um Macht als um Wahrheit. In dieser Situation veränderte sich das Umfeld fühlbar. Wir wollten eigentlich eine Art Weltkrieg führen, um eine Katastrophe für die Menschheit zu verhüten; das ging über den einzelnen weit hinaus. Und jetzt artete das zu einem Zweikampf zwischen zwei Typen aus. Montagnier spielte den Ritter in schimmernder Rüstung mit seinem Virus, das der andere nicht hatte, und der andere wurde schier wahnsinnig. Aber Montagnier vertrat Frankreich, und er hatte eben Sachen, über die Gallo nicht verfügte. Das hätte Gallo merken müssen, aber es entging ihm.«

Gallo selbst möchte heute den Vorfall am liebsten ungeschehen machen. »Ich war früher viel grober und immer geradeheraus, aber so etwas mache ich heute nicht mehr. Heute stelle ich auch Fragen nicht mehr so, sondern behalte sie für mich, solange es nicht um meine eigene Existenz und meine eigenen Mitarbeiter geht. Sonst sieht es so aus, als wollte ich mich nur wichtig machen. Ich habe heute nicht mehr denselben Testosteronspiegel wie damals.«

Die Konferenz in Cold Spring Harbor verschärfte Montagniers Schwierigkeiten noch, seine Ergebnisse auf beiden Seiten des Atlantik anerkannt zu sehen. »In diesem Jahr nahm niemand Montagnier so recht ernst«, erinnert sich Essex, »zum Teil wohl auch deshalb, weil seine Daten nicht besser begründet waren als unsere mit dem HTLV. Wir stellten bei 20, 30, 40 Prozent unserer AIDS-Patienten HTLV fest, und mehr bekam er auch nicht mit dem Virus, von dem wir heute wissen, daß es das richtige war. Zum Teil lag es vielleicht daran, daß wir ausgetüftelte und genau überwachte Analysen durchführten, während er keine gute Reagenzien hatte und sein Virus auch nicht gut wuchs. Aber er konnte niemand umstimmen. Allgemein herrschte die Ansicht, daß er auch nicht im entferntesten ein vollständiges wissenschaftliches Ergebnis zu bieten hatte.« Essex schüttelt über diesen Irrsinn den Kopf. »Kein Mensch konnte sich damals vorstellen, daß sich Montagniers Isolat schließlich als das richtige erwies und die anderen als unbedeutend oder nebensächlich oder gar falsch abgetan wurden.« Das Institut Pasteur meldete seinen Bluttest zum Patent an, obwohl man damit nur bei 20 Prozent aller AIDS-Patienten Antikörper nachweisen konnte.

Nach der Konferenz in Cold Spring Harbor war Gallo fester entschlossen denn je, seinen eigenen Ansatz weiter zu verfolgen. Im November stieß er auf etwas Aussichtsreiches. Sein Kollege Mikulas Popovic, ein Zellbiologe, stellte bei der Klonierung von T-Zellen eines Leukämiepatienten fest, daß er diese Zellen mit AIDS-Viren in Form von Blutserum von Patienten infizieren konnte und die Zellen weiterlebten und immer weiter Viren erzeugten. Das war genau der Durchbruch, den die Gruppe um Gallo ersehnt hatte. Jetzt konnten sie das Virus endlich in großen Mengen züchten.

Dann tat Popovic etwas Ungewöhnliches. Um mit größerer Aussicht auf Erfolg bei der neu klonierten Zellinie eine positive Infektion auszulösen, poolte er Blutserum von zehn AIDS-Patienten und inokulierte die Zellen mit diesem Gemisch. (In einem getrennten Experiment setzte er gleichzeitig einer Kultur Serum von einem einzigen infizierten Patienten zu.) Je mehr Virusstämme die Zellen angriffen, dachte er sich, um so höher die Wahrscheinlichkeit einer starken, anhaltenden Infektion. Die Rechnung ging auf. Schon im Dezember erzeugte Gallos Laboratorium Viren en masse.

Damit wurde das AIDS-Virus zum ersten Mal überhaupt mit Erfolg gezüchtet; die Herstellung des Blutpools sollte Gallo allerdings noch bedauern. In seiner Verzweiflung über die monatelangen vergeblichen Versuche, das Virus zum Wachsen zu bringen, hatte er schließlich einen unüberlegten Schritt getan. Die Zeit lief ihm davon, in dieser Zeit starben immer mehr Menschen an der Krankheit, und in dieser Zeit setzten Montagnier und seine Kollegen ihre eigene Forschung fort. »Pasteur sagte damals, ein Virus sei unmöglich in Zellen zu züchten, *unmöglich*«, erinnert sich Gallo. »Wir haben uns gedacht, nichts ist unmöglich, aber wir kommen nicht weiter, wenn wir das Virus nicht in einer Zellinie züchten. Also müssen wir einfach probieren. Mika goß deshalb die Nährlösung von Kulturzellen von zehn Patienten zusammen. Wir wollten damit eine Infektion erzeugen, die gleich kräftig anfing. Wir mußten unter allen Umständen etwas bewegen.«

Im Januar 1984 war Gallo felsenfest überzeugt, daß er die Ursache von AIDS gefunden hatte. Am 4. Mai 1984 veröffentlichte er in seinem gewohnt marktschreierischen Stil vier Artikel mit seinen Ergebnissen in *Science*; zum ersten Mal brachte diese Zeitschrift damit so viele Arbeiten von ein und derselben Gruppe in ein und derselben Ausgabe. Bei der Beschreibung dieses neuen Virus, das er HTLV-III nannte (nachdem er zuvor schon das HTLV-II, eine weitere Variante des ursprünglichen humanen Retrovirus entdeckt hatte), wies er zusammen mit seinen Kollegen nach, daß sie jetzt über die Möglichkeit verfügten, das Virus in großen Mengen in Kulturen in ihrer neuen Linie von klonierten T-Zellen auf Dauer zu züchten. Sie hatten das Virus nicht nur bei einem, sondern bei achtundvierzig verschiedenen Patienten nachgewiesen, die an AIDS oder AIDS vorausgehenden Symptomen litten. Sie hatten ein Verfahren entwickelt, mit dem man Antikörper gegen das Virus im Blut dieser Patienten nachweisen konnte; das sei bei bis zu 88 Prozent der Fälle auch geschehen; damit habe man die Grundlage für einen Screeningtest zur Überwachung von Blutspendern entwickelt. Außerdem habe man die Antigene des Virus analysiert und festgestellt, daß sie mit dem schon vorher entdeckten HTLV verwandt seien.

Als Krönung des Ganzen berief schließlich die damalige amerikanische Gesundheitsministerin Margaret Heckler eine Pressekonferenz ein, auf der Gallos Ergebnisse der Welt verkündet wurden. Nun bekam es wirklich jeder mit. »Wir fügen heute der langen Liste amerikanischer Höchstleistungen in der Medizin und den Naturwissenschaften eine weitere Wundertat an«, erklärte sie und setzte hinzu, die Entdeckung solle zu einem Bluttest für AIDS führen. Wie immer, wenn Gallo beteiligt war, ließ sich die Reaktion schon voraussagen: Entzücken, Bewunderung, Entrüstung, Neid. »Nachdem ausgekungelt worden war, daß Margaret Heckler die Entdekkung ankündigen sollte«, erinnert sich Max Essex, «rief das einen Sturm der Eifersucht hervor. Doch an den Daten konnte niemand vorbeigehen, denn die zeigten klar, daß hier die ganze Geschichte lückenlos dokumentiert war und wir die Ursache von AIDS *bewiesen* hatten. Bis dahin hatte niemand, weder ich, noch er, noch Montagnier, auch nur angedeutet, daß er die Ursache bewiesen hatte. Immer wieder hatte es nur geheißen, man habe die entscheidende Hypothese mit den überzeugendsten Beweisen und den aussichtsreichsten Schlußfolgerungen. Doch jetzt mußten alle wohl oder übel eingestehen, daß er es bewiesen hatte.«

Also beantragte die amerikanische Regierung Patentschutz für das Verfahren zur Massenherstellung des Virus ebenso wie für den Antikörpertest. Samuel Broder, damals Leiter der klinischen Onkologie im NCI, berichtete später in *Science,* im AIDS-Krieg sei das Frühjahr 1984 »in der Funktion gleichbedeutend mit Stalingrad oder El Alamein gewesen. Dieser Krieg ist noch längst nicht zu Ende, und noch immer besteht die Aussicht, daß er kein gutes Ende nimmt; allerdings sind wir an seinem Wendepunkt angelangt.«

Was hieß das für Luc Montagnier? Hatte er nicht auch ein Virus, und hielt er es nicht auch für die AIDS-Ursache? »Vor der Pressekonferenz wurden wir von Gallo unterrichtet«, erzählte Montagnier einem Interviewer. »Ich kann mich noch gut an den Tag im April 1984 erinnern, als er mich in meinem Büro besuchte. Er saß hier an diesem Tisch auf dem Stuhl, auf dem Sie jetzt sitzen und erzählte uns, er habe das Virus entdeckt, das AIDS verursacht; er nannte es HTLV-III. Ganz offensichtlich war sein Virus mit unserm nahe verwandt, wenn nicht sogar identisch. Meine Reaktion war absolut positiv. Er bestätigte unsere Arbeiten. Später wurde die Debatte polemisch, aber meine erste Reaktion verlief etwa nach dem Muster: ›Herrlich, ich bin froh, daß Gallo auch entdeckt hat, was wir schon gefunden haben.‹«

Die Geschichte wiederholte sich. Als Montagnier 1983 das LAV isoliert hatte, war das für Gallo zunächst eine Bestätigung seiner vorausgegangenen Hypothese gewesen, daß AIDS auf das HTLV zurückging; jetzt betrachtete Montagnier Gallos Entdeckung des HTLV-III als Bestätigung seines vorausgegangenen LAV-Nachweises. Doch dieser nach außen zur Schau getragene Geist freundlicher Übereinstimmung schlug bald in Zank und Streit um und mündete in eine Phase, die die Wissenschaftler im Institut Pasteur rasch als »den Krieg« bezeichneten. Der erste Schlag war absichtlich oder unabsichtlich schon am Tag vor der Pressekonferenz gefallen, auf der Margaret Heckler Gallos Entdeckung beschrieb, als die *New York Times* in einer Titelgeschichte erklärte, die Gruppe im Institut Pasteur habe die Ursache von AIDS entdeckt. »Ich glaube, wir haben die AIDS-Ursache gefunden, und die Entdeckung ist aufregend«, erklärte Dr. James O. Mason, der Leiter des Centers for Disease Control. »Die Öffentlichkeit muß wissen, daß es sich hier um einen bedeutenden Durchbruch handelt.« Die CDC arbeiteten eng mit der französischen Gruppe zusammen, und obwohl das Institut Pasteur jede Verbindung mit dem Artikel abstritt, wirkte er auf einige Leute in Gallos Lager wie ein bewußter Versuch, ihrer bevorstehenden Ankündigung zuvorzukommen. Den zweiten Schlag führte Gallo mit seinen vier Artikeln in *Science*. Jetzt fühlte sich die Gruppe im Institut Pasteur auf den Schlips getreten, denn Gallo wies auf die »unzulängliche Charakterisierung des LAV« hin; »das Virus ist zur richtigen Isolation bisher noch nicht auf eine permanent wachsende Zellinie übertragen worden und deshalb auch schwierig in größeren Mengen zu beschaffen«. Das stimmte natürlich alles, doch die französischen Wissenschaftler sahen es als hämische Herabsetzung ihrer Forschung an. »Seine Darstellung unserer Daten hat mich erschüttert«, erklärte Montagnier.

Die Schlachtordnung stand also fest. Es ging um persönliche Reputation, Nationalstolz und Wirtschaftsinteressen. Wem sollte die Entdeckung des Virus, das AIDS verursacht, zugeschrieben werden?

Wem sollten die Schutzrechte an einem AIDS-Bluttest zuerkannt werden? Beide Seiten hatten sie beantragt. Wer darüber verfügte, konnte Lizenzeinnahmen von vielen Millionen Dollar erwarten. Als im Mai 1985 den Vereinigten Staaten ein Patent auf den Bluttest zuerkannt wurde, nicht jedoch Frankreich, das seinen Antrag ein paar Monate früher gestellt hatte, und als im Dezember desselben Jahre das Institut Pasteur die amerikanische Regierung deswegen verklagte, war der Bruch offenkundig.

Gallo galt oft als Schurke in diesem Stück, in Frankreich und auch im eigenen Land. Die Franzosen warfen ihm vor, er habe versucht, Montagnier und dem Institut Pasteur die Schau zu stehlen, indem er fälschlich behauptet habe, sein Virus sei die wahre Ursache von AIDS. Andere wieder meinten, es sei dabei nur ums Ego gegangen, und der Schuldige sei eben der Mikrobiologe mit dem ausgeprägtesten Ego. Zwei überraschende Vorfälle fachten diese gegenseitigen Anschuldigungen erneut an, und es wurden sogar Spekulationen laut, daß Gallo Montagnier offenbar mehr als die Schau gestohlen habe.

Da kam zuerst die Enthüllung, daß zwischen dem HTLV-III und dem LAV eigentlich fast kein Unterschied bestand. Informationen, die auch eine Analyse eines weiteren AIDS-Virus, ARV, einschlossen, das Jay Levy von der University of California in San Francisco Anfang 1985 entdeckt hatte, ließen erkennen, daß sich das ARV zwar von den beiden anderen Viren in fast 600 der insgesamt 10000 Nukleotide in den Genen unterschied, doch das HTLV-III und das LAV so gut wie identisch waren. Sie unterschieden sich lediglich in rund 150 Nukleotiden, also praktisch überhaupt nicht. Wie das? Wie konnte ein in Paris entdecktes Virus mit einem in Bethesda, viele tausend Kilometer entfernt davon, isolierten Virus fast identisch sein? Für manche gab es da nur eine Erklärung: Gallo hatte Montagniers Virus gestohlen und als eigenes ausgegeben. Er hatte sich nicht nur mit fremden Federn geschmückt, sondern war ein Dieb.

In Kreisen der Wissenschaft wurde diese Beschuldigung niemals öffentlich geäußert, obwohl es in der Gerüchteküche heftig brodelte. Die Medien waren da weniger zartfühlend. Im *San Francisco Chronicle* hieß es: »Es gab Spekulationen, daß Gallos Laboratorium das französische isolierte Virus vielleicht als eigene Entdeckung ausgegeben hat. Öffentlich mochte Montagnier diese Behauptung allerdings nicht aufstellen. Andere Wissenschaftler am Institut Pasteur erklärten unter vier Augen, Gallo habe das Virus ›gestohlen‹.« Gallo wies derartige Angriffe mit gewohnt markigen Sprüchen zurück (wiederum aus dem *San Francisco Chronicle* zitiert): »Ich bin der Vater der Humanretrovirologie. Auch ohne das HTLV-III ist mir ein Platz in der Geschichte der Naturwissenschaften sicher. Auf solche Anwürfe brauche ich nicht einzugehen; sie sind einfach lächerlich.«

Wenn das so ist, muß man sich allerdings fragen, warum die beiden Viren nahezu identisch sind. Eine Erklärung könnte sein, daß es sich in Wirklichkeit um Stämme desselben Virus handelt, die zufällig bei verschiedenen Patienten auftreten. Denn obwohl Gallo und Montagnier ihre Viren viele tausend

Kilometer entfernt voneinander und zu verschiedenen Zeiten isoliert haben, hatten doch die Menschen, von denen die Viren stammten, eines gemeinsam: Sie hatten in den 70er Jahren als Homosexuelle in der Stadt New York gelebt.

Die ganze Zeit über blieben Gallo und Montagnier in Verbindung. Gallo erinnert sich an ein Telefongespräch in dieser Zeit. »Ich rief Montagnier an und sagte: ›Ist Ihnen aufgefallen, daß das HTLV-III und das LAV so nahe miteinander verwandt sind?‹

Er antwortete: ›Das muß auch so sein, denn es ist ja dasselbe Virus. Die kommen aus New York. Die Typen haben sich Ende der 70er Jahre in New York gleichzeitig infiziert.‹

›Ja, daran liegt es wahrscheinlich‹, erklärte ich.«

»Mein Virus und das HTLV-III sind vermutlich dasselbe«, sagte Montagnier heute. Dann fügt er hinzu: »Sie stammten vom selben Patienten oder von Patienten, die miteinander Geschlechtsverkehr gehabt hatten. Mein Patient war Franzose, aber er war mehrmals in New York. Er könnte das Virus dort aufgelesen haben.«

Wenn man berücksichtigt, daß es Mitte bis Ende der 70er, als sich das AIDS-Virus in den Vereinigten Staaten gerade bemerkbar zu machen begann, gewiß viel weniger Stämme gab als später, könnte es durchaus sein, daß sich aktive Homosexuelle zur selben Zeit am selben Ort mit demselben Virus infiziert haben. Daß dieses gemeinsame Virus in den Laboratorien beider Forscher aufgetaucht ist, wird noch wahrscheinlicher, weil Gallo und Popovic bei der Kultur ihrer AIDS-Viren die Viren von zehn AIDS-Patienten miteinander vermischten. Vielleicht enthielt die Mischung ein mit dem LAV identisches Virus. »Hat da unter Umständen eine Vermischung über Kreuz stattgefunden?« fragte Gallo. »Die Vermutung ist nicht von der Hand zu weisen.«

Aber: »Sie stammten ja vom selben Patienten ...« Was will Montagnier damit sagen? Sind sich die Viren so ähnlich, weil sie in Wirklichkeit ein und dasselbe Virus, also Montagniers Virus, sind? Könnte die Erklärung im schlimmsten Vorwurf der Virologie liegen, den gerade Bob Gallo schon zu oft hat vernehmen müssen: Kontamination? »Da die beiden Isolate einander so ähnlich sind«, erklärt Montagnier, »könnte das eine durchaus die Kontamination des anderen sein. Denn Gallo und sein Mitarbeiter haben auch mein Virus, nicht nur ihr eigenes Isolat, auch mein Virus im selben Labor gezüchtet.«

Vielleicht waren Gallos Kulturen mit dem LAV kontaminiert, so wie 1975 das Affenvirus seine Kultur verunreinigt hatte. Gallo hatte durchaus LAV in seinem Labor, und Kontaminationen lassen sich auch in unserem Zeitalter der Kunststoff-Einwegbehälter und aller anderen modernen Vorkehrungen nicht absolut sicher ausschließen. Gallo selbst weist die Möglichkeit nicht von der Hand. »Es muß entweder eine Kontamination vorgekommen sein, was möglich ist, oder es handelt sich bei diesen Infektionen wirklich um Fälle aus den frühen, mittleren bis späten Siebzigern; damals gab es ja noch nicht so viele Viren. Aber wir haben auch noch andere Isolate, also was soll's?«

Doch dann ereignete sich eine weitere unerwartete Wendung in einer Geschichte, die ohnehin schon genug davon aufwies. In einem seiner vier Artikel in *Science* hatte Gallo, wie sich herausstellte, in einer zusammenmontierten Abbildung, die die Ähnlichkeiten und Unterschiede der humanen Retroviren zeigte, aus Versehen auch ein Elektronenmikroskopbild ausgerechnet von Montagniers Retrovirus, LAV, benutzt. Was in der Abbildung HTLV-III genannt wurde, war in Wirklichkeit das LAV. In einem Schreiben an *Science* vom April 1986 räumten Gallo und seine Mitarbeiter das auch ein.

Wie peinlich. Vor allem, wenn man mitten in einem Rechtsstreit darüber steckt, wer das Virus entdeckt hat und wem die Schutzrechte an einem Bluttest zustehen. Abgesehen von den Beschuldigungen durch Gallos Kritiker, die in diesem Irrtum nur ein weiteres Indiz dafür sahen, daß er Montagniers Virus gestohlen hatte, bot das den Anwälten des Institut Pasteur Anlaß zur Behauptung, das falsch bezeichnete Elektronenmikroskopbild »trage zu den Indizienbeweisen bei«, daß Gallo Montagniers Virus benutzt hatte, um wesentliche Informationen zu gewinnen. Das war, mit anderen Worten, ein weiterer Hinweis darauf, daß die Entdeckung und die Schutzrechte dem Institut Pasteur zuerkannt werden sollten.

Unsinn, schlug Gallo zurück. Er habe Elektronenmikroskopbilder vom LAV bestellt, und Montagnier habe sie auch ohne weiteres geliefert, nur um zu bestätigen, daß es sich bei diesem Virus tatsächlich um ein Retrovirus handelte, was ja umstritten gewesen sei. Außerdem sei sein Forschungsinstitut kein Laboratorium für Elektronenmikroskopie. Er müsse seine Proben zu Mikroskopaufnahmen an das Frederick Cancer Center des NCI schicken. »Ich wollte die Fotomontage bringen«, erklärte er, »aber hergestellt wurde sie im Frederick Cancer Center, nicht bei mir oder von jemand in meinem Labor.«

Aufgebracht zuckt Gallo die Achseln. »Betrachten wir es doch einen Augenblick mit Gelassenheit: *Niemand hat etwas falsch gemacht!* Sicher haben uns Montagnier und seine Leute das Virus gegeben, aber was heißt das schon? Wir haben ihnen IL-2 geschenkt, dann die Reagenzien für HTLV-I, die Reagenzien für HTLV-II, haben mit ihnen telefoniert, ihnen unsere Protokolle geschickt. Das ist doch keine Einbahnstraße.

Und das wäre, wenn wir wirklich ihr Virus genommen und in einer Massenkultur gezüchtet hätten, was nach ihrer Ansicht unmöglich war? Wenn wir damit tatsächlich einen Bluttest hergestellt und die Etiologie aufgeklärt hätten? Dann würde ich doch sagen, um so besser! Mika Popovic versteht die Welt nicht mehr. Er meint: ›Wenn das alles ist, was wir je im Leben geschafft haben, dann sollte man doch meinen, daß uns die Leute dankbar auf die Schulter klopfen und uns nicht mit Dreck bewerfen.‹«

Dennoch kann man über das schiere Ausmaß des Durcheinanders im Zusammenhang mit der Entdeckung des AIDS-Virus nur staunen. Bob Gallo, der sich offenbar im Mittelpunkt eines Wirbelsturms nach dem anderen findet, denkt sich sicherlich, daß er die Dinge vielleicht doch etwas anders hätte anpacken sollen.

»Gallo hat einen Fehler gemacht: Er hat nicht erklärt, daß sein Virus vielleicht aus dieser Linie stammte«, meint Werner Kirsten. »Warum hat er nicht gesagt: ›Herrlich, daß Montagnier ein Virus hat. Seines ist ein europäisches Isolat, unseres ein amerikanisches.‹ Ich finde, er hätte ruhig etwas großzügiger sein können. Wenn ich etwas an Bob zu kritisieren habe, dann das.«

Jacques Leibowitch ist derselben Ansicht: »Gallo hat einen Fehler gemacht. Er ist stark, aber auch arrogant aufgetreten. Ihm ist nicht eingefallen, daß er mit dem Institut Pasteur politisch umgehen mußte. Er kann doch das Pasteur nicht ans Schienbein treten, ohne dabei eine ganze Nation zu beleidigen. Er hat unseren Stolz verletzt. Gegen das Institut Pasteur anzustänkern, das ist so, als ob man die französische Fahne entweiht. Er hätte merken müssen, was auf dem Spiel steht. Nachher hat er es erkannt, aber da war es schon zu spät.«

Gegen Anfang des Jahres 1987 hatte also AIDS zwei ausgewachsene Kriege ausgelöst: einen gegen die Krankheit und einen zwischen dem Institut Pasteur und dem NCI. Der näherte sich allerdings seinem Ende. Im Herbst 1986 ließ der französische Premierminister Jacques Chirac den amerikanischen Präsidenten Ronald Reagan wissen, daß es an der Zeit sei, sich zu versöhnen. Zu diesem Waffenstillstand mußten offenbar in beiden Ländern die höchsten politischen Instanzen eingeschaltet werden. Beide Seiten waren ziemlich mitgenommen und zum Friedensschluß bereit. Mit Hilfe von Jonas Salk, der als Mittelsmann und Bote fungierte, wurde im März 1987 eine Einigung erzielt: Die Gruppen von Montagnier und Gallo wurden offiziell als gemeinsame Entdecker des AIDS-Virus anerkannt. Das Virus wurde von nun an HIV genannt (als Abkürzung für die englische Bezeichnung, Human Immunodeficiency Virus). Alle noch anhängigen Rechtsstreitigkeiten sollten eingestellt werden. Das amerikanische Patent auf den Antikörpertest sollte dahingehend erweitert werden, daß es die Namen der Wissenschaftler vom Institut Pasteur einschloß, ebenso wie in die französische Patentanmeldung die Namen der Wissenschaftler vom NIC aufgenommen werden sollten. Im Abkommen wurde die Einrichtung einer AIDS-Forschungsstiftung festgelegt, die zu 80 Prozent aus den insgesamt eingehenden Lizenzgebühren finanziert werden sollte; den Rest sollten sich die beiden Parteien teilen. Und schließlich sollten sich Gallo und Montagnier auf eine offizielle Zeittafel der AIDS-Forschung einigen. Sie wurde unter dem Namen beider Autoren in einer Aprilausgabe von *Nature* veröffentlicht.

Das Abkommen wurde am 31. März 1987 von Reagan und Chirac im Weißen Haus verkündet – ein historisches Datum, denn etwas Ähnliches hatte es weder vorher gegeben, noch hat es sich seither abgespielt. »Dieses Abkommen eröffnet ein neues Zeitalter in der französisch-amerikanischen Zusammenarbeit«, erklärte Reagan, »und versetzt Frankreich und die Vereinigten Staaten in den Stand, diese fürchterliche Krankheit mit vereinten Kräften in die Schranken zu weisen und hoffentlich die Entwicklung eines Impfstoffs oder Heilmittels gegen AIDS zu beschleunigen.«

Die Hauptdarsteller schienen mit der Regelung einverstanden zu sein oder hatten sich zumindest damit abgefunden; sie begrüßten sie vor allem als Möglichkeit, sich wieder an die Arbeit zu machen.

Mittlerweile haben die humanen Retroviren durchaus die Bedeutung erreicht, die Gallo ihnen von Anfang an zugeschrieben hatte, und einige der besten Köpfe in der Grundlagenforschung und der angewandten Forschung beschäftigen sich intensiv mit ihnen. Angesichts der Schwierigkeiten, die Retroviren aufwerfen, ist das auch dringend nötig, denn das HIV bietet wahrlich genug Probleme, so daß man die Leukämieviren, HTLV-I und seine Verwandten getrost außer Betracht lassen kann. Montagnier hat einmal gesagt: »Wenn ich ein Teufel wäre, der ein bösartiges Virus erfinden sollte, das für die Menschheit die meisten Probleme mit sich bringt, wäre es das AIDS-Virus. Dieses Virus hat die Achillesferse des Immunsystems entdeckt.«

Wieso? Zum einen greift das HIV in erster Linie T-Zellen an, also weiße Blutkörperchen, die bei der Immunantwort des Körpers auf eindringende Viren und andere infektiöse Agenzien eine wichtige Rolle spielen. Die T-Zellen machen infizierte oder bösartige Körperzellen direkt unschädlich und tragen gleichzeitig zur Abstimmung weiterer taktischer Maßnahmen des Immunsystems bei, wie zum Beispiel der Bildung von Antikörpern. Das HIV geht aber ganz gezielt ausgerechnet auf die T-Zellen, die sogenannten T_4- oder Helfer-T-Zellen, los, die am meisten zur Auslösung dieser Funktionen beitragen und noch eine weitere Art von weißen Blutzellen aktivieren, die sogenannten natürlichen Killerzellen. Wie die T-Zellen, so patrouillieren auch diese Zellen im Körper herum und töten infizierte Zellen ab, wenn sie darauf stoßen. Diese Killerzellen heften sich ganz rasch an ihre Opfer und geben eine tödliche Dosis giftiger Chemikalien ab, die Löcher in die Membran der infizierten Zellen bohren. Die angebohrten Zellen können ihre Flüssigkeit nicht mehr halten und platzen bald. Wer also die T_4-Zellen erledigt, hat damit die Immunantwort des Körpers zu einem großen Teil lahmgelegt. Es ist eine meisterhafte, tückische Strategie.

Aber es geht noch weiter. Das HIV greift auch Makrophagen an, weitere unentbehrliche Mitstreiter im Immunsystem. Makrophagen sind weiße Freßzellen, die überall im Körper körperfremde Substanzen und Zelltrümmer verschlingen. Sie erfüllen auch eine wichtige Aufgabe bei der Auslösung der ersten Immunantwort, denn sie alarmieren die T-Zellen gegen eine Invasion. Indem es die Makrophagen infiziert, schwächt das HIV das Immunsystem also noch mehr. Gleichzeitig verbreiten infizierte Makrophagen das Virus im ganzen Körper, denn die Freßzellen sterben, im Gegensatz zu den T-Zellen, nicht so bald an einer Infektion. Sie wandern weiter durch den Körper, jetzt allerdings mit der lästigen HIV-Fracht. Diese zirkulierenden, infizierten Makrophagen sind vielleicht sogar das Vehikel, mit dem das HIV die bei AIDS oft auftretenden neurologischen Ausfälle verursacht. Gedächtnisschwund, Entscheidungsschwäche und Abnahme der Körperkoordination im Verlauf der Krankheit sind unter Umständen Folgen von Makrophagen, die ihre tödliche Fracht ins Gehirn befördern.

Die Angriffsstrategie des HIV ist also viel raffinierter als die irgendeines anderen menschlichen Virus; es legt das Immunsystem selbst lahm. Es entwaffnet den Körper nicht, indem es ihn von außen übermannt, sondern durch Infiltration von innen. Doch selbst in diesem verkrüppelten Zustand hat das Immunsystem immer noch Möglichkeiten, gegen das Virus zu kämpfen, sofern es den Eindringling findet. Das HIV schaltet das Immunsystem nicht nur aus, sondern kann sich auch meisterhaft vor ihm verstecken. Außer dem kapriziösen Grippevirus gibt es kein anderes Virus, das so wie das HIV die Konfiguration seiner Oberfläche ändern und damit der Entdekkung durch das Immunsystem entgehen kann. Das HIV mutiert unglaublich schnell, oft innerhalb des Menschen, den es infiziert hat; es gibt Fälle, in denen sich die Viren in ein und derselben Person um ganze dreißig Prozent voneinander unterscheiden. Der Grundgedanke ist ebenso alt und wirksam wie die Spionage: Wer mich nicht findet, kann mir auch nicht das Handwerk legen.

Dabei ist eine oberflächliche Verkleidung vielleicht noch die geringste unter den Listen des HIV. Weitaus folgenschwerer ist das Merkmal, dem es und seine Geschwister den Familiennamen verdanken, das Merkmal, das Temin und Baltimore vor zwanzig Jahren entdeckt haben: die Fähigkeit der Retroviren, ihre RNS-Gene in DNS umzuschreiben. Dabei werfen das HIV und andere Retroviren ihre äußere Membran, die Eiweißhülle und den Rest ihrer Virusgestalt ab und bauen ihre neugebildete DNS unmittelbar in die DNS-Gene der Zelle ein, die sie gerade infizieren. Dort bleiben sie dann höchstens Pünktchen auf den Zellchromosomen und für die Überwachung des Immunsystems *absolut* unsichtbar.

Diese Vorgehensweise macht die HIV-Infektion so heimtückisch, denn solange sich das Virus verborgen hält, ruft die Infektion eine Zeitlang, möglicherweise bis zu zehn Jahren oder noch länger, keine erkennbaren Symptome hervor. Mitten im Herzen der Zelle sitzt stumm und geduldig das Virus, während der infizierten Mensch, nichts Böses ahnend, sein gewohntes Leben führt und dabei unter Umständen das Virus weiter überträgt. Erst später rührt sich das Virus wieder, erzeugt weitere Viren, macht den T-Zellen ernstlich den Garaus, und dann entwickelt der betreffende Mensch erst die Symptome, die schließlich zu AIDS führen.

Was reaktiviert das HIV? Warum wird es abrupt wieder tätig, nachdem es sich schon so lange ruhig versteckt hatte? Das weiß niemand genau, aber immer mehr sieht es so aus, als ob andere Infektionen das Virus wieder zum Leben erweckten. Der Mensch kann ja gleichzeitig mit dem HIV und mit anderen Viren infiziert sein. Das HTLV und das HIV können beispielsweise beim selben Menschen dieselbe Zelle zur selben Zeit befallen. In solchen Fällen bildet sich AIDS unter Umständen viel schneller aus. Die übrigen humanen Retroviren lösen also nicht nur Leukämie aus, sondern spielen unter Umständen auch bei AIDS eine wichtige Rolle.

Das gilt vielleicht auch für ein anderes Virus, HHV-6, das Herpesvirus, das Gallo und seine Kollegen entdeckt haben. HHV-6 kommt, wie das Epstein-Barr-Virus, auch ein Herpesvirus, überall vor. In den Vereinigten Staaten infizieren sich fast 60 Prozent der Bevölkerung in den ersten beiden Lebensjahren damit, und 80 Prozent aller Erwachsenen sind chronisch infiziert. Normalerweise werden wir mit dem Virus gut fertig und halten es so weit in Schach, daß wir von seiner Gegenwart fast nichts merken (obwohl, wie wir gesehen haben, die Rolle von HHV-6 beim Syndrom der chronischen Ermüdung wohl noch näher untersucht werden muß). Doch wenn zur chronischen Infektion mit HHV-6 ein HIV-Angriff kommt, geraten die Dinge vielleicht aus dem Lot. Das Immunsystem ist durch HIV leicht geschwächt, das HHV-6 ist vielleicht nicht mehr richtig unter Kontrolle, vermehrt sich und setzt damit einen Teufelskreis in Gang. Auch das HHV-6 kann T-Zellen infizieren und töten und dabei vielleicht das HIV aus dessen langem Schlaf aufwecken. Dann vermehrt sich das HIV vielleicht wieder, schwächt das Immunsystem noch mehr, läßt damit eine noch stärkere HHV-6-Bildung zu, die wiederum mehr HIV aktiviert – und so weiter. Die Folge: Ein beschleunigtes Ausbrechen von AIDS.

Die Rolle solcher Kofaktoren bei AIDS erkennt man erst allmählich. Sie ist vielleicht wichtiger als zunächst vermutet. »Die Kofaktoren führen zu einer rasanten Zunahme von AIDS«, erklärt Gallo. »Wenn ich auf unsere ersten Fälle zurückblicke, muß ich sagen, daß wir damals der Meinung waren, AIDS komme ganz schnell. Einer unserer ersten Patienten 1980 starb sehr bald nach Bluttransfusionen. Inzwischen hat sich erwiesen, daß er mit HIV und gleichzeitig mit

HTLV-I infiziert war. Heute begreifen wir das alles viel besser. Wir erkennen mittlerweile ein neues Gebiet der Virus-Virus-Kopathogenese. Das soll nicht heißen, daß ich das HIV etwa nicht für die Krankheitsursache halte – es löst die Krankheit letzten Endes aus. Aber die Kofaktoren beschleunigen den Verlauf.«

Das kann einem richtig angst machen: Eine tödliche Krankheit wird von einem raffinierten, heimtückischen Virus ausgelöst, die zerstörerische Wirkung kann durch eine gleichzeitige Infektion mit anderen Viren noch beschleunigt werden. Eines davon, nämlich HHV-6, tragen die meisten Menschen schon in sich. Da nimmt es nicht wunder, daß AIDS unserer Zeit einen unauslöschlichen Stempel aufdrückt, sowohl in der erschreckend hohen Zahl von Infizierten und Toten, als auch in der bleibenden Veränderung unserer Bewußtseinslage: Es gibt eine Krankheit, es gibt ein Virus, denen nicht mehr Einhalt zu gebieten ist, sobald sie sich irgendwo eingenistet haben.

Das ist jedenfalls die Geschichte von AIDS bis heute. Mittlerweile erblicken die Forscher jedoch auch am Ende dieses besonders dunklen Tunnels das Licht. Zum ersten Mal können sie sich eine Welt vorstellen, die zwar nicht AIDS-frei ist, aber in der diese Krankheit unter Kontrolle gebracht wird. »Nach unserem heutigen Wissensstand«, erklärt Samuel Broder, Direktor des National Cancer Institute, »kann eine HIV-Infektion eines Tages vielleicht funktional mit dem Bluthochdruck verglichen werden. Das heißt, wir können feststellen, wer sich infiziert hat, und die Betreffenden dann, wie Menschen, die an Bluthochdruck leiden, so behandeln, daß die Krankheit entweder gebremst oder verhütet wird, so wie wir einem Schlaganfall vorbeugen oder ihn verhindern können.«

Dieser Optimismus stützt sich hauptsächlich auf drei allmählich erkennbare Behandlungsansätze: Arzneimittel gegen Viren, Immuntherapie und schließlich Impfstoffe, die die Krankheit vor oder sogar noch nach einer Infektion verhindern können. Von diesen Ansätzen sind die gegen Viren wirkenden Arzneimittel wohl am bekanntesten, hauptsächlich wegen AZT. AZT oder Azidothymidin, das erste erfolgreiche

AIDS-Mittel, hindert die reverse Transkriptase des HIV daran, aus RNS-Genen DNS zu machen. Dadurch macht AZT das Virus unschädlich. Weil es keine DNS herstellen kann, die sich dann in die DNS der Zielzelle einfügt, kann das Virus auch nicht infizieren. Doch AZT und andere Mittel, die den Vermehrungsprozeß des Virus stoppen, wirken nicht so zielgenau, daß sie nur das Virus unschädlich machen. Sie greifen auch in die Vermehrungsfähigkeit der Zelle ein. Daraus entstehen zahlreiche Nebenwirkungen, die dieses Mittel bei allem Nutzen auch zu einer gewissen Gefahr machen. Der Erfolg solcher Arzneimittel wird davon abhängen, daß man sie in den richtigen Dosen zusammen mit anderen Mitteln einsetzt, um den Krankheitsverlauf zu verlangsamen oder zum Stillstand zu bringen, ohne dabei die Gesundheit des Patienten zu sehr zu gefährden. Das ist fast Hochseilakrobatik, doch die Zukunft der AIDS-Mittel ist vielverheißend. Das will etwas bedeuten, denn Arzneimittel gegen Viren haben bisher nicht sonderlich viel bewirkt. Erst durch das Auftreten von AIDS ist dieses bis dahin vor sich hin kümmernde Gebiet neu belebt worden.

Die Immuntherapie ist ein weiterer Weg voll Hoffnungen und Möglichkeiten. Hier geht es um die Entwicklung von Arzneimitteln für bereits Infizierte, durch die deren Immunsystem so gestärkt wird, daß sich die Patienten gegen das Virus kräftig zur Wehr setzen können. Wie schon bei den Virusmitteln, so ist auch dies ein Ansatz, der erst seit AIDS richtig verfolgt wird.

Daniel Zagury von der Pierre-und-Marie-Curie-Universität in Paris ist wahrscheinlich der bekannteste Vertreter dieser Entwicklung, wenn auch nur deshalb, weil er sich mit seinen eigenen Immuntherapieimpfstoffen inokuliert hat. Zagury paßte genau den Augenblick in einem HIV-Angriff ab, in dem die Zelle durch einen Proteinmarker an ihrer Oberfläche zeigt, daß sie gerade vom Virus infiziert wird. Auf dieses Signal hin läßt das Immunsystem die T-Zellen, die natürlichen Killerzellen, sowie das ganze übrige Rüstzeug zur Bekämpfung von Infektionen los. Zagury hielt die infizierten Zellen in diesem Zustand an, tötete sie und fixierte sie so in Formaldehyd, daß sie zwar immer Anzeichen einer Infektion aufwiesen, jedoch kein lebendes Virus mehr enthielten. Sie waren also immunogen, aber nicht infektiös. Dann führte er die Zellen in einer langsamen intravenösen Injektion dem Patienten wieder tropfenweise zu und regte das Immunsystem durch die Bildung von Antikörpern und weißen Blutkörperchen tatsächlich an.

Im Zusammenhang mit HIV ist allerdings das Arbeiten mit ganzen Viren, seien sie abgetötet oder nicht, riskant. Nach diesem ersten Erfolg im November 1986 gab Zagury die Arbeitsrichtung mit Viren auf und wandte sich Rekombinationsmethoden zu, bei denen er ein genetisch verändertes Vacciniavirus einsetzte, das jetzt HIV-Proteine an der Oberfläche aufwies. Dabei entstand ein Virus, das für das Immunsystem wie HIV aussah, aber in Wirklichkeit nur das gute alte Vacciniavirus war, das schon zweihundert Jahre lang absolut sicher in Impfstoffen gegen Pocken verwendet wird. Zagury entwikkelte seine früheren Methoden weiter, entnahm einem infizierten Patienten Zellen, inokulierte sie mit seinem neuen Impfstoff, fixierte sie wie vorher, so daß sie die Anzeichen der Infektion ständig an der Oberfläche trugen, und führte sie dann in den Patienten zurück. Wie zuvor spritzte er sich die immunogenen Zellen auch in die eigenen Venen. Und wieder waren die Ergebnisse so aussichtsreich, daß Zagury im Frühjahr 1988 in *Nature* schreiben konnte: »Unsere Ergebnisse zeigen zum ersten Mal, daß beim Menschen ein Immunzustand gegen HIV herbeigeführt werden kann.«

Zagury ist dabei, diesen Ansatz noch weiter zu verfeinern, denn die Methode ist zwar sehr vielversprechend, aber auch äußerst mühselig und zeitraubend. Dennoch können Zagurys Methoden vielleicht als Grundlage von Verfahren dienen, die die Mechanik der Immuntherapie vereinfachen und dabei gleichzeitig die Wirksamkeit erhalten oder sogar noch steigern. Schon heute bietet sein Ansatz, bieten auch die Arbeiten anderer an der Entwicklung einer erfolgreichen Immuntherapie, Hoffnung und Optimismus in einem Maß, wie es bisher im Kampf gegen AIDS nicht zu verzeichnen gewesen ist.

Derselbe Optimismus kennzeichnet allmählich auch die Entwicklung von Impfstoffen. Das ist besonders erfreulich, denn eine Impfung gegen AIDS hat lange als die Behandlungsform gegolten, die am allerschwersten zu bewerkstelligen ist. Wie wir gesehen haben, wirken Impfstoffe, indem sie eine schwache Form der Infektion auslösen, so daß der Körper veranlaßt wird, seine Schutzmechanismen gegen eine wirkliche Infektion in Gang zu setzen. Damit wird eine Immunität gegen die Krankheit erreicht. Bei HIV scheint eine solche Strategie nicht möglich zu sein. Da sich das Virus für immer in den Genen infizierter Zellen einnistet, entsteht sofort ein AIDS-Risiko, wenn das Virus in den Körper eindringt, gleichgültig wie schwach und wirkungslos der Angriff auch sei. Um zu wirken, muß ein AIDS-Impfstoff also das Virus vielleicht komplett bis zum letzten Partikel abblocken, aber das hat bisher noch kein Impfstoff vermocht.

Ein Impfstoff, in dem eine geschwächte HIV-Version benutzt wird, dürfte also kaum geeignet sein. Leider läßt sich auch die ebenso alte Technik nicht anwenden, bei der das Virus abgetötet wird und deshalb nicht mehr infizieren, jedoch immer noch Antikörper gegen einen wirklichen Angriff mobilisieren kann – wenigstens nach Meinung der meisten Fachleute. Aber wie soll man wissen, ob man wirklich alle Viren getötet hat? Die tragischen ersten Erfahrungen mit dem abgetöteten Poliovirus haben uns gezeigt, daß man es manchmal eben nicht weiß. Ein Impfstoff gegen AIDS muß also wahrscheinlich aus unschädlichen Virusteilen hergestellt werden, die dennoch eine Immunität im Körper anregen können.

Damit sind wir schon bei der ersten Schwierigkeit: Das HIV ist sehr kompliziert. Zweite Schwierigkeit: Selbst wenn sich diese Hindernisse überwinden lassen, könnte man die Wirkung des Impfstoffs niemals oder allenfalls am Menschen ausprobieren. Außer Schimpansen und natürlich dem Menschen gibt es keine Lebewesen, die sich mit dem HIV infizieren können. Schimpansen sind nicht nur groß und teuer und schwierig zu behandeln, sondern stehen auch auf der Liste der gefährdeten Arten. Ohne ein zugängliches, technisch mögliches sogenanntes »Tiermodell«, an dem man genau ausprobieren kann, wie das Virus in einem lebenden System wirkt und wie es auf eine Vielfalt von Impfstrategien in einem lebenden System reagiert, sind die Aussichten auf einen Impfstoff sehr düster. Trotz der Fortschritte bei den Gewebekulturen läßt sich eben doch nicht alles im Labor überprüfen.

Woher also jetzt der Optimismus? In erster Linie vielleicht daher, daß man den Trickreichtum dieses Virus ein bißchen überschätzt hat. So zeigt das HIV zum Beispiel auf seiner knopfförmigen Oberfläche ein schleifenähnliches Protein, das offenbar der Virusteil ist, den das Immunsystem am leichtesten erkennt. In den Frühstadien der Infektion bildet der Mensch sehr rasch Antikörper gegen diese Schleife, die eine Infektion auch tatsächlich aufhalten. Darauf stützen Wissenschaftler die Vermutung, daß diese Antikörper vielleicht die Ausbreitung des Virus in der Latenzzeit der Krankheit steuern. Andererseits ist gerade diese Schleife einer der Oberflächenbereiche, die am stärksten mutieren, so daß man fast zu dem Schluß kommen könnte, sie diente zur Täuschung, als riefe das Virus: »Hier bin ich«, und veränderte dann, nachdem es den Körper zur Bildung von Antikörpern angeregt hätte, die Konfiguration dieser Schleife, um just diesen Gegenmaßnahmen zu entrinnen. Mittlerweile sieht es aber so aus, als sei diese Schleife doch nicht so schwer zu fassen, wie man einst vermutet hat. Sie hat offenbar einen Bereich, der bei allen Veränderungen gleich bleibt. Wenn das so ist, könnte sich ein Impfstoff als wirksam erweisen, der die Bildung von Antikörpern gegen diesen unveränderten Bereich auslöst.

Eine solche Möglichkeit läßt die Forscher wieder hoffen, daß man keinen Impfstoff maßschneidern muß, der ein ständig in Bewegung befindliches und sich änderndes Ziel treffen soll, sondern daß bestimmte freiliegende Bereiche des Virus immer zur Verfügung stehen. Das ist zwar immer noch kein unverfehlbares Ziel, aber es ist doch weitaus leichter zugänglich, als man bisher vermutet hatte. Das Virus scheint längst nicht der Entfesselungskünstler zu sein, den man früher darin gesehen hat.

Zweitens gilt bei HIV-Infektionen der alte Satz: »Einmal infiziert – immer infiziert« wohl nicht. Aus den immuntherapeutischen Arbeiten von Daniel Zagury läßt sich folgern, daß bereits infizierten Menschen mit einer impfstoffähnlichen Anwendung geholfen werden kann. Im Frühjahr 1989 wurden die Ergebnisse eines weiteren aufsehenerregenden Versuchs bekannt, der diese Möglichkeit noch unterstreicht. Jonas Salk, der Direktor des Salk Institute, inokulierte zusammen mit Clarence Gibbs vom NIH infizierten Schimpansen sein Präparat aus vollständigem, abgetötetem HIV. Das war genau die Vorgehensweise, die nach Meinung vieler Kollegen nicht in Frage kommt, weil das Virus zu gefährlich ist (und es ist auch fast derselbe Ansatz, den Salk bei seinem Polioimpfstoff mit abgetötetem Virus anwandte). Die Ergebnisse waren erstaunlich: Durch Stärkung des körpereigenen Immunsystems beseitigte die Impfung tatsächlich die HIV-Infektion im Blut der Schimpansen. Die vordem HIV-positiven Schimpansen wurden HIV-negativ, ein Ergebnis, über das andere Wissenschaftler ungläubig den Kopf schüttelten. Wie lange diese infektionsfreie Zeit anhält, bleibt ebenso abzuwarten, wie die Wirkung dieser Methode auf den Menschen. Erste Versuche an Menschen, die das Virus trugen bzw. sich in den Frühstadien der Krankheit befanden, zeigten, daß das Präparat sicher war und die Infektion bei diesen Patienten nicht verstärkte, sondern unter Umständen den beschwerdefreien gesunden Zustand verlängerte. Ausführlichere Untersuchungen laufen zur Zeit noch.

Und wie sieht es mit dem allgemein anerkannten Lehrsatz aus, daß man bei HIV nicht zulassen darf, daß auch nur eine einzige Zelle infiziert wird, weil sich das Virus in der Zelle latent einnistet, in die es eingedrungen ist, und sich mit keinem Mittel wieder entfernen läßt? »Ich weiß nicht, ob wirklich das letzte bißchen weg ist; das ist mir auch egal«, erklärt Salk. »Das ist dann ein Zustand, in dem das gestärkte Immunsystem das Virus in virusexprimierenden Zellen in seine Obhut nimmt. Wir haben jedenfalls eines festgestellt: Es gibt eine Resistenz gegen eine erneute Infektion, und irgendwie kann die Infektion im Lauf der Zeit von einer aktiven in eine inaktive Form umschlagen. Jetzt müssen wir erst einmal abwarten, was passiert.«

Aus diesen und ähnlichen Experimenten läßt sich schließen, daß das AIDS-Virus vielleicht doch nicht ganz so schwer zu knacken ist, wie man zuerst angenommen hatte. Es gibt auch noch eine weitere Entwicklung, die die Wissenschaft hoffnungsfroh stimmt: Erstmals bieten sich jetzt nützliche Tiermodelle zur Untersuchung der Viruswirkungen an. Ein SIV genanntes Retrovirus verursacht beim Affen eine AIDS-ähnliche Krankheit. Die Forscher stellen fest, daß mit abgetötetem SIV geimpfte Rhesusaffen in den meisten Fällen nicht krank werden und häufig sogar einer Infektion widerstehen. Ob das SIV-Verhalten beim Affen dem HIV-Verhalten beim Menschen entspricht, weiß man noch nicht, doch erste Forschungsarbeiten sind ein vielversprechender Ansatz, mehr darüber zu erfahren.

Gewöhnliche Affen sind zwar leichter zu handhaben als Schimpansen und in vielen Fällen auch nicht vom Aussterben bedroht, aber für die Arbeit im Labor immer noch viel zu groß und zu schwierig. Wie schön wäre es, wenn man ein kleines, gelehriges, sich schnell fortpflanzendes Tier hätte, wie zum Beispiel eine Maus, das mit dem HIV infiziert werden und dann AIDS bekommen könnte. Eine Maus mit einem menschlichen Immunsystem wäre genau das Richtige.

Das ist zwar Science-fiction, aber auch eine Unmöglichkeit, die sich immer mehr als Möglichkeit entpuppt. Zwei Wissenschaftler in Kalifornien betreiben die Entwicklung eines solchen Modells mit Hilfe von »SCID«-Mäusen. SCID ist die Abkürzung für »Severe Combined Immunodeficiency«, also kombinierte schwere Immunschwäche. Damit wird ein mutierter Mäusestamm bezeichnet, der ohne Immunsystem geboren wird (das gleiche Schicksal erleiden jährlich etwa zweihundert Kinder, darunter auch der bekannte »Bubble Boy«, der in einer Blase aufwuchs). Diese Mäuse, wie auch die Menschen, die so auf die Welt kommen, können sich selbst gegen den schwächsten infektiösen Eindringling nicht zur Wehr setzen. Es sind gewissermaßen Hohlkörper, die erst gefüllt werden müssen. Donald Mosier und Mike McCune füllen diese Hohlkörper mit *menschlichen* Immunsystemen.

Als Mike McCune Anfang 1987 als Nachwuchswissenschaftler in der Immunologie in Stanford arbeitete, kam ihm der Gedanke, Mäuse zu schaffen, die das menschliche Immunsystem von Anfang bis Ende nachbilden. Er dachte sich folgendes aus: Wenn diese Mäuse ein funktionierendes und sich selbst erneuerndes menschliches Immunsystem aufweisen sollten, mußten sie mit den Organen ausgestattet werden, die die Zellen des Immunsystems bilden und erhalten. Also machte er sich an die anspruchsvolle Aufgabe, den SCID-Mäusen menschliche Organe auf chirurgischem Weg einzupflanzen. Im Mai 1987 verpaßten McCune und drei Kollegen aus Stanford elf SCID-Mäusen menschliche Organe, die sie von abgegangenen Föten gewonnen hatten.

Jeder Maus wurden folgende Organe eingepflanzt: eine Leber, also das Organ, in dem im Fötus die unreifen Immunzellen gebildet werden; eine Thymusdrüse, in der die T-Zellen reifen (daher auch der Name T-Zellen); Lymphknoten, zu denen die Zellen wandern und wo sie mit anderen Immunzellen in Wechselwirkung treten; schließlich Hautstücke, die ebenfalls Immunzellen bilden. McCune und seine Mitarbeiter konnten keine ausgereiften menschlichen Organe verwenden; die wären in einer Fremdmaus zweifellos abgestoßen worden; doch Fötusorgane konnten vielleicht langsam Mäusegewebe als eigenes Gewebe ansehen. Danach spritzten die Wissenschaftler den Mäusen Fötusimmunzellen und hofften, daß diese Zellen zu ihren Zielorganen wanderten und sich dort zu reifen, funktionierenden menschlichen Immunzellen entwickelten. »Der Blutkreislauf verbindet diese Organe miteinander«, erklärt McCune. »Stellen Sie sich den Blutkreislauf wie eine Landstraße vor. Die Zellen, die sich auf dieser Landstraße bewegen, ziehen von einem Organ zum anderen.«

Das Experiment klappte. Die Mäuse bildeten allmählich eine Resistenz gegen Infektionen aus, an denen normale SCID-Mäuse starben, und ihr Blut zeigte Hinweise auf T- und B-Zellen ebenso wie Makrophagen. Als nächstes mußte man feststellen, ob sich diese Mäuse mit HIV infizieren ließen. Wenn ja, waren sie außer den Schimpansen die einzigen Tiere, auf die dieses menschliche Retrovirus wirkte. Im April 1988 infizierte McCune seine Mäuse mit Erfolg; zum ersten Mal war so etwas gelungen. Diese »SCID-hu«-Mäuse (hu bedeutet »human«) haben also jetzt nicht nur unser schützendes Immunsystem mit uns gemein, sondern sind auch mit einer unserer schlimmsten Plagen infiziert worden. Noch weiß man nicht, ob die Mäuse tatsächlich AIDS bekommen.

McCune ist inzwischen in Stanford ausgeschieden und hat sein eigenes Forschungsunternehmen Systemix aufgemacht; er beschäftigt sich jetzt hauptsächlich mit SCID-hu-Mäusen, die etwas über den AIDS-Verlauf aussagen können. Und da seine Mäuse unter Umständen alle Funktionen eines menschlichen Immunsystems aufweisen, kann er an ihnen gegebenenfalls den ganzen Lebenszyklus des HIV untersuchen. Gegenwärtig probiert er mit seinen Mitarbeitern Virusmittel an den Mäusen aus, um festzustellen, wie und wie gut diese Mittel gegen das Virus wirken.

Mosier ist Immunologe am Medical Biology Institute in La Jolla. Anfang 1988 wandelte er McCunes Forschungsthema ab und injizierte den SCID-Mäusen reife menschliche Blutzellen. Die Frage war, ob diese menschlichen Zellen in den Mäusen angingen oder die Mäusezellen als zu attackierende Fremdkörper angriffen. Die Zellen überlebten aufs beste und verhielten sich im Blutkreislauf der Tiere, als seien sie dort zu Hause. Damit verfügten diese Mäuse zum Teil ebenfalls über etwas, was sie bis dahin nicht gehabt hatten: ein Immunsystem.

Sobald sich die Immunzellen eingerichtet hatten, mußte man untersuchen, ob sich die Mäuse mit dem HIV infizieren konnten. Sie konnten es. Das HIV befiel diese Mäuse mit Gusto. Aber wurden sie auch krank? Schimpansen erkrankten ja nicht; sie zeigten nur einen positiven Test auf die Infektion. Wenn die Mäuse erkrankten; waren es die ersten Tiere, die an AIDS litten. Auch diese Annahme bestätigte sich. Die Mäuse zeigen jetzt Krankheitssymptome, einige sind auch schon an der Krankheit gestorben. Eine Maus mit AIDS – ein fast unvorstellbarer Widerspruch.

An Mosiers SCID-Mäusen kann man also vielleicht ideal alle möglichen AIDS-Therapien ausprobieren. Eines bringen sie jedoch bisher nicht zustande: eine kräftige erste Reaktion gegen die Infektion. »Diese kleinen Mäuse bilden das menschliche Immunsystem nicht vollständig nach«, erklärt Mosier, »aber im großen und ganzen zeigen sie doch, woher die Zellen stammen.« Die Zellen, die Mosier den Mäusen injizieren ließ, stammen aus den Venen eines erwachsenen Menschen: T- und B-Zellen, die den Blutkreislauf immer wieder durchfahren und mindestens zehn bis fünfzehn Jahre, vielleicht ein ganzes Leben bestehen bleiben. Es sind die Zellen, die irgendwann in der Vergangenheit mit Erfolg Infektionserreger zurückgeschlagen haben und dazu jederzeit wieder imstande sind. Es sind die Zellen, die immer wieder gegen bekannte Eindringlinge ankämpfen. Eines können sie jedoch nicht: Schutz vor einem unbekannten Eindringling bieten, einem infektiösen Agens, mit dem der Körper zum ersten Mal in Berührung kommt. Ein solches unbekanntes Agens ist zum Beispiel das HIV.

Mosier versucht zur Zeit, die Immunreaktion seiner Mäuse dadurch zu erweitern, daß er ihnen B- und T-Zellen injiziert, die noch keine Infektion gesehen haben. Er verwendet dazu Zellen aus der Milz, den Mandeln, sogar aus der Nabelschnur, um damit das Immunsystem von Neugeborenen nachzubilden und das Auftreten von AIDS bei Kindern untersuchen zu können. Mosier rechnet damit, daß seine Mäuse in Zukunft auf eine erste Infektion stärker reagieren können.

Das sind also zwei verschiedene Ansätze, zwei verschiedene Arten von menschenähnlichen Mäusen. In gewisser Weise sind Mosiers Mäuse lebende Reagenzgläser, in denen sich menschliche Blutzellen befinden. Die Tiere bilden die Zellen nicht und vermehren sie auch nicht; sie bieten ihnen nur eine Heimstatt. Dagegen sind McCunes Mäuse schon eher kleine vierbeinige, pelzige Menschen, denn sie enthalten nicht nur Zellen aus dem menschlichen Immunsystem, sondern auch die menschlichen Organe, die diese Zellen bilden und erhalten. Doch McCunes Mäuse erfordern einen Riesenaufwand an Zeit und Geld, während Mosier Hunderte von menschlichen SCID-Mäusen in ein paar Stunden einfach dadurch herstellen kann, daß er ihnen menschliche Blutzellen injiziert. McCune muß dagegen an jeder Maus längere Operationen vornehmen. Mosiers Hilfsmittel, menschliche Blutzellen, stehen reichlich zur Verfügung, während McCune abgegangene Föten braucht. Auch dieser Prozeß ist aufwendig, doch die Ergebnisse scheinen den Aufwand zu rechtfertigen. »Dieses Tier enthält alle Organsysteme, die beim Menschen die Immunfunktion unterstützen«, erklärt McCune. »Wir beschäftigen uns mit Zellen, die von diesen Organen tatsächlich erzeugt werden, und diese Zellen scheinen zu funktionieren. Außerdem haben wir nachgewiesen, daß das HIV diese Organe so infizieren kann, wie es dieselben Organe beim Menschen befällt.«

Für McCune, Mosier und viele andere Wissenschaftler, die sich jetzt auf diesem Gebiet betätigen, stellen die Mäuse mit dem menschlichen Immunsystem vielleicht gerade den Anstoß dar, der bisher in der AIDS-Forschung gefehlt hat. Das hoffen diese Wissenschaftler zumindest.

Viele Kollegen teilen ihre Hoffnung und tragen damit zu dem allgemeinen Optimismus bei, der heute im Kampf gegen AIDS zu verspüren ist. Dani Bolognesi vom Surgical Virology Laboratory am Duke University Medical Center arbeitet schon einige Jahre an AIDS-Impfstoffen und -Behandlungsmöglichkeiten. Für ihn haben alle, die an diesem Kampf beteiligt sind, den Sieg so gut wie in der Tasche. »Ich bin immer zuversichtlich und optimistisch«, erklärt er, »aber ich glaube, jetzt bewegt sich wirklich etwas. Natürlich stehen wir erst ganz am Anfang. Meine Begeisterung ist auch nicht grenzenlos. Aber ich meine, wir sind einigen aussichtsreichen Entwicklungen auf der Spur. Hohe Schranken bestehen mittlerweile nicht mehr. Ich habe das Gefühl, daß wir jetzt ganz schnell weiterkommen.«

Andere äußern sich ähnlich begeistert wie Bolognesi, teilen auch seine Ansicht, daß sie an etwas wichtigem und historischem beteiligt sind. »AIDS ist eine Tragödie«, erklärt Bolognesi, »aber es ist herrlich, wenn man die Möglichkeit hat, an einer so wichtigen Entwicklung mitzuarbeiten. Wir schreiben Medizingeschichte. Das ist schon eine starke Triebfeder.«

Die Retroviren, die nur auf Stippvisite kamen und seitdem geblieben sind, haben sich stärker ausgewirkt, als man es je hätte erwarten können. Ihretwegen versteht man erst heute richtig, wie Viren miteinander in Wechselwirkung stehen und wie sie jahrelang latent innerhalb der Zelle leben können. Sie haben uns neue Erkenntnisse über Nervenkrankheiten und die Mechanismen der Krebsentstehung verschafft. Retroviren sind eigentlich unser Schlüssel zur gewaltigen, faszinierenden Welt des Krebses gewesen, nicht nur der durch Retroviren verursachten Krebsarten, sondern des Krebses im allgemeinen. Retroviren sind die Instrumente, mit denen die Wissenschaft die Existenz der Onkogene aufgedeckt hat, dieser normalen, essentiellen Gene, die durch ihre Mutation bösartige Tumore erzeugen. Dank dieser unbeabsichtigten Unterstützung kann die Wissenschaft bis ins Innerste der Körperzellen vordringen und die Funktion der Gene erkennen wie nie zuvor. Außerdem bieten uns Retroviren die einmalige Möglichkeit, die Virusfunktionen für unsere eigenen Zwecke zu nutzen. Schließlich wirken ja Retroviren, indem sie unsere Gene, den Kern unseres Lebens, infiltrieren. Mit ihrer Hilfe bekommen wir also Zugang zu unserem eigenen Anfang und zu unserem eigenen Schicksal. Außerdem versetzen sie uns in den Stand, dieses Geschick zu *verändern*.

Nach allem, was wir mit den Viren durchgemacht haben, ist es vielleicht nur die ausgleichende Gerechtigkeit, die sie uns als Mittel zur Verbesserung unserer Gesundheit, nicht als Verursacher von Krankheiten, zur Verfügung stellt; damit verheißen sie vielleicht bessere Zeiten und sind nicht nur Überbringer schlechter Nachrichten. Es klingt schon wie eine Ironie des Schicksals, daß Viren letzten Endes nicht nur beispiellose Hilfsmittel zur Bekämpfung von Krankheiten, sondern auch Vermittler von biologischem Grundlagenwissen sind. Schließlich haben uns die Viren als erste Zugang zur submikroskopischen Welt der Gene ermöglicht. Wenn es keine Viren gäbe, müßten wir vielleicht immer noch versuchen, von außen hineinzuschauen.

Die Molekularbiologie ist ebenso wie die Gentechnik den Viren zu verdanken. Auch die Aufklärung der DNS-Struktur ist nur über die Viren möglich gewesen. Was wir Neues über den Ursprung von Krebs wissen, ist allein mit Hilfe der Viren zustande gekommen. Und wenn es um die Bekämpfung von Krankheiten geht, gegen die bis jetzt kein Kraut gewachsen war, müssen wir uns auch wieder bei den Viren bedanken. Was uns die Viren verheißen, wollen wir im nächsten Abschnitt näher untersuchen.

Fünfzehntes Kapitel

Götter im Labor

Ort der Handlung: Eine große Mikrobiologentagung, unter den Teilnehmern eine Reihe führender AIDS-Forscher aus der ganzen Welt. Der Redner: ein an Deutlichkeit nicht zu überbietender älterer Wissenschaftler, dessen Laufbahn sich von den Tagen der Virusforschung noch vor Enders in den 40er Jahren bis zu den heutigen Komplikationen der Gentechnik erstreckt. Er bittet um mehr Licht im Saal und fängt mit einem Witz an:

Eine soeben zum vierten Mal verheiratete Frau erklärt ihren Ehemann in der Hochzeitsnacht, sie sei noch Jungfrau.

»Jungfrau?« fragt der Mann. »Du bist doch schon dreimal verheiratet gewesen! Wie kannst du da noch Jungfrau sein?«

»Das war so«, erläutert die Frau, »mein erster Mann war schon etwas ältlich und ist auf dem Weg aus der Kirche gestorben. Mein zweiter Mann war ein hübscher Junge, aber schließlich mehr am Trauzeugen interessiert als an mir.«

»Ja, und wie war es mit deinem dritten Mann?« fragte der frisch verheiratete Ehemann.

»Ach, der war Molekularbiologe. Solange wir verheiratet waren, stand er am Fußende des Bettes und erzählte mir, wie toll alles werde, wenn es erst soweit sei.«

Die Geschichte ist nicht besonders komisch, aber wenn sie ein Wissenschaftler dieses Zuschnitts serviert, kann sie ihre Wirkung nicht verfehlen. So erinnert der Redner sein Publikum dezent daran, daß die Molekularbiologie zwar heute in der Biologie vielleicht die erste Geige spielt, daß aber dabei doch mehr Verheißung als Erfüllung im Spiel ist. Allerdings kann man wohl sagen, daß die Molekularbiologie bis jetzt vor allem eines erreicht hat: Sie hat Wissen gesammelt. Wie dieses Wissen angewandt werden soll, zeichnet sich erst allmählich ab.

Anfänge sind immer verheißungsvoll – voll Hoffnungen und Ängste, verwirrend und anregend zugleich. »Jetzt ereignen sich wirklich die aufregendsten Dinge«, erklärt Dennis Panicali von Applied Biotechnology in Cambridge, Massachusetts. »Wir rudern aus Leibeskräften, um nicht zurückzufallen. Wir reiten auf den Wellenkämmen. Das macht Spaß, ist ungeheuer spannend, manchmal auch sehr frustrierend, doch immer aufregend.«

»1937, zwei Jahre, nachdem Wendell Stanley die Wissenschaft mit dem Nachweis erschüttert hatte, daß sich ein Virus kristallisieren ließ und offenbar nichts anderes war als ein winziges Proteinteilchen, entdeckten die beiden englischen Biochemiker Frederick Bawden und Norman Pirie, daß sich das Virus kristallisieren ließ, aber dennoch nicht aus reinem Protein bestand. Eine Spur von etwas anderem war auch noch dabei, nämlich RNS. Man mußte sich fragen, was diese RNS dort zu suchen hatte.

Es war nicht die einzige Frage, mit der sich die Virologen herumschlugen. Damals hätte man eigentlich eher fragen können, welche Probleme den Virologen nicht ins Haus standen. Viren infizierten lebende Zellen; wie sie das taten, wußte kein Mensch. Sie vermehrten sich in diesen Zellen oder in der Umgebung dieser Zellen; wiederum wußte niemand, wie das geschah. Dann infizierten sie weitere Zellen, und auch dieser Mechanismus war unbekannt. Und wie sahen sie aus? Das konnte auch niemand sagen.

Als Max Delbrück 1937 im California Institute of Technology auftauchte, stand sein Arbeitsgebiet schon ziemlich fest. Delbrück war damals 31, ein deutscher Physiker, der als Gastwissenschaftler ans Caltech gekommen war. Doch wollte er dort nicht nur Physik treiben. In Berlin hatten Delbrück die Geheimnisse der Vererbung fasziniert, und er war zu dem Schluß gekommen, daß man diesen Geheimnissen am besten durch eine Untersuchung von Viren nachging. Schließlich waren Viren das einfachste Material, das sich nachweislich vermehrte. Die Viren, für die er sich schließlich entschied, waren umstrittene, kaum erforschte, weithin vernachlässigte Gebilde, die Bakteriophagen.

Vor Jahren hatte Félix d'Hérelle eine Technik entwickelt, mit der er eine dicke Bakterienkultur auf einer Basis aus festem Agar-Agar züchtete. Als er eine bakteriophagenhaltige Lösung auf diesen Bakterien-»Rasen« strich, bildeten sich darauf bald durchsichtige Stellen, die sogenannte »Plaque«. Jede Plaque, so behauptete wenigstens d'Hérelle, war eigentlich ein Loch im Bakterien-»Rasen«, eine Stelle, an der die Bakteriophagen die Mikroorganismen infiziert und getötet hatten. Jede Plaque war also eine Bakteriophagenkolonie, deren Angehörige samt und sonders von einem einzigen Ausgangsphagen stammten. Mithin mußte sich die in einer Kultur vorhandene Phagenanzahl einfach bestimmen lassen, indem man die Anzahl dieser Plaquestellen zählte: Je mehr Phagen, um so mehr Plaquestellen; je weniger Phagen, um so weniger Plaquestellen. Und da die Plaquestellen voneinander getrennt waren, zeigte das Experiment auch ein für allemal, daß Bakteriophagen tatsächlich unabhängige, in sich geschlossene Teilchen waren, »diskontinuierlich«, wie d'Hérelle es nannte. Mit anderen Worten: Es waren einzelne Viren.

Delbrück baute zunächst auf den Plaquebeobachtungen d'Hérelles auf. 1939 dachte er sich zusammen mit Emory Ellis, einem weiteren Gastwissenschaftler am Caltech, ein Experiment aus, mit dem das bis dahin deutlichste Bild der Vorgänge bei einer Virusinfektion gezeichnet werden sollte. Ende der 30er Jahre wußte man nur, daß Viren tatsächlich Zellen infizierten; wie sie das bewirkten, wie schnell es geschah und wie weit es ging, war noch unbekannt. Das Verfahren von Delbrück und Ellis hieß *Züchtung in einem Schritt.* Sie vermischten Bakterien und Phagen in einem mit einer Nährlösung gefüllten Reagenzglas. Während die Phagen dann rasch die Bakterien infizierten und mit dem geheimnisvollen Vorgang der Vermehrung begannen, bremsten Delbrück und Ellis sie, indem sie einen Teil der Lösung abnahmen, in ein anderes Reagenzglas übertrugen und tausendfach verdünnten. Dann wiederholten sie die Prozedur in einer

Reihe weiterer Reagenzgläser. Jetzt verfügten sie über Lösungen, die eine verhältnismäßig schwache Mischung aus Phagen, nicht-infizierten Bakterien und bereits infizierten Bakterien enthielten; diese Mixturen waren so stark verdünnt, daß die Phagen keine frischen Bakterien mehr darin vorfanden, die sie noch infizieren konnten. Also konnte in diesen Lösungen nichts passieren. Das galt allerdings nicht für die bereits infizierten Bakterien, bei denen der Prozeß der Phagenreplikation schon angelaufen war; sie hatten ihn nur unterbrochen. Das war der erste Schritt.

Als nächstes gossen Delbrück und Ellis alle paar Minuten ein Reagenzglas nach dem anderen in Petrischalen, die mit frischem Bakterien-»Rasen« bestückt waren. Enthielt die Probe Phagen oder infizierte Bakterien, mußte sich auf dem Bakterien-»Rasen« bald Plaque bilden – Delbrück nannte sie Infektionszentren. Durch Auszählen der Plaquestellen, die jeweils von einem Phagen oder einer infizierten Bakterie erzeugt worden waren, konnten die beiden Forscher dann bestimmen, wie viele Phagen und infizierte Bakterien es in jeder Teilmenge gab. Dann wurde die Sache interessant. Die erste verdünnte Probe, die sie auf dem Bakterienrasen ausstrichen, war schon nach wenigen Minuten aus dem Reagenzglas genommen worden und verursachte verhältnismäßig wenig Plaque. Auch die nächste Probe, die ein paar Minuten später auf der Petrischale ausgestrichen wurde, bewirkte nicht mehr, ebenso die übernächste ein paar Minuten danach, ebenso auch die darauffolgende einige Minuten später. Die Proben während der ersten vierundzwanzig Minuten änderten die Anzahl der gebildeten Plaquestellen nicht wesentlich. Als Delbrück und Ellis die Ergebnisse in einer Kurve aufzeichneten, entstand eine waagerechte Gerade.

Nach vierundzwanzig Minuten setzte allerdings eine dramatische Wende ein: Die Anzahl der gebildeten Plaquestellen wuchs astronomisch und nahm bei allen Proben die nächsten Minuten über weiter zu. Die Kurve stieg dementsprechend steil fast bis ins Unendliche. Etwa zehn Minuten später stabilisierte sich die Anzahl wieder, und die Kurve flachte ab. Die noch unbekannte Ursache der Plaqueexplosion hatte sich erschöpft. Das Ergebnis: hundertmal soviel Phagen wie zuvor.

Die Bedeutung lag auf der Hand. Bei diesem Vorgang hatte nicht ein Phage eine Bakterie infiziert und dann sofort ständig neue Phagen gebildet, wie manche vermutet hatten, sondern innerhalb der infizierten Bakterien war in diesen vierundzwanzig Minuten etwas vorgegangen, und danach waren die Bakterien plötzlich explodiert und hatten die vielen hundert in ihnen enthaltenen Phagen ausgeschüttet, bis der Prozeß ein paar Minuten darauf so unvermittelt zu Ende ging, wie er angefangen hatte. Der Vorgang spielte sich offenbar in drei Abschnitten ab: zunächst Infektion; dann eine Latenzzeit, in der sich das Virus *innerhalb* der unglücklichen Zelle verhundertfachte; danach eine Ausschüttung, in der die jungen Phagen schlagartig in die Außenwelt drangen.

Jetzt wußte Delbrück sicher, daß dieser noch unbekannte Vermehrungsprozeß des Virus *innerhalb* der Zelle ablief (sonst hätte dabei ja immer mehr Plaque entstehen müssen); der Vorgang wies einen erstaunlich hohen Wirkungsgrad auf. Bei einer Infektion konnten sich die Viren exponentiell vermehren – eine beängstigende Vorstellung. Trotz aller dieser Entdeckungen ließ sich mit diesem Züchtungsexperiment in einem Schritt die entscheidende Frage immer noch nicht beantworten, wie sich die Phagen eigentlich innerhalb der Zellen vermehren konnten.

Mit den Bakteriophagen war Delbrück auf dem richtigen Weg, das wußte er. Mit ihnen ließen sich belastbare Informationen über Vererbung und Vermehrung gewinnen. Andererseits wußte Delbrück aber auch, daß er nicht alles allein machen konnte. Mit seinem einstufigen Züchtungsexperiment hatte er die Bakteriophagen wieder aus der Versenkung geholt. Jetzt mußten noch mehr Kollegen für dieses Arbeitsgebiet interessiert werden. Man brauchte eine Art Fakultät für Phagenstudien, eine Gruppe, die sich nur mit Phagen beschäftigte. Die Geschichte trug das Ihre dazu bei, denn in Europa war gerade der Krieg ausgebrochen, und andere Wissenschaftler brachen, wie Delbrück, ihre Brücken im Heimatland ab und suchten Zuflucht in Amerika. Zu ihnen gehörte auch ein italienischer Mikrobiologe, Salvador Luria, der 1940 als Forschungsassistent an die Columbia University kam. Luria und Delbrück trafen sich kurz danach, und so begann eine organisatorisch lockere, doch thematisch konzentrierte Zusammenarbeit einer Gruppe von gleichgesinnten Wissenschaftlern, die bald als »Phagengruppe« bekannt wurde. »Eigentlich war es gar keine richtige Gruppe«, erinnert sich der spätere Nobelpreisträger Renato Dulbecco, der 1949 aus Italien zum Caltech kam und sich diesen Arbeiten anschloß. »Es war eher eine Kirche, eine Phagenkirche, und Delbrück war der Papst.«

Bald nachdem Delbrück und Luria ihre Zweierbande gegründet hatten, schloß sich ihnen ein zurückhaltender, eifriger, junger Elektronenmikroskopiker von RCA namens Thomas Anderson an. Das Elektronenmikroskop war erst kurz zuvor in Deutschland entwickelt worden, und Anderson erinnert sich noch genau, daß er bei der ersten Meldung diese Erfindung »fast für einen Jux hielt, den die Nazis der übrigen Welt spielten«. Denn wie durfte eine Erfindung von dort kommen und so gut sein? Unter der »Optik« des Elektronenmikroskops konnte die bis dahin unsichtbare Welt der Viren sichtbar werden. Als Luria Anfang 1942 Anderson prall mit Bakteriophagen gefüllte Lösungen zur Untersuchung brachte, waren die Phagen ganz deutlich zu erkennen: Sie hatten einen Schwanz, und sie hatten einen Kopf. Diese äußeren Merkmale veranlaßten manche Forscher, darunter auch Delbrück, zu der Vorstellung, daß sich ein Phage vielleicht wie eine Kaulquappe oder ein Sperma durch peitschende Bewegungen seines Schwanzes vorwärts bewegte und, wiederum wie ein Sperma, seine Infektionswirkung dadurch erzielte, daß er sich mit seinem Kopf in die Bakterie eingrub und dort den Vermehrungsvorgang auslöste. Delbrück folgerte weiter, ähnlich wie das menschliche Ei, wenn es von einem einzelnen Sperma befruchtet worden ist, jedes weitere Sperma am Eindringen hindert, müsse auch eine Bakterie andere Bakteriophagen ausschließen, sobald sie vom stärksten und schnellsten Phagen infiziert worden sei.

Die Analogie leuchtete ein, klang vertraut und verständlich. Verstärkt wurde sie noch durch die Elektronenmikroskopaufnahmen von Anderson, auf denen keine Phagenpartikel innerhalb einer infizierten Bakterie, aber viele außen davor zu sehen waren, als werde ihnen der Eintritt verwehrt. Andererseits wies diese Analogie aber auch ein paar gewaltige Löcher auf. Wie Anderson damals sagte: »Natürlich stimmt dieser Analogieschluß nicht mehr, wenn wir uns die Produkte der beiden Reaktionen vor Augen führen, denn durch Phagen infizierte Bakterien werden lysiert (zerstört), und es bilden sich weitere Phagen, während man noch nie beobachtet hat, daß ein befruchtetes Ei auseinanderbricht und mehr Sperma bildet.« Abgesehen davon waren die Elektronenmikroskopaufnahmen auch nicht eindeutig und zeigten nicht genau, mit welchem Ende der Phage die Zelle anzugreifen schien. Auf manchen Bildern sah man, daß die Phagen mit dem Kopf zuerst eindrangen, wie zu erwarten war, aber andere zeigten Phagen, die die Bakterien offenbar mit dem Schwanz angriffen. Mit dem Schwanz! Die Phagenforschung, das zeigte sich immer deutlicher, mußte sich an neue Spielregeln gewöhnen.

Gegen Ende der 40er Jahre, als der Krieg vorbei war, standen Delbrück, Luria, Anderson und ihre seit 1945, seit Delbrück in Cold Spring Harbor jedes Jahr einen Kurs über Bakteriophagen veranstaltete, stark angewachsene Gruppe vor einer höchst unwahrscheinlichen, merkwürdigen Kreatur. Ein submikroskopisch kleines, spermaähnliches Virus, das die Bakterien vielleicht mit dem Kopf, vielleicht auch mit dem Schwanz angriff, das irgendwie – denn innerhalb der Zelle fand sich vom infizierenden Phagen keine Spur – innerhalb des Mikroorganismus in knapp einer halben Stunde hundert neue Phagen erzeugte.

1944 veröffentlichte Oswald Avery sein Experiment mit den glatten Pneumokokken und den rauhen Monokokken, aus dem sich folgern ließ, daß das »transformierende Prinzip« des Lebens vielleicht die als DNS bezeichnete Nukleinsäure war. Um 1950 wußte man, daß die Bakteriophagen prallvoll DNS steckten. Die DNS befand sich in einem langen, wie ein Zwirnsfaden in sich verdrillten Strang im Kopf des Phagen.

Setzte man sie durch chemische Einwirkung frei, so blieb nur ein leerer Kopf ohne DNS übrig, den Anderson Phagengeist nannte. Im selben Jahr wurde auch die Frage geklärt, ob die Phagen mit dem Kopf oder dem Schwanz zuerst infizierten. Anderson gelangen damals Elektronenmikroskopaufnahmen, auf denen deutlich zu sehen war, wie sich die Phagenpartikel mit der Schwanzspitze an die Bakterienzelle hefteten. Wie schon zuvor, so schien auch diesmal keiner der Phagen in die Zelle einzudringen, doch jetzt konnte Anderson erkennen, daß eine Reihe von Phagen leere Köpfe aufwies; es waren also Phagengeister, die ihren DNS-Inhalt abgegeben hatten. Wohin die DNS verschwunden war, blieb nach wie vor ein Geheimnis, doch die Wissenschaftler stießen bald auf eine heiße Spur. »Ich kann mich noch erinnern, wie ich im Sommer 1950 oder 1951 in der Blackford Hall im Cold Spring Harbor Laboratory am Tisch mit dem Diaprojektor saß«, erinnerte sich Anderson später, »und über die irrsinnige Möglichkeit sprach, daß vielleicht nur die Virus-DNS in die Wirtszelle eindrang, dort wie das transformierende Prinzip wirkte und die Synthesevorgänge in der Zelle veränderte.«

Das war immer noch eine »irrsinnige Möglichkeit«, denn Averys Ergebnisse hatten längst nicht die Aufmerksamkeit erregt, die wir ihnen heute im Rückblick zumessen. Selbst wenn Averys Arbeiten nicht überzeugen konnten, bewirkten sie doch immerhin, daß jetzt wenigstens über die Möglichkeit gesprochen wurde, die DNS sei vielleicht das transformierende Prinzip. »Manche Dinge müssen erst reifen«, erinnert sich Dulbecco. »So gab es diese langen Diskussionen über Averys Versuch. Vielleicht sind deshalb viele überhaupt erst auf den Gedanken gekommen, daß die DNS der eigentliche Informationsträger ist – auch wenn sie es damals nicht zugegeben haben. Als dann diese weiteren Beweise dazukamen, war plötzlich alles sonnenklar und wurde von allen akzeptiert.«

Diese »weiteren Beweise« stammten von Alfred Hershey. Hershey hatte Delbrück 1943 kennengelernt. 1952 arbeitete er in Cold Spring Harbor – ein hochaufgeschlossener, schüchterner, in sich gekehrter 44jähriger Mikrobiologe, den Andersons Bilder von Phagen mit leerem, DNS-freiem Kopf und an Bakterien haftendem Schwanz stark interessiert hatten. Von Roger Herriott, einem Kollegen, hatte er kurz zuvor einen einleuchtenden Brief bekommen: »Ich habe mir überlegt, Du vielleicht auch, daß das Virus unter Umständen wie eine kleine Injektionsnadel wirkt, die mit Transformationsprinzipien gefüllt ist. Das Virus als solches dringt nie in die Zelle ein; nur der Schwanz kommt mit dem Wirt in Berührung, schneidet vielleicht durch Enzymwirkung ein kleines Loch in die äußere Membran, und dann fließt die Nukleinsäure des Virus in die Zelle.« Sicherlich Science-fiction, fast eine Karikatur. Doch um diese Zeit traute man den Phagen, wie den Viren ganz allgemein, alles zu.

Die scheinbar abwegige Vorstellung in diesem Schreiben, »das Virus als solches dringt nie in die Zelle ein«, wurde bald von einem weiteren Mitglied der Phagengruppe, A. H. (Gus) Doermann von der Vanderbilt University, bestätigt. Um zu sehen, was in dieser vierundzwanzig Minuten langen Latenzzeit im Innern von infizierten Bakterien vor sich ging, bevor sie Hunderte neuer Phagen hervorbrachten, wollte Doermann die Bakterien in verschiedenen Stadien dieses Vorgangs öffnen und nachsehen, was sie enthielten. Dazu wiederholte er Delbrücks Experiment mit der Züchtung in einem Schritt, aber statt die verdünnten Proben direkt auf Bakterienrasen in Petrischalen auszustreichen, mischte er jede Lösung zuerst mit Cyanid. Das Cyanid öffnete die Bakterien, schädigte jedoch die Phagen nicht. Er hatte damit praktisch ein Fenster in die Bakterien eingepaßt und konnte beobachten, was in den einzelnen Prozeßstadien im Bakterieninnern vor sich ging.

Doermann stellte fest, daß sich in den ersten zehn Minuten des Experiments überhaupt keine Phagen im Bakterieninnern befanden. Erst später traten sie auf, wurden allmählich immer zahlreicher, bis schließlich nach vierundzwanzig Minuten hundert Phagen explosionsartig nach außen drängten. Doermann bezeichnete die phagenlose Anfangszeit als *Eklipse*.

Was spielte sich in diesen stillen ersten zehn Minuten ab? Soweit man sehen konnte, waren die Bakterien völlig phagenfrei. Offenbar drangen keine Viren, drang überhaupt nichts in die Zelle ein. Wie konnten aus einem solchen Nichts plötzlich so viele Phagen hervorgehen?

Dieser Frage widmete sich Hershey mit Unterstützung seiner Kollegin Martha Chase. Ihre Arbeit gilt heute noch als »Versuch, der die Biologie revolutioniert hat«. Auf jeden Fall hat sie unmittelbar zur Bestimmung des DNS-Molekülaufbaus durch Watson und Crick knapp ein Jahr später geführt. Sie hat die entscheidende Rolle der DNS bei der Vererbung, ihre Funktion als Träger der genetischen Information, festgehalten. Sie hat damit auch Oswald Avery und seine Kollegen herausgestellt. Obwohl aus dieser Arbeit die heutige High-Tech-Welt der Gentechnik hervorgegangen ist, fand das umwälzende Experiment in einem ganz normalen Mixer statt.

Hershey und Chase wollten feststellen, was mit der in den Phagenköpfen steckenden DNS geschah, sobald sich das Virus an eine Bakterie geheftet hatte. Wohin verschwand die DNS und ließ die Phagen als Geister zurück? Das Elektronenmikroskop half da nicht weiter, denn Andersons Bilder konnten zwar zeigen, daß sich Phagen mit Köpfen voll DNS zunächst an die Zelle hefteten und später auch die leeren Geisterphagen ohne DNS-Inhalt darstellen, doch sie boten keinen Hinweis darauf, was dazwischen passierte. Da brauchte man etwas ganz anderes. Hershey und Chase setzten dazu radioaktive Indikatoren ein.

Wir erinnern uns, daß David Baltimore in dem Versuch, bei dem er die reverse Transkriptase entdeckte, eine bestimmte Chemikalie dadurch nachweisbar machte, daß er sie radioaktiv markierte. Dadurch konnte er ihren Verbleib mit dem Geigerzähler verfolgen. Hershey und Chase gingen fast zwei Jahrzehnte vor Baltimore eigentlich genauso vor. Sie wußten, daß die DNS im Phagenkopf Phosphor und der Phagenkörper aus Protein Schwefel enthielt, jedoch das Gegenteil nicht zutraf, also DNS keinen Schwefel und Protein keinen Phosphor enthielt. Also setzten sie 1952 einer Bakterienmenge radioaktiven Schwefel und einer zweiten Menge radioaktiven Phosphor zu. Dann infizierten sie beide Gruppen mit Bakteriophagen. Während sich die Phagen innerhalb der Bakterien vermehrten, nahmen sie die radioaktiven Chemikalien in sich auf. Zwei verschiedene Phagenarten entstanden so; die DNS im Kopf der einen Art enthielt radioaktiven Phosphor, und das Protein des anderen, das den Phagenkörper bildete, enthielt radioaktiven Schwefel. Diese beiden essentiellen Phagenbestandteile waren radioaktiv markiert. Wenn jetzt der Phage neue Bakterien infizierte, konnten Hershey und Chase verfolgen, was mit seiner DNS-Ladung und dem Proteinbehälter geschah.

Als nächstes wurden frische Bakterien infiziert und dann von den Phagen getrennt, damit die Radioaktivität in beiden gemessen werden konnte. Hershey und Chase vermischten die radioaktiven Phagen und die neuen Bakterien, warteten, bis die Phagen genug Zeit zur Infektion gehabt hatten, gossen dann die Lösung in einen Waring-Mixer und ließen ihn laufen. Dieser geliehene Mixer war eigentlich eine Notlösung, denn alle anderen Versuche, die Phagen von den Bakterien zu trennen, hatten nicht funktioniert.

Nach ein paar Minuten entleerten die Forscher den Inhalt des Mixers in eine Zentrifuge und schleuderten kurz. Als sie das Gerät ausschalteten, lagen zwei deutlich voneinander getrennte Teile vor: ein festes Kügelchen aus infizierten Bakterien und eine Flüssigkeit, die alles enthielt, was kleiner als Bakterien war, darunter hoffentlich auch die kleineren, leichteren Phagen.

Jetzt kam die Stunde der Wahrheit: Hershey und Chase maßen die Radioaktivität in beiden Teilen. In dem Kügelchen mit den Bakterien konnten sie keinen radioaktiven Schwefel, also keine Phagen, nachweisen. Die Lösung dagegen enthielt viel radioaktiven Schwefel, also Phagen in großer Zahl. Die Schwerkräfte des Mixers hatten die Phagenteilchen tatsächlich von den Bakterien abgerissen.

Doch wo war der radioaktive Phosphor, also die DNS, geblieben? Es stellte sich heraus, daß die phagenhaltige Lösung keinerlei Phosphor enthielt, während die Bakterien voll davon waren. Das konnte nur eines bedeuten: Die Phagen hatten ihre DNS in den Bakterien abgeladen und ihr Protein behalten. Aus Science-fiction waren wissenschaftlich bewiesene Tatsachen geworden. Der Phage funktionierte tatsächlich wie eine Injektionsspritze und injizierte seine DNS fein säuberlich in die Bakterienzelle.

Damit war der Verbleib der DNS geklärt: Sie wanderte direkt in die Bakterien. Aber das war noch nicht alles. Hershey und Chase stellten fest, daß die infizierten Bakterien, deren Geisterphagen der Mixer abgerissen und damit entfernt hatte, *nach wie vor neue Phagen bildeten.* Der Proteinkörper dieser Injektionsnadel hatte bei der Vermehrung also nur die eine Aufgabe, die DNS überhaupt in die Zelle einzuführen. Zur Phagenreplikation war nur DNS erforderlich. Sobald sich die DNS in der Zelle befand, wurde der leere Phage nicht mehr gebraucht. »Das durch Rühren aus den Zellen entfernte Phagenprotein besteht aus mehr oder minder unversehrten, leeren Phagenhüllen«, schrieb Hershey, »die man sich folglich als passive Träger zum Transport der DNS von Zelle zu Zelle vorstellen kann und die nach Erledigung dieser Aufgabe beim Phagenwachstum keine weitere Rolle mehr spielen.« Klarer ließ sich die Schlußfolgerung kaum ausdrükken: Das Replikationsmedium, der Träger genetischer Befehle, der Vermittler der Vererbung, das transformierende Prinzip selbst war die DNS.

Das war also der Grund für die inaktive Phase, die sogenannte Eklipse, die Doermann entdeckt hatte. In den ersten zehn Minuten gab es keinerlei Anzeichen von Phagen innerhalb infizierter Bakterien, weil nur DNS in die Bakterien eingeschleust worden war. Diese zehn Minuten brauchte die DNS, um die Bakterienzellen zur Produktion von weiteren Phagen anzuleiten.

Avery hatte recht gehabt, und fast alle anderen hatten sich geirrt. Die DNS war keine neutrale, langweilige, fast unbedeutende Substanz, sondern der Spender des Lebens, die Summe und Substanz der Gene selbst. Jetzt war das Protein in die Rolle des Trägers, der Schutzhülle für die essentielle Nukleinsäure, zurückgedrängt.

Nicht allen kam diese Erklärung gelegen. Die Mikrobiologen hatten sich an den Umgang mit Proteinen gewöhnt, manche hatten ihre berufliche Laufbahn auf die Proteinforschung

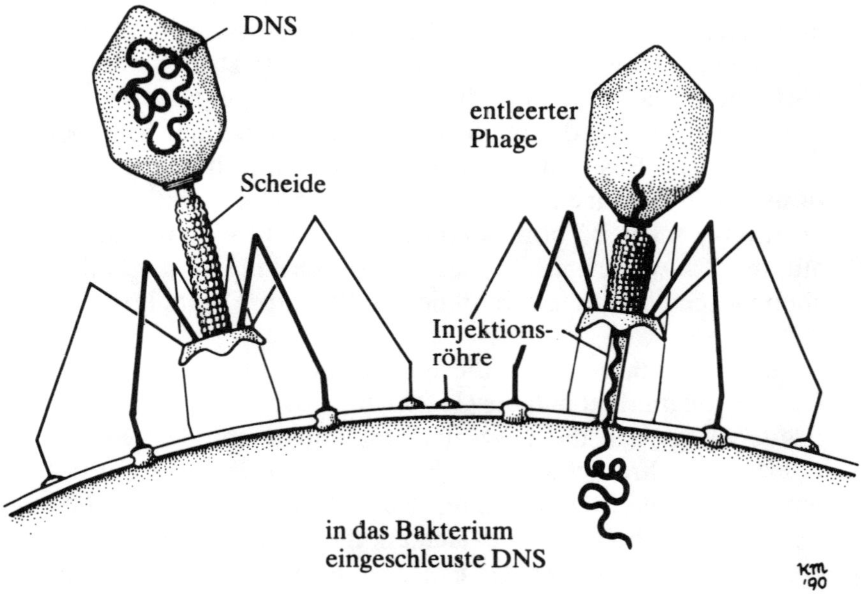

Der Bakteriophage und sein Infektionsmechanismus.
Der T-4-Bakteriophage schleust seine DNS auf einem komplizierten Weg in die Bakterien ein, die er infiziert. Zunächst heften sich die Schwanzfasern des Virus an Proteine auf der Bakterienoberfläche. Dann zieht sich die Schwanzhülle zusammen und drückt dadurch den Schwanzkern in die Zellwand. Mittels einer Reihe von chemischen Reaktionen wird die Zellwand durchbrochen, und der Phage injiziert seine DNS in die Bakterien wie eine Spritze. Der leere Phagen-»Geist« bleibt an der Oberfläche.

aufgebaut, doch an diesen neuen Erkenntnissen war nicht zu drehen oder zu deuteln. Als 1956 Heinz Fraenkel-Conrat aus Wendell Stanleys Viruslabor an der University of California und unabhängig von ihm zwei deutsche Forscher, A. Gierer und J. Schramm, nachwiesen, daß für ein RNS-Virus, wie zum Beispiel das Tabakmosaikvirus, dasselbe galt wie für die Phagen, daß also die Nukleinsäure die genetischen Befehle enthielt, war die Angelegenheit ein für allemal geklärt. Die Nukleinsäure, ob DNS oder RNS, war der Stoff, aus dem das

Leben bestand. 1969 wurde Max Delbrück, Alfred Hershey und Salvador Luria gemeinsam der Nobelpreis für ihre bahnbrechende Arbeit verliehen. Der niedere Bakteriophage hatte tatsächlich einen unschätzbaren Dienst geleistet.

»Die Ermittlung der DNS als dem entscheidenden Virusbestandteil, die Bestimmung ihres Aufbaus und ihres Informationsgehalts haben einen neuen Zweig der Molekularbiologie eröffnet«, schrieb Thomas Anderson. »Als uns das endlich aufging ..., war es, als ob man nach einer langen, unglaublichen Geschichte die zwerchfellerschütternde Pointe hört.«

Anderson konnte sich zu diesem Zeitpunkt keineswegs vorstellen, wie unglaublich die Geschichte noch wurde. Nach der Entdeckung, daß die DNS und manchmal, mindestens bei Viren, auch ihre Schwester RNS genetische Befehle enthalten, und Viren einen eleganten Zugang zu dieser Quelle des Lebens ermöglichen, bot es sich an, dieses Kernstück des Lebens nicht nur aus nächster Entfernung zu untersuchen, sondern zu manipulieren. Das Leben aus der Nähe zu untersuchen ist schon faszinierend, es zu beeinflussen ist noch etwas ganz anderes. Die Gentechniker wollten beeinflussen und damit quasi die Natur nachmachen. So wie die Natur in Äonen Gene von Organismen so verändert, daß sich das Leben am besten erhält, also den Evolutionsprozeß betreibt, so verändern die Gentechniker in einer im Verhältnis dazu winzigen Zeitspanne die Gene, um ein Leben zu konstruieren, das eine bestimmte Aufgabe am besten lösen kann. Das Ganze ist eine Art Evolution mit Zwangsernährung. Zahllose Ergebnisse solcher Manipulationen liegen heute schon vor, obwohl dieser Wissenschaftszweig noch recht jung ist, und jeden Tag kommen weitere dazu. Das bekannteste Produkt der Gentechnik ist bis jetzt wohl Insulin, das in großen Mengen in Bakterien-»Fabriken« hergestellt wird, indem man Humaninsulingene in das genetische Material von Bakterien einspleißt. Weitere großtechnische Produkte dieser Art sind Interferon; Enzyme für die Lebensmittelindustrie, wie zum Beispiel Rennin, das bei der Käseherstellung eine Rolle spielt; Wachstumshormone zur Erhöhung der Milchleistung bei Kühen; und Mikroorganismen, die Müll und andere Abfälle in Alkohol oder Erdgas aufspalten.

Diese Möglichkeit, durch die Veränderung von Genen und das Manipulieren mit dem Leben die Natur zu imitieren, hat auch zur Entwicklung von ganz neuen Virusarten geführt, die sich bei der Ausführung der Aufgaben, die wir ihnen stellen, gar nicht so dumm anstellen. Dieser Rollentausch ist nicht mehr als recht und billig, denn jetzt müssen die Viren just die Krankheiten bekämpfen helfen, die sie selbst verursachen.

Der alte Edward Jenner stieß auf eine Goldgrube, als er geistesgegenwärtig mit Hilfe des Virus, das Kuhpocken verursacht, einen Impfstoff gegen Pocken herstellte. Dieses Vorgehen war in mehr als einer Hinsicht begnadet, denn es führte nicht nur zur Auslöschung der Pocken, bis heute der einzigen vom Menschen eliminierten Krankheit, sondern stellte der Wissenschaft auch ein höchst interessantes, leicht zu handhabendes Virus zur Verfügung. Interessant war dabei, daß das Vacciniavirus, wie wir gesehen haben, ein Riesenvirus ist; es hat eine Seitenlänge von rund 1/100 000 Zoll, ist also über doppelt so groß wie andere große Viren, etwas das EBV und das Grippevirus, und fast zehnmal so groß wie kleine Viren, also beispielsweise das Poliovirus und das Rhinovirus. Es ist so groß, daß es als eines der wenigen Viren unter einem gewöhnlichen Lichtmikroskop zu erkennen ist, allerdings höchstens als Pünktchen. Wie unsere Zellen, so trägt auch das Vacciniavirus Gene aus doppelsträngiger DNS und Enzyme, die diese Gene exprimieren können. Sie müssen sehr viel exprimieren, denn das Genom im Vacciniavirus erstreckt sich über rund 187 000 Nukleotide. Zum Vergleich: Grippeviren enthalten rund 14 000 Nukleotide, das Poliovirus nur 6000. Dieser lange Genstrang ist in der Lage, bis zu zweihundert verschiedene Virusbestandteile zu bilden, darunter auch einen ungewöhnlichen Wachstumsfaktor, der die Infektionsfähigkeit des Vacciniavirus verstärkt. Das Vacciniavirus ist also nicht nur eines der größten, sondern auch eines der kompliziertesten bekannten Viren.

Allerdings ist es wiederum nicht so kompliziert, daß es die

Forscher nicht als aussichtsreichstes Hilfsmittel in der schönen neuen Welt der Krankheitsvorbeugung verwendet haben, also bei den neukombinierten Impfstoffen. »Das Vacciniavirus verfügt über einige einmalige Eigenschaften, die es als Träger für Impfstoffe besonders geeignet erscheinen lassen«, erklärt Dennis Panicali. »Vor allem wird es schon fast zweihundert Jahre lange als Vakzin benutzt; seine Auswirkungen auf die menschliche Bevölkerung sind also gut bekannt. Es ist ein sehr beständiges Virus. Im gefriergetrockneten Zustand kann es jahrelang überleben; das gibt es bei Viren sonst kaum. Dank dieser Eigenschaft hat man es auch in der Dritten Welt, in Afrika und Asien, einsetzen können, weil man dazu keine Kühlkette einzurichten brauchte. Außerdem läßt es sich durch Ritzen der Haut ganz leicht verabreichen. Bei neukombinierten Impfstoffen ist das wahrscheinlich nicht möglich; da müssen wir wohl eine Impfpistole verwenden; doch selbst damit ist es leicht anzuwenden. Das Vacciniavirus wächst in vielen Zellkulturen wie Unkraut und sehr schnell und verringert dadurch die Herstellungskosten. In der Produktion ist es vermutlich der billigste Impfstoff. Das Virus ist, wie gesagt, sehr groß und kompliziert, doch wiederum nicht so kompliziert, daß wir bestimmte Seiten seiner Vermehrung nicht doch beeinflussen können. Für die Gentechnik läßt es sich verhältnismäßig einfach handhaben. Da es so groß ist, kann man auch sehr viel Material hineinpacken.«

Man stelle sich vor: Nach allem, was wir mit Viren schon durchgemacht haben, sprechen wir jetzt von diesen Kreaturen, als seien es Lastesel. Genau als das erweist sich das Vacciniavirus. Panicali hat als einer der ersten das Vacciniavirus umgebaut und in einem Impfstoff genutzt, der gegen mehr als nur Pocken schützen kann. Er soll eine Art Allzweckimpfstoff werden, der, wie ein Generalschlüssel, zu allen erdenklichen Krankheiten paßt. Dazu sollen dem bereits reichlichen DNS-Vorrat des Vacciniavirus Gene von anderen Viren zugesetzt werden. Das Vacciniavirus exprimiert dann hoffentlich gehorsam diese importierten Virusmerkmale an der eigenen Oberfläche und veranlaßt damit den Körper, eine Immunabwehr gegen eine ganze Reihe möglicher Invasoren, nicht nur gegen einen, aufzubauen. Das Vacciniavirus wird also eine Art von Menschenhand gefertigtes Hybridvirus, das Äquivalent im Kleinstformat der sagenhaften Chimäre. Es ist so groß, daß es unter Umständen Gene von ganzen zwanzig weiteren Viren aufnehmen kann und dabei immer noch genug Platz hat, diese Gene auf seiner Oberfläche zu exprimieren – wenn denn so viel Größe überhaupt nötig ist. »Ich weiß, daß Enzo immer davon spricht, zwanzig Antigene auf einmal einzusetzen«, meint Panicali, »aber das halte ich gar nicht für nötig. Man kann ja fünf in das eine, fünf in das andere einsetzen und so weiter.«

Mit Enzo meint er Enzo Paoletti vom New York State Department of Health. Er, Bernard Moss im NIH und Panicali betreiben die Entwicklung von Impfstoffen auf Vacciniabasis, die für alle möglichen Verwendungszwecke in Frage kommen. Wie so oft in der Wissenschaft, begann auch diese Entwicklung aus Versehen. »1980 arbeitete ich bei Paoletti in Albany«, erklärt Panicali. »Ich war damals damit beschäftigt, DNS aus dem Vacciniavirus zu klonieren, befaßte mich mit der Transkription im Virus und stellte dabei fest, daß in einem unserer Virusbestände ein großer DNS-Abschnitt fehlte. Wahrscheinlich war es die Folge einer spontanen Mutation. Als eine Art Übung in Rekombinationsverfahren wollten Enzo und ich feststellen, ob wir diese Gene wieder einsetzen konnten.«

Panicali gerät bei seinem Vortrag immer mehr in Begeisterung: »Diese fehlenden Gene beeinträchtigen offenbar die Virusreplikation in einer Gewebekultur überhaupt nicht; bei diesem Virusbestand waren sie einfach nicht nötig; aber wir setzten sie doch wieder ein, um nachzuweisen, daß so etwas beim Vacciniavirus möglich war. Bis dahin hatte das noch niemand geschafft.«

Nach diesem Beweis, daß man fehlende Vacciniagene wieder in das Virus einfügen konnte, hatten die beiden Wissenschaftler eine Idee: Wie wäre es, wenn man Gene von anderen Viren einsetzte? Könnte man aus dem Vacciniavirus nicht einen Impfstoffvektor machen? Schon eine Mücke kann zum Beispiel Mikroorganismen, wie etwa Malariaprotozoen und

Gelbfieberviren, übertragen, und ein Virus müßte deshalb eigentlich auch in der Lage sein, Merkmale anderer Viren weiterzugeben. So wie die Stechmücke ein Vektor bei der Krankheitsübertragung ist, könnte das Virus ein Vektor bei der Krankheitsverhütung werden. »Damals setzten die Kollegen Fremd-DNS in alles möglich ein«, berichtet Panicali, »in Bakterien, Hefen, sogar in andere Viren. Wir haben uns gesagt: ›Könnten wir nicht das Vacciniavirus selbst als Vektorsystem verwenden?‹ Also haben wir es versucht.«

Für Panicali und Paoletti begann damit eine Forschungsrichtung, von der sie seitdem nicht wieder losgekommen sind. Sie nahmen ein Gen aus einem Herpesvirus, stellten fest, daß es sich ohne weiteres in der DNS des Vacciniavirus häuslich einrichtete, und wiesen es an, ein Herpesenzym zu bilden, so als befände es sich wieder in dem Herpesvirus, in dem es angefangen hatte. Jetzt war das alte Vacciniavirus eigentlich gar kein Vacciniavirus mehr, sondern etwas Neues, ein Hybridvirus – ein bißchen Herpes und sehr viel Vaccinia. Außerdem war es jetzt auch ein Vektor, ein Vehikel, mit dem sich ein Teil des Herpesvirus an die Stellen *transportieren* ließ, an die das Vacciniavirus normalerweise wanderte.

»Danach überlegten wir uns«, erinnert sich Panicali, »ob nach diesem ersten Schritt das Vacciniavirus, ein bekannt gutartiger Pockenimpfstoff, nicht als Träger für andere Antigene in Frage käme. Vielleicht konnte man das Vacciniavirus wie eine Art Trojanisches Pferd einsetzen und dazu bringen, daß es Gene vom Herpesvirus beförderte, mit denen man dann gegen Herpes simplex impfen konnte, oder vielleicht andere Gene transportierte. Wir haben daraufhin die verschiedensten Gene, unterschiedliche Antigene, eingesetzt, um einen Impfstoff herzustellen.«

Etwa um dieselbe Zeit verfolgte Bernard Moss eine ähnliche Idee. »Als ich zum ersten Mal über diese Art von Impfstoffherstellung nachdachte, ging es mir dabei eher um einen Volksimpfstoff für China oder Asien. Den Gedanken habe ich vom Pockenimpfstoff übernommen. Das war ja ein Material, das in den jeweiligen Einsatzländern hergestellt wurde. Dazu brauchte es keinen großen technischen Aufwand. Der

Impfstoff wurde sogar in der Haut von lebenden Tieren produziert. Man impfte die Tiere sozusagen, aber auf einer großen Hautfläche; nach einer Woche entnahm man Flüssigkeit, behandelte sie in ein paar Schritten, füllte sie ab, und fertig war der Impfstoff.

Also dachte ich mir, daß zwar zur Herstellung des neukombinierten Virus zuerst etwas mehr technischer Aufwand erforderlich ist, doch die weitere Produktion in größeren Mengen dann technisch viel einfacher abläuft. Wenn der Impfstoff erst einmal da ist, kann man ihn, ähnlich wie den Pockenimpfstoff, einfach vermehren. Sobald man ein Röhrchen Impfstoff fertig hat und versendet, könnten die Leute dann mit einem Tier immer mehr daraus machen.«

In China kommt zum Beispiel Hepatitis B sehr häufig vor, etwa jeder zehnte Einwohner leidet daran. Für ein solches Land wäre ein Impfstoff gegen Hepatitis B von großem Nutzen. »Die brauchen eigentlich eine Milliarde Impfstoffdosen«, erklärt Moss, »und man kann sich nur schwer vorstellen, wie sie in den nächsten zehn Jahren diese Menge auf konventionellem Weg oder durch andere Neukombinationen herstellen wollen. Aber nach dem Verfahren hier könnten sie ganz sicher eine Milliarde Dosen produzieren.«

Also ging Moss daran, ein Vacciniavirus herzustellen, das Hepatitis-B-Antigene trug. Sein Verfahren entsprach dem, das auch Panicali und Paoletti im Staat New York anwandten. Um das Virus zu verändern, arbeiteten die Wissenschaftler mit verschiedenen Arten von Tierzellen als Impfstoff-Fabriken. Man muß sich die DNS der Viren, ob des Vacciniavirus oder anderer Viren, wie zum Beispiel Hepatitis B oder Herpes, wie lange Genbänder vorstellen. Auf diesem DNS-Band bestimmen die Wissenschaftler das Gen, das sie dem Vacciniavirus zusetzen wollen, beispielsweise ein Gen von einem Hepatitis-B-Virus. Mit Hilfe spezieller Enzyme, die den DNS-Strang auflösen und wieder zusammenfügen können, also eigentlich einer Schere, mit der sie das Band an jeder beliebigen Stelle durchschneiden und wieder zusammenkleben können, schneiden sie dann das Gen heraus und fügen es in ein anderes DNS-Band ein; dieses ist ein kleiner, kreisförmiger

Strang, ein sogenanntes Plasmid, das in vielen Bakterien schwimmt.

Als nächstes trennen die Wissenschaftler aus einem Vaccinia-DNS-Band eine Reihe von Genen, manchmal einen ziemlich langen Strang, heraus, den sie dann auf jeder Seite des Hepatitis-B-Gens in die Plasmidschleife eingliedern. Innerhalb der Plasmidschleife wird das Fremdgen jetzt auf beiden Seiten von der Vaccinia-DNS flankiert. Wenn nun ein Vacciniavirus daherkäme, würde es sich bei diesem Plasmid und seiner Vaccinia-DNS ganz zu Hause fühlen. Es könnte sogar das einzelne Hepatitis-B-Gen übersehen; das ist auch der Hintergedanke bei der ganzen Entwicklung.

Die Wissenschaftler wollen also das Vacciniavirus dazu bringen, daß es das Plasmid-DNS-Band als Teil seines eigenen Aufbaus anerkennt. Von dieser Erkennung hängt die ganze Entwicklung ab, denn beim nächsten Schritt muß die Plasmidschleife in einer Gewebekultur in eine lebende Zelle eingefügt werden, und dann wird die Zelle mit einem Vacciniavirus infiziert. Wenn sich das Virus innerhalb der Zelle zu vermehren beginnt, nimmt es höchstwahrscheinlich das Plasmid in sein eigenes DNS-Band auf und integriert damit das Hepatitis-B-Gen und den Vaccinia-DNS-Begleiter in seinen eigenen DNS-Satz. Sobald die Zelle dann neue Vacciniaviren auszuspucken beginnt, die jetzt alle das Hepatitis-B-Gen enthalten, sammeln die Wissenschaftler diese Viren und verwenden sie als Impfstoff. Der ganze Vorgang läßt sich innerhalb weniger Wochen bewerkstelligen – einfach und doch erstaunlich.

Das Vacciniavirus ist zwar gutmütig, bleibt aber ein Virus. Die Infektion mit ihm bringt also ein gewisses Risiko mit sich, gewöhnlich das einer Hautpustel, wie bei den Kuhpocken. Am leichtesten infizieren sich Menschen mit geschwächtem Immunsystem. Bei ihnen kann das Virus zu schweren Komplikationen führen. So wurde zum Beispiel vor kurzem ein Rekrut nach Vorschrift mit normalem Vacciniavirus gegen Pocken geimpft. Die Impfärzte wußten aber nicht, daß er an AIDS litt. Eine Begleiterscheinung von AIDS ist natürlich das geschwächte Immunsystem. Der Rekrut erkrankte schwer. Nicht nur AIDS kann zu Immunschwäche führen; auch an-

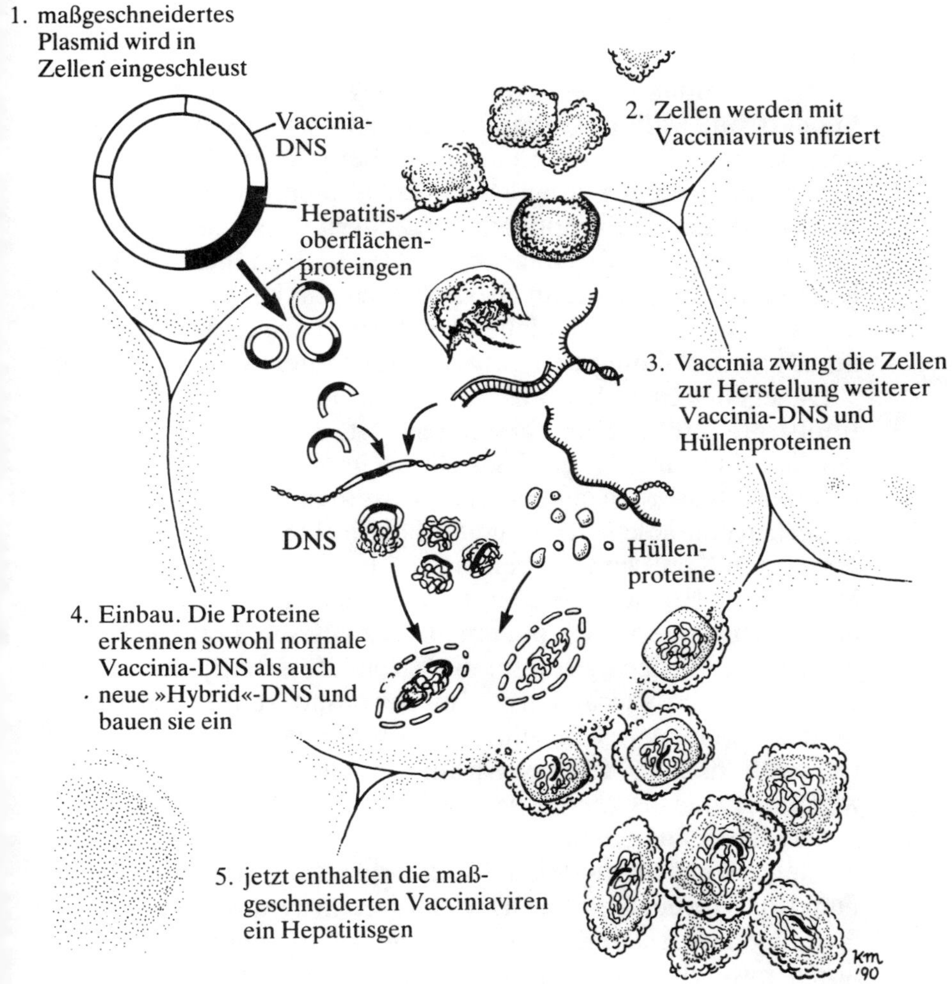

So wird ein Hybrid-Vacciniavirus zum Einsatz in neuen Impfstoffen hergestellt.

Seit Jahren wird das Vacciniavirus schon in einem Pockenimpfstoff verwendet. In jüngster Zeit hat die Forschung das Virus (Schritte 1–5) zum Träger für den Transport von Genen anderer Viren umgebaut und damit versucht, sichere und wirksame Impfstoffe gegen andere Krankheiten zu entwickeln.

dere Bedingungen, wie zum Beispiel eine Chemotherapie oder sogar Hauterkrankungen, etwa Ekzeme, können bei Patienten nach Vacciniainfektionen Komplikationen hervorrufen.

»Das Komplikationsrisiko liegt im allgemeinen bei zehn bis hundert pro Million Geimpfter«, erläutert Panicali. »Hundert ist es, wenn man an die schwächeren Komplikationen denkt, und immer geringer wird es, je mehr man sich den schwerwiegenden Komplikationen nähert, die sogar zum Tod führen können – Vacciniaencephalitis und ähnliches. Das Komplikationsrisiko kann also höher sein als bei bestimmten anderen Impfstoffen mit lebendem Virus, beispielsweise größer als beim Polioimpfstoff mit lebenden Viren nach Sabin.«

Dagegen läßt sich etwas tun, wenn man rekombinierte Impfstoffe nur bei Krankheiten einsetzt, die ihrerseits so gefährlich sind, daß ein gewisses Risiko im Vergleich zu einem Krankheitsausbruch hingenommen werden kann. AIDS ist sicherlich eine solche Krankheit, Malaria eine weitere; an dieser uralten Krankheit sterben jedes Jahr über zehn Millionen Menschen. Hepatitis B könnte vor allem in Ländern mit hohem Risiko, etwa China, ebenfalls zu diesen Krankheiten gehören. Gleichzeitig tüfteln die Vacciniaforscher jedoch an einem sicheren Vacciniavirus. Im Gegensatz zum Poliovirus ist das Vacciniavirus in seiner jahrelangen Verwendung als Impfstoff niemals zwecks Wirkungsminderung geschwächt worden. Panicalis Labor, Applied Biotechnology, und auch andere Forschungszentren versuchen aber genau das, diesmal jedoch mit Methoden der Rekombination. Indem sie die Funktionen einer Reihe von Vacciniagenen herausfinden und diejenigen wegschneiden oder verändern, die bei Komplikationen mitwirken, können sie vielleicht ein noch besser geeignetes Virus maßschneidern.

»Es gibt im Virus bestimmte Funktionen, die erhalten bleiben müssen«, erklärt Panicali. »Auch wenn man eine Million verschiedener Haus- und Gebäudetypen baut, braucht man in jedem Fall ein festes Fundament und bestimmte Tragwerke, und auch ein Fenster hie und da kann nicht schaden. Ähnlich müssen bestimmte Kernkomponenten im Virus erhalten bleiben, aber wir versuchen, das Virus sicherer und leistungsfähiger zu machen.«

Dazu schlagen Bernard Moss und seine Kollegen im NIH noch einen anderen Weg ein. Sie haben dem Vacciniavirus einen weiteren Gensatz eingepflanzt, der Interleukin-2, also den Bestandteil und Wachstumsfaktor des Immunsystems, erzeugt. Als sie SCID-Mäuse mit diesem veränderten Vacciniavirus impften, zeigte sich, daß die normalerweise abwehrlosen Mäuse vor allen möglichen Nebenwirkungen geschützt waren.

Die Aussichten auf Impfstoffe auf der Grundlage des Vacciniavirus sind also nicht schlecht. Schon haben genetisch manipulierte Vacciniaviren bei Tieren Immunschutz gegen eine Reihe von Krankheiten bewirkt, darunter Hepatitis B, Tollwut, Herpes, Grippe und Masern. Am Menschen ist ein Impfstoff auf Vacciniabasis gegen AIDS, der von Oncogen, einer Tochter von Bristol-Myers in Seattle, hergestellt wird, an über zwanzig freiwilligen Probanden getestet worden; keiner von ihnen litt nach der Impfung unter Nebenwirkungen, und die meisten entwickelten Anzeichen einer Immunität gegen das HIV. Allerdings weiß man bis jetzt noch nicht, ob die Immunität so stark ist, daß sie die Krankheit verhindern kann – im gegenwärtigen Stadium der Entwicklung von Impfstoffen gegen AIDS eine bekannte Einschränkung.

Während das Vacciniavirus im AIDS-Impfstoff von Oncogen Proteine des HIV auf seiner eigenen Oberfläche exprimiert und dadurch den Körper veranlaßt, eine Immunabwehr gegen das wirkliche Virus aufzubauen, verwendet Applied Biotechnology Vaccinia zur Herstellung von ganzem HIV, dem nur der Nukleinsäurekern fehlt. Dazu werden Zellen mit einem besonders veränderten Vacciniavirus infiziert, das alle Strukturproteine und Hüllenproteine des HIV exprimiert, jedoch nicht die Gene. Die Zelle wird dazu gebracht, so zu reagieren, als handle es sich um eine wirkliche HIV-Invasion; pflichtgemäß baut sie etwas auf, das wie echte HIV-Partikel aussieht. Diese Partikel sind jedoch nicht infektiös, da sie keine Nukleinsäure enthalten. Es sind einfach leere Hüllen, aber sie wirken sehr überzeugend. »Wir hoffen, daß wir damit eine besonders wirksame Immunreaktion anregen können«, sagt Panicali, »weil wir das ganze Antigen, das ganze Virus haben, ohne daß die geringste Möglichkeit eines Rückfalls in die Virulenz besteht.« In anderen Laboratorien laufen unter anderem auch Projekte, die sich mit Impfstoffen auf Vacciniabasis gegen Melanom, Tuberkulose und Lepra beschäftigen.

Vacciniavektoren sind zwar im Kampf gegen bestimmte Krankheiten aussichtsreich, aber in ihrer Rolle bei der Aufklärung der Funktionen des Immunsystems vielleicht noch wertvoller. Durch seine Steuerungsmöglichkeiten wird ein rekombiniertes Vacciniavirus zu einem hoch spezialisierten Hilfsmittel zur Erforschung der komplizierten Immunreaktion. So haben zum Beispiel Wissenschaftler bei Applied Biotechnology eine Reihe von gentechnisch veränderten Vacciniaviren hergestellt, die jeweils bestimmte HIV-Aspekte exprimieren, so als sei das Virus wie ein Puzzlespiel in seine einzelnen Bestandteile zerlegt worden. Einem Vacciniavirus haben sie zum Beispiel das Gen eingepflanzt, das Protein aus dem HIV-Kern bildet; ein anderes Virus trägt das Gen, das ein HIV-Hüllenprotein exprimiert; wieder ein anderes Virus enthält das Gen, das die reverse Transkriptase des HIV herstellt. In Zusammenarbeit mit der University of Massachusetts Medical School infizieren die Forscher dann Kulturen von menschlichen Immunzellen, B- und T-Lymphozyten, mit jedem Virus und untersuchen die Zellantwort. Gemeinsam mit dem New England Regional Primate Research Center arbeiten sie ähnlich mit SIV-Teilen, Teilen des Affenimmunschwächevirus, auf der Grundlage von Vaccinia, das sie Makaken injizieren. So läßt sich die Antwort des Immunsystem auf bestimmte Bestandteile des Virus genau verfolgen.

»Wir können messen, welche Arten von Immunantworten ein bestimmtes Protein hervorruft«, erklärt Panicali. »Wenn nur ein Protein exprimiert wird, löst das dann eine Immunantwort der Zelle aus – eine Antwort der natürlichen Killerzellen, eine zytotoxische Lymphozytenreaktion – oder führt es zur Bildung von Antikörpern? Wir können jetzt ganz genau feststellen, wer wem was zufügt. Wir verwenden das Vacciniavirus, um die Funktion dieser Innenwelt zu erforschen. Das menschliche Immunsystem ist höchst kompliziert, und wir verstehen erst einen Teil davon.«

Dieses Wissen bringt weitreichende, schwer zu fassende Vorteile mit sich. Kurzfristig wird die Wissenschaft damit vielleicht in die Lage versetzt, unter besserer Berücksichtigung der Auswirkungen verschiedener Virusproteine die jeweils wirksamsten Impfstoffe zu erfinden. Langfristig führt diese Forschung vielleicht zu umfassenden Kenntnissen darüber, wie unser Körper ganz allgemein funktioniert. Gerade auf diesem größeren Gebiet können Viren vielleicht am meisten bewirken.«

»Viren helfen bei der Aufklärung grundlegender Lebensvorgänge«, meint Panicali. »Wir erfahren immer mehr über die normale Funktionsweise der Zellen, indem wir vor allen Dingen durch Überwachung feststellen, was bei diesen Zellen falsch läuft und, insbesondere, welchen Einfluß Viren auf die Vorgänge in diesen Zellen haben. Die Abläufe in einer Zelle lassen sich schwer bestimmen, solange alles wie am Schnürchen geht. Sobald jedoch etwas schiefläuft, erkennt man, was passiert, und sieht auch, welche Rolle es im allgemeinen Ablaufplan spielt. Mit Hilfe der Viren ist das möglich.«

»Viren sind ausgeprägte Schmarotzer«, fügt er hinzu. »Sie dringen ein und fangen sofort mit der Veränderung und Manipulation der Zellmaschinerie an. Unsere Kenntnisse über die Biologie der Zellregulierung und des Zellwachstums sind vor allem ihrer Hilfe zu verdanken.«

Und dennoch ist diese phantastische Welt der Virusmanipulation und -rekombination, ja der Viren selbst, also der natürlich existierenden Viren, vielleicht schon im Abstieg begriffen. Das Vacciniavirus ist zwar für den Impfstofftransport und als Zellsonde von größter Bedeutung, weist aber den schon erwähnten Nachteil auf, daß es ein infektiöser Organismus ist. Vielleicht gelingt es der Forschung, das Virus zu dämpfen und zu modifizieren und seine Schädlichkeit (die wohl ohnehin gering ist) noch zu mindern, aber das Vacciniavirus bleibt ein Virus, zum Infizieren geschaffen. Wenn also geeignete Verfahren zur Verfügung stehen, das nötige Können da ist und stichhaltige Gründe vorliegen, ist es für die Manipulation von Virusgenen eigentlich ein ganz natürlicher Schritt, diese Virusgene völlig wegzumanipulieren. Darauf folgt dann vielleicht als nächster Schritt die Herstellung von künstlichen Viren, die überhaupt kein Risiko mehr bergen.

»Ich glaube, das Vacciniavirus spielt etwa die nächsten fünfzehn Jahre noch eine ganz wichtige Rolle«, erklärt Bernard Moss. »Aber das ist nicht das Ende der Entwicklung. Das erreichen wir erst, wenn wir soviel erfahren haben, daß wir alles selbst machen. Dann gibt es nur noch künstliche Viren. Wir brauchen kein lebendes Virus mehr, sondern bauen uns selbst eins. Die endgültige Lösung liegt jenseits der Natur.«

Für W. French Anderson ist die Überschreitung der natürlichen Grenzen etwas völlig Normales. Anderson, Leiter des Laboratoriums für Molekularhämatologie im National Heart, Lung, and Blood Institute, und seine Kollegen beschäftigen sich mit einem Gebiet, das viel dazu beitragen kann, menschliches Leid zu lindern. Allerdings ist es mindestens so umstritten, wie es aussichtsreich ist: die Gentherapie.

Viele Menschen haben bei diesen beiden Worten schon genug. Die Vorstellung, in unseren Genen herumzuspielen, zu ändern, wie die Natur oder Gott uns geschaffen hat, ist nach ihrer Ansicht nicht nur gefährlich, sondern auch unmoralisch und unsittlich. Diese Einwände sind Anderson durchaus bekannt. Anderson ist 53, schlank, hat volles, graues Haar, ist im Auftreten unkompliziert und geschäftsmäßig, so daß man gleich den Eindruck gewinnt, daß hier jemand sein Leben sehr aktiv gestaltet und nur ungern Zeit verplempert; Anderson kämpft für die Gentherapie schon seit seiner Bewerbung in Harvard, in der es damals angab, er wolle genetische Erkrankungen auf molekularer Ebene untersuchen. Das war 1953, gerade ein Jahr, nachdem Hershey und Chase schlüssig bewiesen hatten, daß die DNS Träger der genetischen Informationen ist, also im selben Jahr, in dem Watson und Crick der Welt die Doppelhelix als Molekülstruktur der DNS vorstellten. Es war noch ein bißchen früh, wenn man sich für die molekularen Eigenschaften genetischer Krankheiten interessierte, besonders wenn man ein sechzehn Jahre alter Junge aus Tulsa im amerikanischen Bundesstaat Oklahoma war (obwohl gerade dieser Sechzehnjährige seit seinem neunten Lebensjahr zum eigenen Spaß Collegelehrbücher über Naturwissenschaften gelesen hatte). Und selbst ein paar Jahre später, als Anderson in Harvard gerade seinen Abschluß machte, war die DNS immer noch nicht so ganz als der Stoff akzeptiert, aus dem die Gene sind. »Die Entdeckung von Watson und Crick war nach wie vor höchst umstritten«, erinnert sich Anderson. »Meine Semesterarbeit in Harvard handelte von Genen in Bakterien, aber ich benutzte den Begriff transformierender Faktor. Es war zwar DNS, aber damals nannte man sie noch ›transformierender Faktor‹.«

Um diese Zeit hatte sich Anderson mit den Möglichkeiten der Gentherapie längst vertraut gemacht; dabei war er nachhaltig durch den ersten Kurs eines Mikrobiologen beeinflußt worden, der sich auch für Gene interessierte und kurz vorher aus dem Cavendish Laboratory an der englischen Universität Cambridge nach Harvard gekommen war: James Watson. Nach seinem Abschluß 1958 wiederholte Anderson Watsons Reise in umgekehrter Richtung und ließ sich im Cavendish Laboratory nieder, wo er mit einem weiteren an Genen interessierten Mikrobiologen zusammenarbeitete: Francis Crick. »Das war eine aufregende Zeit damals in den 50er Jahren«, erinnert sich Anderson. »Wahrscheinlich mache ich mir aus großen Büros nichts, auch wenn ich sie haben könnte, weil ich bei meinem ersten Besuch im Cavendish genau 1000 Quadratzentimeter Platz zugewiesen bekam. Crick und Sydney Brenner teilten sich ein Büro, in dem es so eng zuging, daß Brenner hinausgehen mußte, wenn Crick hereinkommen wollte. Wenn Crick kam, ging Brenner hinaus, Crick trat ein, und dann kam Brenner zurück.

Überall herrschte großer Platzmangel. Aber ich war im siebten Himmel. Wir bekamen je eine Pipette von jeder Größe, und wenn man sie zerbrach, mußte man schriftlich eine neue beantragen. So etwas macht einen bescheiden. Deswegen habe ich auch heute keine Schwierigkeiten damit, mich bei Geräteanschaffungen zurückzuhalten. Ich mache mir nichts aus den jeweils neuesten Gerätenmodellen mit allem möglichen Firlefanz. Man braucht das nicht; es lenkt einen nur ab.«

Nach seiner Rückkehr nach Harvard, wo er sich zum Kinderarzt ausbilden ließ, ging er 1965 endgültig ans NIH und arbeitete im Labor des Nobelpreisträgers Marshall Nirenberg, dessen Gruppe als erste den genetischen Code knackte. Im April 1966 trat Anderson vor zweitausend Zuhörer und berichtete über ihre Ergebnisse. 1968 verfügte er über ein eigenes Labor für Gentherapie, und 1980 wandte er mit Erfolg die damals bestehenden Verfahren an, um Gene in Tierzellen zu injizieren oder zu »transduzieren«.

1980 war übrigens auch das Jahr, in dem Richard Mulligan seine Doktorarbeit in Stanford abschloß und an das MIT zurückging, wo er in seinen Anfangssemestern gearbeitet hatte. Ebenfalls zufällig trug Mulligans Doktorarbeit den Titel »Die Transduktion von Genen in Tierzellen«. Nicht mehr ganz so zufällig, denn nach seiner Aussage sind Retroviren sein Stekkenpferd, machte sich Mulligan an die Entwicklung einer Methode, mit der man Retroviren als Vehikel zur Übertragung von Genen in Zellen nutzen konnte. Das seinerzeit übliche Verfahren, Gene mit der Hand in einzelne Zellen zu injizieren, funktionierte zwar gut, war aber einfach zu langsam und zu mühevoll. Es dauerte etwa eine Minute, bis man ein Gen in eine Zelle injiziert hatte; das scheint nicht sonderlich lang zu sein, aber wenn man bedenkt, daß der Körper aus Milliarden Zellen besteht, sieht die Sache schon anders aus. Wenn man zum Beispiel Gene von Hand in 100 Millionen Zellen übertragen wollte, was für manche Experimente gar nicht übertrieben ist, käme man durchaus an die Grenzen des Machbaren. Dagegen boten Retroviren die Aussicht, eine solche Aufgabe nicht nur möglich, sondern auch erträglich zu machen.

»Was mich an Viren immer gereizt hat«, erklärt Mulligan, »ist die Möglichkeit, sie zu manipulieren.« Mulligan, jetzt 36 Jahre alt, lang und hager, mit rötlichem Haar und Bart, wirkt in seinem Flanellhemd und den Jeans etwas fehl am Platze, wie er sich in seinem Sessel im Whitehead Institute in der Nähe des MIT zurücklehnt. Er ist mit Leib und Seele Molekularbiologe – jung, außergewöhnlich brillant (er hat den »Genie-Preis« der MacArthur-Stiftung gewonnen) und von Viren als empfindlichen Molekularmaschinen, die zum Basteln bereitstehen, unwiderstehlich angezogen. »Viren verfügen über sehr komplizierte, einmalige Programme für den Eintritt in Zellen und für die Vermehrung. Da gibt es zum Beispiel das Affenvirus, SV-40, das in eine Zelle eindringt, sich vermehrt, eine Million Kopien seines Genoms herstellt, im Verlauf der Infektion die Zelle umbringt und dann zur nächsten Infektion wieder herauskommt. Mit einem solchen Virus kann man in kürzester Zeit große Produktmengen herstellen, sehr viel DNS, RNS, sehr viele Proteine.

Dann nimmt man sich das Vacciniavirus, ein ganz anderes Virus, vor. Als Impfstoff bietet es sich geradezu an. Dann geht man zum Retrovirus über. Das eignet sich am besten zur Genübertragung. Es macht genau das, was man von ihm will. Einen besseren Lebenszyklus zur Genübertragung kann man sich gar nicht vorstellen.«

Im Gegensatz zu den meisten anderen Viren, die einfach die Vermehrungsmaschinerie der Zelle umpolen, so daß sie neue Viren herstellt, es dabei aber bewenden lassen, schleust ein Retrovirus tatsächlich seine Gene in die Gene der von ihm besetzten Zelle ein. Nach der Infektion durch ein Retrovirus exprimiert das genetische Material dieser Zelle jetzt das Virus ebenso wie die Zelle. Es gibt wohl keinen vollkommeneren Mechanismus, um bestimmte Gene in vorbestimmte Zellen einzuschleusen. Dazu brauchten die Wissenschaftler nur ein Retrovirus zu suchen, das von Natur aus in die von ihnen vorgesehenen Zellen eindrang, und dann mußten sie sich noch eine Möglichkeit ausdenken, wie das Virus die Gene einschleuste, die sie in die Zelle eingeführt haben wollten, nicht jedoch das eigene genetische Material des Virus. Sie mußten also diese Viren irgendwie entführen und die Mikroorganismen dazu bringen, eine neue Ladung zu transportieren.

1983 hatten Mulligan, David Baltimore und Richard Mann, ein ehemaliger Student von Baltimore, genau dafür eine ingeniöse Möglichkeit entwickelt. Sie verkürzten die Aufgabe im wesentlichen auf zwei Schritte: Zunächst wurde eine Virushülle hergestellt, aus der die eigenen Gene entfernt wurden und die dann als Träger diente. In diese Hülle wurden die Fremdgene gepackt, die in die Zelle eingeschleust werden sollten. Dazu verwandelten sie gewöhnliche tierische Zellen

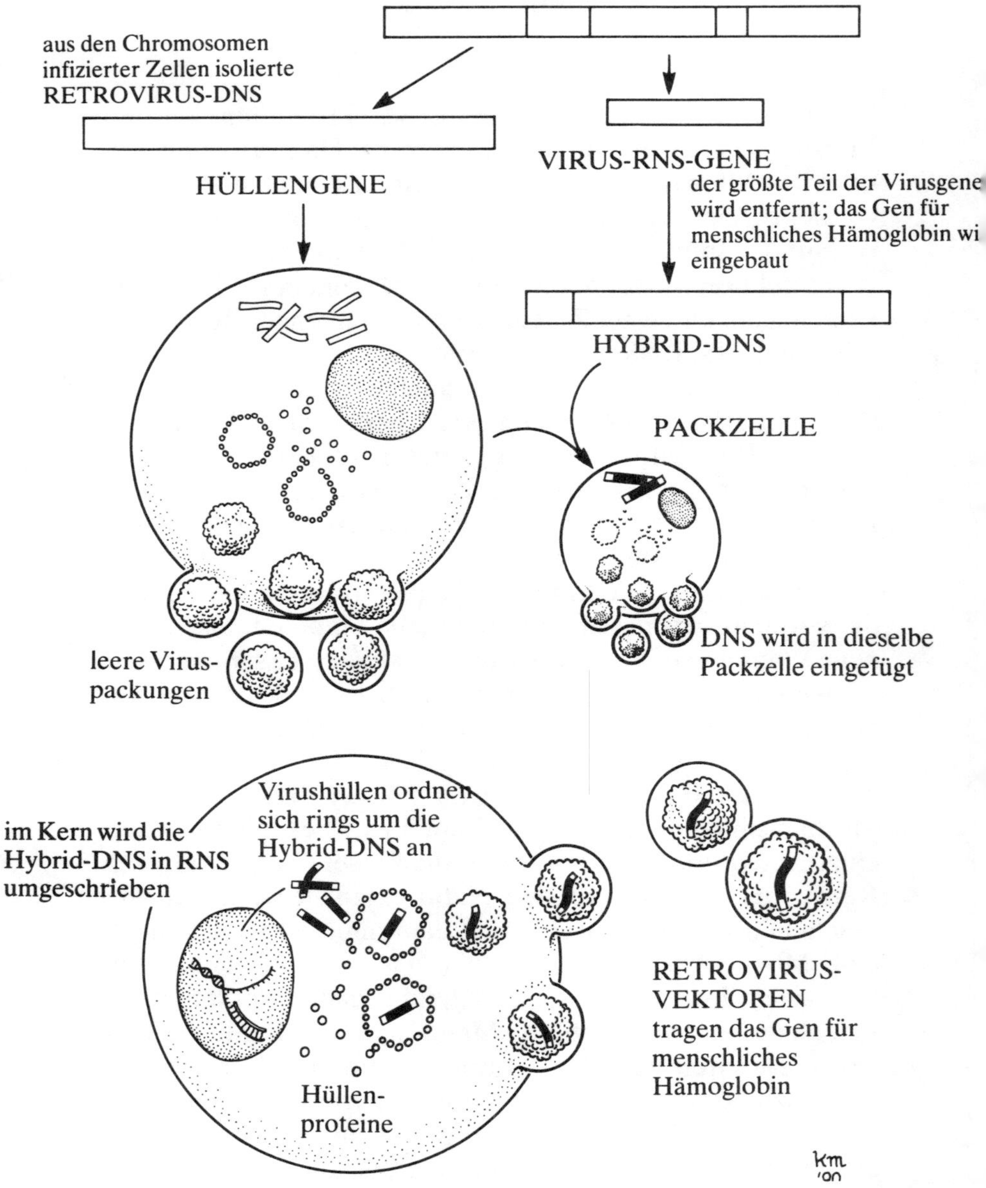

Die Schaffung von Retroviren als Vektoren für die Gentherapie. Eines Tages helfen uns die Viren vielleicht bei der Heilung bestimmter Krankheiten. Da sie sehr leicht genetisches Material in Zellen einschleusen, kann man sie unter Umständen dazu verwenden, ausgesuchte Gene in diese Zellen zu übertragen. Richard Mulligan ist es gelungen, mit Hilfe von Retroviren einen solchen Prozeß zu entwickeln.

in Gentherapiefabriken. Sie nannten sie *Packzellen.* Der Vorgang läuft so ab:

Zuerst lassen die Wissenschaftler ein Retrovirus eine Zelle infizieren und dabei, wie gewohnt, mittels der reversen Transkriptase deren RNS in DNS umwandeln und diese DNS dann in die Gene der Wirtszelle einschleusen. Dann gehen die Wissenschaftler in die Zelle hinein, suchen den Strang Virus-DNS in den Zellchromosomen und trennen ihn heraus. Jetzt haben sie die nackten Gene des Virus in der Hand, also die geheimen Blaupausen für die Herstellung eines Retrovirus. »Wir spielen dem Virus einen Streich«, erklärt Mulligan, »und räumen alles in der DNS aus, was wir nicht absolut brauchen« (das heißt, für die eigenen Zwecke).

Die DNS enthält auch Baupläne für ein ganz neues Retrovirus, also Pläne für die Virushüllenproteine und das Enzym für die reverse Transkriptase, Pläne für die neue RNS, die dann zu den Genen des neuen Virus wird. Mulligan und seine Mitarbeiter trennen diejenigen Gene, die für die Hülle des Virus kodieren und die Virusenzyme aus den Genen ab, die die Virus-RNS erzeugen. Jetzt verfügen sie über zwei verschiedene Vektoren für die Retrovirus-DNS: Der eine stellt eine leere Virushülle her, während der andere die Gene produziert, die in diese Hülle hineinkommen. Mit dem üblichen manuellen Verfahren fügen sie dann einen dieser Vektoren in eine neue Zelle ein.

»Wir nehmen also die genetischen Informationen zur Herstellung der Hülle und der Enzyme und stecken sie in die Packzelle«, erklärt Mulligan. »Diese Packzelle ist eine normale tierische Zelle, stellt aber jetzt Virusproteine her. Sie bildet keine Virus-RNS.« Noch nicht. Ohne Pläne für die Retrovirus-RNS, doch reichlich mit Blaupausen für die Virushülle ausgerüstet, spuckt die Zelle jetzt leere Viren aus. Damit ist die Aufgabe schon halb gelöst.

Im zweiten Schritt besorgt man Gene für das leere Virus, allerdings nicht die eigenen Gene des Virus, sondern Gene, die das Virus auf Wunsch der Forscher in das von diesen auserwählte Ziel einschleusen soll. Also gehen sie wieder auf die ursprüngliche Virus-DNS zurück, der jetzt die Gene fehlen, die die Strukturproteine des Virus kodieren, während sie die Virus-RNS produzierenden Gene nach wie vor aufweist. Diese Gene entfernen die Forscher und ersetzen sie durch Gene eigener Wahl, zum Beispiel ein menschliches Hämoglobingen. Dann fügen sie diesen neuen Genstrang in die Packzelle ein. »Man bringt also diese DNS, aus der man alle anderen Sequenzen herausgeschnitten hat, wieder in die Zelle zurück«, erläutert Mulligan, »und dann wird die Zelle zu einer Fabrik für die Herstellung von Viruspartikeln, die jetzt nur noch die interessierenden Gene tragen. Auf dieser Grundlage funktioniert das System.«

Das ist schlau ausgetüftelt. Die jetzt voll programmierte Packzelle erzeugt praktisch auf ewig Virushüllen, die die neuen, vom Menschen eingefügten Gene aufweisen und aus denen dann Retrovirusvektoren werden. Mann, Mulligan und Baltimore hatten sich die Verfahren, mit denen sie im Labor Gott spielen konnten, beim Herumdoktern am Mechanismus des Lebens ausgedacht, als sie ein ganz neues Virus erfinden wollten. »Dieses Teilchen ist nun hochinteressant«, erklärt Mulligan. »Infektiös ist es in der Hinsicht, daß es mit hohem Wirkungsgrad in andere Zellen eindringt, eine reverse Transkription mitmacht und seine DNS integriert; da man jedoch die ganzen Virusstückchen herausgeschnitten hat, bleibt eigentlich nur ein Hämoglobingen übrig. Weiter geht es nicht. Das ist schon sehr raffiniert.«

Damit hatten sie einen Retrovirusvektor erfunden, der wie ein normales Retrovirus infizierte, seine Gene in die Chromosomen der Wirtszelle integrierte wie ein normales Retrovirus, doch dann nicht mehr Viren herstellte, sondern die Zelle anwies, das zu produzieren, wofür das neue, vom Menschen ausgewählte Gen kodierte. Sobald das Virus seine genetische Fracht in die Zelle entleert hatte, verschwand es. Diese angefertigten Viren bringen ihre Gene in *jede* Zielzelle ein. Sie sind nicht nur schneller als die alte manuelle Methode der Gentransplantation, sondern arbeiten auch mit einem erheblich höheren Wirkungsgrad.

Für French Anderson war das genau das richtige. »So um 1983 herum wurde mir klar, um 1984 sonnenklar, daß wir mit den Retrovirusvektoren auf dem richtigen Weg waren, denn damit konnte man in knapp zwei Stunden in hundert Millionen Zellen hineinkommen.« Bei solchen Aussichten auf hohe Geschwindigkeit und gute Wirksamkeit kann Anderson vielleicht wirklich sinnvolle Gentherapieversuche am lebenden Menschen durchführen und ist nicht länger auf Labor- und Tierexperimente angewiesen. 1984 schrieb er für *Science* einen begeisterten Artikel zum Thema »Aussichten auf eine Gentherapie beim Menschen«, in dem er die Möglichkeiten und Probleme aus seiner Sicht darstellte. Die technischen Möglichkeiten standen dafür mittlerweile zur Verfügung, vor allem der Einsatz von Retrovirusvektoren. Diese Virusvektoren hatten mit Erfolg Gene in Mäuse eingeschleust, und der Wirkungsgrad dieser Verfahren stieg ständig weiter. Für die menschliche Gentherapie sah es vielversprechend aus. Jetzt mußte lediglich die Sicherheit dieser Verfahren anhand weiterer Tierversuche nachgewiesen werden. »Sobald diese Kriterien erfüllt sind«, schrieb Anderson, »wäre es nach meinem Dafürhalten ethisch nicht zu verantworten, mit Versuchen am Menschen noch länger zu warten.«

Ach ja, die Frage der Ethik. Die technischen Voraussetzungen für dieses Verfahren zu schaffen war nur eine Seite der Medaille. Ob man nach Prüfung aller ethischen Gesichtspunkte wirklich anfangen konnte, war die andere. Die Aussichten auf eine Gentherapie werfen ohne Rücksicht auf den zu erwartenden Nutzen Fragen auf, die über wissenschaftliche und medizinische Belange hinausreichen. Da geht es nicht nur um die Behandlung von Krankheiten, sondern um Veränderungen im Kern des Lebens, in unserem Erbgut.

»Die Gesellschaft fürchtet den Einsatz der Gentechnik am Menschen vermutlich, weil wir das Gefühl haben, damit Möglichkeiten zu schaffen, mit denen sich verändern läßt, wer wir sind und was wir sind«, schrieb Anderson. »Können mit dieser Vorgehensweise vielleicht Veränderungen in der Grundstruktur unserer Existenz, unseres Menschseins, herbeigeführt werden? Wir wissen gar nicht wirklich, was unser

Menschsein bedingt, und wir wissen auch nicht genau, welche Rolle die Gene dabei spielen. Aber wie wir unser Menschsein auch definieren: Wir haben Angst vor der Möglichkeit, daß daran herumexperimentiert wird.« »Veränderung .. Änderungen ... herumexperimentieren« – schon die Wortwahl erweckt unangenehme Assoziationen. Vielleicht weiß ich nicht, wer ich bin; vielleicht gefällt mir der auch nicht, der ich bin; aber ich bin nun einmal der, der ich bin, und so möchte ich auch bleiben.

Anderson geriet gleich wieder in diese Kontroverse, als er 1985 im *Journal of Medicine and Philosophy* einen Artikel unter dem Titel »Gentherapie am Menschen: Wissenschaftliche und ethische Überlegungen« veröffentlichte. Danach schrieb er über diese Frage und seine Besorgnis häufiger. Zum Teil hatte das gewiß auch praktische Gründe: Ehe er mit seiner Absicht, Gene in Menschen einzuschleusen, weiterkommen konnte, brauchte Anderson die amtliche Genehmigung des NIH Recombinant DNA Advisory Committee, und die war nicht leicht zu erringen, da die meisten Mitglieder dieses Beirats nicht über Erfahrungen in der Gentherapie verfügten. Man mußte sie von der Sicherheit des Vorhabens ebenso überzeugen wie von dessen ethisch einwandfreier Auslegung, ehe man den Segen dieses Gremiums erwarten konnte. Deshalb sprach Anderson jeden nur denkbaren Einwand an.

Er unterscheidet vier Kategorien der Gentherapie beim Menschen: Die *somatische Gentherapie,* bei der er normale Gene in Personen einschleusen will, die an einem genetischen Defekt oder einer anderen Krankheit leiden; die *Keimbahn-Gentherapie,* bei der ein Gen in das Fortpflanzungsgewebe eines Patienten eingefügt wird, um eine Störung bei den Nachkommen des Patienten zu beheben; *eine verstärkende Gentechnik,* bei der die eingefügten Gene unter Umständen ein bekanntes Merkmal »verstärken«, zum Beispiel durch Einfügung eines zusätzlichen Wachstumshormongens bei einem normalen, doch zu kleinen Kind; schließlich die *eugenische Gentechnik,* bei der die Gentherapie dazu eingesetzt werden soll, komplizierte menschliche Charakterzüge, wie zum Beispiel Intelligenz und Persönlichkeit, zu verbessern.

Die letzte dieser Möglichkeiten, den Einsatz der Gentherapie zur Verbesserung der Intelligenz oder Körperkraft oder von Charaktereigenschaften eines Menschen, verwirft Anderson sofort. Ein solches Verfahren ist nicht nur mit unserem heutigen Können und der heutigen Technik unmöglich, sondern auch ethisch nicht zu vertreten. Wer sich also für die Aufzucht einer Herde von 2,10 m großen Basketballspielern oder von blonden, blauäugigen Kindern für den Film interessiert, muß noch ein bißchen warten und, sollte es jemals dazu kommen, dann mit jemand anderem als Anderson zusammenarbeiten. Eine weitere der oben angesprochenen Möglichkeiten, nämlich eine Gentherapie, deren Wirkung in künftigen Generationen erhalten bleibt, ist beim heutigen Stand der Technik auch noch längst nicht möglich – und Anderson behält sich das Urteil darüber vor.

Bleiben also zwei Therapiearten übrig, die heute schon technisch machbar sind: die somatische Therapie und die Verstärkungstherapie. Zwischen diesen beiden Möglichkeiten zieht Anderson einen dicken Trennungsstrich. Für ihn ist die Gentherapie zur Behandlung von Krankheiten ethisch zu verantworten, eine Therapie zur Verstärkung normaler Bedingungen dagegen nicht. Eine Gentechnik zur Verstärkung vorhandener Anlagen könnte auch medizinisch gefährlich sein. Einen zur Krankheit führenden Defekt durch Einfügung eines Gens zu korrigieren, ist nicht umstritten; ein Gen hinzuzufügen und zu hoffen, daß es ein erwünschtes Merkmal hervorruft, ist dagegen etwas ganz anderes. Zur Erklärung weist Anderson auf ein Fernsehgerät. »Wenn das Gerät ausfällt und wir im Innern einen gebrochenen Draht sehen«, erklärt er, »meinen wir vielleicht, daß der Apparat wieder läuft, wenn wir den Draht reparieren. Die Annahme trifft vermutlich zu. Doch was passiert, wenn das Gerät gut funktioniert, aber das Bild nicht so scharf ist wie im Gerät unseres Nachbarn? Und wenn wir dabei merken, daß dessen Gerät auch noch ein Teil mehr aufweist? Würde das Bild bei unserem Empfänger genauso scharf werden wie bei seinem, wenn wir sein Zusatzgerät in unser Gerät einfügten? Wahrscheinlich würden wir dabei mehr kaputtmachen als verbessern. Unter Umständen müßten wir das Teil gleich wieder ausbauen, bevor es größeren Schaden anrichtete. Doch sobald man ein Gen in die Zellen eines Menschen eingefügt hat, kann man es nicht wieder herausnehmen. Wir wissen einfach noch nicht genug darüber, wie sich ein solcher Änderungsversuch auswirkt, ob er nicht mehr Folgen zeitigt als nur die Korrektur unseres genetischen Apparats.«

Die Verstärkungstherapie könnte also gefährlich sein. Der zweite Einwand: Das Verfahren wäre auch moralisch heikel und könnte vielleicht zu mehr Diskriminierung führen. Gesetzt den Fall, wir hätten die Folgen dieser Vorgehensweise voll im Griff, und es gäbe überhaupt keine Risiken: Wer sollte dann entscheiden, welche Menschen diese Therapie bekommen und welche nicht? Nach welchen Kriterien sollte entschieden werden? Sollte jemand auf Wunsch ein zusätzliches Gen bekommen können? Sollte man jemand, der aus einer besonders klein oder besonders groß geratenen Familie stammt, routinemäßig mit therapeutischen Mitteln auf Normalgröße hinauf- oder herunterschleusen? Wenn man am Arbeitsplatz einer Strahlungsgefahr ausgesetzt ist, sollte man dann ein Gen bekommen, das einen schützt? Und was wäre, wenn man selbst das Gen gar nicht wollte, der Arbeitgeber es jedoch verlangte? Und wie stünde es schließlich mit denen, die aus irgendwelchen Gründen eine solche Verstärkungstherapie nicht bekämen? Wäre das eine Diskriminierung? Nein, sagt Anderson, die wirklichen und die ausgedachten, die technischen und die ethischen Probleme sind einfach zu groß. Eine Genübertragung sollte zur Verstärkungstherapie nicht in Betracht kommen.

Damit bleibt noch die Therapie zur Behandlung von Krankheiten. Diese Anwendung der Gentherapie begrüßt Anderson nicht nur, sondern ist absolut begeistert davon. Er hält sie für ethisch, »denn sie läßt sich durch den moralischen Grundsatz des Wohltuns begründen; sie linderte menschliches Leid«. Darauf hat er schon hingewiesen, seit er als Teenager in Tulsa von der Harvard University und den molekularen Eigenschaften der Gene träumte. Und damit befaßt er sich jetzt seit dem 22. Mai 1989 aktiv. An diesem Tag begannen

Anderson und seine Kollegen Steven Rosenberg und Michael Blaese vom National Cancer Institute mit Genehmigung der zuständigen Kommissionen vom NIH bis zur Zulassungsbehörde, der amerikanischen Food and Drug Administration, FDA, mit dem allerersten Einsatz der Gentherapie beim Menschen. Dementsprechend hing in Andersons Labor bald ein Plakat: »Das war ein kleiner Schritt für ein Gen, doch ein Riesenschritt für die Genetik.«

In Wirklichkeit ging es bei diesen ersten Versuchen an fünf Patienten mit Melanom in fortgeschrittenen Stadien, also einem tödlichen Hautkrebs, nicht so sehr um einen gentherapeutischen Versuch, sondern um einen Beweis der Sicherheit und Wirksamkeit der vorhandenen Verfahren. Gleichzeitig machten die Versuche dem todkranken Patienten aber auch Hoffnung, denn Andersons Kenntnisse in der Gentechnik wurden hier mit Rosenbergs laufenden Arbeiten in der Krebstherapie gekoppelt. Rosenberg hatte schon länger Zellen zur Krebsbekämpfung, sogenannte TIL, tumorinfizierende Lymphozyten, erkrankten Organen seiner Patienten entnommen, sie im Labor gezüchtet, erheblich vermehrt und dann den Patienten wieder injiziert, weil er gehofft hatte, daß durch diese verstärkte körpereigene Abwehr die weitere Entwicklung des Krebses verlangsamt oder gar zum Stillstand gebracht werden könnte. Das geschah auch wirklich, doch nur bei etwa der Hälfte der Patienten. Rosenberg wollte ergründen, warum die andere Hälfte von einer doch offenbar als wirksam zu bezeichnenden Therapie keinerlei Nutzen hatte.

Bei diesem Stand der Dinge kam Michael Blaese dazu. Blaese, Fachmann für den als ADA-Mangel oder SCID, fehlende Funktion des Immunsystems, bezeichneten Zustand, hatte schon fünf Jahre mit Anderson zusammengearbeitet, denn ADA-Mangel ist eine der genetischen Krankheiten, für die eine Gentherapie in Frage kommt. Blaese erkannte, daß die TIL-Therapie seines Kollegen Rosenberg vom NCI ideal zu Andersons gentechnischen Methoden paßte, und er brachte die beiden Männer zusammen. Die Zusammenarbeit ist bis jetzt höchst fruchtbar gewesen, denn aus der Kombination der beiden Ansätze hat sich für Anderson eine Möglichkeit ergeben, die Wirksamkeit seiner Verfahren zu überprüfen, während Rosenberg jetzt untersuchen kann, warum seine TIL-Therapie nicht bei mehr Patienten anschlägt. Die Forscher können verfolgen, wo sich die von Anderson in die TIL-Zellen eingefügten Gene im Körper des Patienten befinden und so den Weg der wieder eingesetzten Zellen nachvollziehen.

»Die TIL-Zellen sollen dorthin gehen, wo sie den Krebs am besten bekämpfen können«, sagt Anderson, »und man nimmt an, daß das der Tumor ist. Doch vielleicht stimmt das gar nicht. Vielleicht gehen sie in die Lymphknoten oder irgendwoanders hin und lösen dort eine Immunantwort aus, und die Immunantwort tötet dann den Krebs. Was dem Krebs ein Ende setzt, das wollen wir erfahren; wie die Zellen das machen, und wie wir es noch verbessern können. Wir wollen ihren Zielort und ihre Funktion in den Fällen, in denen der Tumor eines Patienten verschwindet, zu den Fällen in Beziehung setzen, in denen sich der Tumor des Patienten verschlimmert.«

Bei diesen Experimenten kommt es also darauf an, den wieder eingeschleusten TIL-Zellen im Körper nachzuspüren. Dazu entnehmen die Forscher dem Patienten eine Probe des bösartigen Tumors und bereiten sie im Labor so auf, daß der Tumor abstirbt, doch die im Tumor zirkulierenden TIL-Zellen, die der weiteren Tumorausbreitung bisher nicht Einhalt gebieten konnten, weiterleben. Danach wird eine Zellkultur angesetzt, die Zellen werden im Wachstumsfaktor Interleukin-2 gebadet, so daß ihre Zahl von rund 10 Millionen auf 300 Millionen ansteigt. Dann greift Anderson auf seinen Virusvektor zurück, der aus einem Retrovirus hergestellt wird, das in erster Linie Mäuse infiziert, doch auch menschliche Zellen ohne Nachwirkungen infizieren kann. Das hinzugefügte Gen, das diese veränderten Viren tragen, ist ein leicht zu verfolgendes Bakteriengen, das ebenfalls keinen Schaden anrichten kann. Er nimmt rund ein Drittel des großen Zellhaufens und transduziert ihn mit dem gentechnisch manipulierten Virus und der Genfracht.

Anderson weist darauf hin, daß der richtige Begriff in diesem Zusammenhang »transduzieren«, nicht »infizieren«, heißt. »Es ist eigentlich keine Infektion, denn es sind ja keine Virusgene da«, erklärt er. »Es entstehen keine neuen Viren.« Er lacht. »Wir machen mit den Patienten sogar unsere Witze darüber. Denen gefällt es natürlich, daß ihre Zellen mit einem Vektor transduziert und nicht mit einem Virus infiziert werden.«

Sobald sie die Zellen transduziert haben, züchten Anderson und seine Mitarbeiter sie und die nicht-transduzierten TIL-Zellen, bis sie zusammen die erstaunliche Zahl von 200 Milliarden erreichen, und verabreichen sie dann wieder dem Patienten in Form einer langsamen intravenösen Injektion. Wenn die gentechnisch veränderten Retroviren ihre neuen Gene tatsächlich ins Zellinnere eingeschleust haben, werden die Forscher den Weg dieser Milliarden von genmarkierten Zellen verfolgen und so feststellen können, wohin sie gegangen sind. Diese Gene haben für den Patienten keinerlei therapeutischen Wert, sondern sind nur Indikatoren; aber die massive Infusion von TIL-Zellen hilft vielleicht etwas. Auf jeden Fall kann der Versuch dem Patienten nicht schaden, und den Forschern nützt er. Im Idealfall haben beide etwas davon.

So sah der Plan noch am 22. Mai 1989 aus. Nicht überall in der Wissenschaft hatte er Zustimmung gefunden. Abgesehen von den bekannten ethischen, moralischen oder schlicht irrationalen Einwänden waren manche Kollegen der Ansicht, die Technik, Retroviren als Vektoren einzusetzen, sei noch nicht so weit entwickelt, daß man sie am Menschen riskieren könne. Das, so war zu hören, sei zwar gut gemeint, aber verfrüht. So äußerte sich auch Richard Mulligan. »Ich halte es für völlig wahnsinnig, mit der heute zur Verfügung stehenden Technik ein intelligentes Experiment am Menschen durchführen zu wollen«, erklärte er in einem wissenschaftlichen Nachrichtendienst. »Ich kann Ihnen garantieren, daß es ein Fehlschlag wird.« Mulligan vertrat damit die Meinung auch einiger anderer Wissenschaftler, die den Eindruck hatten, Anderson presche zu schnell vor. Der Streit entwickelte sich ziemlich genau entlang der Trennungslinie zwischen Naturwissenschaftlern und Medizinern. Reine Grundlagenforscher, wie Mulligan, die nicht als Ärzte ausgebildet waren und nie Patienten behandelt hatten, wollten lieber langsam vorangehen, im Labor und an Tieren ausprobieren, das letzte Quentchen Information nutzen, bevor sie Menschen einem unerprobten Verfahren aussetzten. »Wenn man damit jetzt schon an den Patienten geht, verhindert man eine Reihe von Experimenten, deren Ergebnisse schließlich dem Patienten nützen könnten«, erklärte Mulligan.

Anderson und andere Mediziner sahen dagegen überhaupt keinen Grund zum Warten. »Mir ist es immer um die Behandlung von Patienten gegangen«, sagt Anderson. »Wenn es funktioniert, ist mir egal, ob ich es verstehe oder nicht. So ist es nun einmal in der klinischen Medizin. Wir müssen natürlich darauf achten, daß wir dem Patienten nicht schaden, müssen also den Vorgang so gut begreifen, daß wir seine Risiken kennen; doch wenn man erst alle Versuche durchspielen wollte, um genau zu wissen, was passiert, bevor man jemals am Patienten arbeitete, dann müßten viele Menschen sterben oder wären schon längst tot, bis man endlich soweit wäre.

Einer der Grundlagenforscher erklärte bei der Anhörung im NIH sogar, wenn wir unsere Versuche nur richtig planten und uns emsig an die Arbeit machten und Tiermodelle entwikkelten, brauchten wir *niemals* am Patienten zu arbeiten«, erinnert sich Anderson. »Das ist wörtlich zitiert. Steven Rosenberg, Michael Blaese und ich haben einander angesehen und gemeint: ›Kein Wunder, daß die Genehmigung so schwer zu bekommen ist!‹«

Schließlich bekamen sie die Genehmigung aber doch, obwohl Anderson und die anderen noch bis zum Herbst, also viele Monate nach der ersten Therapie vom 22. Mai, warten mußten, um festzustellen, ob sich etwas verbreitete. Damit die Prüfung der gewonnenen Erkenntnisse auch absolut genau vonstatten ging, nahmen die Forscher ihren Patienten regelmäßig Blutproben ab, kennzeichneten die Reagenzgläser mit einem Zahlencode und steckten sie bis zu dem Tag in die Tiefkühltruhe, an dem genügend Proben von allen Patienten zur Verfügung standen und die Ergebnisse zu sinnvollen Schlußfolgerungen ausreichten. Den ganzen Sommer 1989 über nahmen Anderson, Rosenberg und Blaese ihren Patienten Blutproben ab und führten Tumorbiopsien durch, steckten die Proben in die Tiefkühltruhe und warteten.

Natürlich heißt das nicht, daß sie Däumchen drehten. Anderson, schon jahrelang mit seiner Arbeit so gut wie verheiratet, verbrachte jetzt noch mehr Zeit im Labor und konnte sich schließlich über die ungewissen Aussichten nicht einmal mehr aufregen.

Gleichzeitig laufen auch Laborversuche, in denen Anderson und seine Kollegen TIL-Zellen mit verschiedenen Vektoren transduzieren, die unterschiedliche, gegen Krebs gerichtete Gene enthalten, darunter auch die Gene, die die Bildung von Interleukin-2 und Interferon steuern. Als nächstes möchte er die Vektoren an Tieren ausprobieren und dann, wenn das funktioniert, am Menschen arbeiten. In diesem Fall werden die TIL-Zellen nicht allein eine Gefahr für die bösartigen Tumore darstellen, sondern sie werden außerdem Gene tragen, die, sobald sie von den Zellen ins Tumorinnere (oder den jeweiligen Zielort der Zellen) eingeschleust worden sind, ihre eigenen Wirkstoffe gegen den Krebs erzeugen.

Außerdem sind in Zusammenarbeit mit Robert Gallo weitere Versuche in der Durchführung, die die Ausbreitung des HIV, des AIDS-Virus, aufhalten sollen. In diesem Fall benutzt Anderson ein Gen, das den TIL-Zellenrezeptor bildet, an den sich das HIV bindet; dieses CD_4 genannte Gen hat er in normale Tierzellen eingebaut und damit praktisch eine ganze Reihe von CD_4-Fabriken geschaffen. Sobald diese Zellfabriken einem Tier eingepflanzt werden und das CD_4-Protein in großen Mengen produzieren, greift das HIV hoffentlich diese falschen Rezeptoren statt derjenigen an, die tatsächlich den Zugang zu den TIL-Zellen vermitteln. Wenn dieser Ansatz funktioniert, kann die Reihe von Fabrikationszellen vielleicht CD_4 in konstanter Menge in die Blutbahn abgeben. »Wir haben es bei Ratten, Mäusen, Kaninchen und Affen gemacht«, erzählt Anderson. »Die Schwierigkeit besteht darin, daß wir zwar bei Mäusen vielleicht genug CD_4 produzieren und etwas bewirken können, doch der Wirkungsgrad noch nicht ausreicht, genug Material im Menschen herzustellen. Wir können eine kleine Fabrik etwa von Pfennig-größe bauen, und die funktioniert bei der Maus sehr gut. Beim Menschen ginge das nicht. Wir müssen dazu erst in andere Größenordnungen wachsen. Deshalb probieren wir das jetzt beim Affen aus, um festzustellen, wie viele solcher Fabriken wir einsetzen können.«

Schließlich arbeitet Anderson auch an seinem ursprünglichen Ziel weiter, der Behandlung von genetischen Erkrankungen. Unter anderem konzentriert er sich dabei auf die Bluterkrankheit, die Hämophilie, die heute mit Injektionen verschiedener Blutgerinnungssubstanzen behandelt wird. Diese Gerinnungsfaktoren, die aus menschlichem Blut gewonnen werden, können jedoch sehr leicht kontaminiert sein. Dieses Risiko läßt sich dadurch verringern, daß man den Patienten statt dessen die Gene verabreicht, die die Gerinnungsfaktoren produzieren, so daß jeder Patient praktisch seinen eigenen Gerinnungsfaktor bildet.

Die Bluterkrankheit tritt relativ selten auf; das gilt auch für eine andere Krankheit, die sich Anderson vorgenommen hat: die noch seltenere SCID. Dazu Anderson: »Hier entsteht folgendes Problem: Man versucht, für höchstens ein Dutzend Patienten auf der Welt, die dafür in Frage kommen, etwas zu bewirken, und das sind alles kleine Kinder. Wenn man sie heilt, haben sie noch siebzig Jahre vor sich, in denen ihnen etwas anderes zustoßen kann. Deshalb machen wir hier erst einmal nicht weiter und entwickeln keine Therapien für Kinder mehr, die an seltenen Krankheiten leiden, sondern befassen uns jetzt mit einer bei Erwachsenen häufigen Krankheit, dem Krebs.«

Krebs, AIDS und genetische Erkrankungen. »Alle drei Krankheiten werden gleichzeitig bearbeitet«, erklärt Anderson, »und wo die Tierdaten so überzeugen, daß man sie in ein Protokoll schreiben kann, das dann auch genehmigt wird, da fangen wir zuerst beim Menschen an.«

Das alles läßt die TIL-Zellen-Versuche noch wichtiger erscheinen, denn wenn sie gut ausgehen, liegt damit ein Präzedenzfall vor, und die bislang verschlossene Tür zur Humangentherapie ist vielleicht für immer aufgestoßen. Scheitern

Versuche jedoch, dann müssen Anderson und alle anderen Pioniere wieder ganz von vorn anfangen. Sie werden natürlich nicht aufgeben, aber sie stehen dann vor einer Schlacht, deren Ausgang schon vorbelastet ist.

»Ich bin ein unverbesserlicher Optimist«, meint Anderson. »Wenn wir den Code knacken und die Daten haben, sieht es besser aus. Nach dem heutigen Stand ist damit zu rechnen. Wir haben die Vektoren für den nächsten Schritt hergestellt; sie sind alle in Zellen eingebaut und auch schon Tieren gegeben worden. Die Sicherheitsuntersuchungen sind angelaufen. Sobald wir davon überzeugt sind, daß wir genügend Angaben zur Sicherheit vorliegen haben, um sagen zu können, daß das Risiko-Nutzen-Verhältnis stimmt, reichen wir ein Protokoll ein. Wir fahren Vollgas, und so soll es auch bleiben.«

Im Herbst 1989 lagen die ersten Ergebnisse vor. Anderson, Rosenberg und Blaese übersetzten die Blutprobencodes von drei der fünf Patienten aus ihrer Studie und berichteten dem NCI, was sie dabei gefunden hatten. Erstens: Keiner der Patienten hatte von der Infusion der mit Genen markierten TIL-Zellen irgendwelche Nebenwirkungen oder sonstigen Beschwerden davongetragen. Das war schon Grund genug zum Feiern bei den Forschern, aber es war noch nicht alles. Bei der ersten Patientin, die sie jetzt überprüften, einer 26jährigen Frau mit einem ausgedehnten Melanom, konnten Anderson und seine Kollegen die genmarkierten TIL-Zellen noch 19 Tage nach der Einschleusung nachweisen; beim zweiten Patienten ließen sie sich 51 Tage in der Blutbahn und 64 Tage im Tumor verfolgen, beim dritten Patienten immerhin 20 Tage. Aus diesen Ergebnissen war zu folgern, daß die Markergene ihren Zweck erfüllten und es den Wissenschaftlern ermöglichten, die Zellen auf ihrem Weg durch den Körper zu verfolgen; dabei begab sich, wie erwartet, ein beträchtlicher Anteil der TIL-Zellen auf kürzestem Weg zum Tumor. Im Frühjahr 1990 wurden diese ersten Ergebnisse durch Befunde an den übrigen Patienten in der Studie bestätigt.

»Allmählich erkennen wir eine gewisse Ordnung«, erklärt Anderson. »Offenbar befinden sich die Zellen etwa drei

Wochen in der Blutbahn, zerfallen dann und werden erst neugebildet, sobald sie benötigt werden, wenn der Tumor wieder zu wachsen beginnt. Der zweite Patient, den wir untersucht haben, hatte diese Zellen vom 25. bis zum 50. Tag nicht in der Blutbahn. Das ist alles noch sehr spekulativ, denn wir haben ja bis jetzt erst eine Handvoll Patienten untersucht, doch vorläufig hat sich dieses Bild dabei herauskristallisiert.« Außerdem sprechen die Patienten allmählich auf die TIL-Therapie an: Sie alle leben schon länger, als sonst zu erwarten gewesen wäre; ein großer Tumor im weichen Gaumen im Mund der ersten Patientin, der ihr schon starke Schluckbeschwerden verursacht hatte, wurde allmählich wieder kleiner, und auch viele Krebsknötchen auf der Haut bildeten sich zurück. »Wir sind sehr zufrieden«, meint Anderson. »Bisher übertreffen die Ergebnisse unsere Erwartungen bei weitem.«

Durch diese Resultate und die immer noch laufenden Tierversuche ermutigt, haben die Wissenschaftler inzwischen eine vorläufige Genehmigung für die Durchführung von Studien am Menschen beantragt und erhalten, bei denen mit Genen transduziert TIL-Zellen eingesetzt werden; diese Gene bilden gegen Krebs wirkende Substanzen. Lymphozyten scheinen sich für die Abgabe dieser therapeutischen Gene an Patienten, bei denen sie wirken, am besten zu eignen. Außerdem ist auch die Gentherapie bei Patienten, die an ADA-Mangel leiden, vorläufig genehmigt worden. »Ein kleiner Schritt für ein Gen, doch ein Riesenschritt für die Genetik.«

Noch jemand freut sich über den Fortgang des Experiments: Richard Mulligan. »Das muß unbedingt gut laufen«, äußert er. »Ich bin für einige der grundlegenden Verfahren verantwortlich, und deshalb fühle ich mich auch für ihre Einführung in die Klinik zuständig. Ich bin sehr froh darüber, daß der Versuch jetzt weitergeht. Die Menschen werden sich mit dem Konzept vertraut machen, und es kommt wohl vor allen Dingen darauf an, daß die Patienten dabei nicht an irgendeine Science-fiction-Erfindung denken. Es ist ein legitimes medizinisches Verfahren.« Mulligan arbeitet inzwischen an der Verbesserung der Virusvektorverfahren, die er als erster mit durchgesetzt hat und die er jetzt auch zur Behandlung anderer

Krankheiten anwenden möchte. So untersucht er zum Beispiel mit seiner Gruppe einen Defekt in einem Gen in Leberzellen, das zur Überproduktion von LDL-Cholesterin führt. Hohe LDL-Cholesterinwerte werden, ganz im Gegensatz zu HDL-Cholesterin, mit Arteriosklerose und Herzkrankheiten in Verbindung gebracht. Menschen mit diesem Gendefekt, meint Mulligan, »sind auch für Herzanfälle in der Kindheit präsdisponiert. Diese Krankheit tritt bei einem Menschen pro Million auf und läßt sich nur mit einer Lebertransplantation heilen.«

Mulligan hat inzwischen Kaninchen mit derselben Leberkrankheit die Leber entnommen und mit Hilfe seines Retrovirusvektors gesunde Gene eingeschleust. Im Laboratorium hat diese Genübertragung funktioniert, und die Zellen bilden jetzt weniger LDL-Cholesterin. Als nächstes müssen die Zellen wieder in die Kaninchenleber eingepflanzt werden, damit man feststellen kann, ob sich dieselben Ergebnisse auch im lebenden Tier einstellen. Außerdem möchte Mulligan möglichst bald um die Notwendigkeit herumkommen, überhaupt Zellen zu entnehmen und damit die mühsame Transduktion im Labor und die Rückführung an den Entnahmeort im Körper vermeiden. Viel wirksamer und auch für den Patienten angenehmer wäre es, wenn man die Gene und ihre Trägerviren direkt in den Körper injizieren und sich darauf verlassen könnte, daß sie ihr Ziel allein finden.

»Wir versuchen, mit dem Virus Direktinjektionen durchzuführen«, führt Mulligan aus. »Das Virus wird einfach in den Kreislauf eines lebenden Tiers injiziert und infiziert dadurch die Leberzellen. Das wäre die allerbeste Möglichkeit. Ich glaube, es klappt.«

Retroviren scheinen als Vektoren unendlich viele Einsatzmöglichkeiten zu bieten. Warum sollte man beispielsweise mit ihrer Hilfe nicht herausbekommen, wie bestimmte Gene im Körper funktionieren? Wenn man beobachten will, was ein bestimmtes Onkogen tut, setzt man das Gen in ein Retrovirus ein, sorgt dafür, daß das Virus das Gen in eine Labormaus überträgt und verfolgt dann die Wirkung. Will man wissen, wie das blutbildende System funktioniert, also die genaue

Beziehung zwischen den Blutzellen nachvollziehen, fügt man mit Hilfe eines Retrovirus Gene in Knochenmarkzellen ein und geht dann ihrem Bestimmungsort im Körper nach.

Außerdem brauchen Genvektoren nicht auf Retroviren beschränkt zu sein. »In Zukunft wird es sicherlich noch weitere Genübertragungssysteme geben, die mit ganz anderen Viren arbeiten«, meint Mulligan. »Man hat ja alle diese verschiedenen Viren zur Verfügung und kann sich dann jeweils das an ihnen heraussuchen, was man zu ihrer Nutzung braucht. So möchte man zum Beispiel vielleicht keine Gene in die DNS einer Zelle integrieren, sondern bleibt aus Sicherheitsgründen lieber bei einem sich replizierenden Virus, wie etwa dem EBV und dem Papillomvirus. Oder man verwendet das Herpesvirus, um in Nervenzellen hineinzukommen und dort gegen Krankheiten vorzugehen. Man kann diese Dinge auf die verschiedenste Art und Weise handhaben.«

Mulligan hat auch sonst noch einiges vor: Er möchte die Beschaffenheit von Viren so verändern, daß er maßgeschneiderte Ausführungen herstellen kann. Dabei will er sich nicht mehr auf die Fähigkeit eines bestimmten Virus verlassen, in bestimmte Zellen einzudringen, sondern möchte ihm quasi den Befehl erteilen, in die Zellen zu gehen, an denen wir interessiert sind. »Man könnte ja einem Virus ein ganz bestimmtes Hüllenprotein mitgeben, so daß es eine ganz bestimmte Zelle ansteuert«, sagt Mulligan. »Zur Zeit sind wir dabei, ein Protein auf die Oberfläche des Viruspartikels zu bringen, für das auf irgendeiner Zielzelle, die wir transduzieren wollen, ein Oberflächenrezeptor vorhanden ist. Man könnte zum Beispiel eine Leberzelle nehmen und feststellen, was sich auf Leberzellen als guter Andockmechanismus für ein Virus anbietet und dann das Protein verwenden, das mit diesem Rezeptor reagiert und Viren genau auf diese Zellart lenkt.«

Mulligan freut sich auf diese Aussichten. »Hier haben wir erst die große Zehe ins Wasser getaucht. Wir lassen nichts unversucht. Wenn man sich mit Viren beschäftigt, muß man an alles denken. Der Kreativität sind keine Grenzen gesetzt. Es ist ein anregendes Arbeitsgebiet.«

»Man muß die Leute darauf hinweisen, daß sich Viren dienstbar machen lassen«, meint Mulligan. Mit dieser Bemerkung ist eigentlich alles gesagt, denn sie enthält eine Aussage über die Leistungsfähigkeit der Viren und über unsere wachsenden Möglichkeiten, diese Leistung zu nutzen. Doch eine Grundfrage bleibt offen. Viele stellen sie sich, sooft die Nase läuft und der Hals heiser wird, eine schwerere Viruskrankheit zu überstehen ist oder man sogar hilflos mit ansehen muß, wie ein Nahestehender stirbt: Warum gibt es überhaupt Viren? Erfüllen sie eigentlich noch einen anderen Zweck als den, uns zu quälen? Spielen Viren eine wichtige Rolle in einem Universum, das von den miteinander verknüpften Funktionen seiner Teile in Gang gehalten wird?

Für viele, vielleicht die meisten Menschen lautet die Antwort schlicht: Nein. »Vielleicht gibt es sie einfach nur, wie uns alle«, sagt David Baltimore. »Nicht alles muß ja unbedingt eine Funktion haben.« Außerdem erklärt Baltimore, wenn es keine Viren gäbe, würden wir sie auch keinen Augenblick vermissen. »Dienen die Viren irgendeinem Zweck? Ich glaube nicht. Wo stünde man, wenn man sie aus der Welt entfernte? Ich glaube, man wäre besser dran.«

Nicht alle teilen diese Meinung. »Wenn Viren wirklich nur lästige Gebilde wären«, behauptet Michael Syvanen, Molekularbiologe an der University of California in Davis, »müßte man erwarten, daß die Zellen mit großem Aufwand eine Resistenz gegen sie aufbauen. Tatsächlich exprimieren sie ja auch eine gewisse Resistenz, aber in anderer Hinsicht kommen sie den Viren wieder sehr weit entgegen.« Wir haben gesehen, wie Zellen Viren praktisch zu sich einladen, ihnen die eigenen Vermehrungsmechanismen zur Produktion neuer Viren zur Verfügung stellen, ihnen manchmal sogar Stückchen der eigenen Außenmembran als Virusaußenhüllen anbieten und dabei oft auch noch eingehen.

Also könnte man doch zu dem Schluß kommen, daß wir vielleicht wirksamere Möglichkeiten entwickelt hätten, um uns Viren vom Hals zu schaffen, wenn Viren wirklich nur eine Bedrohung darstellten.

Im nächsten Kapitel wollen wir uns ein paar Folgerungen aus diesen Überlegungen und verschiedene Theorien über den Ursprung der Viren näher ansehen. Gedanken über den Ursprung und, eventuell, tieferen Sinn dieser unsichtbaren Eindringlinge sind vielleicht ein passender Abschluß.

Sechzehntes Kapitel

Mitreisende durch die Zeit

Im Oktober 1989 wurde Michael Bishop und Harold Varmus von der University of California in San Francisco der Nobelpreis in Physiologie oder Medizin für ihre Entdeckung einer genetischen Krebsursache verliehen. Das bedeutete gleichzeitig eine Verurteilung des Rous-Sarkomvirus wegen Diebstahls.

Es war schon vorher bekannt gewesen, daß dies ehrwürdigste aller Retroviren durch Einfügung eines Onkogens, eines krebsverursachenden Gens, in die DNS der von ihm infizierten Hühner Krebs verursacht. Bei der Suche nach dem Ursprung dieses verheerenden Gens kamen Bishop und Varmus auf eine erstaunliche Erkenntnis: Es gehört zum Huhn. Bei der Untersuchung von gesundem Geflügel stellten sie fest, daß dasselbe Gen, mit dessen Hilfe das Retrovirus Tumore ausgelöst hatte, auch normalerweise in den Hühnern zu finden ist. Wie kam es dann in das Virus? Das Rous-Sarkomvirus muß irgendwann auf seiner Reise durch die Tierzellen dem Huhn das Gen entwendet und es dann neben den Virusgenen in neu entstehende Viren eingepackt haben. Als die Viren ein neues Huhn infizierten und damit das Gen an seinen Ausgangsort zurückbrachten, hatte sich das Gen durch die Verbindung mit Virusgenen geändert und konnte nunmehr Krebs verursachen.

Diese 1976 veröffentlichte Erklärung schlug wie eine Bombe ein, bewies sie doch, daß Krebs das Werk normaler Gene aus normalen Zellen ist, die sich irgendwie in eine neue, gefährliche Form verwandelt haben. Deshalb trug das Huhn den Keim der Krankheit ständig in sich. Es bedurfte nur des Virus, das das Gen so veränderte, daß es Krebs verursachte, also zum Onkogen wurde.

Als nächstes entdeckten Bishop und Varmus etwas ebenso Erstaunliches: Das Gen kam nicht nur bei Hühnern vor. Eine ganze Reihe von Tieren hatte es, von Vögeln über Mäuse bis zu Kühen und Fischen. Fast jedes Tier, das sie untersuchten, trug dasselbe Gen, und auch der Mensch stand auf dieser Liste.

Die Entdeckung von Bishop und Varmus löste einen Massenansturm auf die Onkogenforschung aus. Bis heute sind dabei über vierzig Onkogene nachgewiesen worden. Die Wissenschaft hofft, daß sie durch Screeninguntersuchungen das Vorliegen dieser Gene und damit die Krebswahrscheinlichkeit bestimmen kann, bevor die Krankheit ausbricht. Diese Entdeckung hat eine für die Virusforschung nicht minder interessante Frage aufgeworfen: Wie hat sich dieses Gen überhaupt so weit verbreiten können? Vom Fisch auf den Menschen, von Vögeln auf Kaninchen – das ist schon ein ganz schöner Einzugsbereich. Ist diese Verbreitung eine Folge der Vererbung? Haben vielleicht alle diese Tiere, uns eingeschlossen, einen gemeinsamen Vorfahren, von dem sie ein bestimmtes Gen mitbekommen haben? Oder gibt es eine andere Erklärung, die die Vererbung mit irgendeinem anderen Evolutionsmechanismus verbindet? Könnte das Gen irgendwann einmal derselben Art von Virusdiebstahl zum Opfer gefallen sein, wie ihn das Rous-Sarkomvirus verübt hatte? Wurde es in ein Genom nach dem anderen eingefügt, als die Viren auf ihren Raubzügen Tier um Tier infizierten? Mit anderen Worten: Sind Viren vielleicht der Grund, weshalb das Gen in so vielen verschiedenen Tieren auftaucht? Machen die Viren unter Umständen die von ihnen infizierten Organismen nicht nur krank, sondern sind sie womöglich auch an der Entwicklung der Arten beteiligt? Sind Viren etwa gar Handlanger der Evolution?

Das ist eine folgenschwere, eine wichtige, aber auch eine noch völlig offene Frage. Vielleicht wird man nie eine befriedigende Antwort darauf finden; doch der Spekulation setzt das keine Grenzen. »Eine Virusübertragung von DNS-Molekülen war vielleicht ein wichtiger Ursprung der genetischen

Vielfalt«, meint Michael Syvanen. »Die Fähigkeit, Gene zu verschieben, bedeutet vielleicht nur, daß die genetische Vielfalt im Lauf der Evolution auch durch Fremdgene bedingt gewesen ist. Alle Tiere, wie man sie heute sieht, vermögen diese Fremdinformationen zu lesen. Wenn das stimmt, muß man sich fragen, wie die DNS herumkommt. Durch Viren. Viren nehmen Fremd-DNS auf.«

Der Hauptverdächtige bei dieser von Viren erbrachten Evolutionsdienstleistung wären wohl die Retroviren. Wie vom Rous-Sarkomvirus, so weiß man auch von Retroviren, daß sie den Menschen, die sie infizieren, DNS-Abschnitte entwenden. Die nehmen sie mit und lagern sie vielleicht in den Genen des nächsten Organismus ab. Aber auch andere Viren enthalten Fremdgene, und bei einigen Organismen hat man schon in den eigenen Genomen Virus-DNS nachweisen können. Im Gegensatz zur Lage bei den Retroviren wäre eine derartige Integration dann vielleicht nicht Bestandteil des Überlebensplans eines solchen Virus, sondern eher die Folge einer schlampigen Ausführung: Das Virus entwendet die Gene seines Wirts aus Versehen und baut dann, ebenso unbeabsichtigt, diese neue Virus-DNS irgendeinem frisch infizierten Tier ein. Es passiert aber trotzdem. Wie wir gesehen haben, können Irrtümer in der Form und im Verhalten der Viren und anderer Organismen eine mindestens so wichtige Rolle spielen wie ein »geplantes« Verhalten.

Viren verschieben also durchaus Gene in den von ihnen infizierten Organismen; das ist nachgewiesen und nicht zu bestreiten. Doch sobald man sich einen Grund für diesen Genaustausch, dieses elsterähnliche Virusverhalten, ausdenkt, gerät man ins Spekulieren. »Vielleicht erfüllen die Viren mit ihrem Gentransport irgendeinen Zweck in der Evolution«, vermutet David Baltimore, »doch dafür gibt es sehr wenig Beweise. Das Ganze ist rein spekulativ. Ich kenne keinen Anhaltspunkt dafür, daß ein Retrovirus einem Gen genützt oder es transportiert hat. Man kann sich so etwas zwar vorstellen, aber Beweise dafür sind mir nicht bekannt. Die Ausnahme sind krebsverursachende Gene, und die sind wirklich übel.«

Je mehr Michael Syvanen darüber nachdenkt, desto stärker fesselt ihn die Vorstellung, daß Viren vielleicht doch einen wichtigen Daseinszweck erfüllen. Er erinnert sich an die Zeit im Jahr 1983, als ihm dieser Gedanke zum ersten Mal kam. »Ich war damals ungewöhnlich nachdenklich gestimmt. Jeder forscht eine Zeitlang an fest umrissenen Aufgaben, aber ich überlegte mir ganz allgemein die Frage, warum sich das Konzept der Koadaptation empirisch als falsch herausstellte.«

Koadaptation ist ein Begriff, den sich die Biologen vor ein paar Jahrzehnten ausgedacht haben: Im Lauf der Zeit paßt sich ein Lebewesen seinen Bestandteilen an, wird koadaptiert, und diese Bestandteile, darunter auch seine Gene, können dann nicht mehr auf andere Lebewesen übergehen. Um es anders auszudrücken: Was man hat, gehört einem ganz allein. Ende der 70er Jahre, als die Gentechnik aufkam und die Wissenschaftler sich anschickten, Gene und genetische Merkmale hin- und herzuschieben, fiel das Prinzip der Koadaptation in Ungnade und hat heute nicht mehr viele Befürworter. Die Entwicklung der Verfahren zur DNS-Rekombination lenkte auch Syvanens Gedanken auf eine neue Fährte. »Mir fiel ein«, sagt er, »daß diese Genbewegungen unter Umständen gar kein Zufall sind. Vielleicht sind sie von jeher Teil der Evolution gewesen.«

Syvanen, der sich hauptberuflich mit der Untersuchung der Bakterienresistenz gegen Antibiotika und der Insektenresistenz gegen Insektizide beschäftigt, versenkte sich daraufhin in paläontologische Fachliteratur. »Der Paläontologie habe ich mich zugewendet, weil ich dachte, wenn meine Spekulationen stimmen, muß das ganze Bild der Evolution davon beeinflußt werden«, erklärt er.

Er stellte folgendes fest: Als vor etwa 75 Millionen Jahren die Dinosaurier plötzlich von der Erde verschwanden, blieben nur noch zwei oder drei Säugetierordnungen übrig. In den darauffolgenden 10 Millionen Jahren, für geologische Verhältnisse also nur einen Augenblick, verzweigten sich diese wenigen Ordnungen schlagartig in die sechzehn Säugetierordnungen, die wir heute kennen. »Man kann die Entwicklung nicht wie einen Baum zeichnen«, erläutert Syvanen.

»Nach den fossilen Grundlagen zu schließen, geht sie nur von einem Punkt aus. Alle Veränderungen, die zur Erschaffung von Walfischen, Pferden, Fledermäusen und Primaten eingetreten sind, müssen sich also in dieser sehr kurzen Zeitspanne ereignet haben.«

Aber wie? Wie konnten sich so viele verschiedene Tiere in so kurzer Zeit aus so wenigen Vorfahren entwickeln? Für Syvanen liegt die Antwort auf der Hand: Der langsame Prozeß der Vererbung und natürlichen Auswahl wurde durch Viren verstärkt, die Gene von Art zu Art übertrugen. Und nach diesem Raketenstart entwickelten sich die verschiedenen Arten auf parallelen, gleichzeitig beschrittenen Entwicklungsbahnen weiter zu modernen Säugetieren. »Wenn man sich einmal fragt, wie diese frühen Säugetiere ausgesehen haben, erkennt man, daß es sehr primitive Lebewesen waren«, sagt Syvanen. »Es waren zwar Säugetiere, aber sie sahen nicht wie moderne Säugetiere aus. In den darauffolgenden 30 Millionen Jahren entwickelten sich alle Säugetierordnungen zu den modernen Formen, wie wir sie heute kennen.« Sie wurden gemeinsam modern. So bildete sich zum Beispiel der Mahlzahn bei unterschiedlichen Linien unabhängig voneinander aus. Es gibt also Hinweise darauf, daß sich die Arten parallel, also zusammen, entwickelten.

Die fortgesetzte Genübertragung durch Viren von Art zu Art könnte nicht nur zur schnellen Artenentwicklung beigetragen, sondern vielleicht auch sichergestellt haben, daß sich diese Arten parallel entwickelten und praktisch gleichzeitig ähnliche Merkmale ausbildeten. Und da die Gene, die treibenden Kräfte dieser Evolution, ursprünglich alle aus einer Quelle stammten, nämlich den verhältnismäßig wenigen Arten, die das Verschwinden der Dinosaurier überlebten, arbeiteten sie nach einem genetischen Plan, der all den verschiedenen neugebildeten Arten zugänglich war. Diese neuen Lebewesen konnten die Infusion von Fremdgenen nutzen und den Bauplan ohne weiteres in Entwicklung und Wachstum übersetzen. Und das alles war dem DNS-Botendienst zu verdanken, den Viren betrieben.

Warum eigentlich nicht? Daß wir über Viren schon alles

wissen, wird wohl niemand behaupten wollen. Wie wir gesehen haben, sind uns diese Geschöpfe ja erst vor knapp hundert Jahren aufgefallen, und das noch dazu im Zusammenhang mit Krankheiten. Syvanen weist auf eines hin: »Man kann von viel mehr Viren infiziert werden, als es Krankheitserreger gibt. Viren dringen ein, legen ihre Hülle ab, lagern ihre Nukleinsäure innerhalb der Zelle ab, vermehren sich sogar, aber dann geht irgend etwas schief, und der Infektionskreislauf wird unterbrochen. Die Resistenz gegen Viren spielt sich hauptsächlich auf dieser Ebene ab. Das Virus kann gar nicht erst loslegen, also braucht man auch keine Immunreaktion dagegen aufzubauen.« Wer würde deshalb glauben, daß Viren nicht alle möglichen Dinge treiben, die wir uns kaum vorstellen können? Viren als Handlanger der Evolution – das klingt interessant, auch wenn es noch unbewiesen ist und sich verhältnismäßig wenige Forscher für diese Möglichkeit ernsthaft zu interessieren scheinen.

»Diese Vorstellung ist so allgemein ausgedrückt, daß sie viele Biologen vor den Kopf stößt«, meint Syvanen. »Heutzutage ist ja jeder irgendein Spezialist. Wenn man sich mit einer Frage beschäftigt, die in so viele Gebiete hineinreicht, gibt es keinen Spezialisten, der sie in allen Verästelungen kritisch beurteilen kann. Und dennoch«, fügt er hinzu, »hat mir die Beschäftigung mit dieser Theorie mehr Spaß gemacht als alles, was ich in den letzten Jahren angepackt habe.«

Spaß macht auch die Überlegung, wo die Viren denn herstammen. Oft stellen wir uns diese unsichtbaren Eindringlinge als Fremdkörper vor, die uns von weither angreifen; vielleicht sind sie aber gar nicht so fremd. Viren können schließlich nicht nur bei der Evolution von Lebewesen mitwirken, sondern entstammen diesen Lebewesen vielleicht sogar und haben sich dann als Erreger weit weg von ihrem ursprünglichen Wohnsitz in lebenden Zellen selbständig gemacht. Vielleicht sind Viren in Wahrheit unsere längst verschollen geglaubten Vettern, mittlerweile Vettern xten Grades. In ihrem Kreislauf von Infektion, Replikation, Zerstreuung und erneuter Infektion kehren sie jetzt womöglich nach Hause zurück. Viren sind also unter Umständen nichts anderes als heimkehrende Stücke von uns selbst.

Was braucht ein Virus, damit es aus einer lebenden Zelle austreten kann? Zunächst einen Vorrat an Virus-Grundbestandteilen. Zweitens muß sich ein Stück DNS oder RNS aus einer Zelle lösen und unabhängig werden können. Und schließlich muß es einen Mechanismus geben, mit dessen Hilfe sich die just entwichenen Gene zu einem eigenständigen Teilchen vermehren können. Wie sich zeigt, sind die Zellen mit all diesen Notwendigkeiten reich versehen. Viren sind in Proteinhüllen verpackte Nukleinsäurestückchen; die Zellen enthalten beides. Zellen enthalten auch Enzyme, die dazu da sind, Prozesse, wie zum Beispiel die Genvermehrung, zu katalysieren; genau das braucht auch ein neu gebildetes Virus. Außerdem enthalten die Zellen alle möglichen Virusvorläufer in Form von DNS- oder RNS-Stückchen, die jederzeit verrückt spielen können. Lebende Zellen sind keine gesetzten, ruhigen Organismen, sondern befinden sich ständig im Fluß.

»Als Virusursprünge kommen zwei oder drei verschiedene Möglichkeiten in Frage, je nachdem, ob von DNS-Viren oder RNS-Viren oder Retroviren die Rede ist; sie haben vielleicht alle einen anderen Ursprung«, behauptet James Strauss, Molekularbiologe am California Institute of Technology, der die Virusevolution erforscht. »Eine verbreitete Theorie besagt, daß RNS-Viren aus Boten-RNS stammen, die aus der Zelle entwichen ist und die Fähigkeit entwickelt hat, sich zu vermehren und zu verpacken.« Die Boten-RNS wandert ja, wie wir gesehen haben, regelmäßig aus dem Kern einer Zelle in deren plasmatisches Hinterland und übermittelt dabei genetische Befehle an die Ribosomen, die Proteinfabriken der Zelle. Als erfahrener Reisender hat die mRNS eines Tages vielleicht die eigene Zelle verlassen, ist in eine andere, dann in noch eine weitere Zelle eingedrungen, hat dabei den Enzymvorrat der neuen Zellen zur eigenen Vermehrung genutzt und sich schließlich eine schützende Proteinhülle zulegen können.

Es spricht also einiges dafür, daß die mRNS ausgerissen

und Virus geworden ist. Das gilt aber auch für das *Intron*. Intronen sind RNS-Abschnitte ohne irgendeine bekannte Funktion. Soweit man weiß, gibt es sie einfach nur; sie besetzen Plätze auf dem RNS-Strang und tun nichts; manchmal nennt man sie auch »Junk Genes«, also »Schrottgene«. Im allerletzten Augenblick, bevor sich die mRNS hinaus in ein Ribosom begibt und dort die Proteinherstellung leitet, helfen diese scheinbar nutzlosen Intronen, indem sie sich aus dem RNS-Strang herausschneiden. Könnte sich nicht eines dieser kleinen RNS-Stückchen, die im Zytoplasma frei und ziellos herumschwimmen, zu einer unabhängigen Existenz entwickeln? Unmöglich ist es wohl nicht.

Eine weitere Möglichkeit: Die RNS-Viren sind vielleicht ein Bindeglied zum Anfang des Lebens, zur Ur-RNS. »Manchmal wird behauptet, die RNS-Viren seien sehr alt«, erklärt Strauss. »Da ist die Rede davon, daß Teile der Gene dieser Viren mit den allerersten RNS-Molekülen verwandt sein könnten, die die Grundlage aller lebenden Systeme darstellen. Ich weiß nicht, was ich mit solchen Theorien anfangen soll, denn die RNS-Viren verändern sich so schnell, daß man unmöglich wissen kann, wie sie am Anfang ausgesehen haben. Auch da kann man nur spekulieren.«

Soviel also zu den RNS-Viren, die in ihrer gewohnt wechselhaften Art immer noch mindestens so viele Fragen aufwerfen, wie sie beantworten. Und wie sieht es mit den DNS-Viren aus? Wir haben gesehen, daß DNS-Viren beständiger sind als RNS-Viren und auch die von ihnen erwartete Leistung zuverlässiger erbringen. Das soll aber nicht heißen, daß ihre möglichen Zellvorläufer verläßlicher sind als die der RNS-Viren. Die Zellen enthalten nämlich noch ein Material, aus dem sich Viren bilden können: *Transposonen*. Wie der Name sagt, sind Transposonen bestimmte DNS-Abschnitte, die sich aus den Zellgenen ablösen, dann im Kern herumziehen, als spielten sie die Reise nach Jerusalem, und sich schließlich an einer anderen Stelle wieder in das Genom einordnen. Deshalb nennt man sie manchmal auch »Jumping Genes«, springende Gene. »Ich kann mir vorstellen, daß manche Kollegen die Ansicht vertreten, die Transposonen hätten bei der Evolution der höheren Organismen eine Rolle gespielt, und deswegen gebe es sie auch«, führt Strauss aus; »aber was sie wirklich tun, weiß kein Mensch.«

Gleichgültig, wozu sie da sind: Transposonen kommen als Vorläufer der DNS-Viren ganz besonders in Frage. Vielleicht sind einige dieser springenden Gene aus der Zelle hinausgesprungen und haben sich als infektionsauslösende Viren ein eigenes Leben aufgebaut. Vielleicht machen das manche heute noch. Bei Viren ist der Schöpfungsprozeß noch längst nicht zu Ende.

Die Transposonen sind zwar geheimnisvoll, kommen aber als Ursprung aller DNS-Viren nicht in Frage. Das Vacciniavirus und andere Pockenviren haben sich vielleicht unabhängig voneinander entwickelt. Schließlich unterscheiden sie sich auch deutlich von anderen DNS-Viren; sie sind viel größer, viel komplizierter, fast ziegelförmig und nicht symmetrisch aufgebaut; manche Forscher vertreten deshalb die Ansicht, es handele sich in Wirklichkeit um degenerierte Bakterien. »Das würde bedeuten, daß es eine parasitäre Bakterie gibt«, meint Strauss, »die sich so weit entwickelt hat, daß sie ihr eigenständiges Dasein und schließlich fast alles aufgibt, alle ihre Ribosomen und auch ihre Fähigkeit, Energie zu erzeugen, und damit völlig vom Wirt abhängig wird.«

Für diese Theorie gibt es einen Vorläufer in einer ähnlichen Überlegung zum Ursprung der als Mitochondrien bezeichneten Zellstrukturen. Diese gurkenförmigen »Organellen« im Zytoplasma sind das Kraftwerk der Zelle und erzeugen mit verschiedenen chemischen Methoden die Energie, die die Zelle für ihre Funktionen braucht. Auch hier wird gelegentlich vermutet, daß es sich um degenerierte Bakterien handelt, die irgendwie einen Weg in lebendige Zellen gefunden haben, denn Mitochondrien haben, wie Bakterien, ihre eigenen Gene und können sich selbst vermehren. Auch Pockenviren sind vielleicht nur Bakterien, die ein ähnlich stark beschränktes Leben führen.

Schließlich ist noch die Frage des Ursprungs der Retroviren zu klären. Wie bei Retroviren nicht anders zu erwarten, bieten sich hier die verzwicktesten Möglichkeiten. In Zellen gibt es besondere Arten von Transposonen, die sogenannten *Retro-Transposonen*. Sie ähneln den springenden Genen, die zur Entstehung von DNS-Viren führen können, wenn sie sich von ihrer Stelle in den Zellgenen entfernen und so lange weiterhüpfen, bis sie eine andere Stelle finden, die ihnen besser gefällt. In diesem Fall enthalten die wandernden DNS-Bruchstücke allerdings Befehle für die Herstellung von reverser Transkriptase, und deswegen führen sie sich ganz so wie Retroviren auf. Während Retroviren ihre RNS-Gene in DNS umschreiben, die dann in die DNS-Gene der Zelle integriert wird, verwandeln sich Retro-Transposonen von DNS in RNS und dann wieder in DNS zurück, während sie im Zellkern herumziehen. Schließlich schlüpfen sie an einer anderen Stelle als dem Ausgangspunkt wieder in das Genom. Außerdem ähnelt auch die DNS der Retro-Transposonen derjenigen von Retroviren sehr stark. Wenn die Retro-Transposonen über eine schützende Proteinhülle verfügten, wie sie die Retroviren aufweisen, könnte man die beiden kaum voneinander unterscheiden.

»Sie sind den Retroviren sehr ähnlich«, sagt Strauss. »Wenn man erst Retro-Transposonen hat, kann man sich ohne weiteres vorstellen, daß sie zu Retroviren werden. Andererseits kann man aber auch behaupten, daß der Prozeß andersherum abläuft und es sich bei ihnen um schadhafte Retroviren handelt. Ich glaube, die meisten Kollegen würden aber doch sagen, daß die Retro-Transposonen in der Evolution einen Zweck erfüllt haben, ihr Dasein einen Sinn hat, daß Retroviren entwichene Transposonen sind.«

Die meisten Viren sind also vielleicht nur winzige, unberechenbare, aufsässige Teile von uns selbst, so etwas wie abenteuerlustige Jugendliche, die aus dem heimischen Nest geflüchtet sind, aber bei jeder Gelegenheit doch wieder nach Hause kommen, manchmal länger bleiben, als ihren Gastgebern lieb ist, gelegentlich ein riesiges Chaos verursachen, uns manchmal aber auch allein durch ihr Dasein erfreuen. Und wir lassen ihnen als fürsorgliche Eltern nolens volens auch fast immer einen Haustürschlüssel.

Wenn diese Spekulationen zutreffen (was niemand genau sagen kann), ergeben sich daraus unausweichlich ein paar Schlüsse: Vielleicht sind Viren unsere Mitreisenden durch die Zeit; sie waren von Anfang an dabei, haben sich mit uns zusammen entwickelt, diese Entwicklung vielleicht sogar gefördert, und sie begleiten uns weiter an guten und schlechten Tagen, an allen unseren Tagen. Ganz gewiß sind sie unsere engsten Begleiter, denn sie teilen mit uns die Gene und leben im Innern unserer Zellen. Bei allem Kummer, den sie uns machen können, bieten sie uns auch einen Riesenvorteil: Da sie vielleicht aus uns hervorgehen, können sie uns auch etwas über uns selbst sagen.

Diese Geschichte der Viren ist im Grunde eine Geschichte über uns selbst. Es werden darin über zwei Jahrhunderte der Erforschung behandelt, in deren Folge nichts geringeres als die Grundlagen des Lebens entdeckt worden sind. Forschung hat von jeher dazu gedient, zu erkennen, »was die Welt im Innersten zusammenhält«. Die Viren bieten uns, wie nichts anderes, einen Zugang zu diesen letzten Geheimnissen, und die werden, wie wir gesehen haben, immer weniger rätselhaft. Die Erforscher dieser undurchsichtigen Welt der unsichtbaren Eindringlinge haben ganze Arbeit geleistet. Die Viren, unsere Mitreisenden, unsere submikroskopischen Verwandten, haben ihre Geheimnisse großzügig gelüftet. Für die Verheerungen und Schmerzen, die sie auch verursachen können, entschädigen sie uns mit diesem einmaligen Zugang zu grundlegendem Wissen.

Wie es weitergeht, kann man nur vermuten. Die Chronik der Viren und der Virusjäger ist nicht nur Geschichte, sondern auch Prolog. Was uns Viren an Einblicken und technischen Möglichkeiten zur Erschließung dieser Kenntnisse geboten haben, wird mittlerweile durch noch bessere Methoden ersetzt. Jetzt können die Molekularbiologen mit Zellgenen das erreichen, was vorher nur mit Virusgenen zu schaffen war. Viren brauchen nicht mehr Mittler zwischen uns und unseresgleichen zu sein. Sie haben uns in unser Innerstes geleitet, doch zu dessen weiterer Erforschung brauchen wir sie nicht mehr.

Die Viren haben uns die Tür zum Gen geöffnet, sind von den Molekularbiologen als Hilfsmittel zur Untersuchung und Nutzung genetischer Geheimnisse dienstverpflichtet worden und kehren jetzt wieder in die Hände derer zurück, die sie zuerst entdeckt haben: der Medizindetektive. Natürlich haben unsere heutigen Jenners und Pasteurs sie nie aufgegeben; das vorliegende Buch belegt es. Doch diese furchtlosen Forscher in der Medizin sind heute doppelt gerüstet, denn sie können jetzt mit den Methoden der Molekularbiologie versuchen, Krankheiten zu erkennen, zu heilen und schließlich zu verhüten.

Wir sind mit den Viren auf Gedeih und Verderb verbunden. Manchmal hat man fast den Eindruck, als könnten wir diese winzigen Geschöpfe nicht überleben; andererseits ist nicht zu übersehen, daß wir ohne sie auch nicht überleben könnten. Wie dem auch sei: Unser Los ist wohl mit den unsichtbaren Eindringlingen untrennbar verknüpft. Wir tragen ein gemeinsames Schicksal.

Quellen

Das im vorliegenden Buch enthaltene Sachwissen stammt hauptsächlich aus persönlichen Gesprächen, historischen Quellen und Fachveröffentlichungen. Die knappen Literaturangaben umfassen lediglich Material, das dem Leser am besten einen allgemeinen Einblick in die Welt der Viren und mehr über die geschichtlichen Persönlichkeiten vermittelt, von denen im Text die Rede ist.

Paul De Kruif, *Microbe Hunters* (deutsch: *Mikrobenjäger*) (New York: Harcourt, Brace & World, 1926, 1953).
Auch rund 65 Jahre nach dem ersten Erscheinen noch sehr lesenswert und interessant. Eine Reihe von Wissenschaftlern, mit denen ich Gespräche geführt habe, nennen dieses romantische Buch als Auslöser für ihre Laufbahn in der Wissenschaft.

Greer Williams, *Virus Hunters* (New York: Alfred A. Knopf, 1960). Williams leistet den ersten Virusforschern denselben Dienst, den De Kruif den damaligen Bakterienforschern erwiesen hat.

David M. Locke, *Viruses: The Smallest Enemy* (New York: Crown Publishers, 1974).
Eine gründliche, verständliche Einführung in die Virologie, mittlerweile allerdings etwas überholt.

Andrew Scott, *Pirates of the Cell* (deutsch: *Zellpiraten*) (Oxford, New York: Basil Blackwell, 1985, 1987).

Eine moderne Darstellung der Virologie als Lockes Buch. Für den Durchschnittsleser vielleicht zu fachlich, aber eine reiche Informationsquelle.

Register